IDEOLOGIA E CONTRAIDEOLOGIA

ALFREDO BOSI

IDEOLOGIA E CONTRAIDEOLOGIA

Temas e variações

1ª reimpressão

Copyright © 2010 by Alfredo Bosi

Grafia atualizada segundo o Acordo Ortográfico da Língua Portuguesa de 1990, que entrou em vigor no Brasil em 2009.

Capa:
warrakloureiro

Preparação:
Isabel Jorge Cury

Índice remissivo:
Luciano Marchiori

Revisão:
Angela das Neves
Huendel Viana

Dados Internacionais de Catalogação na Publicação (CIP)
(Câmara Brasileira do Livro, SP, Brasil)

Bosi, Alfredo
    Ideologia e contraideologia : temas e variações / Alfredo Bosi.
— 1ª ed. — São Paulo : Companhia das Letras, 2010.

ISBN 978-85-359-1630-0

    1. Análise de discurso 2. Crítica literária 3. Ideologia — História e crítica 4. Significado (Filosofia) I. Título.

10-01988   CDD-801.95

Índices para catálogo sistemático:
1. Ideologia e contraideologia : Crítica narrativa :
Teoria literária   801.95
2. Ideologia e contraideologia : Narrativa :
Análise literária : Teoria   801.95

[2021]
Todos os direitos desta edição reservados à
EDITORA SCHWARCZ S.A.
Rua Bandeira Paulista, 702, cj. 32
04532-002 — São Paulo — SP
Telefone (11) 3707-3500
www.companhiadasletras.com.br
www.blogdacompanhia.com.br
facebook.com/companhiadasletras
instagram.com/companhiadasletras
twitter.com/cialetras

*Para Ecléa,
estrela-guia*

*Para Viviana, José Alfredo, Tiago e Daniel,
constelação de afeto*

SUMÁRIO

PARTE I: PERFIS E MOMENTOS DE UM CONCEITO —
Notas de trabalho

A Renascença entre a crítica e a utopia	13
Os ídolos de Francis Bacon	19
A nova racionalidade e o sentimento dos seus limites:	
o discurso crítico dos moralistas	21
Rousseau: do homem natural ao pacto social	23
O sentido da História. Retomando Montesquieu. *O espírito das leis*	38
Três desenhos para o curso da História: a linha reta de Condorcet,	
o ciclo de Vico e a espiral dialética de Hegel	43
Ideologia: o nome e as significações	61
Interlúdio weberiano	83
Exercícios de sociologia da cultura (à esquerda, sem dogmatismos):	
Lucien Goldmann e Giulio Carlo Argan	100
Voltando ao ponto — conceitos em movimento: ideologias,	
contraideologias, utopias	119
Parêntese temerário: a religião como alienação ou como desalienação	141
Simone Weil: a inteligência libertadora e suas formas	157
Formações contraideológicas — a pesquisa científica, a	
autorreflexividade, o pensamento enraizado no trabalho,	
a religião desalienante, a arte, a cultura de resistência	182
O projeto fáustico entre o mito e a ideologia	197
Lendo o *Segundo Fausto* de Goethe	203

PARTE II: INTERSECÇÕES BRASIL/OCIDENTE

O mesmo e o diferente 227
Desenvolvimento: ideologia e contraideologia na obra de Celso Furtado   233
Lugares de encontro. Contraideologia e utopia na história da
    esquerda cristã. Lebret e "Economia e Humanismo" 257
As ideias liberais e sua difusão da Europa ao Brasil.
    Um exercício de História das ideologias.. 276
Liberalismo ou escravidão: um falso dilema?.. 303
Joaquim Nabuco, o ícone do novo liberalismo 313
O "novo liberalismo". Êxitos e malogros de uma contraideologia
    no fim do Segundo Reinado 346
Liberalismo e Estado-Providência — confrontos e compromissos 372
Passagem para a interpretação literária 394
Um nó ideológico — sobre o enlace de perspectivas em
Machado de Assis 398

Índice remissivo... 423

PARTE I

PERFIS E MOMENTOS DE UM CONCEITO

NOTAS DE TRABALHO

> *O mais difícil é redescobrir sempre o que já se sabe.*
> Elias Canetti, *A província do homem*

    Começo por uma hipótese semântica. Suponho que haja uma esfera de significado comum aos vários conceitos que já se propuseram para definir o termo *ideologia*. Trata-se da ideia de *condição*. A ideologia é sempre modo de pensamento condicionado, logo relativo. Essa hipótese é flexível, mas pode enrijecer-se sempre que transponha a estreita faixa que a separa de um pensamento determinista.
    Que as construções de ideias e de valores dependam, em maior ou menor grau, de situações sociais e culturais objetivas: eis o núcleo vivo das diferentes perspectivas que compõem a história acidentada do conceito de ideologia. Essa hipótese é testada pela sua versão negativa, isto é: se a mente humana fosse, em qualquer situação, isenta e absolutamente capaz de abstrair dos dados sensíveis as ideias que lhes corresponderiam adequadamente; ou, em outras palavras, se a inteligência nunca estivesse sujeita a contingências físicas e sociais, não haveria lugar para a falsa percepção das coisas, a que chamamos *erro*, nem para a manipulação do conhecimento com que tantas vezes se caracteriza a ideologia.
    A possibilidade do erro como ilusão dos sentidos ou efeito de paixões é, desde Platão (que nos dá a ouvir o discurso de Sócrates nos *Diálogos*), uma constante na história do pensamento ocidental. Os homens erram, ou porque se enganam, ou porque distorcem a verdade por força dos seus interesses: este é o sumo das críticas que Platão faz à versatilidade dos sofistas, primeiros profissionais da retórica e do mercado ideológico que a história da filosofia registra.

"Não é um sofista, ó Hipócrates, aquele que negocia, por atacado ou no varejo, o alimento da alma?", pergunta Sócrates no *Protágoras*. Para os sofistas, o discurso tem apenas valor instrumental, pois tudo pode ser provado ou contestado, conforme os desejos do cliente. No *Górgias* lê-se uma variante da mesma denúncia:

"És da opinião que os oradores falem sempre em vista do maior bem, com a constante preocupação de tornar os cidadãos melhores por seus discursos, ou estimas que eles correm no encalço do favor popular, sacrificam o interesse público a seu interesse privado e tratam o povo como crianças que desejam agradar antes de tudo, sem se inquietarem de saber se as tornam melhores ou piores por esses procedimentos?"

A essa retórica Sócrates chama "adulação e coisa vilã" (§ 502-3).

A RENASCENÇA ENTRE A CRÍTICA E A UTOPIA

A crítica sistemática da ligação entre discurso e poder adquire plena evidência na Idade Moderna, sobretudo a partir da luta que a cultura renascentista empreende contra a força da tradição eclesiástica e contra os preconceitos da nobreza e da monarquia por direito divino.

O combate acendeu-se à medida que o conhecimento científico precisou enfrentar a ditadura do *magister dixit* aristotélico relançada pela Contrarreforma. A ciência cumpria então o objetivo de instaurar os métodos confiáveis da experiência e da indução e os procedimentos da dedução matemática. Para tanto, era necessário dissipar a névoa cerrada dos falsos conceitos que impediam o exercício do olhar racional da nova Astronomia e da nova Física.

Remover o princípio de autoridade foi a tarefa que se propuseram Erasmo e Rabelais, precedidos pela perícia filológica dos humanistas italianos do século xv. Lorenzo Valla, entre outros tentos, examinou documentos medievais e desmentiu a versão canônica da doação das terras vaticanas que o imperador Constantino teria feito ao bispo de Roma. A sua análise linguística provou que o latim do diploma de doação era "bárbaro"; um texto forjado, portanto, cuja língua não correspondia ao estilo oficial romano do século IV.[1]

A denúncia das correntes hegemônicas, expressa em geral em tom satírico,

---

1. Ver o ensaio de Renato Janine Ribeiro, "Lorenzo Valla e os inícios da análise de texto", em *A última razão dos reis. Ensaios sobre filosofia e política.* São Paulo: Companhia das Letras, 1993. Retomando a questão da "doação de Constantino" refutada por Lorenzo Valla, Carlo Ginzburg escreveu um de seus textos mais brilhantes, inserindo-o em *History, rhetoric, and proof.* Lebanon: University Press of New England, 1999.

terá sido o primeiro passo para constituir uma noção crítica de *ideologia*, antes mesmo do aparecimento do termo, que é do fim do século XVIII. O *Dictionnaire étymologique* de Albert Dauzat dá como seu criador o filósofo Destutt de Tracy, em 1796.

A ruptura de um grupo intelectual ou de um movimento político com o estilo de pensar dominante abre neste a ferida do dissenso. Um pensamento de oposição traz consigo o momento da negatividade, contesta a autoridade, tida por natural, do poder estabelecido, acusa as suas incoerências e, muitas vezes, assume estrategicamente o olhar de um outro capaz de erodir a pseudovalidade do discurso corrente. Os períodos de crise cultural engendraram a suspeita de que pode não ser verdadeiro ou justo o sistema de valores que "toda gente" admite sem maiores dúvidas.

Lévi-Strauss postulava a afinidade do pensamento sociológico do século XIX com a tradição crítica inaugurada por Montaigne e revigorada pela Ilustração: "Depois de Montaigne a filosofia social está sempre ligada à crítica da sociedade. Por trás de Comte e Durkheim estão Diderot, Rousseau e Montaigne. Na França, a sociologia permanecerá herdeira desses primeiros ensaios de pensamento etnográfico e, por isso, crítico".[2]

As reflexões do antropólogo dão margem a revisitar uma das questões mais debatidas na historiografia das ideias: até que ponto o conhecimento dos povos da América fecundou nos escritores da Renascença e das Luzes a imagem do *bom selvagem*, espelho e paradigma do *homem natural*?

Sendo afirmativa a resposta, isto é, provando-se a conexão entre os relatos encantados dos viajantes e a construção do mito do bom selvagem, impõe-se a segunda questão: *até que ponto essa visão — realista ou idealizada — do homem do Novo Mundo atuou como fator de erosão da autoimagem que a cultura europeia fazia de si mesma?*

Os *Ensaios* de Montaigne e a *Utopia* de Thomas Morus respondem a ambas as perguntas, cada um a seu modo, atestando a fratura sofrida pela consciência europeia quando se defrontou com aquele *outro* ao mesmo tempo estranho e belo, próximo das origens e da natureza, inocente ainda, mesmo quando "bárbaro".

Montaigne conheceu índios vindos do Brasil e os interrogou mediante um intérprete. O filósofo soube então que os índios estranharam a servil obediência dos franceses a uma criança (o rei Carlos IX, que os recebia). E não só: os mesmos "selvagens" indignaram-se ao ver homens maltrapilhos esmolando à porta de

---

2. Claude Lévi-Strauss, "La sociologie française", em *La sociologie au XXe siècle*. Org. de Georges Gurvitch. Paris: PUF, 1947, vol. II, p. 51. [N. E.: Ao longo do livro, as passagens que não têm tradução ao português publicada foram traduzidas por Alfredo Bosi.]

senhores opulentos "sem agarrarem os ricos pela garganta e atearem fogo às suas casas" (*Ensaios*, I, 31).

Em dois capítulos antológicos, "Des cannibales" e "Des coches", Montaigne relativiza o nome de bárbaro que os europeus atribuíram aos nativos do Novo Mundo: "Cada um de nós chama barbárie aquilo que não é de seus hábitos" (*Chacun appelle barbarie ce qui n'est pas de son usage*).

Montaigne foi um espírito crítico que não se bastou com o relativismo antropológico. Não é apenas um observador cético que faz a comparação entre as guerras dos indígenas brasileiros relatadas pelos viajantes e as guerras de religião que ensanguentaram a França do seu tempo. A Noite de São Bartolomeu era episódio recente quando Montaigne publicou os dois primeiros livros dos *Ensaios*. É também um homem que procura discernir o mal que o fanatismo estava causando a seus contemporâneos, é um pensador para quem a tolerância e a benevolência devem presidir às relações entre os homens, não importa se europeus ou ameríndios, cristãos ou pagãos, ortodoxos ou dissidentes.

À luz desse critério ético, pelo qual se incorporam ao discurso renascentista tanto o epicurismo de Lucrécio como o estoicismo de Sêneca, tanto a ironia socrática quanto a fraternidade cristã, o generoso humanismo de Montaigne não poderia deixar de contestar o discurso intolerante dos doutores encastelados na Sorbonne, a atitude belicosa das seitas reformadas, o fanatismo dos papistas, ou, no mundo das letras, o pedantismo mesquinho dos eruditos à cata de erros gramaticais dos adversários.

Para os historiadores da colonização europeia continuam sendo atuais as invectivas do filósofo contra o etnocentrismo dos que tachavam de bárbaros os canibais, quando era coisa sabida que nos recontros entre seitas houve casos de morticínios acompanhados das mais nefandas torturas. E Montaigne conhecia bem os métodos da Inquisição, bastante ativos no seu século, assim como as atrocidades cometidas pelos conquistadores espanhóis no México e no Peru e já então denunciadas por Bartolomeu de Las Casas.

Mas quais eram os discursos hegemônicos (o que se viria a chamar "a ideologia dominante") na segunda metade do século XVI?

- os dogmas recém-promulgados pelo Concílio de Trento e pela Contrarreforma, ou, do lado oposto, a teocracia implacável de Calvino fundada na doutrina da predestinação;
- a apologia da perseguição aos judeus, que marcaria ainda todo o século XVII;
- o direito divino dos reis sustentado pelas monarquias francesa, espanhola, portuguesa e inglesa e pelo Sacro Império Romano-Germânico;

- a censura à nova ciência e ao livre-pensamento que os processos intentados contra Giordano Bruno e Galileu ilustram cabalmente;
- o triunfo da imitação estilística dos Antigos elevada a norma da retórica maneirista que prenuncia o barroco internacional.

A cada uma dessas formas de opressão e à hipocrisia social que engendravam Montaigne responderá com uma palavra de dúvida, uma frase irônica, um argumento de resistência intelectual e moral, ou seja, *com uma denúncia que nos dá, pelo avesso, o retrato do discurso dominante*.[3]

Nos meados do século XVII os *Ensaios* foram incluídos no Índice dos Livros Proibidos. Mas o que o Santo Ofício condenou, os *philosophes* do século XVIII iriam valorizar reeditando Montaigne, que passou a ser lido como um precursor do livre-exame. Diderot comparou-o a Helvétius; Voltaire, a Montesquieu.

Em Montaigne o conhecimento dos habitantes do Novo Mundo contribuiu para alimentar o seu relativismo e, por tabela, propiciou-lhe uma visão crítica dos modos de viver e pensar de seus contemporâneos europeus. Mas relativismo e autoanálise satírica não foram as únicas expressões da Renascença ao defrontar-se com o outro, essa figura bivalente que ora é bárbaro, ora é bom selvagem e homem natural.

A *Utopia* do bispo inglês Thomas Morus, decapitado por ordem de Henrique VIII, idealiza uma sociedade que lhe teria sido inspirada por alguns relatos americanos de Américo Vespúcio. A república de Morus estaria localizada em uma ilha do Atlântico, e há quem defenda a hipótese de ser o arquipélago de Fernando de Noronha o seu sítio preciso... O que não deixa de ser um tanto contraditório com o significado etimológico do termo utopia, que vale *nenhum lugar*.[4] Mas a sua verdadeira motivação é imaginar uma sociedade que fosse em tudo o oposto da Inglaterra rural do seu tempo.

Analisando o contexto social da obra de Morus, diz Max Horkheimer:

"[...] as grandes utopias do Renascimento são a expressão das camadas desesperadas, que tiveram de suportar o caos da transição entre duas formas econômicas distintas. A história da Inglaterra nos séculos XV e XVI fala-nos dos pequenos camponeses que foram expulsos por seus senhores das casas

---

3. Os temas da mentira e do teatro social associados ao da máscara aparecem em várias passagens dos *Ensaios* e serão retomados pelos moralistas do século XVII. Merecem leitura as agudas observações de Jean Starobinski, em *Montaigne en mouvement*. Paris: Gallimard, 1982.

4. Ver as considerações imaginosas, mas não de todo inverossímeis, que fez Afonso Arinos de Melo Franco sobre o livro de Morus, em *O índio brasileiro e a Revolução Francesa. As origens brasileiras da teoria da bondade natural*, 3ª ed. Rio de Janeiro: Topbooks, 2005 [1937], pp. 131-51.

e terras que habitavam, ao transformar todas aquelas comunidades rurais em pastos de ovelhas para prover com lã as fábricas têxteis do Brabante de forma lucrativa. Esses camponeses famintos tiveram de organizar-se em bandos saqueadores, e seu destino foi terrível. Os governos mataram muitíssimos deles e grande parte dos sobreviventes foi obrigada a entrar nas fábricas nascentes em incríveis condições de trabalho. E é precisamente nessas camadas que aparece em sua forma inicial o proletariado moderno; já não eram escravos, mas tampouco tinham possibilidade de ganhar a vida por si próprios. A situação desses homens proporcionou o argumento para a primeira grande utopia dos tempos modernos, dando, por sua vez, nome a todas as posteriores: a Utopia de Thomas Morus (1516), que, depois de entrar em conflito com o rei, foi executado no cárcere".[5]

Horkheimer põe em relevo a acusação recorrente em todos os utopistas da Renascença: "A culpada é a propriedade privada".
Citando Thomas Morus:

"[...] em minha opinião, a igualdade é impossível em um Estado onde a propriedade é ilimitada e se considera um direito individual, pois cada um procura apropriar-se, com a ajuda de distintos pretextos e direitos, de tudo quanto possa, e o tesouro nacional, por maior que seja, corre finalmente em mãos de uns poucos, que proporcionarão ao restante do povo penúrias e misérias para sempre".

A imaginação utópica alimentou a primeira contraideologia sistemática dos tempos modernos. Em face da utopia, e caminhando em direção diametralmente oposta, consolidava-se nessa mesma fase de ascenso dos Estados mercantilistas a tradição "realista" do discurso político de Maquiavel e de Hobbes, que convertia a religião e a cultura em ideologia avalizadora do poder.

Mas os "outros", que contribuíram para a autocrítica do pensamento dominante, não seriam sempre os mesmos. Ao passo que os pensadores da Renascença recebiam o impacto dos viajantes das Índias Ocidentais, os ilustrados do século XVIII mostrarão preferência por imagens provindas das culturas do Oriente. As *Cartas persas* de Montesquieu, por exemplo, darão o tom a uma série de escritos satíricos que, usando o estratagema de pôr na boca de um não europeu (no caso, muçulmano) a descrição dos costumes franceses, acabam desnudando

---

5. Max Horkheimer, "La utopia", em Arnhelm Neusüss, *Utopia*. Barcelona: Barral, 1971 [1930], p. 91.

ora os preconceitos, ora os ridículos da sociedade parisiense. É um retrato irônico da França na época da Regência, embora o seu estilete alcance às vezes outras nações, como é o caso da Espanha e de Portugal, vistos como pátrias da Inquisição.

O resultado ostensivo dessa reversão de perspectivas é um discurso consciente de relativismo cultural. Diz o persa Rica na carta 59:

"Parece-me que nós nunca julgamos as coisas a não ser por um retorno secreto que fazemos em nossa própria direção. Não me surpreendo que os Negros pintam o diabo de uma brancura resplandecente e os seus deuses negros como carvão; que a Vênus de certos povos tenha seios que lhe pendam até as coxas; e que, enfim, todos os idólatras hajam representado os seus deuses com uma figura humana atribuindo-lhes todas as suas inclinações. Já se disse muito bem que, se os triângulos fizessem um deus, eles lhe dariam três lados."

A carta 31 fala explicitamente das "superstições europeias". E na carta 81, queixa-se um persa de que "os franceses não imaginam que nosso clima produza homens"...

A tática engenhosa de Montesquieu, lançando sobre a vida francesa do seu tempo o olhar perplexo e, no fundo, sardônico de um persa, terá ilustres seguidores.

Voltaire rematará o *Século de Luís XIV* com um capítulo surpreendente sobre as disputas religiosas na China, que um imperador *philosophique* conseguiu aplacar convidando cortesmente os missionários mais fanáticos a deixarem o celeste Império... A mensagem subliminar era esta: o mesmo amor à tolerância deveria ter impedido Luís XIV de revogar o Edito de Nantes e de tratar os protestantes como inimigos da França. (Não por acaso, o ano da revogação, 1685, é o mesmo em que foi promulgado o *Código negro*, que regularia cruelmente a vida dos escravos nas colônias francesas.) Os modos diplomáticos de um sábio imperador chinês servem de contraponto voltairiano à ideologia dos conselheiros intolerantes do Rei Sol.

Em outro nível de generalidade, o *Espírito das leis*, que Montesquieu publicou em 1748, recomenda a separação dos poderes (Executivo, Legislativo, Judiciário), calcada em observações sobre a política inglesa, e cuja realização na França teria representado um golpe mortal na doutrina do poder absoluto do rei, tal qual este se exerce sob Luís XV. (*Retomo adiante a leitura de Montesquieu.*)

Assim, na pré-história do processo à ideologia, encontramos ora o *discurso utópico*, ora o *discurso satírico*, e, às vezes, uma combinação de ambos.

18

OS ÍDOLOS DE FRANCIS BACON

A nova ciência experimental vai em busca de um novo método, que encarece a observação e a indução, e não mais o silogismo escolástico ou a citação dogmática dos autores antigos. Para "celebrar as núpcias da mente com o Universo", Francis Bacon escreveu o *Novum Organum*. *É precisamente na desmistificação dos enganos e abusos, chamados "ídolos", que se aplica Bacon na sua obra máxima.*

Os *idola* levariam a mente a passar de maneira inadvertida das coisas particulares e sensíveis a ideias vagas, genéricas, que nada descobrem e nada inventam, pairando longe da realidade, isto é, da natureza e dos objetos feitos pelo homem. O verdadeiro conhecimento, ao contrário, nasceria de experiências repetidas e controladas, e os conceitos que assim se induzem retornariam às próprias coisas, servindo para que a humanidade domine a natureza e acresça o seu poder. *Saber é poder*, diz Bacon, e com essa certeza já acedemos à soleira do pensamento tecnológico da era burguesa, embora a Revolução Industrial devesse esperar ainda quase um século para concretizar-se na Inglaterra.

A teoria dos ídolos é considerada o vestíbulo da teoria das ideologias: é o que diz o consenso dos sociólogos do conhecimento desde, pelo menos, as reflexões agudas de Mannheim em *Ideologia e utopia*, de 1929.

Os ídolos, embora aninhados na mente dos homens, só se entendem se os indivíduos que neles crerem forem observados na trama social ou, para dizê-lo com palavras modernas, no interior de suas respectivas culturas.

No elenco que deles faz Bacon há dois tipos que seriam comuns a todos os homens: os *idola tribus* e os *idola specus*.

Os *idola tribus* formaram-se em tempos remotos, mas sobrevivem no estado político civil: são as falsas explicações dos fenômenos naturais, devidas à debilidade dos sentidos quando não retificados pela experiência e pela razão. São as fantasias e ilusões que trazemos de eras arcaicas e conservamos pela deficiência de nossa atividade perceptiva.

Os *idola specus* (ídolos da caverna) são imagens que recebemos da educação ou de acasos de nossa biografia. Não raro, nós as petrificamos sob a forma de noções fixas, opacas, a ponto de impedir que a luz da natureza nos esclareça e desfaça as generalizações abusivas que delas resultaram. A metáfora da caverna que obscurece o conhecimento do real é de origem platônica, embora o método experimental de Bacon dê as costas ao idealismo epistemológico do filósofo grego.

As outras espécies de ídolos têm caráter marcadamente social, prestando-se a serem tomadas como precursoras dos conceitos de ideologia dos séculos XIX e XX. São os *idola fori* e os *idola theatri*.

Os ídolos do fórum são as palavras e as expressões que os homens recebem ou veiculam no seu convívio público. O fórum é a praça do comércio, o local das combinações, dos acordos ou litígios que envolvem grande parte dos cidadãos. Na praça (Maquiavel já falava dos discursos da *piazza*, opondo-os aos discursos do *palazzo*) aprende-se o uso social, isto é, convencional, da linguagem. No mercado as palavras perdem contato direto com os objetos reais a que se prenderiam e ganham aparências de verdade, servindo antes ao interesse dos seus usuários do que à busca desinteressada do conhecimento. Os ídolos da praça são expressões-mercadoria que nada têm a ver com as percepções científicas da natureza e tomam o lugar das ideias claras e adequadas às coisas e aos fatos. É o universo do signo-moeda, cujo valor depende dos interesses dos compradores e dos vendedores.

Diz Bacon: "As palavras violentam o entendimento, perturbam-no inteiramente e induzem os homens a controvérsias e fantasias inumeráveis e carentes de conteúdo" (*Novum Organum*, § 43).

Vêm, por último, os *idola theatri*. São as doutrinas filosóficas, tantas vezes pejadas de equívocos, fontes de confusões e distorções. O teatro figura o espaço da cultura letrada, o lugar da representação e da cena verbal onde Bacon não hesita em colocar, sem maior reverência, platônicos e aristotélicos, escolásticos e alquimistas, ou seja, quase toda a tradição especulativa dos Antigos e da Idade Média. O que dá a medida do seu ceticismo em face de doutrinas ainda acreditadas no começo do século XVII.

A NOVA RACIONALIDADE E O SENTIMENTO DOS SEUS LIMITES: O DISCURSO CRÍTICO DOS MORALISTAS

De Montaigne a Descartes, de Bacon a Locke, de Montesquieu aos enciclopedistas, cresce a aversão ao dogmatismo e à intolerância, males que deveriam ser curados por uma razão universalizante, que aparece como critério seguro para apartar o fanatismo do convívio social.

No entanto, no interior mesmo da cultura pós-renascentista e ao longo da segunda metade do século XVII, delineia-se uma corrente de análise psicológica e moral que enfrenta não só o discurso absolutista incrustado no poder monárquico, mas, dialeticamente, também a própria intangibilidade da *razão* que se arrogava como atividade livre e universal. Em outras palavras, começa-se a desconfiar da isenção da mente quando esta se põe a proferir juízos de valor. A desconfiança volta-se contra o desconfiado: em termos atuais, dir-se-ia que o puro racionalismo passa a ser suspeito de querer exercer-se como poder incondicionado, logo como uma ideologia.

De Pascal aos *moralistes*, La Rochefoucauld, La Bruyère e Vauvenargues, avulta um pensamento dubitativo, à beira do ceticismo, que vê nos discursos políticos e éticos um ocultamento de paixões e interesses que não convém admitir publicamente.

A análise dos motivos das ações humanas vale-se de uma linguagem de desmascaramento e prenuncia, a seu modo, a afirmação dos poderes da Vontade e do Inconsciente que seria trabalhada no século XIX por Schopenhauer, Nietzsche e Freud.

O "eu penso" e o "eu detestável". O moralismo, que já foi interpretado como uma variante leiga do jansenismo, escava o sujeito do "eu penso" cartesiano detectando no seu subsolo o "eu detestável" (*moi haïssable*) pascaliano, todo voltado para si mesmo e carregando o peso do amor-próprio como se tratasse de um indelével pecado original.

Em cada homem a indefectível mistura de razões explícitas e paixões implícitas faz que estas assumam sub-repticiamente o lugar daquelas. O discurso do amor-próprio necessita de uma linguagem racional e universal (na verdade, pseudorracional e pseudouniversal) para disfarçar o caráter interessado e interesseiro das suas pretensões. É um dos significados da célebre constatação pascaliana das "razões do coração" que a razão desconhece. Pascal desvela a fragilidade e, no limite, a impotência do eu racional, que, no entanto, está sempre a produzir discursos presunçosos: "Cala-te, razão impotente, humilha-te", é o seu apelo a essa desenvolta fabricante de argumentos *ad hominem*... Assim, o que os moralistas fazem é erodir, em nível psicológico, a solidez aparente do racionalismo clássico, que convivia com a sociedade hierárquica do Antigo Regime.

Desmistificando o belicismo da política internacional de Luís XIV, Pascal adverte a hipocrisia dos juízos de valor que davam o nome de heroísmo aos assassínios perpetrados pelos soldados franceses além dos Pireneus, mas os julgavam como crimes quando cometidos aquém das fronteiras com a Espanha... O olhar jansenista condenava, nas *Provinciales*, a moral da guerra, a moral do duelo, em suma, as concessões que alguns casuístas jesuítas faziam às violências praticadas pelos nobres em nome da "honra", a qual nada mais seria que feroz amor-próprio.

Pascal retoma a distinção de Santo Agostinho entre a cidade de Deus e a cidade dos homens, o reino da consciência cristã e o seu oposto inconciliável, o "mundo" de que o demônio é o príncipe.

Aparentemente despido dos sentimentos religiosos de Pascal, o moralismo ardido de La Rochefoucauld e de La Bruyère também se revela profundamente cético em relação ao "*monde*" dos nobres e dos ricos burgueses.[6] Os *moralistes* afirmam-se paradoxalmente pela negação, que é radical e profunda, pois atinge o subsolo do *status quo*, identificado como o lugar dos interesses e das paixões egóticas.

Entretanto, não há neles (nem haveria em escritores notoriamente pessimistas que com eles se afinam, como Leopardi, Schopenhauer e Machado de Assis) nenhum projeto estritamente *político* de regeneração social; projeto que viria a ser a paixão do mais complexo, original e atípico dos *ilustrados*, Jean-Jacques Rousseau.

---

6. Reuni alguns pensamentos e máximas dos moralistas franceses e de escritores que neles se inspiraram no capítulo final de *Machado de Assis. O enigma do olhar*, 4ª ed. São Paulo: Martins Fontes, 2007. Reproduzo adiante (pp. 409-10) uma análise penetrante das manobras do amor-próprio elaborada por La Rochefoucauld.

ROUSSEAU: DO HOMEM NATURAL AO PACTO SOCIAL

Rousseau supõe que teria vigorado em épocas remotas um estado de natureza anterior à propriedade e a todas as formas de governo. Terá sido a idade de ouro cantada pelos poetas gregos e latinos. Mas esse estado de bondade prístina, admitia ele, não existe mais em parte nenhuma do mundo. Os selvagens americanos, que os viajantes europeus conheceram de perto, já viveriam em um estágio diferente, guardando embora traços da sua fase primitiva, o que permite a Rousseau entrever o que teria sido a aurora da humanidade.

No primeiro dos *Discursos*, escrito para responder à questão proposta pela Academia de Dijon ("O renascimento das ciências e das artes contribuiu para o aperfeiçoamento dos costumes?"), Rousseau começa a desenvolver a tese que lhe será sempre cara: a humanidade piorou à medida que a civilização foi produzindo e reproduzindo as condições de desigualdade econômica e política que, em proporções diversas, continuam vigorando em todas as sociedades. Rousseau venceu o concurso e em 1750 saiu o *Discurso sobre as ciências e as artes*.

Em 1753 a mesma Academia lançou novo concurso, cujo tema era a pergunta: "Qual é a origem da desigualdade das condições entre os homens? Ela é autorizada pela lei natural?". A resposta de Rousseau está no *Discurso sobre a origem da desigualdade*, que não obteve o prêmio, mas, publicado em 1755, pode ser considerado o texto-matriz do pensamento democrático radical que irá inspirar os revolucionários de 1789. O bom selvagem dos viajantes e cronistas é tomado como tipo ideal no duplo sentido cognitivo e ético da palavra. Ideal como construção verossímil e coerente, não precisa ser representado por este ou aquele exemplo particular. E ideal como figura do que deve ser, em contraposição ao que tem sido em termos de valor.

O pensamento de Rousseau é movido por uma paixão polêmica: acusar os males da sociedade francesa, que, por sua vez, eram justificados por uma ideologia iníqua, fundamentalmente o estilo de pensar do Antigo Regime, que cristalizava os estamentos, divinizava o poder monárquico e se mostrava indiferente à distância entre o luxo dos ricos e as carências dos pobres. Contra esse estado de violenta assimetria, mascarado pelo brilho de uma civilização refinada, o pensador esboça o quadro de uma sociabilidade ideal que ama a liberdade, a igualdade e a simplicidade dos costumes.

Percorrer a obra de Rousseau é acompanhar o processo de um homem contra uma sociedade, cujos modos de pensar contrariam tanto a imagem do *homem natural* como o ideal do *cidadão virtuoso*, que só consegue viver livre e feliz na vigência plena do pacto social.

O século de Rousseau é ainda o século do direito divino dos reis, crença que, defendida por Bossuet sob Luís XIV (*La politique tirée de l'Écriture sainte*), continuará inalterada na cabeça do último dos monarcas do Antigo Regime, Luís XVI. Rousseau não assistirá à execução desse rei, mas os seus argumentos republicanos armarão as mãos dos jacobinos. Robespierre será seu admirador incondicional, e os seus restos mortais serão levados ao Panteão pelos revolucionários de 1794.

O sistema político dominante nos meados do século XVIII francês é hierárquico. Os estamentos ou estados (*État*, termo usado desde o século XIII para designar a nobreza, o clero e o povo, o qual incluía burgueses, artífices e camponeses) eram desiguais no que tocava aos bens materiais, aos privilégios e às regalias concedidas pelo tesouro real. A desigualdade é o alvo central do *Contrato social* (1762). Rousseau, filho de um relojoeiro, nascido e criado na república protestante de Genebra, presenciou a luta entre os artífices e os banqueiros da sua cidade. Radicalizando ideais de representação popular, o *Contrato* desenvolve seis objetivos que constituem o exato avesso da prática política do Antigo Regime:

- a soberania popular;
- a vontade geral como fonte única da legislação;
- a denúncia dos riscos da delegação dos poderes;
- a liberdade das deliberações do povo;
- a periodicidade das assembleias;
- o voto do imposto pelo povo.

Em relação à iniquidade econômica, ou, mais precisamente, às diferenças de condição social que separavam ricos e pobres, a indignação de Rousseau aparece tanto em depoimentos autobiográficos como na exposição doutrinária do segundo *Discurso*.

Valerá como testemunho esta frase que lançou em carta a Madame Dupin, cujo assunto é a sorte dos próprios filhos entregues à assistência pública por alegada falta de meios de sustentá-los. Rousseau defende-se acusando a "condição" (*état*) dos ricos: "É o vosso estado, o estado dos ricos, que rouba ao meu o pão de meus filhos".

No *Discurso sobre a desigualdade*, a existência de classes opostas é vista como transgressão das leis naturais, o que parece ser uma leitura democrática em polêmica com inflexões aristocráticas do jusnaturalismo de Grotius: "É manifestamente contra a Lei da Natureza, seja qual for a maneira como se defina, que uma criança comande um ancião, que um imbecil conduza um homem sábio, e que um punhado de gente transborde de objetos supérfluos, ao passo que falte o necessário à multidão faminta".[7]

Em outra passagem, conceitualmente mais densa, Rousseau estabelece firmes conexões entre as assimetrias políticas e a desigualdade socioeconômica:

"Se nós seguirmos a progressão da desigualdade nessas diferentes revoluções, constataremos que o estabelecimento da Lei e do Direito de propriedade foi seu primeiro termo; a instituição da Magistratura, o segundo; que o terceiro e último foi a mudança de poder legislativo em poder arbitrário; de sorte que o estado de rico e de pobre foi autorizado pela primeira época, o de poderoso e de fraco pela segunda, e pela terceira o de Senhor e de Escravo, que é o último grau da desigualdade, e o termo no qual desembocam todos os outros, até que novas revoluções dissolvam completamente o governo, ou o aproximem da instituição legítima."

Se nos detivermos no primeiro passo da desigualdade, que o direito de propriedade consagrou, virá de imediato à nossa memória a abertura da segunda parte do *Discurso*. É este o trecho que entusiasmou tantos igualitários radicais:

"O primeiro que, tendo cercado um terreno, achou por bem dizer 'Isto me pertence', e encontrou gente simplória o bastante para nele crer, foi o ver-

---

7. Nessas palavras finais do segundo *Discurso* Rousseau contrasta a ideologia mercantilista de seu tempo, que encarecia as virtudes do comércio e, por tabela, as vantagens do luxo como fator de progresso econômico. Ver as observações formuladas na introdução ao *Contrato social* por Bertrand de Jouvenel, "Essai sur la politique de Rousseau", em *Du contrat social*. Genebra: Constant Bouquin, 1947.

dadeiro fundador da sociedade civil. Quantos crimes, guerras, assassínios, quantas misérias e horrores não teria poupado ao gênero humano aquele que, arrancando as estacas ou atulhando os valos, tivesse bradado a seus semelhantes: 'Guardai-vos de escutar esse impostor; vós estareis perdidos, se esquecerdes que os frutos são de todos, e que a terra não é de ninguém'."

A propriedade privada não seria, portanto, um direito primitivo, inerente ao estado de natureza, mas uma instituição tardia, uma "impostura" que acabaria sendo, *por necessidade*, legitimada pela "sociedade civil" com todo o seu cortejo de desigualdades. Provavelmente nenhuma outra denúncia da ideologia liberal burguesa terá sido lançada, antes do *Manifesto comunista*, de Marx e Engels, com a mesma veemência dessa diatribe do segundo *Discurso*.

Entretanto, conhecem-se outros textos de Rousseau que não só admitem o instituto da propriedade, mas o incluem entre os direitos do cidadão. Há o artigo sobre economia política escrito para a *Enciclopédia* no mesmo período em que compunha o discurso sobre a desigualdade. E há toda uma reconstrução da noção de propriedade na segunda parte do *Emílio*, dedicada à instrução do pré-adolescente. O educador ensina concretamente ao discípulo a relação genética que se deve estabelecer entre o trabalho agrícola (no caso, o plantio de um canteiro de favas) e o direito à propriedade da terra.

DE LOCKE A ROUSSEAU: O DIREITO E O AVESSO DO LIBERALISMO

É provável que Rousseau haja seguido de perto o arrazoado de John Locke, *le sage Locke*, sobre a *necessidade* por força da qual os homens, vivendo ainda no estado de natureza, tiveram de separar e cercar uma parte das terras comuns para produzir a própria subsistência.

John Locke foi apologista do vigoroso parlamentarismo burguês instaurado na Inglaterra por força da Revolução Gloriosa de 1688. A sua doutrina é, ao mesmo tempo, avessa ao absolutismo e à intolerância (como tal, influenciou Montesquieu e Voltaire) e justificadora da propriedade privada em nome do trabalho e da poupança; nesses termos, seria a matriz do liberalismo proprietista e conservador, ideologia de notória longa duração.

No segundo *Tratado sobre o governo civil*, publicado em 1690, Locke já admitia a vigência de um estado de natureza, tempo anterior à constituição das sociedades, quando a terra era abundante e comum a todos. Mas, para sobreviver, o homem, expulso do Paraíso terrestre, precisava absolutamente cultivar o solo onde lhe fora dado viver. O trabalho conferiu-lhe o direito de se apropriar do terreno que ele arroteara e lavrara. A partir dessa conexão genética *trabalho> propriedade*, Locke constrói a sua doutrina liberal pela qual cada um tem pleno direito de possuir os bens advindos da sua diligência. (Veremos adiante as relações de afinidade que Max Weber estabeleceu entre o *éthos* protestante e o desenvolvimento do capitalismo.)

Eis um exemplo da argumentação de Locke, em que previne e contesta eventuais objeções à sua defesa do direito de apropriação da terra por aquele que nela trabalhou:

> "Viria alguém pretender que ele não tinha nenhum direito às glandes ou aos frutos de que se apropriou deste modo, por falta do consentimento da humanidade inteira para torná-los seus? Seria roubo tomar assim para ele o que pertencia em comum a todos? Se fosse necessário um consentimento desse gênero, os homens estariam mortos de fome apesar da abundância que Deus lhes tinha dado.
>
> "Nós vemos nas terras comuns, que assim permanecem por convenção, que o fato de tomar alguma parte do que é comum e retirá-la do estado em que a Natureza as deixa é o que dá origem à propriedade, sem a qual a terra comum não serve para nada."[8]

Reprovando a preguiça, a negligência, o desperdício, mas também a cupidez da acumulação improdutiva das riquezas, Locke faz do *Homo œconomicus* um proprietário cumpridor de seus deveres e útil à nova sociedade liberal inglesa.[9]

Pode causar estranheza que Locke, enquanto acionista da African Royal Company, tenha sido conivente com a escravidão negra nas Américas, o que, idealmente, contrasta com os seus princípios, segundo os quais o homem no estado de natureza e por obra de Deus nasceu livre. O fato é que essa conivência acabou virando praxe ao longo do século XVIII e até as primeiras décadas do século XIX em colônias e ex-colônias das Américas, como as Antilhas inglesas e

---

8. Locke, *Concerning civil government. Second essay*, 21ª impr. Chicago: University of Chicago-Encyclopædia Britannica Inc., 1977, p. 31.

9. Consulte-se a excelente exposição do pensamento político de Locke em *Ética*, de Fábio Konder Comparato. São Paulo: Companhia das Letras, 2006, pp. 205-27. Chamo a atenção do leitor para os comentários do autor, à p. 224, às passagens em que Locke se refere ao trabalho de colheita feito por seus *servants*, o que lhe serve como reforço para o argumento do *seu* direito à propriedade daquele terreno: "Para Locke, como para o capitalismo liberal, fica implícito que nem todo trabalhador retira do seu labor o direito à propriedade... Esta prerrogativa caberia somente ao primeiro ocupante".

francesas, Cuba, o Brasil e o Sul dos Estados Unidos. O liberalismo puro e duro não detém (pelo contrário, desencadeia) certas forças latentes na dinâmica do capitalismo; daí o seu limite perverso, que é legitimar a propriedade vitalícia do trabalho alheio desde que comprado legalmente pelo capitalista.[10]

Um leitor atento de Locke, C. B. Macpherson, reexaminou o conceito de *individualismo* geralmente atribuído à doutrina do fundador do liberalismo. A sua análise dos tratados políticos de Locke levou-o a relativizar o alcance do conceito. Sem dúvida, toda a construção do pensador inglês repousa na ideia de que o indivíduo deve ser senhor de sua vida e, especificamente, dos seus bens consubstanciados no termo *propriedade*. A liberdade individual (religiosa, política) só faz sentido quando lastreada pela posse de bens (terras, dinheiro) que fazem do indivíduo um cidadão. Fora da propriedade não há cidadania, pois o homem dependente (o *servant*, o assalariado) não tem condições objetivas nem subjetivas de participar da administração pública em nenhuma das suas esferas: o não proprietário não é livre, logo está fora do círculo da sociedade civil e do poder estatal. Assim, o individualismo lockiano não é absoluto nem universal: há indivíduos independentes e indivíduos dependentes. A partir dessa constatação, argumenta Macpherson: "Para permitir o funcionamento de uma sociedade dessas, a autoridade política precisa ter superioridade sobre os indivíduos; porque, se assim não for, não pode haver garantia de que as instituições da propriedade essenciais para essa espécie de individualismo terão sanções adequadas".[11]

O liberalismo nascente, coetâneo de uma das primeiras ondas do capitalismo inglês moderno, combina os direitos do indivíduo com a admissão de um controle público, cuja função precípua é proteger o cidadão-proprietário, ainda que para tanto precise usar de medidas de força que, teoricamente, possam parecer coatoras dos direitos individuais. Refletindo sobre a Inglaterra sua contemporânea, Hegel percebeu com nitidez o funcionamento do regime liberal que correspondia aos interesses de uma formação social já então dominada pelo capitalismo. Esses múltiplos interesses particulares convergiam na defesa da propriedade, "que aí representa um papel grande, quase absoluto".[12]

---

10. Sobre a relação estrutural, e não deslocada nem aleatória, entre capitalismo liberal e economia escravista, ver Domenico Losurdo, *Contra-história do liberalismo*. Aparecida: Ideias & Letras, 2006. Sobre o caráter alienável do trabalho em Locke, ver as observações de Norberto Bobbio, em *Da Hobbes a Marx*, 2ª ed. Nápoles: Morano, 1971, pp. 109-12.

11. C. B. Macpherson, *A teoria política do individualismo possessivo. De Hobbes a Locke*. Trad. de Nélson Dantas. Rio de Janeiro: Paz e Terra, 1979, p. 267.

12. Ver *Lecciones sobre la filosofía de la Historia universal*. Trad. de José Gaos. Buenos Aires: Revista de Occidente Argentina, 1946, tomo II, p. 408. "Até nas eleições do Parlamento os eleitores vendem seus votos." E adiante: "Deve-se observar como se dá aqui o que em todos os

O *liberalismo dos proprietários* não poderá jamais ser *democrático*, no sentido preciso do termo (governo do povo todo), não só porque os proprietários de terras já usufruem do direito do primeiro ocupante, e chegará um momento em que as terras aráveis já estarão todas ocupadas, mas também porque a invenção do dinheiro permitiu acumulação e concentração de riquezas, logo produziu *assimetrias de classe e de status*. Em face da desigualdade estrutural dessa sociedade, o liberalismo individualista é obrigado a transferir recursos e poder a uma instituição que de algum modo o represente e o proteja. Macpherson não hesita em dizê-lo de modo drástico, que certamente soará paradoxal para os que sempre leram Locke aplicando-lhe tão só o registro do extremo individualismo:

> "A transferência indiscriminada de direitos individuais era necessária à obtenção de força coletiva suficiente para a proteção da propriedade. Locke poderia se permitir propor isso porque a sociedade civil destinava-se a ficar sob controle dos homens de propriedades. Nessas circunstâncias, o individualismo precisava ser, e podia com toda a segurança ser deixado à supremacia coletiva do Estado."[13]

Três séculos de ideologia burguesa e capitalista deram razões de sobra a esse aparente paradoxo do liberalismo. O lugar próprio do liberalismo, ou do "individualismo possessivo", foi e é a propriedade. Nesse *locus* prático os regimes econômicos liberais conviveram estruturalmente (e não postiça ou aleatoriamente) com a miséria proletária na Europa e a miséria escrava nas Américas. Nesse mesmo *locus* a defesa da propriedade a qualquer custo instalaria governos totalitários não só na Europa do nazifascismo e do integrismo ibérico, mas em vários países da América Latina que sofreram a instauração de ditaduras militares sangrentas nos anos 60 e 70 do século XX. Em todos esses regimes, apesar das suas diferenças específicas, as burguesias agrárias e/ou urbanas transferiram para o estamento militar o poder de decidir e agir em prol do sistema capitalista que lhes parecia de algum modo ameaçado. Se incorrermos no equívoco de conferir

---

tempos se considerou como o período de corrupção de um povo republicano: a saber, que a eleição para o Parlamento se alcança por meio de suborno". O que parece uma "inconsequência" é na verdade um mecanismo inerente ao liberalismo burguês, que considera "liberdade este poder vender o voto e comprar um assento no Parlamento". Falando da Inglaterra, tão admirada por Montesquieu e Voltaire, Hegel, mais lucidamente, denuncia: "O governo está na Inglaterra pessimamente organizado e só existe para os ricos, e não para os pobres. O poder do Estado é um meio para os fins particulares, este é precisamente o orgulho da liberdade inglesa. No desenvolvimento do fim particular radica também o ímpeto colonizador" (id., ibid., p. 383).

13. Macpherson, op. cit., p. 268.

ao liberalismo de Locke e de seus discípulos um conteúdo intrinsecamente democrático, não entenderemos nada das várias configurações políticas que a economia capitalista foi assumindo desde a sua formação até hoje.

ROUSSEAU ENTRE A RUPTURA E A INTEGRAÇÃO

Voltando à leitura de Rousseau, verifica-se uma dualidade de enfoques em seus escritos sobre a propriedade. Há momentos de indignação quando o tema é o abuso das riquezas, o luxo, a ostentação, tudo o que humilha o pobre e o mantém em sua condição de carência. E há momentos de integração, em que Rousseau se contenta em deplorar os excessos da diferença econômica, pregando uma justiça distributiva que respeite o direito de propriedade, mas devolva a cada cidadão o que, por força do pacto social, ele prestou em serviços ao Estado. Esse segundo Rousseau tem ares reformistas, mas de todo modo não deixa de ser crítico em face dos privilégios consagrados no Antigo Regime.

Sobre o direito do "primeiro ocupante", legitimado pelo trabalho do solo, o capítulo ix do Livro i ("Do domínio real") do *Contrato* é fundamental, na medida em que estabelece ao mesmo tempo a origem da propriedade e os seus nexos com as convenções, presumivelmente unânimes, que teriam sido aceitas a partir do pacto. O direito do primeiro ocupante, suscetível de ser violado no estado de natureza por obra de um usurpador mais forte, passa a ser admitido no momento em que se estabelece o *estado civil*. A necessidade da passagem de um estado para o outro já fora apontada no *Discurso sobre a desigualdade*, cujo teor prenuncia os temas do *Contrato*: "Quando as heranças se acresceram em número e em extensão a ponto de recobrirem o solo inteiro e se tocarem todas, umas não puderam crescer senão às expensas das outras".

Em paralelo com a diversidade de atributos que o conceito de propriedade recebeu de Rousseau (e que se explica pela diferença dos contextos), os leitores do *Contrato social* também advertiram juízos de valor aparentemente contraditórios conferidos pelo pensador ao termo *contrato*, alicerce de toda a sua doutrina política. Como a propriedade, que nasceu da *necessidade de autossustento* por parte de homens previdentes, temerosos de que a escassez acabaria por substituir a fartura prodigalizada pela natureza, assim também a degeneração do primitivo estado de convívio entre os mortais teria levado estes a uma guerra hobbesiana de todos contra todos "se a necessidade de autodefesa dos primeiros ocupantes não houvesse engendrado a ideia do pacto social". Mal menor e tolerável em face da luta fratricida iminente, mas bem inestimável como remédio à corrupção e à dominação dos mais fortes, o contrato assegura a ordem pública, protege as pessoas, os seus bens e a sua liberdade, exprime a vontade geral e delega à sociedade o poder de cada indivíduo enquanto pactário consciente e voluntário.

O *Contrato social* seria, dialeticamente, não só *a expressão acabada do individualismo*, pois é *cada indivíduo* (cada *eu*, cada *sujeito*) que sofre e deve enfrentar os males causados pela degeneração do estado natural, mas também a sua necessária *superação*, pois esse mesmo indivíduo "transportou o seu *eu* para a unidade comum":

"Aquele que ousa a empresa de instituir um povo deve sentir-se capaz de mudar, por assim dizer, a natureza humana, transformando cada indivíduo, que por si mesmo é um todo perfeito e solitário, em parte de um todo maior de que esse indivíduo receba de algum modo sua vida e seu ser" (*Contrato*, Livro I, cap. VIII). Uma educação ética rigorosa (à semelhança da que o "cidadão de Genebra" idealizou como própria da sua pequena cidade-Estado) é o que Rousseau recomenda a um seu consulente polonês nas *Considerações sobre o governo da Polônia*, escritas em 1772, dez anos depois do *Contrato*.

Quando se separam drasticamente as duas dimensões do pensamento político de Rousseau (de um lado, o culto extremado à liberdade individual; de outro, a alienação de todos e de cada um na consecução do pacto social), os resultados políticos são desastrosos. Há um Rousseau visto como inimigo da mediação dos partidos, nume das assembleias diretas, rolos compressores prepotentes e hostis à prática da representação e da delegação. E há, no outro extremo, um Rousseau legitimador das ditaduras republicanas jacobinas, dos comitês inapeláveis de salvação pública, que não hesitam em sancionar o terror em nome da soberania popular e da vontade geral que supõem encarnar.

Mas qual seria o verdadeiro Rousseau? Os defensores de sua memória propõem-se fazer justiça a seu pensamento político, reconhecendo que o contrato por ele augurado é, antes de mais nada, uma *convenção unânime* concebida para impedir que os interesses particulares mais selvagens descartem ou abafem o bem da *polis*. Feito o pacto, cada cidadão deverá sentir-se membro livre de uma sociedade equitativa, justa, democrática. Nessa sociedade a decisão de obedecer sempre ao voto das maiorias também deriva de uma convenção inicial, *que deve ter sido unânime*. Sem esse primeiro passo, que exprimiu a *vontade geral*, a democracia regida pelos votos da maioria também acabaria reduzindo-se a um regime governado pelo "direito" do numericamente mais forte: "A lei da pluralidade dos sufrágios é, em si mesma, estabelecida por uma convenção" (Livro I, cap. V).

Diante das proposições categóricas do primeiro Livro do *Contrato*, o historiador das instituições políticas formado na leitura de Montesquieu não deixará de perguntar: como, onde e quando a humanidade passou do estado natural ao estado social ou convencional? Como, onde e quando foi acordado o pacto fundador da sociedade civil? Mas não encontrará resposta em toda a obra, pois Rousseau mesmo declara ignorar o modo, o lugar e o tempo dessa mudança, que se teria realizado de formas várias, em regiões e épocas diversas. Como observou certeiramente Norberto Bobbio em sua reconstrução do conceito de contrato social, este é "pura ideia reguladora da razão", e a sua eventual origem na História é, na expressão radical de Kant, "imperscrutável".[14]

A instauração do estado civil, necessária e universal, não terá garantido, por sua vez, a estabilidade perene das sociedades criadas pelo pacto. Pelo contrário, todo o discurso normativo do *Contrato social* deixa claro que as sociedades e os Estados podem degenerar desde que os cidadãos prefiram os seus interesses particulares ao bem comum da *polis*. O contrato descumprido ou mal cumprido exige uma regeneração dos costumes, embora não necessariamente uma refação integral das leis: é o conselho pragmático, só aparentemente conservador, que Rousseau dá aos nobres poloneses para evitar que a anarquia se aprofunde e leve a nação à ruína.[15]

A ruptura causada pelos maus governos em relação ao pacto fundador reinstaura a pura dominação dos fortes e dos ricos, situação que, em pleno estado civil, não deve ser considerada um retorno, aliás inviável, ao estado de natureza, mas degeneração: a sua expressão cabal Rousseau a reconhece nas condições iníquas em que vive a França monárquica.

> "Sob os maus governos essa igualdade não é mais do que aparente e ilusória; ela serve tão só para manter o pobre na sua miséria e o rico na sua usurpação. Na realidade, as leis são sempre úteis àqueles que possuem e nocivas aos que nada têm. De onde se segue que o estado social só é vantajoso aos homens enquanto todos têm alguma coisa e ninguém tenha coisa alguma em demasia."[16]

---

14. Ver Norberto Bobbio e Michelangelo Bovero, *Sociedade e Estado na filosofia política moderna*. Trad. de Carlos Nelson Coutinho. São Paulo: Brasiliense, 1987, p. 65. A expressão de Kant, citada por Bobbio, acha-se na *Metafísica dos costumes*, § 49.

15. Sobre as supostas incoerências do pensamento de um Rousseau oscilante entre o radicalismo republicano e o conservadorismo, leia-se o belo trabalho de Luís Roberto Salinas Fortes, *Rousseau: da teoria à prática* (São Paulo: Ática, 1976), cujo texto de referência são as *Considerações sobre o governo da Polônia e sua reforma projetada*, ed. bilíngue. Org. de Luiz Roberto Salinas Fortes. São Paulo: Brasiliense, 1982.

16. Michel Launay assim comenta esse parágrafo: "Uma crítica tão nítida da legalidade burguesa no próprio momento em que esta é mais fortemente fundada exclui toda hesitação sobre o sentido da hesitação de Rousseau: do *Emílio* ao *Contrato social*, Rousseau tomou consciência de que o único fundamento do direito político é a liberdade e o direito de cada um à vida, e que a propriedade só é sagrada na medida em que ela assegura e respeita esses direitos mais sagrados, os da liberdade e da vida" (em *Jean-Jacques Rousseau écrivain politique*. Cannes: CEL, 1971, p. 424).

EDUCAÇÃO E RELIGIÃO: DIMENSÕES CONTRAIDEOLÓGICAS DO EMÍLIO *DE ROUSSEAU*

A oposição aos componentes ideológicos do Antigo Regime aprofunda-se quando o objeto de controvérsia passa do contexto econômico e político às dimensões culturais e propriamente simbólicas vigentes no século XVIII francês. Refiro-me à relevância de sua *polêmica pedagógica* e à originalidade do seu *pensamento religioso*. Em ambas as esferas Rousseau difere sensivelmente do discurso dos enciclopedistas, seus companheiros na difusão das Luzes até um certo momento, pois é sabido que os *philosophes*, sobretudo Diderot e Voltaire, o acolheram na primeira fase da sua entrada na luta contra os males do regime, renegando-o depois, quando ficaram patentes as divergências de doutrina. A perseguição que lhe moveu Voltaire nos últimos anos de sua vida dá um triste exemplo de intolerância no campeão da ideia de tolerância.

O *Emílio ou da Educação*, mal saiu do prelo no mesmo ano do *Contrato social*, foi reprovado por todas as instâncias que dispunham do poder de julgá-lo. A principal corte de justiça de Paris, a "Grand-Chambre" do Parlamento, condenou a obra ao fogo, tendo o advogado do rei Luís XV proferido este alarmado julgamento: "O que seria dos indivíduos educados em semelhantes máximas senão homens preocupados com o ceticismo e a tolerância?".

Sabendo da ordem de prisão, Rousseau foi aconselhado por amigos a fugir para a Suíça. Mas o Conselho e o Sínodo de Genebra também o acusam e pedem a sua prisão. O *Emílio* é queimado juntamente com o *Contrato social* diante da porta da prefeitura da sua cidade natal. Os pastores de uma igreja calvinista holandesa ordenam o confisco dos exemplares e proíbem a sua impressão sob pena de multa e encarceramento. A Sorbonne censura 58 proposições do livro lançando-lhes anátemas universitários e eclesiásticos. O livro foi posto no Índex pelo papa Clemente XIII, que endossou julgamentos do arcebispo de Paris, Christophe de Beaumont. A assembleia-geral do Clero de França pronunciou-se no mesmo sentido.[17]

Rousseau defendeu-se eloquentemente das acusações que lhe foram dirigidas, mas o fato é que estava bem consciente do teor inconformista de suas reflexões pedagógicas e religiosas, em tudo contrárias às ideias e às práticas correntes no Antigo Regime.

Desde a primeira infância, todos os hábitos impostos pelos pais, governantas e preceptores pareciam-lhe opressivos ou mesmo cruéis. As mães nobres e

---

17. Ver a introdução, de autoria de François e Pierre Richard, ao *Émile* (Paris: Garnier, 1957).

burguesas entregavam seus recém-nascidos a amas de leite, quando, pelo contrário, o aleitamento materno deveria ser norma por motivos de saúde física e moral. Os bebês eram rigidamente enfaixados desde os primeiros dias, coibindo-se os seus movimentos e deformando a sua ossatura.

A liberdade, valor supremo da pedagogia do *Emílio*, era sabotada pela coação física ou, no extremo oposto, corrompida pelo mimo arbitrário, que excita os caprichos mais fantasiosos da criança e, passando do limite do suportável, desencadeia a repressão brutal do adulto. Rousseau, preceptor de crianças e adolescentes ricos, precisava agir a contrapelo dos costumes viciosos dos pais de seus pupilos: o educador enfrentava, no âmbito da família, as mazelas que o reformador político advertia no corpo social. Daí a ênfase com que o pensador alude ao fato de suas máximas serem "contrárias às que estão estabelecidas" e irem "contra a opinião comum".

Essa aversão às ideias rotineiras cresce, no *Emílio*, à medida que o discípulo deve passar das atividades físicas próprias da infância à educação intelectual e moral. Rousseau critica asperamente a alfabetização precoce, a leitura das fábulas de La Fontaine, dentre as quais a história do corvo e da raposa é submetida a uma leitura semântica e ética rigorosa para demonstrar a sua inadequação à idade e aos sentimentos de Emílio. Igual recusa lhe inspiram os estudos clássicos, o aprendizado precoce do latim, bem como o excesso de leituras, que afastam o menino da vida ao ar livre, dos exercícios que o robustecem, da simplicidade no dizer e no agir que deve ser o apanágio do cidadão livre e virtuoso.[18]

Emílio não deve conhecer a adulação dos mais velhos, porque seria fatal à lisura de seu caráter. Conviverá democraticamente com crianças de outros estratos sociais e aprenderá que o homem do campo merece mais crédito do que o cavalheiro refinado das cidades.

Recusando o pessimismo de Hobbes quanto ao gênero humano, Rousseau vê na depravação do homem urbano e artificialmente polido o afastamento da natureza, que é sempre generosa e espontânea, mesmo quando a sua energia parece rústica e impetuosa. As fórmulas de etiqueta, tão prezadas na corte, e que os pais fazem questão cerrada de exigir dos filhos, tornam as crianças falsamente delicadas e costumam ser apenas máscaras de tiranetes comandando os súditos,

---

18. Bertrand de Jouvenel mostra a afinidade do veredicto pronunciado por Rousseau contra os Colégios do tempo com as críticas severas que os pastores calvinistas lançavam contra a leitura dos escritores latinos pelos estudantes que neles aprendiam lições de despudor e cinismo. A fonte é a obra do guia espiritual da Genebra do começo do século XVIII, Frédéric Ostervald, *Traité des sources de la corruption qui règne aujourd'hui parmi les chrétiens*. Basileia, 1729, em *Du contrat social*, cit., pp. 155-6.

no caso, os adultos assim dobrados pelas palavrinhas de petizes imperiosos. "Vê--se logo que um *s'il vous plaît* significa na sua boca *Il me plaît*, e que *je vous prie* significa *je vous ordonne.*"

A máxima de que a criança deve ser sempre considerada como tal, e não como um adulto em miniatura, será talvez a ideia de Rousseau mais radicalmente oposta à pedagogia do Antigo Regime. Lê-se no segundo livro do *Emílio*: "A humanidade tem o seu lugar na ordem das coisas; a infância tem o seu na ordem da vida humana: é preciso considerar o homem no homem, e a criança na criança".

Assim como o aprendizado do bem-pensar e do bem-dizer deve descartar todo pedantismo e toda afetação, a educação do bem-agir, objeto da vida moral, evitará sermões tediosos e abstrações inúteis. É na relação de respeito dos pais e do preceptor para com a criança que esta enxergará como em límpido espelho o modo honesto de comportar-se. O exemplo é tudo; as palavras, nada. Os adultos não devem julgar-se mestres caridosos se se bastarem com a oferta de esmolas aos pobres dadas ostensivamente na presença das crianças. A verdadeira caridade é a doação da atenção, do tempo, de si mesmo, ao necessitado... Rousseau, recomendando, nessa altura da vida, as "obras de misericórdia" da doutrina cristã, estaria lembrando, talvez sem querer, as benemerências da sua piedosa protetora católica, Madame Warens, a *maman* pela qual se apaixonara quando adolescente fugitivo dos rigores da sua Genebra?

A última etapa da educação de Emílio, ou seja, a instrução que deve preceder a escolha da companheira que tomará por esposa, será o ensino da fé à luz da natureza e da razão. O quarto livro contém o mais vibrante discurso religioso do século das Luzes, a *profissão de fé do vigário da Saboia*.

Não por acaso, foi esse texto que atraiu as iras das autoridades eclesiásticas da França e de Roma e de pastores calvinistas da Suíça e da Holanda. Voltaire, rompido a essa altura com Rousseau, não pôde deixar de admirar a força e a beleza desse escrito sem par, embora depois o esconjurasse com argumentos estranhamente ortodoxos... O porquê dessa reação vinda de tantos lados diferentes deve ser procurado no teor francamente contraideológico da profissão de fé do *vicaire savoyard*.

Trata-se de um discurso que, pelo seu *páthos* radical, não poderia ser aceito nem pelos católicos nem pelos protestantes. Tampouco os *philosophes* agnósticos ou abertamente irreligiosos, como Helvétius e D'Holbach, acolheriam de bom grado as palavras fervorosas de uma alma mística, fosse embora o seu sentimento alheio a qualquer igreja ou seita. Rousseau, abrindo o discurso à primeira pessoa, narra o seu encontro com um sacerdote que o acolhera em Turim e o confortara nos anos juvenis de pobreza e desesperança.

Pela voz desse homem humilde e reflexivo o pensador expõe o sumo de seus pensamentos sobre Deus, transcendente, criador e primeiro motor, a origem do universo, a matéria e a vida, o corpo e a alma (para ele, imaterial e imortal), os sentidos, a razão e a consciência moral. Nem os dogmas das religiões instituídas nem o ceticismo árido dos filósofos contemporâneos influem no discurso desse herético vigário de aldeia, espírito independente, cuja única religião é a do "homem natural", aquele que chega à ideia de Deus considerando o movimento dos astros, a ordem maravilhosa do universo, a perfeição dos corpos vivos e a sua própria consciência do bem e do mal. "Vede o espetáculo da natureza, escutai a voz interior. Deus não disse tudo para nossos olhos, para nossa consciência, para nosso julgamento?"[19] Dificilmente deixaríamos de lembrar o episódio em que Kant, o mais pontual dos mestres, se atrasou no cumprimento de sua rotina no dia em que se pôs a ler o *Emílio*, obra que se faria presente na sua reflexão sobre a religião à luz da natureza e dos limites da razão.

Os materialistas são por ele comparados a surdos que negam a existência dos sons que jamais afetaram os seus ouvidos.

> "Quanto mais reflito sobre o pensamento e sobre a natureza do espírito humano, tanto mais descubro que o raciocínio dos materialistas se parece com os daquele surdo. Eles são surdos, de fato, à voz interior que lhes clama com um tom difícil de ser ignorado: uma máquina não pensa absolutamente, não há movimento nem figura que produza a reflexão: alguma coisa em ti procura romper os liames que o comprimem. O espaço não é tua medida, o universo inteiro não é suficientemente grande para ti: teus sentimentos, teus desejos, tua inquietude, teu orgulho mesmo, têm outro princípio diverso desse corpo estreito no qual te sentes encadeado."[20]

Entretanto, esse espírito religioso não se submete à rigidez dos dogmas, quer do catolicismo tridentino, quer do calvinismo, quer da Sorbonne, quer de Genebra. Contra a ameaça da danação eterna dos pecadores, afirma que "Deus não é o Deus dos mortos, pois ele não poderia ser destruidor e malvado sem se prejudicar. Aquele que tudo pode não pode querer senão o que é bem".[21] E é na leitura dos Salmos de Davi que Rousseau afinará o tom de seu discurso de crente confiante na benignidade divina:

Non pas pour nous, non pas pour nous, Seigneur,
Mais pour ton nom, mais pour ton propre honneur,
O Dieu! fais-nous revivre![22]

---

19. *Émile ou de l'éducation*. Paris: Garnier, 1957, p. 361.
20. Id., ibid., p. 359.
21. Id., ibid., p. 342.
22. Rousseau transcreve em nota essa abertura do salmo. Ver id., ibid., p. 345-6. O desdobra-

Louvando embora a simplicidade sublime do Evangelho e reverenciando a figura ímpar de Jesus,[23] Rousseau não pôde evitar os anátemas que a obra provocou junto aos guardiães da ortodoxia. Não lhe perdoaram a simpatia pelos judeus e pelos muçulmanos, nem o relativismo com que encarava todas as religiões do seu tempo, inclusive as que desconhecia, da África, da Ásia e das Américas, onde as missões lhe pareciam, no melhor dos casos, impertinentes. Em várias passagens da *Profissão de fé* exalta-se a virtude da tolerância religiosa. Os enciclopedistas, por sua vez, maltrataram rudemente o seu antigo colaborador e aliado em represália às palavras duras que o preceptor de Emílio dirigiu contra certas tiradas corrosivas dos *philosophes*.

Leia-se a longa nota que Rousseau apõe às últimas palavras do vigário de Saboia. Se o fanatismo é mais pernicioso e violento do que o ateísmo, este, porém, não deixa de causar males graves, pois

"a irreligião e, em geral, o espírito arrazoador e filosófico, apegado à vida, efeminam, aviltam as almas, concentram todas as paixões na baixeza do interesse particular, na abjeção do eu humano, solapando assim em surdina os verdadeiros fundamentos de toda sociedade, pois o que os interesses têm em comum é tão pouca coisa que não abalarão jamais o que eles têm de diferenciado (*opposé*)".

E adiante:

"Os princípios do ateísmo não fazem matar os homens, mas os impedem de nascer, destruindo os costumes que os multiplicam, desligando-os da sua espécie, reduzindo todas as suas afeições a um secreto egoísmo tão funesto à população quanto à virtude. A indiferença filosófica se parece com a tranquilidade do Estado sob o despotismo; é a tranquilidade da morte: mais destrutiva do que a própria morte."

---

mento da ideia da clemência universal encontra-se na pergunta pungente: "O homem mau não é meu irmão? Quantas vezes eu fui tentado a assemelhar-me a ele! Que, libertado de sua miséria, ele perca também a malignidade que o acompanha".

23. Ver em particular o parágrafo que se abre com estes períodos: "Eu vos confesso também que a majestade das Escrituras me assombra, e que a santidade do Evangelho fala a meu coração. Vede os livros dos filósofos com toda a sua pompa; como são pequenos perto daquele! É possível que um livro ao mesmo tempo tão sublime e tão simples seja obra dos homens?" (*Émile*, p. 379).

O SENTIDO DA HISTÓRIA. RETOMANDO MONTESQUIEU. O ESPÍRITO DAS LEIS

"O homem nasceu livre, e em toda parte está acorrentado."
Assim abre Rousseau o *Contrato social*. O seu pensamento político nasce de um desejo de rebelar-se contra todas as formas de despotismo. Como Bacon, em outro contexto, ele se propunha libertar a humanidade dos erros, das ilusões, dos discursos falsos do mercado e das doutrinas categóricas vigentes no seu tempo. Como Voltaire e os enciclopedistas, que lutavam contra as múltiplas formas de intolerância ainda prepotentes ao longo do século XVIII, Rousseau parte de um contexto adverso e concebe uma sociedade ideal para a qual ambiciona preparar o cidadão virtuoso e livre. Por isso, já se disse com acerto que o *Contrato social* e o *Emílio*, publicados no mesmo ano de 1762, são irmãos gêmeos.

Mas, se voltarmos de novo os olhos para uma obra política fundamental escrita poucos anos antes do *Contrato*, e que penetrou fundo no pensamento dos enciclopedistas, reconheceremos um espírito igualmente crítico, mas em tudo diverso quanto ao método e ao objeto de suas análises. Trata-se de *O espírito das leis*, que Montesquieu deu ao prelo em 1748 na cidade de Genebra.

Montesquieu ensaiara suas armas satíricas nas *Cartas persas*. Fingia-se outro para melhor escarmentar os preconceitos e os ridículos de seus compatriotas. Fascinava-o o estudo dos costumes de povos distantes no espaço e no tempo. Devotou longos anos ao exame da vida pública dos mais prestigiados antecessores dos povos modernos, os romanos, cuja história esquadrinhou com erudição e narrou no mais conciso dos estilos, vindo a ser matriz da prosa ilustrada francesa. As *Considerações sobre as causas da grandeza dos romanos e de sua decadência* saíram em 1734 e deveriam constituir um capítulo do *Espírito das leis*. Mas o assunto transbordou do plano original e o livro saiu à parte. Ficaram os *exempla* e ficaram sobretudo os modos de olhar a história concreta dos costumes e das leis não só dos romanos, mas de tantos outros povos, como os gauleses, os germânicos, os escandinavos, os chineses, os tártaros e, aqui e ali, os nossos americanos.

As leis e o que nos interessa de perto, as ideologias, como as chamamos a partir do século XIX, não são abstrações, fórmulas matemáticas, entes de razão que se possam deduzir de ideias simples ou genéricas. Tampouco devem ser concebidas como propostas ideais induzidas a partir de nossos desejos e nossas utopias. Devemos a Montesquieu o método fecundo de integrar realisticamente as leis na história dos hábitos de um povo. *O espírito das leis* desenvolve mediante numerosos exemplos a ideia de *relação* entre a fórmula jurídica e o mosaico de fatores condicionantes, que vão do clima e do solo de uma nação a seus *mores*, incluindo a religião e as variadas formas de sociabilidade.

Vem a propósito o juízo elogioso que Hegel faz ao realismo desassombrado do *Espírito das leis*, obra em que Montesquieu "demonstra uma intuição das situações solidamente escorada", o que o opõe aos historiadores moralizadores que estão sempre a deplorar o curso dos acontecimentos e das ações humanas como se a História precisasse ser uma lição do que não deveria ter sido.[24]

Montesquieu, sem deixar de ser um espírito crítico (são admiráveis as suas páginas contra a perseguição aos judeus e a prática da escravidão nas Américas), é o pioneiro de um robusto historicismo, que ainda hoje ensina a relativizar nossas tendências a endossar princípios rígidos e universais.[25]

---

24. Hegel, *Introduction à la philosophie de l'Histoire*. Trad. de Kostas Papaioannou. Paris: Plon, 1965, p. 30. Nos *Princípios da filosofia do direito*, Hegel, discorrendo sobre os fatores históricos do direito positivo, diz: "[...] foi Montesquieu quem definiu a verdadeira visão histórica, o verdadeiro ponto de vista filosófico, que consiste em não considerar isolada e abstratamente a legislação geral e suas determinações, mas vê-las como elemento condicionado de uma totalidade e correlacionadas com as outras determinações que constituem o caráter de um povo e de uma época; nesse conjunto adquirem elas o seu verdadeiro significado e nisso encontram portanto a sua justificação" (Lisboa: Guimarães, 1990, p. 23).

25. Sobre Montesquieu pensador do social, ver o capítulo que lhe dedicou Raymond Aron em *As etapas do pensamento sociológico*, 3ª ed. bras. São Paulo/Brasília: Martins Fontes/Ed. da Universidade de Brasília, 1990, pp. 19-67. Aron elabora uma análise sistemática do *Espírito das leis*, detendo-se na discussão do problema da relação entre fatos e valores, que é crucial para entender o equilíbrio entre o relativismo "pré-sociológico" de Montesquieu e os seus ideais ilustrados de moderação e razoabilidade do poder político.

DUAS VERTENTES: RADICALISMO E HISTORICISMO

Na acidentada pré-história do conceito de ideologia, convém observar a diferença que separa duas vertentes que podem tangenciar as suas águas e até se confundirem a um olhar menos atento.

Pela primeira vertente, *o pensamento hegemônico é sempre falso* e deve ser atacado pela raiz e desmistificado implacavelmente. A Rousseau se atribui, como a nenhum outro pensador do século XVIII, a radicalidade dessa posição.[26]

Pela segunda vertente, o mesmo pensamento dominante deve ser analisado, interpretado, compreendido em suas relações com seus fatores condicionantes, físicos e sociais, históricos e culturais; em suma, a ideologia deve ser situada e historicizada. O que não significa pura e conformista aceitação das ideias emanadas do poder estabelecido, mas uma forma de relativismo que se propõe antes conhecer os homens e os povos como são do que imaginar como deveriam, idealmente, ser. Toda lei, toda constituição e todo discurso político têm, para Montesquieu, a sua razão de ser. As instituições não nascem nem se mantêm por acaso, fora do seu tempo e lugar, sem que os costumes de um povo ou de um grupo social as produzam e reproduzam.

A primeira tendência é radical, e o seu inspirador é um certo Rousseau, precursor dos revolucionários: "Se eu não considerasse senão a força, e o efeito que dela deriva, eu diria: enquanto um povo está constrangido a obedecer, e obedece, faz bem; logo que ele pode lançar de si o jugo, e o lança, faz ainda melhor [...]" (*Contrato social*, I, I).

A segunda tendência quer-se realista, e o seu mestre é Montesquieu, mentor de um historicismo relativista de longa duração. No capítulo das democracias, o que a História lhe ensina? Que as múltiplas formas do governo experimentadas ao longo dos séculos não são realidades ontológicas, imutáveis: "O princípio da democracia corrompe-se não só quando se perde o espírito de igualdade, mas também quando se toma o espírito de igualdade extrema, querendo cada um ser igual àqueles que ele escolheu para comandá-lo". (Para entender o contexto dessa proposição, é indispensável ler o oitavo livro do *Espírito das leis*, com exemplos tomados aos gregos e aos romanos.)

Estreitando os nexos entre as instituições de um povo e as suas condições de clima e de solo bem como os seus meios de subsistência, Montesquieu será retomado pelos teóricos da política dos séculos XIX e XX e particularmente pelos

---

26. A oposição entre o historicismo de Montesquieu e o radicalismo de Rousseau não deve, porém, nos fazer ignorar o quanto o segundo deve ao primeiro. São judiciosas as observações de Robert Derathé, em *Jean-Jacques Rousseau et la science politique de son temps*, 2ª ed. Paris: Vrin, 1995.

sociólogos da cultura, que fundamentam o seu discurso nos conceitos de *situação* e de *relação* entre as ideias e suas bases materiais.

> "As leis têm uma grandíssima relação com a maneira como os diversos povos proporcionam a sua subsistência. É necessário um código de leis mais extenso para um povo que se apega ao comércio e ao mar do que para um povo que se contenta com o cultivo de suas terras. E um código maior para este último do que para um povo que vive de seus rebanhos. E um código maior para este do que para um povo que vive de sua caça." (Livro XVIII, cap. VIII.)

Assim, Montesquieu dispõe em ordem decrescente de complexidade das leis os povos comerciantes e marítimos, os povos lavradores, os povos pastoris e os povos caçadores. Discurso jurídico e meios de vida são postos em estreito liame, como na sociologia positiva viriam a ser relacionadas intimamente as superestruturas e as suas condições sociais e econômicas.

O espírito analítico de Montesquieu levou-o a um mapeamento descritivo dos Estados, das formas de governo e das suas condições materiais e culturais. Não se poderia, sem forçar o sentido da expressão, dizer que há no *Espírito das leis* uma "filosofia da história", pois o seu reconhecimento das condições nunca se enrijece em uma cadeia de determinações. Diz Montesquieu no Livro XIV: "Quanto mais as causas físicas arrastam os homens ao repouso, tanto mais as causas morais os devem afastar dele". E, em seguida: "Quando o clima leva os homens a fugir do trabalho da terra, a religião e as leis devem empurrá-los para o trabalho".

Na medida em que o condicionamento das forças materiais pode ser compensado pela força das instâncias culturais, não há lugar para o reducionismo determinista.

O juízo ideológico do pensamento de Montesquieu é ainda questão aberta. Será conservador, se confrontado com o radicalismo democrático pregado pelos revolucionários de 1789, mas progressista enquanto crítico de todo e qualquer despotismo, quando posto em relação com o seu contexto francês, que é o da monarquia absolutista da primeira metade do século XVIII. Bastaria para comprovar o caráter aberto e progressista do seu pensamento constatar a influência decisiva que *O espírito das leis* exerceu sobre o fundador do direito penal moderno, Cesare Beccaria. *Dos delitos e das penas* saiu em 1764, nove anos após a morte de Montesquieu.

A situação peculiar do regime político inglês estabelecido a partir da Revolução Gloriosa de 1688, isto é, o quadro de um monarca cujo raio de ação era limitado pelo Parlamento, apresentava-se a Montesquieu como um modelo de separação harmoniosa dos poderes. Daí a polaridade com que sua obra é julgada: o marxismo peremptório de Althusser não hesita em tachá-lo de "reacionário", ou, mais brandamente, "aristocrático", ao passo que historiadores de formação sociológica nele reconhecem o grande precursor de um conhecimento realista atento à diversidade dos costumes e dos regimes que vigoraram efetivamente (e não idealmente) ao longo da história.[27]

---

27. Raymond Aron discute as posições antagônicas de Althusser e dos admiradores do relativismo de Montesquieu no capítulo citado de *As etapas do pensamento sociológico*, pp. 53-7.

TRÊS DESENHOS PARA O CURSO DA HISTÓRIA: A LINHA RETA DE CONDORCET, O CICLO DE VICO E A ESPIRAL DIALÉTICA DE HEGEL

A LINHA RETA DE CONDORCET

A tentativa de abraçar a marcha dos séculos e o nascimento, crescimento e morte das civilizações, dando ao processo inteiro um *sentido*, foi empreendida pelos filósofos das Luzes, e teve o seu mais coerente expositor em Condorcet, o teórico do *progresso*.

Perseguido pelos esbirros do Terror, que o encontraram morto na prisão, nem por isso Condorcet deixou, até seu último momento, de crer na "perfectibilidade indefinida" do espírito humano que, através dos séculos e pelo exercício sistemático da razão, não se deteria no processo de aperfeiçoamento intelectual e moral.

O *Esboço de um quadro histórico dos progressos do espírito humano*, datado do ano de sua morte, 1794, é pré-evolucionista e radicalmente otimista. As suas certezas fundam-se em uma só e inabalável crença: as ciências da natureza, estudadas a fundo, ampliarão não só o conhecimento, mas as virtudes cívicas, a liberdade do cidadão e o domínio do homem sobre a Terra. Novas técnicas tornarão o homem mais livre e mais feliz, e à força de pensar corretamente também a vida social ficará mais razoável, as causas da desigualdade entre os homens e as nações serão superadas, e a educação do *citoyen* republicano o fará respeitar os direitos de seus semelhantes. Sabe-se o quanto esse pensamento progressista foi acolhido por Saint-Simon, reelaborado por Auguste Comte e pelos evolucionistas do século XIX e ainda vigora na *forma mentis* de não poucos cientistas de nossos dias.

Condorcet, reconhecendo embora que a marcha da humanidade encontrou e poderá ainda encontrar obstáculos devidos aos preconceitos e à corrupção, quer dos governantes, quer dos povos ainda incultos, não duvida de que "tão somente a verdade deverá obter um triunfo durável".[28] Poucas linhas atrás, afirmara: "Sem dúvida, esses progressos poderão seguir uma marcha mais ou menos rápida, mas jamais será retrógrada". É uma questão de tempo e de empenho daqueles que já atingiram a maturidade intelectual, aquela elite pensante à qual também os positivistas atribuiriam a árdua mas recompensadora missão de iluminar as massas ignaras.

Condorcet confia especialmente nas virtudes de uma linguagem de comunicação universal, composta de signos convencionais semelhantes aos da Matemática (ele foi um dos criadores do cálculo das probabilidades e da estatística aplicada a fenômenos sociais). De seu mestre e amigo Turgot e da recente economia política de Adam Smith recebeu o entusiasmo pela globalização comercial então em franca expansão.

Bastante próximo dos enciclopedistas, especialmente de D'Alembert e de Voltaire (cujas obras editou), Condorcet se afastou das posições de Rousseau, cuja grandeza não deixava de reconhecer, rejeitando o nexo entre o progresso da civilização e o declínio moral da humanidade, tão explícito nos *Discursos* e no *Contrato social*. Esse distanciamento crítico e a sua afinidade com os primeiros *philosophes* da *Enciclopédia* valeram-lhe o ódio de Marat e sobretudo o de Robespierre, que, não admitindo a mínima restrição a Rousseau, seu supremo guia espiritual, o acossou até levá-lo ao cárcere privado em pleno Terror. Entretanto, um ano depois da sua morte, a Convenção, que o condenara, decretou a compra e a distribuição de 3 mil exemplares do *Esboço*, então recém-editado pela viúva do pensador: "É um livro clássico oferecido a vossas escolas republicanas por um filósofo desafortunado".[29]

Acompanhando a história dos progressos do espírito humano, Condorcet a divide em nove etapas às quais acrescenta uma décima, em que visualiza o futuro, não como uma utopia, mas como uma decorrência necessária da marcha para as Luzes. A sequência das épocas é determinada pela invenção e acumulação dos conhecimentos que o homem foi legando às gerações sucessivas, como se um mesmo indivíduo fosse capaz de receber e transmitir os bens materiais e culturais produzidos pelas várias civilizações desde a pré-história até o fim do século XVIII. Condorcet deixa na sombra as determinações propriamente econômicas e sociais de cada etapa na medida em que o seu foco de interesse é a evolução das

---

28. Condorcet, *Esquisse d'un tableau historique des progrès de l'esprit humain*. Intr. de Alain Pons. Paris: Flammarion, 1988, p. 86.
29. Ver a introdução de Alain Pons a *Esquisse*, cit., p. 11.

técnicas e dos saberes criados pela mente humana: daí a ênfase na invenção da escrita alfabética, da bússola, da imprensa e até mesmo da pólvora como lídimas alavancas do progresso universal.

Os protagonistas do seu quadro histórico mundial não são os reis nem os conquistadores de impérios, mas os filósofos gregos, os grandes cientistas dos séculos XVI e XVII (Copérnico, Kepler, Galileu, Newton), os filósofos que se detiveram no exame da razão humana, como Descartes, superado em parte por Locke e, evidentemente, os seus mestres ilustrados, Turgot, D'Alembert e Voltaire. Recenseando as ciências naturais do seu tempo (a nona idade), Condorcet dá ênfase aos progressos da Física e da Geometria Analítica. Tal é a sua confiança no poder criador e regenerador da ciência que chega a afirmar drasticamente: "Todos os erros em política e moral têm por base erros filosóficos, os quais, por sua vez, estão ligados a erros físicos".[30]

Contudo, as certezas científicas não o impediram de ver com lucidez os males do seu tempo, que ele atribuía sistematicamente à ignorância, à superstição, à permanência de seculares preconceitos, atitude que é a tendência e o limite do puro racionalismo:

"Mas se tudo nos responde que o gênero humano não deve mais recair na sua antiga barbárie; se tudo nos deve assegurar contra esse sistema pusilânime e corrompido que o condena a eternas oscilações entre a verdade e o erro, a liberdade e a servidão, nós vemos ao mesmo tempo as luzes ocuparem ainda uma minguada parte do globo, e o número daqueles que efetivamente as detêm desaparecer diante da massa dos homens entregues aos preconceitos e à ignorância. Vemos vastas regiões gemerem sob a escravidão, e mostrando tão só nações, ora degradadas pelos vícios de uma civilização cuja corrupção retarda sua marcha, ora vegetando ainda na infância das primeiras épocas. Vemos que os trabalhos desses últimos tempos muito fizeram pelo progresso do espírito humano, mas pouco pelo aperfeiçoamento da espécie humana; muito pela glória do homem, alguma coisa por sua liberdade, quase nada por sua felicidade. A alma do filósofo repousa consolada sobre um pequeno número de objetos; mas o espetáculo da estupidez, da escravidão, da extravagância, da barbárie, o aflige mais frequentemente ainda; o amigo da humanidade não pode desfrutar de prazer sem mistura a não ser abandonando-se às doces esperanças do futuro."[31]

---

30. *Esquisse*, cit., p. 253.
31. Id., ibid., p. 260.

É na concepção da décima época do espírito humano que o leitor poderá identificar o objeto dessas "doces esperanças" que Condorcet julgava realizáveis em tempo não muito remoto. Para tanto, em vez de desenhar quiméricas utopias, o filósofo progressista declara valer-se de uma das invenções do século a que ele tanto se dedicara, *o cálculo das probabilidades*, isto é, a previsão do que é possível acontecer a partir da observação do que já está acontecendo. Se a ciência já entreviu, no exame dos fenômenos, algumas tendências constantes, por que não esperar razoavelmente que estas se reproponham em futuro próximo?

Três são as conquistas apontadas pelo pensador como prováveis na próxima idade: a) *a destruição da desigualdade entre as nações*; b) *os progressos da igualdade no interior de um mesmo povo*; c) *o aperfeiçoamento real do homem*.[32]

Quanto à primeira situação, Condorcet espera que todas as nações se aproximem um dia do estado de civilização a que chegaram os povos mais esclarecidos e mais livres, isto é, "os franceses e os anglo-americanos". Como Locke e os enciclopedistas, Condorcet não dá a merecida ênfase ao fato de que a escravidão nas Américas não foi obra dos nativos atrasados, "bárbaros" e "selvagens", segundo as suas próprias palavras, mas resultado da política mercantil dos colonizadores "esclarecidos", incluindo ingleses e franceses. Mas é veemente a sua indignação ao condenar as empresas que monopolizavam o comércio dos bens tropicais e mantinham a prática feroz da escravidão. O remédio a ser ministrado a curto prazo seria instaurar um comércio livre, desonerado da corrupta burocracia colonial, transformando essas "feitorias de salteadores" em "colônias de cidadãos que difundirão, na África e na Ásia, os princípios e o exemplo da liberdade, as luzes e a razão da Europa".[33]

A segunda conquista, a igualdade no interior de cada nação, é causa de perplexidade no discurso do nosso filósofo. Afastada embora, a sombra de Rousseau perpassa um momento no trecho em que pergunta se "essa desigualdade" teria sido aumentada e até mesmo produzida "pelos primeiros progressos da sociedade". Todas as frases seguintes desdobrarão a mesma dúvida e se pautarão pelo estilo interrogativo. Ou seja, o estudioso do cálculo das probabilidades deixa para a redação de outra obra (de que o *Esboço* é apenas o plano) a elaboração de respostas para o problema-chave da desigualdade que reina em todas as nações.

De todo modo, convém sublinhar, Condorcet escrevia em plena Revolução Francesa, à qual tinha aderido de corpo e alma considerando-a o ponto mais alto da luta pelos direitos do homem. Daí provêm as suas medidas para reduzir

---

32. Id., ibid., p. 266.
33. Id., ibid., p. 269.

os intervalos de desigualdade que continuavam a humilhar grande parte do "terceiro Estado" em plena Europa das Luzes. A principal causa da assimetria está na diferença de riquezas, que é preciso diminuir, mas não anular, "pois seria absurdo e perigoso querer destruí-la, já que as suas causas são naturais e necessárias".[34] Condorcet, já atraído pela ideologia liberal inglesa, critica as intervenções fiscais e as várias proibições que oneram o livre comércio e atingem não só os ricos, mas também os que dispõem de modestos capitais, a pequena burguesia. Vai, contudo, além: propõe um *sistema de previdência social* que socorra viúvas, órfãos e idosos subtraindo-os aos riscos do acaso e das enfermidades tão familiares à pobreza. Associações de mútuo socorro são igualmente recomendadas como institutos de particulares à proporção que a previdência se torne um hábito popular.

  Condorcet tempera o liberalismo com ideais de *art social* republicana, pelas quais o crédito bancário não deve ser oferecido apenas à "grande fortuna" e aos "grandes capitalistas" (as expressões comparecem no texto do *Esboço*). Tanto na regulação de medidas previdenciárias como na concessão de créditos o filósofo-matemático julga que o cálculo das probabilidades servirá de instrumento indispensável. Se faz sentido traçar linhas de filiação entre ideias e instituições, pode-se aventar a hipótese de uma relação cognitiva entre a elaboração do cálculo das probabilidades e a futura construção do Estado-Providência, que iria subtrair os *riscos* de doença e velhice da esfera do puramente aleatório e individual para submetê-los a um tratamento estatístico.

  Mas só a *igualdade de instrução* parece a Condorcet condição suficiente para excluir todo sentimento de dependência que rebaixa a maioria dos cidadãos em face de uma minoria capaz de dominar a linguagem das ciências e das letras. Aqui os valores das Luzes estão no seu lugar ideal. A instrução deve ser universal, e sabe-se o quanto Condorcet batalhou para a sua concretização enquanto convencional. Quanto aos métodos, fala o racionalista, o geômetra, o algebrista. Em vez de longos discursos, deve o educando estudar quadros sinópticos que ilustrem a relação dos elementos com o todo, seja qual for o ramo do conhecimento: Condorcet se terá provavelmente inspirado nas ilustrações da *Enciclopédia* e na fartura dos *tableaux* que concentravam sincronicamente um alto número de informações. Além desse recurso pedagógico, Condorcet se faz apóstolo de um projeto que o obsedava: a construção de uma língua universal e racional pela qual cada conceito fosse expresso por um, e só um, sinal correspondente; uma língua cujos signos se acresceriam conforme o progresso das ciências e que, pela

---
34. Id., ibid., p. 272.

sua simplicidade e precisão, fosse acessível a todas as inteligências, mesmo as menos atiladas.

Enfim, o assunto mais candente que irá presidir ao desenho do futuro: pode a espécie humana melhorar graças a novas descobertas nas ciências e nas artes, em virtude dos progressos na moral prática e do aperfeiçoamento das faculdades físicas e intelectuais?

A resposta é positiva, sempre no interior de um regime de probabilidade. Se a disparidade de bens materiais e culturais diminuir sensivelmente em razão das medidas aventadas, há sólidas razões para crer que a perfectibilidade humana continuará indefinidamente. Para tanto, o ataque aos velhos preconceitos é imprescindível. Entre estes, a desigualdade entre os sexos, causa de tantas injustiças ao longo dos séculos, deverá ser abolida, em homenagem, ainda que tardia, à equidade e ao bom senso. Igualmente suprimam-se as guerras, flagelos funestos que advêm de usurpações atentatórias à soberania das nações. Nada de conquistas que fazem os povos perder a liberdade; como remédio, Condorcet recomenda que os Estados mantenham confederações perpétuas para resguardar a sua independência em face dos conquistadores ambiciosos.

Um último e não menor efeito da perfectibilidade indefinida seria o prolongamento da vida humana. É o que o pensador das Luzes esperava do progresso das ciências da natureza, que deveriam propiciar ao cidadão livre as vantagens de uma existência longa e saudável.

O fecho do *Esboço* é testemunho comovente de um intelectual sem temor que, perseguido e encarcerado por seus desafetos, como ele revolucionários, reafirma a sua inabalável confiança no porvir do espírito humano:

> "É na contemplação desse quadro que ele (o filósofo) recebe o prêmio dos seus esforços pelo progresso da razão, pela defesa da liberdade. Ele ousa então ligá-los à cadeia eterna dos destinos humanos; aí encontra a verdadeira recompensa da virtude, o prazer de ter feito um bem durável, que a fatalidade não destruirá mais por uma compensação funesta, trazendo de volta os preconceitos e a escravidão. Essa contemplação é para ele um refúgio, onde a lembrança de seus perseguidores não pode persegui-lo; onde, vivendo pelo pensamento com o homem restabelecido nos direitos como na dignidade de sua natureza, ele esquece aquele que a avidez, o temor ou a inveja atormentam e corrompem; é aí que ele existe verdadeiramente com seus semelhantes, em um eliseu que sua razão soube criar para si, e que seu amor pela humanidade embeleza com as mais puras alegrias."[35]

---

35. Id., ibid., p. 296.

A obra de Condorcet, como a de Bacon e a de Rousseau, revela pelo contraste, isto é, na forma de um negativo, o mapa das ideologias conservadoras dominantes no Antigo Regime. O que ele acusa com os termos reiterados de *preconceito* e *superstição* corresponde aos *ídolos* do *Novum Organum* baconiano e, em parte, às *máximas de meu tempo* que eram, para Rousseau, os pilares do discurso absolutista. Há, porém, no texto de Condorcet, uma coerência interna que leva ao extremo a crença na razão e no aperfeiçoamento constante do espírito humano; coerência herdada dos enciclopedistas, mas nele posta a serviço de uma radical democratização dos direitos humanos e do saber, que seria o lado mais progressista e recuperável do que se convencionou chamar de ideologia liberal-burguesa.

A história mundial paradoxalmente deu-lhe razão e o desmentiu. Deu-lhe razão se pensarmos no contexto republicano, ilustrado e leigo da Terceira República e na conquista dos direitos da mulher, do trabalhador e do cidadão na Inglaterra, ao longo do século XIX, e, depois, em quase todos os países do Ocidente. Mas o desmentiu, mostrando que o ser humano pode retroceder e recair pesadamente no estado de barbárie, como provariam, em pleno século XX, o nazifascismo, o estalinismo, as bombas atômicas lançadas contra as populações civis de Hiroshima e Nagasaki, as armas químicas acionadas nas guerras do Vietnã e do Camboja, as violências da ditadura maoísta e as recentes atrocidades cometidas no Afeganistão, no Iraque e nos confrontos entre Palestina e Israel.

Quanto ao quadro colonial, ainda vigente quando Condorcet redigia o seu *Esboço*, os povos das Américas que suportavam o jugo das metrópoles europeias ficaram independentes poucos anos depois; e o livre comércio, tão auspiciado pelos economistas clássicos seus mestres, converteu-se em moeda corrente em todo o mundo. Mas, em triste compensação, a França, mal saída das convulsões de 1830, encetou a nova corrida colonial submetendo a Argélia, o que significou o primeiro toque do clarim colonizador que levou de roldão a África inteira e parte da Ásia.[36] Só nos meados do século XX ocorreria uma ampla descolonização, mas, em vez do progresso trazido pelo capitalismo das antigas metrópoles, o que se viu foi uma desoladora regressão econômica e social de todo o continente africano.

---

36. São palavras de Tocqueville, ícone nunca assaz louvado do liberalismo esclarecido: "Eu não creio que a França possa pensar seriamente em sair da Argélia. O abandono seria aos olhos do mundo o anúncio certo da sua decadência" (em *Travail sur l'Algérie* (*octobre 1841*), apud Hervé Guineret, *Tocqueville. De la guerre au colonialisme*. Paris: Ellipses, 2007, p. 8). É, como se sabe, ainda hoje a argumentação de todos os invasores que não querem perder nenhuma peça no xadrez das potências internacionais.

A linha reta de Condorcet, redesenhada pelo positivismo de Comte, ora prosseguiu eufórica, ora foi violentamente rompida pela onipotente vontade de poder de Estados, povos e tribos em todo o mundo; e, contra o propósito generoso do derradeiro dos *philosophes*, o seu pensamento corre o risco de ser treslido e transformar-se naquela caricatura da ideologia burguesa que tudo justifica em nome do progresso.[37]

A combinação de história da humanidade e progresso da razão foi um dos temas centrais dos enciclopedistas. Mas, ao lado da cultura francesa vemos formarem-se na Itália e na Alemanha, em pleno século das Luzes, concepções diferenciadas de pensar a História, que mantêm distância em relação ao progressismo linear: não suprimem abstratamente os poderes da memória, os sentimentos religiosos, morais e estéticos e certas tradições culturais herdadas de eras pregressas, mas as incorporam nas eras sucessivas. Esse reconhecimento da experiência humana já vivida e pensada, que é um dos temas fortes da obra de Vico e de Herder, relativiza as convicções do etapismo, pelo qual cada época é *sempre* intelectual e moralmente superior à que a precedeu.

OS "CORSI" E "RICORSI" DE VICO

Uma teoria da História arraigada na constante relação entre passado e presente surge da *Ciência nova*, de Giambattista Vico, e ganhará um tratamento lógico rigoroso na filosofia hegeliana do tempo.

A *Ciência nova*, publicada em 1725 e reescrita para a edição de 1744, é um esforço ao mesmo tempo apaixonado e metódico de compreender por dentro o que a humanidade foi sentindo, pensando, agindo e construindo ao longo dos séculos. A pergunta subjacente a toda a obra é: *como se veio fazendo a história do ser humano?* E, por desdobramento: *em que diferiram entre si os povos e as nações que, em épocas diversas, se formaram e desapareceram na sucessão dos tempos chamados idades?*

A intuição de que essas *eras* devem ser vistas como sistemas densos e complexos, cujos caracteres as identificam e as opõem às eras precedentes, é a matriz do historicismo viquiano. A riqueza de imagens e conceitos com que Vico des-

---

37. Para acompanhar as vicissitudes do conceito de progresso ainda se pode ler com proveito a obra de J. B. Bury, *The idea of progress. An inquiry into its growth and origin*. Londres: Macmillan, 1932.

creveu cada uma dessas longas fases abriu o caminho para todas as "filosofias da História" que vêm tentando até hoje captar o sentido mesmo do tempo vivido há milênios pelo gênero humano.

Tradicionalistas pré-românticos como Herder, românticos progressistas como Michelet (o primeiro tradutor de Vico para o francês), idealistas dialéticos como Hegel, positivistas como Comte, evolucionistas como Spencer, materialistas dialéticos como Marx e Engels, historicistas puros como Croce e Dilthey são, todos, de modo consciente ou não, devedores de um pensamento que postula um sentido desentranhável do curso aparentemente aleatório dos eventos.

Vico, observou com acerto Abbagnano, quis ser o Bacon do mundo da História, mas, à diferença do autor do *Novum organum*, ele não desqualifica satiricamente como erros ou ídolos os modos de pensar e dizer dos Antigos ou do homem iletrado. Tudo o que hoje englobamos com o termo "tradição" tem a sua lógica própria, valendo como *forma mentis* de eras remotas mas ainda sobreviventes, de maneira residual ou estrutural, em nossa memória e em nossa imaginação.

A sabedoria, expressa espontaneamente no mito e na linguagem popular, é anterior às especulações e abstrações dos doutos. Não se trata, aliás, de sacralizá-la ou reeditá-la, tal e qual, misturando-a arbitrariamente com a mentalidade das "idades racionais", mas de compreendê-la como parte integrante da história dos homens, os quais "primeiro sentem sem perceber, depois percebem com ânimo comovido; finalmente refletem com mente pura". Para bem entender o contexto dessa afirmação, é preciso ler todo o quarto livro da *Ciência nova segunda* (ed. de 1744).[38]

Cada uma das três idades contempladas na *Ciência nova* (dos deuses, dos heróis, dos homens) tem a sua identidade fundada em um vínculo que congrega todas as suas manifestações materiais e simbólicas: vida familiar, relações de poder, linguagem, mitos, poesia, formas de conhecimento etc.

A idade dos deuses corresponde à fase mais primitiva, diríamos, à pré-história, em que as forças do desejo e do medo, a libido e o terror prevaleciam incontestes. A linguagem era *muda*, e Vico se apressa a desfazer esse aparente paradoxo quando se refere aos gestos e aos sinais pré-verbais como formas de comunicação entre os primeiros homens. Os quais, na verdade, estariam mais próximos dos animais ou dos deuses do que dos seres que chamamos convencionalmente de homens.

Segue-se a idade heroica, também denominada poética. A mudez primitiva

---

38. Há tradução em português da *Ciência nova*, feita por Antônio Lázaro de Almeida Prado (São Paulo: Abril, col. Os Pensadores, 1974).

se desata e começa um processo de articulação que compensa o número exíguo de palavras por um jogo de semelhanças e substituições, que, mais tarde, os retóricos iriam classificar como metáforas e metonímias, ou seja, figuras. A linguagem figural é própria do mito e da poesia, que precedem formalmente a prosa e o discurso conceitual da ciência e da filosofia. Vico mostra com numerosos exemplos tirados da linguagem dos agricultores da antiga Roma ou da Itália sua contemporânea que o processo metafórico é inerente à linguagem. A poesia está no coração da língua, e não deve entender-se como "desvio" da linguagem prosaica e convencional. Esta última e o vezo das classificações retóricas só viriam depois, nas idades racionais ou civis. A obra de Homero, poeta dos tempos heroicos da antiga Hélade, seria o mais completo testemunho dos modos de pensar, dizer, sentir e agir dessa fase da Humanidade.

A terceira idade, racional ou civil, corresponde ao estabelecimento das repúblicas e das monarquias modernas. A sua linguagem já é toda articulada, os mitos foram substituídos por uma religião que modera a violência e prega a justiça e a benevolência. As figuras poéticas tornam-se raras porque a prosa pensada demanda que cada conceito seja denotado por uma só palavra, o *mot juste*. Prevalece a reflexão sobre a fantasia, que tende a minguar, embora jamais desapareça de todo.

O esquema das três idades desembocaria em uma concepção evolucionista da história humana na medida em que estabelece uma passagem dos sentidos à fantasia, e desta ao intelecto. Mas não é o que sucede na especulação de Vico. Junto à teoria dos *"corsi"* o filósofo desenvolveu a ideia dos *"ricorsi"*, isto é, a possibilidade de retornos: a barbárie dos tempos primitivos pode voltar, sucedendo a uma era racional e civil.

A rigor, Vico só nos dá um exemplo desse retorno quando desenha com extraordinária erudição o quadro de uma Idade Média que se segue ao Império Romano em virtude das invasões germânicas. O medievo seria um *"ricorso"* da fase arcaica da Grécia e de Roma, e as semelhanças não deixam de impressionar. Economia feudal, vassalagem, patriarcalismo, direito aristocrático ou "heroico", fundado na honra e na coragem, poder sacerdotal, robusta fantasia mitopoética... são características medievais que lembrariam de perto o mundo figurado nos poemas homéricos. Retorno, não de fatos individuais, mas de uma *forma mentis* oposta à cultura predominante na época de fastígio do Império Romano.

A emergência desses refluxos continua sendo um problema para os comentadores de Vico. A queda em uma "barbárie renovada" aparece, em mais de um passo da *Ciência nova*, como efeito negativo do excesso de refinamento material das civilizações que já teriam chegado à idade racional e civil, mas que abandonaram a prática da justiça e dos costumes simples e virtuosos. Afogando-se no luxo e na corrupção, a mente dos homens se tornou árida, perdendo-se o dom da memória e da fantasia poética. Faz parte da "barbárie da reflexão" uma pedagogia puramente cerebral, a-histórica e geométrica (sempre a polêmica anticartesiana), que leva os jovens estudantes a criticarem tudo antes de aprenderem a fazer o que quer que seja.

É forte a tentação de aproximar essas passagens de Vico das recriminações que Rousseau lançaria, poucos decênios mais tarde, à pedagogia artificiosa do seu tempo. Entretanto, não só não temos nenhuma evidência de que Vico fosse conhecido pelo pensador genebrino, como tampouco as razões de um se conjugam com as do outro. Para Vico, a barbárie da reflexão é uma *possibilidade* no curso da história dos povos. Para Rousseau, é uma das mazelas do regime iníquo sob o qual vivem a França e a Europa do seu tempo, e que é preciso combater animosamente em nome de um pacto social democrático a ser reconquistado.

Ressalvadas as óbvias diferenças, resultantes do intervalo que separa todo historicismo de todo radicalismo, pode-se constatar algo de comum entre o anticartesianismo de Vico e a aversão de Rousseau ao racionalismo extremado de alguns enciclopedistas.

No belo estudo que Benedetto Croce dedicou à filosofia de Vico, há um capítulo inteiramente centrado na oposição do pensador da *Ciência nova* aos rumos que a cultura letrada do tempo estava tomando: "Il Vico contro l'indirizzo di cultura dei suoi tempi".[39] Para Croce foram dois os alvos polêmicos que Vico procurou atingir no seu dissenso em face do que lhe parecia o frígido intelectualismo dominante não só na sua Nápoles entre escolástica e cartesiana, mas nos grandes centros europeus do século XVIII:

Em primeiro lugar, "Vico fizera valer os direitos da fantasia, do universal fantástico, do provável, do certo, da experiência, da autoridade, e portanto da poesia, da religião, da história, da observação naturalista, da erudição, da tradição". Nesse sentido, a sua obra contrariava, ponto por ponto, o gosto da abstração pela abstração, que o cartesianismo e, sua filha dileta, a lógica de Port-Royal tinham espalhado por toda a educação humanística europeia ministrada precocemente aos adolescentes em sua fase de formação.

Em segundo lugar, Vico "tinha desenhado um esquema do desenvolvimento natural do espírito, tanto na história do gênero humano como na vida individual, colocada por ele em contínuo confronto com as fases da história". Ora, a educação cartesiana, que as Luzes mantiveram em grande parte, tomava a mente humana, ou explicitamente a consciência do próprio *eu*, como ponto de partida absoluto, a-histórico, do conhecimento filosófico. Atribui-se a Descar-

---

39. Em Benedetto Croce, *La filosofia di Giambattista Vico*, 4ª ed. Bari: Laterza, 1947.

tes esta frase, que trairia o seu desdém pela erudição clássica: "Saber latim é não saber mais do que sabia a serva de Cícero".

Quanto à matéria, a *res extensa* cartesiana, o seu conhecimento era entregue à matemática, cujas verdades se davam por eternas e independentes das mutações históricas. Vico se batia contra esse anti-historicismo sistêmico, que subestimava arrogantemente os poderes da memória, da imaginação (essa "louca da casa"), da fantasia poética, da eloquência política, das tradições religiosas, em suma, de tudo quanto não fosse redutível à pura abstração ou à análise algébrica.

Estaríamos aparentemente em face de uma contradição, se não de um paradoxo? Vivendo em uma idade "racional e civil" e considerando-a um momento feliz e necessário da História, Vico ao mesmo tempo a aceita e a compreende (porque, para-hegelianamente, julga que as coisas são como são porque têm razões imanentes para sê-lo, segundo o princípio de que *verum et factum convertuntur*), mas lastima alguns de seus caracteres intrínsecos, no caso, a supremacia do intelecto e do conceito sobre a fantasia e a imagem. O que suscita a perplexidade do seu leitor: como o tempo presente e necessário da *raison raisonnante* poderia deixar de ser um momento diferente do passado? Contradição fecunda, pois supõe no Vico estudioso da História sua contemporânea a possibilidade de subtrair-se criticamente à "ideologia" letrada dominante, exemplificada pela vertente a-histórica da cultura do seu tempo.

É ainda Croce que nos ilumina nesse campo, lembrando que Vico, ao escrever a sua obra magna, não se inspirava em sentimentos políticos, no sentido forte e aguerrido do termo. Se polêmica há, parece que está restrita ao universo acadêmico, à pedagogia dos contemporâneos. Contrariamente a Rousseau, que também criticaria a educação estéril dada aos jovens, mas movido por um desejo intenso de "romper violentamente com as máximas do seu tempo", como ele próprio declara. No entanto, por vias transversas, o historicismo em geral isento e sereno de Vico converge com o radicalismo impetuoso de Rousseau ao lidar polemicamente com essa fase relevante de socialização do jovem em que consiste a educação.

Há, pois, em Vico uma franca reserva à mentalidade racionalista hegemônica, o que significa uma expressão peculiar de *crítica cultural à ideologia*. Só uma forma fechada e antidialética de historicismo (pela qual os períodos seriam blocos homogêneos e estanques) pode negar a possibilidade da dúvida e da cisão no corpo de cada sistema cultural.

Um século depois da publicação da primeira *Ciência nova*, o romantismo de um pensador religioso, Schleiermacher, daria o nome de *hermenêutica* à arte de decifrar os signos do passado sem enquadrá-los em um esquema evolucionista.[40] E um agudo leitor de Vico e biógrafo de Schleiermacher, Wilhelm Dilthey, edificaria, no final do século XIX, o historicismo moderno buscando entender em cada época da Humanidade os vínculos de significado e de valor que a distinguem das precedentes e seguintes. Mas a estranha figura dos fluxos e refluxos, tão belamente desenhada pelo pensador ilhado na sua Nápoles entre cartesiana e barroca, nos assombra ainda hoje como uma interrogação angustiante: que renovadas barbáries nos esperam depois do esplendor da civilização ocidental?

A ESPIRAL DE HEGEL

A pergunta-eixo que nos desafia aqui é esta:
Como vislumbrar na filosofia da história de Hegel a presença de zonas "ideológicas", *contra as quais* o seu pensamento se chocaria, quando toda a sua obra se volta para a ideia da racionalidade imanente da história presente, sinônimo do real concreto?

A justificação do momento atual e de suas figuras é um dos alvos constantes da *Fenomenologia do espírito*, o que tornaria problemático detectar na história contemporânea a vigência de visões de mundo intrinsecamente falsas, postas fora da *razão* inerente ao curso dos acontecimentos.

A Revolução Francesa, que eclodiu quando Hegel mal tocava os vinte anos de idade, era para ele um sol que iluminara repentinamente o céu da Europa. Pouco depois, Napoleão, entrando em Iena, lhe aparecia como a alma do mundo cavalgando o seu corcel. E nos seus últimos anos, o Estado prussiano lhe mereceria o reconhecimento de significar a mais alta realização da eticidade consubstanciada em um ordenamento político. *O que existe efetivamente tem razão de ser.*

No entanto, há certas formas de pensar, que hoje chamaríamos correntemente de ideologias, ou talvez sub-ideologias, que Hegel refuta, não raro com palavras sarcásticas. Onde estaria o "erro" dessas correntes de ideias e valores? Como o real historicamente verificável pode subtrair-se à força operante da racionalidade? A falha residiria no fato de ter-se destacado abstratamente um só componente do processo histórico (do devir), tratando-o como se pudesse suster-se e vigorar por si, isto é, fora da concreção histórica de que já faria parte. A abstração de um elemento parcial, operada pelo entendimento, e a

---

40. Para a história da hermenêutica a fonte indispensável é a obra de Hans Georg Gadamer, *Verità e metodo*. Trad. de Gianni Vattimo. Milão: Bompiani, 1983.

sua falsa universalização infringem a racionalidade efetiva e imanente ao processo histórico.

Vejamos dois exemplos que talvez esclareçam os motivos da rejeição hegeliana a doutrinas prestigiosas no seu tempo:

O passadismo romântico, medievalizante, que tingiu de cores góticas parte da cultura letrada alemã do começo do século XIX, era uma "ideologia" equivocada na medida em que os seus princípios (tradicionalismo, culto da autoridade, respeito aos ritos "positivos") se isolavam absolutizando-se em oposição ao momento presente. No entanto, a tradição, mal tolerada pelo Hegel admirador da Revolução Francesa, teria para o Hegel maduro o seu lugar à proporção que fosse dialeticamente assimilada pelo "curso do mundo" que, em última instância, traz sempre consigo *a razão. O que foi efetivamente real em um certo momento do processo tornou-se então racional, a não ser que tenha existido como uma "acidentalidade exterior", mera contingência, outro modo de qualificar a imediatez da aparência empiricamente dada.*

Entraria nessa esfera de considerações o juízo inicialmente desfavorável que o jovem Hegel fez dos aspectos eclesiásticos da religião "positiva", feita de dogmas e restrições à liberdade de consciência: religião à qual ele opunha, ainda kantianamente, a adequação do cristianismo às exigências da razão e do livre exame. O que é o sumo do seu opúsculo *A positividade da religião cristã*.[41]

No entanto, toda a sua argumentação, que parece reiterar o discurso das Luzes, cederia, em escritos posteriores, a uma compreensão da historicidade, do *destino* (logo, da racionalidade intrínseca) das formas religiosas tradicionais que teriam também o seu papel na construção do processo espiritual do ser humano. A conciliação que Hegel teria feito entre o radicalismo crítico das Luzes e o historicismo romântico ampliado é a interpretação que Lukács propõe da dialética entre religião e razão que já reportaria nos escritos entre teológicos e políticos do jovem filósofo.[42]

No polo oposto, a Hegel sempre desgostaram as utopias libertárias radicais, que, desvinculadas drasticamente do presente, vivem em um clima de exaltação impotente e frustrante em face do momento contemporâneo, aspirando a um *dever-ser* que não tem meios de atualizar-se. "O que apenas deve ser, sem ser, não

---

41. Ver *La positivité de la religion chrétienne*. Paris: PUF, 1983. O texto e sua parcial refacção datam de 1795-1800.

42. Id., ibid., p. 16, nota 1. Ver a excelente recensão que Norberto Bobbio faz da leitura lukacsiana de Hegel, bem como as reflexões equilibradas que dedica às duas principais correntes (a idealista e a materialista) que pretendem interpretar o "verdadeiro Hegel" (*Da Hobbes a Marx*, 2ª ed. Nápoles: Morano, 1971).

possui nenhuma verdade", afirma Hegel na *Fenomenologia do espírito* (III, 192). *Mas* (e aqui a conjunção adversativa abre a porta à dialética), se incorporadas à luta de vida e morte que o Espírito, enquanto Sujeito, trava ao longo da História, luta que abraça o sim e o não, essas correntes, desgarrando-se da imediatidade, poderão transformar o presente real com as suas forças virtuais, tornando possível, pela ação da negatividade, viver a hora da passagem ao momento histórico seguinte. *A possibilidade da superação é a condição mesma do desenvolvimento*. As razões da revolução só poderão ser explicitadas se lançarem as suas raízes naquele mesmo "curso do mundo" que, em última instância, traria sempre consigo *a razão*.

Diz Hegel no *Prefácio da fenomenologia do espírito*:

"Não é difícil ver, de resto, que nossa época é de nascimento e de passagem a um novo período. O espírito rompeu com o mundo onde se mantinham até então a sua existência e a sua representação; ele está na iminência de fazê-los naufragar nas profundidades do passado, e no trabalho de sua reconfiguração. É verdade que, de todo modo, o espírito não está jamais em repouso, mas sempre cumprindo um movimento de progressão contínuo. Mas, da mesma maneira que na criança, após uma longa nutrição silenciosa, a primeira golfada de ar interrompe essa progressividade do processo de simples acréscimo — do mesmo modo como há, portanto, um salto qualitativo — e é nesse momento que a criança nasceu, assim também o espírito em formação amadurece lenta e silenciosamente em direção à sua nova figura, destaca-se parte após parte do edifício de seu mundo anterior, e só alguns sintomas isolados assinalam que este mundo está vacilando; a frivolidade, bem como o tédio, que se instalam no que existe, o pressentimento vago e indeterminado de alguma coisa de desconhecido, são os pródromos de que alguma coisa de outro está em marcha. Esse escalar progressivo, que não modificava a fisionomia do todo, é interrompido pela subida, um relâmpago que de um só golpe estabelece a conformação do mundo novo."[43]

Nos dois exemplos, vemos em ato a crítica de Hegel à abstração, forma típica do entendimento, e a entrada do método dialético no drama da História. Sem a compreensão dessa dinâmica, fica problemático entender corretamente a concepção hegeliana da política. Esta foi algumas vezes interpretada — e outras tantas ideologicamente aceita — como pura legitimação do Estado forte na sua

---

43. Em *Préface à la phénoménologie de l'esprit*. Trad. de Jean-Pierre Lefebvre. Paris: Flammarion, 1996, p. 47.

versão prussiana, e, como tal, serviria de justificação a doutrinas autoritárias de governo. No contexto oposto, a mesma concepção, posta de cabeça para baixo, emprestou fundamento dialético aos propósitos do marxismo, na medida em que Hegel acolhe o princípio subversivo da antítese como inerente a qualquer situação estabelecida. A resposta à questão continuará pendente enquanto houver intérpretes conservadores e intérpretes revolucionários, intérpretes liberais e intérpretes estatizantes à procura de um Hegel único, invariável, oráculo de uma só significação.[44]

Se o desenho da História era uma linha reta para o progressismo de Condorcet, ou traçava um périplo sinuoso de avanços e virtuais retrocessos para Vico, como concebê-lo geometricamente para representar a teoria hegeliana do presente como espaço de encontro privilegiado do real e do racional?

A figura da espiral nos ajuda a imaginar o curso do desenvolvimento no filósofo da *Fenomenologia*. Linha ascendente que, por força do seu desenho, precisa voltar sobre si mesma para cumprir o seu percurso, a espiral só avança depois de ter-se curvado, compondo uma figura que é ascendente na direção geral e, por um breve momento, parece fechar-se no seu movimento interno.

Assim, a História aspira a tocar o ponto supremo da livre autoconsciência, mas não o faz sem repercorrer e abraçar em cada momento a memória viva de tudo quanto passou mas afinal não pereceu.

Nas palavras do próprio Hegel, esse movimento é representado pela figura de um círculo que volta sobre si mesmo, o que se ajusta à linha da espiral e lhe dá amplitude e profundidade:

"[...] *o fruto do desenvolvimento é o resultado do movimento, mas enquanto é só resultado de um degrau, é como que o derradeiro desses degraus; ao mesmo tempo, é o ponto de partida e o primeiro dum sucessivo desenvolvimento. Diz Goethe, e com razão, num passo das suas obras:* o que se formou de súbito se transforma: *a matéria que, como formada, tem forma, torna a ser matéria para nova forma. O conceito, em que o espírito, dobrando-se sobre si mesmo, se compreendeu, e que é a sua essência, essa sua formação, esse seu ser, novamente destacado dele, toma-o como objeto, e de novo lhe aplica a sua atividade; e a direção do seu pensamento sobre ele dá ao mesmo a forma e determinação do pensamento. Assim, esse proceder forma ulteriormente o já formado, comunica-*

---

44. Uma releitura crítica das várias posições lê-se na obra de Domenico Losurdo, *Hegel, Marx e a tradição liberal. Liberdade, igualdade, Estado*. São Paulo: Unesp, 1998. A ênfase no caráter anticontratualista (e, portanto, antiliberal) da teoria política de Hegel encontra-se nos *Studi hegeliani* de Norberto Bobbio (Turim, 1950), que Losurdo entende refutar.

-lhe maiores determinações, torna-o mais determinado, mais formado e mais profundo. Esse movimento é, enquanto concreto, uma série de desenvolvimentos, que se não deve representar à maneira duma linha reta dirigida para um infinito abstrato, mas à maneira dum círculo que volta sobre si mesmo e cuja periferia é uma grande quantidade de círculos, em que é ao mesmo tempo uma grande série de desenvolvimentos que giram sobre si mesmos".[45]

No capítulo que abre as *Lições sobre a filosofia da história universal*, Hegel contempla sucessivamente o espetáculo doloroso das civilizações desaparecidas ("Na história caminhamos entre as ruínas do que foi excelente") e o surgir de novos povos e culturas: "Uma nova vida surge da morte".[46]

Cabe ao pensador considerar "o princípio concreto e espiritual dos povos e sua história", que só a Razão dialética pode descobrir, pois só ela consegue iluminar "a totalidade dos pontos de vista". A história dos homens, assim pensada especulativamente, é uma persistente rememoração do sentido das histórias particulares; o que exige o olhar em retrospecto, uma volta estratégica da mente ao passado, mas sempre no empuxo de um movimento para diante, pois nada pode deter a caminhada que leva à consciência final, quando a humanidade alcançará o pleno conhecimento de si mesma. Só então o vetor em espiral encontrará o repouso na autocontemplação.

Quanto ao Espírito, Hegel afirma que está presente, sempre e em todas as partes, pois *"para ele não há passado, permanecendo sempre o mesmo em sua força e poder"*.[47] Não se deve, portanto, ver no desenho hegeliano da História um *eterno retorno*: os povos diferem entre si nos seus fins e nas suas contingências. Nem é justo caracterizá-lo como uma *evolução linear*, pois a rememoração conserva, superando, o sentido das civilizações pretéritas. O que se ajusta àquela sentença pela qual, a rigor, para o Espírito não há passado.[48]

Hegel abre a porta ao historicismo, mas adverte os riscos da tendência, peculiar a certos eruditos profissionais, de estabelecer limites e compartimentos estanques para cada período. Refletindo sobre a validade potencial das religiões animistas e politeístas, anteriores ou estranhas ao monoteísmo judaico-cristão, diz Hegel:

---

45. A passagem é extraída do texto *Conceito da história da filosofia*, parte do "Discurso inaugural" proferido em Heidelberg em 18 de outubro de 1816. Trad. de Antônio Pinto de Carvalho, em *Hegel*, São Paulo: Abril, col. Os Pensadores, 1974. pp. 344-5. Grifos meus.

46. *Lecciones sobre la filosofia de la Historia universal*. Trad. de José Gaos. Buenos Aires: Revista de Occidente Argentina, 1946 tomo. I, p. 25.

47. Id., ibid., I, p. 24. Grifos meus.

48. Id., ibid., I, p. 58.

"A religião e o espírito de um povo são sempre algo espiritual e, por mais extraviados que estejam, sempre contêm algo de afirmativo, sempre contêm algo de verdade, uma verdade abstrata e diminuída, mas, afinal, verdade. A presença divina, uma relação de amor divino, existe portanto em toda religião, e a missão de toda filosofia da História universal consiste em descobrir até mesmo nas religiões mais rudimentares a forma de espiritualidade nelas contida."[49]

Para o pensamento especulativo o passado não morre de todo: permanece o que ainda significa, "verdade abstrata e diminuída, mas, afinal, verdade".

---

49. Id., ibid., I, p. 385. É possível reconhecer nestas reflexões do Hegel maduro um pensamento que dialetiza a sua aversão iluminista à "positividade" das religiões tão claramente manifestada nos escritos do período de Berna (1793-5).

IDEOLOGIA: O NOME E AS SIGNIFICAÇÕES

A filosofia moderna, da Renascença às Luzes, detectou modos de pensar que lhe pareceram errôneos: ora fruto de preconceitos etnocêntricos (é o sentido do relativismo antropológico de Montaigne); ora fruto de maus hábitos cognitivos herdados da tradição e das convenções sociais (os *idola* de Bacon); ora de submissão ao poder no bojo de contextos sociais iníquos (as denúncias de Rousseau); ora simplesmente desvios da razão imanente na história das nações, tais como afloram nas flechas de Vico ou de Hegel lançadas contra certas tendências culturais do seu tempo.

Em Montesquieu o tom sardônico dos primeiros escritos, *As cartas persas*, acaba cedendo a um reconhecimento objetivo de que modos de pensar, agir e dizer podem não ser propriamente erros, desvios da reta razão, mas expressões da vida de um povo condicionadas por fatores físicos e sociais, como o clima e o regime de trabalho. A constatação das diferenças culturais entre os povos já era um primeiro passo para a abordagem relativista da formação das ideias.

Nos moralistas franceses os limites da razão lançam raízes no terreno movediço do *eu detestável* (Pascal) e das paixões que se mascaram de argumentos universalizantes para disfarçarem a força de seus interesses (La Rochefoucauld, La Bruyère, Vauvenargues). "Todo o nosso raciocínio se reduz a ceder ao coração", ensina Pascal. Trata-se de uma corrente isolada no contexto do racionalismo cartesiano, mas que abre uma cunha dentro do próprio sistema, acusando o vigor dos processos inconscientes, da libido e do medo, da vaidade e do apego ao poder, que manipulam o discurso pretensamente racional. A *relativização* de verdades supostas como inerentes à marcha da razão ressurgirá, na cultura política dos séculos XIX e XX, como uma das armas da crítica às ideologias.

Entretanto, só no fim do século XVIII, passado o vendaval do Terror, mas ainda sob o influxo das doutrinas sensistas e materialistas, que representam uma das vertentes das Luzes, é que se forjará o termo *ideologia*, o qual não perderá sua vigência, positiva ou negativa, ao longo dos séculos seguintes.

Os dicionários etimológicos franceses datam de 1796 o aparecimento da palavra "*idéologie*". Deve-se ao pensador sensista Destutt de Tracy (1754-1836), cuja obra, *Idéologie*, viria a sair em 1801. Trata-se de um discípulo de Condillac, e seu princípio básico é a redução de toda vida intelectual à esfera dos sentidos. As ideias seriam formadas na base da sensação dos movimentos que impressionam, de fora para dentro, o sistema nervoso. Graus diferentes de complexidade produzem as ideias gerais sobre a matéria e as ideias sobre o bem e o mal nas instâncias éticas e políticas. Mais do que um condicionamento natural ou social, na linha do *Espírito das leis* de Montesquieu, Destutt de Tracy postula um verdadeiro causalismo fisiológico que regeria toda a vida mental da humanidade a partir das sensações provadas pelos indivíduos.

O caráter extremamente genérico das proposições sensistas de Tracy e de seu colaborador, o fisiólogo Cabanis, terá provavelmente sido responsável pela inépcia de suas ideias sobre política e administração pública. O que atraiu para o termo "ideólogo" o desprezo de Napoleão, impaciente com os discursos críticos de alguns intelectuais que, segundo ele, seriam incapazes de enfrentar os problemas concretos das conjunturas políticas, discorrendo abstratamente de suas causas remotas... Sem entrar no mérito das reações hostis de Napoleão, o fato é que uma aura de rejeição circundou e ainda circunda o termo ideologia, para o que contribuiu decisivamente a franca denúncia que do liberalismo e da economia política clássica fariam Marx e Engels em textos polêmicos publicados a partir da década de 1840.

A CONSTRUÇÃO DO LIBERALISMO CONSERVADOR

Antes, porém, de cruzar esse verdadeiro divisor de águas que é a crítica marxista das ideologias burguesas, convém lançar um olhar para o contexto das ideias políticas de onde emergiu o liberalismo conservador da primeira metade do século XIX. Para tanto, a bibliografia especializada conta com um guia seguro, a obra notável de Pierre Rosanvallon, *Le moment Guizot*.[50]

Parece-me feliz a embocadura do discurso historiográfico traçado pelo autor. Colhe-se, já nas páginas iniciais, o clima de perplexidade que pensadores e

---

50. Pierre Rosanvallon, *Le moment Guizot*. Paris: Gallimard, 1985.

políticos viveram após a aventura napoleônica. O período que vai da Restauração às vésperas de 1848 está literalmente dominado pelo propósito de "terminar a revolução", frase que vem do Diretório e constituiu um dos lemas do imperador.

Há um propósito comum: fechar o ciclo de surpresas e comoções intestinas, mas — e este é o motivo da perplexidade — sem jamais regressar à sociedade de ordens do Antigo Regime, como vãmente almejavam os *ultras*, isto é, a direita legitimista. Em outros termos, o desígnio confesso dos liberais conservadores, dentre os quais Guizot terá sido o mais coerente, foi construir um governo que se apartasse dos privilégios aristocráticos (como, por exemplo, a hereditariedade dos pares) sem, porém, ceder à "força do número", ou seja, ao princípio da soberania popular, alma do jacobinismo e perigo a ser para sempre esconjurado.

O resultado dessa procura de um difícil equilíbrio foi a montagem de uma *ideologia liberal-conservadora burguesa*, estruturalmente defensiva, que, pelo mecanismo da eleição censitária, legitimou a figura do *citoyen propriétaire*. A expressão, já esboçada ao longo dos anos revolucionários, foi consagrada pela Carta de 1814 e mantida em suas linhas mestras pela monarquia parlamentar de Luís Felipe (1830-48).[51] Nesse documento não se aludia à condição dos 260 mil escravos que penavam nas colônias francesas; omissão significativa que foi escrupulosamente imitada pela Constituição brasileira outorgada por d. Pedro I em 1824.[52]

O modelo liberal-conservador pode ser reconhecido quando se leem as constituições republicanas dos novos Estados latino-americanos criados no primeiro quartel do século XIX. *A mesma dinâmica de difusão ideológica se deu, ainda mais sistematicamente, no campo econômico, em que vigorou o liberismo inglês*. Despregadas dos monopólios coloniais ibéricos, que as tinham amarrado durante o Antigo Regime, as novas oligarquias nacionais não dispunham de outra ideologia ajustável aos seus planos econômicos e políticos que não fosse o liberalismo europeu em fase de difusão mundial.

O dispositivo do *censo eleitoral econômico*, exorcismo lançado para matar

---

51. Para uma rigorosa análise da ideologia liberal-conservadora, que deitou raízes em todo o Ocidente a partir da última fase da Revolução Francesa, ver a recente *Contra-história do liberalismo*, de Domenico Losurdo, op. cit.

52. Diz Engels: "[...] na maioria dos Estados históricos, os direitos concedidos aos cidadãos são nivelados de acordo com as suas posses e, com isso, é expresso diretamente que o Estado é uma organização das classes possuidoras para proteção contra as não possuidoras. Já era assim nas classes de posses atenienses e romanas. Assim no Estado feudal da Idade Média onde a posição do poder político era dada de acordo com a propriedade territorial. Assim no censo eleitoral dos modernos Estados representativos". (*A origem da família, da propriedade privada e do Estado*, em Marx/Engels. Org. de Florestan Fernandes. São Paulo: Ática, 1983, p. 331). Para a busca do entendimento da situação brasileira, ver adiante a parte II: "Intersecções Brasil/Ocidente".

pela raiz toda e qualquer proposta de sufrágio universal, substituiu os privilégios de uma restrita nobreza pelos direitos de uma burguesia em expansão. Combinados com a herança patrimonial, o trabalho, o faro empresarial e a agressividade competitiva, como diria hoje o jargão neoliberal, passaram a ser os requisitos principais da cidadania. Aos quais Guizot acrescentava enfaticamente a *capacidade*, no caso, a competência administrativa, pedra de toque da classe dirigente idealizada nos seus escritos políticos.

Um de seus leitores e admiradores constantes, Hyppolite Taine, repetiria em plena Terceira República o elogio da capacidade opondo-a aos riscos do sufrágio universal: "Dez milhões de ignorantes" — diz nas *Origines de la France contemporaine* — não fazem um saber. Um povo consultado pode a rigor dizer a forma de governo que lhe agrada, mas não aquela de que ele tem necessidade".[53]

Mas, observa Rosanvallon, 1848, a Segunda República e sobretudo o Segundo Império, sob Napoleão III, deixarão evidente que essa burguesia cultivada e elitista, tão cara aos valores de Guizot, iria desaparecer como ideal político e dar lugar, nua e cruamente, à burguesia como classe econômica, sem outros desígnios que não fossem os êxitos dos seus negócios. Daí, a pertinência da análise marxista das ideologias como formações que remetem, em última instância, aos interesses de classe, argumentação que *A ideologia alemã* desenvolve com a mais contundente clareza.

LENDO AS "TESES SOBRE FEUERBACH" NA IDEOLOGIA ALEMÃ *DE MARX E ENGELS*

Se os jacobinos igualitários, ecoando teses de Rousseau (como Saint-Just, Babeuf e Blanqui), não tinham dúvidas sobre a origem da desigualdade e dos discursos que a sancionam, seria necessário esperar pela reflexão de Marx e Engels, na *Ideologia alemã* (1846), para reconhecer no modo de pensar das classes dominantes um inequívoco teor de justificação e de autolegitimação. A ideologia seria mistificação da realidade produzida no âmbito do capitalismo pela burguesia conservadora já na primeira fase da Revolução Industrial.

Formou-se então um conceito estruturalmente político de ideologia enquanto complexo de representações, juízos e normas de ação convenientes à práxis dos grupos hegemônicos. Estes, por sua vez, disporiam de um séquito de intelectuais dispostos a avaliá-la naturalizando os seus interesses. No discurso desses ideólogos o quadro das relações sociais com suas desigualdades

---

53. Rosanvallon, op. cit., p. 359.

econômicas aparece como um fato natural, ou, genericamente, um dado universal de realidade que se deveria aceitar *a priori* como inerente à história dos seres humanos.

A concepção de ideologia exposta por Marx e Engels difere das doutrinas materialistas do século XVIII em dois aspectos relevantes:

1) A primeira e principal diferença consiste no caráter ativo e prático que os filósofos da práxis atribuem à constituição das ideologias. Nas "Teses sobre Feuerbach", que abrem *A ideologia alemã*, está vigorosamente formulada essa novidade estrutural em oposição ao velho materialismo ainda inteiramente preso ao "objeto", coisa ou corpo, e alheio à dinâmica dos conflitos vividos pelos homens em sociedade: "O principal defeito de todo materialismo até aqui (incluído o de Feuerbach) consiste em que [nele] o objeto — a realidade, a sensibilidade — só é apreendido sob a forma de objeto ou de intuição, mas não como atividade humana sensível, como práxis; [ou seja] não subjetivamente".*

A apreensão objetiva, intuitiva, deverá ser integrada estruturalmente na apreensão subjetiva, e esta só se realiza mediante a ação efetiva dos homens na trama social, a que Marx e Engels chamam "práxis". Ignorando o papel insubstituível da ação consciente, o velho materialismo saltava do momento intuitivo para o abstrato, que isola o comportamento individual, essencializa-o, petrificando-o no tipo universal. O conceito que não atravessou a experiência ao mesmo tempo histórica e subjetiva é rígido por fora e oco por dentro.

Em outros tópicos, os autores desdobram a sua posição diferencial. Assim, na Tese II, relegam a questões escolásticas a disputa sobre a realidade ou não realidade do pensamento desgarrado da práxis. Ou seja, que importa um pensamento que não se casa com as ações dos homens ou dos grupos sociais?

Na Tese III o alvo é criticar a doutrina materialista tradicional que julgava de modo unilateral e causalista a relação entre o homem e as suas circunstâncias, conferindo a estas todo o poder no processo de educação dos indivíduos. Na prática revolucionária, porém, auspiciada por Marx e Engels, *a atividade humana educaria, por sua vez, o educador*, isto é, tornaria possíveis certas mudanças na trama social na "medida em que o militante, agindo, pode alterar as circunstâncias. Maquiavel já estimara esse embate do homem com as contingências em torno de metade virtude, metade fortuna"... A dialética subjacente às teses de Marx e Engels dá à prática essa margem de iniciativa que Maquiavel atribuía à *virtù* do ator político.

Nas Teses VI e VII refuta-se a antropologia de Feuerbach por supor a vigência prévia de uma "essência humana". O sentimento religioso dá-se, nos escritos

---

* Os textos entre colchetes são de Alfredo Bosi. [N. E.]

daquele filósofo, de modo ontológico. Reitera-se nas teses a convicção do caráter relacional do que chamamos "humano" e, por extensão, do fenômeno religioso. Avulta aqui, de novo, uma crítica ao substancialismo ainda inerente aos discursos materialistas clássicos.

As Teses IX e X apontam para os limites extremos do materialismo objectualista. Não percebendo senão corpos atomizados, o seu horizonte é a "sociedade civil", conceito que viria assemelhar-se à imagem que o liberalismo burguês tem da sociedade enquanto agregado de indivíduos perseguindo naturalmente os próprios interesses como se fossem bens absolutos. A essa visão do velho materialismo a Tese X opõe o novo, que mira "a sociedade humana ou a humanidade social". A âncora conceitual dessa tese é a ideia de totalidade, de ascendência hegeliana.

Enfim, a Tese XI, que ficou antológica nos manifestos das esquerdas, é coerente com o conjunto das proposições anteriores. Se não há verdadeiro pensamento sem práxis, tampouco a "interpretação do mundo" pela filosofia é suficiente. Torna-se imperioso agir transformando a sociedade.

2) A leitura das Teses levou-nos a entender a primeira nota diferencial da *Ideologia alemã* em face da tradição substancialista (que persistia no materialismo dos Setecentos) e, obviamente, da tradição idealista sobrevivente na Alemanha pós-hegeliana, alvo preferencial da polêmica marxista.

Mas não só. Para além dessa oposição epistemológica, que dá primazia à "atividade humana" na formação das ideias, o pensamento de Marx e Engels avança para o discurso da denúncia. Trata-se de uma *crítica da ideologia alemã* em nome de outra filosofia que *se interessa* em mudar o mundo e visa a construir finalmente "a sociedade humana".

Pensamento prático-crítico (Tese I), e já não mais fraseado estático e essencialista, que diz que as ideias são o que são porque a matéria e o meio as produziram mecanicamente. Atividade revolucionária, e já não mais mera intuição da sociedade civil, nem reprodução passiva do mundo que aí está. Com isso, Marx e Engels não só concebem a ideologia como "falsa consciência" do real, mas também a acusam em nome de uma teoria complexa ao mesmo tempo objetiva e subjetiva, cognitiva e valorativa, conhecimento e ação pensada.

A falsa consciência seria gestada no interior de uma situação objetiva de classe. Toda falsa consciência, enquanto legitima os mecanismos e os beneficiários do poder, tem o seu lugar necessariamente assegurado na história social de uma nação. As ideologias políticas nunca são postiças nem avulsas do sistema. O que não significa que as ideologias ocupem de modo exclusivo todo o espaço político e cultural em que exercem a sua hegemonia. A História comprova a possibilidade de que atores sociais diferenciados, capazes de perceber as assimetrias vigentes no próprio sistema, ajam e pensem de modo a rever as próprias condições de vida, o que dá margem à *razão prático-crítica*. Se não existisse essa faculdade de alterar com a ação ou negar com o pensamento as ideias e os valores correntes, então a própria denúncia que Marx e Engels fazem da "mistificação" seria inviável, e igualmente inviável a sua superação.[54]

De todo modo, mesmo ressalvando a novidade da dialética marxista, podem-se ainda entrever certas afinidades da *Ideologia alemã* com aquelas escolas de suspeita que se constituíram desde a Renascença até os ilustrados, ou, com outro sentimento do mundo, desde Pascal até os moralistas franceses. Em todos ganha corpo a ideia fecunda dos limites do discurso convencional do poder, aqueles ídolos do fórum, do mercado e do teatro que os espíritos conformistas tomam como verdade conceitual, fiel espelho do real.

O CONCEITO DE IDEOLOGIA ENTRE A DIALÉTICA E A SOCIOLOGIA

Com a criação da sociologia positivista de Comte a Durkheim (é significativo o conceito que o último tem de *consciência coletiva*) e da sociologia do saber, culturalista, tornou-se moeda corrente na linguagem acadêmica a hipótese do condicionamento das ideologias. *Condição* e, portanto, *relação* entre ideias e contextos sociais e culturais passaram a ser postulados constantes no mundo das ciências humanas.

Entretanto, mesmo no interior desse vasto e genérico acordo, repontam diferenças que estão longe de ser pacíficas. Se não, vejamos.

O debate no campo da história das ideias políticas no século XX, que nos toca de perto, já não se trava mais entre o substancialismo e o relativismo, mas entre o relativismo funcional e aparentemente neutro da sociologia universitária e o relativismo crítico da militância marxista.

Começo pela menção a pensadores que exerceram considerável influência na cultura de esquerda do segundo pós-guerra, Antonio Gramsci e os filósofos da chamada Escola de Frankfurt, particularmente Horkheimer e Adorno, filiados à tradição do materialismo dialético.

Todos suspeitaram de um historicismo positivista, teoricamente isento, e o fizeram em nome de um pensamento radical. Perseguiram uma filosofia entra-

---

54. As notas principais do conceito marxista de ideologia foram retomadas pela maioria dos intérpretes do materialismo histórico. Saliente-se, pela sua densidade, o capítulo sobre ideologia que integra a *Ontologia do ser social*, de György Lukács. Tradução italiana: *Ontologia dell'essere sociale*, I.I. Roma: Riuniti, 1981, pp. 445-555.

nhada na crítica do *status quo*. Deixaram descrições vivas do cotidiano e dos modos de pensar da burguesia europeia e norte-americana do século xx. Mas o que os aproxima e os traz ao assunto destas linhas é precisamente a distância que todos tomaram em relação à sociologia positivista corrente no mundo acadêmico ocidental.

Por ter sido menos explorada entre nós, prefiro comentar nos parágrafos seguintes apenas a polêmica formulada por Antonio Gramsci.

Nos *Cadernos* que Gramsci redigiu no cárcere a partir de 1929 assiste-se a um verdadeiro drama intelectual, um duelo entre as certezas da sua posição teórica, amadurecida em mais de um decênio de lutas junto à classe operária italiana, e as doutrinas prestigiosas do positivismo, do liberalismo burguês e do idealismo. No interior do próprio marxismo, consolidava-se nesses mesmos anos a vulgata que o estalinismo triunfante iria consagrar. A luta devia travar-se, portanto, em muitas frentes, e o conceito de ideologia como falsa consciência, herdado da *Ideologia alemã*, iria aplicar-se a contextos de pensamento bastante diferenciados. E não por acaso, a sociologia mais refinada estava produzindo, no final do decênio de 1920, a sua obra capital, *Ideologia e utopia*, de Karl Mannheim.

A crítica à sociologia "positiva" talvez tenha sido o momento mais original e árduo do discurso dialético de Gramsci. Tratava-se de enfrentar uma tendência aparentemente afim à doutrina marxista levando-se em conta que ambas reconhecem os conceitos de *condição e relação* como pontos de partida epistemologicamente comuns. Sociologia positiva e dialética histórica postulam a gênese social das ideias, mas não o fazem do mesmo modo, e a diferença de olhar tem desdobramentos relevantes na hora da interpretação e sobretudo em face da ação política.

Vale a pena seguir algumas reflexões de Gramsci estimuladas pela leitura que fez no cárcere de um manual de iniciação ao marxismo composto por um comunista rígido, Bukharin. Gramsci cita a obra intitulando-a sempre *Ensaio popular*. Na verdade, o nome do livro é *Manual popular de sociologia marxista*, publicado em Moscou em 1921 e traduzido para o francês em 1927, edição que provavelmente Gramsci terá utilizado.

O que move as suas críticas é perceber que a vulgata marxista, então em formação, deixava de lado o caráter dinâmico (*prático*, na linguagem da *Ideologia alemã*) do conhecimento dialético da sociedade para cair em uma passiva coleta estatística de dados, que, no fundo, subestimava a faculdade humana de agir e pensar criticamente. Acusando o pensamento militante de "voluntarista", a vulgata acabava desaguando na hipótese, antes conformista que realista, de que as coisas e as pessoas (transformadas em tipos) não teriam condições de mudar. Em vez de projetos em movimento, levantavam-se tabelas.

O determinismo paralisava a vontade política e petrificava as condutas descritas pelos métodos empíricos. As possíveis mudanças qualitativas latentes nas situações descritas pelas pesquisas eram ignoradas, e o retrato empírico, fixado prematuramente em *leis sociológicas*, negava-se à fluidez da história. Nesse sentido, a sociologia tipológica, em vez de exercer uma função crítica, apenas reproduzia, como se fossem para sempre verdadeiros, traços da ideologia dominante, muitas vezes identificada com a "opinião pública", no caso dos *surveys* realizados por pesquisadores da recente psicologia social norte-americana. A redução da filosofia da práxis a uma variante da sociologia acadêmica inquietava o militante Gramsci, justamente preocupado com a esterilização a que levava esse processo anti-histórico de pensar o social. É o que está dito com todas as letras nesta passagem extraída dos *Cadernos do cárcere*:

> "*Redução da filosofia da práxis a uma sociologia*. Essa redução representou a cristalização da tendência deteriorada, já criticada por Engels (nas cartas a dois estudantes, publicadas no *Sozialistische Akademiker*), e que consiste em reduzir uma concepção do mundo a um formulário mecânico, que dá a impressão de poder colocar toda a História no bolso. Ela foi o maior incentivo para as fáceis improvisações jornalísticas dos 'genialoides'. A experiência sobre a qual se baseia a filosofia da práxis não pode ser esquematizada; ela é a própria História em sua infinita variedade e multiplicidade, cujo estudo pode dar lugar ao nascimento da 'filologia' como método na verificação dos fatos particulares e ao nascimento da filosofia entendida como metodologia geral da história."

Observe-se, de passagem, que esta é a definição de filosofia dada por Benedetto Croce: "metodologia da história".

Adiante, Gramsci matiza a crítica:

"Negar que se possa construir uma sociologia, entendida como ciência da sociedade, isto é, como ciência da história e da política, não significa que não se possa construir uma compilação empírica de observações práticas que ampliem a esfera da filologia, tal como esta é entendida tradicionalmente. Se filologia é a expressão metodológica da importância que tem a verificação e a determinação dos fatos particulares em sua inconfundível 'individualidade', é impossível excluir a utilidade prática da identificação de determinadas 'leis de tendência' mais gerais, que correspondem, na política, às leis estatísticas ou dos grandes números, que contribuíram para o progresso de algumas ciências naturais. *Mas não se deu importância ao fato de que a lei estatística pode ser empregada na ciência e na arte política somente enquanto as massas da população permanecerem essencialmente passivas — em relação às questões que interessam ao historiador e ao político — ou enquanto se supõe que permaneçam passivas. [...] De fato, na política, a utilização da lei estatística como lei essencial, operando de modo fatalista, não é apenas um erro científico, mas torna-se também um erro prático, em ato; por outro lado, ela favorece a preguiça mental e a superficialidade programática. Deve-se observar que a ação política tende, precisamente, a fazer com que as multidões saiam da passividade, isto é, a destruir a lei dos grandes números.* Como, então, considerá-la uma lei sociológica?"[55]

Neste passo, o discurso de Gramsci torna-se ainda mais assertivo:

"A sociologia foi uma tentativa de criar um método para a ciência histórico-política, na dependência de um sistema filosófico já elaborado, o positivismo evolucionista, ao qual a sociologia reagiu, mas apenas parcialmente. Por isso, a sociologia tornou-se uma tendência em si, tornou-se a filosofia dos não filósofos, uma tentativa de descrever e classificar esquematicamente fatos históricos e políticos, a partir de critérios construídos com base no modelo das ciências naturais. A sociologia é, portanto, uma tentativa de extrair experimentalmente as leis de evolução da sociedade humana, de maneira a 'prever' o futuro com a mesma certeza com que se prevê que de uma semente nascerá uma árvore. O evolucionismo vulgar está na base da sociologia, que não pode conhecer o princípio dialético da passagem da quantidade à qualidade, passagem que perturba toda evolução e toda lei de uniformidade entendida em sentido vulgarmente evolucionista. De qualquer modo, toda sociologia pressupõe uma filosofia, uma concepção do mundo, da qual é um momento subordinado."[56]

Quanto aos métodos da ciência positivista, Gramsci percebe argutamente os riscos tautológicos em que incorrem amiúde as pretensas leis sociológicas:

"As chamadas leis sociológicas, que são assumidas como causas — tal fato ocorre graças a tal lei etc. —, não têm a menor importância causal; elas são,

---

55. Em *Cadernos do cárcere*. Trad. de Carlos Nelson Coutinho. Rio de Janeiro: Civilização Brasileira, vol. 1, pp. 146-8. Grifos de A. B.
56. Id., ibid., p. 150.

quase sempre, tautologias e paralogismos. Frequentemente, não passam de uma duplicação do próprio fato observado. Descreve-se o fato ou uma série de fatos, mediante um processo mecânico de generalização abstrata, extrai-se uma relação de semelhança e chama-se essa relação de lei, atribuindo-lhe a função de causa. Mas, na realidade, que se encontrou de novo? De novo há só o nome coletivo dado a uma série de fatos miúdos, mas os nomes não são novidade. (Nos tratados de Michels, pode-se encontrar todo um registro de tais generalizações: a última, e mais famosa, é a de 'chefe carismático'.) Não se observa que, procedendo assim, cai-se numa forma barroca de idealismo platônico, já que essas leis abstratas se assemelham estranhamente às ideias puras de Platão, que seriam a essência dos fatos reais terrestres."[57]

Gramsci formula questões metodológicas espinhosas, que até hoje não foram respondidas satisfatoriamente pela prática acadêmica. Tipologia e redução a classes (classificação) continuam sendo procedimentos correntes nas ciências sociais, que dificilmente avançam sem recorrer a quadros estatísticos e ao estabelecimento das "tendências" a que se refere o filósofo como um expediente didático aceitável, *mas só válido para fixar um certo momento do processo social*. A luta política, isto é, a intervenção do militante, desde que fundada na ação de um grupo coerente e empenhado, poderá alterar significativamente o quadro traçado pelas tabelas e seus respectivos esquemas classificatórios. Continua armado o drama entre a ética da vontade política e a isenção inerte do pesquisador acadêmico.

Retorna, *mutatis mutandis*, nessa oposição de dialética histórica e sociologia descritiva, o contraste entre o discurso de denúncia de Rousseau e a abordagem histórica das diferentes legislações empreendida por Montesquieu. Essa dualidade de pontos de vista afetará diretamente o conceito de ideologia.

OBSERVAÇÕES SOBRE IDEOLOGIA E UTOPIA, *DE KARL MANNHEIM*[58]

As críticas agudas de Gramsci eram, sem que talvez o filósofo o soubesse (murado que estava no cárcere, com poucos instrumentos de trabalho), contemporâneas do aparecimento de uma obra que logo se imporia como o ensaio mais complexo que a sociologia jamais produziu em torno do conceito de ideologia.

---

57. Id., ibid., pp. 151-2.
58. Todas as citações dessa obra foram extraídas da segunda edição brasileira. Rio de Janeiro: Zahar, 1972.

Ao trabalhar os termos *ideologia* e *utopia*, Mannheim tinha consciência de que estava enfrentando uma dupla tradição: o historicismo de tipo culturalista e o marxismo. Cada uma dessas poderosas vertentes de pensamento definira, de maneiras diversas e às vezes opostas, a relação entre ideias e contextos sociais. Ambas aceitavam o princípio geral do *condicionamento* que toda visão de mundo mantém com as forças materiais e culturais de seu contexto. Mas, ao passo que o historicismo, já elevado no começo do século XX a uma verdadeira sociologia do saber, tomava essa visão de mundo por uma rede de ideias e valores estruturalmente inteligível e necessária, o marxismo nela entrevia a presença de um componente falsificador da realidade, um instrumento retórico forjado pelas classes dominantes para perpetuar a sua hegemonia.

A sociologia do saber procurava descrever e, no limite, *compreender* os estilos culturais que se sucederam na história das civilizações sem dar-lhes conotações valorativas de verdade ou falsidade, enquanto o marxismo acusava as razões ocultas pelas quais os interesses se revestiam de argumentos aparentemente coesos e lógicos. A sociologia do saber constatava a existência de configurações culturais e políticas; o marxismo as denunciava.

Mannheim entendia o conceito de ideologia como um significado geral, totalizante, e o conceito marxista como um significado particular. A diferença, explícita em Mannheim, entre esse significado particular e o significado generalizante do termo "ideologia" será retomada por Norberto Bobbio em termos de *sentido forte* e *sentido fraco*. A mesma oposição pode ser também designada pelo par *sentido valorativo* e *sentido não valorativo*.

Recapitulando: o significado forte do termo é tópico e estruturalmente político, desde que foi usado como sinônimo de justificação do poder. Assim Marx e Engels o caracterizaram na *Ideologia alemã*. O discurso ideológico seria sempre elaborado na chave retórica da persuasão: o ideólogo quer convencer o interlocutor de que seus argumentos foram construídos em nome e por meio da razão universal. A sua validade receberia força das ideias dominantes, tidas por assentes. Dois exemplos notórios: a ideologia pode valer-se de crenças religiosas se estas são as hegemônicas na esfera da sua ação (caso dos fundamentalismos político-teológicos). Ou recorrer a postulados naturalistas, presentes no darwinismo social e manipulados em função de alvos competitivos, correntes hoje no jargão mercadológico e endossados pelo neoliberalismo.

A relação entre ideologia e falsa consciência dá ênfase às motivações interesseiras que norteiam os discursos do poder e relegam a segundo plano a veracidade e o alcance efetivo dos dados utilizados para convencer o interlocutor. Um dado científico tido, em geral, por exato (por exemplo, certas observações zoológicas de Darwin) pode ser instrumentalizado pela ideologia do mercado em função da livre concorrência e aplicado até mesmo a áreas estruturalmente sociais como a educação, a saúde pública ou a legislação do trabalho. Se há indícios de que os mais fortes e os mais aptos venceram na concorrência entre as espécies e os indivíduos do reino animal, então... entregue-se aos mais ricos e poderosos o destino da população, e salve-se quem puder.[59] Não é sintomático que o discurso neoliberal utilize hoje os termos *competitivo* e *agressivo* sempre aureolados de conotações positivas?

Em face dessa ideologização das ciências naturais, que chegou ao limite sinistro quando o nazismo concebeu o racismo biológico, somos alertados para evitar os riscos de confundir — situando no mesmo nível intelectual e ético — esse significado negativo de ideologia como falsificação da realidade e o significado cultural (proposto por Mannheim) de conjunto de conhecimentos produzidos em uma dada sociedade em uma determinada época. Voltando ao exemplo: o darwinismo manipulado pela ideologia concorrencial da burguesia não invalida, *ipso facto*, o teor científico de que é portadora a teoria da evolução; apenas evidencia o caráter canibalesco da linguagem do poder.

Quanto ao significado difuso e generalizante do termo, é o que se tem em mente quando se diz, por exemplo, que no começo do século XIX predominou na Europa uma "ideologia" romântica, a que se seguiu uma "ideologia" realista e positivista. Nessa passagem da acepção forte e política para acepções culturais (filosóficas, artísticas, literárias...), o termo ideologia ganha em amplitude o que perde em precisão e em teor valorativo. A diferença aparece nítida quando confrontamos uma expressão direta, de franca intenção crítica, como "ideologia reacionária", com a locução vaga e polissêmica "ideologia romântica". Esta última recobre tendências diversas, algumas contraditórias, como conservadorismo romântico e rebeldia romântica, saudosismo romântico e utopia romântica, religiosidade romântica e descrença romântica. Românticos, em senso lato, foram escritores politicamente díspares, Walter Scott e Shelley, Chateaubriand e Byron, Novalis e Michelet, Lamartine e Heine, Alencar e Castro Alves.

Talvez um primeiro passo para desatar o nó semântico armado pela coexistência de ambas as acepções do termo seria constatar lisamente que não conviria adotar a mesma palavra para designar conteúdos qualitativamente diferentes. Uma solução viável seria escolher, por amor da clareza, só o significado forte e abertamente valorativo para definir "ideologia", preferindo outras palavras para recobrir a riqueza do significado difuso: *cultura, mentalidade, ideário, estilo de*

---

59. Diz Lukács: "Somente quando, com Galileu e Darwin, as tomadas de posição em face de um ou de outro se tornaram instrumentos de luta para combater conflitos sociais, elas — em tal contexto — operaram como ideologias" (op. cit., II, p. 449).

época, contexto cutural amplo, concepção ou visão de mundo, a Weltanschauung concebida pelo historicismo de Dilthey.

Com a operação seletiva, o termo *ideologia* se casaria de preferência com adjetivos que denotam inequívocas opções políticas ou partidárias como *autoritária, democrática, reacionária, revolucionária, direitista, centrista, conformista, derrotista, belicista, imperialista, esquerdista, jacobina, nacionalista, cosmopolita, terceiro-mundista* etc. Os respectivos discursos teriam como processo estilístico comum a retórica da persuasão, que jamais duvida, pois sabe de antemão a que conclusão chegar e quais comportamentos pretende induzir e controlar.

Embora aparentemente sensata, essa redução do espectro semântico do termo *ideologia* a suas dimensões propriamente políticas não encontra, em geral, apoio nos teóricos de formação marxista ou, mais recentemente, foucaultiana. Ambas pretendem detectar a presença da falsa consciência não somente no discurso partidário, mas em outras manifestações da cultura, que passariam a ser também suspeitas de distorcer a verdade de atos e fatos mediante manobras articuladas pela mesma retórica solerte da persuasão. A ideologia assim concebida estaria espalhada qual mancha de óleo pelos mais variados discursos como o pedagógico, o burocrático, o psiquiátrico, o psicanalítico, o jornalístico, o fílmico, o teatral, o narrativo (virou moda acadêmica desconfiar de todos os narradores, em princípio embusteiros e impostores) e, com maior evidência, o filosófico e o científico, incluindo naturalmente o historiográfico.

Toda e qualquer atividade ou forma cultural poderia, nessa perspectiva, reduzir-se a variante mais ou menos astuciosa da ideologia corrente. Foucault cunhou a interessante expressão "microfísica do poder" para melhor vasculhar os mínimos interstícios da vida cotidiana e das instituições como a escola, a prisão e o hospício onde se alojaria, onipresente e onímodo, o desejo de domínio. Suspeitar e desconfiar sempre e em toda parte, pois infinitas são as trapaças da mente ideológica.

Essa extensão do significado forte do termo acaba afetando consideravelmente a integridade ou a tendência à coesão dos universos simbólicos a que os historiadores da cultura, desde Burkhardt e Dilthey até Huizinga e Paul Hazard (para ficar nos clássicos), chamaram precisamente de "estilos históricos", "estilos de época", "visões de mundo", "sistemas culturais", "movimentos artísticos e literários", expressões todas que nos foram legadas pelo historicismo e pelo culturalismo tão vivazes até a Segunda Guerra Mundial.

A obra clássica de Mannheim foi escrita no momento em que a sociologia da cultura começava a tocar o limite do próprio relativismo, interrogando-se a si mesma sobre a sua própria validade enquanto saber condicionado. Se a ciência da sociedade identifica a condição dependente e relativa das ideias e dos valores de cada visão de mundo, onde encontrar o *locus* livre e autônomo da verdade, isto é, quem pode proferir juízos de valor fora ou acima do seu próprio nicho social? Daí a oscilação, a meu ver fecunda, de Mannheim entre manter o veio historicista das suas matrizes (insistindo na efetividade dos estilos culturais com suas coerentes *visões de mundo*) e aproximar-se exploratoriamente do conceito marxista de ideologia, presumindo como suspeitos de falsa consciência aqueles discursos com que os estratos dominantes de todas as épocas pretenderam legitimar o seu poder.

(Retomarei adiante o tratamento do "paradoxo de Mannheim" criticado em ensaios de Horkheimer e de Paul Ricœur, que tentam superar o relativismo sem saídas construído pela sociologia do conhecimento.)

Com o florescimento da *história das mentalidades* a partir dos anos 1970, impôs-se aos pesquisadores o estudo das representações e dos valores não só das minorias letradas e da chamada cultura alta, mas também das várias classes sociais e, para o Antigo Regime, dos diversos estamentos. O que acontece com o termo *ideologia* quando aplicado à mentalidade popular? Tende a perder a sua carga de denúncia política, pois já não subsistiria a ideia de que se trata necessariamente da falsa consciência própria dos donos do poder? Para essa questão haveria, pelo menos, duas respostas possíveis. A falsa consciência pode manter-se sempre que o homem dominado introjeta as razões do dominador, confirmando, nesse caso, a observação de Marx segundo a qual a ideologia do oprimido reproduz a do opressor. Mas nem sempre e fatalmente é assim, desde que a consciência do homem dominado tenha subido a ponto de pôr em dúvida ou contestar a ordem que o rebaixa. Nesse quadro matizado, a "mentalidade popular" poderia ser ora decalque da ideologia dominante, ora o seu avesso e a sua desmistificação.[60]

Em face dessa possibilidade de diversificação interna de cada período, teremos de desenhar um novo mapa de relações entre os significados forte e fraco do termo ideologia. Em que esfera ambos coexistem e interagem?

A saída do labirinto conceitual estaria na aceitação de uma dialética vigente em cada formação social. Para evitar o puro reducionismo de afirmações drásticas do tipo "Tudo é ideologia" (é preciso desconfiar de tudo e de todos), ou "Tudo é cultura"(tudo o que é dito tem algum sentido e deve ser "compreendido"), seria preciso discriminar em cada instância simbólica de uma formação social o que é falsa consciência e retórica do poder e o que é pensamento de re-

---

60. Os estudos de Carlo Ginzburg e Michel Vovelle ilustram posições contraideológicas de camponeses do norte da Itália e da Provença. Uma reflexão perspicaz sobre a história das mentalidades foi feita por Philippe Ariès e encontra-se no volume coletivo dirigido por Jacques Le Goff, *La nouvelle histoire*. Paris: Complexe, 1988.

sistência (contraideologia explícita). E restaria ainda reconhecer e ressalvar — como momentos da dinâmica de uma cultura — o que é resultado da pesquisa desinteressada de uma verdade científica ou filosófica e o que é empenho de exprimir uma intuição artística: configurações de ordem cognitiva ou expressiva que se formam ora aquém, ora além da retórica ideológica. Ora aquém, no espaço da intuição poética; ora além, na vigência da crítica ideológica.

Nas construções intelectuais complexas e em certas obras de criação mais livres podem infiltrar-se traços ideológicos, mas é pelo contraste com os componentes não ideológicos que eles saltam à vista. Ideologia e contraideologia, linguagens do poder e linguagens de liberdade coabitam nas atividades simbólicas que o marxismo reuniu sob o nome geral de supraestrutura. Só a análise de cada lance expressivo ou do processo intelectual na sua inteireza poderá qualificar a intencionalidade de suas forças componentes. Exemplos dessa coabitação encontram-se na *Divina Comédia* de Dante Alighieri, na qual a estrutura teológica, vigente na cultura tomista dos Trezentos, sustenta a arquitetura da obra e faz contraponto à atenção dirigida para as almas individualizadas dos condenados, cujas experiências pessoais despertam profunda simpatia no poeta-narrador, que, no entanto, se vê obrigado "ideologicamente" a julgá-las. As leituras antológicas de Francesco De Sanctis e de Benedetto Croce distinguem o sistema ideológico (não poesia) e os momentos líricos (poesia) de vários episódios do *Inferno*.[61]

Igualmente na composição de *Os lusíadas*, Camões quebra a reiterada apologia das navegações, ideologia nuclear da sua epopeia, quando empresta ao Velho do Restelo a voz que maldiz a cobiça e a vanglória daquele empreendimento, causa de desgraças para o povo português.[62]

O conceito marxista de ideologia tem, em todo caso, o mérito de aguçar a percepção do caráter mistificador (voluntário ou não) da falsa consciência. É na justeza desse conceito suspeitoso que se comprova a verdade da dialética histórica. Tendo em vista que as doutrinas políticas não são meros e vazios artefatos mentais, elas engendram-se da práxis dos seus atores. As ideologias veiculam necessidades materiais e aspirações reais, mas estruturalmente parciais. Em razão dessa parcialidade, as ideias dos grupos dominantes raramente estão sós: defrontam-se com motivações e interesses que lhes são contrários, verdadeiros antídotos da retórica do poder. E a própria noção de condicionamento, tão útil

---

61 Ver Francesco De Sanctis, *Ensaios críticos*. Trad. de Antônio Lázaro de Almeida Prado. São Paulo: Nova Alexandria, 1993. Benedetto Croce formulou em *La poesia di Dante* (Bari: Laterza, 1921) a distinção entre poesia e não poesia (= estrutura ideológica) na *Divina Comédia*.

62 Detive-me na análise do episódio do Velho do Restelo em *Dialética da colonização*. São Paulo: Companhia das Letras, 1992, pp. 37-46.

e cara à sociologia positivista, deverá dar conta da realidade multifacetada dos contextos que entram em relação com o trabalho intelectual.

A cultura letrada é diretamente afetada por essa dinâmica. Um romance, por exemplo, é fruto de experiências múltiplas do seu autor, que pode viver alternada ou simultaneamente em contato com a cultura popular, a indústria cultural para as massas e a cultura letrada, universitária ou autodidática. Convivem na escritura processos ideológicos, no sentido forte do termo, e processos não ideológicos; estes, quando penetrados por uma consciência crítica, convertem-se em expressões francamente resistentes.

Para fazer justiça à complexidade do pensamento de Mannheim, cumpre retomar algumas de suas considerações sobre a sua tese principal que incide no *relacionismo* das formas simbólicas.

O relacionismo, pelo qual se estabelecem nexos entre as ideias e as situações que as condicionam, não implicaria necessariamente uma posição cética, própria do relativismo, e, menos ainda, uma carga invariavelmente acusadora da falsidade intrínseca de todo conhecimento produzido no âmbito da cultura letrada. A mistificação, de que tratam Marx e Engels, não adviria do seu caráter condicionado, que é afinal comum a todas as atividades intelectuais, mas se limitaria aos discursos que camuflam interesses particularistas revestindo-os de proposições na aparência consensuais. Em vez de opor drasticamente as duas concepções, repuxando-as até seus extremos, conviria atentar para o teor flexível e dinâmico com que Mannheim trabalha o que ele próprio definiu como *significado não valorativo de ideologia como visão de mundo*.

Quanto ao caráter flexível do conceito, encontram-se em *Ideologia e utopia* algumas passagens que apontam para a diversidade interna que se verifica nos estilos de cultura. Escolho uma das mais significativas: "Assim, a concepção da unidade e da interdependência dos significados de um período está sempre subjacente à interpretação daquele período".[63]

Um período histórico que nos parece uniforme quando visto a distância traz, sob a lupa da pesquisa histórica e filológica, práticas e discursos interdependentes que melhor se diriam *postos em tensão*. O autor exemplifica essa *concordia discors* com a luta pela cobrança de juros nos empréstimos que o capitalismo nascente empreendeu no fim da Idade Média contra a teologia da Igreja que proibia o que ainda lhe aparecia como usura condenável. Temos aqui um exemplo cabal de enfrentamento de duas ideologias: uma que está ascendendo (o capitalismo comercial) e a outra que está descendendo, mas ainda resiste, o pré-capitalismo medieval sob a hegemonia católica.

---

63. Mannheim, op. cit., p. 95.

Mas era sobretudo em face do mundo contemporâneo (Mannheim escrevia em plena crise do final dos anos 1920) que o sociólogo do conhecimento verificava "uma multiplicidade de pontos de vista conflitantes" atuando com tamanha intensidade que "começamos a suspeitar que cada grupo parece mover-se em um mundo de ideias separado e distinto".[64]

Além de flexível, o conceito de ideologia como visão de mundo lhe aparece como dinâmico. Não se trata apenas de contrastes que se dão sincronicamente no bojo de um movimento cultural. O dinamismo ocorre também na ordem da diacronia, pois a história dá evidências de sucessivas mutações na esfera das ideias e dos valores. Se os parâmetros culturais de cada época fossem uniformes e estanques, como entender a sequência de movimentos que envolvem a filosofia, a educação, as artes, as letras e as técnicas em geral relacionadas com novas configurações sociais? O que mudou já estaria latente no período anterior, e em estado de conflito com a visão de mundo hegemônica. A diacronia resultaria de tensões internas da sincronia.

Uma tentativa de responder a essa questão fundamental já se encontrava em um estudo de Mannheim publicado em 1925, antes, portanto, da edição de *Ideologia e utopia*. Trata-se do artigo "O problema de uma sociologia do saber".[65]

O primeiro passo da sua argumentação é considerar os resultados de uma disciplina então em expansão, a história das ideias, que se vinculava, desde Dilthey, à história das visões de mundo ou, mais modestamente, dos estilos de época. O mapeamento desses verdadeiros sistemas de ideias e valores acaba invariavelmente descobrindo "volições de mundo e intenções diferentes" que compõem o processo total.

> "O historiador bem sabe até que ponto a prevalência de um estilo ou de um sistema de pensamento em determinada época é algo que só pode recortar-se se a perspectiva for tomada a distância e de sobrevoo. Qualquer consideração mais atenta do material histórico nos revela a existência de numerosas correntes de pensamento que percorrem cada época; no melhor dos casos, uma dessas correntes será a dominante e as outras ficarão descartadas como secundárias. Mas nunca se produz o descarte definitivo de uma corrente de pensamento, pois cada feixe dinâmico de tendências presente em

---

64. Id., ibid., p. 125-6.
65. O artigo saiu no *Archiv für Sozialwissenschaft und Sozialpolitik*, aos cuidados de Emil Lederer, Tubinga, 1925, vol. 55, pp. 639-51. Sigo a tradução espanhola que consta do volume coletivo *El concepto de ideología. Comentario crítico e selección sistemática de textos*, de Kurt Lenk. Buenos Aires: Amarrortu, 1974.

uma totalidade cultural e cada membro desse feixe sobrevivem como correntes subalternas mesmo durante o predomínio da orientação contrária, para depois, chegado o momento (ainda que de forma modificada), renascer e reconstituir-se em nível mais elevado."[66]

Cabe ao sociólogo do conhecimento ordenar a riqueza dos materiais que a história cultural e a história econômica não cessam de trazer à luz. Nessa altura o relacionismo preconizado por Mannheim se põe no encalço de conexões entre um estilo de pensamento e o ascenso de um estrato social determinado. Sem apriorismos reducionistas, o sociólogo precisa verificar se essa relação é fechada (diríamos, biunívoca) ou se há fraturas, quer no ideário dominante (que pode estar cindido em mentalidades diversificadas), quer no próprio estrato social ascendente.

O exemplo da complexidade dessas conexões entre ideologia e estrato social, o ensaísta vai procurá-lo na oposição corrente no início do século XX entre tendências racionalistas e tendências irracionalistas.

"O racionalismo moderno esteve emparelhado com a vontade de pensamento e de mundo da burguesia em ascensão."

Uma afinidade semelhante existiria entre o pensamento romântico e a "vontade de mundo conservadora". Mas essas conexões, que a história social da cultura já apontou, não podem permanecer em um universo semântico estático, que vincula todo e qualquer pensamento racionalista à burguesia, e todo e qualquer pensamento irracionalista à aristocracia, genericamente considerada.

"Nem o racionalismo nem o irracionalismo são tipos eternos de tendências de pensamento. Há passagens significativas que seguem, em geral, os ritmos das mudanças políticas e econômicas. Estratos inicialmente progressistas podem tornar-se conservadores, uma vez que 'chegaram' [e venceram], ao passo que estratos que anteriormente desempenharam um papel dominante podem ver-se repentinamente levados a se oporem à orientação fundamental."

Reflexões perspicazes, que podem ser aplicadas a vários momentos da história das ideologias políticas, quer na França pós-1789, quando a burguesia rebelde acabou sendo, em pouco tempo, uma das colunas dos regimes conservadores do início do século XIX, quer no Brasil dos anos finais da Regência, quando antigos liberais exaltados se converteram em corifeus do "regressismo" antidemocrático... Exemplos fáceis de ser multiplicados.

---

66. Id., ibid., p. 218.

Para afinar os seus instrumentos sociológicos com vistas a uma análise diferencial das ideias e valores de cada estilo de época, Mannheim forja um novo conceito, o de *estratos de mentalidade*, que renasceria, com outro alcance, nos anos 1970 com a formação da história das mentalidades.

No interior dos grandes estratos sociais, que o ensaísta identifica com as classes tais como as entende o marxismo, podem formar-se grupos intelectuais que exprimem de modos diversificados as suas visões de mundo e as suas volições. Essas fraturas internas são responsáveis, muitas vezes, por oscilações e turbulências em torno de conceitos-chave como "eu", "liberdade", "estado", "dinheiro", "trabalho", "educação" etc. Em certos períodos pantanosos, como o que estamos vivendo em nossa pós-modernidade, a burguesia, carente de ideais e valores comuns que conclamem as suas forças, cinde-se e dispersa-se em grupos de mentalidade conservadora, progressista, liberal, reformista, conformista, religiosa, agnóstica... Nesse universo de dispersões culturais, não é conveniente que o sociólogo amarre definitivamente tendências filosóficas gerais como racionalismo e irracionalismo a esta ou àquela classe social tomada em bloco, pois a fragmentação dos estratos de mentalidade acabará desmentindo os seus esquemas reducionistas. Em contrapartida, um estrato de mentalidade pode ter considerável presença no tecido artístico e literário de um certo período, mas não traz em si todo o vigor e a amplitude de um complexo ideológico, cujo enraizamento social é amplo e determinante.

É ainda a história das ideias que deve alimentar a reflexão sociológica, pois tanto os ideólogos liberais como os conservadores, tanto os reacionários como os reformistas "não extraem do ar" as suas configurações mentais. É no passado — remoto ou recente — que, em geral, todos procuram certos modelos de pensamento e de ação, e só o uso que o ideólogo faz da história vai caracterizá-lo como um intelectual conformista ou inovador. Aqui Mannheim aparece como um precursor da história das representações e dos mitos com que os vários grupos culturais reconstroem o passado.

A história dos estilos de época confirma a hipótese do dinamismo interno que dialetiza as visões de mundo. Assim, os conflitos entre a nova mentalidade científica e o aristotelismo mantido pela Contrarreforma obrigaram Galileu ao silêncio, mas resolveram-se no século das Luzes quando a cosmologia de Newton se converteu em fundamento do ideário da *Enciclopédia*. O paradigma formulado por Galileu foi primeiro negado, depois aceito e consagrado. No entanto, as mesmas Luzes não conseguiram sustentar sem fratura interna a sua hegemonia racionalista: um de seus primeiros seguidores, Jean-Jacques Rousseau, dissentiu do ideal de civilização urbana pregado pelos *philosophes*. A paixão pela natureza do autor do *Emílio* e o seu culto da igualdade e dos impulsos do coração levaram-no a uma posição *sui generis*, que acabaria conquistando simpatia e reconhecimento quando eclodiu a Revolução e, com maior intensidade, a partir do romantismo, que se veria a si mesmo como superação das Luzes. Haveria, ao longo da Revolução, um estrato de mentalidade fiel a Rousseau e um estrato de mentalidade de tipo enciclopédico e racionalista. Robespierre não perdooua Condorcet a sua preferência pelo último e a sua distância em relação ao primeiro...

A cultura romântica, por sua vez, enquanto afirmação da subjetividade, abraçaria em si *um mosaico de aspectos contrastantes* sob a égide das forças do sentimento e da imaginação. Mas a história continua, e entre as tendências marginais ou aparentemente menos típicas do "espírito romântico" foram justamente a observação concreta e objetiva da trama social (Stendhal, Balzac, Dickens, Manuel Antônio de Almeida) e a ironia (Musset, Heine) que iriam confluir na literatura realista e ostensivamente antirromântica da segunda metade do século XIX.[67] Sabemos quanto de negação-conservação, ou seja, quanto de superação se verificou nessa sequência de vertentes diferenciadas.

De todo modo, mantém-se em pé a hipótese culturalista da vigência de estilos de época tanto em nível sincrônico como em nível diacrônico. E nada obsta a que na trama do ensaio de Mannheim também se reconheça, no mapeamento de cada complexo cultural, a franca admissão de uma *ideologia política*, na acepção marxista de legitimação do poder articulada em retóricas de aparente validade universal.

Se bem entendo o dinamismo interno da concepção que Mannheim tem de ideologia, o *relacionismo*, que incide no condicionamento de todos os valores, não conduziria ao beco do ceticismo total, que nega ao próprio juiz a faculdade de julgar. O intelectual vive no interior da sua ideologia (no sentido difuso de visão de mundo de seu tempo), *mas pode ter consciência dos limites conjunturais a que está sujeito*, o que lhe permite reagir ao particularismo estreito da sua situação cultural e buscar a compreensão de outros pontos de vista, desenhando-se em sua mente o horizonte de uma totalidade virtual. Essa possibilidade, entrevista por Mannheim, me parece ser um *ersatz* fortemente intelectualizado da

---

67. O leitor encontrará numerosos exemplos de simultaneidade de tendências contraditórias na monumental *História da literatura ocidental*, de Otto Maria Carpeaux, particularmente nos capítulos "Barroco", "Antibarroco", "Romantismos de evasão" e "Romantismos em oposição". Rio de Janeiro: O Cruzeiro, 1959-66. Fiz alguns comentários sobre a concepção dialética da história literária em Carpeaux no ensaio de abertura de *Literatura e resistência*. São Paulo: Companhia das Letras, 2002.

práxis que a *Ideologia alemã* exigia como antídoto ao veneno que levaria o intelectual a ser sempre cooptado pela ideologia dominante. O que Marx e Engels esperavam da ação revolucionária Mannheim credita ao exercício de uma inteligência flexível e abrangente.

O itinerário posterior de Mannheim ilustra o quanto ele depositava confiança nas potencialidades políticas, no caso, democratizantes, da ciência posta a serviço do progresso social. Por isso, a famosa e tão malsinada expressão "intelectual que sobrevoa livremente", atribuída a Alfred Weber, não me parece aplicável ao empenho cognitivo e ético de Mannheim.

Sintetizando a sua proposta de superação da ideologia por meio de uma "análise situacional", diz Mannheim:

> "A análise situacional é o modo de pensamento em todas as formas de experiência que se erguem acima do nível do lugar-comum. As possibilidades dessa abordagem não são utilizadas plenamente pelas disciplinas especiais porque, de ordinário, seus objetos de estudo são delimitados por pontos de vista altamente especializados. Contudo, a Sociologia do Conhecimento procura encarar até mesmo a crise em nosso pensamento como uma situação que devemos visualizar como parte de um todo maior."

E, fechando o capítulo propriamente conceitual sobre ideologia:

> "As crises não são superadas por umas poucas, nervosas e apressadas tentativas de suprimir os problemas incômodos recentemente surgidos nem pelo refúgio seguro num passado morto. A saída será encontrada pela gradativa ampliação e pelo aprofundamento de intuições recentemente conquistadas e através de cautelosos avanços em direção ao controle."[68]

---

68. Mannheim, op. cit., pp. 133-4.

INTERLÚDIO WEBERIANO

Max Weber estudou a ética do calvinismo apontando as suas afinidades com o que chamou "espírito do capitalismo", tal como se veio formando a partir dos meados do século XVI entre as populações que aderiram à Reforma.

A sua obra foi largamente discutida por sociólogos acadêmicos e asperamente contestada pela crítica marxista de estrita observância. Cabe refletir sobre suas teses à luz de um discurso histórico que se volte para o conceito de ideologia, embora não seja essa a terminologia adotada por Weber.

O alvo do pensamento de Weber é *a compreensão do sentido que os agentes sociais dão a suas ações*. Se o estudioso de um grupo alcança captar a lógica interna que rege as orientações dos seus membros, terá certamente compreendido o vínculo das ideias e valores que as unifica. Em termos de sociologia do saber, essa lógica tem a ver com a ideologia, tomando-se o termo provisoriamente no sentido genérico e difuso de concepção de mundo.

A hipótese que abre *A ética protestante e o espírito do capitalismo* é a da vigência de uma provável correlação entre a afirmação do capitalismo, a partir do século XVI, e modos de pensar e comportar-se de certos grupos econômicos, políticos e culturais que aderiram à Reforma protestante. O capitalismo, quer na sua fase mercantil, quer ao longo da Revolução Industrial, teria encontrado solo fértil nos contextos sociais em que o luteranismo e o calvinismo triunfaram sobre o catolicismo tradicional. Alemães do norte, suíços, holandeses, ingleses, escoceses e escandinavos convertidos às várias confissões reformistas mostraram-se mais aptos a constituir *empresas regidas pela ética do trabalho formalmente livre e pela crença no caráter produtivo do dinheiro* do que os povos que perseveraram na religião católica, como os alemães meridionais, os italianos, os austríacos, os espanhóis, os portugueses, os irlandeses e os poloneses.

A mesma divisão se constataria nos países da América. Os do Norte, colonizados pelos puritanos ingleses e escoceses, cedo se tornaram pioneiros da mentalidade empresarial, de que os Estados Unidos dariam mostras inequívocas. A América Latina, ao contrário, colonizada por espanhóis e portugueses de tradição católica, permaneceu por séculos refratária ao *éthos* capitalista moderno, entrando tardiamente na era industrial.

Arrolando estatísticas que comprovariam a sua hipótese, Weber toma o cuidado de ressalvar que o "grande capitalismo" do começo do século xx, período em que está escrevendo, "se tornou completamente independente, sobretudo em relação à extensa camada de seus trabalhadores menos ilustrados, das influências que em outro tempo pôde exercer a confissão religiosa".[69] De todo modo, examinando as preferências demonstradas na esfera da educação profissional, Weber assinala que, em países onde convivem católicos e protestantes (como na Hungria e em várias regiões da Alemanha moderna), são os protestantes que frequentam majoritariamente as escolas técnicas e se voltam para a instalação e administração de indústrias, ao passo que os católicos se inclinam para o estudo das humanidades tradicionais.

Indo ao cerne da questão: o que haveria de específico na ética desentranhada dos escritos da Reforma que teria contribuído para o afloramento ou o reforço da mentalidade capitalista em oposição a modos de sentir, pensar e comportar-se das populações católicas?

Para responder satisfatoriamente a essa pergunta, é preciso considerar inicialmente que a doutrina de Calvino era, ao mesmo tempo, um sistema teológico e um conjunto de diretrizes morais práticas.

Enquanto sistema teológico, o calvinismo postulava com todo o rigor a distância infinita que separa o homem e Deus. A salvação não depende das obras, pois o homem decaído a partir do pecado original não pode redimir-se por seu próprio mérito. Apenas a fé dispensa-lhe força espiritual, mas o abismo que o separa do Criador jamais lhe dará a certeza de que foi predestinado à salvação ou à danação. Apesar dessa total ignorância a respeito do destino de sua alma, o crente poderá reconhecer no século algum sinal da benevolência divina considerando a sua própria condição terrena. A prosperidade econômica e o respeito da família e da sua comunidade seriam indícios de que o fiel alcançou

---

69. Max Weber, *La ética protestante y el espiritu del capitalismo*. Trad. de Luis Legaz Lacambra. Madri: Ed. Revista de Derecho Privado, p. 21. [*A ética protestante e o espírito do capitalismo*. Trad. de José Marcos Mariani de Macedo. São Paulo: Companhia das Letras, 2004 (1904-20).]

graça diante do Senhor. Resta-lhe, portanto, manter irrepreensíveis a fé e as virtudes privadas e públicas na esperança de que Deus não o subtraia do reino dos eleitos que, segundo as Escrituras, são sempre poucos.

Diz Calvino no Catecismo de 1537:

> "A semente da palavra de Deus lança raízes e produz fruto somente naqueles a quem, por Sua eleição eterna, o Senhor predestinou para filhos Seus e herdeiros do Reino Celestial. A todos os demais, reprovados pelo mesmo conselho de Deus já antes da criação do mundo, a clara e evidente pregação em verdade não pode ser senão odor de morte para morte. Ora, porque o Senhor usa de misericórdia para uns e exerce o rigor de Seu juízo para com outros, impõe-se-nos deixar a razão só d'Ele ser conhecida; de nós, porém, a todos oculta, e não sem muito boa razão."[70]

Se a razão de Deus é oculta, são, porém, visíveis os sinais da sua graça, verdadeiros penhores da vida futura: "A bom direito, pois, o Profeta adverte aos fiéis de que recebem já certo fruto de sua integridade, quando Deus lhes propicia seu alimento, abençoa-os na mulher e na prole, condescende até o ponto de tomar-lhes cuidado da vida, [...] com esta intenção: fazê-los correr mais alegremente para a sua herança eterna".[71]

A novidade doutrinária do credo reformista (e aqui convergem Lutero e Calvino) está em que a prática das virtudes propriamente cristãs se traduz em termos profissionais e, *lato sensu*, econômicos. É conhecido o valor que Lutero atribuía ao trabalho incluindo a prática do negócio, realizado como *vocação*. Weber insiste na conotação protestante do termo: o latim *vocatio*, que tem na linguagem católica medieval um significado exclusivamente religioso, mantido em todas as traduções da Bíblia para línguas românicas, adquire, nas versões alemãs e inglesas dos reformadores, acepções profissionais. O alemão *Beruf*, com que Lutero traduz *vocatio*, e o inglês *calling*, na versão de King James, acrescentam ao significado religioso de chamamento de Deus a ideia de fidelidade ao trabalho, tal como hoje se diz que *uma pessoa tem vocação para a advocacia ou para o comércio*.

Essa conexão íntima do sentido religioso com o profano induz o fiel a considerar o exato cumprimento de suas tarefas como um dever não só de cidadão,

---

70. Apud André Biéler, *O pensamento econômico de Calvino*. Trad. de Waldyr Carvalho Luz. São Paulo: Presbiteriana, 1990, p. 278.

71. *Comentário ao Livro dos Salmos*, 128,3, apud Biéler, op. cit., p. 412. O "Profeta", no texto acima, é Davi.

mas de crente que obedece aos mandamentos divinos. A vocação para o trabalho, a que a sociedade destinou todos os seus membros, a ninguém isenta de suas obrigações: vale para mestres e aprendizes, patrões e empregados, chefes e subordinados. Comentando uma passagem da epístola de São Paulo aos Efésios (6,7), assevera Calvino:

> "A razão pela qual ele [o apóstolo Paulo] se delonga mais em exortar os servidores é que, uma vez que sua condição é fastidiosa e dura, é também difícil de suportar. E não fala somente dos serviços externos, mas, antes, de um temor espontâneo, porque não é coisa que se vê muito, que se submeta alguém de bom grado às ordens de outrem. E diz que estão a obedecer a Deus quando servem fielmente a seus mestres, como se estivesse a dizer: Não penseis que sois assim postos em servidão pela disposição dos homens. É Deus quem vos pôs esse fardo sobre os ombros, que arrendou vosso labor e indústria a vossos mestres. Destarte aquele que, em boa consciência, diligencia por fazer a seu mestre o que lhe é da obrigação, não apenas cumpre o seu dever para com o homem, mas também para com Deus."[72]

Considerar o trabalho coisa "fastidiosa e dura" e "também difícil de suportar", mas, ao mesmo tempo, realizá-lo com "diligência", porque assim o quer Deus, pressupõe uma interiorização da ordem estabelecida, no caso, a nova ordem econômica em vias de consolidar-se como sistema capitalista ancorado na divisão entre burgueses que "arrendam", por determinação divina, o "labor e indústria" dos operários. O fato de Weber preferir o termo "ética" a "ideologia" para qualificar tal complexo de ideias e valores tem a ver com o fortíssimo *éthos* propriamente moral do comportamento pregado pelos calvinistas. Mas, à medida que a ética protestante foi sendo introjetada como sistema de representações e explicações dadas pelos agentes sociais para preservar ou alcançar a hegemonia política, pode-se falar, sem hesitações, de uma *ideologia calvinista-capitalista*, cada vez mais evidente nos séculos XVII e XVIII.

Do lado do trabalhador, esse novo *éthos* implica um novo sentimento do tempo. Em aberta oposição à apologia da vida contemplativa, tão reiterada pelos teólogos e místicos medievais, o fiel reformado despreza todas as formas de ócio e lazer e tem por imperativo o uso proveitoso de todas as horas de sua jornada. Weber extrai do diário de Benjamin Franklin uma série de conselhos sobre o emprego do tempo que, se bem atendidos, dariam crédito ao trabalhador e ao empresário.

---

72. Apud A. Biéler, op. cit., p. 344.

A primeira citação ficou antológica e representa até hoje o sumo do espírito capitalista: *Time is money*. Eis o contexto do discurso de Franklin:

"Tempo é dinheiro. Aquele que pode ganhar diariamente dez xelins com seu trabalho e dedica-se a passear a metade do dia, ou a folgar em seu quarto, mesmo quando só dedique seis pences para suas diversões, não há de contar só isso, pois na realidade gastou, ou melhor, esbanjou mais cinco xelins.
"Pensa que o crédito é dinheiro. Se alguém deixa permanecer em minhas mãos o dinheiro que lhe devo, deixa-me a mais seu juro e tudo quanto posso ganhar com ele durante esse tempo."

Alguns parágrafos adiante:

"O golpear de teu martelo sobre a bigorna, ouvido por teu credor às cinco da manhã ou às oito da noite, deixa-o contente por seis meses; mas se te vê na mesa de bilhar e ouve tua voz na taverna na hora em que tu devias estar trabalhando, na manhã seguinte te recordará a tua dívida e exigirá seu dinheiro antes que possas dispor dele."

Voltando ao uso escrupuloso do tempo, adverte:

"Quem malbarata inutilmente por dia um único centavo, esbanja seis libras ao cabo de um ano, que constituem o preço do uso de cem. Quem dissipa diariamente uma parte de seu tempo pelo valor de um centavo (ainda que isso só suponha um par de minutos) perde, dia após dia, o privilégio de utilizar anualmente cem libras. Quem dilapida vãmente um tempo pelo valor de cinco xelins, perde cinco xelins, e tanto valeria que os tivesse arrojado ao mar. Quem perde cinco xelins, não só perde essa quantia, mas tudo quanto tivesse podido ganhar com ela aplicando-a à indústria, o que representa um período de tempo considerável na vida de um jovem que chega à idade avançada."[73]

---

73. Weber, op. cit., pp. 38-40. As citações foram extraídas de dois escritos de Benjamin Franklin: *Necessary hints to those that would be rich* [Pistas necessárias aos que querem ficar ricos], de 1736, de que faz parte o último parágrafo transcrito, e *Advice to a young tradesman* [Conselhos a um jovem comerciante], de 1748, para os demais parágrafos.

Benjamin Franklin costumava citar uma frase bíblica que lhe repetia seu pai, "um rígido calvinista":

Vês um homem perito na sua obra?
Perante reis será posto; não entre a plebe.
(Provérbios, 22, 29)

Assim se lê na versão em português da Bíblia de Estudo de Genebra.
Em nota, Max Weber lembra que Lutero traduziu "na sua obra" por "em seu negócio", e que as mais antigas traduções inglesas da Bíblia preferem *business* (negócio). Verifico que também na recente edição inglesa da Bíblia de Jerusalém, obra de caráter ecumênico dirigida por biblistas católicos, encontra-se a palavra *business*:

You see someone alert at his business?
His aim will be to serve kings,
not for him the service of the obscure.

A edição francesa da mesma Bíblia reza:

Vois-tu un homme preste à sa besogne
    Au service des rois il se tiendra,
    il ne se tiendra pas au service des gens obscurs.

Na edição brasileira, temos:

Vês um homem perito em seu trabalho?
    Ele será posto a serviço dos reis,
    não será posto a serviço de pessoas obscuras.

A interpretação dada por Weber ressalta a importância dada à virtude do trabalhador, que é solícito (*alert, preste, rápido, perito*) na execução do seu ofício. Esta parece ser efetivamente a boa exegese do provérbio repetido por Benjamin Franklin.

Resta alguma dúvida em relação ao conteúdo estritamente econômico que a mente calvinista teria extraído dessa passagem. As palavras *business* e *besogne* (aparentadas pelo sentido comum de trabalho necessário, ou ocupação profissional obrigatória) indicariam sempre o labor intenso do homem que o executa solicitamente, isto é, com prestância e rapidez, segundo o comentário da Bíblia de Genebra, que se reporta ao original hebraico.

A palavra "velocidade", que remete ao *tempo do trabalho*, consta da tradução clássica da Bíblia feita pelo padre Antônio Pereira de Figueiredo, rente à versão latina oficial, a *Vulgata*, obra de São Jerônimo no fim do século IV:

Vidisti virum velocem in opere suo?
coram regibus stabit, nec erit ante ignobiles.

O momento econômico viria na forma de *compensação* do zelo demonstrado pelo trabalhador. A sua solicitude na feitura da obra lhe facultaria o acesso ao serviço dos reis, ou, como diz a nota da edição calvinista, "Essas palavras são uma exortação indireta na direção da excelência, que, como no caso das escolas egípcias dos sábios, era o caminho da promoção para um serviço mais elevado". Completando a nota, o comentarista remete o leitor aos versículos 21 e 22 do capítulo 24 dos Provérbios, em que se exorta o fiel a obedecer aos reis, conselho que se reencontra nas recomendações de Paulo aos súditos esparsas em suas epístolas:

Teme ao Senhor, filho meu, e ao rei
e não te associes com os revoltosos.
Porque de repente levantará a sua perdição,
e a ruína que virá daqueles dois, quem a conhecerá?

Em síntese: o trabalhador que quiser subir na profissão e ter acesso ao mundo dos empreiteiros poderosos deverá ser aplicado em todas as suas tarefas, prestante (rápido) na execução, escrupuloso no uso do tempo e *last but not least* deferente para com os doadores do seu trabalho. Diligência, solicitude, assiduidade, pontualidade e obediência agradam aos reis e cumprem mandamento divino. *Vocação* passou, portanto, a designar não só o apelo à conversão, mas também, e principalmente, o dever de honrar a sua profissão.[74]

Se, do lado do trabalho, a ética reformada exigia as virtudes enumeradas acima, em quê renovava do ponto de vista do empresário? A mudança fundamental em relação à moral pregada pela teologia católica até o começo do século XVI diz respeito à *produtividade do dinheiro*. Aristóteles e Santo Tomás conside-

---

74. Ver o terceiro capítulo de *A ética protestante e o espírito do capitalismo*, em que Weber, apoiado em uma admirável erudição filológica, persegue os fios que, nas versões protestantes das Escrituras, atam o sentido religioso da palavra "vocação" às acepções profanas e econômicas da palavra "profissão". Sintetizando, a certa altura, o seu pensamento, afirma Weber: "É indubitável, e há acordo geral sobre isso, que a valoração ética da vida profissional constitui uma das mais substanciais contribuições da Reforma e, portanto, de modo especial, de Lutero" (op. cit., p. 88).

ravam o dinheiro elemento improdutivo, valendo apenas nas operações de troca. Lutero e Calvino adotariam novo critério, ajustado ao capitalismo, pelo qual o dinheiro poderia gerar mais dinheiro. A primeira consequência dessa nova concepção foi a tolerância do empréstimo a juros.

A condenação eclesiástica do juro ao longo da Idade Média fundava-se na palavra revelada. Disse Jesus no sermão da montanha:

"E se emprestais àqueles de quem esperais receber, que graça alcançais? Até mesmo os pecadores emprestam aos pecadores para receberem o equivalente. Muito pelo contrário, amai os vossos inimigos, fazei o bem e emprestai sem esperar coisa alguma em troca" (Lucas, 6,35-6).

No Antigo Testamento, a proibição de receber juros é explícita em relação a quem empresta aos pobres: "Se teu irmão empobrecer, e as suas forças decaírem, então, sustentá-lo-ás. Como estrangeiro e peregrino ele viverá contigo. Não receberás dele juros nem ganho; teme, porém, ao teu Deus, para que teu irmão viva contigo. Não lhe darás teu dinheiro com juros, nem lhe darás o teu mantimento por causa de lucro" (Levítico, 25,35-7).

No Deuteronômio faz-se a distinção entre o estrangeiro e o irmão hebreu: a este não se devem exigir juros; àquele pode-se fazê-lo: "A teu irmão não emprestarás com juros, seja dinheiro, seja comida, seja qualquer coisa que é costume emprestar com juros. Ao estrangeiro emprestarás com juros, porém a teu irmão não emprestarás com juros, para que o Senhor, teu Deus, te abençoe em todos os empreendimentos na terra a qual passas a possuir" (Deut, 23,19-20).

Remontando ao segundo livro do Pentateuco, encontramos a primeira advertência da lei mosaica no tocante ao empréstimo a juro: "Se emprestares dinheiro ao meu povo, ao pobre que está contigo, não te haverás com ele como credor que impõe juros" (Ex, 22,25).

Na literatura profética, que tantas vezes denuncia as transgressões dos israelitas no que toca aos mandamentos e aos preceitos morais, é Ezequiel que condena a prática da usura que grassava entre as "abominações de Jerusalém". O profeta põe na boca de Iahweh estas palavras: "No meio de ti, aceitam subornos para se derramar sangue; usura e lucros tomaste, extorquindo-o; exploraste o teu próximo com extorsão; mas de mim te esqueceste, diz o Senhor Iahweh" (Ez, 22,12).

Calvino, aceitando algumas modalidades de empréstimo a juros, inova em relação à proibição canônica que vigorou na Igreja católica desde a época patrística e por toda a Idade Média até o começo da Idade Moderna. Um dado sintomático: em 1532, a Universidade de Paris, centro ativo da teologia católica, reprova o empréstimo a juros, reiterando em pleno período do renascimento comercial europeu as excomunhões lançadas pelos concílios medievais contra os juros, em geral identificados com a usura.[75]

A realidade econômica, porém, mostrava-se mais forte e efetiva não só em cidades tipicamente comerciais necessitadas de créditos fornecidos pelos banqueiros (caso de Genebra, de Lyon e de Antuérpia), como também nas grandes capitais dos Estados monárquicos que recorriam às finanças das novas burguesias estabelecidas em vários pontos da Europa. Soberanos espanhóis, que se proclamavam defensores da ortodoxia católica, Carlos v e Felipe II, acabaram admitindo o percentual máximo de 10%, acima do qual o empréstimo era considerado usura, de onde o termo "onzeneiro" aplicado como labéu infamante ao emprestador que ultrapassasse esse limite.

Praticava-se o empréstimo a juros na maioria dos centros urbanos importantes, embora, a rigor, só na Genebra de Calvino a interdição canônica tivesse sido formalmente revogada. O que importa, em termos de "ética" econômica (as aspas que ladeiam a expressão comparecem às vezes no texto de Max Weber), é a justificativa do empréstimo a juros formulada pelo reformador.

A reconstrução do pensamento econômico de Calvino, feita por André Biéler, procura matizar as relações causais entre calvinismo e espírito capitalista que teriam sido estabelecidas na obra de Max Weber. Contudo, antes de contemplar a defesa que o autor da *Ética protestante e o espírito do capitalismo* faz da sua posição, refutando o caráter determinista que se lhe atribui, convém acompanhar a argumentação de Biéler, que se poderia classificar como intermediária entre o centro liberal protestante e a social-democracia europeia do segundo pós-guerra.

Aceitando a licitude do juro, Calvino teria cercado a sua prática de todas as cautelas possíveis que impedissem a afluência dos emprestadores a um sistema bancário centralizador, opondo-se à tentativa de criar, em 1568, um banco de Estado em Genebra. Os pastores que o seguiam apoiaram-no, tendo à frente o seu maior colaborador, Theodoro de Beza, que protestou afirmando que "as riquezas, longe de ser desejáveis a Genebra, ser-lhe-iam, ao contrário, perniciosas; trariam após si o luxo, o mundanismo, o amor do prazer e uma infinidade de abusos que não convinham a uma República da qual a reputação se prendia à regularidade dos costumes". Beza acrescentava que por toda parte se diria: "Em

---

75. Sobre a condenação do empréstimo a juros formulada por Santo Tomás (que emprega apenas o termo *usura*), sigo a leitura cristalina de Étienne Gilson, em *Le thomisme*. Paris: Vrin, 1948, pp. 451-3. Gilson analisa o texto da *Summa Theologica*, IIa, IIae, 78, 1, que se inspira em parte em Aristóteles, em parte nas Escrituras.

Genebra todo mundo é banqueiro [...] coisa odiosa".[76] A profissão mesma de emprestador profissional lhe era antipática, pois cristalizaria um tipo de operador econômico independente do trabalho produtivo, sempre entendido como vocação religiosa e profissional ao mesmo tempo. Biéler cita várias declarações de Calvino condenatórias da usura.

Admitindo o empréstimo entre particulares, Calvino permitia a cobrança de juros, mediante a taxa máxima de 6,66%, só no caso de o devedor ser suficientemente abastado para pagá-los. Aos pobres, como estava prescrito nas Escrituras, o empréstimo deveria ser feito sem exigência de acréscimo na retribuição.

Na segunda parte da obra, Weber desenvolve em profundidade a análise das relações entre o ascetismo pregado pelos calvinistas e por seus descendentes (sobretudo os puritanos) e a acumulação capitalista que ocorreu na Inglaterra, na Holanda, na Suíça e nos Estados Unidos antes e depois da independência. Só nessa altura e excepcionalmente Weber emprega a expressão "conteúdo ideológico" para caracterizar as orientações ascéticas já plenamente estabelecidas a partir da segunda metade do século XVI e ao longo do século XVII. Não é de somenos importância lembrar que os mesmos fundamentos bíblicos sofreram um processo de secularização que se aguçou quando o capitalismo industrial e financeiro investiu toda a vida econômica dos países protestantes.

A reconstrução da doutrina calvinista começa por citar os capítulos da *Westminster Confession*, de 1647, relativos ao dogma da predestinação. Transcrevo apenas o terrível terceiro parágrafo do terceiro capítulo: "Para revelar sua majestade, Deus por seu decreto destinou [*predestinated*] alguns homens para a vida eterna e preordenou [*foreordained*] outros para a eterna morte".

Ao passo que Lutero, menos distante da teologia reconciliadora do Novo Testamento (seguida pelo catolicismo medieval), acreditava que a graça perdida pelo pecado poderia ser recuperada mediante o arrependimento e a confiança na palavra de Deus e nos sacramentos, Calvino, polemizando com seus adversários, aprofundou cada vez mais a ideia da transcendência absoluta de Deus própria do Velho Testamento. Assim, a salvação e a condenação do homem já estariam desde sempre decretadas. Comenta Weber glosando textos calvinistas: "O condenado que se queixasse de seu destino por julgá-lo imerecido agiria como o animal que se lamentasse por não ter nascido homem". E adiante ressalta a diferença que corre entre essa imagem calvinista de Deus e a que se entrevê em certas passagens evangélicas:

---

76. Em André E. Sayous, "La banque à Genève pendant les XVIe, XVIIe et XVIIIe siècles". *Revue Économique Internationale*, set. 1934, p. 441, apud Biéler, op. cit., p. 240.

"Do 'Pai celestial' do Novo Testamento, tão humanamente compreensível, que se alegra com a volta do pecador [alude à parábola do filho pródigo], assim como se alegra a pobre mulher que recupera os cêntimos perdidos, surge agora um ser transcendente e inacessível a toda humana compreensão, que desde toda eternidade assinala a cada um o seu destino segundo desígnios totalmente inescrutáveis e que dispõe no cosmos até o mínimo detalhe."[77]

Do lado do fiel, ao dogma da predestinação corresponderia o sentimento de uma "inaudita solidão interior". Em nota, Weber crê reencontrar esse "profundo ilhamento do indivíduo" na doutrina dos jansenistas de Port-Royal. Terá sido provavelmente essa observação a matriz da hipótese que Lucien Goldmann desenvolveria no seu ensaio sobre a ideologia jansenista, *Le dieu caché*. Convém assinalar que Weber relativiza, em outra nota, a sua comparação, apontando o caráter místico e ainda inequivocamente católico do jansenismo, nisso oposto ao calvinismo.[78]

O indivíduo que adere ao cerne do predestinacionismo está só. Os outros homens não podem ajudá-lo no caminho incerto da salvação. Ninguém deve confiar em ninguém, pois a ninguém é dado alterar os desígnios divinos. Calvino rejeitou o sacramento da confissão particular, que confere ao sacerdote a faculdade de absolver o pecador arrependido; de fato, a confiança na palavra e no gesto do outro seria incompatível com o individualismo rígido inerente à ética puritana. Só Deus é digno de ouvir os pensamentos do homem, embora este jamais saiba se suas preces serão atendidas.

Weber supõe que o individualismo combinado com o horror à idolatria produziu efeitos políticos: ingleses, escoceses, suíços, holandeses e boa parte dos norte-americanos teriam desenvolvido pública aversão a governos autoritários, de tipo cesarista, que incensam o poder e obrigam os cidadãos a se comportarem como fiéis perante forças divinas.

Como orientação convergente, o calvinismo reduziu a quase nada os cerimoniais litúrgicos que o catolicismo contrarreformista já então adornava com todas as galas da arte renascentista e, pouco depois, barroca. Até na hora da morte e do sepultamento o crente dispensará tudo o que puder lembrar práticas sacramentais de unção *in extremis* que propiciariam a redenção do defunto.

A ascese na vida cotidiana é o comportamento que resulta de uma doutrina enraizada na negatividade atribuída ao "mundo". Pode parecer paradoxal, mas

---
77. Weber, op. cit., p. 116.
78. Ver adiante o tópico sobre a posição de Pascal em face do calvinismo.

essa mesma recusa teria propiciado uma intensa atividade econômica (comercial, industrial e financeira) característica do espírito capitalista. Esse é o ponto mais engenhoso e ao mesmo tempo mais controvertido das ilações de Weber. Ele mesmo o reconhece ao afirmar:

> "À primeira vista, parece um enigma como seja possível conjugar a tendência a emancipar o indivíduo dos laços que o unem ao mundo, própria dos calvinistas, com a indubitável superioridade do calvinismo na organização social. Por mais difícil que pareça, isso é uma consequência do matiz que adquiriu o cristão 'amor ao próximo' sob a pressão do isolamento interior do indivíduo realizado pela fé calvinista."[79]

Teriam convergido, na prática social dos calvinistas, um projeto de fundar uma instituição centrada na obediência à Palavra de Deus (*a verdadeira Igreja evangélica*) e nela estabelecer relações impessoais, que prenunciam a racionalização profissional moderna.

No interior dessa "república cristã", o trabalho é rigorosamente obrigatório, pois "quem não trabalha não tem o direito de comer", ou, glosando termos do apóstolo Paulo, a nenhum cidadão é lícito pesar sobre o próximo ou sobre a comunidade. Ociosos e mendigos, como se sabe, nunca foram bem-vistos nas cidades de governo protestante: *Giving alms is no charity* [Dar esmolas não é caridade] será o título de um panfleto de Daniel Defoe (1660-1731), dissidente da Igreja Anglicana oficial e não por acaso autor da bíblia do individualismo econômico inglês, *Robinson Crusoe*. Calvino, assim como Lutero, desdenhava as ordens mendicantes bem como as contemplativas que, fundadas na Idade Média, ainda se mantinham vivas e influentes nos países católicos.

Imperativo, o trabalho deverá também ser intenso, pois, exigem as Escrituras, "ganhará o homem o pão com o suor do seu rosto". Ordenado por Deus, o esforço físico e moral concorre para que o homem combata vitoriosamente as tentações da carne fomentadas pela indolência. Trabalho e ascese enlaçam-se e cooperam para a edificação da cidade calvinista.

A jornada bem cumprida do crente o proverá dos recursos necessários à subsistência, mas o que exceder desse *quantum* não será dissipado em atividades mundanas intrinsecamente pecaminosas como os jogos de azar, as festas, o luxo ou quaisquer outras formas custosas de lazer. Cada vintém ganho será poupado. Da ascese provém a acumulação, e desta, o reinvestimento, sem o qual não vingarão o comércio, a manufatura e, *last but not least*, o sistema financeiro, os

---

79. Weber, op. cit., pp. 123-4.

bancos, instituição que se robusteceu em Genebra e na Holanda desde fins do século XVI.

O enigma parece decifrado. Para que a renúncia ascética pregada pelos pastores calvinistas colabore na edificação do sistema capitalista só falta um elemento: *a divisão rigorosa do trabalho*. Mas também essa pedra angular da racionalização moderna foi assentada garantindo a solidez da nova construção econômica, pois tanto Lutero como Calvino aconselham ao trabalhador que se contente com o papel que desempenha e o cumpra honestamente, isto é, assídua, escrupulosa e pontualmente. Assim, merecerá o reconhecimento dos seus superiores e a bênção que talvez Deus já se tenha dignado conceder-lhe, ressalvando-se, de todo modo, que não são as obras humanas que movem os Seus desígnios. A confissão de Westminster insistirá na expressão "servos inúteis", válida para todos os que se afadigam até a morte na seara do Senhor.[80] Na prática pastoral, lembra Weber, ministravam-se aos crentes conselhos de disciplina corporal e retidão profissional. Poderiam assim melhor suportar a suspeita angustiante de que estariam predestinados à morte eterna.

Sobre a especialização profissional Richard Baxter

"faz declarações que em mais de um ponto recordam diretamente os conhecidos elogios que faria Adam Smith à divisão do trabalho. A especialização das profissões, ao possibilitar a destreza (*skill*) do trabalhador, produz um aumento quantitativo e qualitativo do trabalho realizado e redunda em proveito do bem geral (*common best*), que é idêntico ao bem do maior número possível. A motivação, pois, é puramente utilitária e afim em absoluto a critérios já correntes na literatura profana da época".[81]

A obra termina com um capítulo específico sobre a relação entre o ascetismo e o espírito do capitalismo. As fontes de Weber são documentos teológicos e instruções morais constantes da tradição calvinista europeia e de suas derivações anglo-americanas, com ênfase no puritanismo dos presbiterianos rigoristas.

O texto privilegiado é o Diretório Cristão (*Christian Directory*) do já citado Richard Baxter, um dos mestres da ética puritana na Inglaterra. Apoiou por motivos conjunturais o governo de Cromwell; mas opôs-se a qualquer tipo de subordinação da Igreja ao Estado. Os seus conselhos levam à prática das virtudes ascéticas, incluindo o despojamento pessoal e a desconfiança em relação à pro-

---

80. Id., ibid., pp. 129-30.
81. Id., ibid., p. 211.

cura do dinheiro pelo dinheiro. Ao mesmo tempo, seguindo a inspiração básica do calvinismo, Baxter insiste no uso do tempo, cuja perda é "o primeiro e, em princípio, o mais funesto dos pecados". "Cada hora perdida é perdida para o trabalho de glorificação a Deus."[82] A indolência é pecado mortal e, convertendo-se em hábito, chega ao extremo de impedir o acesso do homem à graça divina. A santificação do tempo do trabalho e a depreciação do tempo de lazer contribuirão, segundo Weber, para vincular a *ascese* de filiação inicialmente religiosa à *poupança*, cujos efeitos serão diretamente econômicos.

A dedicação incondicional ao trabalho e, em particular, à profissão (*a stated calling*, que, em princípio, o crente deve manter até a morte) não isenta ninguém. Pobres e ricos, operários e empresários, baixa e alta burguesia, todos devem labutar para a glória do Senhor e para melhor conter as paixões dos sentidos, a *unclean life*, triste herança que a humanidade recebeu do pecado original. Entre as paixões, a que leva à relação sexual é a que mais preocupou a moralidade puritana: a vida conjugal deveria regular-se por um espírito de continência, de tal modo que só se permitiriam atos que tivessem por fim a procriação, *a sober procreation*. Também nesse particular vigorava o preceito do afinco no trabalho cotidiano como remédio à concupiscência. "Trabalha duramente em tua vocação!", exorta Baxter; além desse preceito, recomendaram alguns pastores a adoção de hábitos higiênicos, como banhos frios e dieta vegetariana.[83]

Calvinistas e presbiterianos encontraram adeptos especialmente fiéis no interior das classes médias e dos trabalhadores bem assentados em suas profissões. Camponeses e nobres, ainda de algum modo orientados por valores tradicionais, de raiz feudal, não foram alvo preferencial das pregações puritanas. Pelo contrário, os costumes senhoriais, tantas vezes materializados em festas e formas de lazer, mereceram de Baxter a condenação de *debauched part of the gentry*. John Milton, o grande poeta apologista da guerra civil dos presbiterianos contra as tendências anglo-católicas de Charles I, "sustentou na sua primeira *Defensio pro populo anglicano* que só a classe média poderia praticar a virtude, entendendo-se classe média no sentido de classe burguesa, em oposição à aristocracia, já que tanto o luxo como a necessidade [do indigente] se opõem ao exercício da virtude".[84]

O discurso cerrado de Weber vai articulando orientações de conduta que apontam para o modelo da *racionalização do sistema capitalista*:
- religião do trabalho;

---

82. Id., ibid., pp. 203-4.
83. Id., ibid., p. 208.
84. Id., ibid., p. 215.

- especialização como resultante da divisão do trabalho (segundo o conselho pelo qual o fiel não deveria mudar de profissão);
- aproveitamento integral do tempo;
- proibição de gastos supérfluos ou voltados ao lazer;
- poupança doméstica e pública regrada por normas estritas de contabilidade;
- legitimidade do lucro e do empréstimo a juros;
- elogio do *self-made man*, enquanto indivíduo que chegou à abastança graças a uma vida laboriosa e austera;
- e, como efeito no plano existencial, reconhecimento de que Deus recompensa com bens terrenos aqueles que cumprem *religiosamente* os seus deveres profissionais.

Trata-se de ideias e comportamentos que iriam secularizar-se ao longo dos séculos XVIII e XIX, quando o liberalismo de Adam Smith e o utilitarismo de Bentham, ambos protestantes, trariam a instância econômica e a *vis* competitiva ao primeiro plano de seus sistemas, que, a rigor, acabariam prescindindo de suas crenças pessoais.

Mas aqui já entraríamos na ideia do "desencantamento do mundo", isto é, do ressecamento progressivo das motivações religiosas com que Weber caracteriza a modernização capitalista que se seguiu à Revolução Industrial. O que era uma visão de mundo, uma doutrina que presidia normas éticas, foi sendo tomado pela vontade de poder que justifica a dominação dos mais fortes e mais aptos. Desse deslizamento nasceu o núcleo duro da ideologia liberal-capitalista que se expandiu e se converteu, ao longo do século XIX, na ideologia imperialista britânica e, depois, norte-americana.

O "fardo do homem branco", colonizador dos continentes não brancos, exaltado pelo escritor inglês Rudyard Kipling, passou às mãos e às cabeças da política ianque e da finança internacional. O presidente dos Estados Unidos que precedeu à gestão de Lincoln, James Buchanan (1857-61), presbiteriano e maçom, mas complacente com as Constituições escravistas do Sul, entrou para a história das ideologias imperialistas com seus discursos sobre a primazia dos Estados Unidos, povo eleito por Deus para instruir as demais nações da América. Em 1856, Buchanan redigiu o Manifesto de Ostende, que propôs a compra de Cuba, então colônia espanhola, a fim de estender os territórios escravistas. Os seus argumentos ecoavam os pleitos dos proprietários sulinos e eram invariavelmente escorados em sua crença na "especial proteção da divina Providência oferecida desde nossa origem como nação". *No nation in the tide of time has ever been blessed with so rich and noble an inheritance as we enjoy in our public lands.* Sobre o cativeiro em geral, que a Constituição americana ainda tolerava, conferindo plena liberdade aos estados que o mantinham, afirmou Buchanan no seu

Terceiro Discurso ao Congresso, proferido em 1859: *It is a striking proof of the sense of justice which is inherent in our people that the property in slaves has never been distached, to my knowledge, in any of the territories.* Volta, no final do discurso, a afirmação dos sagrados direitos de propriedade.

Enfim, alguns grotescos vestígios da outrora digna ética calvinista ainda se entreveem hoje no fundamentalismo dos donos do poder entrincheirados na Casa Branca e no Pentágono.[85]

Lendo com atenção a obra extraordinária de Max Weber, percebe-se que não há determinismo no seu mapeamento de afinidades entre a ética calvinista e puritana e a ascensão do espírito capitalista no Ocidente. Recusando o reducionismo da vulgata marxista, que postula a dependência das ideias e dos valores em relação à infraestrutura econômica, Weber não se propõe, contudo, reproduzir, invertendo-o, o modelo de causalidade que o materialismo introduziu na sua explicação histórica. *O seu objeto principal é compreender o sentido das orientações vividas pelos agentes históricos de um determinado sistema.*

No caso do capitalismo "racionalizado" pela divisão de trabalho e sancionado por uma ética austera que levava à poupança e ao reinvestimento, foi a realização dos valores ascéticos pregados pelos reformadores que deu continuidade e coerência à nova orientação econômica, em tudo oposta às práticas feudais e aos gastos suntuários das senhorias mercantis da Itália renascentista ainda penetrada do *éthos* humanista católico.

A partir de certo momento, a acumulação dos capitais, a prosperidade burguesa e a certeza de ter obedecido aos autênticos valores morais legados pela Bíblia foram se entrelaçando de modo inextricável e recíproco. A Suíça calvinista, a Alemanha luterana, a Holanda das Igrejas Reformadas, a Inglaterra e a Escócia presbiterianas, as colônias anglo-americanas puritanas e, mais tarde, batistas ou metodistas combinaram a diligência no labor cotidiano com a prática da poupança e do espírito empresarial que a Revolução Industrial expandiria de modo incoercível. Com o tempo e o "desencantamento do mundo", as instâncias econômicas cresceram e multiplicaram-se enormemente sem que os princípios religiosos pudessem frear a busca da riqueza pela riqueza, tão condenada pelos piedosos pais da Reforma.

Assim como a ciência do século XIX contribuiu para o desenvolvimento técnico dos países capitalistas, mas não é, por si mesma, responsável pelas forças

---

85. Parágrafo redigido em 2008, quando ainda vigorava a funesta presidência de George Bush.

de destruição planetária que as nações tecnologicamente adiantadas têm acionado em suas guerras, também o protestantismo alimentou a racionalização empresarial, mas perdeu o controle ético sobre o cotidiano da sociedade de consumo, competição e exclusão própria do século xx. Essa constatação é fiel às ponderações que Weber faz em várias passagens de sua obra, culminando com a sua conclusão metodológica que não poderia ser mais nítida:

> "Nosso objetivo não é substituir uma interpretação causal unilateralmente 'materialista' por uma interpretação contrária, de unilateral causalismo espiritualista da civilização e da história. As *duas* pertencem ao domínio do *possível*. Na medida em que não se limitam ao papel de trabalho preliminar, mas pretendem chegar a conclusões, ambas servem mal à verdade histórica."[86]

---

86. Weber, op. cit., pp. 250-1.

EXERCÍCIOS DE SOCIOLOGIA DA CULTURA (À ESQUERDA, SEM DOGMATISMOS): LUCIEN GOLDMANN E GIULIO CARLO ARGAN

Passo a analisar duas tentativas de aproximação entre a sociologia da cultura e o pensamento dialético.

LUCIEN GOLDMANN

Lucien Goldmann, ao estabelecer os nexos entre os principais escritores do classicismo francês e os respectivos nichos sociais, empenhou-se em ultrapassar a fronteira que separa a sociologia acadêmica do saber e as posições marxistas que reconhecem na sociedade um campo de lutas entre classes e estamentos.[87]

Com isso ficaram ressalvadas tanto a ideia genérica de que existem estilos de época (no caso, o classicismo sob Luís XIV nos meados do século XVII) como a verificação da coexistência de movimentos conflitantes de ideias e valores no interior de cada período. A aparente unidade cultural, responsável pela fisionomia do *estilo clássico francês*, é perscrutada na sua dinâmica interna na qual as diferenças seriam tão significativas quanto as marcas de identidade.

O longo ensaio sobre a visão trágica do mundo expressa no jansenismo de

---

87. Ver, de Lucien Goldmann, *Le dieu caché*. Paris: Gallimard, 1956; e *Ciências humanas e filosofia. Que é sociologia?*. Trad. de Lupe Cotrim Garaude e J. Arthur Giannotti. São Paulo: Difusão Europeia do Livro, 1967. Sobre Goldmann, ver Michael Löwy e Sami Naïr, *Goldmann et la dialectique de la totalité*. Paris: Seghers, 1973; e Celso Frederico, *Sociologia da cultura. Lucien Goldmann e os debates do século XX*. São Paulo: Cortez, 2006.

Pascal e Racine, *O deus oculto* (*Le dieu caché*), representa o esforço mais articulado do estruturalismo genético de Goldmann. Nas palavras do autor:

> "A ideia central da obra é a de que os fatos humanos formam sempre *estruturas significativas* globais, cujo caráter é ao mesmo tempo prático, teórico e afetivo, e que essas estruturas só podem ser estudadas positivamente — isto é, ser *explicadas e compreendidas ao mesmo tempo* — no contexto de uma perspectiva *prática* fundada na aceitação de determinado conjunto de valores."[88]

Salta à vista o projeto de estabelecer uma homologia entre um grupo de obras como estrutura significativa e o contexto social como teia de valores. O *corpus* escolhido foram os *Pensamentos* de Pascal e as tragédias de Racine, que a história da literatura situa entre as obras-primas do classicismo sob Luís XIV.

Goldmann crê identificar nessas estruturas textuais uma significação ao mesmo tempo imanente (isto é, formal) e relacional (existencial e social). Tratar-se-ia de obras que exprimem uma *visão trágica do mundo*. O trágico projeta uma tensão extrema entre situações incompatíveis, uma aspiração sempre insatisfeita para resolver conflitos cognitivos ou afetivos que dilaceram o indivíduo.

O indivíduo está no mundo, mas opõe-se ao mundo. Precisa da razão, mas desconfia de suas fraquezas e limites, pois sabe que em toda parte ela capitula ante a força das paixões. Reconhece a fragilidade do ser humano, pobre caniço vergado pelos ventos, mas ao mesmo tempo admira a sua qualidade de pensante, única e vulnerável grandeza que lhe sobra. Deseja conhecer a Deus, mas Deus se esconde em um mistério impenetrável. Ora com fervor, mas não alcança escutar a resposta da divindade. *Vere tu es Deus absconditus* (Pascal). Teme esperar pela salvação e teme desesperar dela. Estima as ciências e os métodos geométricos, mas adverte a insuficiência de todo saber humano para dizer o infinito que o assombra de todos os lados. Deve respeitar a autoridade (o rei, as hierarquias do Antigo Regime), mas desdenha intimamente os poderes deste mundo e acusa o arbítrio dos que os detêm. Conhece as regras literárias dominantes no seu meio, mas deseja exprimir-se com a ardente sinceridade do seu coração, pois, diz Pascal, a verdadeira eloquência zomba da eloquência.

A angústia que nasce desse contínuo estar e não estar no mundo seria retomada pelo existencialismo, mas Goldmann não deixa de advertir a diferença: "Precisamente o fato de *não aceitar a ambiguidade*, de manter-se, apesar e contra tudo, a exigência de razão e de clareza, de valores humanos *que devem ser reali-*

---

[88]. Em *Le dieu caché*, cit., p. 97.

zados, é o que constitui a essência da tragédia em particular e do espírito clássico em geral".

Goldmann leva às últimas consequências a ideia do dilaceramento interno produzido pela visão trágica que ele atribui a Pascal e a Racine, por sua vez organicamente vinculados ao jansenismo do seu tempo. Creio, porém, que se deva relativizar essa atribuição. Uma releitura cuidadosa dos textos fervorosamente cristãos de Pascal (a última seção dos *Pensamentos*, a *Apologia do cristianismo* e *O mistério de Jesus*) dá pistas para identificar a saída que o pensador buscava e encontrou para aquela situação de dramática contradição que Goldmann chama de visão trágica.

Lendo com atenção o pensamento de número 599 (ed. Pléiade, numeração de Jacques Chevalier), pode-se entender o senso da *obscuridade* em que está envolta a face de Deus para o cristão não como uma fatalidade absoluta e, portanto, irreversível, mas como uma forma salutar de que Deus se vale para impedir que o fiel se ensoberbeça. Para aqueles que buscam a Deus com espírito de humildade, Deus acabará revelando a sua presença e concedendo a sua graça. Pois, "se não houvesse obscuridade, o homem não sentiria absolutamente a sua corrupção; se não houvesse luz, o homem não esperaria remédio".

A sequência do parágrafo desdobra a ideia com a adamantina nitidez do filósofo: "Assim, é não somente justo, mas útil para nós que Deus esteja oculto, em parte, e descoberto em parte, pois é igualmente perigoso para o homem conhecer a Deus sem conhecer sua miséria, e conhecer sua miséria sem conhecer a Deus".

Essas considerações, que relativizam a negatividade sombria da imagem do *Deus absconditus*, estão estrategicamente formuladas no último parágrafo das reflexões de Pascal sobre o Antigo Testamento, que é o livro da expectativa e das profecias. Imediatamente depois, a partir do pensamento de número 600, abre-se o capítulo "O novo testamento: Jesus Cristo".

Nessas páginas vibrantes reconhecemos os sentimentos expressos no breve texto encontrado cosido à roupa de Pascal após a sua morte, e que teria sido escrito na noite de 23 de novembro de 1654, noite de súbita iluminação e definitiva conversão:

"Deus de Abraão, Deus de Isaac, Deus de Jacó,
    Não dos filósofos e dos sábios,
    Certeza, Certeza, sentimento, alegria, paz.
    Deus de Jesus Cristo."

Transcrevo em seguida o texto original do chamado *Memorial de Pascal*:

L'an de grâce 1654
Lundi 23 novembre, jour de St-Clément, pape et
 martyr, et autres au martyrologe,
Veille de St-Chrysogone, martyr, et autres,
Depuis environ dix heures et demie du soir jusques
environ minuit et demi,
    Feu.
"Dieu d'Abraham, Dieu d'Isaac, Dieu de Jacob"
 non des philosophes et des savants.
 Certitude, Certitude, sentiment, joie, paix.
 Dieu de Jésus-Christ,

Deum meum et deum vestrum.
"Ton Dieu sera mon Dieu."
Oubli du monde et de tout, hormis Dieu.
Il ne se trouve que par les voies enseignées dans
l'Evangile.
  Grandeur de l'âme humaine,
"Père juste le monde ne t'a point connu, mais je
t'ai connu."
   Joie, Joie, Joie, pleurs de joie.
Je m'en suis séparé.
Dereliquerunt me fontem aquae vivae.
Mon Dieu, me quitterez-vous?
Que je n'en sois pas séparé éternellement.
 "Cette est la vie éternelle, qu'ils te connaissent
seul vrai Dieu et celui que tu as envoyé, J. C."
   Jésus-Christ.
   Jésus-Christ.
Je m'en suis séparé; je l'ai fui, renoncé, crucifié.
Que je n'en sois jamais séparé.
Il ne se conserve que par les voies enseignées dans
l'Evangile.
  Renonciation totale et douce.
Soumission totale à Jésus-Christ et à mon directeur
Éternellement en joie pour un jour d'exercice sur
la terre.
  Non obliviscar sermones tuos. Amen.

Estão manifestos nesse texto místico os sentimentos de certeza, alegria perene, desejo de união com o Cristo dos evangelhos, que não se encerram em uma visão fatalista do mundo nem tampouco exprimem a angústia de orar a um deus escondido, mudo, inacessível. A separação, concebida e sentida como culpa, é superada não só pelo arrependimento e pelo desejo místico da união, mas pela certeza de que "os caminhos ensinados no Evangelho" asseguram a reconciliação.[89]

O desenvolvimento do capítulo que vai do parágrafo 600 ao 737 fecha-se com passagens nascidas da mais profunda empatia pela figura humana de Jesus na solidão do Horto das Oliveiras (*O mistério de Jesus*). Pascal insiste na dor do Filho do Homem que conhece de antemão o destino cruento que o espera. Os discípulos dormem apesar das advertências do mestre. Mas, evocando o preciso momento em que tudo é abandono e desolação, e em que Deus parece não responder ao grito do seu Filho, Pascal aposta na certeza da redenção: "*Jesus, enquanto os seus discípulos dormiam, deu-lhes a salvação*".

O "deus ausente" cede à presença fraterna do Filho do Homem junto aos outros homens. Pode-se inferir que a visão de Pascal nesse passo decisivo será dramática e patética, mas, rigorosamente falando, não é trágica, pois tudo nela é esperança e consolação. O fecho retoma Santo Agostinho: "Tu não me procurarias, se já não me tivesses encontrado. Não te inquietes, pois".

Quanto à perenidade da presença de Cristo junto aos fiéis, Pascal retoma literalmente a ortodoxia católica na seção intitulada "A obscuridade de Jesus Cristo. O mistério da eucaristia". O deus oculto revelou-se e permaneceu entre os que nele creem, esta é a ótica final dos *Pensamentos*.

Não é, manifestamente, essa a leitura que faz Goldmann do par ausência-presença da divindade na tradição judaico-cristã. Na sua interpretação, "Um Deus *sempre ausente e sempre presente* é o centro mesmo da tragédia". Proposição que parece dificilmente compatível com a fé pascaliana na ressurreição de Cris-

---

[89]. Em termos hegelianos, a paixão, a morte e a ressurreição de Cristo significaram a superação da crença em um Deus abstrato, de sorte que Deus se torna consciência de si universal da comunidade. Essa é a leitura que Jean Hyppolite faz do capítulo consagrado à religião na *Fenomenologia do espírito* (em *Genèse et structure de la phénoménologie de l'esprit de Hegel*. Paris: Aubier, 1946, p. 511-49). O cristianismo seria, portanto, o momento da *revelação*, que é aquele oposto ao do ocultamento próprio do "deus absconditus". Diz Hegel: "As esperanças e as expectativas do mundo precedente levavam somente a essa revelação para ter-se a intuição do que é a essência absoluta e de encontrar-se nela. Essa alegria vem à consciência de si e capta o mundo inteiro, essa alegria de contemplar-se na essência absoluta, pois ela é o espírito" (op. cit., p. 540).

104

to e na sua presença sacramental "em corpo, sangue, alma e divindade", como a define a doutrina integralmente mantida pela vertente jansenista.

Feita a ressalva acima, que incide sobre a pertinência do adjetivo "trágico" aposto ao pensamento de Pascal, não são poucos os acertos de Goldmann quando explora o sentimento do mundo e a condição humana expressos no *corpus* jansenista escolhido.

O "mundo" aparece aos solitários de Port-Royal conotado com as acepções evangélicas e paulinas de lugar do erro, do pecado, da danação, em aberta oposição ao Reino de Deus. Não há esperança para essa mistura de vaidade, concupiscência, frivolidade, egoísmo, inveja, violência, desejo confesso ou escondido de poder. O mesmo acontece com a condição humana abandonada às próprias paixões e refratária à moral evangélica.

Como o jansenismo de Pascal e de Racine não desenvolveu nenhum projeto imanente e histórico de redenção *deste* mundo, há lugar para falar de uma visão pessimista da história e, numa perspectiva marxista, procurar conexões entre esse estilo de pensamento e um estrato social cuja posição na sociedade francesa da época dependia unicamente do mérito e do austero cumprimento dos seus deveres. No momento propriamente sociológico da obra, Goldmann vincula o jansenismo à nobreza togada, a *noblesse de robe*, constituída de juízes, advogados e burocratas de origem modesta ou mediana, mas de algum modo nobilitados pela função que exercem junto aos tribunais. A nobreza togada recrutou no Terceiro Estado o que hoje chamaríamos seus profissionais liberais para compor os quadros da administração judiciária.

Trata-se de um estamento que não partilhava dos costumes licenciosos e desabridos de grande parte da nobreza de sangue (a antiga nobreza feudal aliciada por Luís XIV após a Fronda), mas tampouco se confundia com a burguesia mercantil, em geral indiferente à piedade católica. Alguns jansenistas mais rigorosos dispuseram-se a fugir desse mundo corrupto; e mesmo aqueles que não se retiraram para o singular mosteiro leigo que era Port-Royal pregavam um altivo distanciamento em relação à corte e às seduções oferecidas aos validos do Rei-Sol. Ascetismo intransigente que lhes valeu a perseguição dos jesuítas, da Sorbonne e afinal do próprio Luís XIV. Port-Royal foi condenado pelo papa, destruído fisicamente, mas não desapareceu o espírito jansenista na cultura francesa. A *Enciclopédia* elogiaria, pela boca insuspeita do ilustrado D'Alembert, a pureza dos "senhores de Port-Royal". E o agnóstico Renan admirava a ausência absoluta de ouropéis na prosa severa dos jansenistas. Vem à memória o pensamento de Pascal: *A verdadeira eloquência zomba da eloquência.*

Na cadeia de condicionamentos suposta por Goldmann teríamos:

a) o estrato socioprofissional da nobreza togada, já não mais tipicamente burguesa nem propriamente aristocrática: um estamento, portanto, sem saídas políticas, mas fortemente lastreado por uma cultura jurídica e teológica, que o distingue dos demais grupos sociais;

b) um movimento espiritual, o jansenismo, que se situa fora da esfera dominante, jesuítica, acusando nesta uma atitude laxista, subserviente ao poder real e à corte, denúncia que o faz tender arriscadamente para o campo da oposição teológica e, indiretamente, política;

c) uma visão pessimista da condição humana, que Goldmann identifica com *uma concepção trágica da existência* marcada pelo sentimento da ausência ou da inacessibilidade de um *Deus absconditus*;

d) a expressão mais complexa e concentrada, em termos de pensamento e linguagem, do jansenismo, ou seja, a obra filosófica de Pascal e as tragédias de Racine.

Assegurar os elos internos dessa cadeia de condicionamentos significa, para o estruturalismo genético de Goldmann, atingir dois alvos convergentes: amarrar as relações entre texto e contexto (objetivo constante da sociologia do saber) e, ao mesmo tempo, ressalvar a hipótese marxista da possibilidade de se constituírem grupos ideológicos conflitantes no interior de uma formação social, *desde que os seus defensores nela exerçam uma práxis efetiva.*

Goldmann não dissimula as dificuldades da sua empresa nem omite os argumentos de historiadores do reinado de Luís XIV e do jansenismo que divergem das suas teses. Assim, em relação ao nexo íntimo entre a nobreza togada e o jansenismo, o quadro social da França do século XVII parece ter sido mais variado e complexo do que estabelece o autor de *Le dieu caché*. Houve simpatizantes dos jansenistas que não pertenciam à nobreza judiciária e, por outro lado, houve membros desse estamento que se mantiveram em algum momento próximos dos solitários de Port-Royal, mas não desdenharam aproximar-se da corte. Racine, amigo dos jansenistas e áulico de Luís XIV, dá exemplo de uma ambiguidade que desnuda a situação de dependência dos escritores do período em relação aos donos do poder.

Quanto ao cerne da tese de Goldmann, ou seja, a ideia de que a marginalidade dos jansenistas em relação à monarquia absoluta gerou uma concepção trágica do mundo (pela qual o homem se vê só diante de um Deus que esconde a face), deve-se ressalvar qual foi a motivação central dos mestres de Port-Royal. Eles condenavam o *mundo* para melhor se aproximarem de Deus, mas não adoravam um deus mudo e inacessível tal como o concebiam os calvinistas, que viam um abismo entre a criatura e o criador. Os jansenistas oravam para uma divindade encarnada na figura de um homem, filho de Deus vivo e salvador dos homens, Jesus Cristo.

Como se observou linhas acima, Pascal conduz o seu discurso por um caminho que começa com o exame implacável da condição humana ainda alheia à revelação (é a sua pintura *moraliste* sombria do *eu* detestável) e termina pela certeza da redenção que, pela graça do Mediador, resgatará os verdadeiros fiéis. A doutrina calvinista da predestinação lhe parece cruel, e estaria, na verdade, mais próxima do espírito trágico, pelo qual nenhuma ação humana será jamais suficientemente meritória, e tudo depende da vontade inescrutável de um deus remoto e silente. A rejeição de Pascal à tese da predestinação é inequívoca e está explicitada em várias passagens da sua obra. Nos *Écrits sur la grâce* Pascal considera "injuriosa a Deus e insuportável aos homens" a sentença verdadeiramente trágica segundo a qual Deus teria prefixado a salvação de uns e a perdição eterna de outros.[90] De resto, boa parte da argumentação contida nas *Provinciales* concentra-se em provar que a ideia da justiça divina concebida pelos jansenistas não se confunde com a visão de Calvino.

Deve-se, pois, rever a atribuição de tragicidade ao pensamento de Pascal. Essa restrição vale também para algumas obras de Racine, particularmente os dramas bíblicos, *Esther* e *Athalie*, e os desfechos atenuados de *Iphigénie*, *Andromaque* e *Mithridate*, em que a personagem inocente é poupada, em contraste com as fontes trágicas gregas e romanas. Quanto aos dramas bíblicos, o consenso da crítica nunca tomou ao pé da letra a denominação de "tragédia", que, por amor à convenção, lhes deu Racine. Um exemplo: a relação forte e efetiva do "Coro das Israelitas" com o Deus misericordioso e justo dos patriarcas e da lei mosaica, que atende aos fiéis e os salva da morte iminente, impede que em ambas as peças se possa falar de perspectiva trágica ou de um deus para sempre oculto.[91]

---

90. Pascal, *Œuvres complètes*. Paris: NRF, Bibliothèque de la Pléiade, 1954, p. 951.

91. Nos coros das Israelitas, que pontuam a ação tanto em *Esther* como em *Athalie*, figura-se inicialmente o momento do silêncio da divindade para, em seguida, fazer-se ouvir a voz misericordiosa de Javé. O drama do povo hebreu resolve-se no cumprimento da aliança, o que é o oposto do desfecho trágico: *Et Dieu, par sa voix même appuyant notre exemple/ De plus près à leur cœur parlera dans son temple* (*Athalie*, ato I, cena segunda) [E Deus, por sua própria voz apoiando nosso exemplo/ De mais perto do seu coração falará no seu templo]. A passagem do ocultamento para a revelação é manifesta no contraponto das vozes do ato II, oitava cena, de *Athalie*: *La première voix: Je vois tout son éclat disparaître à mes yeux. La seconde voix: Je vois de toutes parts sa clarté se répandre*. [Primeira voz: Vejo todo o seu brilho desaparecer de meus olhos. Segunda voz: Vejo de todas as partes sua claridade irradiar-se]. O Antigo e o Novo Testamento dão-se as mãos neste verso do ato I, quarta cena, do mesmo drama: *Il nous donne ses lois, il se donne lui-même* [Ele nos dá suas leis, ele se dá a si mesmo].

Goldmann, embora admita exceções à sua tese figuradas nesses dramas bíblicos, mantém até o final do ensaio a imagem do deus escondido e a solidão irremediável do homem neste mundo como inerentes ao sentimento jansenista da existência.

Os reparos históricos e hermenêuticos que se possam fazer a *Le dieu caché* não invalidam, salvo melhor juízo, a tentativa feita por Lucien Goldmann de mapear a sociedade francesa do tempo de Luís XIV, destacando um estrato cujas ideias e valores conformaram um lugar ideológico à parte e, na sua dinâmica espiritual, avesso às práticas tanto da aristocracia cortesã como da burguesia mercantil.

A ruína do "partido" jansenista confirmou, pelo contraste, a solidez das estruturas monárquicas, que foram capazes de enfeixar por mais de meio século a corte, o estamento armado, o alto clero, os jesuítas, a Sorbonne e a camada mais rica e influente do Terceiro Estado, a burguesia mercantil em simbiose com a política centralizadora do rei. Seria necessário esperar ainda um século para que eclodisse com toda a intensidade a oposição estrutural entre a burguesia e a aristocracia, a ideologia ascendente e a ideologia declinante, conflito cujo desfecho — a Revolução Francesa — levaria de roldão a nobreza de sangue e inauguraria uma nova era para a França e o Ocidente.

Convém, de todo modo, assinalar que há uma tradição historiográfica, hoje revivida no campo da história das mentalidades, pela qual se realçam expressões de oposição jansenista ao absolutismo da monarquia e do episcopado francês ao longo do século XVIII, não obstante a destruição física de Port-Royal. Uma obra de alta erudição, *Les origines religieuses de la Révolution Française — 1560-1791*, de autoria de Dale K. Van Kley (Seuil, 2002), pontua manifestações jansenistas de rebeldia contra decretos centralizadores do rei e da hierarquia católica francesa. Por exemplo, a proposta de *colegialidade de fiéis* na escolha de seus párocos e de *colegialidade de párocos* na escolha dos bispos foi sustentada mais de uma vez pelo clero jansenista em nome do seu ideal de restaurar o regime de eleições das primeiras comunidades cristãs evocado nos Atos dos Apóstolos.

Van Kley salienta a presença de padres criptojansenistas na Assembleia revolucionária de 1789-90 que votou a Constituição Civil do Clero. Formando ao lado dos "patriotas" e distanciando-se dos jesuítas e dos sacerdotes "refratários" que recusaram juramento à nova ordem revolucionária, os jansenistas não se opuseram abertamente à nacionalização dos bens da Igreja, que cavou um fosso entre a Revolução e o clero obediente a Roma. Há fortes indícios da simpatia doutrinária do Abbé Grégoire pelo espírito rebelde dos discípulos de Port-Royal; esse bispo republicano amigo dos negros e dos judeus afirmara lapidarmente: "O que é próprio da escola de Port-Royal é ser amigo da liberdade". Os desdobramentos do espírito jansenista, que acabaram penetrando na nova teia de relações políticas tramada pela Revolução, não configuram o desfecho trágico de um grupo social marginal e insubmisso, mas a possibilidade mesma de sua resistência no ainda inexplorado subsolo cultural em que conviveram catolicismo e modernidade.

GIULIO CARLO ARGAN

A obra fundamental de Giulio Carlo Argan, *História da arte italiana*, combina com raro senso de equilíbrio a inspiração geral marxista, atenta à realidade das classes e dos estamentos, a história cultural herdada da sociologia do conhecimento e do legado historicista italiano, bem como uma fina leitura imanente das artes plásticas contempladas em suas tradições estilísticas e na riqueza das soluções individuais.[92]

No estudo dos grandes pintores, escultores e arquitetos torna-se imprescindível essa capacidade de estabelecer mediações entre as amplas estruturas sociais e os atos expressivos e construtivos que produziram cada obra particular. Cumpre também considerar que a linguagem figurativa guarda uma história própria ligada a técnicas artesanais transmitidas pelos mestres das oficinas assim como a valores de longa duração, quer estéticos, quer religiosos. Criando imagens e objetos, as artes plásticas não representam explicitamente ideias e conceitos, diferindo das práticas literárias, cujos signos verbais têm, em geral, um teor intelectual (isto é, um significado) mais evidente.

O paralelismo entre as estruturas sociais e o conjunto de técnicas e temas de uma certa tradição pictórica não pode ser feito de maneira determinista ou mecânica. Sucessivas conjunturas econômicas e políticas podem abrigar um mesmo estilo ou uma mesma solução técnica, que se reproduz de geração em geração graças ao prestígio dos modelos imitados. É o caso evidente da permanência do ícone bizantino e da arte do mosaico, que, com poucas variações, atravessaram os séculos da desintegração do Império Romano e mantiveram-se ao longo da Idade Média não só na cultura oriental de origem, mas também em monumentos religiosos ocidentais até o advento da arte de Giotto e dos pré-renascentistas italianos e flamengos. No Oriente cristão grego, balcânico e eslavo a extraordinária longevidade das técnicas e dos temas icônicos, vivazes em

---

92. Valho-me da versão brasileira, *História da arte italiana, 3 vols.* Trad. de Vilma de Katinsky. São Paulo: Cosac Naify, 2003.

pleno século XIX, explica-se pela força da tradição eclesiástica e litúrgica ortodoxa e pela sua resistência às modas culturais ocidentais.

Contemplando os belíssimos mosaicos de igrejas bizantinas construídas no século VI em Ravena, Argan alcança fundir no mesmo discurso descritivo e hermenêutico suas observações sobre a tessitura e o cromatismo luminoso das pastilhas, a significação metafísica do espaço e da matéria transformada em cor e luz e, por fim, a relação do todo com uma devoção hierática que fazia dos imperadores de Bizâncio representantes diretos do poder divino:

"Ravena era então cidade vicária de Bizâncio quando, em 549, se consagrava a basílica de Sant'Apollinare in Classe, também esta desejada por Juliano Argentário, tesoureiro e lugar-tenente imperial. Despojada dos seus mármores (que serviram, no século XV, para o templo Malatestiano de Rimini), foi, contudo, mais bem conservada do que as outras igrejas ravenenses. É o tipo perfeito da basílica exarcal de três naves e três absides. O mosaico absidal assinala o ponto de chegada do simbolismo bizantino. *A Transfiguração sobre o monte Tabor* é representada por uma grande cruz de pedras preciosas dentro de um disco cheio de estrelas, o céu; no alto, entre nuvens vermelhas no fundo de ouro, as figuras de Moisés e de Elias; embaixo, três cordeiros, os apóstolos Pedro, Tiago, João, sobre o monte Tabor, identificado com a criação, imaginada qual uma extensa paisagem pontilhada por árvores, flores e rochas. As imagens são planas, esquematizadas, distribuídas no fundo como os desenhos de um tecido, um tipo de estilização semelhante que encontramos em todas as modalidades da excelsa, e profundamente áulica, técnica artística bizantina.

"[...] Em cada campo, do tecido à miniatura e ao metal, a técnica bizantina atinge um nível tão alto que se equipara a uma forma de pensamento, quase a uma filosofia. Na realidade, é pensada como o modo de interpretar, de refinar e de sublimar a matéria, reduzi-la ao valor espiritual da forma-símbolo. Sempre se busca, por isso, partir da matéria mais preciosa, à qual se reconhece uma espécie de intrínseca nobreza, quase uma vocação para transfigurar-se em luz; e sempre se levam em conta precedentes históricos, então clássicos e helenísticos, como estágios através dos quais se passou para alcançar a espiritualidade pura da realização presente.

"Nada foi perdido daquela acumulada experiência: sob o bordado rendilhado dos capitéis de faces planas encontra-se sempre a semente da forma plástico-naturalista do capitel coríntio; sob as variantes cromáticas dos mosaicos, a profundidade, a vibração e o ar das 'vistas helenísticas'.

"Os tantos tipos de elaboração e de produção tendem igualmente ao fim único daquela que poderíamos, recorrendo a um termo da doutrina religiosa, chamar de *transubstanciação* da matéria. Não somente para obedecer às tradições e às prescrições rituais, mas também por uma exigência inerente à concepção bizantina da arte, renuncia-se a inventar novos tipos e formas novas, *preferindo-se assumir por completo a experiência do passado e proceder no sentido de uma perfeição sempre maior, de uma sempre mais sutil, até mesmo sofisticada, quintessência estilística.*

"Responde a essa exigência interna, não menos do que ao rigor de uma liturgia que é também cerimonial de corte, a fixação de tipos ou *cânones iconográficos* que para cada figura prescrevem a fisionomia, o gesto, os atributos, até mesmo as cores das vestes: interpretando assim, como repetição exata de um arquétipo e como total renúncia à invenção, o princípio clássico da mímesis. Mas essa renúncia não incide sobre a qualidade da obra, pois, na rigidez imutável do tipo, na reprodução de um antigo contorno, o artista refina ao extremo a sensibilidade do traço, a qualidade da cor. A íntima fusão de interesses doutrinários e absolutamente filosóficos com a atividade prática do artesão inclui-se, de resto, no quadro da teocracia bizantina, 'monarquia sacra, baseada na nova religião mundial, o cristianismo' (Dawson), e de uma cultura na qual elementos orientais, gregos e romanos se fundem, transformando-se, *embora conservando, através de uma das maiores crises históricas, os fundamentos primeiros da antiga sabedoria.*

"Em outras palavras, é exatamente sobre o terreno da arte, entendida como técnica ou modo de operar, que o dogma se traduz em regra para a práxis da vida. Nem pode surpreender que a filosofia entrasse, com os seus mais intrincados argumentos, na oficina do artista e do artesão, e uma cultura áulica se traduzisse assim em cultura popular. Eis o que escreveu São Gregório Nazianzeno a esse respeito: se ides comprar pão, 'o padeiro, em vez de dizer-vos o preço, argumentava que o Pai é maior do que o Filho. O cambista discorria sobre a Criação e o Eterno em vez de contar o vosso dinheiro e, se quisésseis um banho, o encarregado assegurava que certamente o Filho procede do nada'."[93]

Mas, se nos transportarmos da notável coesão teológico-política que constituiria a visão de mundo (expressão mais adequada, aqui, do que "ideologia") da cultura bizantina para a complexa sociedade renascentista, aprenderemos com Argan que *concepções de natureza, de história e, portanto, de arte podem divergir no mesmo macroespaço social.*

---

93. Id., ibid., vol. I, pp. 275-6. Grifos meus.

No ocaso da Idade Média as comunas italianas já tinham rompido aquela grande unidade espiritual e formal que os estilos bizantino e gótico representaram no milênio que sucedeu a queda do Império Romano.

No interior da mesma Toscana trecentista, Florença e Siena já abrigam valores e formas de arte díspares. Que seriam, por sua vez, trabalhados plasticamente por grandes artistas, indivíduos altamente diferenciados, personalidades inconfundíveis como Giotto e Simone Martini. Estava chegando ao fim o tempo dos artífices e operários anônimos que construíram as basílicas bizantinas e as catedrais góticas.

A emergência da *assinatura* nos quadros a óleo marcaria, nos Quatrocentos, uma nova era que, em sentido lato, ainda perdura, a era do artista moderno, criador individualizado, não necessariamente original, mas cioso do seu trabalho, do seu nome e, não raro, da sua fama junto aos contemporâneos e pósteros.

Com a obra dos pintores italianos desse fecundo período, que se convencionou chamar pré-rafaelita (pois precede a pintura de Rafael, expressão "perfeita" da Renascença), toda a história da arte do Ocidente europeu estará pontuada de afinidades e contrastes. Grupos culturais homogêneos, formados nas oficinas em torno de mestres, consolidam-se às vezes em oposição a outros grupos em termos de valores culturais, preferências icônicas ou cânones plásticos e técnicos.

Diferenças de estrato social contarão, sem dúvida, nesse quadro pleno de matizes que a palavra "gosto" tão bem sugere. Mas quantas mediações as sensibilidades individuais e as invenções formais iriam interpor entre o vasto pano de fundo econômico e a concreta configuração de cada obra de arte!

A *História* de Argan traça o percurso sensível e articulado de uma atividade simbólica que se foi tornando com o tempo paradoxalmente cada vez mais representativa da cultura que a penetrava e cada vez mais consciente da sua exigência de exprimir matizes de sentimentos pessoais e formar imagens a seu modo únicas. Essa dupla qualidade de social e individual, estruturada e estruturante, condicionada e criadora, mimética e imaginária, tradicional e inovadora, heterônoma e autônoma, persegue até hoje o artista e exige do historiador da cultura a tarefa de perfazer a quadratura do círculo: *dizer o que foi próprio do trabalho criador sem ignorar a força das suas determinações.*

Sobre o lugar da arte na história, adverte Argan:

"Eis por que não se pode elaborar a história da Itália sem considerar a história da arte italiana. Leonardo ou Michelangelo não foram historicamente menos importantes (talvez mais) do que os papas e os príncipes para quem trabalharam. A arte é uma cultura cujos conceitos foram expressos por imagens em vez de palavras, e a imaginação não é uma fuga do pensamento, mas um pensamento tão rigoroso quanto o pensamento filosófico ou científico. Para compreender sua estrutura e seus processos é preciso estudar as obras de arte. A arte está em um nível mais elevado do que o pensamento imaginativo, assim como o nível da ciência é mais alto do que o pensamento racional."[94]

Nessa linha de discurso histórico-estético compreende-se o alcance extraordinário que Argan confere ao papel de Giotto na renovação da pintura italiana e europeia. Uma revolução copernicana. Nasce na história da arte ocidental a figura do artista cônscio dos seus meios técnicos e do horizonte cultural que a sua obra está alargando. Giotto interrompe a tradição tardo-bizantina, que supunha uma continuidade formal e espiritual entre o mundo antigo e o contemporâneo. Ao contrário, o artista tem agora plena consciência de que os Antigos e a sua arte pertencem ao passado, e que a sua pintura deve representar as figuras próprias de uma nova concepção do mundo, historicamente datada, como, por exemplo, a que emana da vida de são Francisco de Assis, cuja memória estava ainda vivíssima na Itália da infância do pintor.

Os escritores dos Trezentos, quando se referem a Giotto, não veem nele um "sábio artesão" que obedece aos cânones da tradição, "mas o personagem histórico que muda a concepção, os modos, a finalidade da arte, exercendo uma profunda influência sobre a cultura do tempo". Trata-se, pois, de um intérprete ousado da história, que distingue claramente o passado "grego" (isto é, bizantino), período em que a arte estaria "morta", e a cristandade neo-latina, da qual ele é o novo tradutor e narrador em linhas e cores. A historicidade e seu pano de fundo, a natureza, são *agora* os valores a serem representados e narrados por esse demiurgo da arte florentina que Dante reconhecia como seu par.

Observe-se que não há no discurso do culturalista de esquerda Argan uma ordem fixa de determinações, como em Goldmann, que parte do estrato socioprofissional (a nobreza togada francesa) para interpretar a visão trágica do mundo de Pascal e Racine. O historiador da arte italiana, lidando com artistas criadores da envergadura de Giotto, Masaccio, Donatello, Piero della Francesca, Mantegna, Botticelli, Rafael, Leonardo e Michelangelo, tece uma dicção hermenêutica em que o social e o pessoal se fazem interdependentes, acentuando ora o "externo" e abrangente dos condicionamentos culturais, ora o "interno" e imanente do projeto individual.

---

94. Id., ibid., II, pp. 19-20.

De resto, *externo* e *interno* não são adjetivos que frequentam a escrita de Argan, pois o seu pesado teor determinista certamente destoaria da inspiração dialética do historiador. Nessa perspectiva, Giotto e os grandes pintores dos séculos XIV e XV serão considerados antes protagonistas (no sentido forte de primeiros lutadores) da arte nova do que produtos de uma determinada classe ou porta-vozes de um determinado grupo cultural.

O papel ativo dos artistas italianos na construção de um ideal de arte definitivamente não bizantino e, no caso florentino, antigótico, foi representado em nome de um sentimento da história que conduzia a uma *reinterpretação* da arte romana, embora a historiografia convencional continue repetindo a fórmula enganosa de uma *imitação dos antigos*. Argan insiste na pluralidade dos caminhos traçados pelos artistas dos Quatrocentos para rever e historicizar os "modelos" latinos:

> "Se o antigo não é repertório de modelos a serem imitados, *mas a consciência histórica do passado e da sua inevitável relação com o presente*, não admira que cada artista tenha o próprio ideal do antigo e como este não possa ser avaliado senão como componente das diversas poéticas. Os contemporâneos já sabiam que, estudando as ruínas romanas, Brunelleschi e Donatello procuravam experiências muito diversas, e que o interesse de Leon Battista Alberti pelos monumentos romanos não tinha nenhuma relação com o interesse manifestado por Ghiberti. Entre o sentimento do antigo de Andrea del Castagno e o de Piero di Cosimo há uma profunda diversidade, e certamente um abismo entre o antigo de Mantegna e o de seus contemporâneos florentinos."[95]

Essas notas precisas de Argan sobre a singularidade de cada artista na relação com os antigos não levam, porém, o seu discurso a uma anacrônica retomada do mito romântico do gênio, aquele indivíduo sobre-humano que, esboçado no estudo clássico de Jacob Burkhardt sobre a cultura do Renascimento na Itália, alimentou a visão heroica de Nietzsche do artista criador posto além do bem e do mal.[96]

Em uma de suas discretas observações de cunho sociológico, Argan aproxi-

---

[95]. Id., ibid., I, p. 135. Grifos meus. Atente-se para a individualização artística do "sentimento do antigo", proposta por Argan, diversamente do historicismo convencional, que atribui o mesmo traço cultural genericamente a todo o Renascimento.

[96]. Ver Burkhardt, *A cultura do Renascimento na Itália*. Trad. de Sergio Tellaroli. São Paulo: Companhia das Letras, 2009 [1860].

ma, sem nenhum princípio de subordinação, a polêmica florentina contra o gótico e a ascensão da alta burguesia financeira, "como antítese a um gosto aristocrático e de corte. Ao vago estetismo do ideal de vida opõe-se a pesquisa específica; à descrição poética, a construção intelectual; à variedade de aparências, a unidade estrutural; à diversidade das técnicas, o método unitário do *desenho*; ao belo temporal, a profundidade da história".[97]

De todo modo, o equilíbrio entre o social e o individual mantém-se constante e reponta no parágrafo seguinte:

"A história é juízo, o juízo é individual. Opor-se à tradição estilística e técnica significa *inventar* algo de novo na ordem das formas e dos processos operativos: também a invenção é ato individual. A personalidade do artista ganha, assim, um destaque jamais constatado antes. Brunelleschi é o primeiro artista do qual se tem uma biografia escrita por um contemporâneo, segundo uma velha tradição, o matemático Antonio Manetti; Alberti dedica em 1436 o tratado da pintura às grandes personalidades artísticas da época; Ghiberti, nos *Commentari*, traça o primeiro projeto de uma história da arte. Cada artista visa superar aqueles que o antecederam, elevar-se acima dos contemporâneos, distinguir-se por um estilo próprio, claramente caracterizado."

A INVENÇÃO DA PERSPECTIVA

Nenhuma outra *invenção*, porém, funde tão completamente a concepção do mundo de uma época e a ousadia intelectual de algumas personalidades criadoras quanto a construção da *perspectiva geométrica*. Mais do que um engenhoso procedimento técnico, a perspectiva representa a consagração de uma nova maneira de ver e projetar na bidimensionalidade da superfície desenhada as três dimensões do espaço real.

Ao tratar dessa revolução copernicana, Argan segue de perto a leitura iluminadora de Erwin Panofsky, cujo ensaio *A perspectiva como forma simbólica*, datado de 1927, dividiu a história das artes plásticas em três grandes períodos:

---

97. Argan, op. cit., I, p. 137. Ao mesmo tempo que Argan aponta a relação entre a arte renascentista e a ascensão da burguesia, não deixa de pôr em relevo os contrastes internos: "É provável que a burguesia florentina julgasse loucos Botticelli e Leonardo, como a burguesia do nosso século considerou insanos Picasso e Braque. Uma vez que queriam mudar a sociedade, evitavam acompanhar-lhe os gostos" (pp. 265-6).

- a arte antiga e medieval, que não teria praticado os princípios da perspectiva geométrica;
- a arte renascentista, que, a partir da primeira metade dos Quatrocentos, se pautou pela perspectiva, legando-a aos séculos seguintes, até o fim do XIX;
- a arte modernista, inaugurada por Picasso, no começo do século XX, que suprimiu polemicamente a prática do desenho perspectivista.[98]

A perspectiva é o triunfo do sujeito racional sobre o caráter exterior e aleatório dos objetos que estão no mundo, diante e fora do homem. A perspectiva representa a força do ponto de vista — o olho imóvel e centralizador do pintor — sobre a coisa vista. A perspectiva ordena o espaço heterogêneo, o espaço psicofisiológico, mediante a constituição de um espaço homogêneo e infinito. É o desenho desse *locus* matemático e abstrato que irá ser o objeto da geometria cartesiana e da óptica de Newton. A perspectiva da arte toscana e flamenga precedeu e preparou a geometria das ciências físico-matemáticas da idade moderna.

Leonardo da Vinci, ao qualificar a pintura de *cosa mentale*, conferia à perspectiva o estatuto de ciência, sem a qual o artista seria incapaz de produzir uma obra sólida e duradoura. E já comparece nos escritos de Leonardo a afirmação de que a perspectiva, enquanto ciência da visão, interessa não só ao pintor mas também ao astrônomo.

Diz Leonardo: "Aqueles que se enamoram da prática sem a ciência são como o piloto que entra no navio sem timão nem bússola, não tendo nunca certeza para onde vá. Sempre a prática deve ser edificada sobre a boa teoria, da qual a perspectiva é guia e porta, e sem ela nada se faz quando se trata de pintura".[99] E em outro passo: "[...] a ciência das linhas visuais deu à luz a ciência da astronomia, a qual é simples perspectiva, porque são todas linhas visuais e pirâmides cortadas".[100]

No fundo do olho renascentista reina a mente, de tal modo que um filósofo neokantiano, Ernst Cassirer, mestre e colaborador de Panofsky, atribuiu à perspectiva matemática a categoria de *forma simbólica*, no sentido forte de atividade do espírito que imprime ordem e sentido às impressões visuais.

Diz Panofsky: "A história da perspectiva pode ser concebida a um só tempo como triunfo do sentido da realidade distanciador e objetivante, ou então como triunfo da vontade de potência do homem que tende a anular toda distância; seja

---

98. Sobre a retomada de Panofsky por Argan, ver o texto esclarecedor de Lorenzo Mammì publicado como prefácio à edição brasileira da *História da arte italiana*, cit.

99. Em *Scritti d'arte del Cinquecento*, aos cuidados de Paola Barocchi. Milão: Riccardo Ricciardi, 1971, tomo I, p. 731.

100. Id., ibid., p. 733.

como uma consolidação e uma sistematização do mundo externo, seja como um alargamento da esfera do eu".[101]

A longevidade multissecular da perspectiva quatrocentista dá margem a reflexões complementares que incidem sobre a relação entre arte e sociedade:

De um lado, parece solidamente estabelecido pelo consenso dos estudiosos o nexo histórico entre a invenção da perspectiva e a visão do mundo antropocêntrica, individualista e genericamente burguesa da Renascença italiana.

Esse vínculo entre um procedimento formal e uma dada estrutura social não impediu, contudo, que *a mesma perspectiva geométrica sobrevivesse por quase cinco séculos mantendo-se como regra de ouro do desenho artístico não só nas várias fases da Renascença europeia como nos sucessivos estilos de época, no Maneirismo, no Barroco, no Rococó, nos Neoclassicismos (do Antigo Regime, da Revolução Francesa e do Império napoleônico), nos vários romantismos, no realismo e, parcialmente, junto aos impressionistas do último quartel do século XIX.*

Teríamos, no caso, de ampliar consideravelmente a noção, em si elástica e vaga, de visão de mundo? O fato é que os estilos citados exprimiram complexos de ideias, valores, afetos e modos de sociabilidade díspares, com temáticas e imaginário peculiares e artistas criadores altamente diferenciados.

Seria mais adequado falar da perspectiva como uma *estratégia visual e plástica de longa duração*, adaptando à história da arte a afortunada expressão de Fernand Braudel? Teriam as artes plásticas uma dinâmica interna própria que não acompanharia *pari passu* os vários lances da história econômica e da história política? Algo semelhante não teria acontecido com os princípios gerais do direito romano, que, formulados inicialmente na Roma imperial, continuaram a ser alegados pelos juristas até a elaboração do Código Napoleônico, resistindo portanto durante quinze séculos? São questões que não me parecem ter recebido ainda respostas satisfatórias.

Mas há também o outro lado da relação entre perspectiva e sociedade renascentista. É o drama interno vivido nesse período riquíssimo de contrastes espirituais e formais. Já se mencionou a contraposição entre Giotto e Simone Martini, Florença e Siena, a linha racional bem definida e o cromatismo entre claro e escuro dos sentimentos sublimados. Mais vivas e dramáticas ainda (e a leitura das esplêndidas análises de Argan prova-o à saciedade) são as *oposições individualizadas no plano das concepções da história e da natureza* entre Fra An-

---

101. De Erwin Panofsky, vali-me da edição italiana, *La prospettiva come forma simbolica e altri scritti*. Org. de Guido D. Neri. Milão: Feltrinelli, 1966 [a passagem citada está na p. 66]. De Ernst Cassirer, consultei a edição francesa, *La philosophie des formes symboliques*, 3 vols. Paris: Minuit, 1972.

gelico e Piero della Francesca, entre Fra Angelico e Paolo Uccello, entre Piero della Francesca e Pollaiuolo, entre Leonardo e Botticelli, entre Leonardo e Michelangelo (ambos toscanos), entre Veronese e Tintoretto (ambos pintores de Veneza). No entanto, todos praticaram respeitosamente a nova perspectiva.

Remeto o leitor ao tópico "O contraste das tendências", em que Argan reflete sobre os modos pelos quais os pintores do último quartel dos Quatrocentos interiorizaram *ou* recusaram a hegemonia do neoplatonismo de Marsilio Ficino e Pico della Mirandola fortemente estimulado por Lorenzo de' Medici. A arte de Botticelli encarna na fluência das linhas e na pureza árida das suas cores a vertente mística dos neoplatônicos, à qual se opõe o experimentalismo de Leonardo, que, no entanto, recebera do mesmo círculo filosófico o interesse pelas harmonias eternas da matemática... Mais um sinal da *concordia discors* que parece reger todos os chamados estilos de época demandando um historicismo aberto e sensível à presença das diferenças em tensão.

O tempo do calendário, no caso, a cavaleiro entre os Quatrocentos e os Quinhentos, suporte de todo historicismo convencional, não dá conta dos tempos próprios da expressão, da representação e da construção, que cada artista experimenta ao criar o seu mundo de imagens, planos, linhas, cores.

VOLTANDO AO PONTO — CONCEITOS EM MOVIMENTO: IDEOLOGIAS, CONTRAIDEOLOGIAS, UTOPIAS

Como na acidentada história das ideologias políticas, as criações artísticas de uma determinada época também comportam diferenças de ponto de vista, tom, motivos, imaginário e conotações. E será pertinente retomar, nesta altura, a ideia de forças interdependentes em tensão *de que fala Mannheim ao desenvolver hipóteses inspiradas na sociologia do conhecimento. Constatando variáveis expressivas no interior de um mesmo e abrangente estilo de época, Goldmann e Argan levaram água para o moinho de um* culturalismo dialético, *capaz de reconhecer correntes de arte postas em tensão.*

O termo ideologia, no sentido forte, marxista, de mistificação de interesses, certamente não convém para qualificar o discurso filosófico e religioso de Pascal e, menos ainda, as expressões estéticas opostas de Leonardo e Michelangelo. Cumpre fazê-lo circular de preferência na trama de discursos em que se entretecem os fios do pensamento político e da estrutura econômica. Seria abusivo adotá-lo para qualificar toda e qualquer produção de conhecimento ou expressão artística de um indivíduo, ainda que este se mostre excepcional como valor ou influência.[102]

---

102. Observa Lukács na abertura do seu texto "O problema da ideologia": "Antes de mais nada, enquanto um pensamento permanece simplesmente produto ou expressão ideal de um indivíduo, por maior que seja o valor ou o desvalor que possa conter, não pode ser considerado uma ideologia. Nem mesmo uma difusão social mais ampla é capaz de transformar um complexo de pensamentos diretamente em ideologia. Para que isso ocorra é necessária uma função social bem determinada, que Marx descreve distinguindo com precisão os abalos materiais das condições econômicas das produções e 'formas jurídicas, políticas, religiosas, artísticas ou filosóficas, ou seja, as formas ideológicas que permitem aos homens conceber esse conflito e combatê-lo'" (op. cit., II. Roma: Riuniti, 1981, p. 445).

Contra o império das ideologias burguesas correntes na Europa de seu tempo Marx e Engels levantaram a possibilidade de uma resposta não só teórica, mas prática, *ativa*, de uma contraideologia articulada a partir da ação consciente da classe operária e empenhadamente pensada por uma vanguarda intelectual revolucionária.

A proposta conclusiva das "Teses sobre Feuerbach", confiando ao leitor animoso a missão de transformar o mundo em vez de se limitar a conhecê-lo especulativamente, supõe a vigência de uma luta entre ideias e valores burgueses e ideias e valores antiburgueses. Combate que representaria o primeiro passo da libertação das classes exploradas pelo capitalismo então em franca expansão.

O século e meio que nos separa da redação da *Ideologia alemã* tem ensinado o caráter tônico, mas problemático, da estratégia revolucionária de Marx e Engels. Escolho a dedo o termo: *problemático* não significa errôneo nem tampouco infalível. Estamos no campo de hipóteses possíveis cercadas de dúvidas.

Houve, manifestamente, um crescimento da consciência de classe nos meios operários dos países industrializados, começando pela Inglaterra, Holanda, Bélgica e França e alcançando, pouco depois, a Alemanha, a Itália, os países escandinavos, ibéricos e eslavos. No final do século XIX, pode-se dizer que quase todo o Ocidente já conhecia a prática da oposição operária à dominação burguesa, espalhada pelos sindicatos, alguns anarquistas, outros socialistas, alguns revolucionários, outros reformistas.

Quanto à presença das vanguardas político-intelectuais, igualmente auspiciada por Marx, institucionalizou-se após a Revolução Russa de 1917 mediante a criação de partidos comunistas na maioria dos países ocidentais. Em princípio, é historicamente válido afirmar que em face da ideologia dominante formou-se uma contraideologia segundo os parâmetros das "Teses sobre Feuerbach". Pensamento crítico e práxis uniram-se e alimentaram a luta por uma sociedade justa. Mas o processo não foi linear, nem uniforme, nem global. Se não, vejamos.

Uma primeira ressalva aos pressupostos da expectativa marxista pode ser feita quando se observa que nos países industrializados, ditos adiantados, a consciência de classe dos trabalhadores abriu caminhos próprios de contestação sindical e parlamentar, obtendo mudanças de salário e estilo de vida por meio de leis sociais e, no campo partidário, mediante o apoio a correntes trabalhistas, basicamente reformistas. Grande parte da atividade sindical adotou táticas que divergiram das propostas radicais que Marx e Engels formularam na "Mensagem do Comitê Central à Liga de Março de 1850".[103] A longo prazo, esse pro-

---

103. Ver *Marx/ Engels*. Org. de Florestan Fernandes. São Paulo: Ática, 1983, pp. 220-30. Na "Mensagem" contrapõe-se a uma ideologia "pequeno-burguesa democrática", que falaria

cesso desembocou em uma prática social-democrática e na respectiva teorização revisionista. Essa foi a via seguida pelo Labour Party britânico e pelos sindicatos norte-americanos e australianos.[104]

Paralelamente, legisladores belgas, alemães, italianos, espanhóis e latino-americanos elaboraram códigos de trabalho numa linha inspirada não raro nas doutrinas antiliberais do positivismo social ou do catolicismo social. E vigorou, sobretudo a partir da crise de 1929, a concepção do Estado-Providência, para a qual contribuiu a opção keynesiana de intervenção planejada dos governos na vida econômica da nação.[105]

Esse encolhimento dos projetos revolucionários coincidiu com a expansão colonialista de alguns Estados europeus (Inglaterra, França, Itália, Bélgica, Alemanha) a partir dos fins do século XIX. Com isso, minguou a necessária e esperada solidariedade internacional dos trabalhadores europeus para com os ultra-explorados operários e camponeses dos países colonizados e das ex-colônias, que viriam a formar, depois da Segunda Guerra mundial, o Terceiro e o Quarto Mundo. Nestes, as classes subalternas conscientes teriam, em princípio, de lutar ao mesmo tempo em duas frentes: contra as classes dominantes locais e contra o imperialismo europeu e o norte-americano. Não foi essa, como se sabe, a estratégia dos partidos comunistas ligados diretamente à União Soviética: desde a sua fundação até os anos 1960, os comunistas ortodoxos escolheram como objetivo prioritário combater o imperialismo, aliando-se taticamente às burguesias nacionais, que teriam, por hipótese (vulnerável e não endossada nos escritos de Marx), interesses próprios, contrários aos do capitalismo internacional. Do processo todo resultou um notório refluxo da contraideologia revolucionária tal como fora concebida pelos fundadores do materialismo dialético.

A partir do último quartel do século XX, alas prestigiosas da social-democracia na maioria dos países do Ocidente passaram a coonestar o neoliberalismo, tendência que se acentuou após a queda do Muro de Berlim (1989) e a desinte-

---

pretensamente também em nome dos trabalhadores, a doutrina da "revolução permanente". Seria instrutivo, embora talvez deprimente, compará-la com os programas atuais dos sindicatos e dos partidos socialistas do Ocidente.

104. Sobre as práticas reformistas das classes trabalhadoras na Inglaterra de algum modo beneficiadas pela expansão econômica do imperialismo britânico, consulte-se *Os trabalhadores. Estudos sobre a história do operariado*, de Eric Hobsbawm., 2ª ed. São Paulo: Paz e Terra, 2000.

105. Sobre o reformismo como tendência hegemônica na prática política das classes trabalhadoras, ver os argumentos incisivos, embora controversos, de Jacob Gorender, em *Marxismo sem utopia*. São Paulo: Ática, 1999.

gração da União Soviética. De maneira geral, pode-se dizer que hoje a contraideologia revolucionária, no sentido forte e militante da expressão, se acha confinada a grupos intelectuais e partidários resistentes visivelmente minoritários, o que torna problemática a aplicação ortodoxa das profecias marxistas ao destino do capitalismo internacional.

Uma segunda observação concerne à hipótese da crise final do capitalismo a ser favorecida pelo crescimento infinito e inevitável das forças produtivas e o consequente acirramento das lutas de classes nos países desenvolvidos. Pelas observações anteriores constatou-se que não tem sido esse o processo corrente de lidar com as tensões entre as classes no Ocidente industrializado, onde se consolidaram as lutas sindicais e as mediações dos partidos reformistas legais.

Em compensação, embates violentos entre segmentos das classes subalternas e as facções dominantes travaram-se em algumas regiões consideradas atrasadas do ponto de vista do desenvolvimento industrial. Revoluções socialistas ocorreram na China semifeudal, bem como em pequenas nações tradicionalmente escoradas na economia agrária como a Albânia, Cuba, o Vietnã e a Coreia do Norte. A industrialização nesses Estados intensificou-se *somente depois da tomada do poder por grupos comunistas*; e, de modo geral, uma férrea burocracia apoiada por forças armadas acabou assumindo o papel de estrato dirigente, inibindo a emergência de partidos alternativos norteados pelo projeto de instaurar um regime socialista democrático. Não cabe aqui avaliar as vantagens e as desvantagens econômicas que a ideologia nacionalista da estatização trouxe a essas diferentes formações nacionais; elas, de todo modo, não realizaram os ideais democráticos radicais que animavam os escritos dos fundadores do materialismo dialético.

Ambas as ressalvas não desqualificam a crítica que Marx e Engels fizeram da exploração e da opressão que a classe operária sofreu ao longo do século XIX em todo o Ocidente, situação que ainda persiste no cotidiano das populações pobres do Terceiro e do Quarto Mundo.

Nesse quadro, a polaridade, posta sempre em alto-relevo pelo marxismo, de classes dominantes e classes dominadas tende hoje, *no plano dos discursos políticos*, a reduzir-se ao debate de ideias enucleadas em torno do par *ideologia liberal*, cultivada conforme as conjunturas pelos donos do poder, e *ideologias de oposição*, em geral moderadamente reformistas, que atraem eleitores das classes subalternas, incluídos amplos setores das classes médias.

Partidos social-democráticos tidos por esquerdizantes voltam-se hoje para a inclusão do maior número possível de trabalhadores nos quadros formais da economia capitalista, facultando-lhes o acesso a alguns bens de consumo e descartando abertamente o recurso à luta de classes, outrora pedra de toque do marxismo ortodoxo. A generalização do trabalho assalariado é a meta pragmática e sem horizonte revolucionário dos social-democratas pós-modernos, o que confirma, uma vez mais, a entropia dos programas radicais das antigas militâncias de esquerda.

Nem tudo, porém, se esgota na simplicidade desse esquema. Situações econômicas particularmente tensas podem engendrar no coração dos oprimidos desejos de uma ordem inteiramente diversa da estabelecida; caso em que as contraideologias se despregam da esfera puramente reformista dos chamados projetos viáveis e dão lugar ao que conservadores e neoliberais chamam depreciativamente *utopias*.

Não é empresa fácil traçar a linha que deveria teoricamente separar o pensamento marxista e as imaginações utópicas dos negadores radicais da ordem vigente.

Os fundadores do socialismo autodefinido científico, ao olharem para trás, qualificavam de *utópicos* os projetos comunistas que começaram a aparecer na Renascença, como a *Utopia* de Thomas Morus e *A cidade do sol* de Campanella, e ganharam nova forma na fase inicial da Revolução Industrial com as obras de Saint-Simon, Proudhon, Fourier e Richard Owen.

A distinção entre socialismo científico e socialismo utópico deve-se a Engels, que publicou em 1882 a sua interpretação evolucionista dos estágios precursores do verdadeiro comunismo.[106]

O fato é que o comunismo, nas suas versões pré-marxistas, já aparecia como uma doutrina radical e subversiva que a política reacionária da Restauração e a burguesia liberal predominante no regime parlamentar de Louis-Philippe (1830-48) entendiam combater por meios policiais. A repressão dos trabalhadores de Paris, que pôs fim aos movimentos revolucionários de 1830 e de 1848, é prova eloquente desse antagonismo irredutível.

Entre parênteses: houve uma exceção parcial, mas influente, que cumpre registrar. Contra aqueles meios repressivos insurgiram-se Augusto Comte e seus discípulos. A atitude dos positivistas ortodoxos em relação aos princípios comunistas foi ambivalente e pode ser resumida em dois adjetivos que o filósofo lhes atribuiu mais de uma vez: *honrosos* e *perigosos*.

Comte partilhava com os comunistas, que ele também qualificava sistema-

---

[106]. Friedrich Engels, *Do socialismo utópico ao socialismo científico*. Trad. de João Lobo. Porto: Novo Tempo, s.d.

ticamente de "utópicos", uma confiança profunda nas potencialidades intelectuais e éticas da classe operária. Dos proletários comunistas (mas não dos "doutores comunistas", pelos quais sentia figadal antipatia) esperava os mais altos testemunhos de honestidade e generosidade. O filósofo manifestava a crença de que, enquanto o positivismo não fosse conhecido e assimilado pelos trabalhadores, só o comunismo lhe parecia digno de enfrentar o individualismo da burguesia, classe destinada a desaparecer minada pelo seu egoísmo inveterado. Aos trabalhadores que o cercavam e assistiam aos seus cursos populares e gratuitos de astronomia e de filosofia política, Comte entregou a direção de uma sociedade, cujo fim era precisamente confiar-lhes a responsabilidade de divulgarem a sua doutrina.[107]

No *Discurso sobre o conjunto do positivismo*, publicado em 1848, Comte, ao mesmo tempo que rejeita a maioria dos princípios do comunismo, reconhece os sentimentos de justiça que movem os seus militantes. São incisivas as críticas que faz à economia liberal-burguesa triunfante na época, e cujos fundamentos lhe parecem abstratos e "metafísicos". Uma espécie de laicização da doutrina tomista do *bem comum* como ideal de toda organização econômica leva o pensamento de Comte a sobrepor a ordem social, que ele considera racional, aos interesses dos indivíduos centrados em si mesmos: é a sua costela antiliberal. O filósofo, quando jovem secretário do utopista Saint-Simon, havia cunhado o termo *altruísmo* para contrapô-lo a *egoísmo*.

Esse republicanismo leigo, que herdou do jacobinismo o ideal de uma ditadura cívica benfazeja, mistura de autoritarismo e progressismo, Ordem e Progresso, não parece rotulável como pura *ideologia* no sentido francamente pejorativo, isto é, mistificador, que lhe deram Marx e Engels. Tampouco mereceria o nome de *contraideologia*, na medida em que o tom geral bastante conservador

---

[107]. Ver, nesse contexto, os ensaios de Fabien Magnin, *Études sociales*. Paris: Société Positiviste, 1913. Sob o nome desse singular artífice-intelectual estão consignadas a sua profissão — *operário marceneiro*, a função de *presidente perpétuo da Sociedade Positivista de Paris* e a missão de *executor testamentário de Auguste Comte*. A correspondência entre o filósofo e o operário registra o momento em que o primeiro consulta o segundo sobre o significado da doutrina comunista, que despontava em alguns círculos de trabalhadores qualificados precisamente nos anos 1840.

Depois da morte de Comte, vários trabalhadores, sobretudo gráficos, filiados à Sociedade Positivista militaram em sindicatos reformistas e colaboraram com a Terceira República participando dos conselhos oficiais que deram origem ao Ministério do Trabalho francês. É notória a marca positivista na elaboração das leis trabalhistas brasileiras, mexicanas, uruguaias e argentinas: Getúlio Vargas, Lindolfo Collor, *los científicos* mexicanos e José Battle receberam formação positivista no começo do século xx.

do discurso comtiano não se ajusta ao teor radical que a expressão traz em si. A qualificação de *utopia* talvez lhe seja adequada, ao menos parcialmente, se pensarmos na argumentação elaborada pelo filósofo para venerar o Grande Ser, isto é, a futura Humanidade redimida de todos os seus erros e pecados pelo sacerdócio positivista, ao qual se deveria atribuir o poder espiritual na *era sociocrática*. A perspectiva assumida nas obras da última fase de Comte é a de uma religião laicizada, mas altamente ritualizada.

Quanto ao "poder temporal", os seus executivos seriam os industriais civicamente dedicados à causa do bem comum. Comte segue de perto a identificação sansimoniana de industrialização e progresso da humanidade. Os intelectuais (com exceção dos literatelhos estéreis e dos "pedantocratas" exibidores de títulos e anéis doutorais) velariam pela boa ordem dos conhecimentos e das ideias. O plano comtiano de confiar aos proletários e às mulheres o papel predominante na construção da sociedade futura soará a muitos (certamente aos conservadores) inequívoco sinal de utopismo...

Que Comte e Engels, em contextos doutrinários tão díspares, empregassem o mesmo termo *utopia* para caracterizar o comunismo anterior ao divisor de águas que foi a publicação de *O capital* dá o que pensar. Parece haver no racionalismo científico, difuso na filosofia europeia pós-idealista, uma suspeita de que todo ideal apaixonadamente igualitário, assim como o anarquismo, tira forças antes do sentimento e da imaginação, da fantasia e da vontade do que da fria razão. Daí uma linguagem de desconfiança ou de distante condescendência em relação a toda forma de pensar a política em termos de projeto que envolva um ato de fé na ação e na militância. Essa atitude suspeitosa, que se quer e se diz "realista" em face do que seria o "voluntarismo" revolucionário, acabou isolando Gramsci na Itália fascista e Rosa Luxemburgo na Alemanha pré-nazista. Um misto nada palatável de aparelhismo, estalinismo e positivismo congelou parte da doutrinação comunista oficial no Brasil entre os anos 1940 e 1960, inibindo ou censurando iniciativas de contato direto dos militantes com a classe operária emergente em todo o país.

UTOPIA: DE SUB-IDEOLOGIA IMAGINÁRIA A ANTI-IDEOLOGIA REVOLUCIONÁRIA

Mas o calidoscópio das posições contraideológicas não parou de girar, e uma de suas constelações mais surpreendentes foi a que circundou, no começo do século XX, o termo *utopia* de uma aura nova feita de luz promissora. Pensadores da ousadia e originalidade de Walter Benjamin e Ernst Bloch redimiram a palavra e o seu significado, mantendo-se na confluência da dialética hegeliana com valores assumidos em comunismos pré e pós-marxistas.

A novidade maior das contribuições de Bloch reside precisamente no esforço de valorizar as utopias do cristianismo "herético", medieval e renascentista. A doutrina do Terceiro Reinado do monge calabrês Gioacchino da Fiore (século XII) e o movimento milenarista dos camponeses anabatistas liderados por Thomas Münzer na Alemanha convulsionada pela Reforma receberam nos textos vibrantes do pensador do *princípio esperança* uma interpretação abertamente revolucionária. Trata-se de utopias geradas por situações de indigência ou extrema opressão. O seu conteúdo religioso não as alienou "deste mundo"; ao contrário, os passos evangélicos que as inspiraram falam, como nas bem-aventuranças do Sermão da Montanha, naqueles pobres "que possuirão a terra" e naqueles fiéis que serão perseguidos por amor à justiça, alcançando por isso a recompensa final.

Nada mais terrível do que a narração que Bloch faz dos últimos dias de Thomas Münzer e da batalha de Frankenhausen, na qual milhares de camponeses anabatistas foram traídos e massacrados pelas forças mercenárias dos príncipes (luteranos e católicos) em maio de 1525.

A utopia da igualdade radical renasceria, entretanto, na Inglaterra entre os niveladores (*levellers*, republicanos plebeus) comandados por John Lilburne, na sua luta contra a monarquia e a Câmara dos Lordes. E, ao longo do decênio turbulento de 1640, nos adeptos das seitas dos milenários e dos cavadores (*diggers*), que contestavam os privilégios dos proprietários de terras.[108]

Benjamin e Bloch, reatando com o *éthos* profético do judaísmo bíblico e medieval, opõem-se ao historicismo positivista que fixava o passado em quadros definitivamente estanques, sem relação intelectual ou moral com o presente do historiador. É o tempo cronológico absolutizado. Pensando em direção oposta, ambos renovam com vistas ao futuro (o *ainda não*, de Bloch) as esperanças vividas por lutadores de épocas pretéritas, cuja voz ressoa nos ouvidos dos oprimidos de hoje e de amanhã.[109]

---

108. A história das ideias radicais difundidas durante a revolução inglesa de 1640 foi narrada em detalhe por Christopher Hill, em *O mundo de ponta-cabeça*. Trad. de Renato Janine Ribeiro. São Paulo: Companhia das Letras, 1987. Relativizando a atribuição de radicalidade conferida, em geral, aos niveladores, C. B. Macpherson confirma, porém, a historiografia que reconhece nesse grupo uma aspiração democratizante de ampliar o restrito sufrágio eleitoral estabelecido na Inglaterra seiscentista (ver *A teoria política do individualismo possessivo. De Hobbes a Locke*. Rio de Janeiro: Paz e Terra, 1979, pp. 117-69).

109. As obras principais de Ernst Bloch ganham em ser lidas na ordem da sua publicação, que vai da teoria das utopias (*O espírito da utopia*, de 1918) à biografia de um revolucionário

As *Teses sobre o conceito de história* de Walter Benjamin, desenvolvendo o seu projeto de "escovar a história a contrapelo", serão provavelmente o texto mais incisivo da revalorização do pensamento utópico no seio da tradição hegeliano-marxista. Perpassa pelas *Teses* e por numerosas *passagens* de Benjamin o desejo de recuperar de maneira vital (não retórica nem saudosista) os embates de lutadores vencidos em tempos que "passaram" cronologicamente, mas permanecem no coração e na cabeça dos sonhadores e revolucionários de hoje.

A ligação dramática do presente com o passado, *mas com os olhos postos no futuro*, é o cerne da dimensão utópica de Benjamin, alimentando ainda hoje um sem-número de ensaios sobre a memória e a força da narrativa e da poesia. As leituras das teses de Benjamin "Sobre o conceito de história" multiplicaram-se nos últimos decênios: uma das mais percucientes é a de Michael Löwy, que prima pela sua garra analítica e liberdade interpretativa.[110]

A ruptura com o historicismo estanque estará também no centro das reflexões de Horkheimer e de Adorno, corifeus da crítica das ideologias da Escola de Frankfurt. O ensaio "A utopia", que Horkheimer escreveu em 1930, um ano depois da publicação da obra de Mannheim, é significativo da mudança operada em relação a um conceito que fora desqualificado por autores marxistas na época áurea do cientificismo.

Horkheimer põe em relevo a conexão das obras utópicas do Renascimento — *Utopia*, de Thomas Morus, e *A cidade do Sol*, de Campanella — com a indigência dos camponeses da Inglaterra e da Itália na fase inicial do capitalismo:

"Os utopistas já observaram como na economia em desenvolvimento o lucro se converte em roda motriz da história. Diante de seus olhos as fortunas que se foram acumulando nas cidades transformam-se em grandes fábricas e em outras empresas que rompem economicamente a antiga organização gremial, provocando a hegemonia de uma nova forma de produção. De um lado, concentram-se as possibilidades de trabalho: os empresá-

---

religioso (*Thomas Münzer, teólogo da revolução*, 1921), para culminar com a trilogia filosófica, *O princípio esperança*, entre 1954 e 1959.

110. Michael Löwy, *Walter Benjamin: aviso de incêndio. Uma leitura das teses "Sobre o conceito de história"*. São Paulo: Boitempo, 2005. A tradução das teses deve-se a Jeanne Marie Gagnebin e Marco Lutz Müller. O caminho traçado por Michael Löwy para compreender o pensamento de Benjamin passa pela difícil zona de intersecção entre o messianismo judaico, o apocalipse cristão e a esperança de redenção da humanidade pela vitória final da classe operária e das massas oprimidas. O progressismo linear burguês e o evolucionismo da vulgata estalinista são julgados em nome dos momentos revolucionários de um passado que a memória deve trazer ao presente e reviver; o que é a suma do marxismo atípico de Benjamin.

rios instruídos e hábeis não só possuem conhecimentos sobre formas organizativas que conduzem a novos e mais eficazes métodos de produção, mas também são os donos das matérias-primas, ferramentas, navios e instalações sem as quais já não pode dar-se trabalho produtivo algum. De outro lado, concentram-se também a absoluta falta de meios, a fome e a miséria. Os sobreviventes da servidão, as massas famintas das grandes urbes, as ruínas humanas de uma ordem antiga se converteram em trabalhadores assalariados que devem vender a sua força de trabalho.
"Os utopistas reagem às novas condições com o grito de: 'A propriedade privada é a culpada!'."[111]

A revolta contra a exploração do pobre poderá articular-se em uma linguagem religiosa. É a utopia anticapitalista, que, sonhando com uma sociedade igualitária a realizar-se em uma ilha distante e em tempo indefinido, projeta nesse *locus* feliz a imagem mítica de uma cristandade perfeita em que os homens viveriam sob o manto de uma república ou de uma monarquia universal, justa e benevolente. Como na primeira comunidade cristã evocada nos Atos dos Apóstolos, os fiéis teriam tudo em comum, não havendo necessidade que não fosse imediatamente suprida pela cooperação do grupo. "A utopia da Renascença", diz Horkheimer, "é o céu secularizado da Idade Média."

O ensaísta lembra que os utopistas da Renascença desconfiavam de Maquiavel. O fundador da ciência política realista, teórico do poder como fim último de qualquer tipo de governo, representa o avesso da idealização de uma sociedade baseada na igualdade dos cidadãos. Campanella dissera com palavras de admirável lucidez: "Quase todos os príncipes são políticos maquiavélicos que utilizam a religião unicamente como arte de domínio".[112] Em termos marxistas, a frase de Campanella significa que os donos do poder manipulam a religião, prática ideológica sancionada no *Príncipe* de Maquiavel.

Voltaria na pena do mais rebelde dos ilustrados, Jean-Jacques Rousseau, a acusação movida contra a férrea privatização dos bens que a Natureza prodigalizou a todos os homens. A frase de abertura do *Discurso sobre a origem da desigualdade entre os homens* vem a propósito: "O primeiro que cercou uma porção de terra e se permitiu dizer: isto me pertence, e encontrou gente suficientemente néscia para crê-lo, foi o verdadeiro criador da sociedade burguesa". E quantas defesas ardorosas da democracia direta e da extinção da propriedade privada descenderão, ainda hoje, dos discursos juvenis de Rousseau e do *Contrato social*!

---

111. Horkheimer, "La utopia", em Arnhelm Neusüss, op. cit., p. 92
112. Declaração que está nas atas do processo de Campanella, apud Horkheimer, p. 93.

O texto de Horkheimer não é, porém, uma apologia incondicional do pensamento utópico. Haveria neste um ponto cego, uma recusa de lidar com as múltiplas causas objetivas dos males presentes, bem como a crença idealista em uma revolução ao mesmo tempo ética e econômica imediata, desencadeada a partir de mudanças radicais nas mentes e nos corações. Mas também essa crença e a impaciência dos utopistas devem ser compreendidas. O peso do sofrimento das camadas mais pobres nem sempre permite a estas, nem aos que por elas falam, praticar a virtude da longanimidade que aceitaria sem protesto esperar pela racionalidade imanente da História, tal como a supõe o otimismo fácil dos progressistas, incluindo os de esquerda.

Assim, a motivação profunda dos utopistas continua válida. Eles não se conformaram nem se conformam com a ordem vigente, e nada esperam dela. "Os utopistas se diferenciam dos filósofos que fazem a apologia do existente e do que acaba de nascer levando-se em conta que eles sabem que na ordem burguesa não foi suprimida, nem se poderá suprimir, a verdadeira miséria, apesar da liberalização individual do sistema da escravidão."[113] Importa observar, nessa formulação, a passagem conceitual que transfere o pensamento utópico de uma área infeliz de mera sub-ideologia para o seu lugar condigno de anti-ideologia.

MANNHEIM LIDO PELA CRÍTICA DA CULTURA

Creio ser chegado o momento oportuno de examinar os argumentos marxistas de Horkheimer e hermenêuticos de Ricœur na apreciação que cada um faz das posições de Mannheim a respeito dos conceitos de ideologia e utopia.

Reatando o fio das considerações feitas sobre o "paradoxo de Mannheim", entende-se a perplexidade do sociólogo do conhecimento e das ideologias. Refletindo sobre o caráter condicionado e relativo de todas as ideologias, Mannheim reconhece a "profunda inquietação que sentimos em nossa presente situação intelectual". Trata-se da década de 1920, momento de crise de todas as certezas políticas e intelectuais, não só as alheias, facilmente acusadas de manipuladoras, mas as próprias, cuja objetividade não podia ser garantida pela sociologia dos valores.

A perplexidade a que se refere Mannheim é por ele expressa nitidamente nesta passagem: "Hoje em dia, existem vários pontos de vista de igual valor e

---
113. Horkheimer, op. cit., p. 97.

prestígio, cada um demonstrando a relatividade do outro, para que nos seja permitido tomar qualquer situação e encará-la como absorvente e absoluta".[114]

A saída do beco epistemológico, onde tudo é relativo, estaria na distinção entre relativismo e relacionismo. Esta última posição aponta para os nexos entre conhecimento e situação social, *mas*, ao mesmo tempo, se exime de desqualificar sistematicamente todo conteúdo do saber, na medida em que "o conhecimento, surgindo de nossa experiência das situações efetivas da vida, embora não absoluto, é, não obstante, conhecimento".[115]

Mannheim procura ressalvar a confiança em um saber extraído da experiência efetiva, ancorada na vida social, o que não deixa de ser uma profissão de fé realista, se não objetivista, no trabalho cognitivo.

Desdobrando a argumentação, o ensaísta escora a presumida validade desse nível de conhecimento no pressuposto de que ele deveria estar integrado em uma rede de ideias e valores dotada de certa estabilidade:

"Relacionismo significa apenas que todos os elementos de significado em uma situação mantêm referência um ao outro e derivam sua significação dessa recíproca inter-relação de um dado quadro de pensamento. Tal sistema de significados somente é possível e válido em um dado tipo de existência histórica, ao qual fornece por um certo tempo sua expressão apropriada."

Somos tentados a dizer que o relacionismo proposto por Mannheim é uma espécie de relativismo sociológico autocorrigido, pelo qual cada "quadro de pensamento" histórico disporia de saberes adequados e coerentes na sua interdependência. As conexões estabelecidas entre os múltiplos níveis de conhecimento (note-se a noção de "rede" de ideias e valores) dariam maior idoneidade a cada visão de mundo, que assim não submergiria sob o peso de um ceticismo universalizado.

Conhecendo já os poderes desagregadores do fascismo vitorioso na Itália e as ameaças do nazismo ascendente na Alemanha, Mannheim adverte para o risco de ignorar as vantagens intelectuais e morais do relacionismo e cair no fanatismo que erige crenças políticas parciais e facciosas em absolutos, tendência que deságua sempre em práticas autoritárias. No fascismo e no nazismo não há *interação recíproca* nem saberes compartilhados, mas pura dominação ideológica enfeixando violentamente (*fascio* = *feixe*) assimetrias sociais e culturais. No polo ideológico oposto, a certeza inabalável de que a humanidade progride sem-

---

114. Mannheim, op. cit., p. 110.
115. Id., ibid., p. 112.

pre de geração em geração pode converter-se em um pressuposto metaempírico que sustenta juízos otimistas de valor aplicáveis a todo e qualquer conhecimento ou conduta.

O relacionismo evitaria tanto o ceticismo estéril e sem saída, traduzido em expressões do tipo "tudo é ideologia", como as várias formas de progressismo *a priori* e desarmado. Nem todo saber é mentira ideológica; nem todo saber é tampouco verdade *in progress* transmitida de geração a geração. Para chegar a esse grau difícil de equilíbrio, a sociologia do conhecimento deveria remontar do culturalismo "epocal" de Dilthey ao historicismo dialético de Hegel, fazendo-o antes pela via da penetração no todo histórico-social com o seu tecido de contradições do que pela adesão à ideia de um Espírito absoluto realizável necessariamente na sucessão das eras da Humanidade.

Nas palavras de Mannheim:

"O estudo da história intelectual pode e deve ser realizado de tal forma que verá, na sequência e na coexistência de fenômenos, mais do que meras relações acidentais, e buscará descobrir, na totalidade do complexo histórico, o papel, a importância e o significado de cada elemento componente. É com esse tipo de abordagem sociológica da história que nos identificamos. Se essa penetração for progressivamente efetuada em detalhes concretos, ao invés de se permitir permanecer em uma base puramente especulativa, e se cada avanço for realizado com base em material concreto acessível, alcançaremos finalmente uma disciplina que colocará à nossa disposição uma técnica sociológica para diagnosticar a cultura de uma época."[116]

Vigora, portanto, para o sociólogo do conhecimento uma disciplina intelectual que respeita ao mesmo tempo a empiria e o horizonte da totalidade histórico-social; o que desfaria o incômodo "paradoxo de Mannheim", círculo vicioso pelo qual o feitiço vira contra o feiticeiro sempre que o juiz das ideologias alheias é, por sua vez, julgado, isto é, *posto no seu lugar* pela teoria relativista das ideologias.

Max Horkheimer concentrou no ensaio "Ideologia e ação" as suas observações críticas à sociologia do conhecimento de Mannheim.

Partindo da constatação de que o termo ideologia foi perdendo com o tempo qualquer "sentido pregnante", Horkheimer admite, porém, que sempre lhe teria restado a conotação crítica de ressalva às pretensões da inteligência de elevar-se a si mesma a um nível transcendente, incondicionado. Quem diz ideo-

---

116. Id., ibid., p. 119.

logia supõe alguma forma de dependência do entendimento em relação a móveis extraintelectuais.

Entretanto, vista à luz da história das ideias políticas, essa mesma visada crítica teria dado provas de sensível esmorecimento quando se compara o espírito rebelde dos ilustrados do século XVIII com a atitude de numerosos intelectuais, sobretudo universitários, "rendidos" à burguesia ao longo dos séculos XIX e XX. No lugar do salutar inconformismo dos *philosophes* nasceu a sociologia, filha dileta do positivismo. E, no bojo desta, sob a égide do culturalismo, a sociologia do conhecimento, "que se propôs como tarefa coordenar os tipos de representações vigentes em cada caso com os estratos típicos de uma sociedade determinada, mas sem orientar-se por isso na direção de uma teoria histórico-filosófica fundamental, como, por exemplo, o materialismo econômico".[117]

A sociologia do conhecimento atribui ao condicionamento social a formação de ideias e valores, mas o distribui e o dispersa pelos vários grupos da sociedade, conferindo diferentes pesos a seus componentes internos: para alguns grupos valem principalmente relações de determinação psicológica; para outros, relações de determinação intelectual. Para a maioria, seriam apenas condições profissionais as responsáveis por certos modos de pensar, agir, falar etc. Nesse quadro, a dimensão socioeconômica poderá também ser reconhecida, mas não na categoria de última instância indefectível, tal como a considera o marxismo. O fator econômico entraria como *uma entre as variáveis* que integram a rede de condicionamentos de um período ou de uma determinada classe. Em outras palavras, Horkheimer constata que os conteúdos ideológicos teriam deixado de ser denunciados à medida que a sociologia acadêmica se limitaria a descrevê-los e mapeá-los.

Um dos fundadores da sociologia do saber, o filósofo Max Scheler, chegou a compor uma tabela universal de valores postos em relação com as duas classes básicas de todas as sociedades: os pobres e os ricos. A classe inferior põe os olhos no futuro, sendo o *devir* a sua categoria fundamental. A classe superior atém-se ao presente, cuja permanência almeja, pois é o *ser* o seu valor conatural. A consideração mecânica do mundo seria própria da classe inferior; a teleológica, da superior. O pobre seria realista e materialista; o rico, idealista e espiritualista.

Horkheimer refuta o teor a-histórico dessas classificações, e salta à vista, hoje, a arbitrariedade de todo o quadro. Max Scheler, a certa altura de seu itinerário filosófico, saiu em busca de uma fundamentação ontológica dos valores, o que se casava mal com o relativismo sociológico do seu projeto inicial. De todo

---

117. Theodor W. Adorno e Max Horkheimer, *Sociologica*. Madri: Taurus, 1966, p. 56. O ensaio "Ideologia e ação" é assinado por Horkheimer.

modo, a sua tendência metafísica não afetou, por óbvias razões, os cientistas sociais universitários, que continuaram trabalhando com tipos de personalidade, padrões de conduta e esquemas cognitivos acoplados com segmentos profissionais, prato cheio da abordagem funcionalista norte-americana reproduzida, muitas vezes, pelos sociólogos europeus.

Em oposição a essa tipologia sociológica fixa das ideologias e das visões de mundo, Horkheimer propõe uma *conjugação íntima de conhecimento e ação*, sinalizando um retorno às teses que abrem *A ideologia alemã*. A motivação eficaz para reconhecer as malhas de aço da ideologia dominante só poderia ser o projeto de transformar a sociedade que aí está em vez de limitar-se a descrevê-la em termos neutros e a reparti-la em um número arbitrário de segmentos. São "os impulsos e esforços práticos" que geram a investigação lúcida da realidade. Como propõe o texto fundador de Marx e Engels, deve-se considerar em primeiro plano a "atividade humana", com tudo o que a expressão significa de empenho subjetivo e estudo objetivo dos meios adequados para alcançar fins tidos por justos. Evidentemente, estamos aqui muito longe do clima acadêmico para o qual o conceito de ideologia nunca deve ser judicativo sob pena de romper a isenção científica do pesquisador.

Compare-se o intelectual engajado da teoria crítica da Escola de Frankfurt com o "intelectual livre, suspenso no ar", idealizado por Alfred Weber (e às vezes atribuído, a meu ver injustamente, a Mannheim): este buscaria, mediante o puro exercício do entendimento, um saber alheio a injunções de classe, ao passo que aquele poria em movimento todas as potencialidades da sua mente, da sua memória e da sua cultura em função das necessidades e das aspirações das classes objetivamente lesadas pelos mecanismos do sistema vigente. O que garante a diferença entre essas duas figuras é a imersão na práxis e na reflexão peculiar ao intelectual engajado.

Respondendo a uma eventual objeção epistemológica levantada pela ciência acadêmica "pura", Horkheimer pondera que o fato de vigorar no pensamento do intelectual empenhado uma "vontade histórica" não diminui em nada a imagem da sociedade que ele se propõe conhecer, mesmo porque *não há produção de saber que não tenha sido motivada por alguma forma de vontade historicamente situada*.

A via de dupla mão entre conhecimento e ação aproxima grandes filósofos independentemente das diferenças que separam as suas doutrinas. Vem à tona o nome de Espinosa, cuja impecável construção lógica se chamou *Ética*. Assim também para Sócrates, o exato conhecimento das coisas e dos homens, que o conceito perfaz, é pedra de toque da ação política virtuosa. Para pensadores da envergadura de Espinosa — Aristóteles, Santo Tomás, Hegel — "não havia dúvida alguma de que a ação justa procede da representação correta da realidade, da inteligência do que existe".

A concepção valorativa das ideologias assume nessas considerações finais de Horkheimer uma força de convicção que não poderia haver em Mannheim. *Ideologia e utopia* é uma obra complexa, matizada e exploratória, que oscila entre as duas concepções básicas do termo, chegando às vezes a aliar uma à outra e voltando depois atrás para marcar diferenças. Mannheim sonhava com o advento daquele intelectual crítico que pudesse atuar na hora do planejamento democrático da economia e da política. Mas, pouco depois de publicada a sua obra, viu a democracia desertar da Alemanha e de quase toda a Europa.

O que fica da crítica severa de Horkheimer ao relativismo supostamente isento da sociologia positivista é uma profissão de fé na verdade do conhecimento gerado na práxis dos que lutam pela transformação da sociedade. O oposto desse conhecimento, *sempre testado pela ação e ciente de seus limites*, seria ideologia.

O enfrentamento de Horkheimer e da Escola de Frankfurt com a neutralidade da sociologia do saber comprova o papel da motivação ético-política na forjadura dos seus conceitos. Os membros do Instituto de Pesquisas Sociais tiveram de exilar-se nos Estados Unidos durante os anos negros do nazismo. Que coincidiram com os anos de chumbo do estalinismo. Conheceram, de um lado, o peso da ideologia pseudorracional da sociedade de massas norte-americana em plena expansão da produtividade e do consumo e marcada por preconceitos raciais violentos; e, de outro lado, a não menos brutal consolidação da burocracia soviética. Uma obra admirável, nascida da experiência direta do exílio de Adorno nos Estados Unidos, é *Minima moralia*, retrato e diagnóstico da nova indústria cultural e dos novos *mores* gerados por um capitalismo ostensivo até as raias do cinismo. "A realidade", diz Adorno, "converte-se em ideologia de si mesma." Não era o caso, portanto, de limitar-se a recenseá-la de maneira neutra, como se o sociólogo não estivesse também imerso nos males que o seu olhar revelava e as suas tabelas de valores classificavam. Em uma frase paradoxalmente otimista e pessimista, Adorno exprime a sua perplexidade diante da força e da fraqueza do sujeito que vive dentro e fora da rede ideológica: "[...] bastaria ao espírito um pequeno esforço para se livrar dessa aparência onipotente, quase sem sacrifício algum. Mas esse esforço parece ser o mais custoso de todos".[118]

---

118. Theodor W. Adorno, "Ideologia", em Theodor W. Adorno e Max Horkheimer (orgs.), *Temas básicos da sociologia*. São Paulo: Cultrix/Edusp, 1973, p. 203. O título do original alemão é *Soziologische Exkurse*, 1956. Para o estudo dos preconceitos de raça e de classe verificados mediante testes projetivos (TAT) nos Estados Unidos do pós-guerra, ver a obra monumental coordenada por Adorno, *The Authoritarian Personality*. Nova York: Harper and Brothers, 1950.

OS CONCEITOS DE IDEOLOGIA E UTOPIA RETOMADOS PELA HERMENÊUTICA DE PAUL RICŒUR

O conceito de ideologia foi igualmente trabalhado pela hermenêutica. Paul Ricœur propôs novas correlações entre *ciência* e *ideologia* e entre *ideologia* e *utopia*, levando adiante conquistas teóricas de Max Weber, de Jacques Ellul, de Mannheim e dos teóricos da crítica da cultura.

No ensaio *Science et idéologie* (1974), Ricœur empreende uma caracterização diferencial do conceito de ideologia, que faz abstração das definições marxistas, mas acaba encontrando-as e incorporando-as. Trata-se de uma aproximação por graus, que evita uma definição fechada, apriorística.

A ideologia apareceria, de início, como simples *resposta à necessidade que todo grupo social tem de dar uma imagem de si mesmo*, isto é, uma necessidade de representar-se para si e para o outro. Assim, uma comunidade histórica precisa entrar em relação com o evento que a constituiu: pense-se na Revolução Francesa, na Declaração Americana dos Direitos, na Revolução de Outubro. Não há memória dessas datas fundadoras sem a mediação de um discurso capaz de reforçar a identidade das formações nacionais que de certo modo nasceram ou renasceram a partir desses acontecimentos. A lembrança deve ser mantida coletivamente, e o discurso que a consagra é o primeiro e necessário grau de identificação nacional ou grupal. A ideologia, nesse caso, verbaliza, interpreta o passado e o integra no presente sem que se possa afirmar que represente nessa instância fatalmente um processo de distorção ou embuste.

Um segundo grau do fenômeno ideológico provém do seu teor dinâmico. Por analogia aos discursos abrangentes multiplicam-se, no seio das várias instituições sociais e culturais, atitudes valorativas que também reivindicam o seu caráter de necessidade. Celebram-se as fundações de igrejas, movimentos, partidos, academias, escolas, associações de vário tipo, clubes, jornais, empresas... com discursos que se desejam consensuais. Aquele primeiro grau, integrador, se dissemina nesse segundo grau interessado em promover *identidades tópicas* no interior das identidades nacionais. Importa em ambos os patamares sempre o teor mediador da ideologia, a ponte que ela constrói entre o passado (muitas vezes na iminência de ser esquecido) e o presente da consciência do grupo.

Do ponto de vista formal, Ricœur adverte o caráter codificado, esquemático, de todo discurso ideológico. Para crescer na dimensão da eficácia comunicativa, o discurso ideológico perde em rigor semântico e sai em busca de fórmulas, frases categóricas, chavões partidários, slogans, lemas propagandísticos, verdadeiras palavras de ordem retoricamente construídas para emprestar à linguagem o aspecto lapidar de provérbio. O interesse particularista, ao dar-se ares de universal, não tem pejo de imitar a concisão autêntica dos adágios populares. Não por acaso, a semiótica do *marketing* dá matéria-prima fácil para leituras ideológicas.

A riqueza da memória social e do pensamento crítico cede então à simplificação do discurso integrador, que faz as vezes da análise, da interpretação e do julgamento, atividades intelectuais fundadoras do espírito científico. A ideologia é o reino da opinião (*doxa*) e do estereótipo, da frase feita prestando-se facilmente a jogos de prestígio. Ricœur bate, nessa altura, às portas do marxismo: a ideologia (ressalvados aqueles patamares iniciais de pura imersão na memória coletiva) seria a linguagem mistificadora de que se valem os donos do poder para mascarar a realidade da dominação econômica e política.

Do ponto de vista epistemológico, *a ideologia seria, de todo modo, uma interpretação fechada do real*, que, em vez de abrir-se, obstrui novas possibilidades de compreensão. Ricœur cunha a feliz expressão "clausura ideológica" (*clôture idéologique*) para significar a ação do esquema verbal que impede o movimento dos processos cognitivos na direção de um saber vivo, desassombrado.

O hermeneuta afina-se com a tradição marxista quando identifica na *falsa consciência* os caracteres negativos de toda ideologia que, por sua própria vocação, simula universalidade e dissimula particularismos.

Recapitulando: Ricœur propõe a vigência de um sentido ainda incipiente de ideologia como mediação entre memória de eventos fundadores e identidades grupais, sentido que pode anteceder o de máscara da dominação. Assim, momentos iniciais de mediação identitária não suporiam, forçosamente, o discurso justificador do poder, ao passo que este segundo grau, *ideológico por excelência*, se vale frequentemente daqueles discursos celebrativos para intensificar a sua retórica de legitimação. Sabemos que os ditadores se comprazem em repisar em suas arengas para as massas a suprema importância das datas nacionais, cujo sentido originário é obliterado ou manipulado em função do presente.

No confronto da ideologia com a ciência, que o positivismo considera uma arena de oposições drásticas, Ricœur se move exploratoriamente. Se, no caso das ciências físico-matemáticas, a separação entre ciência e ideologia se tem mostrado viável (embora longe de ser consensual), o mesmo não acontece quando se trata das ciências sociais. Estas dificilmente conseguem colocar-se fora e acima de toda tentação ideológica, tendo em vista o envolvimento dos pesquisadores nos múltiplos interesses e nas múltiplas motivações de que os seus temas são portadores. De que lugar extrassocial poderá falar o sociólogo ou o cientista político ou o economista que o isente completamente das armadilhas ideológicas?

O filósofo não desiste, porém, de encontrar uma solução para o aparente impasse a que nos leva a questão da objetividade do discurso sobre o social. A saída, ele a vê em uma dialética entre a pertença (*appartenance*) do estudioso em relação à sua classe e o *distanciamento* de que é capaz o pensamento crítico. Graças a este último processo, o cientista pode fazer a crítica da própria disciplina e verificar os limites dos seus instrumentos de pesquisa. A autocrítica deveria, em princípio, eliminar preconceitos, pois a ciência tem também os seus *idola*, e ser capaz de aferir os equívocos que as ciências humanas têm cometido ao longo dos séculos XIX e XX. Uma saudável dose de suspeição em face da arrogância de tantos homens de ciência levaria o sociólogo a meditar sobre certas afirmações arbitrárias da sua disciplina desde a sua fundação por Auguste Comte e Émile Durkheim até a sua pulverização por obra da maioria dos centros universitários de sociologia empírica.

Ciência social e ideologia não seriam, portanto, os polos inconciliáveis tantas vezes agigantados pelas polêmicas de superfície. Haveria, em um nível de extrema generalidade, algo de comum a ambas que justificasse uma interação virtuosa? Ricœur reelabora a questão do *interesse* como o principal móvel das ideologias e fonte recorrente de suspeição por parte da teoria crítica. Tentando ampliar a extensão do conceito, o filósofo propõe que se garimpem também nos discursos marxistas e na hermenêutica *formas válidas de interesse*, cujos fins últimos não seriam particularistas e sectários, mas visariam à emancipação do ser humano, valor herdado das Luzes. De mesmo valor é a procura intensa do sentido das ações humanas, alvo de pensadores que não cessam de interrogar-se sobre os limites da razão instrumental.

> "Assim, assumo, de minha parte, a tese de Habermas, de que todo saber fica veiculado por um *interesse*, e que a teoria crítica das ideologias é, ela também, veiculada por um interesse; interesse pela emancipação, isto é, pela comunicação sem limite nem entrave. Mas é preciso ver exatamente se esse interesse funciona como uma ideologia ou como uma utopia. E nós não sabemos qual das duas, pois só a história ulterior escolherá entre as discordâncias estéreis e as discordâncias criadoras."[119]

Um apelo aos patrulheiros profissionais para que moderem a sua *hybris*? Ainda Ricœur:

---

119. Ricœur, *Du texte à l'action. Essais d'herméneutique II*, p. 330. Na sua menção a Jürgen Habermas, Ricœur refere-se à obra *Conhecimento e interesse*, cujo original alemão saiu em 1968. Recorri à tradução italiana, *Conoscenza e interesse, con il poscritto 1973* (Bari: Laterza, 1983), que traz as respostas de Habermas às objeções que lhe foram movidas a partir da publicação do livro.

"Resulta desta meditação que a crítica das ideologias é tarefa que é preciso sempre começar, mas que por princípio não se pode acabar. O saber está sempre desgarrando-se da ideologia, mas a ideologia é sempre o que permanece como grade, como código de interpretação, pelo qual não somos um intelectual sem amarras e sem apegos, mas continuamos movidos pelo que Hegel chamava a 'substância ética', a *Sittlichkeit*."[120]

Se o *interesse* que move o crítico radical das ideias burguesas o afasta dos vários lugares ideológicos que estas ocupam, cabe a pergunta: qual, afinal, seria o *locus* ideológico desse adversário de todas as ideologias particularistas? A rigor, nenhum, ou, recorrendo à etimologia do termo que diz esse não lugar, é o espaço-tempo da *utopia* que abrigaria generosamente todos os pensadores políticos que negam drasticamente a ordem estabelecida.

Ao desdobrar essa reflexão, Ricœur acaba identificando genericamente na utopia o avesso da ideologia dominante. Quanto ao critério de poder ou não poder realizar-se, que guiava o entendimento tradicional do termo, perde força de argumentação no discurso de Ricœur. Só o futuro dirá com certeza se o pensamento considerado utópico nos dias de hoje irá converter-se um dia em realidade historicamente verificável. *A utopia não é, pois, o sonho que não se realizará jamais, mas o pensamento que se opõe radicalmente à forma que a sociedade assume aqui e agora.* Para o ideólogo da classe dominante, utopia é simplesmente o projeto dos seus adversários radicais. Em contrapartida, para o revolucionário, assim tachado de utópico, ideologia é o pensamento secretado na classe dos donos dos bens e do poder. Para o conservador, utopia é palavra negativa, que desclassifica o adversário; para o revolucionário a pecha recai de preferência no termo "ideologia". Ideologia e utopia enfrentam-se simetricamente como *racionalizações viciosas do outro*, aquele interlocutor surdo e incapaz de exercer sobre si mesmo a crítica que lhe vem de fora.

Formulando dessa maneira a relação entre ideologia e utopia, Ricœur está consciente de que se aparta dos significados apoucadores que o marxismo de Engels deu de ambos os termos. Para Engels as utopias dos comunistas românticos eram, no fundo, subclasses de ideologias, agregados de ideias que não atingiam a racionalidade necessária para transformar conscientemente a ordem burguesa. Quando muito, as utopias se teriam gerado na cabeça de intelectuais idealistas, simpáticos às classes subalternas, mas incapazes de pensar as causas sistêmicas da exploração capitalista.

Em compensação, o marxismo renovado do século xx procurou acercar-se

---

120. *Du texte à l'action*, cit., pp. 330-1.

do caráter revolucionário de algumas utopias religiosas que se formaram junto a populações oprimidas, como foi o caso exemplar dos anabatistas guiados por Thomas Münzer e revalorizados por Ernst Bloch.

Ricœur, operando a sua revisão conceitual, segue alguns passos do discurso flexível de Mannheim sobre a utopia em suas relações com a ideologia, tendo por fulcro o sentimento do tempo. As ideologias pretendem garantir o presente brandindo, às vezes, as armas de um certo passado. As utopias, ao contrário, querem desestabilizar o presente com os olhos postos no futuro.

Mas a aceitação dessas proposições de Mannheim torna-se problemática quando Ricœur passa a avaliar alguns esquemas classificatórios do sociólogo. Ao passo que o filósofo hermenêutico acolhe plenamente a definição de utópicos dada por Mannheim aos movimentos milenaristas e aos grupos anárquicos, parece-lhe controversa (e aqui acompanho a sua estranheza) a mesma atribuição quando se trata de ideários conservadores. Estes, em geral, racionalizam o presente, legitimando a dominação burguesa ou aristocrática no interior de uma dada sociedade, motivo pelo qual seriam antes ideológicos que utópicos. Em princípio, seria difícil admitir um teor utópico no conservadorismo econômico ou político. Entretanto, é também verdade que pode operar em certo conservadorismo extremado uma imagem estática de sociedade que já não é mais congruente com certos comportamentos e discursos modernizantes. No afã de instaurar ou reinstaurar uma outra ordem, ideal, que reproduziria um passado em boa parte idealizado, pode-se reconhecer no político ultraconservador um grão de utopia. O fato, porém, é que na hora candente das crises políticas marcadas por nítidas cisões ideológicas (por exemplo, a conjuntura que o Brasil viveu às vésperas do golpe udeno-militar de 1964), arma-se uma aliança tática entre reformistas e radicais, de um lado, e liberal-conservadores e reacionários, de outro. Naquele momento, foram os grupos contraideológicos de esquerda que tangenciaram a utopia, ao passo que os golpistas (reacionários fantasiados de "revolucionários") assumiram agressivamente a ideologia mais conservadora da burguesia dominante. Assim, mais uma vez, a utopia generosa de uns foi contrastada pela ideologia rancorosa de outros, os quais, repletos de má-fé, misturavam os termos "utopia" e "ideologia" como se fossem meros sinônimos de um pensamento que os ameaçava enquanto desfrutadores do *status quo*.

Quando a crise política se aguça, parece necessário manter a oposição entre ideologia e utopia, reconhecendo nesta uma força libertadora e naquela o peso do regresso.

No nível diacrônico, o que era contraideologia ou resistência política poderá assumir matizes ideológicos conformistas em épocas sucessivas. A história do liberalismo no Ocidente ilustra essa metamorfose: a burguesia francesa foi liberal, tocando as raias do radicalismo na sua luta contra a aristocracia em alguns momentos da Revolução de 1789; depois, com a Restauração e sob a monarquia de Louis-Philippe, oprimiu e massacrou a oposição operária. O liberalismo burguês não tem lugar fixo a não ser a fortaleza do direito à propriedade privada.[121]

De maneira simétrica, o que parecia ontem um combate utópico (instaurar a democracia racial sob um regime egresso do escravismo) dá-se hoje como projeto de cidadania viável a curto ou médio prazo: a longa história do abolicionismo, do racismo e da luta pelos direitos dos negros nos Estados Unidos sirva de exemplo. Horizontes semelhantes podem-se vislumbrar em relação à conquista do sufrágio universal ou aos embates pela emancipação feminina. Os conflitos de ideias e valores travados em um dado período histórico podem ter como resultantes novas configurações culturais que buscarão reatualizar modelos utópicos concebidos no passado, o que dá às contradições do presente uma espessura que advém da força e da coerência da memória social.

Recapitulando:

Reiterar firmemente a oposição entre ideologia dominante e utopia é conservar-se fiel à concepção política, forte, valorativa, de ambos os termos: *utopia não é ideologia* — posição que tem, porém, oscilado em duas direções: a primeira, que a enfraquece; a segunda, que a reforça:

a) o rebaixamento da utopia a sub-ideologia (marxismo "científico" de Engels);

b) a ascensão da utopia a anti-ideologia radical (Benjamin, Bloch e frankfurtianos).

Creio ser ainda possível explorar a hipótese que relativiza a mesma oposição, concedendo para tanto um crédito de plausibilidade à concepção difusa e abrangente de ideologia como ampla e complexa visão de mundo; posição herdada dos historicismos abertos, que reconhecem o caráter plural, tenso e internamente contraditório de cada época histórico-cultural (Dilthey, sociólogos do saber, Mannheim). Ideologia e utopia, defesa e negação do *status quo*, seriam momentos diferenciais e detectáveis no interior de cada estilo de época.

Entretanto, força é confessar, nenhuma dessas opções contribui para poupar o historiador de ideias de sofrer mais de um momento de perplexidade.

---

121. "A Revolução pedia uma reforma radical. Os seus legistas, que defendiam a Justiça como o pretor, nos deram o Código de Napoleão. Tudo está por fazer-se", afirmou Proudhon em *A justiça na revolução e na Igreja*, obra publicada em 1858, que levou o autor à barra dos tribunais sob o império de Napoleão III.

PARÊNTESE TEMERÁRIO: A RELIGIÃO COMO ALIENAÇÃO OU COMO DESALIENAÇÃO

O estranhamento, processo sofrido pelos trabalhadores há séculos, é, em um determinado nível de abstração, afim à *consciência alienada*, expressão que Marx herdou do vocabulário da esquerda hegeliana corrente no debate filosófico entre os anos 1830 e 1840. Trata-se de um conceito cunhado no âmbito da crítica da religião e, particularmente, da crítica ao idealismo hegeliano.

A matriz é o discurso entre iluminista e romântico de Feuerbach desenvolvido em *A essência do cristianismo* (1841).[122] Aí se forjou a interpretação da religião como alienação do ser humano.

Repetindo ou reelaborando esse conceito, Marx e os seus epígonos ignoraram os caminhos de encontro do pensamento moderno com várias modalidades de crença religiosa.

De um lado, recusaram de plano a ideia de um Deus criador e ordenador de um cosmos inteligível, tal como foi concebida pelos inventores da Astronomia e da Física matemática, Copérnico, Kepler, o Descartes das *Meditações* (1647), Galileu e Newton, e retomada pelo deísmo dos iluministas ingleses e franceses. Uma versão moderna de deísmo seria postulada por Albert Einstein, que, sob inspiração espinosiana, recusa tanto o ateísmo como a crença em um Deus pessoal. Outros cientistas da envergadura de Ampère, Mendel e Pasteur professaram a fé transmitida pelo catolicismo ortodoxo.

Mas a pergunta reponta: A hipótese de uma inteligência criadora e ordenadora "racional" do universo seria fruto da "alienação" de homens de ciência que *trabalharam* e levaram adiante a revolução copernicana na história da Astrono-

---

[122]. Há tradução para o português feita por José da Silva Brandão (Campinas: Papirus, 1988).

mia? Ou seria, antes, a figura-limite de um itinerário árduo do conhecimento científico que se abeira — sem lances de onipotência — de questões empiricamente insolúveis como as causas primeiras e os fins últimos do seu objeto: o universo?

Por outro lado, Feuerbach, Marx e Engels, centrando o homem ao mesmo tempo *na natureza* mas *acima da natureza*, parecem supor que o mundo natural foi e continua sendo uma realidade "dada" e teleologicamente entregue ao gênero humano para ser por este indefinidamente explorada. Esse "humanismo" ergótico, que instrumentaliza a natureza orgânica e inorgânica, não se dá conta de que o universo (às vezes qualificado pretensiosamente de "nosso"...) antecede de milhões de anos-luz e transcende de modo incomensurável a existência histórica finita desse mesmo homem... A sistemática retomada da ambição fáustica de dominar e manipular totalmente a natureza já alcançou níveis de desequilíbrio, destruição e deterioração irreversíveis, sem que a violência do processo inteiro tenha abalado os que ainda postulam que o trabalho industrial e a produção crescente "valorizam" o planeta e fazem do homem um ser mais humano. A insensibilidade aos limites da natureza foi, durante mais de um século, um dos pontos cegos do materialismo histórico, que, nesse particular, regrediu à condição de êmulo equivocado do economicismo burguês. O capitalismo liberal do Ocidente e o "socialismo real" soviético e chinês rivalizaram, com opostas doutrinas, na mesma direção produtivista e atentatória ao equilíbrio homem-natureza.[123]

O homem da era industrial alheou-se do fruto e do sentido do próprio trabalho e tomou a natureza como um reservatório inesgotável de materiais de que o seu labor poderia apropriar-se indefinidamente. O estranhamento operou-se, portanto, em duas direções de dominação: sobre o *trabalhador* e sobre a *natureza* enquanto matéria passível de ser explorada.

Cumpre igualmente repensar a identificação feuerbachiano-marxista de religião cristã e alienação. Se processos de alienação operam na superstição e nas práticas fetichistas, pelas quais o idólatra investe o amuleto (ou a mercadoria) de seus próprios desejos cedendo-lhe a vontade e a consciência, é precisamente o contrário que se dá no empenho moral com que o seguidor do

---

123. A bibliografia sobre a destruição, em escala industrial, do ambiente é hoje vastíssima. A coruja do pensamento crítico está chegando tarde, mas felizmente ainda pia alto e forte. O primeiro sinal ético e científico de alerta foi dado em 1972 pelo relatório do Clube de Roma, *Limits to Growth*, de que há tradução em português, *Limites do crescimento*, de Donella H. Meadows et al. São Paulo: Perspectiva, 1972.

Evangelho pode fazer-se e refazer-se praticando livre e conscientemente atos de justiça e solidariedade.

Feuerbach fala poeticamente da consciência cristã como a mais alta criação do coração humano, o que é uma leitura existencial e imanente da religião, mas não nos dá, mediante essa sentença eloquente, certeza alguma da impossibilidade da existência de um Outro que o seu discurso tenta reduzir a mero objeto imaginário do desejo humano. A tendência ao reconhecimento hipotético desse Outro não configura, necessariamente, uma forma de alienação no sentido do termo tal qual o concebeu o autor de *A essência do cristianismo*.

Como necessidade de levar até o limite o propósito de agir *livre, reta e conscientemente* em relação a si próprio e ao semelhante, Kant entende a adesão à mensagem do *Mestre do Evangelho* (assim o filósofo chama a Jesus Cristo) como resultante de um movimento produzido no âmbito da razão prática:

> "Mas quando a Razão me diz que esse mérito [da redenção dos pecadores por parte de Cristo] deve justamente servir-me de exemplo para elevar-me a um nível comparável de moralidade, e diz que em mim se encontra a disposição de poder ser tal como Ele, então minha alma se eleva ao ponto em que desaparece toda fragilidade de minha natureza, e eu sou capaz de entusiasmar-me por essa ideia. Esse Deus em nós é aquele perante o qual todos os joelhos se dobram sobre a terra."[124]

Na *Crítica da razão prática* Kant apresenta como instâncias recíprocas a lei moral e a liberdade: "A liberdade é, sem dúvida, a *ratio essendi* da lei moral, mas a lei moral é a *ratio cognoscendi* da liberdade".[125]

Pressuposta a liberdade, sem a qual não faria sentido atribuir moralidade às ações voluntárias do sujeito, este conhecerá limites que virão tanto das suas inclinações naturais, das quais o egoísmo é a mais poderosa, como das relações com outros homens, que tantas vezes opõem obstáculos ao livre agir do indivíduo e à prática da justiça. Ponderando honestamente os próprios limites, o sujeito moral chega à convicção de que as suas forças são insuficientes para atingir o modelo do Sumo Bem, polo para o qual se move *ad infinitum* a pureza das suas intenções. *Sumo Bem* é outro modo de dizer o nome de Deus, e a sua procura se

---

124. Kant, "Trabalhos preparatórios", em *A religião dentro dos limites da simples razão*. Agradeço a Jeanne Marie Gagnebin a ajuda solícita na localização e tradução dessa passagem de Kant.

125. Id., *Critica della ragion pratica*, 3ª ed. Trad. de Francesco Capra. Bari: Laterza, 1947, p. 2.

dá a partir daquela mesma retidão de intenções e do propósito deliberado de agir sempre de acordo com o respeito à lei moral universal.

> "Aquela lei de todas as leis apresenta, portanto, como todos os preceitos morais do Evangelho, a intenção moral na sua inteira perfeição, como um ideal de santidade não alcançável por nenhuma criatura, e que todavia é o exemplo de que devemos procurar aproximar-nos e adequar-nos em um progresso ininterrupto, mas infinito."[126]

Diferentemente do que sentenciaria Feuerbach, apropriado pelos materialistas ortodoxos, não há sombra de alienação nesse processo ético pelo qual o sujeito busca, sem nenhuma coação externa, o modelo de santidade perfeita que já motiva as suas ações e lhe propiciará um progresso até os confins da sua finitude. Em Kant — como no Rousseau do *Emílio* — não só a ideia de Deus mas também a da imortalidade da alma se tornam concebíveis graças à exigência inerente à vida moral.[127]

No prefácio à primeira edição de *A religião nos limites da simples razão*, Kant é assertivo: "A moral conduz inevitavelmente à religião, e assim se eleva à ideia de um Legislador moral onipotente, fora do homem, e em cuja vontade se encontra aquele fim último (da criação do mundo), que pode e deve ao mesmo tempo ser o fim último do homem".[128]

A lógica interna do discurso kantiano, ao fazer a passagem da lei moral à ideia de Deus, articula-se em torno do conceito de *fim* (*finalidade*), o qual é formulado *em regime de possibilidade*: "[...] pode dar-se que a moral tenha uma relação necessária com um fim, considerado não como o princípio, mas como a consequência necessária das máximas adotadas conforme a lei".

A Kant parece impossível que a razão possa ficar indiferente à solução desta questão: *o que derivará da nossa boa conduta, e qual objeto podemos assinalar como fim à nossa atividade?*

---

126. Id., ibid., p. 100.

127. Id., ibid., pp. 146-8 ("A imortalidade da alma como postulado da razão pura prática"); e pp.148-58 ("A existência de Deus como postulado da razão pura prática"). Reconhecem-se nesses textos as palavras da profissão de fé do vigário saboiano que atesta a vigência de uma "luz interior" no sujeito moral (Rousseau, *Émile*, IV). De todo modo, no sistema kantiano, não cabe à razão especulativa, mas só à razão pura prática, postular a passagem da experiência à possibilidade de uma realidade transcendente, noumênica.

128. Kant, *La religione nei limiti della semplice ragione*, em *Scritti di Filosofia della Religione*. Trad. de Gaetano Durante et al. Milão: Mursia, 1989, p. 69. A primeira edição alemã data de 1793. Sobre a realização fenomênica de uma ideia verdadeira e justa, pelo fato mesmo de ser verdadeira e justa, ver as observações de Ricardo R. Terra em *A política tensa. Ideia e realidade na filosofia da história de Kant*. São Paulo: Fapesp/Iluminuras, 1995, pp. 23-4.

O efeito, e não a causa determinante, dessa pergunta-chave do sujeito moral é a ideia de um Ser supremo, *fim último, ponto de encontro de todas as finalidades*, que não produz o movimento do livre-arbítrio, mas o supõe como toda consequência supõe a ação da instância que a precede. "Este é o ponto principal", conclui Kant: "a ideia [*de um Ser supremo*] deriva da moral, e não é o seu fundamento."[129]

Na última e cerrada reflexão do pensador da crítica em torno da religião torna-se explícita a convicção da finitude, logo da fraqueza ou imperfeição (no sentido de inacabamento) do ser humano. A expressão *mal radical na natureza humana* consta do título e é matéria da primeira parte da obra.

Especificando os modos da tendência ao mal, Kant distingue três dimensões:
• a *fragilidade* do homem que, na hora da ação, como diz o apóstolo Paulo, não faz o bem que quer, mas o mal que não quer (Romanos, 7,16-21);
• a *impureza*, que consiste em misturar nas motivações dos atos razões e máximas diferentes do exclusivo cumprimento do dever;
• enfim, a *corrupção* ou *perversidade*, pela qual o livre-arbítrio se compraz em construir máximas de conduta inspiradas por motivos abertamente contrários à lei moral.[130]

O filósofo constata empiricamente o caráter universal do mal lembrando não só as atrocidades cometidas pelos povos selvagens, mas também as violências e as guerras empreendidas pelos povos ditos civilizados em todos os tempos. Kant secunda a visão desencantada que os moralistas e alguns iluministas tiveram do passado da humanidade. Todavia, a essa recorrência historicamente atestada da perversidade dos homens contrapõe-se, de modo universal, o princípio *originário* da lei moral inscrito na consciência da mesma humanidade. Kant confessa lisamente que a origem do mal, narrada de modo simbólico na história da queda de Adão, lhe parece incompreensível e insondável.[131] De todo modo, ciente da sua fraqueza, o sujeito moral, *reconhecendo no coração a voz daquele mesmo princípio que o move para o bem*, busca na palavra revelada forças para perseverar e avançar na sua luta cotidiana. Esse empenho tem por sinônimo o termo *virtude*. O homem, quando norteado pela consciência do bem, vai no encalço da própria fonte do Bem, que está fora e acima dele, mas que tem o poder de recompensá-lo com a felicidade sem nódoa de egoísmo reservada aos justos.

---

129. Kant, *La religione*, p. 68.
130. Id., ibid., p. 85.
131. "[...] para nós, não há nenhuma causa compreensível da qual o mal moral possa pela primeira vez ter vindo a nós" (id., ibid., p. 96).

145

AS DUAS RELIGIÕES

No decurso de sua existência, o homem conhece duas formas de religião: a *religião moral* e a *religião eclesial ou estatutária*.

A primeira, cristalinamente expressa em várias máximas do Novo Testamento, exige o respeito aos supremos deveres para com Deus e para com o próximo, e só se realiza mediante a pureza da intenção sem mescla de egoísmo.[132]

A segunda, estabelecida para regular o culto nas comunidades crentes, *eclesiástica e legalista* (*estatutária*), valeu-se não raro de formas espúrias, como as superstições, o clericalismo, o fanatismo e a taumaturgia (magia, fetichismo). Explorou a credulidade e pretendeu muitas vezes, mediante o mero cumprimento de rituais, isentar o fiel da prática honesta dos seus deveres, que é a única maneira de agradar ao Deus da justiça.

A religião da pura moralidade reconhece os limites da razão (passo já dado pela "profissão de fé" de Rousseau), mas jamais apela cegamente para a intervenção do sobrenatural com o fim de impetrar-lhe favores particularistas. Kant precedeu, em termos filosóficos, uma das conquistas da antropologia científica, que opõe a magia à religião.

Quanto à religião legalista e farisaica, alimenta-se da sua autoatribuída relação com a divindade, de onde derivam o *despotismo eclesiástico*, com seus "chefes" e "funcionários", e o *fanatismo*, que se inspira em motivos externos ao sóbrio respeito ao imperativo moral e àquela "Lei das leis" formulada nos Evangelhos. As conotações depreciativas fazem-se particularmente acirradas neste trecho constante da terceira parte da obra:

"A fé própria de uma religião cultual é uma fé própria de *escravos* e de *mercenários* (*fides mercenaria, servilis*), e não pode ser considerada como fé santificante, porque não é moral."[133] Não poderiam ser mais explícitos os motivos interesseiros, ideológicos, da religião estatutária, cujo culto obedece ao duplo poder do dinheiro (fé mercenária) e do despotismo (fé servil).

Na segunda seção da Parte II, "Da pretensão do mau princípio ao domínio sobre o homem e da luta dos dois princípios, um contra o outro", Kant reconstrói o itinerário de Cristo enquanto resistente à tentação demoníaca do poder terreno, superador da teocracia nacionalista, perseguido, condenado e submetido à morte ignominiosa na cruz, exemplo dado à humanidade de uma religião que liberta o fiel da tirania do culto externo e farisaico:

---

132. Id., ibid., p. 126.
133. Id., ibid., p. 150. Grifos de Kant.

"Mediante o exemplo do homem no qual se encarnou, Ele abre, na Ideia moral, a porta da liberdade a todos aqueles que querem, como Ele, morrer para tudo quanto os mantém encadeados à vida terrena com prejuízo da moralidade, e reúne para si, com eles, 'um povo todo seu que é dedicado às boas obras' (Primeira Epístola a Timóteo, 6,18), e que se submetem ao seu mandamento, abandonando à escravidão aqueles que preferem a escravidão moral."[134]

Em outra passagem exemplarmente incisiva Kant esclarece o significado das duas opostas religiões em função da conduta do sujeito moral:

"Ora, podem-se reduzir as religiões a duas: a religião que visa a *obter favores*, religião do mero culto exterior; e a pura religião *moral*, isto é, a religião da *boa conduta*. Na primeira, o homem se lisonjeia supondo ou que Deus possa torná-lo eternamente feliz (mediante a remissão das suas culpas), sem que ele precise *tornar-se melhor*; ou, se essa hipótese não lhe parece possível, que Deus possa *torná-lo melhor*, sem que para tanto ele tenha de fazer outra coisa senão pedir-lhe; e já que pedir, diante de um Ser que tudo vê, não é mais do que *desejar*, o homem não teria propriamente de fazer nada, pois, se bastasse o simples desejo, todos os homens seriam bons. Mas na religião moral (e entre todas as religiões públicas que jamais existiram, a única que merece tal título é a religião cristã), é um princípio fundamental que cada um deve fazer tudo o que depende de si mesmo para se tornar melhor, e que só se o homem não enterrou o talento que lhe foi confiado (Lucas, 19,12--16) e se o utilizou para tornar melhor a disposição originária ao bem, ele pode esperar que aquilo que não está em seu poder será completado por uma cooperação superior."[135]

Comparando as duas formas de religião caracterizadas pelo filósofo, depreende-se que haveria uma religião libertadora da alienação e uma religião que, ao contrário, institui e cultiva a alienação. A última é praticada pelos que se entregam ao prestígio dos manipuladores do culto, abdicando do uso da própria consciência moral. A primeira consiste precisamente no prolongamento e aprofundamento dessa mesma consciência moral. Dizendo com outra linguagem, mas no mesmo espírito, a religião estatutária, enquanto *ideologia*, realiza manobras de poder sob a máscara de uma doutrina universalizante que na sua origem

---

134. Id., ibid.
135. Id., ibid., p. 103. Grifos de Kant.

pregou o desapego de todos os poderes econômicos e políticos alegoricamente associados à figura do Tentador — aquele "príncipe deste mundo" que prometeu a Cristo a posse de todas as coisas em troca de um ato de submissão idolátrica: "De novo o demônio o transportou a um monte muito alto e lhe mostrou todos os reinos do mundo e a sua magnificência. E lhe disse: Tudo isto te darei, se, prostrado, me adorares".[136]

A Parte IV da obra intitula-se "Do verdadeiro e do falso culto sob o domínio do bom princípio, ou da religião e do clericalismo". Nela formulam-se conceitos que aproximam o que hoje chamaríamos de sociedade ética e uma expressão corrente na linguagem das primeiras comunidades cristãs, Reino de Deus. Talvez nessa altura o filósofo da crítica tenha procurado dar respostas concretas àquela pergunta crucial que atravessa a sua filosofia moral: *O que nos é lícito esperar?*

Os evangelhos de Mateus (6,10) e de Lucas (11,2) afirmam "que o reino de Deus veio entre nós". A primeira observação de Kant diz respeito ao caráter *público* desse anúncio, confortando a hipótese de que o princípio do bem já está vivo e operante no coração dos homens de boa vontade, podendo-se esperar que a plena "manifestação fenomênica" do Reino de Deus se efetive em um futuro, embora "longínquo e imprevisível". Cidadãos virtuais dessa república moral, seria presunçoso supor que possamos fundá-la só com nossas próprias forças, pois o Reino cabe ao poder de Deus perfazê-lo; mas é nosso dever agir de tal maneira que nos tornemos aptos a ser membros dessa comunidade universal. O respeito ao princípio do bem, que estava na base da verdadeira religião, repropõe-se agora como alicerce da melhor instituição política.

O filósofo elege no *corpus* do Novo Testamento tão somente as máximas que convalidam o seu rigorismo ético (o atributo "rigorista" é por ele aceito como elogio, e não como restrição), abonando-se com a doutrina do Sermão da Montanha exposta no Evangelho de Mateus. Como fará dois anos depois (1795) o jovem Hegel ao escrever a sua *Vida de Jesus*, Kant extrai dos Evangelhos um discurso estritamente ético, omitindo os eventos milagrosos que marcaram a vida de Cristo e dos primeiros apóstolos. Atenho-me à exposição que Kant faz do princípio da pura religião moral em luta com a religião ritualista, que Hegel rotularia depreciativamente de *religião positiva*:

"Em primeiro lugar, segundo Ele, não é a observância de deveres exteriores, legais ou estatutários, mas somente a pura intenção moral que pode tornar o homem agradável a Deus (Mat, 5,20-48); o pecado em pensamento equivale, diante de Deus, ao pecado por ação (5,28) e, em geral, a santidade é o

---

136. Mateus, 4,8-9.

fim a que devemos tender (5,48); o ódio no coração é, por exemplo, equivalente ao assassínio (5,22); não se pode reparar a injustiça feita ao próximo senão exclusivamente por meio de satisfações dadas a ele mesmo, e não por meio de práticas de devoção (5,24); no que diz respeito à veracidade, o meio legal para obtê-la à força, isto é, o juramento, traz prejuízo à própria verdade (5,34-37); as tendências más naturais do coração humano devem ser transformadas, o doce sentimento da vingança deve mudar-se em resignação (5,39-40), e o ódio aos inimigos, em beneficência para com eles (5,44). Desse modo, Ele crê, como diz expressamente, satisfazer de modo cabal à lei judaica (5,17), com o que mostra claramente que não é a erudição nas Escrituras, mas a religião racional pura que deve interpretá-la, já que tal lei, tomada ao pé da letra, permitia precisamente o contrário de tudo isso [*i.e., de todas essas máximas*]. Ademais, com as expressões 'porta estreita' e 'via apertada', Ele não deixa inadvertida a falsa interpretação da lei que os homens se permitem para negligenciar o seu verdadeiro dever moral e para se crerem absolvidos de tal culpa mediante o cumprimento do dever eclesiástico (7,13)."[137]

Em seguida, outras citações dos Evangelhos lembram ao fiel a necessidade de traduzir na prática a sua fé, que nada tem a ver com palavras e gestos adulatórios. O cumprimento dos deveres se fará alegremente "e não com atos realizados à força e com espírito servil". A imagem do Reino volta agora inspirada na parábola do grão que, semeado em terra boa, cresce pouco a pouco até tornar-se árvore doadora de frutos.[138]

Kant retoma e teoriza a exigência das Luzes de purificar a piedade cristã de todas as tendências farisaicas com que séculos de poder eclesiástico a oprimiram e deturparam. Embora educado na tradição pietista luterana, Kant não é menos severo com o autoritarismo de alguns pastores protestantes do seu tempo do que com o velho centralismo romano dos católicos... A verdadeira religião tem por fim emancipar o fiel restituindo-lhe a liberdade plena da consciência, o que se cumpre tanto por via negativa, desqualificando o culto meramente exterior, como por via positiva, praticando os deveres para com Deus e o próximo que visam a superar o mal radical e edificar "em um futuro longínquo" a república dos cidadãos justos, a "*sociedade ética*", a "comunidade moral cosmopolita",[139] isto é, o Reino. Esse combate da *boa vontade* com o *mal radical* dá à concepção kantiana da História um teor sobriamente dramático, *sui generis*, que não pode

---

137. Kant, *La religione*, p. 182.
138. Id., ibid., p. 183.
139. Id., ibid., p. 214.

ser classificado nem em termos de pessimismo nem sob a égide do progressismo linear.

Percorrer as duas vias da liberdade, a negativa e a positiva, pelejando em ambas as frentes, requer um estado de lucidez e empenho de que só é capaz uma consciência alerta. As qualificações com que Feuerbach rotula a religião como fantasmagoria, misticismo onírico e autoilusão, numa palavra, *alienação*, soam arbitrárias e unilaterais quando confrontadas com o rigor e o comedimento das distinções kantianas.

Marx, secundando Feuerbach, compara nos *Manuscritos* a alienação religiosa à alienação do trabalhador:

"Todas essas consequências [*trata-se da desrealização do trabalhador convertido em mercadoria e da sua servidão ao objeto*] derivam do fato de que o trabalhador se relaciona com o produto do seu trabalho como um objeto estranho. Com base nesse pressuposto, é claro que quanto mais o trabalhador se esgota a si mesmo, tanto mais poderoso se torna o mundo dos objetos, que ele cria perante si, tanto mais pobre ele fica na sua vida interior, tanto menos pertence a si próprio, e o mesmo se passa na religião. Quanto mais o homem atribui a Deus, tanto menos guarda para si mesmo."[140]

A vulgata materialista repetiu essas interpretações do fenômeno religioso que recobririam, na verdade, a religião estatutária, alheia à consciência do fiel, quer considerada do ângulo do poder clerical, quer voltada para o culto supersticioso, logo alienante, dos *ídolos*. Mas antes dos hegelianos de esquerda, Kant já desenhara com traços firmes o que ele chamava de "ilusão religiosa", manipulada pelo poder e pelo dinheiro (o culto servil e mercenário) e afim, sob certos aspectos, ao que se pode qualificar de *ideologia* no sentido pejorativo do termo.

A assimilação operada por Marx, situando no mesmo plano conceitual a alienação do trabalhador sob o regime industrial e a convicção religiosa, é genérica e indiferenciada, na medida em que a qualidade da religião ritualista e de suas regressões fetichistas é diametralmente oposta ao sentido da religião da pura moral tal como a concebe o pensamento kantiano. Esta prolonga e intensifica a exigência interna de aspirar ao bem universal praticando o dever: exigência que o homem pode livremente cumprir ou descumprir, segundo a sua consciência e o grau de sua boa vontade. Trata-se de um regime de liberdade que não vigora na economia do trabalho forçado e alienado. Marx colheu em Feuerbach o conceito de alienação religiosa, mas não o elaborou dialeticamente, o que não o

---

140. *Manuscritos*, pp. 159-60.

impediu de intuir que o mesmo "ópio do povo" também poderia ser a "alma de um mundo sem alma".

A relação entre a consciência do fiel e a imagem de Deus não é a mesma se se considera um culto externo coator ou, no outro extremo, o esforço desinteressado para alcançar um grau mais alto de moralidade. Caso a atribuição drástica de alienação pudesse ser aplicada a todo homem que crê em Deus (qualquer que seja a sua religião), resultariam incompreensíveis a força intelectual ou artisticamente criativa, ou o empenho ético, ou a corajosa ação pública de um sem-número de homens e mulheres que pensaram, criaram e agiram, dispondo generosamente de sua margem de liberdade e dando testemunho da coerência de sua humanidade.

Deixando de lado exemplos tirados de uma época em que a religião concentrava o significado da vida social como a Idade Média, que inclui no seu limite cronológico (séculos XIII-XIV) homens da envergadura de Francisco de Assis, Iacopone da Todi, Boaventura, Alberto Magno, Tomás de Aquino, Raimundo Lúlio, mestre Eckhart, Roger Bacon, Duns Escoto, Cimabue, Giotto, Guido Cavalcanti e Dante; e sobrevoando a história moderna e contemporânea, vêm à memória os nomes de Joana d'Arc, Savonarola, Münzer, Thomas Morus, Erasmo, Lutero, Zwingli e Calvino, contendores intrépidos da religião "servil e mercenária"; Bartolomé de Las Casas, defensor dos índios oprimidos pelos conquistadores espanhóis, nome ao qual se deve associar o do teólogo e jurista Francisco de Vitoria, fundador da doutrina do Direito das Gentes e precursor do jusnaturalismo de Grotius. Avançando na história do Novo Mundo: no México das lutas pela independência sucumbiram nas mãos do exército colonial espanhol dois sacerdotes que lideravam tropas de índios e mestiços, Miguel Hidalgo e José María Morelos. São exemplos, entre outros, de compromisso lúcido com o outro, que contestam a acusação genérica de "pobreza" e "enfraquecimento" da vida interior do homem religioso tal como se depreende do conceito de alienação esboçado na passagem dos *Manuscritos*, acima citada.

No mundo da criação, que trabalha temas e valores religiosos, Fra Angelico, Masaccio, Donatello, Brunelleschi, Van Eyck, Hyeronimus Bosch, Piero della Francesca, Mantegna, Botticelli, Perugino, Rafael, Dürer, Leonardo da Vinci, Michelangelo, Bernini, Antonello da Messina, Bellini, Tintoretto, Veronese, Tiziano, Rembrandt, Rubens, Zurbarán, Velázquez, Murillo, Philippe de Champaigne, El Greco, Delacroix, Van Gogh, Utrillo, Chagal, Rouault; Palestrina, Vivaldi, Corelli, Bach, Haendel, Haydn, Mozart, Beethoven, Schubert, Schumann, Liszt, Wagner, Brahms, Brückner, Verdi, César Frank, Gounod e tantos autores dos *spirituals*, negros batistas que caíram no anonimato, realizaram obras penetradas pela fé no *sentido de perseguir, pressentir ou reconhecer a transcendência na imanência das figuras, formas, cores, sons* em meio a distintas culturas e sob diferentes perspectivas e estilos.

Na esfera do pensamento, Nicolau de Cusa, Marsilio Ficino, Galileu, Descartes, Pascal, Malebranche, Leibniz, Vico, Rosmini, católicos; Montaigne, Erasmo, Giordano Bruno e Campanella, cristãos heterodoxos; Locke, Berkeley, Newton, Shaftesbury, Montesquieu, Voltaire, Rousseau, Hamann, Herder, Jacobi, Kant, Fichte, Schelling, Hegel, Schleiermacher, Kierkegaard, teístas ou protestantes ortodoxos ou heterodoxos; no século xx: Soloviev e Berdiaef, cristãos ortodoxos russos; Blondel, Loisy, Le Roy, católicos modernistas; Max Scheler e Husserl, fenomenólogos de horizontes religiosos; Maritain, Mounier, Desroche, Lebret, Teilhard de Chardin, católicos progressistas; Bergson, Rosenzweig, Scholem, Martin Buber e Lévinas, judeus religiosos; Husserl, Edith Stein e Simone Weil, convertidos ao cristianismo; Gadamer, Paul Ricœur, Jacques Ellul, protestantes. A conferir, as posições entre agnósticos e fideístas do Wittgenstein dos diários e cadernos.

Escritores do porte de Petrarca, Boccaccio, Ruysbroeck, Chaucer, Villon, Poliziano, Leone Ebreo, Gil Vicente, Camões, Agrippa d'Aubigné, Garcilaso de la Vega, Juan de la Cruz, Teresa de Ávila, Fray Luis de León, Samuel Usque, Tasso, Shakespeare, Donne, George Herbert e os poetas metafísicos ingleses, Cervantes, Góngora, Quevedo, Lope de Vega, Tirso de Molina, Calderón, António Vieira, Sor Juana Inés de la Cruz, Jacob Boehme, Andreas Gryphius, Angelus Silesius, Corneille, Boileau, Racine, Bossuet, Fénelon, Milton, John Bunyan, Pope, Rousseau, Klopstock, Goethe, Schiller, Friedrich Schlegel, Blake, Novalis, Brentano, Coleridge, Wordsworth, Walter Scott, Dickens, Newman, Manzoni, Chateaubriand, Lamartine, Lamenais, Lacordaire, Balzac, Victor Hugo, Bécquer, Alexandre Herculano, Gonçalves Dias, Baudelaire, Emerson, Thoreau, Whitman, Longfellow, William James, Verlaine, Emily Dickinson, Dante Gabriel Rossetti, Christina Rossetti, Ruskin, Patmore, Hopkins, Imre Madách, Gógol, Dostoiévski, Tolstói, Páscoli, Fogazzaro, Péguy, Maeterlinck, Apollinaire, Blok, Chesterton, Yeats, Rilke, T. S. Eliot, Whitehead, Tagore, Werfel, Lorca, Léon Bloy, Claudel, Mauriac, Bernanos, Saint-Exupéry, Ungaretti, Rébora, Quasimodo, Silone, Lezama Lima, O'Neill, Auden, Graham Greene, Gertud von Le Fort, Roberto Lowell, Dylan Thomas, Heinrich Böll, Stefan Andres, Pasternak, Cardenal e os nossos Cruz e Sousa, Alphonsus de Guimaraens, Mário de Andrade, Manuel Bandeira, Jorge de Lima, Murilo Mendes, Cecília Meireles, Clarice Lispector e Guimarães Rosa foram espíritos religiosos, ortodoxos ou heréticos, alguns deístas, outros panteístas, alguns teístas, outros de aberta confissão cristã.

No campo dos grandes militantes, o *abbé* Grégoire, pioneiro na luta pela abolição do cativeiro dos negros nas colônias francesas e defensor dos direitos políticos dos judeus durante a Revolução; Mazzini, o apóstolo da unificação italiana; os nossos Tiradentes Padre Roma, Padre Miguelinho, heróis da revolução de 1817, também chamada Revolta dos Clérigos, e Frei Caneca, Luiz Gama, Antônio Bento, André Rebouças, Joaquim Nabuco e José do Patrocínio; Frédéric Ozanam, que se engajou na conversão do catolicismo à questão operária; Abraham Lincoln, vitimado pela sua política abolicionista nos Estados Unidos, onde foram os quacres e os *philanthropists* evangélicos, como Benazet, John Woolman, Garrison, Samuel May, Lucretia Mott, entre outros, que defenderam bravamente a bandeira da libertação dos escravos. Data de 1688 a Germantown Quaker Petition Against Slavery. Na Inglaterra a luta abolicionista esteve, desde o princípio, associada à liderança evangélica de Granville, Sharp, Wilberforce, Clarkson e Buxton: educadores religiosos que renovaram as concepções pedagógicas, criando a Didática (Comenius) e encaminhando o ensino para um respeito profundo pela criança: Pestalozzi, Froebel, Maria Montessori, leitores entusiastas de Rousseau e inspiradores da Escola Nova com seus métodos experimentais e indutivos.

A partir do final do século xix, figuras libertadoras como José Martí, Gandhi, Albert Schweitzer, Luigi Sturzo (criador do Partito Popolare Italiano dissolvido por Mussolini), Jacques Loew, padre e operário resistente à ocupação alemã, Charles de Gaulle, Robert Schuman, "o pai da Europa", Simone Weil, Jose Maria Arizmendi (jesuíta basco resistente ao franquismo, criou o maior complexo de cooperativas do mundo), Giorgio La Pira, Bonhoeffer (pastor e teólogo luterano enforcado em Auschwitz), Hans Barth (teólogo calvinista resistente ao nazismo), Hans e Sophie Scholl (líderes do movimento antinazista Rosa Branca, decapitados em 1943), padre Arrupe, médico jesuíta (o primeiro a socorrer *in loco* os flagelados pela bomba atômica em Hiroshima aplicando-lhes um curativo feito por ele próprio), Camilo Torres, Martin Luther King, Gustavo Gutiérrez, criador da Teologia da Libertação, Desmond Tutu (Nobel da Paz em 1984), D. Oscar Romero, Teresa de Calcutá, Adolfo Pérez Esquivel (Nobel da Paz em 1980), Helder Câmara, Pedro Casaldáliga, Tomás Balduíno, Alceu Amoroso Lima, Sobral Pinto, Luciano Mendes de Almeida, Paulo Evaristo Arns, Aung San Suu Kyi (budista, líder política birmanesa, Nobel da Paz em 1991), bispo Ximenes Belo (Nobel da Paz em 1995), Paulo Freire, Domingos Barbé, Mário Carvalho de Jesus, Hélio Bicudo, Francisco Whitaker Ferreira, Plínio de Arruda Sampaio, Zilda Arns, Chico Mendes, Dorothy Stang — e tantos militantes capazes de enfrentar as mais variadas formas de opressão —, desmentem a atribuição de *alienação* com que aquela tese haurida em Feuerbach qualificou de modo indiscriminado a consciência de todos os crentes. A dimensão religiosa não debilitou nesses criadores e lutadores a força crítica e a coerência ética. As suas escolhas políticas foram acionadas ao longo de lutas solidárias com os pés no chão social e jamais em proveito de uma "fantasmagoria" mistificante.

Em uma linguagem naturista e romântica Feuerbach interpretou a doutrina da Encarnação ("O Verbo se fez carne", que abre o Evangelho de João) como projeção do amor que o coração humano dedica àquele que o amou e se sacrificou por ele. Em direção oposta, Kant, Fichte, Schelling e Hegel acolheram como válido o caráter ativo da Encarnação, pelo qual Deus *se manifestou à consciência da humanidade* não mais abstrata, mas viva e concretamente.

Ao procurar a "essência do cristianismo" na "essência do coração humano", Feuerbach recorta e absolutiza a sensibilidade com toda a gama de suas emoções, inclusive as ligadas à sexualidade. Trata-se de uma antropologia do corpo pontuada de afirmações categóricas sobre o comportamento humano. O limite da sua teoria projetiva da religião encontra-se precisamente na atemporalidade ou a-historicidade desse mesmo corpo, enfoque especulativo e substancialista que seria contrastado, em nome do materialismo histórico, por Marx e Engels nas "Teses sobre Feuerbach".

Falta ao pensamento de Feuerbach a dimensão fundamental da práxis e, portanto, uma análise das mediações históricas que colocam o sujeito religioso em relação tensa com as estruturas sociais e os valores culturais. Em *A essência do cristianismo* toda a doutrina cristã e a sua efetiva difusão no Império Romano e, depois, pelo mundo inteiro com as suas múltiplas vicissitudes históricas reduzem-se a aspirações do "sentimento" do infinito: dimensão que o homem, fechado na própria imanência, não alcançaria, mas por isso mesmo desejaria. Um desejo sem objeto real, um *eu* suspirando por um outro que é ele mesmo (mas que, em última instância, não *é*, porque não existe), eis a súmula do imaginário ateísta de Feuerbach.

O cristianismo — enquanto acontecimento histórico, originariamente situado no tempo e no espaço; testemunhado pelos contemporâneos; perseguido pelas autoridades farisaicas e romanas; criador das primeiras comunidades apostólicas; sujeito e objeto do Novo Testamento (já inteiramente redigido no final do século I); refugiado nas catacumbas da Urbs; resistente ao culto divinizador dos imperadores até o martírio; inspirador de um desdobramento teológico da filosofia grega, primeiro neoplatônico, depois aristotélico; divisor da História em duas eras contíguas e opostas; cooptado pelos poderes imperiais de Roma até converter-se em religião oficial no século IV; fundamento religioso das primeiras comunidades monásticas; sentido profundo do canto gregoriano; alma da arte bizantina, românica e gótica; cimento ideológico da economia feudal; manipulado barbaramente por cruzados e inquisidores; aviltado pela corrupção de prelados e pontífices; inspiração utópica das heresias milenaristas; sublimado pelos santos das ordens mendicantes; convulsionado e purificado pelos reformadores protestantes; disciplinado rigidamente pela Contrarreforma; ensanguentado pelas guerras de religião; transportado da Europa para as colônias da América pelas missões católicas e pelos pioneiros puritanos escapos à intolerância anglicana; prensado entre o casuísmo jesuítico e o rigor jansenista na França de Luís XIV; horizonte transcendental da filosofia moderna de Descartes a Hegel; dilacerado no tempo da Revolução entre o clero monarquista e o republicano; inspiração infatigável dos quacres abolicionistas na Inglaterra e nos Estados Unidos; dividido, no final do século XIX, entre o antissemitismo dos acusadores de Dreyfus e os seus defensores, à frente dos quais estava o maior poeta socialista cristão da Europa moderna, Charles Péguy; fonte de quase todo o imaginário renascentista e barroco; presente em veios expressivos do romantismo e do simbolismo; fermento libertário na luta dos negros protestantes contra o racismo sul-africano e norte-americano; novamente dividido hoje, no Brasil e na América Latina, entre o conservadorismo burguês e as correntes socialistas mais radicais, que Marx e Engels considerariam talvez como surpreendentes ressurreições de velhas utopias...; — esse cristianismo plural, concreto e contraditório, ora aguerrido, ora conformista, ora encerrado no passado, ora aberto à esperança, logo ao futuro, maré alta e maré baixa como o próprio movimento da História de que é parte relevante, está ausente da leitura psicologizante de Feuerbach, forjadora do conceito de *alienação religiosa como "essência do cristianismo"*.

BREVE RETORNO A KANT: O LIMITE ENTRE A IMANÊNCIA E A TRANSCENDÊNCIA

Para Kant, na relação entre o divino e o humano o alcance limitado da compreensão do homem precisou valer-se de comparações baseadas na experiência sensível, procedimento que o filósofo chamou "esquematismo da analogia". Embora admita que não se possa dispensar a analogia, único modo de tornar sensível e representável o suprassensível, Kant nos adverte do risco de tomá-la por um conceito da Razão, o que seria incorrer no "antropomorfismo", cujas consequências lhe parecem nocivas à prática da pura religião moral.[141]

Em Kant, diferentemente dos caminhos trilhados depois pelos corifeus do idealismo alemão, opera sobretudo a postulação da distância entre o homem

---

141. Sobre a conveniência e os limites do "esquematismo da analogia", ver *La religione*, p. 111, nota 18.

finito e Deus infinito, e, portanto, vigora a ideia dos *limites da razão*, que se vale provisoriamente de analogias sensíveis com "os seres da natureza".

Em Kant, Deus é um horizonte transcendental. Em Hegel é a presença sempre viva e operante da autoconsciência divina no coração humano que dá sentido à encarnação cristã. A revelação, enquanto *aparecimento*, teria propiciado, histórica e racionalmente, o encontro do divino com o humano.[142]

Por sua vez, segundo a hegeliana *Vida de Jesus*, a doutrina de Cristo, antes de ser apropriada pela "religião positiva", propunha abolir todo farisaísmo, toda idolatria e toda escravidão. Nesse sentido é possível dizer que as reflexões do jovem Hegel sobre a mensagem evangélica permitiram o desenho de um vetor filosófico em que as Luzes (enquanto superação da tradição autoritária) abrem caminho para a Razão dialética do Hegel maduro.[143]

Já haveria, de todo modo, no rigorismo kantiano matéria suficiente para precaver o fiel dos perigos da "ilusão religiosa" e, em última instância, da ideologia alienadora. Mas esse mesmo rigorismo, que a tantos comentadores pareceu frio e desumano, não omite a postulação de um fim último a que tende a pura religião moral: *a felicidade*, estado de graça compartilhado tão somente pelos que praticaram a virtude com reta intenção, gratuitamente. Este, e só este, seria, sem paradoxos verbais, o "interesse" legítimo do homem que se pergunta sem nenhuma certeza dogmática: *O que posso esperar?*[144]

A essa indagação poder-se-ia acrescentar outra, que situa no mais alto nível o lugar do interesse: "Que uso podemos fazer do nosso intelecto, até mesmo em relação à experiência, se não nos propomos fins?". E, à guisa de resposta: "Mas os fins supremos são os da moralidade, e estes somente a razão pura pode fazer-nos conhecer".[145]

---

142. "Deus é somente Deus enquanto Ele se sabe a si mesmo; seu saber-se é, além disso, sua consciência de si no homem; e o saber do homem sobre Deus; saber que avança para o saber-se do homem em Deus" — diz Hegel, no intuito de superar, em termos de autoconsciência, a distinção entre a pura transcendência divina e a pura imanência humana (*Enciclopédia das ciências filosóficas. Em compêndio (1830)*, III, parágrafo 564. São Paulo: Loyola, 1995).

143. Uma versão imanentista, de inspiração hegeliana de esquerda, dessa visão libertadora, pela qual o Filho do Homem superou moralmente o culto farisaico e idolátrico, que o condenou à cruz, foi desenvolvida por Ernst Bloch no seu *Ateísmo no cristianismo. Sobre a religião do Êxodo e do Reino* [*Ateismo nel cristianesimo*. Milão: Feltrinelli, 1971].

144. "A felicidade é a satisfação de todas as nossas tendências (tanto *extensive*, na sua multiplicidade, quanto *intensive*, em relação ao grau, e também *protensive*, em relação à duração)" (*Critica della ragion pura*, 6ª ed. Trad. de G. Gentile e Lombardo Radice. Bari: Laterza, 1949, II, p. 629). Adiante: "Ver-se no reino da graça, onde nos aguarda toda felicidade, a menos que nós mesmos limitemos a nossa parte tornando-nos indignos de ser felizes, é uma ideia da razão praticamente necessária" (p. 633).

145. *Critica della ragion pura*, p. 636.

SIMONE WEIL: A INTELIGÊNCIA LIBERTADORA E SUAS FORMAS

Uma tradição filosófica que vai de Platão a Descartes, e deste aos ilustrados, aposta no caráter libertador da razão, única instância capaz de indicar aos homens o caminho certo e a ação virtuosa. Pascal, que passou do racionalismo cartesiano à fé cristã radical, terá sido um dos primeiros pensadores do Ocidente a duvidar da independência absoluta da razão, suspeitando que por trás da clareza da argumentação pode bem estar agindo a força cega das paixões, verdadeiros motores dos discursos dos homens. Mas jamais duvidou de que a dignidade do homem estivesse em ser pensante, embora fosse apenas "um caniço pensante". Com o criticismo de Kant, a razão perscruta os seus limites sem abandonar, porém, o posto de juiz dos pensamentos e das ações.

Em Simone Weil, discípula de Alain e estudiosa de Descartes, encontramos uma conjunção rara de ardente militância de esquerda e fidelidade a um pensamento que admira a ordem matemática do universo, o empenho do filósofo em penetrá-la e a confiança na capacidade emancipadora do intelecto, desde que animado pela virtude suprema da justiça.

Simone Weil juntou-se, em fins de 1942, aos resistentes à ocupação nazista. A seu pedido, foi admitida a trabalhar com os grupos que se estabeleceram em Londres em torno do general Charles de Gaulle. A expectativa de uma vitória iminente dos aliados criava então um clima favorável à elaboração de planos de reconstrução da sociedade francesa que emergiria da guerra. Simone foi convidada a refletir e a escrever sobre a reforma das estruturas econômicas, políticas e culturais que a liberação deveria promover. O resultado do seu intenso trabalho, feito solitariamente, e que coincidiu com os últimos meses de sua vida, encontra-se no ensaio *L'enracinement*. Nesse testamento intelectual a militante e pensadora denunciou as armadilhas do capitalismo ocidental e do estatismo soviético, traçando ao mesmo tempo as grandes linhas da sua doutrina entre contraideológica e utópica.

Publicada em 1949, a obra mereceu imediatamente esta palavra justa de Albert Camus: "Parece-me impossível imaginar para a Europa um renascimento que não leve em conta exigências que Simone Weil definiu em *L'enracinement*".[146]

Camus viu bem. É precisamente de exigências que trata o balanço implacavelmente lúcido mas dialeticamente esperançoso com que Simone Weil mapeou a situação do operário e do camponês europeus presos nas engrenagens da pura sobrevivência material.

A condição proletária era então não só o seu principal objeto de análise, mas também causa da angústia que a acometia com uma intensidade quase intolerável. Tendo já trabalhado como operária metalúrgica, ela se sentia impotente, embora moralmente determinada a incutir nos sindicatos e grupos de filiação marxista um sentimento de responsabilidade pelo estado de letargia intelectual em que via submersa a massa dos trabalhadores. De um lado, certo compulsivo ativismo sindical, que se espertava nos dias de greve convocada por motivos salariais, e, de outro, a obediência dos partidos comunistas à burocracia soviética pareciam-lhe saídas confusas ou obtusas que desviavam as lideranças da via real da libertação do trabalhador. Nas suas acaloradas discussões com Trotsky, Simone Weil insistia na sua tese de que não há revolução proletária sem que o operário se aproprie tanto do conhecimento técnico do seu trabalho como da organização mesma da produção.[147]

Colocando-se na fronteira móvel onde a contraideologia faz divisa com a utopia, Simone Weil propunha como tarefa prioritária atacar o mal radical da divisão do trabalho.[148]

---

146. Albert Camus, "Simone Weil". *Bulletin de la NRF*, jun. 1949, apud S. Weil, *Œuvres*. Paris: Gallimard, 1999, p. 1204. A primeira edição de *L'enracinement* saiu na coleção Idées da editora Gallimard, tendo por subtítulo: "Prélude à une déclaration des devoirs de l'être humain".

147. Há notícia do encontro de Trotsky com Simone Weil na noite de 31 de dezembro de 1933. O objeto da discussão foi a ditadura exercida na Rússia sobre a massa dos trabalhadores em vista de um aumento contínuo da produção. A massacrante centralização sob o regime estalinista daria razão às apreensões de Simone Weil, que pouco depois se confirmariam ao ser implantado o regime estacanovista de produção na indústria soviética. Despedindo-se da família Weil, que o havia hospedado naquela ocasião, Trotsky teria dito: "Vocês poderão dizer que foi em sua casa que se fundou a Quarta Internacional" (ver Ecléa Bosi, *Simone Weil. A condição operária e outros estudos sobre a opressão*. Rio de Janeiro: Paz e Terra, 1979, p. 31).

148. O fundamento da argumentação é marxista e está exposto em *A ideologia alemã*. Si-

A divisão do trabalho está no pórtico da obra fundadora da economia política liberal-capitalista, *A riqueza das nações*, de Adam Smith: "O maior melhoramento nos poderes produtivos do trabalho e a maior parte da habilidade, destreza e discernimento com que é dirigido ou aplicado em toda parte parecem resultar da divisão do trabalho".[149] Divisão não só profissional entre tarefas intelectuais, "limpas", e tarefas manuais, "sujas", mas também repartição política entre os que comandam e os que executam. Prepotência dos chefes, humilhação dos subordinados, desprezo, servilismo, truculência, emulações, ressentimentos e, permeando tudo, a fadiga do trabalho por hora ou por peça na ânsia de ganhar alguns tostões a mais... eis o quadro montado no cotidiano da fábrica quando nela se instaura a alienação sem expectativa de mudança.

O antídoto a esse processo de aviltamento da existência, Simone Weil vai buscá-lo na sua fé inquebrantável (cartesiana, comtiana, filtrada por seu mestre Alain) na ação da inteligência. O conhecimento dos processos físicos inerentes à produção dos objetos da indústria, incluindo as suas dimensões geométricas (Simone é sempre a leitora de Platão), parece-lhe indispensável como primeiro agente terapêutico da passividade com que o operário lida com a máquina. A partir desse patamar intelectual o operário remontaria do mero adestramento à ciência, e desta ao livre exercício do pensamento.

O processo de libertação se efetuaria, no campo da infraestrutura, mediante uma completa descentralização das empresas responsáveis pela produção dos bens essenciais.

Nessa altura, o germe das propostas anarquistas começa a disseminar-se na escrita classicamente ordenada de *L'enracinement*. As gigantescas concentrações da indústria moderna, que elevam ao mais alto grau a reificação e o anonimato do operário, seriam substituídas por oficinas (*ateliers*) de dimensões humanas geridas por operários qualificados. A estes seria dado conhecer por dentro as técnicas, os pressupostos científicos da produção e (conquista maior) compreender a função social dos objetos que fabricam, decidindo da sua qualidade e da quantidade ótima a ser distribuída pelo mercado.

Como selo democrático do novo processo seria considerada provisória a divisão dos trabalhadores em qualificados e não qualificados. Exatamente como Antonio Gramsci (embora sem conhecê-lo), Simone Weil postulava que todo homem é um intelectual, apesar das diferenças individuais. As ofici-

---

mone Weil avança ao encarecer a dimensão cognitiva do trabalho como requisito imprescindível do processo de desalienação.

149. *An Inquiry into the Nature and Causes of the Wealth of Nations*, 21ª impr. Chicago: University of Chicago Press, Encyclopædia Britannica Inc., 1977, p. 3.

nas seriam não só lugares de produção, mas principalmente de contínuo aprendizado e deveriam manter contato sistemático com as universidades populares, outro projeto que lembra a ação pedagógica de Gramsci junto aos operários de Turim.

O valor a ser realizado ao longo de todo o processo seria o enraizamento no próprio trabalho, direito que os operários, especialmente os já então numerosos migrantes, estavam perdendo à medida que a rotina da fábrica se tornava estranha à sua vida familiar e, com o tempo, à sua própria vida pessoal.

Simone Weil evoca o raro momento de euforia vivido por trabalhadores metalúrgicos, suas mulheres e filhos quando da ocupação das fábricas em 1936. Parecia romper-se então a barreira entre o lar e o lugar de trabalho. Leia-se a bela narração que ela faz da greve e da ocupação das fábricas pelos operários em junho de 1936.[150] Mas é com indignação que constata a violência infligida a adolescentes que se viam arrancados da escola, onde ainda eram alguém, para entrarem na fábrica de onde só sairiam à beira da velhice sem mais a esperança de uma existência livre e digna de ser vivida.

O que significaria a implantação de um regime socialista sem essa transformação objetiva e subjetiva da condição operária? Se a meta do regime for, acima de tudo, o aumento rápido da produção, o trabalho continuará alienante e servil. A burocracia partidária e o poder militar ditarão as ordens. A concentração industrial impedirá qualquer iniciativa técnica por parte dos operários especializados; quanto aos não qualificados, restará a obediência automática aos chefes de seção. Como nos regimes ditos liberais, a divisão do trabalho abafará a relação inteligente do sujeito com o seu objeto, o que é um dos sintomas persistentes da reificação.[151]

---

150. Em "A vida e a greve dos metalúrgicos", texto incluído na antologia *Simone Weil. A condição operária e outros estudos sobre a opressão*, cit., pp. 99-110. Para o conhecimento do itinerário existencial e político de Simone Weil, leia-se a introdução que Ecléa Bosi escreveu para a referida coletânea ("Simone Weil", pp. 21-73).

151. Simone Weil subscreveria estas palavras de Engels: "Como o fundamento da civilização é a exploração de uma classe por outra, todo o seu progresso se opera numa contradição permanente. Cada progresso da produção é, ao mesmo tempo, uma regressão na situação da classe oprimida, isto é, da grande maioria. Cada benefício para uns é necessariamente uma desgraça para outros; cada nova libertação de uma classe, uma nova opressão para uma outra classe. A prova mais eloquente disso é dada pela introdução da maquinaria, cujos efeitos hoje são mundialmente conhecidos" (*A origem da família, da propriedade privada e do Estado*. Trad. de Flávio Kothe, em *Marx/Engels*. Org. de Florestan Fernandes. São Paulo: Ática, 1983, p. 335).

PERMANÊNCIA DA "CONDIÇÃO OPERÁRIA"

Simone Weil faleceu na Inglaterra em 24 de agosto de 1943. No ano seguinte a vitória dos aliados sobre os nazistas já seria um fato. No mundo da indústria a condição do operariado acabaria sendo maquiada, aqui e ali, por raras políticas de participação nos lucros ou pela presença simbólica do trabalhador em alguns conselhos de empresa.

As leis trabalhistas regulamentadas depois da guerra foram enfeixadas em códigos visando à integração do operário nas social-democracias do Ocidente. Nos regimes de direita, um processo similar já estava sendo instaurado, junto com medidas de repressão aos movimentos de classe, situação típica das ditaduras de respaldo popular como as que regeram a Espanha de Franco, Portugal de Salazar e a Argentina de Perón. Nada alterou estruturalmente a divisão do trabalho e, com esta, as marcas objetivas e subjetivas que a classe imprime em cada um de seus indivíduos.

Passados os anos de implantação do Estado-Providência no Ocidente capitalista (entre 1940 e 1970, aproximadamente), uma política neoliberal avassaladora, aproveitando-se das novas tecnologias eletrônicas, agravou a dependência do trabalhador, agora temeroso de cair na massa anônima dos desempregados.

Não é difícil supor o que Simone Weil diria da condição operária em nossos tempos marcados pelas conquistas espantosas da automação misturadas com não menos espantosas recaídas nas malhas das grandes redes financeiras. Algumas de suas profecias realizam-se sob nossos olhos alarmados. Se a proporção dos trabalhadores industriais caiu em relação aos empregados em serviços e aos funcionários, alterando o quadro numérico das classes sociais, a clivagem política entre os que mandam e os que executam preservou uma desigualdade pungente na esfera da participação nos órgãos decisórios dentro e fora dos aparelhos estatais.

Procurando verificar o que permanece na descrição que Simone Weil fez da divisão do trabalho e suas consequências na vida e na mente do trabalhador, Thierry Pauchant, professor de Administração na École des Hautes Études Commerciales de Montréal, confirma, em grande parte, o diagnóstico sombrio feito há mais de meio século. A vontade de dominação persiste e, fiada em instrumentos cada vez mais poderosos, moldou a ideologia da necessária "agressividade" do produtor e do vendedor e da não menos indefectível "competitividade" introjetada em todos os níveis empresariais e burocráticos. Essa ideologia transformou-se em lugar-comum a partir da globalização dos mercados, que, em nome de uma produtividade supostamente ilimitada, desempregou ou precarizou milhões de ex-assalariados, situação peculiar de nossos dias que Simone Weil mal poderia prever nos anos 1930.

O autor exemplifica a dramaticidade do quadro com o que ocorria no Japão (o estudo é de 1998), isto é, o fenômeno do *karoshi*, a morte prematura devida a excesso de trabalho, então colocada em segundo lugar entre as causas de mortalidade masculina, representando 10% do total de falecimentos no país. As vozes contrárias a essa perversão economicista não são raras, mas continuam minoritárias e enfrentam a oposição sinuosa dos profissionais de *marketing*, que se limitam a maquiar com os cosméticos da literatura de autoajuda a pressão da concorrência que domina em toda parte.

O artigo de Pauchant é rico de informações sobre as numerosas medidas que peritos em gestão e planejamento têm apresentado no sentido de "racionalizar" ou "flexibilizar" cada vez mais a produção por meio de recursos informáticos; o que, pela sua complexidade, alarga cada vez mais a distância entre a mente do trabalhador e os instrumentos do seu trabalho, condição servil por excelência descrita com tanta precisão nas *Reflexões* de Simone Weil.[152]

Simone Weil, em face das esperanças de uma revolução socialista alimentadas por tantos de seus companheiros, advertia que *nenhuma mudança estrutural poderia ser levada a termo sem a conquista da dignidade intelectual e moral do trabalhador*. A modernização dos meios técnicos, sempre que desvinculada de uma verdadeira democratização da ciência e das humanidades (que não se confunde com o consumo atual das "mercadorias culturais"), tem servido, em primeiro lugar, aos donos e aos patrocinadores dos meios de comunicação de massa, ou seja, à indústria cultural.

A vulgarização que se diz científica inspirava à filósofa-militante o receio bem fundado de que apenas se venderiam fragmentos de resultados da ciência a consumidores fáceis de serem iludidos. A estes se subtrairiam os verdadeiros bens da inteligência, que são os modos de perceber os fenômenos e as vias de acesso à contemplação da natureza e ao conhecimento do ser humano. Na carta que escreveu a um operário altamente especializado, Robert Guihéneuf, que trabalhara por vários anos em fábricas soviéticas, Simone Weil detém-se nos riscos de uma vulgarização de superfície:

---

152. Cf. Thierry Pauchant, "Simone Weil et l'organisation actuelle du travail". *Cahiers Simone Weil*, Paris, tomo XXI, nºs 1-2, mar./jun. 1998, pp. 111-40. Uma análise da situação recente de trabalhadores em empresas nipo-brasileiras tecnologicamente de ponta encontra-se na tese de doutorado de Marcia Hespanhol Bernardo, *Discurso flexível, trabalho duro*. São Paulo: USP, Instituto de Psicologia, 2006.

"Eu sonho com uma vulgarização científica que consistiria em conseguir que os homens de cada ofício tomassem consciência dos procedimentos (*démarches*) que o seu espírito efetua no curso de seu trabalho, e, em seguida, fazê-los reencontrar idênticos procedimentos do espírito humano nos diversos domínios do conhecimento científico. Só então a ciência seria um patrimônio comum a todos os homens. [...] O leigo pode, se for curioso, conhecer resultados da atividade científica; o que lhe fica inexoravelmente inacessível são os métodos. Assim a vulgarização, em vez de formar o espírito, engendra a mais cega credulidade."[153]

A pensadora já então deplorava a entrega de "pacotes tecnológicos" ao trabalhador que lhe vedam o entendimento dos princípios científicos que regem a construção e o funcionamento das máquinas.

Do ponto de vista ideológico, já estariam penetrando nas classes médias e contaminando até mesmo lideranças sindicais e partidárias alguns pseudovalores da burguesia, como a religião do *status*, a paixão do dinheiro, a "cultura" desfrutada como posse e consumo de objetos, e não como luz que irradia; enfim, a competição em todos os níveis com toda a agressividade que envolve. Mais difícil seria a Simone Weil imaginar o grau de violência e de vulgaridade a que chegaria o processo todo, dada a diferença na ordem das grandezas que a separa de nosso tempo. Junto com os pacotes e as receitas de produção vinha e vem a ideologia burguesa da competitividade.

O diagnóstico é sombrio. Tampouco nos alivia o prognóstico, pois, para Simone Weil (em aberta oposição aos tecnocratas ocidentais ou soviéticos), o aumento da produção, meta suprema do desenvolvimento econômico, não gera, por si só, nenhuma alteração qualitativa na vida do operário, a não ser o agravamento da fadiga e da ansiedade, que o ganho de alguns tostões a mais no fim do mês não consegue compensar.

Até aqui, a contraideologia, o discurso da negatividade, a crítica do sistema. A terapêutica, que a tantos parecerá utópica, não pode ser compreendida fora do conhecimento da doutrina social e política elaborada por Simone Weil. Para entendê-la, é necessário ler com atenção o seu ensaio de maior fôlego, *Reflexões sobre as causas da liberdade e da opressão social*, redigido em 1934. Militante de organizações socialistas, ela sabe que o seu pensamento não parte do zero. Daí, a tarefa que se propôs, quase obsessiva, de enfrentar a doutrina marxista sempre com os olhos postos na superação da condição operária e, em última instância,

---

153. *Cahiers Simone Weil*, cit., p. 12.

dos males causados pela divisão do trabalho. O primeiro tópico relevante das *Reflexões* é, precisamente, "Crítica do marxismo".

UMA ANÁLISE DA OPRESSÃO

Marx já mostrara, como ninguém, os mecanismos do sistema industrial capitalista acionados pela e para a obtenção da mais-valia. Para Simone Weil, as dificuldades começam quando se compara *o que efetivamente aconteceu* com as previsões de Marx a respeito da saída, para ele fatal, desse regime econômico opressivo. Quando se deflagrou a primeira grande revolução socialista apoiada nas massas exploradas, os acontecimentos se deram inicialmente no âmbito de uma determinada nação, exigindo em pouco tempo um considerável reforço da produção industrial, inclusive de armas, pois o país precisou concorrer com o poderoso bloco formado pelas nações capitalistas, suas adversárias reais ou potenciais. Foi o que sucedeu na Rússia. Armando-se até os dentes a partir dos anos 1920, a indústria soviética precisou exercer uma pressão crescente sobre a massa dos trabalhadores aos quais a revolução prometera simplesmente entregar as rédeas do Estado sob a forma de ditadura do proletariado. Hoje essa constatação virou discurso trivial, mas na França de 1934 ela resultava de uma atitude intelectual corajosa tomada por uma militante prestes a engajar-se no trabalho fabril e alistar-se nas fileiras dos comunistas e anarquistas que combateriam na Espanha contra o golpe dos generais franquistas.

O marxismo ortodoxo, corrente naqueles anos de ascensão do estalinismo, acreditava que a libertação do operário e, por tabela, da humanidade correria ao mesmo passo que o desenvolvimento das forças produtivas. É precisamente essa crença que constitui o objeto de análise e de julgamento tratado nas *Reflexões*. O que entender por *forças produtivas*, cujo crescimento levaria à superação do capitalismo e da divisão da sociedade em classes? Filosoficamente, trata-se de uma transposição da tese hegeliana do desenvolvimento do Espírito para a concepção materialista da produção de bens como motor da história universal. Supõe-se que, eclodindo, em um certo momento, uma contradição entre o progresso das forças produtivas e as instituições sociais burguesas, a classe, antes dominada, irá apoderar-se dos aparelhos produtivos. Seria o triunfo revolucionário e o fim do regime capitalista. A tarefa das revoluções consistiria essencialmente na emancipação das forças produtivas, único modo de libertar os homens que nelas gastam toda a sua vida. Com a supressão da mais-valia, a sociedade, conduzida pela nova classe operária, eliminaria também a "degradante" (adjetivo usado por Marx) divisão entre trabalho intelectual dos que comandam e trabalho manual ou mecânico dos que obedecem e executam. Seria também o fim da especialização, que só o avanço das técnicas produtivas poderia acarretar, propiciando o tempo de estudo e de lazer para todos os trabalhadores. A cultura, assim alcançada, daria aos operários *a capacidade de administrar a produção*, tarefa que lhes tem sido negada pela divisão do trabalho intrinsecamente ligada à assimetria econômica e política vigente no sistema capitalista.

Exposta, em linhas gerais, a doutrina marxista relativa ao desenvolvimento das forças produtivas, Simone Weil formula a sua primeira dúvida: *Por que acreditar que as forças produtivas são suscetíveis de um desenvolvimento ilimitado?*

Descartando os postulados hegelianos da realização progressiva do Espírito, postos de cabeça para baixo pelo materialismo, resta uma expressão, "forças produtivas", que exige a análise aprofundada dos seus componentes internos. É o que faz a pensadora começando pelo *rendimento do trabalho*.

Poderá o trabalhador, graças às conquistas da tecnologia, poupar o esforço de gastar as energias do próprio corpo que seriam substituídas pelos movimentos da máquina? A tendência a economizar esforços individuais está diretamente ligada ao aproveitamento das fontes de energia que devem ser extraídas da natureza. São o carvão, o petróleo, o gás, a eletricidade e outras formas possíveis de energia (que Simone ainda não conhecia, mas entrevia para um futuro próximo) que permitem substituir o homem pela máquina. Nessa ordem de possibilidades, os socialistas trabalham com as mesmas projeções dos capitalistas, visto que todos almejam o aumento da produção com o menor desgaste possível do "capital humano". Mas ocorre que a natureza não nos dá de graça essas fontes energéticas. São os operários das minas e das usinas que precisam arrancá-las de seu estado bruto, e são os trabalhadores qualificados que operam os procedimentos de transformação que atuarão nas máquinas por mais automáticas que sejam.

As dificuldades não se esgotam só do lado do trabalho na sua luta pela apropriação das energias. Estas mesmas, na sua materialidade, não são ilimitadas. Simone toca em problemas que hoje, passados mais de setenta anos da redação das *Reflexões*, continuam vivos e ainda mais complexos, se considerarmos os efeitos planetários da poluição causada pelo uso indiscriminado dos combustíveis fósseis, particularmente do petróleo, bem como os riscos ambientais e estratégicos do uso da energia nuclear. As conclusões a que chegaram, desde os anos 1970, os ambientalistas de todo o mundo dão razão às perplexidades de Simone Weil em face do projeto marxista do *desenvolvimento máximo das forças produtivas*, ideal compartilhado, com oposta ideologia, pelo progressismo burguês.

Voltando ao seu tema candente, a condição operária, a pensadora concentra-se na *racionalização do trabalho*. Trata-se de uma conquista da economia capitalista que foi adotada, em grande parte, pelo sistema industrial soviético. Simone a analisa em detalhe. A racionalização aumentou a produção e reduziu o tempo de fabricação dos objetos. Caminhando para a automação (que começava lentamente na Europa dos anos 1930), chega-se ao impasse típico do sistema, que é a superprodução. O interesse dos gerentes das empresas passa a ser a redução das horas de funcionamento das fábricas e, ao mesmo tempo, o desestímulo à pesquisa de novas técnicas de produção, exceto aquelas que permitam a redução da mão de obra. O limite é, portanto, inerente ao sistema, que não pode aumentar indefinidamente a sua capacidade em face da dinâmica do mercado. Essas restrições econômicas à crença na panaceia da automação valem para o capitalismo e para o socialismo, que, na visão de Simone, se convertera na Rússia em um poderoso industrialismo estatal. São considerações que preparam o tópico central do ensaio, *a análise da opressão*.

Marx lhe serve, uma vez mais, de ponto de partida. A opressão, segundo a doutrina marxista, está ligada à extração da mais-valia e à onipotência da propriedade privada. Mas, comenta Simone Weil, essa realidade opressiva aparece, nos textos partidários, paradoxalmente como uma *denúncia moral* anticapitalista e uma *necessidade insuperável na fase de acumulação*. Sem acumulação não há reinvestimento na indústria. Sem reinvestimento não há aumento de produção. E sem a dura rotina a que é submetido o trabalhador, não há crescimento das forças produtivas; *logo a opressão é funcional..., por mais que suscite a indignação das esquerdas esclarecidas*. Cria-se um pesado conformismo, subproduto da religião da produtividade, que os revolucionários acabam abraçando quando chegam ao poder e se põem a comandar o processo econômico. A opressão continua sob novas formas, e a *ditadura do proletariado* passa a significar, de fato, a *ditadura sobre o proletariado* por parte dos tecnocratas instalados nas fábricas, nos partidos, no exército e em todas as instituições. Esfuma-se toda e qualquer veleidade democrática sob o peso da máquina social, a que Simone Weil chamava platonicamente o Grande Animal.

Recapitulando a história das formações econômicas, ela constata que a opressão social cresceu na proporção de sua complexidade. Uma economia primitiva, centrada na pura sobrevivência, resolve-se na luta contra obstáculos erguidos pelas forças naturais: o selvagem caça, pesca, colhe os frutos da estação; nessas operações, não precisa oprimir os demais membros da tribo, que estão ocupados igualmente em extrair do seu meio os alimentos e as fontes de calor para garantir o seu equilíbrio vital. O mesmo não ocorre quando o homem, por motivo de guerra ou de acidentes naturais, entra em um regime de desigualdade, torna-se senhor ou escravo, guerreiro ou homem desarmado e dependente. A opressão cresce como uma sombra à medida que as sociedades se complicam e a produção se intensifica e se reparte iniquamente entre os mandantes e os que foram submetidos à necessidade de executar. A realidade da dominação é, para Simone Weil, a causa universal da opressão, qualquer que seja o tipo de sociedade em que se exerça, não excluídos os regimes contemporâneos do capitalismo e do socialismo. A condição operária, em ambos, está sujeita aos mecanismos do poder, que é preciso conhecer a fundo se ainda nos sobra um fio de esperança de superá-los.

A divisão do trabalho é causa próxima da opressão, mas é necessário explicitar quais são as causas anteriores, e nessa busca a questão do poder aparece em primeiro plano. Simone Weil recorre aos exemplos clássicos da antropologia social: a guerra converte em escravos os vencidos, em senhores os vitoriosos. Na esfera religiosa institucional, os ritos, quando se multiplicam, tornam-se opacos, conferem poder aos sacerdotes e transformam os fiéis em súditos. Nas sociedades modernas, o aparelho estatal, o estrato militar, os estamentos judiciário e policial e, mais recentemente, os tecnocratas a serviço das empresas e do Estado detêm um poder quase absoluto sobre o trabalhador-cidadão inerme e leigo em matérias técnicas e científicas. O poder da medicina e, em particular, da psiquiatria poderia ser arrolado entre as formas contemporâneas de privilégio. O poder de denegrir, tantas vezes exercido irresponsavelmente pelos meios de comunicação de massa, entraria nesse triste elenco.

Há, pois, graus diversos de opressão social além da que sofre a classe operária, mas todas derivam de um princípio único, que é a apropriação dos controles por parte de um reduzido número de indivíduos e de instituições. A ideologia (burguesa e/ou tecnocrática) justifica e aceita passivamente as manobras que servem para proteger os espaços da classe hegemônica. E como todo poder é instável, não é de estranhar que, para defendê-lo, tanto os Estados capitalistas quanto os socialistas lancem mão periodicamente da força bruta.

"Assim Agamêmnon imolando sua filha renasceu nos capitalistas que, para manterem seus privilégios, aceitam levianamente guerras suscetíveis de lhes arrebatarem os filhos."[154]

A força do pensamento de Simone Weil está em examinar por dentro a complexidade não só econômica mas estruturalmente política da opressão.

No tópico "Quadro teórico de uma sociedade livre", define-se a liberdade como "uma relação entre o pensamento e a ação", e a escravidão como a impossibilidade de agir de acordo com a própria vontade e a própria mente. Dando exemplos-limite de ambas as condições, a pensadora ressalva que a maioria das

---

154. *A condição operária e outros estudos sobre a opressão*, cit., p. 310.

ações humanas ocorre entre esses extremos. Escravo das próprias necessidades seria o homem primitivo faminto e desabrigado, à mercê do acaso e das forças da natureza. Em outras situações: escravo era, na antiga Roma, o prisioneiro de guerra "perpetuamente voltado para as ordens de seu feitor armado de chicote", bem como "o operário moderno que trabalha na linha de montagem". Na outra ponta, seria teoricamente livre, por exemplo, um estudioso de Matemática que enfrentasse um problema de geometria contando tão só com o seu próprio julgamento para encontrar a exata solução.

Mas a vida em sociedade não se esgota evidentemente nem na obediência cega à máquina nem na liberdade abstrata de lidar com traços, letras e números sobre uma folha de papel. A liberdade idealizada pela filósofa é a que consegue desafiar os obstáculos materiais e sociais que se erguem em face da vontade humana. O seu realismo, porém, afasta toda ilusão a respeito das missões a serem projetadas pela mente livre, pois "seja qual for a situação, há margem para infinitos acasos, e as coisas fogem do nosso pensamento como fluidos que quiséssemos pegar com os dedos". Temos aqui, com outra filosofia de vida, uma variante da frase de Maquiavel: *metà virtù, metà fortuna*.

De todo modo, curvar-se aos fados seria render-se à ideologia que naturaliza a máquina social e paralisa as iniciativas do pensamento livre. Contra esse espírito de capitulação, Simone Weil propõe ao militante que tome consciência da "corrente de intermediários que unem os elementos de que ele é capaz aos resultados que ele quer obter". Trata-se de uma estratégia metódica facilitada pela "estabilidade relativa do organismo humano", mediador persistente em meio aos movimentos do universo, que Simone Weil chama "cegos", mas que talvez seja mais adequado classificar de indiferentes ao pensamento. A percepção dessa corrente de elos intermediários de um corpo-que-quer-e-pensa-e-age não elimina o acaso, mas, como o timoneiro que dispõe as velas e o leme do barco prevendo os torvelinhos do alto-mar, a inteligência pode reduzir a margem de risco que todo projeto comporta. Essa é a função dos meios (o corpo, a mente e seus instrumentos), e a liberdade seria rigorosamente impossível se o homem não lograsse buscá-los e dispô-los para os fins da ação concebida, em princípio, em sua vontade.

Assim, a contraideologia pensada por Simone Weil aproxima-se da esfera da utopia, no sentido estrito de imagem de um mundo diferente do que aí está, e afasta-se da acepção negativa que lhe dera Engels. Ela almeja estimular um exercício rigoroso do espírito a fim de liberar o trabalhador da esterilidade intelectual a que o reduz o sistema da grande indústria, apesar (ou em razão mesma) do progresso tecnológico. Nas suas palavras:

"Assim, se quisermos formar, de um modo puramente teórico, a concepção de uma sociedade em que a vida coletiva seria submetida aos homens considerados enquanto indivíduos, em lugar de submetê-los, é preciso ter em mente uma forma de vida material na qual só interviriam esforços exclusivamente dirigidos pelo pensamento claro, o que implicaria que cada trabalhador tivesse, ele próprio, de controlar, sem referir-se a nenhuma regra exterior, não só a adaptação de seus esforços à obra a ser produzida, mas também a sua coordenação com os esforços de todos os membros da coletividade. A técnica deveria ser de tal natureza que acionasse perpetuamente a reflexão metódica; a analogia entre as técnicas dos diferentes trabalhos deveria ser bastante estreita e a cultura técnica bastante extensa para que cada trabalhador fizesse uma ideia nítida de todas as especialidades.

"A coordenação deveria estabelecer-se de uma maneira suficientemente simples para que cada um tivesse sempre um conhecimento preciso no que concerne à cooperação dos trabalhadores bem como as trocas dos produtos; as coletividades não seriam nunca extensas a ponto de ultrapassar o alcance de um espírito humano; a comunidade dos interesses seria evidente o bastante para apagar as rivalidades, e como cada indivíduo seria capaz de controlar o conjunto da vida coletiva, esta seria sempre conforme à vontade geral. Os privilégios fundados na troca de produtos, os segredos da produção ou da coordenação dos trabalhos resultariam automaticamente abolidos. A função de coordenar não implicaria mais nenhum poder, pois um controle contínuo exercido por cada um tornaria impossível toda decisão arbitrária. [...] Cada um veria em cada companheiro de trabalho um outro ele mesmo colocado em um outro posto, e o amaria como o quer a máxima evangélica. Assim, se possuiria além da liberdade um bem ainda mais precioso; pois se nada é mais odioso do que a humilhação e o aviltamento do homem pelo homem, nada é tão belo nem tão doce quanto a amizade."[155]

Simone Weil lembra como inspiradores de seu ideal de trabalho — concebido pela inteligência e realizado fora da rotina opressora — os pensamentos que Goethe atribui a Fausto no final da sua trajetória,[156] assim como a obra de Rous-

---

155. *Oppression et liberté*. Paris: Gallimard, 1955, p. 132.
156. Ver adiante o tópico sobre o projeto fáustico, que recebeu interpretações divergentes. Simone identifica-se com a leitura libertadora, que não é mais hegemônica entre os estudiosos de Goethe.

seau, de Shelley e sobretudo de Tolstói, "que desenvolveu esse tema ao longo de toda a sua obra com um acento incomparável".[157]

De Proudhon ela cita esta frase, que resume toda a sua crença na nobreza do trabalho manual unido à capacidade de a mente humana penetrar a força e as formas da natureza: "O gênio do mais simples artífice supera tanto os materiais que ele explora quanto o espírito de um Newton prevalece sobre as esferas inertes cujas distâncias, massas e revoluções ele calcula".

A ARTE: AQUÉM E ALÉM DA IDEOLOGIA

A proposta que serve de fecho às *Reflexões sobre as causas da liberdade e da opressão social* dá o mote para abrir um discurso sobre o alcance da criação artística em uma sociedade ao mesmo tempo ferida e mal anestesiada pela ideologia burguesa: "*escapar ao contágio da loucura e da vertigem coletiva reatando, por cima do ídolo social, o pacto original do espírito com o universo*".

Na visão de Simone Weil, esse "pacto original do espírito com o universo" vem sendo honrado desde a aurora do pensamento ocidental a partir do momento em que os gregos criaram a poesia homérica, a cosmologia dialética de Heráclito, a ciência pitagórica, a geometria euclidiana, a tragédia, a filosofia dialógica de Sócrates e Platão.[158] Conhecimento e criação devem convergir no propósito comum de aproximar o sujeito e o objeto, a alma e as formas do mundo.

O que a civilização moderna acrescentou às conquistas helênicas foi a dignificação do trabalho como relação direta da mente e da mão humana com a matéria. Relação fundamental, que a pensadora desejaria preservar dos males da mecanização, que dissocia o espírito do trabalhador do objeto de sua arte e de seu esforço.

A ciência, diz ela em seu texto sobre o enraizamento, deve ser "o estudo da beleza do mundo". Ciência e arte, conhecimento e criação têm em comum precisamente a aliança do ser humano com o universo que o rodeia e que o penetra como energia e matéria, força e forma: ora peso que o empuxa para o reino da necessidade, ora graça que o faz ascender para o bem, o bem que Platão identificava com o belo.

Situando a criação nesse momento epifânico da relação do homem com o mundo, Simone Weil a subtraía das manobras ideológicas que se exercem quan-

---

157. Id., ibid., p. 141.
158. Ver *La source grecque*. Paris: Gallimard, 1953, que contém passagens de Homero, Heráclito, Sófocles e Platão traduzidas e comentadas por Simone Weil.

do o artista se rende aos jogos do prestígio, voltando as costas para o objeto da sua intuição e traindo a aliança que funda e dá sentido ao seu trabalho.

Só a energia da ação pensada alcança romper a dura crosta da reificação que obstrui a mente do opressor e do oprimido. A ação pensada é *o trabalho*, que não separa a inteligência e as mãos de quem o concebe e executa. O trabalho libertador é o do operário qualificado que ainda consegue ser o artífice do produto que a sua mão desenha e as máquinas fabricam. Para tanto, ele deve operar com plena consciência do seu desempenho e liberto da pressão dos que se arrogam o direito de pensar por ele comandando cada gesto da sua tarefa. A rigor, esse é o trabalho do artista.[159]

Lendo com atenção as reflexões que Simone Weil fez sobre o trabalho, vê-se que ela superou galhardamente o falso impasse entre materialismo e espiritualismo que inibe o pensamento sobre esse tema crucial. O caminho foi o do pleno reconhecimento das condições materiais do trabalho, a que ela chama *necessidade*, cujo sinônimo mais justo é *gravidade*: tudo o que tem peso e está submetido às leis naturais e às pressões econômicas. Em um dos seus *Cahiers*, ao lado da palavra *"TRAVAIL"*, Simone escreveu: *"Conformer le corps aux vrais rapports des choses"*, "conformar o corpo às verdadeiras relações entre as coisas".[160]

Mas, se o peso da necessidade fosse acachapante e nada concedesse à ação humana, ou, em outras palavras, se o determinismo da matéria e da economia fosse absoluto, o trabalho não teria sentido algum além da luta sem trégua pela sobrevivência do corpo. Não é assim, porém, quando o artífice, esse operário-artista, reflete enquanto realiza um objeto que, além da sua eventual utilidade, traz em si o selo desinteressado da beleza. A gravidade é então compensada (etimologicamente: *co-pesada*, *equi-librada*) pela *graça*, que alia o sentido de dom divino ao sentido humano de beleza leve, nascida antes da pura atenção e da

---

159. A palavra "artista", que se especializou no sentido de produtor de artes plásticas ou de ator teatral ou cinematográfico, denotava, até o começo do século xx, todo artífice, isto é, todo trabalhador habilitado nas artes manuais, no artesanato e nos ofícios em que se associavam técnicas tradicionais e gosto da invenção. Um bom alfaiate era um artista, assim como um hábil dourador, tipógrafo, encadernador, marceneiro etc.

160. Em *Œuvres complètes*, vi, *Cahiers*. Paris: Gallimard, 1997, p. 236. Podem-se rastrear nos cadernos de Simone Weil intuições luminosas sobre a espiritualidade do trabalho, que advém da atenção prestada ao objeto — o real — que é, ao mesmo tempo, apresentado aos sentidos e recriado pela mão e pela mente do trabalhador-artista. O trabalho benfeito requer uma combinação de objetividade e humildade pela qual "o tempo entra no corpo do artista", impõe-lhe limites físicos, mas lhe permite, dialeticamente, criar um novo objeto que irá transcender o tempo do relógio e do calendário. Pelo trabalho da arte, o externo se faz interno ao mesmo tempo que o interno se faz externo. No ato de formar conjugam-se a representação do objeto e a expressão do sujeito.

contemplação do que da tensa rigidez da vontade. A graça não suprime a necessidade (assim como a forma artística não suprime o material): cruza-a de ponta a ponta e nela descobre aquele ponto único, arquimédico, que permite à alavanca erguer o peso bruto das coisas do mundo. "Dai-me um ponto de apoio e eu levantarei o mundo!"

Como seu mestre Alain, Simone Weil admirava a arte que reconhece as formas, as dimensões e o peso do real, tudo o que a natureza apresenta como lei imanente: ritmo dos movimentos estelares, ritmo das estações que nunca deixam de voltar, ritmo da Terra em torno do Sol criando o dia e a noite, ritmo da Lua criando os meses e o ciclo das marés, ritmo interno do coração e dos órgãos que nos fazem respirar, alimentar-nos, velar, dormir, andar, parar... As artes recriam, cada uma a seu modo e com meios materiais diversos, os ritmos da matéria, do corpo, do cosmos misteriosamente vivo e em perpétuo movimento. Nesse trabalho sobre as próprias intuições o artista se coloca ora aquém das imposturas ideológicas, se a sua arte for espontânea como um canto popular, ora além delas, se a sua construção já foi penetrada pelo espírito crítico capaz de enfrentar os ídolos da caverna, do fórum e do mercado acusados por Bacon.

A inspiração platônica da estética de Simone Weil é transparente. A arte só se perfaz quando o espírito do seu criador consegue libertar-se da caverna das paixões imediatas ou da opressão do Grande Animal, figura do poder social que Platão imaginou no sexto livro da *República* (§ 493). Ambos os mitos evocam terríveis inimigos da liberdade que o artista deve combater, a cega brutalidade dos instintos e a força não menos cega da dominação política, sinônimo do que chamamos hoje, pejorativamente, de ideologia.[161]

O que Simone Weil admirava na épica de Homero era o livre e sereno distanciamento do poeta em face das paixões desencadeadas pela ambição do poder que opunha gregos a troianos. A *Ilíada* é o "poema da força", título de seu belo ensaio, porque mostra até que ponto um homem pode submeter outro reduzindo-o à condição de morto ou, o que é semelhante, à condição de escravo. No entanto, Homero é capaz de olhar com a mesma admiração e a mesma compaixão o compatriota e o inimigo, o grego e o troiano, pois "a distância é a alma do belo".[162] A força, sem a qual as guerras não se vencem (e faltara à épica o seu

---

161. O *Grande Animal* a que Sócrates se refere na *República* é figura da irracionalidade das multidões (diríamos hoje, a massa fascista), misto de preconceito e inveja, estupidez e violência. Os sofistas, mercenários da palavra, desejam agradá-la dando o nome de Bem àquilo que ela prefere, e de Mal ao que ela rejeita. Para o filósofo, quem adula a besta do poder elegeu a cegueira, evita a luz e ficará encerrado na caverna.

162. Simone Weil, *La pesanteur et la grâce*. Paris: Union Générale d'Éditions, 1969, p. 150.

objeto), não é exaltada tendenciosamente pelo primeiro dos poetas gregos. Descrita em seus movimentos com a nitidez da luz mediterrânea, a força não arrasta o cantor da *Ilíada* a desprezar o adversário; ao contrário, a sua generosa piedade pelos troianos vencidos nasce da extraordinária equidade que reina em todo o poema, virtude peculiar ao sentimento de proporção e harmonia que só o encanto pela beleza do universo poderia ter inspirado à arte grega.[163]

No mesmo texto, Simone Weil prolonga o discurso sobre a poesia antiga cobrindo com um olhar de admiração não só os grandes trágicos, Ésquilo e Sófocles, mas também os Evangelhos, que, segundo a sua leitura, estariam penetrados pelos mais puros valores da tradição grega:

"A tragédia ática, pelo menos a de Ésquilo e a de Sófocles, é a verdadeira continuação da epopeia. O pensamento da justiça a ilumina sem intervir nunca; a força aparece em sua fria dureza, sempre acompanhada pelos funestos efeitos aos quais não foge nem o que a usa nem o que a sofre; a humilhação da alma sob a coação não está nela nem disfarçada, nem envolta por piedade fácil, nem exposta ao desprezo; mais de um ser ferido pela degradação da desgraça é na tragédia oferecido à admiração. O Evangelho é a última e maravilhosa expressão do gênio grego, assim como a *Ilíada* é a primeira; o espírito da Grécia transparece nele não só no que aí se manda procurar — excluindo qualquer outro bem — 'o reino de justiça de nosso Pai celeste', mas também quando nele se expõe a miséria humana, sofrida por um ser divino ao mesmo tempo que humano."[164]

Complemento do ensaio sobre Homero é o texto dedicado a *Antígona*, figura por excelência da resistência ao arbítrio do estado tirânico. Lembro que essa leitura da tragédia de Sófocles foi publicada inicialmente na revista operária *Entre Nous*, em maio de 1936. Da sua experiência de ler junto às operárias Simone saiu com a convicção de que a tragédia grega lhes era mais acessível do que a literatura clássica francesa do século de Luís XIV entretecida de valores aristocráticos ou burgueses.

Mas — e esta é a nossa maior perplexidade — poderá o trabalho reatar, no mundo contemporâneo, o pacto do homem com a natureza, que é seu penhor de beleza e alegria?

---

163. Simone Weil, "A *Ilíada* ou o poema da força", em *A condição operária e outros estudos sobre a opressão*, cit., pp. 379-408.
164. Em *A condição operária e outros estudos sobre a opressão*, cit., p. 404.

Se o artesanato resiste marginalmente graças ao talento e à garra de artífices populares e de alguns artistas cultos diferenciados, persiste o trabalho mecanizado, "racionalizado", matéria-prima das reflexões da Simone operária metalúrgica nos anos 1930. Infelizmente ainda permanecem válidas as suas observações sobre a rotina infeliz de um sem-número de trabalhadores da indústria: "As condições mesmas do trabalho impedem que possam intervir outras motivações além do temor das represensões e da despedida, o desejo ávido de acumular vinténs e, em certa medida, o gosto dos recordes de velocidade".[165] O que é o lado avesso da figura do "operário-modelo".

Quanto à robotização intensa, que a pensadora não pôde conhecer, impôs-se a partir dos anos 1960 em numerosos sistemas de produção sem, por isso, ter eliminado alguns dos males crônicos da condição operária: distância cognitiva entre o trabalhador e as razões técnicas e científicas do seu trabalho: equivalência opressiva de tempo e dinheiro; obediência aos ritmos impostos pela empresa; perturbações de saúde causadas pelo ruído e pela competição interna no desempenho das tarefas. E do ponto de vista das relações de poder, subordinação estrutural do operário aos chefes de seção, aos engenheiros de produção e, em última instância, aos donos da fábrica.

O que pensaria Simone Weil do trabalho na era da informática e da microeletrônica? — é a pergunta que faz o melhor estudioso da sua obra em relação ao problema do trabalho, Robert Chenavier.[166] Só podemos responder por aproximações e conjeturas.

A diferença parece impor-se de modo inequívoco. Trabalhar é, para Simone Weil, reconhecer e enfrentar o peso do real, acolhendo animosamente as formas múltiplas da necessidade que a natureza nos apresenta na sua bela e soberba indiferença. Trabalhar é dar forma à matéria respeitando as suas propriedades, o que exige o descarte dos caprichos e da imaginação ociosa que dão as costas para a pura e dura necessidade. Como diria o narrador de *Grande sertão: veredas*: "Quem mói no aspro não fantaseia". Ora, o "trabalho" realizado pelos meios eletrônicos se exerce sobre *signos*, isto é, mediante números, cifras, letras, traços, pontos, abstrações dos dados da realidade natural e social a que se reportam pela via da substituição. Igualmente é ignorada pela cultura eletrônica a mestria manual e, em senso lato, corporal, exigida pelas artes do desenho, da pintura, da escultura, da gravura, da jardinagem, dos ofícios tradicionais e das variadas formas de artesanato. A internet pode levar ao extremo o vezo intemperante da curiosidade, que consiste em passar de um signo a outro, de uma imagem a ou-

---
165. Em *Œuvres complètes*, II, *Expérience de la vie d'usine*. Paris: Gallimard, 1991, p. 297.
166. Robert Chenavier, *Simone Weil: une philosophie du travail*. Paris: Du Cerf, 2001.

tra, de um fragmento de informação a outro sem que se faça necessário o exercício da atenção perseverante às coisas e aos seres humanos, que Simone Weil prezava como alta virtude da inteligência e do caráter.

No entanto, quer-me parecer que Simone Weil não deixaria de atribuir o justo valor à democratização da informação que, neste começo do terceiro milênio, cerca de 1 bilhão de usurários da internet procuram e obtêm mediante as enciclopédias gratuitas que as redes eletrônicas prodigalizam a seus pesquisadores. Há uma potencial tendência antimercado na prática inteligente do computador que estudiosos de peso como Yochai Benker vêm demonstrando em suas análises dos efeitos democratizantes da informática.[167] Sirvam de exemplo as novas respostas à espinhosa questão dos direitos de propriedade intelectual que têm limitado arbitrariamente a universalização do conhecimento.

De todo modo, o problema crucial da humanização do trabalho e pelo trabalho, quer braçal, quer manual, quer automatizado, está ainda longe de resolver-se na linha das exigências intelectuais e políticas concebidas por Simone Weil ao redigir o seu texto pungente sobre o desenraizamento operário.

SIMONE WEIL E GRAMSCI — CONVERGÊNCIAS E DIVERGÊNCIAS

Tempo de tensão ideológica máxima, o decênio que vai da crise mundial de 1929 à eclosão da Segunda Grande Guerra engendrou talvez o pensamento mais agudo que a cultura europeia jamais produziu em torno das relações entre poesia e política, arte e ideologia, teatro e revolução. Enquanto Gramsci anotava em seus cadernos de cárcere reflexões que tendiam a pôr em relevo a diferença de base que separa a arte (que quer *representar* o mundo) e a política (que quer *transformar* o mundo), Walter Benjamin esperava do teatro didático de Bertolt Brecht a produção de uma consciência que converteria o público hipnotizado por espetáculos de ilusão em operários capazes de pensar as razões da opressão capitalista.[168]

Mas é possível entrever, em meio a posições estéticas diversas, um fio conceitual comum, que propõe uma forma de arte aderente às coisas e aos homens e, ao mesmo tempo, distanciada do ponto de vista burguês que transforma os homens em coisas para melhor explorá-los e consumi-los.

Há uma poesia pura que se forma a partir de uma intuição iluminadora dos

---

167. Yochai Benker, *The Wealth of Networks. How social production transforms markets and freedom*. New Haven: Yale University Press, 2006.

168. Walter Benjamin, "Que és el teatro épico? Un estudio sobre Brecht", em *Tentativas sobre Brecht. Iluminaciones. Trad. e prólogo* de Jesús Aguirre. Madri: Taurus, 1975, pp. 15-40.

fenômenos. Nesse processo de revelação, o poema (como o considerava Croce) é um conhecimento auroral e se exprime *aquém dos discursos de persuasão*, portanto aquém da palavra movida pela retórica ideológica. É a poesia dos trovadores provençais, de Petrarca, de Villon, de Shakespeare, de Racine, dos metafísicos ingleses, de Goethe, de Hoelderlin, de Leopardi, de Mallarmé, de Valéry, os dois últimos intensamente lidos por Simone Weil. (Tivesse ela conhecido a poesia de Ungaretti, de Lorca, de Manuel Bandeira, de Jorge de Lima ou de Cecília Meireles!)

Mas há outra poesia que, pelas circunstâncias históricas em que foi gerada, teve de atravessar o pantanal das ideologias espalhadas por todos os cantos da vida em sociedade. Trata-se de uma palavra de resistência, saturada de pensamento crítico, não raro amargamente satírica ou paródica, ferina por necessidade e não por prazer, enfim, didática, mesmo quando lhe inspira desgosto a "heresia do ensino" que tanto aborrecia Baudelaire. Essa é a poesia entranhadamente política, contraideológica, que Benjamin admirava em algumas líricas ardidas de Brecht.[169]

É forçoso (e penoso) reconhecer também a existência de uma zona cinzenta ampla de intersecção entre literatura e os vários discursos ideológicos que coabitam na cultura contemporânea. A resistência é obra da intuição e da memória na lírica pura, ou, na outra ponta, é obra da consciência crítica feita sátira social. Em ambas a resistência dá-se menos por força de uma vontade tensa e rígida, determinada a vencer as trampas da ideologia, do que por uma abertura ao mundo da vida inerente à faculdade rara da atenção às coisas e aos homens que nos rodeiam; atenção que a sociedade do consumo e da concorrência nos rouba a cada momento. A arte, de todo modo, não deve ser obrigada a provar as suas razões, mas a revelar situações em que se mostrem e falem por si mesmos o bem e o mal, a verdade e a mentira, o belo e o feio, a liberdade e a opressão.

Gramsci e Simone Weil advertem, cada um a seu modo, que se torna um dever dos intelectuais socialistas preparar, pelo trabalho da mente e do corpo, as novas gerações de operários no sentido de que vejam e pensem a natureza e os mecanismos da indústria, alargando a sua consciência da realidade, primeiro passo para transformar a condição mesma do trabalho.

Pode-se constatar certa afinidade de ideais e valores quando se confronta a pedagogia de Simone Weil, particularmente no período em que trabalhou como metalúrgica, e as preocupações de Gramsci com a formação não só política, mas cultural e ética dos trabalhadores.

---

169. Walter Benjamin, "Comentarios a poemas de Brecht", em *Iluminaciones III*, pp. 71-102.

Certamente Simone Weil vibraria de entusiasmo se tivesse conhecido a militância intelectual do jovem Antonio Gramsci, que, aderindo à revolução de outubro de 1917, fundava nesse mesmo ano, em Turim, o Clube da Vida Moral, onde operários e estudantes liam, ao lado dos textos dos primeiros socialistas italianos, os *Pensamentos* estoicos de Marco Aurélio.

Nas páginas do jornal *Ordine Nuovo*, que Gramsci redigiu entre 1919 e 1920, encontramos a sua concepção das *comissões* e dos *conselhos de fábrica*, órgãos que facultariam aos operários a gestão da produção, o que implicava um conhecimento não só técnico mas político do sistema industrial. O objetivo era estimular o trabalhador a pensar as relações entre a economia e o poder de modo a permitir a criação de uma autêntica democracia operária, cujo embrião já se formaria no interior de cada fábrica. Nesse esquema seria necessária uma independência das comissões de fábrica em relação aos sindicatos; estes continuariam atendendo aos trabalhadores enquanto assalariados, mas não tinham envergadura nem instrumentos para formá-los enquanto administradores do sistema produtivo.[170]

O jovem Gramsci elaborava, naqueles mesmos anos, uma concepção ampla de cultura operária como autoconsciência, visão de mundo, incluindo a "contemplação e a criação da arte" e recusando a prática da vulgarização fragmentária que ainda vigorava nas chamadas universidades populares. Uma decidida contraideologia, tanto no plano político quanto no cultural, poderia concretizar-se no interior mesmo das unidades de produção:

"Não, o comunismo não obscurecerá a beleza e a graça: é preciso compreender o ímpeto com que os operários se sentem levados à contemplação da arte, à criação da arte, e como se sentem profundamente ofendidos na sua humanidade pelo fato de que a escravidão do salário e do trabalho os lança fora de um mundo que integra a vida do homem e a torna digna de ser vivida."[171]

---

170. O projeto das comissões de fábrica foi implementado com algum êxito na Fiat e em várias fábricas de Turim, suscitando ásperas polêmicas entre Gramsci e os bolchevistas ortodoxos, que preconizavam a primazia absoluta da ideia de partido. Ver, a propósito, Antonio Gramsci e Amadeo Bordiga, *Conselhos de fábrica*. Intr. de Alfonso Leonetti, prefs. de Carlos Nelson Coutinho e Maurício Tragtenberg. São Paulo: Brasiliense, 1981. A ascensão do fascismo truncou a experiência da democracia operária concebida por Gramsci. Para o entendimento de todo o processo, *Vita di Antonio Gramsci*, de Giuseppe Fiori (Bari: Laterza, 1966).

171. Texto extraído da *Cronaca* de 14 de junho de 1919, publicada em *Ordine Nuovo*, apud Gramsci, *Marxismo e letteratura*. Org. de Giuliano Manacorda. Roma: Riuniti, 1975, p. 89.

Aprofundando o conceito de cultura e aliando-o ao trabalho de formação da consciência operária, diz Gramsci:

"É mediante a crítica da civilização capitalista que se formou ou se está formando a consciência unitária do proletariado; e crítica quer dizer cultura, e não evolução espontânea e naturalista. Crítica quer dizer justamente aquela consciência do *eu* que Novalis dava como finalidade da cultura. *Eu* que se opõe aos outros, que se diferencia e, tendo criado para si um objetivo, julga os fatos e os acontecimentos não só em si e por si mas como valores de propulsão ou de repulsão. Conhecer a si mesmo, distinguir-se, sair fora do caos, ser um elemento de ordem, mas da própria ordem e da própria disciplina junto a um ideal. E isso não se pode obter se não se conhecem também os outros, a sua história, a sucessão dos esforços que eles fizeram para ser o que são, para criar a civilização que criaram e que queremos substituir pela nossa. Quer dizer: ter noções do que é a natureza e as suas leis para conhecer as leis que governam o espírito. E tudo aprender sem perder de vista a meta última que é melhor conhecer a si mesmo através dos outros, e os outros através de si mesmo.

"Se é verdade que a história universal é uma cadeia dos esforços que o homem fez para libertar-se tanto dos privilégios como dos preconceitos e idolatrias, não se compreende por que o proletariado, que um outro elo quer acrescentar àquela cadeia, não deva saber como e por que e de quem tenha sido precedido, e que fruto possa obter desse saber."[172]

Considerando que "todo homem é um intelectual", embora só uma exígua minoria exerça essa função, Gramsci preconizava a formação de um novo tipo de intelectual-militante que não se confundisse nem com os técnicos e os administradores "orgânicos" da classe econômica dominante, nem com os intelectuais "tradicionais", sucessores do estamento eclesiástico.[173]

As diferenças entre os dois tipos são objetivas e subjetivas.

Objetivas, porque trabalham em esferas econômicas diferentes: os orgânicos são esteios práticos do capitalismo (empresarial ou estatal), ao passo que os tradicionais ocupam funções culturais, em geral educacionais, leigas ou religiosas, e em algumas áreas da burocracia não estruturalmente presas aos interesses

---

172. Em *Marxismo e letteratura*, cit., p. 93.
173. A distinção gramsciana entre intelectuais orgânicos e tradicionais está formulada nos *Cadernos do cárcere*. Trad. de Carlos Nelson Coutinho. Rio de Janeiro: Civilização Brasileira, 2000, vol. 2, pp. 12-53.

econômicos. (Supõe-se que a equação *cultura = mercadoria* não estivesse formulada, no período entre guerras, com a crueza da atual sociedade de consumo.)

Subjetivas, enquanto os intelectuais orgânicos estão ajustados às relações de dependência que a sua ação pública entretém com algum setor do sistema capitalista, ao passo que os tradicionais, cuja formação se deve tantas vezes a ideais e a formas produzidas em um passado não raro distante, se creem independentes, praticando mentalmente o que Gramsci chama "autoposição".

Nos *Cadernos do cárcere* há notações específicas sobre a ideologia pragmática dos orgânicos, que nada mais são do que variantes (papéis-carbono) dos valores burgueses. Quanto às sub-ideologias dos intelectuais tradicionais, dependem de correntes de cultura diversificadas, ainda atuantes nas universidades públicas ou nos seminários religiosos, e que frequentemente se exprimem mediante uma linguagem humanista e idealista. Gramsci estava também atento à retórica dos jornais e das revistas de cultura ou de massa, pois entrevia no jornalista uma das encarnações mais visíveis do intelectual contemporâneo, quer orgânico, quer tradicional.

Não se devem ignorar as diferenças que separam a concepção política de Gramsci dos ideais anarquistas (e, nos últimos anos, virtualmente cristãos) de Simone Weil. O que não nos impede de constatar uma convergência de ambos no projeto de formação de uma consciência operária e do conhecimento da natureza, da história e da técnica, sem o que a tomada do poder político não eliminaria a condição oprimida do trabalhador.

Preparar *por dentro* o operário para entender e controlar o processo de produção e conectá-lo com as mais variadas formas da cultura científica e humanística — era a tarefa que Gramsci e Simone Weil se propunham quando se acercavam do mundo do trabalho.

Para a realização desse projeto, a especialização crescente requerida pelas novas técnicas de produção era um sério entrave que, não podendo ser materialmente removido, deveria ser pensado e teoricamente superado. Vimos como Simone Weil aprofundava a noção de trabalho situando-a no centro vivo de sua reflexão libertadora. Gramsci é também sensível a esse tema-chave e procura enfrentá-lo em conexão com seus projetos de reforma pedagógica.

Sem negar a validade das experiências de escola ativa e participante, Gramsci, como Simone Weil, encarece a necessidade da concentração do aluno, até o eventual limite do cansaço, no processo de aprendizado das disciplinas do ensino fundamental: leitura, escrita, aritmética, geometria, história, geografia e instrução cívica (conhecimento dos "direitos e deveres"). A ideia de uma pedagogia que não desdenhe as exigências de uma compostura corporal e moral está presente em ambos, e o seu horizonte é a formação rigorosa do futuro intelectual militante, que deverá saber coordenar ações difíceis ou cumpri-las com responsabilidade e exatidão. Lembro que ambos foram aplicados estudantes de grego e latim no período áureo da filologia clássica. Mas o pensador italiano avalia à luz de uma perspectiva moderna e democrática também o fim do ensino obrigatório das línguas clássicas ministrado aos adolescentes na escola média tradicional:

> "Será necessário substituir o latim e o grego como fulcro da escola formativa, e essa substituição será feita; mas não será fácil dispor a nova matéria ou a nova série de matérias numa ordem didática que dê resultados equivalentes no que toca à educação e à formação geral da personalidade, partindo da criança até chegar aos umbrais da escolha profissional. De fato, nesse período, o estudo ou a maior parte dele deve ser (ou assim aparecer aos discentes) desinteressado, ou seja, não deve ter finalidades práticas imediatas ou muito imediatas, deve ser formativo ainda que instrutivo, isto é, rico de noções concretas."[174]

Gramsci se mostra apreensivo ao constatar a multiplicação de escolas estreitamente profissionais, que forçam o jovem trabalhador a uma especialização precoce, travando ou mesmo abolindo todo projeto de formação científica e humanística, alicerce de uma cultura cidadã:

> "Na escola atual, em função da crise profunda da tradição cultural e da concepção da vida e do homem, verifica-se um processo de progressiva degenerescência: as escolas de tipo profissional, isto é, preocupadas em satisfazer interesses práticos imediatos, predominam sobre a escola formativa, imediatamente desinteressada. O aspecto mais paradoxal reside em que esse novo tipo de escola aparece e é louvado como democrático, quando, na realidade, não só é destinado a perpetuar as diferenças sociais, como ainda a cristalizá-las em formas chinesas. [...] A marca social é dada pelo fato de que cada grupo social tem um tipo de escola próprio, destinado a perpetuar nesses estratos uma determinada função tradicional, dirigente ou instrumental. Se se quer destruir essa trama, portanto, deve-se não multiplicar e hierarquizar os tipos de escola profissional, mas criar um tipo único de escola preparatória (primária-média) que conduza o jovem até os umbrais da escolha profissional, formando-o, durante esse meio-tempo, como pessoa capaz de pensar, de estudar, de dirigir ou de controlar quem dirige."[175]

---

174. *Cadernos do cárcere*, cit., vol. 2, p. 49.
175. Id., ibid.

O fecho dessa longa seção dos *Cadernos*, redigida em 1932, é exemplar como projeto cultural e político de propiciar o amadurecimento de uma contraideologia coerente na personalidade do trabalhador desalienado:
"O modo de ser do *novo intelectual* não pode mais consistir na eloquência, motor exterior e momentâneo dos afetos e das paixões, mas numa inserção ativa na vida prática, como construtor, organizador, persuasor permanentemente", já que não mais apenas orador puro — mas superior ao espírito matemático abstrato; da técnica-trabalho, ele deveria chegar à técnica-ciência e à concepção humanista histórica, sem a qual permanece "especialista" e não se torna "dirigente" (especialista + político).[176]

Ambos almejavam ardentemente converter-se em *intelectuais orgânicos da classe operária*. A militância junto aos sindicatos e, no caso de Gramsci, também junto ao partido, dava-lhes condições efetivas para exercer esse papel, que, no entanto, lhes foi negado. Cárcere, doença e morte precoce atingiram ora um, ora outro, truncando-lhes a vida e a obra.

A sua influência na cultura de esquerda deu-se depois da guerra. E a diferença de opções políticas repercutiu no alcance de suas propostas.

A leitura dos *Cadernos do cárcere* de Gramsci renovou por dentro o pensamento e a ação dos partidos socialistas e comunistas não só italianos, mas europeus. A sua presença junto às esquerdas latino-americanas deu-se, a partir dos anos 1970, nas reflexões sobre cultura, vida intelectual, educação e, mais fundamente, teoria política.

A obra de Simone Weil, também publicada postumamente (em parte graças à admiração que lhe votava Albert Camus), foi assimilada por grupos ligados ao cristianismo de esquerda e, de forma esparsa, por intelectuais progressistas abertamente antiestalinistas. Dada a riqueza seminal do seu pensamento, adotam-na como fonte de inspiração estudiosos de áreas diversas, que vão da psicologia social à teologia, da sociologia do trabalho à história oral testemunhada por homens e mulheres pertencentes às classes subalternas.[177]

---

176. Id., ibid., p. 56. Grifos meus, com retoques na tradução. Reconhecem-se nessa passagem o espírito e a letra dos textos sobre ética e política em que Benedetto Croce vincula o discurso político a um empenho maduro na vida prática que supera a projeção imediata dos sentimentos. Em Simone Weil entrevê-se o discurso ético rigoroso de Alain, que igualmente encarecia a via do trabalho metódico e do autodomínio para realizar projetos intelectuais ou políticos. Mas para além da influência de Croce ou de Alain, o que movia Gramsci e Simone Weil era uma paixão libertadora da classe operária que não transparecia em seus respectivos mestres.

177. Uma ampla informação sobre a presença de Simone Weil na França e em vários outros países pode ser obtida pela leitura dos *Cahiers Simone Weil*, que vêm sendo publicados regularmente desde junho de 1978. Sobre a recepção brasileira, ver particularmente os números de dezembro de 1992 e março de 2005.

FORMAÇÕES CONTRAIDEOLÓGICAS — A PESQUISA CIENTÍFICA, A AUTORREFLEXIVIDADE, O PENSAMENTO ENRAIZADO NO TRABALHO, A RELIGIÃO DESALIENANTE, A ARTE, A CULTURA DE RESISTÊNCIA

CIÊNCIA E IDEOLOGIA

> *A projeção do desejo, sem o qual não há pesquisa, não é incompatível com as refutações impostas pelo princípio de realidade; o conhecimento (até mesmo o conhecimento histórico) é possível.*
>
> Carlo Ginzburg

É possível escapar das redes que as ideologias lançam continuamente sobre e entre os membros de uma sociedade, não excluídos os seus intelectuais?

Se remontarmos à pré-história do conceito de ideologia, cujos principais pensadores foram mencionados na parte inicial deste ensaio, damo-nos conta de que o pensamento crítico moderno a partir da Renascença já distinguia os argumentos interesseiros da procura franca da verdade, matriz da ciência e de uma ética destemerosa.

O ato de acusar os desvios de uma rota considerada certa e justa supõe que a consciência do observador esteja empenhada em discriminar o falso do verdadeiro, a mentira da sinceridade, a independência moral do servilismo. Assim, a história do conceito de ideologia como distorção do real acompanha como uma sombra a história das teorias que buscam a luz de uma verdade rente à natureza e à história dos homens. Os perseguidores de Galileu eram portadores de ideologias obscurantistas ainda predominantes nos Seiscentos, mas a teoria físico--matemática do gênio toscano que criou um novo paradigma para as ciências da natureza sobreviveu por séculos, representando a força de um pensamento que, para ser coerente consigo mesmo, devia ser inicialmente contraideológico.

Embora sempre se possam manipular os dados da ciência em função de interesses políticos ou econômicos, mantém-se teoricamente a distinção entre as pesquisas puras dos cientistas e o uso que delas fazem os donos do poder.[178]

Sabemos que nas ciências sociais é difícil fazer o corte nítido entre os discursos do historiador, do sociólogo, do antropólogo, do cientista político ou do economista e os interesses de classe que podem penetrar, voluntária ou involuntariamente, nos seus juízos de realidade e, mais ainda, nos seus juízos de valor. A história das ideias sobre a sociedade, o Estado e o mercado, para ficar em grandes temas, ilustra melancolicamente a porosidade das teorias políticas e econômicas em relação às forças em presença. Daí, a necessidade de uma constante revisão crítica das ideias (das ideologias). Como fazê-la?

A tradição racionalista se propõe submeter sistematicamente os dados empíricos a teorizações de cunho matemático ou lógico, julgando assim fazer um exercício de higiene intelectual suficiente para clarear o terreno e desbastá-lo dos *idola* denunciados por Bacon, isto é, dos preconceitos, das generalizações precipitadas, das frases feitas etc. Os ídolos seriam expulsos pela razão como as trevas do erro são espancadas pelas luzes da verdade.

A história das teorias científicas dá luminosos exemplos de busca da verdade, no sentido pregnante de adequação do discurso às várias dimensões do real. Essa procura é motivada por um interesse explícito, que é a paixão do conhecimento. *Sapere aude*, ousa saber, é o lema kantiano. O discurso ideológico, ao contrário, esconde (ou ignora) as suas intenções particularistas e a sua vontade de poder enquanto se esforça para convencer o interlocutor da veracidade das suas afirmações. A diferença entre a motivação transparente e a motivação ocultada leva à probabilidade de uma resistência à ideologia por parte da pesquisa científica, desde que voltada exclusivamente para os fenômenos e sem outro interesse que não seja a livre e honesta investigação do real.

Contra pseudoverdades estabelecidas havia milênios Copérnico, Kepler, Descartes, Galileu, Newton, Laplace, Darwin, Mendel, Marx, Pasteur, Freud e Einstein operaram verdadeiras revoluções no conhecimento do universo, da matéria, da vida, da sociedade, da psique humana. Na esteira desses e de outros

---

178. Na última obra sistemática do filósofo Giörgy Lukács, *Ontologia do ser social*, ganha relevo precisamente a denúncia do processo de manipulação. Alguns dos valores respeitados da modernidade, como a confiança na idoneidade da ciência e o culto da liberdade, podem ser usados para legitimar intervenções violentas nos ecossistemas, no equilíbrio moral do ser humano ou no cotidiano de povos inteiros.

desbravadores, quantos milhares de pesquisadores (alguns sem nome para os pósteros) continuaram perscrutando o "grande mar do ser" de que nos fala Dante! De que modo o fizeram?

Olhando sem prejulgar, pois às vezes basta a ação de ir ver *in loco* um objeto para dissipar erros contumazes advindos de juízos apressados; coletando o maior número possível de dados; analisando os resultados de observações reiteradas; experimentando múltiplas situações pertinentes aos mesmos fenômenos e às suas ocorrências; verificando se há constantes; nada concluindo precipitadamente; inferindo hipóteses relacionais, quando alguma conexão entre os dados parecer significativa; testando-as numerosas vezes; considerando provisórios os resultados dos experimentos ou de cálculos; enfim, pedra de toque da lisura dos procedimentos, garantindo a revisão periódica dos conceitos em vista de sua eventual autocorreção; e só então, buscando alcançar o alvo supremo de toda teoria científica: *prever* a ocorrência de eventos na base da interpretação do que já aconteceu ou está acontecendo.

É provável que o pesquisador que cumprir honestamente todo esse processo consiga escapar das malhas das *idées reçues*. Sua capacidade de conferir as próprias hipóteses reimergindo na riqueza dos fenômenos o tornará menos vulnerável às pressões que sofre a produção científica. Galileu rendeu-se publicamente a seus inquisidores, mas a frase que teria proferido entre dentes no final do processo de abjuração a que foi submetido — "*Eppur si muove*" [No entanto, (a Terra) se move] — legou à posteridade a certeza de que a sua consciência de cientista jamais capitulou.

Volto, porém, à expressão restritiva que abre o parágrafo anterior: *é provável*. Por que provável e não absolutamente certo? Porque nem sempre o cientista é de todo imune a pressões econômicas, políticas e (por que não?) psicológicas que podem levá-lo a aceitar o uso de conquistas científicas para fins alheios à pesquisa pura.

Na passagem da ciência à tecnologia, e sobretudo desta à tecnocracia, opera-se o trânsito da esfera do conhecimento para a esfera dos poderes econômicos e políticos. Foi o que aconteceu com os avanços da biotecnologia, e foi o que aconteceu quando a teoria atômica foi manipulada pela tecnologia nuclear e usada para fins bélicos. Que Hiroshima e Nagasaki não saiam de nossa memória. Foi o que aconteceu com a química aplicada à "guerra suja" do Vietnã. É o que pode acontecer com as conquistas da genética se intervierem no cerne do organismo humano sem se valerem das luzes de uma consciência ética humanista.

O chamado modelo fáustico de desenvolvimento, que justifica violências e minimiza os seus riscos alegando o "preço do progresso", é a expressão mesma dessa ambição tecnocrática que desrespeita a natureza e o ser humano. Mas ainda aqui é justo e necessário que se mantenha firme a distinção entre a busca do conhecimento e os abusos que a ideologia pseudoprogressista (liberal ou estatal) vem cometendo quando se aproveita de resultados obtidos por cientistas probos e amigos da paz.

Como a tecnologia, enquanto puro instrumento, não dispõe em si mesma de uma autoconsciência ética que a faça distinguir entre valores e desvalores, torna-se imperioso que a sua condução seja feita no contexto de uma práxis humanizadora. Lutar para que ciência e ética se conjuguem é o desafio enfrentado hoje pelos ambientalistas e pelos defensores dos direitos de cidadania.

Sair do labirinto das ideologias fáusticas não é tento ao alcance do cientista que trabalha isoladamente. Um projeto de dimensões sociais e ambientais deve norteá-lo e aproximá-lo de outros pesquisadores que, como ele, resistam às manobras dos donos do mercado, não excluídos os financiadores dos seus trabalhos. Já é chegado o momento, e esperemos não seja tardio, de empreender pesquisas interdisciplinares nos vários campos das ciências físicas, biológicas e sociais com vistas ao que se tem chamado, nos dois últimos decênios, *desenvolvimento sustentável*.[179] Para tanto é preciso sondar a vigência de um nexo legítimo entre interesse e conhecimento.

INTERESSE E CONHECIMENTO: REATANDO LAÇOS

A relação entre interesse e conhecimento pode ser conotada pejorativa ou favoravelmente.

No primeiro caso, estamos rigorosamente no âmbito da crítica da ideologia tal como se formulou na *Ideologia alemã*. O interesse do capital visa ao poder e ao lucro. A sua ação sobre o conhecimento é suspeita, pois vontades particulares e exclusivistas ocultam a realidade e lhe dão máscaras de verdade universal. O processo é aqui não só interessado, mas interesseiro. O verdadeiro conhecimento precisaria, em princípio, da crítica das ideologias dominantes.

Há, porém, uma alternativa favorável ao nexo de interesse e conhecimento. A hipótese é proposta por Jürgen Habermas no quadro de uma interação virtuosa entre prática e teoria. No mesmo discurso da *Ideologia alemã* Marx e Engels pretendem superar o velho e inerte materialismo substancialista em nome de um

---

179. A bibliografia sobre o tema do desenvolvimento sustentável já conta, entre nós, com as reflexões esclarecedoras de Ignacy Sachs, Celso Furtado e José Eli da Veiga. Ver, em particular, a antologia de escritos de Ignacy Sachs, *Rumo à ecossocioeconomia. Teoria e prática do desenvolvimento*. Org. de Paulo Freire Vieira. São Paulo: Cortez, 2007.

pensamento dialético que tenha como prioridade a prática social, a *práxis*. Sem esta não haverá consciência transformadora da sociedade. O interesse não será mais, portanto, uma vontade parcial e falseadora, mas idônea orientação do saber com vistas à emancipação do sujeito e à consecução de uma intersubjetividade verdadeiramente humana, isenta de dominação. Os conceitos habermasianos de teor intersubjetivo — *comunicação* e *interação* — são articulados como alternativas à *racionalização* weberiana, que inclui a modernização tecnocapitalista e a legitimação política das classes dominantes.

Habermas polemiza com o conformismo pseudorrealista da ideologia tecnocrática que subestima os valores da autoconsciência, da dignidade pessoal e da justiça, e os tacha paradoxalmente de "ideologias" ou de intrusões subjetivas, invertendo e pervertendo o sentido marxista do termo.

A luta desse último paladino da Escola de Frankfurt chega até mesmo a entrever em algumas tendências do próprio marxismo ortodoxo uma sobrevalorização do trabalho industrial, logo instrumental, em detrimento da autorreflexividade crítica e emancipadora. O chamado marxismo vulgar, especialmente na sua versão economicista hegemônica na União Soviética sob o estalinismo, tomou o trabalho instrumental, típico do capitalismo, como

> "paradigma que permite produzir todas as categorias; tudo é absorvido no movimento próprio (*Selbstbewegung*) da produção. É essa também a razão pela qual a intuição genial do laço dialético existente entre as forças produtivas e as relações de produção, pôde, de um só golpe, tornar-se facilmente objeto de uma falsa interpretação de ordem mecanicista".[180]

Em seguida, Habermas condensa a sua crítica à "singular desproporção entre a práxis da pesquisa e a autocompreensão filosófica restrita dessa mesma pesquisa" — desproporção que deriva da ênfase unilateral, posta pelo materialismo produtivista, no *trabalho* como processo suficiente de autoconstrução do gênero humano:

> "O fundamento filosófico desse materialismo se demonstra insuficiente para estabelecer uma autorreflexão fenomenológica sem reservas do conhe-

---

180. Habermas, *La technique et la science comme "idéologie"*. Paris: Gallimard, 1973, p. 210. A argumentação formulada nesse conjunto de ensaios seria desenvolvida amplamente em *Conhecimento e interesse*, que cito na versão italiana, *Conoscenza e interesse*, 3ª ed. Trad. de Enrico Rusconi. Bari: Laterza, 1983, especialmente no capítulo III, "Crítica como unidade de conhecimento e interesse", que serve de base às citações seguintes.

cimento e, portanto, insuficiente para prevenir a redução positivista da teoria do conhecimento. Do ponto de vista imanente, a causa acha-se, no meu parecer, na *redução do ato de autoprodução do gênero humano ao trabalho*. Na sua empostação a teoria marxiana da sociedade acolhe, ao lado das forças produtivas, nas quais se sedimenta o agir instrumental, também o quadro institucional, as relações de produção; não subtrai à práxis [isto é, *não considera como independentes do trabalho*] a conexão da interação simbolicamente mediada, nem o papel da tradição cultural, a partir da qual somente se podem compreender domínio e ideologia. Entretanto, esse aspecto da práxis não entra no [*seu*] sistema de referência filosófico. Justamente nessa dimensão, que não coincide com as mensurações do agir instrumental, move-se, porém, a experiência fenomenológica — nela se apresentam as formas da consciência fenomênica que Marx chama de ideologias; nela se dissolvem as reificações sob o poder silencioso de uma reflexão à qual Marx restitui o nome kantiano de crítica.

"Cria-se desse modo na obra de Marx uma singular desproporção entre a práxis da pesquisa e a autocompreensão filosófica imanente a essa pesquisa. Nas suas análises materiais Marx concebe a história do gênero humano com as categorias da atividade material *e* da superação crítica das ideologias, do agir instrumental *e* da práxis revolucionária, do trabalho *e* da reflexão juntamente; mas Marx interpreta o *homem-que-faz* no interior do esquema mais limitado de uma autoconstituição do gênero humano tão só mediante o trabalho."[181]

No texto *Introdução a uma crítica da Economia Política*, publicado postumamente por Kautsky em 1903, Marx considera uma "tautologia" (o que não significa erro, mas mera repetição retórica) a generalidade segundo a qual "um povo atinge o apogeu de sua produção no momento em que alcança em geral seu apogeu histórico".[182] Endossando essa proposição, Marx afirma em seguida: "Efetivamente, um povo se encontra em seu apogeu industrial enquanto o principal para ele não seja o ganho, mas o processo de ganhar. Nesse sentido, os ianques superam os ingleses". O *processo de ganhar* na sociedade capitalista é o efeito direto do seu modo de produção.

O que Habermas considera problemático no discurso de Marx é precisamente o engendramento da práxis, como atividade crítico-revolucionária, a partir da efetivação intensiva e extensiva da produtividade, isto é, do trabalho instrumental,

---

181. Id., ibid., p. 45.
182. Em Marx, *A ideologia alemã e outros escritos*. Primeira parte (sel. de Octavio Ianni). Rio de Janeiro: Zahar, 1965, p. 115.

por parte de sujeitos expropriados e estruturalmente alienados que constituem a massa dos trabalhadores industriais. "Nas relações entre um ator e um mundo de objetos perceptíveis e manipuláveis, só se leva em consideração uma racionalidade cognitivo-instrumental; e dessa racionalidade com respeito a fins não nasce o poder unificador da razão, representado agora como práxis emancipadora."[183]

Haveria, portanto, no marxismo uma "oscilação" no que diz respeito aos efeitos da produtividade, oscilação que tem a ver com a compreensão mesma da gênese e do sentido da práxis.

"A *avaliação das forças produtivas*, consequentemente, oscila de um extremo ao outro. Uns saúdam o desdobramento das forças produtivas, sobretudo o progresso técnico-científico, como força motriz da racionalização social. Esperam que as instituições reguladoras da distribuição do poder social e do acesso diferencial aos meios de produção sejam, por sua vez, revolucionadas sob a pressão racionalizadora das forças produtivas. Outros desconfiam de uma racionalidade da dominação da natureza que se confunde com a irracionalidade da dominação de classes. Ciência e técnica que para Marx eram ainda um potencial inequívoco de emancipação, tornam-se para Lukács, Bloch ou Marcuse um *medium* tanto mais eficaz de repressão social. Interpretações a tal ponto antitéticas são possíveis porque Marx não prestou contas de como a racionalidade palpável da atividade dirigida a fins se comporta em relação à racionalidade da atividade autônoma, que ele reivindica intuitivamente — isto é, a racionalidade de uma práxis social da qual se tem meramente uma noção na imagem da associação de produtores livres."[184]

O impasse não se resolve, daí a forma de pergunta em que desemboca o discurso problemático de Habermas: "Nesse caso, o que pode ela [a filosofia da práxis] opor à razão instrumental de uma racionalidade com respeito a fins, dilatada em totalidade social, se tem de entender a si mesma, segundo o materialismo, como componente e resultado desse contexto reificado — [e] se a coerção para a objetivação penetra no âmago da própria razão que critica?".[185]

---

183. Habermas, *O discurso filosófico da modernidade*. São Paulo: Martins Fontes, 2000, p. 93.
184. Id., ibid., p. 94.
185. Id., ibid., p. 96.

O desígnio de Habermas, em *Conhecimento e interesse*, é evitar a redução da fecunda ideia marxista de *prática* à pura categoria de trabalho social instrumental; e avançar em direção às categorias emancipadoras de autorreflexividade das ciências humanas e do agir comunicativo. Entre suas balizas recupera contribuições conceituais de Kant, Fichte, Hegel, Dilthey e Freud. Não é o caso de recapitulá-las todas aqui, bastando pontuar algumas passagens significativas.

Na *Crítica da razão prática* Kant afirma que "a todas as faculdades da alma pode-se atribuir um interesse, isto é, um princípio que contém a condição com a qual somente o seu exercício é promovido".[186]

O fato de todo interesse ser, em última instância, imantado para a ação, isto é, prático, permite que também o interesse-pelo-valor-conhecimento se perfaça validamente na medida em que a intenção do sujeito seja guiar-se tanto no plano das condutas justas como no da procura da verdade.

A pergunta kantiana — *o que posso esperar?* — é ao mesmo tempo prática e especulativa, ao passo que das outras duas, uma é só especulativa — *o que posso conhecer?* — e a outra é só prática — *o que posso fazer?*

"O princípio da esperança" — comenta Habermas — "determina a intenção prática pela qual é chamada em causa a razão especulativa."[187] De todo modo, persistiria em Kant a dualidade de razão prática e razão especulativa.

Fichte avançou no sentido de conceder o primado à razão prática. O *Eu*, dotado da qualidade moral de uma livre vontade de emancipação, eleva-se à intuição intelectual. A relação entre prática e teoria se trava assim em termos idealistas. O *Eu* absoluto e autônomo quer e, *enquanto quer*, conhece as razões do real que ele mesmo estabeleceu: esse é o seu interesse permanente. Em um passo célebre, que deveria ser lido fora de uma grade estritamente psicológica, Fichte subordina a consciência filosófica ao *caráter* do homem que a assume, ser pensante cuja força de vontade aparece ao filósofo como um requisito da correta escolha intelectual:

"O que um homem elege como filosofia depende do que ele é como homem; na verdade, um sistema filosófico não é inerte adorno que se pode dar ou receber a bel-prazer, mas é animado pelo homem que o detém. Um caráter fraco de natureza ou enfraquecido e relaxado pelo servilismo espiritual, luxo refinado e vaidade, não se elevará nunca ao idealismo."[188]

---

186. Valho-me da versão italiana: *Critica della ragion pratica*. Bari: Laterza, 1966, esp. pp. 150-3.
187. Habermas, *Conoscenza e interesse*, p. 200.
188. Apud id., ibid., p. 205.

Em Dilthey o conhecimento da história das culturas (como história das visões de mundo) também dependerá da intuição dos nexos vitais entre o indivíduo e o seu tempo. Era fundamental para o projeto de Dilthey que o estudioso dos estilos de época entrasse em empatia, isto é, se interessasse empenhadamente pelos homens do passado para que este fosse conhecido *por dentro*. O caminho para esse conhecimento passa pela reconstituição da experiência vivida, ou vivência (*Erlebnis*), método ao mesmo tempo psicológico e histórico que dá acesso à visão de mundo peculiar a cada época.

Utilizando procedimentos descritivos, Dilthey pôde dar-nos admiráveis monografias sobre "o homem do Renascimento", o "homem da Reforma" e a experiência romântica. Daí a fecundidade do seu método biográfico-histórico, que exigia a combinação de memória testemunhal (a história de vida, a autobiografia) e filologia: ir e vir hermenêutico entre o registro das experiências pessoais e a compreensão das formações culturais abrangentes. A *compreensão*, objetivo final do método hermenêutico, torna-se possível graças à volição do pesquisador que persegue a verdade histórica de tal modo que esta lhe abra os seus significados peculiares sem risco de uma apropriação anacrônica do passado pelo presente.

Mas, segundo Habermas, faltaria a Dilthey o passo para a rigorosa autorreflexividade das ciências do Espírito, que deveria estabelecer as bases de uma relação significativa entre a vontade de autoconhecimento (o interesse vital e cognitivo do historiador) e o método mesmo das disciplinas humanísticas. Em outros termos, faltaria um programa sistêmico de *crítica das razões públicas e das motivações da cultura do próprio pesquisador*, processo de autocrítica ideológica a que o historicismo ainda em parte comprometido com o positivismo filológico seria alheio.

Esse passo teria sido dado pela reflexão freudiana: "A psicanálise é, para nós, importante como o único exemplo tangível de uma ciência que faz metodicamente apelo à autorreflexão. Com o nascimento da psicanálise abre-se inteiramente a possibilidade de um acesso metodológico, a partir da lógica da própria pesquisa, àquela dimensão sepultada pelo positivismo".[189]

Na sua longa e nutrida reexposição das conquistas da psicanálise, Habermas destaca a conexão estrutural entre a prática clínica, de francos desígnios terapêuticos, e a pesquisa conceitual que, pelo processo da autorreflexão, vai soldando práxis e teoria. A teoria psicanalítica não seria um a priori irremovível, mas uma atenta elaboração motivada pelo desejo duplo de curar e de compreender a fala e os silêncios do paciente. A teoria se constitui como um desenvolvimento do processo terapêutico, embora esse movimento não seja fatal na medida em que só o projeto da autorreflexividade pode efetuar essa passagem.

---

189. Id., ibid., p. 209.

O interesse do colóquio terapêutico não é mascarar a vontade de dominação (como nas ideologias instrumentais pretensamente neutras), mas dispor os sujeitos para um conhecimento motivado e aberto à aventura da decifração dos símbolos e de seus motivos inconscientes. A autorreflexão psicanalítica tampouco é um lance solipsístico: a pesquisa que dela irá emergir só se faz possível graças à relação comunicativa. O analista trabalha com o paciente os signos da anamnese de tal sorte que a vontade de saber, ou seja, o interesse pelo conhecimento, é o ponto de partida compartilhado e ativo de uma eventual elaboração conceitual.

A razão, nesse processo, não se sobrepõe ao interesse dos sujeitos em diálogo, mas o acompanha e o permeia, de modo que seja possível esperar pelo momento feliz da unidade de prática e teoria. Pode-se, de todo modo, rastrear a história da conexão de *interesse* e conhecimento ao longo de uma rica tradição filosófica (que vai de Descartes às Luzes e a Kant, e de Hegel a Marx), voltada para a emancipação do homem, ser racional e social, e para a consecução da felicidade pela via da ação moralmente justa. Resultados dessa intencionalidade moral e cognitiva são as reflexões que produziram conceitos fundamentais para as ciências humanas como *objetivação, estranhamento* e *alienação*, sem os quais o próprio conceito de ideologia perderia muito de sua densidade.

OBJETIVAÇÃO, ESTRANHAMENTO, ALIENAÇÃO: PERFIS IDEOLÓGICOS

Conceitos estritamente conexos com a autoprodução do ser humano mediante o trabalho e mediante os processos reflexivos e comunicativos são os de *objetivação, estranhamento e alienação*.

O conceito de objetivação tem a ver diretamente com o embate de gerações e gerações de seres humanos com a natureza em função da satisfação de suas necessidades de sobrevivência. O homem, emerso da própria natureza e corporalmente participante dos processos da vida, não tem sobrevivido apenas *naturalmente*, isto é, escorado pelo instinto da espécie, como os animais. Ele precisou fabricar instrumentos diferenciados para se aquecer, obter e conservar alimentos, habitar, defender-se das feras e dos outros homens e comunicar-se. Ser de carências, será, por isso, *homo faber* e, sucessiva ou simultaneamente, *homo loquens* e *homo sapiens*. Será cada vez *mais humano* se souber potenciar os seus sentidos e produzir um universo de objetos e signos que realizem a sua capacidade de sujeito ativo e comunicativo. Trata-se do longo e árduo processo humanizador e civilizatório que a palavra *objetivação* cobre cabalmente. Trabalho como técnica de criar e utilizar instrumentos, este é um tema fundamental do materialismo histórico enquanto reflexão sobre a evolução econômica da humanidade.

Ao longo dessa mesma história, a dimensão tecnoeconômica do trabalho se enlaçou estruturalmente com a dimensão do poder. O *homo aeconomicus* foi e é um *animal político*. Homens dominaram homens. Grupos dominaram grupos. Povos dominaram povos. A vida dos dominados foi apropriada, em graus maiores ou menores, pelos dominadores. O trabalho não se efetivou de modo livre e equilibrado em toda parte e em todos os tempos. Senhores e escravos, nobres e servos, patrões e operários constituíram os estratos e as classes em que se repartiu no curso de milênios aquela mesma humanidade inicialmente forjada pela invenção das técnicas e pela criação de processos simbólicos. Junto com as *forças produtivas* articularam-se *relações sociais de produção*, instituições detentoras do poder e dotadas de estruturas coatoras, políticas e jurídicas. Assim, na história da objetivação pelo trabalho, e sobredeterminando-a, formou-se a figura do trabalhador estranho ao próprio produto, aquele que, submetido a um jogo desigual de forças, é obrigado a entregar ao dominador o fruto da sua jornada. Aqui se reconhece a origem do *estranhamento*. Como no verso atribuído a Virgílio, "Assim vós, e não para vós, produzis o mel, ó abelhas", *Sic vos non vobis mellificatis, apes*.[190]

Nas condições de estranhamento o homem é agente material direto do processo de crescimento das forças produtivas; mas, trabalhando sob o ferrete da dominação, não lhe é dado participar da concepção e da organização do seu labor. Escapa-lhe quase sempre o sentido social da produção, atendo-se penosamente à repetição dos movimentos instrumentais relativos à sua função específica. A *objetivação*, que para Marx e Engels, produziu uma humanidade destacada da natureza de onde proveio, estagna ou até mesmo regride nas condições aviltantes da rotina escrava ou proletária. Nos *Manuscritos econômico-filosóficos* de 1844, Marx acusa os efeitos do *estranhamento* observados em comportamentos de trabalhadores braçais sujeitos a um regime que os brutaliza:

> "O resultado é que o homem se sente livre então só nas suas funções animalescas, no comer, no beber e no procriar, e, no máximo, no possuir uma casa, nos seus cuidados corporais etc., e que nas suas funções humanas se

---

190. A intuição do caráter alienante do trabalho forçado já aparece no sermão 14º do Rosário pregado pelo padre Antônio Vieira à irmandade dos pretos de um engenho baiano em 1633, muito antes, portanto, das constatações "neutras" da economia liberal e das vigorosas denúncias de Marx e Engels. Vieira dá exemplo de intuições certeiras da dominação social, interpretada, porém, segundo esquemas ideológicos inadmissíveis para o pensamento progressista e emancipador. (Ver adiante o tópico do projeto fáustico de desenvolvimento.)

sente só um animal. O animalesco torna-se o humano, e o humano, o animalesco. O comer, o beber, o procriar etc., são, de fato, também evidentes funções humanas, mas são bestiais na abstração que as separa do círculo restante da atividade humana e delas faz objetivos últimos e únicos."[191]

Pressupor e acolher, a todo custo, *a necessidade histórico-estrutural do estranhamento em função do crescimento das forças produtivas* acabou, no entanto, sendo um elo espúrio (mas nem por isso menos efetivo) que emparelhou os projetos fáusticos do capitalismo liberal e os do estatismo soviético *ex professo* marxista. A objetivação — combinada estrategicamente com o estranhamento — fez parte da ideologia produtivista que dominou o século XX e ainda conta com um número considerável de adeptos. Ouvimo-la como um baixo contínuo até mesmo no discurso de um materialista histórico ortodoxo e convicto de suas verdades:

"Vemos, portanto, que o desenvolvimento das forças produtivas provoca diretamente um crescimento das capacidades humanas, mas ao mesmo tempo pode em tal processo sacrificar os indivíduos (aliás, classes inteiras). Essa contradição é *inelutável*, já que implica a existência de momentos do processo de trabalho social que nós em análises precedentes vimos como componentes *não elimináveis* do seu funcionamento como totalidade."[192]

Adjetivos de forte ressonância determinista e potencialmente anti-histórica como "inelutável" e "não eliminável" são, linhas adiante, reforçados por expressões do tipo "séries causais", "séries causais naturais", "caráter causal do todo e de suas partes". A certa altura, emerge a promissora diferença (que Lukács atribui a Marx) entre *desenvolvimento das capacidades humanas*, causado pelo crescimento das forças produtivas, e *desenvolvimento da personalidade humana*. Contudo, essa diferença, que levaria o filósofo húngaro a dar, por exemplo, o devido relevo às biografias políticas de líderes operários maduros e de pensadores sociais que se rebelaram contra a manipulação produtivista dos donos do capital, é relativizada de vários modos. Avulta no discurso de Lukács o caráter fatal do estra-

---

191. *Manuscritos econômico-filosóficos*. Lisboa: Edições 70, 1993, pp. 162-3. Sobre a condição do trabalhador industrial, ver particularmente o capítulo "Salário do trabalho", com que se abre o primeiro manuscrito. Marx cita conclusões de Charles Loudon, médico francês autor de *Solution du problème de la population* (Paris, 1842): "O sistema econômico atual reduz ao mesmo tempo o preço e a remuneração do trabalho, aperfeiçoa o trabalhador e degrada o homem"; e "A indústria transformou-se em guerra e o comércio em jogo" (p. 116).
192. G. Lukács, op. cit., p. 562. Grifos de A. B.

nhamento, que aparece, em uma frase conclusiva, identificado como *predicado da história da humanidade*. Nessa perspectiva, as práticas de resistência, de fundo ético-revolucionário, e que têm a ver com o vivido concreto do trabalhador, começariam sempre *da capo*, ou seja, não contariam com "a continuidade histórica objetiva do estranhamento".[193] O fio vermelho da práxis inconformista é assim feito em pedaços para maior escarmento dos "desvios" subjetivistas ou voluntaristas que ameaçariam causar frinchas no compacto materialismo causalista da ortodoxia.

Compare-se a proposição de Lukács com esta passagem dos *Manuscritos econômico-filosóficos* de Marx:

"Afirmo, todavia, que o trabalho em si não só nas presentes condições, mas universalmente, na medida em que a sua finalidade se resume ao aumento da riqueza, é pernicioso e deletério, e que semelhante conclusão se tira do próprio argumento do economista [*Adam Smith, que Marx está retomando polemicamente*], se bem que ele não lhe preste atenção."[194]

A citação ficará mais inteligível se posta no contexto do capítulo "Salário do trabalho", em que Marx, recorrendo a estudiosos da condição operária na Inglaterra e na França dos anos 1840, rejeita a visão conformista da economia política liberal mostrando, com estatísticas à mão, a condição dependente, precária e, no limite, desesperada do trabalhador industrial sob a égide do capitalismo.[195]

Trata-se de um discurso de denúncia, um discurso empenhado, que tem em mira estabelecer a oposição entre o trabalho alienado, historicamente datado, que leva ao embrutecimento e a novas formas de escravidão, e o trabalho livre e consciente, que se cumprirá na sociedade comunista futura. Só então a *objetivação* do ser humano significará, de fato, a sua libertação e a possibilidade de forjar a sua personalidade. Para o Marx dos *Manuscritos*, o reino da necessidade, atravessada e finalmente superada, cederá lugar ao reino da liberdade, mesmo porque, diversamente do que parece dizer o último Lukács, o estranhamento não é um *predicado da história da humanidade*, mas tão só um processo psicossocial condicionado por sistemas econômicos totalmente voltados para o aumento

---

193. Id., ibid., p. 567.
194. Marx, *Manuscritos econômico-filosóficos*, cit., p. 108.
195. Uma das fontes de Marx, Eugène Buret, se perguntava, em 1840: "Será a teoria do trabalho como mercadoria diferente de uma teoria disfarçada da servidão?" (*De la misère des classes laborieuses en Angleterre et en France*, I, pp. 36-7, apud *Manuscritos*, p. 116). E rematava, contundente: "O trabalho não é o livre resultado de um mercado livre" (apud *Manuscritos*, p. 52).

indefinido da produção. No esquema liberal-capitalista, corrente nos países industrializados desde a primeira metade do século XIX, o trabalhador está sempre em desvantagem, seja quando a economia declina, seja quando a riqueza cresce; nesta última condição, ilusoriamente menos deprimente, os trabalhadores querem ganhar mais, tendo portanto de sacrificar cada vez mais seu tempo para "realizar um trabalho de escravo em que a sua liberdade se encontra totalmente alienada ao serviço da avareza".[196]

Ficamos à espera de que se possa, um dia, conhecer também aquela história descontínua do "desenvolvimento da personalidade humana", tarefa que poderia ser inspirada pela leitura de um Walter Benjamin e de um Ernst Bloch. Para tanto, seria preciso entrar fundo no exame de grupos culturais e políticos que, em lugares e tempos diversos, viveram contrastes de ideologias e contraideologias, ou mesmo de ideologias e utopias; exame que se tornará particularmente iluminador quando se puder conjugar a história da classe operária com a dos seus intelectuais orgânicos. Em outras palavras, trata-se de rastrear *momentos de crítica das situações de alienação* conformadas pelo trabalho compulsório ou aparentemente livre (assalariado).

As crises, as descontinuidades e os saltos qualitativos, que tanto embaraçam os historiadores etapistas, seriam então trabalhados por uma concepção internamente dialética, logo dramática, dos momentos constitutivos de cada conjuntura econômica e política. Alienação e desalienação apareceriam como processos ora coexistentes, ora sucessivos, na história das várias modalidades de dominação com que a economia capitalista tem procurado garantir a sua reprodução. A memória das gerações, fonte generosa da historiografia, traria à luz da consciência presente testemunhos distantes, portanto descontínuos em termos estritos de cronologia. E o suposto paralelismo entre crescimento da produção e emancipação do gênero humano deixaria à mostra suas lacunas e o seu tosco dogmatismo. É um programa benjaminiano que mereceria o nome de historicismo móvel e aberto, em oposição ao historicismo linear que o autor das *Teses* criticou frontalmente.

Teríamos, pois, de repensar sentenças redundantes como esta: "A oposição entre o *desenvolvimento* de capacidades singulares dos homens e as suas possibilidades de *desenvolver-se* como indivíduos provém, como vimos, diretamente da produção, do *desenvolvimento*; e é e permanece, para o conjunto da sociedade, a figura definitivamente determinante dessas antíteses".[197]

No Terceiro Manuscrito, que se abre com o tópico "Propriedade privada e trabalho", Marx reconsidera a grande conquista teórica da economia política

---

196. *Manuscritos*, p. 104.
197. Lukács, op. cit., p. 583. Grifos meus.

liberal, a descoberta de que a propriedade privada tem por fundamento o trabalho. Mas, ao rever as premissas de Adam Smith, Marx as historiciza levando em conta o sistema capitalista moderno, de que a mesma economia política era a consciência explicitada. Nesse contexto, a propriedade, que "antes era a exterioridade real do homem, transformou-se agora em simples ato de objetividade, de alienação", tendo sido incorporada em ricochete por força da objetivação do trabalho humano. O trabalhador da indústria produz riqueza, e é precisamente essa ação de produzir bens colocados fora de sua vida e de sua pessoa que constitui o nexo íntimo de objetivação e estranhamento. Assim, a economia política demonstra, sem sombra de indignação, que a derivação da riqueza a partir do trabalho "tem consequências *antagônicas ao homem*".[198] Para os economistas clássicos é preciso e "natural" extrair o máximo do trabalho humano para produzir o máximo de riqueza. Para Marx, essa proposição é, ao mesmo tempo, historicamente verificável e *cínica*.[199] Mais uma vez, importa conhecer o mundo para poder transformá-lo. Mas é preciso querer transformá-lo. O interesse, enquanto eticamente legítimo, contribui para o esclarecimento.

O "paradigma da produção", cerne de uma certa escolástica determinista, já deixava, nos *Manuscritos*, de ser dogma para converter-se em problema à proporção que Marx cindia a ideia mesma de produtividade em constatação e denúncia. Os *fatos*, que o positivismo consideraria como toda a verdade, não estão, *ipso facto*, isentos de julgamento ético-político, mesmo porque o roubo, o homicídio, a palavra mentirosa, um ato de exploração ou de opressão também são *fatos*... Disse Pirandello que um fato sem interpretação nem julgamento é um saco vazio, não para em pé. Remeto novamente o leitor à vigorosa discussão do tema da produção feita por Habermas no ensaio "Três perspectivas: hegelianos de esquerda, hegelianos de direita e Nietzsche", seguido de um "Excurso sobre o envelhecimento do paradigma da produção".[200]

---

198. *Manuscritos*, pp. 182-5.
199. Id., ibid., p. 184.
200. Habermas, *O discurso filosófico da modernidade*, cit., pp. 73-119.

O PROJETO FÁUSTICO ENTRE
O MITO E A IDEOLOGIA

REFLEXÕES SOBRE AS IDEIAS DE COLONIZAÇÃO E DESENVOLVIMENTO

> *Por que hás de com isso embaraçar-te?*
> *Colonizar há muito não procuras?*
> Goethe, *Fausto II*, ato v

> *No desenvolvimento do fim particular radica também o ímpeto colonizador.*
> Hegel, *Lições sobre a filosofia da história*

Marx retoma da obra de Adam Smith a ideia da ligação estrutural entre o valor de um produto e o tempo de trabalho que nele foi aplicado. A diferença de horizonte entre os dois pensadores da economia capitalista é notória. Adam Smith constata e descreve o processo. Marx constata, descreve e denuncia a extorsão da mais-valia pela qual o capitalista se apropria do trabalho alheio.

As semelhanças e dessemelhanças não se esgotam nessa descoberta fundamental das relações entre valor e trabalho. O resultado global da produção de mercadorias é contemplado por ambos tanto na esfera do empresário à procura de lucros cada vez mais altos como na esfera do Estado-nação, cuja produção deve ser vendida para mercados cada vez mais amplos e numerosos. *A riqueza das nações* é o objeto-título da obra fundadora da economia política clássica. A análise em profundidade do *capital*, na sua expansão nacional e internacional, é o tema nuclear de Marx, que, no entanto, alia o exame do seu objeto a um *julgamento do sistema e da ideologia que o penetra, precisamente o liberalismo capitalista.*

Em ambos os quadros teóricos está explícita a ideia da *produtividade* como fator inerente ao crescimento do capital e, por extensão, da riqueza individual ou nacional. A diferença, que já vimos expressa por Engels, consiste na percepção dialética de que o *progresso nas técnicas produtivas, representado tantas vezes pela introdução de novas máquinas, pode comportar uma regressão para a classe trabalhadora.*[201] Essa percepção, no entanto, não impediu absolutamente que o Estado soviético, alegando embora a mais estrita observância marxista, situasse a prática da produtividade no centro mesmo dos seus planos econômicos. Passaram então a coincidir, com diferentes horizontes, o postulado smithiano e a reflexão marxista em torno da necessidade de intensificar o trabalho para produzir mais riqueza, e produzir mais riqueza para acrescer o poder da empresa ou do Estado.

A crítica de Simone Weil centrava-se no regime de trabalho forçado a que o Estado soviético submetia os trabalhadores na Rússia de Stálin. As diferenças de finalidade eventualmente apresentadas à guisa de defesa cifravam-se na justificação estratégica da União Soviética, que precisaria, em primeiro lugar, desenvolver ao máximo a sua indústria pesada, incluindo a bélica, em face da concorrência e da hostilidade internacional. A China terá repetido, com as variantes conhecidas, o mesmo processo. Em resumo: *em face do poder alheio, mais poder próprio*, círculo vicioso que iguala, a curto e médio prazo, sistemas que se desejariam antagônicos. E a longo prazo?

Hoje, *ex post*, parece fácil responder à pergunta. A Guerra Fria, a corrida armamentista, a competição nuclear e as invasões norte-americanas, soviéticas e chinesas em países do Oriente compuseram capítulos internacionais dessa estratégia política paralelamente combinada com o controle de mercados "em desenvolvimento" por empresas transnacionais ou por Estados expansionistas.

Chegamos à palavra-chave: *desenvolvimento*. Aplicada correntemente aos processos de expansão do poder mencionados acima, trata-se, sem dúvida, de uma ideologia, talvez a mais prestigiosa ideia-força de nosso tempo. Não conheço discurso político ou econômico, técnico ou científico, empresarial ou estatal, partidário ou sindical, que a dispense ou deixe de magnificá-la em termos muito próximos aos da retórica do progresso que atravessou todo o século xix e boa parte do xx. Seja dito de passagem, a palavra "progresso" conheceu certo grau de erosão nos últimos quarenta anos, tal a soma de estragos que o seu culto indiscriminado produziu; mas o mesmo não vem acontecendo com o seu quase sinô-

---

201. Ver nota 151, em que vem transcrita essa observação de Engels.

nimo, "desenvolvimento", talvez pelo caráter de emulação entre povos e Estados que o conceito desperta. Todos querem chegar ao "nível" dos países ditos desenvolvidos.

Comparada com a ideia de desenvolvimento, a noção genérica de progresso parece hoje pobre. O que a caracteriza é a sua dependência direta da imagem de um tempo linear em que cada momento é sempre um avanço em relação ao anterior, a partir de uma concepção cada vez menos convincente de que o que vem depois é sempre melhor do que o que veio antes. Para muitos, progresso é o dia de hoje comparado com os dias de outrora.

O vazio ou o simplismo dessa concepção foi preenchido por uma teoria científica densa e coerente, o evolucionismo de base biológica que recebemos da imponente construção de Darwin, na *Origem das espécies*. Aqui não se trata apenas de antes e depois, associados a pior e melhor, mas de um conceito dinâmico, *evolução*, dentro do qual se perfila toda a história do gênero humano feita de lutas pela sobrevivência, travadas ora pela força, ora pela astúcia, ora pelos músculos, ora pela mente de gerações e gerações ao longo de milênios. Mas há um momento — datável dos meados do século XIX e coincidente com a eclosão do imperialismo — em que essa reconstrução titânica da vida do homem no planeta passa por um processo de *ideologização*. A força militar bruta e a pura esperteza comercial acabam justificando o domínio do mundo por alguns Estados que se apropriaram mais cedo, mais violenta ou mais astutamente, dos recursos financeiros e tecnológicos próprios do capitalismo em crescimento. "Evolução" começa a substituir ou incorporar os sentidos do termo "progresso", que persiste ainda na sua tosca generalidade.

Diferentemente de ambos os termos, escorados em descobertas científicas bem como nas técnicas produtivas acionadas ao longo dos séculos XIX e XX, a palavra "desenvolvimento" se impôs, de início, no âmbito de um pensamento filosófico. Foi o idealismo dialético de Hegel, fazendo a ponte entre o progressismo das Luzes e as esperanças do romantismo liberal, que deu relevo à ideia de desenvolvimento (*Entwicklung*).

A matriz idealista da *Fenomenologia* de Hegel (uma história do Espírito através dos tempos) é inerente ao seu postulado central pelo qual a Ideia vai des-envolvendo, des-dobrando, des-enrolando o que está já contido no seu núcleo, para chegar, afinal, à Autoconsciência, isto é, ao conhecimento que o espírito humano tem de si mesmo e da sua própria história. Desenvolver, portanto, não significa simplesmente progredir ou evoluir, mas extrair de um fundo prévio e potencial todas as formas que aí estavam "envolvidas", e conduzi-las à luz da razão.

Na primeira parte da *Enciclopédia das ciências filosóficas*, intitulada "A ciência da lógica", Hegel postula "que o fim último do mundo tanto é realizado como se realiza eternamente" (234, Adendo), apontando, porém, a diferença entre o mundo natural e o mundo espiritual: o primeiro "retorna constantemente sobre si mesmo", ao passo que no segundo "ocorre também uma marcha para a frente".

Essa marcha para a frente, que coexiste e lida com o retorno do mesmo da Natureza, é a forma hegeliana do desenvolvimento, nem só círculo, nem só linha reta ascendente, mas uma combinação de figuras em movimento a que chamamos espiral.

A ideia de um desenvolvimento dotado de racionalidade própria é, a rigor, um substituto filosófico da crença em uma Providência que rege os acontecimentos da História mediante um plano que o indivíduo raramente consegue compreender. Pouco importa: os indivíduos estão enredados em seus desejos e nas contingências de sua situação. É a "astúcia da Razão" que se vale de tais paixões e interesses para cumprir o percurso necessário do Espírito universal. Diz Hegel:

> "A razão é tão astuta quão poderosa. A astúcia consiste, de modo geral, na atividade mediatizante pela qual, deixando os objetos segundo sua natureza atuar uns sobre os outros, e desgastarem-se uns nos outros, contudo, sem se imiscuir nesse processo, a razão leva somente o seu fim à realização. Nesse sentido, pode-se dizer que a Providência divina se comporta como a astúcia absoluta em relação ao mundo e a seus processos. Deus deixa fazer os homens, com suas paixões e interesses particulares, e o que resulta disso é a realização das suas intenções, que são outra coisa do que primeiro tratavam de fazer aqueles de que Deus se serve no caso."[202]

A verdade intrínseca do desenvolvimento só aparece a quem saiba avaliar o sentido dos grandes eventos e dos grandes indivíduos que dão origem às nações e aos Estados, matéria por excelência da historiografia hegeliana. As *Lições sobre a filosofia da História* explicitam a relação entre o "espírito do mundo" e suas manifestações relevantes que se identificam no "espírito dos povos", cujas vicissitudes levam necessariamente à autoconsciência, etapa final de todo o processo histórico.

O espírito de um povo não é, porém, absoluto nem imortal. "O espírito singular de um povo particular pode perecer; o que não perece é o espírito universal, de que o espírito de um povo é só um elo. Os espíritos dos povos são os membros do processo pelo qual o espírito alcança o livre conhecimento de si." Hegel deixa claro, em mais de uma passagem das suas lições sobre filosofia da

---

202. *Enciclopédia das ciências filosóficas. Ciência da lógica, A doutrina do conceito*, parágrafo 209, Adendo. Trad. de Paulo Meneses. São Paulo: Loyola, 1995.

história, que a realização suprema do espírito de um povo particular é o *Estado*, sem o qual não há pleno desenvolvimento, quer da arte, quer da religião, quer da filosofia.

Que as teorias do desenvolvimento e do subdesenvolvimento, formuladas um século mais tarde, tenham vinculado desenvolvimento e ação do Estado, é hipótese de alcance econômico e político que lembra, *mutatis mutandis*, o complexo quadro teórico de Hegel, capaz de imbricar forças que a economia liberal considerava incompatíveis:

- de um lado, a produção de riquezas voltada para a satisfação das necessidades individuais e obtida por meio do empenho de cada indivíduo inserido na divisão do trabalho;[203]
- de outro, a racionalidade última das ações particulares da sociedade civil, que é dada necessariamente pelo Estado e, eminentemente, pelo governo (*O Estado*, em particular, parágrafos 535 a 537).[204]

Sem entrar em considerações sobre o caráter liberal ou estatizante do pensamento econômico-político de Hegel, matéria de larga controvérsia, parece-me promissor, como apoio à reflexão, o comentário que Domenico Losurdo faz a propósito desta afirmação hegeliana, que consta das *Lições sobre a filosofia do direito*: "O fim é o indivíduo particular enquanto tal; é preciso prover aos indivíduos, e ninguém pode confiar no princípio segundo o qual as coisas se ajustarão e entrarão no lugar".[205]

Para Losurdo, Hegel está justificando a presença universalizante do poder público na esfera da economia a fim de garantir o sustento do indivíduo carente. É negada, *ipso facto*, a ação harmoniosa da "mão invisível" de Adam Smith, que tudo ajustaria e poria no seu devido lugar. Igualmente, ao reivindicar para todos o "direito ao trabalho", "o direito à vida" e, no caso das crianças, o direito de não serem obrigadas ao trabalho precoce, Hegel estaria exigindo que as instituições públicas, emanadas legalmente pelo Estado, cumprissem a sua função de consciência ética supraindividual na realização do desenvolvimento.

---

203. *Enciclopédia, Ciência da lógica, filosofia do espírito. O espírito objetivo. A sociedade civil*, parágrafos 523 a 528, cit.

204. "A essência do Estado é o universal em si e para si, o racional da vontade." "Sua obra em geral consiste, em relação ao extremo da singularidade, enquanto é a massa dos indivíduos, na dupla tarefa: conservá-los como pessoas, e assim fazer do direito uma efetividade necessária e, em seguida, promover o seu bem, do qual cada um toma, primeiro, cuidado por si mesmo, mas que tem um lado absolutamente universal, de proteger a família e a sociedade civil" (*Enciclopédia das ciências filosóficas. Em compêndio* [*1830*]. *III. A filosofia do espírito*. Trad. de Paulo Meneses. São Paulo: Loyola, 1995, pp. 306-7).

205. Domenico Losurdo, *Hegel, Marx e a tradição liberal*. São Paulo: Unesp, 1998, p. 127.

O que nos interessa de perto é a aceitação, ora incondicional, ora eticamente restringida, da ideia central de desenvolvimento tal qual se formou no início da Revolução Industrial. O capitalismo ainda não estava plenamente consolidado na França e na Alemanha no começo do século XIX e, no entanto, o projeto do domínio crescente do homem sobre a natureza, por meio das técnicas e da maquinaria, já se articulava nos herdeiros da Ilustração francesa, do liberalismo econômico inglês e da dialética idealista alemã, as grandes correntes de pensamento com que se iria defrontar o pensamento marxista. Ao mesmo tempo, o lado escuso desse desenvolvimento já mostrava suas sombras com a opressão do trabalhador, a exploração dos menores e a destruição cega de tudo o que entravasse os planos do progresso industrial. Mas seriam necessárias ainda cinco ou seis gerações para que se separasse o trigo do joio, distinguindo no vasto projeto mundial de desenvolvimento capitalista o que era uma conquista efetiva da humanização e o que representava mais uma construção ideológica, no sentido pejorativo que lhe deu *A ideologia alemã*.

A categoria-eixo que unifica por dentro o sistema inteiro era (e é) o *trabalho*; não apenas considerado na sua dimensão genérica de esforço muscular e mental de domesticar as forças da natureza para prover às necessidades humanas, mas sobretudo como processo pelo qual se repartem as funções dos trabalhadores com vista a aumentar e acelerar a produção de mercadorias. Urgia, portanto, introduzir a prática e o conceito de *divisão do trabalho* como alicerce de um poderoso complexo de obras, cujos canteiros começavam a multiplicar-se aonde quer que chegasse a Revolução Industrial.

A exaltação do trabalho como o grande forjador de um novo tempo e o reconhecimento da divisão do trabalho, como processo inerente à nova ordem econômica (admissão explícita em Smith e em Hegel), concorreram para articular uma das ideologias fundamentais do século XIX. O termo *ideologia* pode ser adotado aqui tanto no significado forte e valorativo de *justificação do poder* como na acepção descritiva e historicista de *visão de mundo* peculiar a uma determinada época.

Ambas as dimensões do termo *ideologia* podem servir como tela interpretativa de motivos titânicos difusos na cultura romântica.

LENDO O SEGUNDO FAUSTO *DE GOETHE*

O mito prometeico do construtor do novo século aparece configurado precoce mas intensamente no final do *Segundo Fausto* de Goethe, interpretado tantas vezes como apoteose do trabalho humano no decurso de sua emancipação das forças da natureza. A leitura do quinto ato dá-nos, porém, não só o direito como o avesso do desígnio fáustico de tudo dominar mediante o trabalho coletivo obediente à sua vontade de poder.

Nos episódios finais avulta a figura do pactário com Mefistófeles ansiando por modificar a face da Terra e dos oceanos e, ao empreender sua obra gigantesca, arregimentar milhares de trabalhadores que arrancam da natureza os materiais para a construção de diques (como nas terras baixas da Holanda que o homem conquistou ao mar) ou para a edificação de fábricas, palácios e torres monumentais:

"[...]
Corro a cumprir o que o pensar revolve;
Só a voz do senhor produz efeito. —
Servos, de pé! Aqui todos chegai!
Meu pensamento ousado executai!
Travar da ferramenta, pá e enxada"
[...]
Ordem severa, lida sem detença
Sempre conquistam alta recompensa;
Para acabar a empresa vasta e ingente,

> *De braços a um milhar basta uma mente.*[206]
> (Ato v, versos 11501-10)

Atente-se para os dois últimos versos da citação, cujo sentido literal se verteria em prosa: *"Para que a obra maior se realize,/ basta um espírito por meio de milhares de mãos"*.

O que é a expressão cabal da divisão do trabalho em grande escala: uma só mente, que comanda (*só a voz do senhor produz efeito*) e um sem-número de braços e mãos que obedecem. O objetivo é a maior produção possível, "empresa vasta e ingente".

Na cena seguinte, ao escutar os ruídos do trabalho dos lêmures que cavam um enorme valo para desviar as águas do mar, Fausto, já velho e cego, saindo do seu palácio, exclama, satisfeito:

> *Quanto o rumor de enxadas me deleita,*
> *É a multidão que a mim presta serviço;*
> *Faz congraçar consigo a mesma terra,*
> *Põe as ondas limites e circunda*
> *Com apertado valo o mar imenso.*
> (vv. 11540-4)

A Mefistófeles, inspetor das obras, Fausto ordena:

> *Faze diligência!*
> *Operários procura em grande número!*
> *Com castigos e prêmios estimula-os,*
> *Paga, seduz, compele mesmo à força!*
> *Quero notícias ter todos os dias*
> *De como cresce a projetada cava.*
> (vv. 11551-6)

Enfim, a derradeira fala do pactário, interpretada por leitores do centro e da esquerda hegeliana da envergadura de Croce e Lukács como hino à civilização do trabalho livre:

---

206. Goethe, *Fausto*. Trad. de Agostinho d'Ornellas, nova edição ao cuidado de Paulo Quintela. Coimbra: Universidade de Coimbra, 1958. Para a interpretação tantas vezes árdua do texto goethiano recomendo a edição do *Fausto. Uma tragédia. Segunda Parte*, na tradução de Jenny Klabin Segall, comentada com erudição e discernimento por Marcus Vinicius Mazzari (São Paulo: Ed. 34, 2007).

> *Junto do monte*
> *Empesta um brejo o conquistado espaço;*
> *Derradeiro, supremo dos triunfos*
> *Será esgotar o corrompido charco.*
> *Ganho terreno onde milhões habitem,*
> *Seguros não, mas livres, mas ativos!*
> *É verdejante o campo, fértil! Homens*
> *E rebanho no novo solo assentam*
> *Aprazível morada, ao pé do outeiro,*
> *Que gente audaz, enérgica erguer soube!*
> *Aqui no interior é um paraíso;*
> *Lá fora ruge o mar e à borda chega;*
> *Mas, se abre brecha para entrar violento,*
> *Comum esforço a repará-la acode.*
> *Oh, sim! A ideia tal todo me voto,*
> *É da sapiência a derradeira máxima*
> *Que só da liberdade e vida é digno*
> *Quem cada dia conquistá-las deve!*
> *Assim robusta vida, entre perigos,*
> *Crianças, homens, velhos, aqui passam.*
> *Pudesse eu ver o movimento infindo!*
> *Livre solo pisar com povo livre!*
> *Ao momento fugaz então dissera:*
> *"És tão belo, demora-te! Por séculos*
> *E séculos de meus terrenos dias*
> *Não se apaga o vestígio". — Agora mesmo,*
> *Somente em pressentir tanta delícia,*
> *Gozo ditoso o mais celeste instante.*
> (vv. 11559-86)

Mas essa obra descomunal, que Mefistófeles designa como um projeto de colonização (*Colonizar há muito não procuras?*), não pode ser realizada sem resistências. Para superá-las, o colonizador terá de empregar a força que arrasa todo e qualquer estorvo. A contraposição se faz patente quer na ordem natural, quer na ordem humana. O limite desse projeto é a destruição e a morte de tudo quanto limita o sonho fáustico da dominação universal.

Ao abrir-se o quinto ato, um viandante chega à cabana que o abrigara outrora, quando, náufrago de uma tempestade, recebera a benévola hospedagem de um casal de velhos, Filêmon e Báucis. Em torno daquela morada cresciam escuras tílias, antigas mas robustas, que o viandante reconhece. Depois de breve momento de hesitação, ele decide bater à porta da choça para relembrar e agradecer ao casal aquele gesto solidário. Quem o atende é Báucis, já muito idosa, a quem se segue logo Filêmon. O forasteiro se prostra em terra e ora sobre a duna que circunda a casinha. Filêmon mostra-lhe então como se transformara a paisagem que ele conhecera. As águas revoltas do mar conquistadas por novos diques e aterros deram lugar a prados, bosques e jardins, habitação de homens e de pássaros:

> *Vede, do mar o escarcéu*
> *Que tão cru vos maltratou,*
> *Em jardim se converteu,*
>   *Paraíso se tornou!*

Diríamos que as palavras do velho Filêmon contemplam os efeitos benéficos da técnica. A questão crucial seria o discernimento dos limites do novo projeto. Onde, como e quando agir de acordo com o difícil senso de medida? Fausto, desejoso insaciável de submeter com o olhar todo o espaço que vai do seu palácio-observatório às terras habitadas e ao mar apartado, enfada-se ao perceber que as tílias, a cabana e a capelinha de Filêmon e Báucis não só não lhe pertencem como também lhe barram a visão:

> *Meu reino à vista é infinito,*
> *Por detrás, só desgosto ecoa;*
> *Maldoso fere e me espezinha:*
> *Meu alto império é uma ilusão;*
> *A arca das tílias, a igrejinha,*
> *O colmo pardo, meus não são.*
> *E se eu quisesse lá folgar,*
> *Traz sombra alheia tédio em si,*
> *Aflige a mente, aflige o olhar;*
> *Oh! visse-me eu longe daqui!*
>   (Ato v, vv. 11 153-62)

O seu aborrecimento cresce movido pela frustração da vontade de poder (*Das angústias decerto a mais pungente/ É sentir na opulência alguma falta!*) e degrada-se em exigência imediata e brutal de posse: Filêmon e Báucis deverão abandonar o quanto antes a sua morada e tudo entregar à cupidez colonizadora de Fausto. É sob as ordens do demônio, príncipe deste mundo, que se fará a operação: ateia-se fogo à cabana, à capela, às tílias e em pouco tempo não restarão mais que brasas e cinzas. Um canto ouve-se ao longe depois de longa pausa: "*o que aos olhos aprazia, com os séculos passado é*". Filêmon e Báucis desejariam resistir à ordem de ceder o seu lar, mas o terror os acomete e morrem subitamente. O peregrino ainda quis lutar, mas foi igualmente vencido até sucumbir em meio às chamas junto com o casal havia pouco reencontrado.

Fausto por um momento cai em si diante da atrocidade cometida, amaldiçoa Mefistófeles e seus servos, mas, reduzido às sombras da cegueira, é rodeado por quatro mulheres grisalhas, alegorias da Falta, da Dívida, da Apreensão e da Miséria. Compulsivamente condenado a agir (isto é, a reger enormes ações coletivas cada vez mais eficazmente), ainda ordenará aos servos que realizem os seus planos de construtor. Planos que a morte irá em breve deixar inconclusos. A colonização é o último capítulo da vida do pactário. Mas certamente a obra colonizadora prosseguirá.

Vêm à nossa memória as palavras de Hegel nas *Lições sobre a filosofia da História*:

"*No desenvolvimento do fim particular radica também o ímpeto colonizador*".[207]

A leitura linear dos episódios finais do poema reconhece, postos lado a lado, o aspecto destrutivo do progresso técnico e a sua dimensão prometeica de transformação da natureza por obra do homem.

O poeta fita através de lentes límpidas todo o processo de desenvolvimento, que se desenrola ante seus olhos com a força de uma necessidade histórica trazendo consigo prepotência e júbilo, rastros de morte e triunfante vontade de poder. Teremos aqui mais uma versão do "olímpico" Goethe, na qual ressoaria a tese hegeliana da razoabilidade última de tudo o que é real?

Responder afirmativamente a essa questão é ceder sem resistência à ideologia (liberal-capitalista ou estatista) do progresso técnico a ser alcançado a qualquer custo, ora com o sacrifício do trabalhador, mero instrumento dos projetos fáusticos, ora por meio de violências cometidas contra a natureza e os seres "improdutivos", como o velho casal Filêmon e Báucis, cuja cabana com suas tílias agastava o olhar cobiçoso do inveterado pactário.

Proponho a hipótese de *uma ambivalência estrutural de longa duração do pensamento econômico e político de esquerda* visto no arco que se estende das suas primeiras formulações até, pelo menos, os meados do século XX. Produção indefinida e justiça social e, mais recentemente, produção indefinida e respeito à natureza não conseguem alcançar um ponto de convergência, o que mantém em

---

207. Hegel, *Lecciones sobre la filosofía de la historia*, II. Trad. de José Gaos. Buenos Aires: Revista de Occidente Argentina, 1948, p. 383.

constante desconforto a prática e a teorização de cunho evolucionista peculiares à vulgata marxista.

O MODELO FÁUSTICO E A PROTOSSOCIOLOGIA PRODUTIVISTA DE SAINT-SIMON

Goethe conheceu os escritos de Saint-Simon, verdadeiro fundador da sociologia, à qual apenas não deu o nome de batismo. O papel de padrinho da nova ciência ficaria reservado ao seu discípulo e depois adversário, Augusto Comte. Mas a *fisiologia social* de Saint-Simon já quer ser o estudo científico do *corpo social*.

A metáfora orgânica presente nos termos "fisiologia" e "corpo" não é, embora pareça, determinante na construção do autor do *Novo cristianismo*. Na escrupulosa reconstituição do sistema sansimoniano feita por Georges Gurvitch, resulta claro que por *fisiologia social* o pensador do industrialismo moderno entendia um complexo de forças vitais, sociais, políticas e intelectuais que incluía as ideias e, portanto, abraçava o estudo da *ideologia*. O termo, cunhado por um dos mestres de Saint-Simon, Destutt de Tracy, aproximava as operações da mente de certos mecanismos físicos do corpo, sem, porém, obedecer a uma rígida concepção materialista do ser humano.[208]

Gurvitch rastreou no *Catecismo dos industriais* não só algumas das teses notórias de Comte — como a sucessão das hegemonias teocráticas, militares e tecnoindustriais — mas também a ênfase que seria dada por Marx e Engels à produção, à divisão do trabalho e, daí, à propriedade como pilares do sistema social, no caso a civilização industrial capitalista. "A base de toda sociedade e de todo pensamento", diz Saint-Simon, "é a produção material, a divisão do trabalho e a propriedade."[209]

O progresso auspiciado por Saint-Simon é sinônimo de industrialização, processo tecnoeconômico que deve ser liderado pela única classe digna da nova sociedade, a dos *industriais*. Estes englobariam todos os produtores, quer proprietários de empresas, quer gerentes ("os chefes industriais", expressão que reaparecerá em Comte), quer trabalhadores. O concurso de todos os produtores eliminaria de vez o anacrônico prestígio dos ociosos sobreviventes de outras épocas, os nobres, o clero e os altos funcionários pendurados no poder monárquico. Embora não se possa falar aqui em liberalismo econômico *tout court*, pois as ideias de planejamento e de organização tecnocrática são recorrentes no siste-

---

208. Georges Gurvitch, *Los fundadores franceses de la sociología contemporánea*. Buenos Aires: Nueva Visión, 1970.

209. Apud *Los fundadores*, cit., p. 40.

ma de Saint-Simon, cumpre destacar a sua aversão ao Estado (ele conviveu com a fase de restauração reacionária sob Luís XVIII e Carlos X) e a sua exaltação da economia política. Na nova ciência criada por Adam Smith, ele reconhecia um conjunto de medidas *higiênicas* que limpariam o terreno de tudo o que fosse obstáculo à plena expansão da indústria.

É consenso sublinhar o caráter conservador da política sansimoniana, que desaconselha todo e qualquer ato de rebeldia dos trabalhadores em relação aos "chefes industriais". Nessa perspectiva, poderá a sua utopia de uma sociedade panteisticamente harmoniosa ser classificada como uma *sub-ideologia do capitalismo industrial nascente*? Sim e não.

De um lado, a "igreja sansimoniana", que se constituiu após a morte do mestre (1825), contou entre seus principais adeptos com numerosos *polytechniciens* além de prósperos industriais e banqueiros, financiadores dos projetos de Louis-Philippe e de Napoleão III (particularmente os de renovação urbana da capital), acionistas das novas companhias ferroviárias, apoiadores da política colonial francesa na Argélia e inspiradores da construção do canal de Suez.[210]

De outro lado, os discípulos próximos redigiram uma *Exposição da doutrina*, em 1830, reelaborando partes do sistema em uma linha socializante, que cativou o jovem poeta Heine, assíduo ouvinte dos sansimonianos e, ao que consta, mediador entre estes e o jovem Marx quando este chegou a Paris em 1844... Gurvitch recorta do texto da *Exposição* esta passagem que lhe parece nada menos que precursora do *Manifesto comunista*: "O homem explorou o homem até hoje. Amos e escravos; patrícios e plebeus; senhores e servos; proprietários e inquilinos: eis a história progressiva da humanidade até nossos dias".[211]

Quanto ao surgimento da instância religiosa no seu último livro, *Novo cristianismo*, um admirador e intérprete de Saint-Simon, Émile Durkheim, defende a hipótese de que se trata de um recurso moral necessário para manter a unidade e o *éthos* do sistema industrial (temperando assim o egoísmo comum à nossa espécie), mas não uma tardia entrega à transcendência, que não teria lugar na construção ergótica da sociedade sansimoniana. A religião do último Saint-Simon não suprimiria, antes reforçaria, o "humanismo prometeico" da sua concepção social.[212] Mas para ser-lhe fiel seria preciso pagar o tributo à marcha indefectível do progresso. O apóstolo da industrialização ainda almejava fazer

---

210. Sobre o apoio dos discípulos diretos de Saint-Simon à política colonial francesa na Argélia, ver o artigo de Smaïl Hadj Ali, "Os sansimonianos e a colonização da Argélia". *Estudos Avançados*. São Paulo: USP, n. 56, jan./abr. 2006, pp. 225-36.

211. Gurvitch, op. cit., p. 99.

212 A expressão está em Gurvitch, op. cit., p. 84.

um pacto amistoso com o cristianismo; mas o Fausto de Goethe começaria vendendo a alma ao demônio. Teria razão Walter Benjamin quando lançou em um dos seus fragmentos inspirados a hipótese de que o capitalismo é uma religião?[213]

COLONIZAÇÃO E DESENVOLVIMENTO

A presença do termo "colonizar" na boca de Mefistófeles explica-se provavelmente por uma analogia carregada de significado histórico para o homem europeu. Goethe retoma o verbo habitualmente associado à empresa dos conquistadores portugueses, espanhóis, ingleses, holandeses e franceses nos séculos XVI e XVII.

No ensaio "Colônia, culto e cultura", procurei desentranhar do verbo *colo*, étimo de *colônia* e de *colonizar*, três dimensões que às vezes se interpenetram, às vezes se separam formando combinações diferenciadas. Não cabe reproduzir aqui as ramificações que o ensaio comporta. Apenas lembro que do mesmo verbo *colo*, que recobria as ideias de *trabalho e domínio*, dimensões econômica e política da colonização, derivam o particípio passado *cultus* (que tanto se referia à terra já arada como ao culto religioso) e o particípio futuro *culturus*, cuja forma plural neutra *cultura* traduzia para os romanos o grego *paideia*, conjunto de ideias e valores a ser transmitido para os jovens e as gerações vindouras.

Colo é o presente da conquista, dominação e exploração.
Cultus é o passado, o resultado físico e moral do trabalho, a memória, a *pietas*.
Cultura é o projeto, o valor a ser conquistado e transmitido, o futuro.[214]

A leitura do *Segundo Fausto* convida a historicizar esse quadro de referências. O pactário incorpora a sugestão de Mefisto e entende o momento da colonização como projeto de uma *nova criação*, que substituirá a vontade divina pela magia da técnica e do capital. Rigorosamente, trata-se de uma nova cultura, movendo corações, mentes e braços, ou seja, o capitalismo do século XIX, cujo potenciamento vivemos hoje em plena era da globalização.

As relações entre economia, política e religião não eram evidentemente as mesmas quando se pôs em marcha o processo de colonização do Novo Mundo

---

213. Ver as reflexões de Michael Löwy no artigo "O capitalismo como religião: Walter Benjamin e Max Weber", em Ivana Jinkings e João Alexandre Peschanski, *As utopias de Michael Löwy*. São Paulo: Boitempo, 2007, pp. 177-90.

214. Remeto ao capítulo inicial de *Dialética da colonização*. São Paulo: Companhia das Letras, 1992. A versão inglesa, *Colony, Cult and Culture*, saiu com poucas adaptações pela University of Massachusetts Dartmouth Press, 2008.

por obra dos Estados monárquicos da Europa ocidental. Portugal, Espanha, França e Inglaterra tinham saído (ou, sob alguns aspectos, estavam saindo) do universo feudal e haviam entrado na era do mercantilismo burguês. A história política dessas nações narra as lutas da burguesia em ascensão contra os privilégios das instituições corporativas e contra as exigências da nobreza de sangue, sempre *frondeuse*, e do alto clero católico.

Foi nesse período de turbulência ideológica (pois os estratos sociais elaboravam visões de mundo em oposição, Renascença, Reforma, Contrarreforma) que se deu a grande aventura dos descobrimentos atlânticos e índicos, ponto de partida do processo colonizador das Américas, da África e das Índias orientais.

A conquista do solo, a exploração intensiva dos recursos naturais e as economias de plantagem constituíram a infraestrutura da colonização enquanto *colo*, ação de conquistar terras, dominar, explorar. Quanto à escravidão, que os portugueses tinham reimplantado na Europa e logo estabeleceriam no Novo Mundo, passou a ser a espinha dorsal desse ingente processo.[215]

As diferenças históricas entre o "colonizar" do *Fausto* e o colonizar dos conquistadores europeus são manifestas, o que, porém, não nos dispensa de ponderar o alcance dos seus componentes.

Na obra de Goethe salta à vista a ruptura definitiva e assumida que o recente projeto industrial capitalista empreendia em face do passado: *"ao que aos olhos aprazia,/ com os séculos passado é"*. *Cultus* é rejeitado com veemência por Fausto em todas as suas dimensões até a destruição total. Não se trata apenas do sino que tange compassando as horas e enfurecendo o pactário que desejaria silenciá-lo para todo o sempre. Não se trata apenas da cabana, das tílias, da capela e dos entornos tranquilos que estorvam a visão do novo titã desbravador dos espaços naturais e construtor moderno de fábricas, diques e canais. Nada deterá a "nova criação": sob as ordens de Mefistófeles morrerão em meio às chamas Filêmon e Báucis, velhos moradores da cobiçada colina. A violência aqui se autojustifica em nome de interesses que se julgam absolutos. Entramos no coração da ideologia da burguesia industrial já vitoriosa na Inglaterra e na França e em vias de conquistar seu lugar mediante espúrias alianças naquela Alemanha contemplada do alto pelo olhar de águia de Goethe.

Mas, se voltarmos os olhos para testemunhas oculares de momentos cruciais da colonização do Novo Mundo, surpreenderemos, junto com a violência dos *conquistadores* e a exploração dos nativos e dos escravos africanos, vozes

---

215. Para uma visão de conjunto do que foi a colonização nas Américas, na África, na Ásia e na Austrália, recomendo a leitura de *O livro negro do colonialismo*. Org. de Marc Ferro. Rio de Janeiro: Ediouro, 2004.

dissonantes para as quais colonizar não deveria ser sinônimo de destruir, oprimir, esbulhar. Que valores religiosos ou éticos, ligados ao *cultus* medieval ou à nova *cultura* humanística da Renascença, interferiram na hora do julgamento de um processo de acumulação que ainda estava em curso?

Em plena Revolução Francesa houve um bispo ardentemente republicano, o *abbé* Grégoire, "*le plus honnête homme de France*", na opinião de Stendhal, que liderou bravamente a campanha pela abolição da escravatura nas Antilhas. Graças a seus esforços, foi extinta a instituição por um ato da Convenção promulgado em 4 de fevereiro de 1794. Poucos anos depois (1802), a decisão seria revogada por Napoleão, pressionado pelos colonos da Martinica e de Guadalupe.[216] Henri Grégoire escreveu então um livro de exaltação do dominicano espanhol Bartolomé de las Casas, defensor acérrimo dos índios contra os conquistadores espanhóis.[217]

O que ressalta no discurso de Las Casas e de seu predecessor, o franciscano Luís de Montesinos, é a contestação do direito incondicional de dominar e explorar o índio por parte do conquistador espanhol. É a mensagem evangélica de que todos os homens são filhos de Deus, tomada como lei natural e universal, que ambos os religiosos alegam para condenar a fome insaciável de ouro, mola da prepotência colonial. Valores religiosos, inspiradores, por sua vez, de princípios éticos e jurídicos, enfrentavam em luta desigual os interesses materiais que já repontavam cruamente nas primeiras reações de Cristóvão Colombo ao avaliar o nativo como servo utilizável nos trabalhos a serem empreendidos pelo conquistador branco.

Falando dos arauaques, que tinham acolhido festivamente o almirante e seus marujos oferecendo-lhes víveres e presentes, Colombo comenta em seu diário: "Com quinze homens nós podemos submetê-los todos e forçá-los a fazer o que bem quisermos".

Três séculos depois, Fausto igualmente pretenderá manipular as novas massas proletárias, ora com iscas sedutoras, ora com punições, e delas obter tudo quanto exigissem os seus desígnios de produção indefinida. Enceguecido embora por obra da Preocupação, seu pensamento obsessivo é fazer executar pelos servos o mais depressa possível o seu plano grandioso:

---

216. Grégoire deixou um testemunho notável das marchas e contramarchas da luta antiescravista nesse período nas suas *Mémoires*, publicadas pela primeira vez em 1840. Ver a edição prefaciada por J.-N. Jeanneney (Paris: Ed. de la Santé, 1989).

217. Abbé Grégoire, *Apologie de Barthelémy de las Casas, évêque de Chiappa*. Paris: Boudoin, s.d. Ver o escrupuloso artigo de Guy Bedouelle sobre a controversa acusação feita a Las Casas de ter pedido a introdução de escravos negros na América Espanhola, "Las Casas e o tráfico dos negros", em *Utopia urgente. Escritos em homenagem a Fr. Carlos Josaphat nos seus 80 anos*. Org. de Frei Betto, Adélia Bezerra de Meneses e Thomaz Jensen. São Paulo: Casa Amarela/Educ, 2002, pp. 243-50.

> *"Corro a cumprir o que o pensar revolve;*
> *Só a voz do senhor produz efeito —*
> *Servos, de pé! Aqui todos, chegai*
> *Meu pensamento ousado executai"*
> *Travar da ferramenta, pá e enxada!*
> *Realize-se a obra planeada*
> (vv. 11501-6)

A diferença nuclear entre os dois momentos reside no *maior grau de autonomia da instância econômica, traço inerente ao desenvolvimento capitalista industrial*. O século XIX ocidental consolidou o valor incondicional da produção e, por tabela, do trabalho que a efetua. Nos séculos XVI e XVII, os interesses materiais da burguesia mercantil e os privilégios dos beneficiários do excedente, nobres e alto clero, ainda estavam entretecidos e permeados de fortes convicções religiosas. Os agentes da empresa colonizadora lusa e espanhola se diziam e sentiam entranhadamente católicos, convicção que seria reforçada por sua adesão à Contrarreforma e à retomada dos ideais de expansionismo religioso não de todo extinto com o fim das Cruzadas.

Nessa coabitação de *colo* e *cultus*, de espada e cruz, que cimentou a ideologia colonialista dos primeiros séculos a partir dos descobrimentos, podemos divisar:

• ora uma aberta apologia da conquista, pela qual as naves portuguesas e espanholas e as bandeiras paulistas levavam frades e portavam cruzes para "cristianizar" os gentios e abençoar as sortidas predatórias dos conquistadores;

• ora uma resistência moral, de inspiração cristã, ao esbulho do índio e ao martírio do negro.

No primeiro caso, ocorreu a fusão ideológica dura e crua de *colo* e *cultus*: as crenças herdadas justificavam a ação presente. No segundo caso, *cultus* entrou em tensão com a dinâmica violenta de *colo*.

Os relatos e os sermões de frei Bartolomeu de las Casas, bem como sua polêmica teológica e jurídica com Sepúlveda (defensor da "guerra justa" contra os gentios), são hoje bem conhecidos e constituem, para muitos, uma verdadeira arqueologia do discurso pelos direitos humanos.[218]

---

218. Ver Fr. Carlos Josaphat, *Las Casas. Todos os direitos para todos*. São Paulo: Loyola, 2000. Las Casas denuncia como contrária à "equidade natural" toda imposição de trabalhos forçados ou tributos lançados sobre o povo sem o expresso e livre consentimento deste. No tratado *De regia potestate*, publicado postumamente (1571), obra de Las Casas ou composta sob sua direta inspiração, formula-se uma doutrina que contestava radicalmente a pretensão dos conquistadores de

Outro texto, este antiépico em pleno regime épico, é a "Fala do Velho do Restelo", que Camões incluiu no final do Canto IV dos *Lusíadas*. Na hora da partida das naus que levariam Vasco da Gama ao descobrimento do caminho das Índias, a festa promovida por dom Manuel, o Venturoso e pelos seus áulicos é ensombrada pelas imprecações de um velho que, saído do povo, amaldiçoa a empresa conquistadora. Cobrindo-se com os falsos nomes de glória, honra e fama, ela é, na realidade, obra da ganância e da soberba humana, cujo preço será o abandono do campo, a miséria das mulheres e das crianças que ficavam na praia, as guerras insanas contra povos desconhecidos, enfim a perdição material e moral dos que se lançavam na aventura marítima. Valores tradicionais vivos no mundo rural (*cultus*) são aqui expressos em contraste com a apoteose do projeto de conquista e da futura colonização das terras de além-mar (*colo*): contradição que surpreende se lembrarmos que o poema de Camões foi escrito com a intenção explícita de louvar a viagem do Gama e celebrar as virtudes militares *e religiosas* dos reis e navegadores lusitanos.

Na América Portuguesa, cedo chamada Brasil, a tensão entre as instâncias econômicas e morais do processo colonizador manifestou-se esparsamente nas restrições feitas pelos jesuítas à escravização dos índios e ao tratamento desumano infligido pelos senhores de engenho aos negros cativos.

O nome central, embora altamente contraditório, é o do padre Antônio Vieira, cuja obra missionária cobriu quase todo o século XVII. Em várias ocasiões ele acusou diretamente a causa do conflito: os colonos exigiam cada vez mais insolentemente o seu "direito" de arrancar os índios das tribos ou dos aldeamentos reais (organizados pelos jesuítas) para servirem de mão de obra gratuita a suas empresas agrícolas ou aos serviços urbanos. A reação dos colonos às restrições formuladas pelo jesuíta foi intensa e eficaz: expulso do Maranhão e do Pará com toda sorte de vexames, Vieira proferiu defesas eloquentes perante a regente portuguesa, alegando como valores universais *razões da natureza e razões das Escrituras*, tendentes a afirmar a igualdade natural dos homens enquanto filhos do mesmo Deus. É a matéria do *Sermão da Epifania*, pregado na Capela Real em

---

exigir trabalhos pesados dos índios, ou seja, condenava-se a própria célula da colonização ibérica nos Andes, a *encomienda*. Por força dessa instituição (que Las Casas conhecia de perto, pois fora "padre encomendero" antes de sua conversão), os índios eram arrancados de suas comunidades, "repartidos" e forçados a trabalhos servis não remunerados. Para o estudo dos documentos da época, ver Paulo Suess, *A conquista espiritual da América Espanhola*. Petrópolis: Vozes, 1992. Uma testemunha ocular da opressão dos colonos espanhóis e, depois, dos bandeirantes, predadores de índios e destruidores das missões do Sul, foi o padre Antônio Ruiz de Montoya, que deixou seu depoimento em *Conquista espiritual feita pelos religiosos da Companhia de Jesus nas províncias do Paraguai, Paraná, Uruguai e Tape*. Porto Alegre: Martins Livreiro Editor, 1985 (a 1ª ed. saiu em Madri, 1639).

1662 na presença da rainha viúva dona Luísa, que regia os negócios da monarquia durante a minoridade de dom Afonso VI.[219] Como já acontecera um século antes com Las Casas, a Coroa deu formalmente razão aos argumentos do pregador, mas essa concordância verbal não teve força para mudar a situação objetiva dos índios nas distantes colônias.

Octogenário, Vieira procurou defender os índios aldeados em São Paulo, cuja Câmara composta de bandeirantes e seus familiares expulsara os jesuítas que se opunham às entradas predatórias dos paulistas. A questão do trabalho forçado é o cerne da argumentação de Vieira na sua luta contra os regimentos aprovados pelos *homens bons* da cidade. No *Voto sobre as dúvidas dos moradores de São Paulo acerca da administração dos índios*, redigido no Colégio da Bahia e datado de 12 de julho de 1694, Vieira desmascara a permanência da escravidão dos nativos debaixo do nome de "Administração". O termo parece neutro, ainda é hoje corrente no jargão empresarial, mas Vieira o qualifica de "especioso", nele detectando tão só "licença e liberdade pública" para requerer trabalhos compulsórios...

O que temos, no fundo, em termos de ideologia e contraideologia? Em síntese, a exigência de limitar o raio de ação do senhor colonial de tal modo que a produção não ocupasse um lugar prioritário ou absoluto. A certa altura do *Sermão XXVII do Rosário*, em que é teologicamente posta em questão a existência mesma do direito "natural" de domínio do escravo pelo senhor, Vieira mostra-se consciente de que a razão de Estado, ou seja, o plano da legalidade, não tem o aval do discurso teológico: este obedece a princípios emanados da revelação. O Deus dos cristãos condena a iniquidade dos senhores. Daí provém uma lógica disjuntiva em relação à escravização dos africanos: a "justiça" da lei colonial positiva é um fato consumado, mas não coincide com a justiça definida pela teologia tomista reelaborada pela escolástica do século XVI:

"Bem sei que alguns desses cativeiros são justos, os quais só permitem as leis, e que tais se supõem os que no Brasil se compram e vendem, não dos naturais, senão dos trazidos das outras partes; mas que teologia há, ou pode haver que justifique a desumanidade e sevícia dos exorbitantes castigos com que os mesmos escravos são maltratados? Maltratados disse, mas é muito curta esta palavra para a significação do que encerra ou encobre. Tiraniza-

---

219. Antônio Vieira, *Sermões*. Porto: Lello, vol. I, tomo 2, p. 44. Este belo *Sermão da Epifania* traz uma crítica mordaz do preconceito de cor. Ver também o movimentado e imaginoso *Sermão XX do Rosário* sobre a preferência dada por Deus ao escravo e à cor negra.

215

dos deveria dizer, ou martirizados, porque ferem os miseráveis, pingados, lacrados, retalhados, salmourados, e os outros excessos maiores que calo, mais merecem nome de martírios que de castigos."[220]

A desumanidade dos senhores e feitores suscita em Vieira o profeta que os ameaça com o merecido castigo divino: *"Oh como temo que o Oceano seja para vós o mar Vermelho, as vossas casas como a de Faraó, e todo o Brasil como o Egito!"*.

Contraditoriamente, o mesmo Vieira, na esteira do projeto colonial português, aceitou o tráfico e a escravidão justificando-os em nome de desígnios divinos voltados para a salvação das almas dos africanos egressos do paganismo ou sujeitos ao islamismo.[221]

Como atribuímos tantas vezes essa inglória mistura de mercantilismo e providencialismo ao atraso ibérico, convém lembrar que o *Code noir*, promulgado em 1685 por Luís XIV entre os esplendores do classicismo de Versailles, conjugava artigos que prescreviam o chicote, marcas de ferro em brasa e, em certos casos, o castigo de morte infligido a escravos rebeldes, com a afirmação de que fora a Providência divina que levara os negros da África pagã ou muçulmana às colônias cristãs das Antilhas francesas.[222] Metrópoles e colônias estavam unidas no mesmo espírito.

Em outro contexto, o Fausto de Goethe já não apelaria para a linguagem religiosa mesclada de princípios mercantilistas nem na hora de justificar a sua obra de dominação, nem tampouco no momento de cobrir de gravosas sombras o espírito do seu herói trágico. O poeta moderno preferiu alegorizar na forma de um espectro chamado *Apreensão* (*Sorge*) o discurso moral que adverte Fausto da inquietude que continuaria perseguindo cada lance da sua vida roída pelo insaciável afã de prazer e poder. Essa imagem da Apreensão incessante tem uma potencialidade estética admirável, pois traz em si tanto a evidência opressiva da figura alegórica como a dramaticidade da vida psíquica arrastada pelo desejo.

Entretanto, mesmo depois de amaldiçoado e cegado pelo espectro, Fausto "corre a cumprir o que o pensar revolve", lançando-se de novo à realização de seus projetos. "Basta uma mente para mover um milhar de mãos!" Fausto morrerá pouco depois, mas para Mefistófeles a morte do pactário não deveria repre-

---

220. Id., ibid., IV, 12, p. 365.
221. Desenvolvi o tema em "Antônio Vieira, profeta e missionário. Um estudo sobre a pseudomorfose e a contradição, II parte". *Estudos Avançados*. São Paulo: USP, n. 65, jan./abr. 2009.
222. Ver Colette Hourtolle (org.), *La France esclavagiste*. Mouan Sartoux: Publications de l'École Moderne Française, n. 251, nov. 1992. Ver também L. Sala-Molins, *Le Code noir ou le Calvaire de Canaan*. Paris: PUF, 1988; I. e J.-L. Vissière, *La traite des noirs au siècle des Lumières*. Paris: A. M. Metaille, 1982.

sentar a consumação da obra avassaladora de que ele próprio fora o grande cúmplice. São significativas as suas palavras de irritação e desprezo quando ouve o coro dizer que, com a morte de Fausto, algo "passou", isto é, acabou-se:

> *Passou! palavra estúpida!*
> *Passou, por quê? Tolice!*
> *Passou, nada integral, insípida mesmice!*
> *De que serve a perpétua obra criada,*
> *Se logo algo a arremessa para o Nada?*
> *Pronto, passou. Onde há nisso um sentido?*
> (vv. 11597-602, trad. de Jenny Klabin Segall)

O fato é que não temos uma resposta unívoca à questão do *sentido* de toda uma vida (o que nos levaria a enfrentar a alternativa do niilismo, o *Eterno Vazio* invocado pelo demônio), mas sabemos que o empreendimento fáustico não morreria com o pactário, pois cresceu exponencialmente e predomina até hoje... A partir da Revolução Industrial, que Goethe conheceu parcialmente, tão só a emergência da consciência operária, revolucionária ou reformista, enfrentaria, em meio a lutas que ainda não cessaram, a vontade de poder do capital.

Tão agudo como o problema do direito colonial de escravizar era o dos modos como se exercia a sua violência. No século XVII, em pleno auge da produção de açúcar pelos engenhos nordestinos, que testemunho temos de vozes perplexas, se não consternadas, em face da corveia, "este desumano trabalho" executado pelos "miseráveis corpos" dos escravos negros?[223]

Conhecem-se passagens do sermão de Vieira pregado à irmandade dos negros de Nossa Senhora do Rosário, em que identifica as pesadas tarefas dos trabalhadores com o martírio de Cristo na cruz. O fato mesmo da brutal diferença de destino entre senhores e servos deixou marcas nos discursos do missionário, que confessa não compreendê-lo nem à luz da razão natural nem com o amparo das Escrituras.

Mas, se a interpretação providencialista que Vieira engendrou e o tom conformista geral, que acaba aceitando a escravização dos negros, são para nós intoleráveis variantes da ideologia colonial dominante, a descrição existencial guarda toda a força da sua verdade:

---

[223]. Ver Antônio Vieira, *Sermão XIV do Rosário pregado na Bahia à irmandade dos pretos de um engenho em dia de S. João Evangelista, no ano de 1633* (*Sermões*, cit., IV, 11, p. 305).

"Eles mandam e vós servis; eles dormem e vós velais; eles descansam e vós trabalhais; eles gozam o fruto de vossos trabalhos, e o que vós colheis deles é um trabalho sobre o outro. Não há trabalhos mais doces que o das vossas oficinas, mas toda essa doçura para quem é? Sois como abelhas, de que disse o poeta. *Sic vos non vobis mellificatis apes*. O mesmo passa nas vossas colmeias. As abelhas fabricam o mel, sim, mas não para si" (*Sermões*, IV, 11, p. 315).

A tecnologia colonial do engenho de açúcar foi certamente superada pela da máquina a vapor. Mas a condição do trabalhador braçal ou mecânico será ainda objeto de indignação no século XIX, dessa vez expressa nos *Manuscritos econômicos e filosóficos* de Karl Marx: "Por certo o trabalho humano produz maravilhas para os ricos, mas produz privação para o trabalhador. Ele produz palácios, mas choupana é o que toca ao trabalhador. Produz beleza, porém para o trabalhador só fealdade".

Sobre o "doce inferno" vivido pelos escravos nos engenhos da Bahia, comparem-se os períodos abaixo extraídos do mesmo sermão com o quadro desolador retratado por Engels, dois séculos depois (1844), a partir da sua observação das condições da classe operária inglesa em fábricas de Manchester:

"E que cousa há na confusão deste mundo mais semelhante ao Inferno, que qualquer destes vossos engenhos, e tanto mais, quanto de maior fábrica? Por isso foi tão bem recebida aquela breve e discreta definição de quem chamou a um engenho de açúcar *doce inferno*. E verdadeiramente quem vir na escuridade da noite aquelas fornalhas tremendas perpetuamente ardentes: as labaredas que estão saindo a borbotões de cada uma pelas duas bocas, ou ventas, por onde respiram o incêndio: os etíopes, ou ciclopes banhados em suor tão negros como robustos que subministram a grossa e dura matéria ao fogo, e os forcados com que o revolvem e atiçam; as caldeiras ou lagos ferventes com os cachões sempre batidos e rebatidos, já vomitando escumas, exalando nuvens de vapores mais de calor que de fumo e tornando-os a chover para outra vez os exalar: o ruído das rodas, das cadeias, da gente toda da cor da mesma noite, trabalhando vivamente, e gemendo tudo ao mesmo tempo sem momento de tréguas, nem de descanso: quem vir enfim toda a máquina e aparato confuso e estrondoso daquela babilônia, não poderá duvidar, ainda que tenha visto Etnas e Vesúvios, que é uma semelhança de Inferno."[224]

---

224. Id., ibid., p. 312.

Interpretando nesse diapasão o modelo fáustico, o ensaísta norte-americano Marshall Berman escreveu *All that is Solid Melts into Air*.[225] Goethe teria intuído genialmente o que Marx analisaria a fundo no *Capital*, ou seja, que o capitalismo nascente rasgaria as entranhas da natureza, destruiria sem piedade os modos de produção e as construções simbólicas que o antecederam, extrairia suor e sangue dos trabalhadores, colonizaria o mundo inteiro, enfim mudaria a face da Terra. As constatações de Marx e Engels foram expressas com veemência no *Manifesto comunista*:

> "A burguesia desempenhou na História um papel extremamente revolucionário.
> "Onde quer que a burguesia tenha chegado ao poder, ela destruiu todas as relações feudais, patriarcais, idílicas. Ela rompeu impiedosamente os variegados laços feudais que atavam o homem ao seu superior natural, não deixando nenhum outro laço entre os seres humanos senão o interesse nu e cru, senão o insensível 'pagamento à vista'. Ela afogou os arrepios sagrados do arroubo religioso, do entusiasmo cavalheiresco, da plangência do filisteísmo burguês, nas águas gélidas do cálculo egoísta. Ela dissolveu a dignidade pessoal em valor de troca, e no lugar das inúmeras liberdades atestadas em documento ou valorosamente conquistadas, colocou *uma* única inescrupulosa liberdade de comércio. A burguesia, em uma palavra, colocou no lugar da exploração ocultada por ilusões religiosas e políticas a exploração aberta, desavergonhada, direta, seca.
> "A burguesia despojou de sua auréola sagrada todas as atividades até então veneráveis, contempladas com piedoso recato. Ela transformou o médico, o jurista, o clérigo, o poeta, o homem de ciências, em trabalhadores assalariados pagos por ela.
> "A burguesia arrancou às relações familiares o seu comovente véu sentimental e as reduziu a pura relação monetária. [...] A burguesia não pode existir sem revolucionar continuamente os instrumentos de produção, portanto as relações de produção e, assim, o conjunto das relações sociais."[226]

---

225. Há tradução em português, *Tudo que é sólido desmancha no ar* (São Paulo: Companhia das Letras, 1986). A dimensão dramática do desenvolvimento a todo custo foi analisada por Lukács, em seu ensaio sobre Goethe, ponto de partida das reflexões de Berman. Do pensador marxista húngaro é *Goethe et son époque*. Trad. de Lucien Goldmann e Frank. Paris: Nagel, 1949.

226. Marx e Engels, *Manifesto comunista*. Trad. de Marcus Vinicius Mazzari. *Estudos Avançados*, São Paulo: USP, n. 34, set./dez. 1998.

Um leitor recente do *Fausto*, o ensaísta Michael Jaeger, radicalizando a leitura do *Manifesto*, interpreta a destruição da cabana de Filêmon e Báucis, assim como a morte violenta do velho casal, como uma "ruptura irreparável" do novo capitalismo com todo o passado tanto greco-romano como judeu-cristão: "No mar de chamas descrito por Linceu consomem-se os vigamentos que sustentam a edificação da cultura europeia".[227]

Um dos sinais da complexidade da posição de Marx e Engels é a convergência do reconhecimento do *caráter necessário da revolução burguesa*, que modificou a face da Terra, e da sua *amoralidade profunda*, que os termos "egoísta", "brutal" e "cínica" qualificam sem meias-tintas. A afirmação da necessidade histórica do sistema capitalista e, portanto, do modelo fáustico de civilização estaria, ainda uma vez, reiterando a tese da "racionalidade do real" de filiação hegeliana? Sim, na medida em que a hegemonia burguesa é vista pelo materialista histórico como uma fase incontornável do processo histórico efetivo. Não, porém, considerando que essa mesma hegemonia é assumida como um momento *provisório*, a ser superado pela *negatividade* de uma Razão histórica mais abrangente, a razão do trabalho, ou seja, da classe trabalhadora, que daria lugar a uma sociedade não capitalista, autenticamente humana.

Nem sempre os adeptos do marxismo têm sabido aprofundar e superar com paciente rigor essa penosa ambiguidade. De um lado, não são raros os exemplos de fácil concessão ao império do "realismo", que incorpora os chavões do economicismo, forma degradada e repetitiva do velho materialismo burguês: o mercado passa então a ser considerado um dado primário e um fado natural; e uma zona cinzenta de indistinção ideológica confunde o *éthos* liberal capitalista e o conformismo de uma esquerda sem horizontes. De outro lado, a confiança ilimitada na ideia de superação é, às vezes, cegamente automatizada, e uma onda anestesiante de idealismo utópico vem substituir o enfrentamento com a dureza pétrea da realidade presente. Reitero a palavra do narrador de *Grande sertão: veredas:* "Quem mói no aspro não fantaseia"...

Na primeira alternativa, as esquerdas cedem as suas armas ao projeto de desenvolvimentismo econômico, todo centrado no crescimento da produção: ex-comunistas abraçam-se com provectos corifeus do centro liberal. Na segunda alternativa, recusam-se a lidar com a força imanente no processo de reprodução social e apostam todas as suas fichas no caráter inovador da produção simbólica ou nos lazeres e prazeres do *homo ludens*.

Na primeira alternativa, tudo se resume nos mecanismos da produção e do

---

227. Michael Jaeger, *Faustus Kolonie*. Würzburg, 2004, p. 414, transcrito por Marcus Vinicius Mazzari no comentário ao *Fausto II*, cit., p. 935.

mercado, ou seja, fora da economia nada é "real" e não há salvação. Na segunda alternativa, alguns fatores extraeconômicos (em última instância, culturais, como a educação política dos legisladores e executivos, ou a prática da arte, do jogo e da festa, vista em termos de contracultura) são isolados e sobrestimados a ponto de se alçarem como realidades independentes das estruturas mesmas do sistema. A presença de ambas as posições dá um quadro diferenciado das relações entre o economicismo e o voluntarismo, o conformismo e o utopismo, polos notórios das reações de esquerda aos projetos de desenvolvimento.

Transcorridos dois séculos da concepção do drama goethiano, olhamos em torno de nós e, em meio ao que restou da natureza depois das investidas da Revolução Industrial, sentimos que é necessário lutar contra as mesmas forças que arrasaram a casa de Filêmon e Báucis e queimaram as suas velhas tílias. Falamos em "desenvolvimento sustentável", que os franceses exprimem com uma conotação temporal (*développement durable*), e temos a esperança de deter o processo de aquecimento global. Ainda e sempre o fogo, emblema dos ínferos!

Mas (e aqui reponta o nervo da contradição sistêmica) não há nação nem Estado que abra mão de integrar-se no processo global de crescimento das forças produtivas, arriscando-se embora a sacrificar reservas não renováveis do seu território ou a deixar mal resolvida a questão crucial do emprego.[228] A convicção de que o desenvolvimento industrial é um momento necessário da economia mundial estava explícita nos fundadores do chamado socialismo científico. Engels, comentando as contribuições de Marx à fundação do materialismo histórico, não deixa de sublinhar a *necessidade do modo de produção capitalista*, cujo "naufrágio", igualmente necessário, abriria o caminho para o socialismo e o comunismo.[229] Assim, a *Realpolitik*, combinando a força da necessidade com a necessidade da força, acabaria penetrando fundo na ideologia do capitalismo de Estado e do "socialismo real" onde quer que este tenha sido intentado.

Uma questão estruturalmente conexa com o que chamamos de complexidade do pensamento de Marx, e que não parece estar suficientemente aclarada, é a da aceitação "realista" dos caracteres necessariamente iníquos do capitalismo com vistas a um desenvolvimento social e intelectual da humanidade. É o que se depreende da interpretação feita por Lukács na sua *Ontologia do ser social*, quando comenta as *Teorias sobre a mais-valia* de Marx. Diz Lukács:

---

228. É observação de Marx: "Todas as formas do movimento da indústria moderna resultam, portanto, da transformação constante de uma parte da população trabalhadora em desempregados ou parcialmente empregados" (*O capital*, parte VII, cap. 23).

229. Engels, *Do socialismo utópico ao socialismo científico*, em *Marx/ Engels*, cit., p. 408.

"E, quando [Marx] destaca a contradição (também objetivamente existente) expressa no fato de que esse crescimento cultural do gênero humano só se pode realizar em detrimento de inteiras classes de homens, continua sempre no terreno de uma ontologia do ser social; descobre nesse âmbito um progresso ontológico, ainda que contraditório, no qual resulta claro que a essência do desenvolvimento ontológico reside no progresso econômico (que envolve, em última instância, o destino do gênero humano) e que as contradições são formas fenomênicas — ontologicamente necessárias e objetivas — desse processo."[230]

A linguagem, aqui antes determinista do que dialética, justifica a pergunta: Estaremos, de novo, lidando com a maquiavélica *verità effetuale della cosa*, agora hegelianamente subsumida na razoabilidade intrínseca de todo processo histórico efetivo? Se o esclarecimento da verdadeira doutrina de Marx é relevante, no caso, não é menos relevante conferir os efeitos dessa leitura no comportamento intelectual e político dos seguidores do marxismo.

De todo modo, a formulação de Lukács continua sendo discutível. A história do sistema capitalista nos séculos XIX e XX nos dá a confirmação da visão marxista do caráter planetário da economia fundada no mercado e na ativação das cadeias produtivas; ou, resumindo, *O capital* fornece o desenho da globalização, cuja dinâmica faz parte de nosso cotidiano. Contudo, a expansão econômica não foi nem é penhor de um desenvolvimento mental coletivo, no sentido de conduzir necessariamente a uma universalização do conceito mesmo de "gênero humano" com todos os benefícios morais que a ideia comporta. O mercantilismo desarticulou o feudalismo e foi o motor principal dos descobrimentos da África e da América, mas, ao mesmo tempo, construindo um vasto e opressivo sistema colonial, propiciou a formação de arraigados preconceitos étnicos, inimigos ferozes da ideia de igualdade de todos os homens. Herdando e dinamizando os bens da acumulação primitiva, o capitalismo industrial, por sua vez, não hesitou em manter as ex-colônias e as novas colônias em um regime de escravidão ou de estrita dependência econômica que atravessou todo o século XIX e boa parte do século XX.

Ao mesmo tempo, uma corrente difusa de subcultura evolucionista coabitou longamente com a ideologia racista em nome de diferenças anatômicas e epidérmicas observadas nas diferentes etnias. Sob o regime capitalista em fase tecnologicamente avançada, nacionalismos e ditaduras atrozes alimentaram, em pleno século XX, um sanguinário antissemitismo, que representava a própria

---

230. Lukács, *Ontologia do ser social*, cit., p. 56.

negação da ideia e do ideal de unidade e solidariedade do gênero humano. Confrontando essas ideologias regressivas, geradas no interior de um processo de enorme crescimento e acumulação das forças produtivas, com as visões do homem alcançadas pela reflexão de Sócrates e dos estoicos, ou pelo universalismo fraterno dos Evangelhos e de textos budistas redigidos em contextos tecnologicamente "atrasados", verifica-se que não houve nenhuma conexão necessária e efetiva entre o agigantamento das infraestruturas e a consciência da unidade ou da solidariedade do gênero humano. Esse alto grau de consciência, que Marx e Engels projetaram como conquista final do socialismo, não é, de todo modo, característica peculiar à expansão do capitalismo (liberal ou estatal), nem desta depende estruturalmente.

PARTE II

INTERSECÇÕES BRASIL/OCIDENTE

O MESMO E O DIFERENTE

Eppur si muove.
Galileo Galilei

Os intérpretes do Brasil e das nações egressas de sistemas coloniais partem, desde os meados do século XX, da aceitação tácita ou manifesta de uma dualidade fundamental: centro *versus* periferia.

Creio ser razoável perguntar se essa oposição é estrutural ou histórica; e, em consequência, se é estática ou dinâmica, se está fixada para todo o sempre como um conceito ontológico, ou se está sujeita ao tempo, logo à possibilidade de variação e mudança.

Há uma passagem em *A era dos impérios* de Eric Hobsbawm em que o historiador exprime a sua perplexidade em face do discurso sobre a diferença entre "partes avançadas e atrasadas, desenvolvidas e não desenvolvidas do mundo":

"Definir a diferença entre partes avançadas e atrasadas, desenvolvidas e não desenvolvidas do mundo é um exercício complexo e frustrante, pois tais classificações são por natureza estáticas e simples, e a realidade que deveria se adequar a elas não era nenhuma das duas coisas. O que definia o século XIX era a mudança: mudança em termos de e em função dos objetivos das regiões dinâmicas do Atlântico norte, que eram, à época, o núcleo do capitalismo mundial. Com algumas exceções marginais e cada vez menos importantes, todos os países, mesmo os até então mais isolados, estavam, ao menos perifericamente, presos pelos tentáculos dessa transformação mundial. Por outro lado, até os mais 'avançados' dos países 'desenvolvidos' mudaram parcialmente através da adaptação da herança de um passado antigo e 'atrasado', e continham camadas e parcelas da sociedade resistentes à transformação. Os historiadores quebram a cabeça procurando a melhor maneira de formular e apresentar essa mudança universal, porém diferente em cada lugar, a complexidade de seus padrões e interações e suas principais tendências."[231]

Eric Hobsbawm é um *scholar* cosmopolita de formação marxista e mente aberta; no fundo, um *progressista radical*, no sentido amplo e generoso de ambos os termos. É, ao mesmo tempo, um intelectual provindo do mundo "adiantado", mas capaz de ver com igual perspicácia os males sofridos pelos países "não desenvolvidos" e fazer a crítica interna da economia e da política dos países "desenvolvidos", atributos que, não por acaso, ele costuma colocar entre expressivas aspas. Declarando a sua perplexidade em relação às diferenças que separariam adiantados e atrasados, o seu discurso não as elimina arbitrariamente, e tampouco as petrifica, na medida em que é o movimento dentro da História que atrai o seu olhar, e não a fixidez de nomenclaturas forjadas para durar indefinidamente.

ÍNDICES DE DESENVOLVIMENTO HUMANO DE PAÍSES PERIFÉRICOS

Em face das disparidades visíveis a olho nu entre alguns centros europeus e norte-americanos (ou norte-atlânticos, como Hobsbawm prefere dizer) e diversas regiões do hemisfério sul egressas de sistemas coloniais, a nossa atenção é atraída por certas alterações significativas ocorridas nos últimos decênios principalmente em relação ao chamado Índice de Desenvolvimento Humano (IDH). Trata-se de uma forma de mensuração comparativa usada pelo Programa das Nações Unidas para o Desenvolvimento (PNUD) com o objetivo de avaliar o grau de qualidade de vida das populações: seus componentes são a longevidade média, a educação e o PIB per capita. No item *longevidade* estão implícitos fatores básicos, saúde e saneamento, que certamente terão favorecido a maior esperança de vida de cada habitante.

Se tomarmos o par centro-periferia como um dado invariável, inelástico, teremos de explicar como vários países de PIB modesto, geograficamente "periféricos" em relação ao "centro", atingiram índices de desenvolvimento humano

---

231. Eric Hobsbawm, *A era dos impérios. 1875-1914*, 11ª ed. São Paulo: Paz e Terra, 2007, p. 46.

bastante próximos dos apresentados pelos países desenvolvidos. A classificação de alguns desses países como *semiperiféricos*, adotada por estudiosos do sistema mundial como Wallerstein e Arrighi, aponta para a formação de espaços nacionais intermediários, entre os quais o Brasil, que recebeu, no entanto, a decepcionante marca de "semiperiférico precário"...[232] Trata-se de nações que estão ascendendo de situações inequivocamente dependentes, do ponto de vista econômico, para um grau de desenvolvimento superior, embora se mantenham, sempre em relação ao critério crucial da concentração de renda, distantes dos países ricos. O epíteto "emergente", que por vezes nos é concedido, será mais promissor, mas o que importa é saber o quanto traz de realidade e de verdade.

A América Latina é convencionalmente classificada como periférica, sendo notório o caráter tardio da sua modernização industrial. No entanto, já alcançaram, neste terceiro milênio, índices altos de desenvolvimento humano (em torno de 0,8) países como Barbados, Argentina, Chile, Uruguai, Bahamas, Costa Rica, Cuba, Panamá, Trinidad e Tobago e, mais recentemente, o Brasil, estando em ascensão os índices da Colômbia e da Venezuela. Em outros continentes chegaram a um patamar entre razoável e bom a África do Sul, os Emirados Árabes Unidos, Taiwan, Macau e Malásia. A periferia move-se.

Não se tem verificado uma conexão causal direta entre a posição ocupada pelo país em termos de Produto Nacional Bruto e o Índice de Desenvolvimento Humano, particularmente no que se refere à *expectativa de vida*. Temos uma assimetria evidente no caso de algumas nações classificadas como pobres (de resto, diferentes entre si) como Cuba e Costa Rica: em ambas a expectativa era, em 2007, de 77 anos de vida, um só ponto abaixo da norte-americana, que alcançava no mesmo ano a média de 78. Quanto à média brasileira, as estatísticas oficiais davam, também no mesmo ano, 72,24.

É significativo o fato de que *em quase todos os países em desenvolvimento a expectativa de vida vem crescendo regularmente desde meados do século XX. A diferença entre os países "avançados" e os países "atrasados", em relação à longevidade, caiu de 25 anos para doze no meio século que vai de 1950 a 2000. Em 1950, tínhamos 66,2 para os ricos contra 41 anos para os pobres. Em 2000: 74,9 contra 62,9.* A tendência geral é a diminuição progressiva do intervalo. A exceção dolorosa é a África subsaariana.

Periféricos em relação ao pleno desenvolvimento capitalista foram, até poucos decênios, países hoje ditos emergentes como a China e a Índia. Não terá

---

232. Ver Giovanni Arrighi, *A ilusão do desenvolvimento*. Trad. de Sandra Vasconcelos. Petrópolis: Vozes, 1997, p. 233.

sido o próprio termo "emergente" um recurso semântico aventado para escapar das malhas apertadas da dualidade centro-periferia?

Periféricos no continente europeu e tradicionalmente atrelados ao centro econômico britânico foram, desde o século XVIII até o começo do século XX, Irlanda e Portugal, hoje classificados em excelentes posições na lista dos países com alto grau de desenvolvimento humano (respectivamente 0,959 e 0,905).

Merecedores de análise e interpretação são também os índices de *mortalidade infantil*. A média mundial é de 51,45 mortes para mil nascimentos. É uma taxa que se explica, em grande parte, pela alta incidência de mortes na infância nos países da África subsaariana. A América Latina, incluindo o Caribe, vem conhecendo, felizmente, uma diminuição significativa dos índices de mortalidade infantil. Segundo dados da Unicef, morriam em nosso continente 55 crianças para cada mil nascimentos em 2005, número que caiu drasticamente para 27 em 2006.

No Brasil, verificava-se o índice alarmante de 82,8 em 1980, mas o índice bem menor de 26,6 em 2004, cerca da metade da média mundial. As disparidades regionais ainda contam de maneira ponderável, mas também nesse particular as quedas se têm feito sentir de maneira expressiva: no Nordeste, onde há notórios bolsões de miséria, sobretudo no Maranhão e em Alagoas, o índice caiu 55% entre 1990 e 2005, com números inferiores à média mundial, embora ainda inquietantes. No polo oposto, a cidade de Porto Alegre comemorou, no ano de 2008, o percentual *zero* de mortalidade infantil.

Outros países periféricos quanto ao PIB estão em melhor situação do que o Brasil. Para 2005, as estatísticas apontam: Cuba, com 6,83; em 2007 já caiu para 5,3, índice superior ao de alguns países de "Primeiro Mundo", como o dos Estados Unidos, calculado em 6,508, e o de Israel, calculado em 7,03. Diversos países latino-americanos já superaram metas internacionais de redução da mortalidade infantil previstas pela ONU: Martinica, 7,09; Chile, 8,8; Costa Rica, 9,95; Barbados, 11,72; Uruguai, 11,95; Argentina, 15,18.

O esforço para atingir um alto grau de *alfabetização*, componente básico do Índice de Desenvolvimento Humano, tem sido bem-sucedido em quase todos os países da América Latina e do Caribe, que hoje se aproximaram dos índices dos países ricos. Em escala percentual, acham-se acima da taxa de 85%, em ordem crescente: Antígua (85,8), Bolívia (86,5), Jamaica (87,6), Peru (87,7), República Dominicana (87,7), Brasil (88,4), México (90,3), Equador (91,0), Paraguai (91,9), Venezuela (93), Colômbia (94,2), Bahamas (95,5), Chile (95,7), Costa Rica (95,8), Granada (96,6), Guiana (96,5), Cuba (96,9), Uruguai (97,7), Barbados (99,7), Trinidad e Tobago (99,7). Especialistas da Unesco consideram "residual" o problema da alfabetização na América Latina, mazela que até os meados do século XX deplorávamos como inveterada e estrutural. Mais uma vez constata-se que não há relação causal obrigatória entre PIB e índices civilizatórios.[233]

Parece sensato, salvo melhor juízo, relativizar em alguns setores as noções de avanço e atraso estrutural, situando-as em séries históricas de longa duração, pois as conjunturas podem mudar à medida que programas de governo socialmente responsáveis e ações de ONGs nacionais e internacionais afetam marcas tradicionais de subdesenvolvimento. Muito mais lenta e problemática, de todo modo, tem sido a alteração de outra medida adotada para distinguir países desenvolvidos e "em desenvolvimento": o coeficiente Gini, que mostra diferenças de renda no interior de cada nação, comparando-as com as demais nações. O coeficiente Gini vai de 0 a 1 numa escala que supõe teoricamente uma igualdade perfeita entre todos os habitantes do país (zero) e a máxima disparidade de renda (um). Quanto mais alto é o coeficiente, pior a distribuição de renda.

Com raras exceções (dentre as quais a pontuação dos Estados Unidos é a mais surpreendente: 0,408 em 2000, não distante da chinesa, 0,441), os países desenvolvidos dispõem de uma distribuição de renda mais equilibrada do que os países em desenvolvimento. O menor índice atual é o do Japão, 24,9. O Brasil, cujo coeficiente Gini, em 2007, é igual a 57,0, está situado no grupo dos doze países mais desiguais do mundo. Melhoras verificadas recentemente têm sido modestíssimas. A má distribuição de renda, *punctum dolens* do subdesenvolvimento, continua sendo o divisor de águas entre centro e periferia, e só a sua efetiva superação mudaria a face da Terra. A comparação dos coeficientes Gini com os Índices de Desenvolvimento Humano (incluindo expectativa de vida, taxas de mortalidade infantil e generalização da educação básica) apresenta assimetrias que fazem pensar no caráter paradoxalmente estrutural e móvel da oposição centro-periferia. As raízes dessa dualidade mergulham profundamente na história da colonização, que atravessou fases de consolidação e fases de crise, fases de expansão e fases de contração, fases de integração conformista e fases de ruptura e negação, não se prestando a interpretações unívocas e fatalistas. Se a figura do fluxo e refluxo da onda vale para representar essa longa história, diríamos que os anos 1950-60 viram a eclosão de um processo político de descolonização, ao passo que os decênios seguintes assistiram ao triunfo de uma globalização que, em geral, aumentou a disparidade entre os países ricos e os países pobres. A partir do fim do milênio, sem ainda afetar a hegemonia do capital financeiro, tem-se esboçado uma renovada reação crítica à dependência dos países

---

233. Todos os dados foram extraídos do Programa das Nações Unidas para o Desenvolvimento.

em desenvolvimento em face da onipotência das empresas multinacionais cujas matrizes estão radicadas nos países desenvolvidos. Essa reação, que está *in progress* e não se confunde com o impetuoso nacionalismo dos anos 1950, faz-se em graus diferentes conforme os estilos políticos e culturais das nações periféricas.[234]

Voltando à análise dos índices de desenvolvimento humano, verificam-se sinais de melhora, mas tudo indica que mutações de largo espectro socioeconômico estão a exigir novas frentes de investimento produtivo combinadas com programas fiscais e sociais corajosamente distributivistas, o que não se faz sem discernimento e firme vontade política.

As mudanças positivas constatadas nos países em desenvolvimento devem ser atribuídas a políticas nacionais internas tomadas muitas vezes à revelia dos ditames neoliberais das agências financeiras globais.

De todo modo, o ufanismo ingênuo (ou interesseiro, como ocorreu nos anos do "milagre econômico") e, na outra ponta, o pessimismo crônico afim às condenações do Brasil a um irremediável atraso estrutural são generalizações abusivas, de efeitos ideológicos, que inibem a vontade de empreender uma práxis transformadora.

---

234. Uma análise incisiva do processo de globalização encontra-se no ensaio "Mitos da 'globalização'", de Paulo Nogueira Batista Jr. *Estudos Avançados*, São Paulo: USP, n. 32, jan./abr. 1998. O autor contesta a leitura acrítica do termo "globalização", que supõe uma difusão uniforme dos bens mundializados: ao contrário, o processo mantém o privilégio econômico de algumas nações que se beneficiam de sua posição centralizadora de sedes ou matrizes das empresas cujas filiais estão espalhadas pelo mundo inteiro.

DESENVOLVIMENTO: IDEOLOGIA E CONTRAIDEOLOGIA NA OBRA DE CELSO FURTADO

"A ideia de desenvolvimento está no centro da visão do mundo que prevalece em nossa época. Nela se funda o processo de invenção cultural que permite ver o homem como um agente transformador do mundo. Dá-se como evidente que este interage com o meio no empenho de efetivar suas potencialidades. Na base da reflexão sobre esse tema existe implicitamente uma teoria geral do homem, uma antropologia filosófica. A insuficiência dessa teoria responde pelo deslizamento frequente para o reducionismo econômico e sociológico."[235]

No parágrafo acima, com que Celso Furtado abre uma de suas sínteses mais vigorosas, podem-se destacar alguns temas que servirão de eixo às reflexões seguintes.

Em primeiro lugar, a convicção, hoje consensual, da *centralidade da ideia de desenvolvimento*. Aprofundando a noção ilustrada e, em seguida, positivista e evolucionista de *progresso*, o conceito de desenvolvimento ganhou força e amplitude entre as duas guerras mundiais para tornar-se o núcleo do discurso econômico e político da segunda metade do século xx; permanece até hoje como valor supremo a ser conquistado por todos os povos.

Em segundo lugar, o pensador toma por assente a conexão íntima entre o processo de desenvolvimento e a *invenção cultural*, que está na base da ciência, da tecnologia ("o homem como agente transformador do mundo") e das várias

---

235. Celso Furtado, *Introdução ao desenvolvimento. Enfoque histórico-estrutural*, 3ª ed. São Paulo: Paz e Terra, 2000, p. 7.

formas de transmissão de informações e valores que são os meios de comunicação e de ensino. Quando se pensa nas "medidas de desenvolvimento humano" elaboradas pelas Nações Unidas, dentre as quais avultam os índices de alfabetização e de frequência aos vários graus de ensino, entende-se quão amplo é o reconhecimento dessa relação. Em outras palavras: desenvolvimento supõe educação e cultura.

Em terceiro lugar, entrevê-se uma dimensão hegeliana na convicção de que o desenvolvimento está contido, *en-volvido*, na história da humanidade, na medida em que se adota o termo *potencialidade* como pressuposto do processo inteiro. O desenvolvimento não seria uma irrupção do acaso, um movimento que viria de fora; ao contrário, arranca de um fundo virtual formas de vida que irão definindo ao longo dos milênios um ser em projeto, chamado homem.

Em quarto lugar, o texto afirma a existência de uma relação "implícita" entre a ideia de desenvolvimento e uma concepção ampla do ser humano, aqui denominada *antropologia filosófica*. Pensar o desenvolvimento supõe pensar o que é e como será o homem. Ainda me parece implícita outra ideia: a da possibilidade de tomar por universal o conceito de gênero humano ao qual se atribui a potencialidade do desenvolvimento.

Em quinto lugar, o pensador constata que a ausência ou insuficiência de uma antropologia filosófica tem produzido o efeito negativo de *reduzir o conceito* de *desenvolvimento* submetendo-o a óticas parciais, tais como o economicismo e o sociologismo. Ambos os reducionismos são apontados como recorrentes.

A escolha de um texto de Celso Furtado como ponto de partida para estas reflexões não é aleatória. Trata-se de um pensador que se formou inicialmente na escola neoclássica da Economia, estudando a fundo as teorias de livre mercado dominantes na Europa do pós-guerra. Travou, no mesmo período, conhecimento com visões humanistas e críticas do liberalismo (Perroux, Myrdal). Pesquisou em profundidade a situação econômica das nações pobres da América Latina. Modelou, junto com Raúl Prebisch, a noção de subdesenvolvimento e de Terceiro Mundo em seus anos de trabalho no Chile integrando a Comissão Econômica para a América Latina (Cepal) e produzindo textos pioneiros da chamada "escola estruturalista" dos anos 1950 e 1960. Escreveu o clássico *Formação econômica do Brasil*. Procurou pôr em prática as suas hipóteses sobre a intervenção do Estado na mudança das condições socioeconômicas de regiões subdesenvolvidas (como superintendente da Sudene). Exerceu funções ministeriais no campo do planejamento nacional. Retomou seu trabalho docente na universidade francesa nos anos de exílio que se seguiram ao golpe militar de 1964. Rearticulou, por fim, os seus quadros teóricos à luz de uma reflexão que levaria em conta a historicidade dos processos econômicos e particularmente as relações tantas vezes assimétricas entre desenvolvimento material e criação cultural.[236] É a essa fase madura de sua riquíssima contribuição intelectual que pertence a *Introdução ao desenvolvimento*, de que extraí o parágrafo citado.

A tônica dos últimos ensaios de Celso Furtado recai no valor da criação e, mais precisamente, da criatividade cultural. O economicismo, que continua a ser frequente nos discursos sobre desenvolvimento, afirma a vigência de uma relação simétrica e regular entre crescimento econômico e tecnológico e invenção cultural. Mas o que o determinismo econômico assevera como princípio geral é relativizado pelo estudo histórico das culturas. Adotando uma linguagem weberiana, Celso Furtado distingue o desenvolvimento orientado por uma *racionalidade instrumental*, que produz o crescimento tecnológico e tudo quanto interessa diretamente aos meios materiais de uma civilização, e o desenvolvimento orientado por uma *racionalidade substantiva ou de fins*.

A originalidade das proposições que cito a seguir é tanto mais surpreendente quanto mais nos lembramos de que saem da mente de um estudioso que se dedicou a vida inteira a problemas específicos de desenvolvimento econômico:

"Permanece ignorada a razão pela qual uma sociedade favorece, neste ou naquele momento de sua história, a criação de técnicas e não de valores substantivos. Menos conhecidas ainda são as razões que orientam a criatividade de valores substantivos para o plano estético, religioso, político ou do saber puro. Contudo, não temos dúvida de que a inovação, no que respeita aos meios, vale dizer, o progresso técnico, possui um poder de difusão muito maior do que a criação de valores substantivos."[237]

---

236. Roteiros analíticos da trajetória intelectual de Celso Furtado encontram-se em Joseph L. Love, *A construção do Terceiro Mundo*. Rio de Janeiro: Paz e Terra, 1998, pp. 359-403; Luiz Carlos Bresser-Pereira, "Método e paixão em Celso Furtado", em L. C. Bresser-Pereira e J. M. Rego (orgs.), *A grande esperança em Celso Furtado*. São Paulo: Ed. 34, 2001; Ricardo Bielschowsky, "Celso Furtado e o pensamento econômico latino-americano", em *A grande esperança*, cit.; Tamás Szmrecsányi, "Celso Furtado". *Estudos Avançados,* São Paulo: USP, n. 43, set./dez. 2001. Um diálogo respeitoso e polêmico com algumas das teses de Furtado lê-se em Maria da Conceição Tavares, "Subdesenvolvimento, dominação e luta de classes", texto incluído em *Celso Furtado e o Brasil*. Org. de Maria da Conceição Tavares. São Paulo: Fundação Perseu Abramo, 2000. Críticas de fundo leninistas, mas entretecidas de expressões de admiração intelectual e moral pelo pensador nordestino, estão formuladas por Francisco de Oliveira no prefácio à sua estimável antologia, *Celso Furtado*. São Paulo: Ática, 1983.

237. *Introdução ao desenvolvimento*, cit., p. 8.

Dessas considerações deriva uma visão concreta, multiplamente determinada, do desenvolvimento. Para entendê-lo é necessário estudar com o mesmo afinco não só o crescimento bruto da produção de cada formação social, medido em termos de PIB, a disponibilidade dos seus meios técnicos e o processo de acumulação, mas também as formas de apropriação social do trabalho e os modos como a dominação econômica e política produz ou perpetua os vários graus de estratificação social. Enfim, devem-se estabelecer os limites que levam o crescimento da produção e do consumo à "destruição de valores e à supressão da capacidade criadora". O economista Celso Furtado franqueia, nessa altura, o limiar que o faria penetrar em um campo dialético de forças no qual produção e consumo têm de enfrentar realidades sociais inescapáveis como a distribuição de renda e realidades naturais incontornáveis como a conservação da natureza, nossa casa, nosso *oikos*, o que, em princípio, afeta poderosamente a *oikonomia*.

Em face da complexidade do conceito e de seu uso generalizado em discursos de intelectuais e políticos de todas as correntes partidárias e apartidárias, caberia perguntar: Em que medida a ideia de desenvolvimento terá assumido uma dimensão ideológica? Ou mais radicalmente: *Há uma ideologia do desenvolvimento?*

Pode-se falar em *ideologia do desenvolvimento* entendendo o termo *ideologia* no sentido amplo e difuso que lhe deu a sociologia do conhecimento e, em particular, a obra de Mannheim, *Ideologia e utopia*. É um estilo de pensamento, um complexo de ideias e valores, uma visão de mundo peculiar a um determinado tempo social e cultural. O termo *desenvolvimentismo* e o seu correspondente hispano-americano *desarrollismo* denotariam precisamente esse estilo de pensar econômico-político formulado no último pós-guerra quando emergiu a expressão *Terceiro Mundo* para qualificar os países ditos *subdesenvolvidos*.

A latitude semântica do termo alcançou dimensões supraestruturais ou simbólicas: daí falar-se em desenvolvimento da educação, dos meios de comunicação e até mesmo das ciências, letras e artes. Em todas essas aplicações ressaltava-se (como ainda se ressalta em discursos oficiais) o componente quantitativo do desenvolvimento: *mais escolas, mais estações de TV, mais computadores, mais livros editados, mais teses de mestrado e doutorado* etc. A identificação de desenvolvimento com crescimento da produção é devedora da raiz capitalista do seu uso desde a Segunda Revolução Industrial, quando passou a concorrer com o termo genérico, *progresso*.

O crescimento das forças produtivas e a acumulação de bens e serviços constituiriam *fins* últimos do desenvolvimento conforme os paradigmas da escola clássica da Economia. Assim, os economistas liberais não só se dedicaram a compor modelos microeconômicos, lógico-dedutivos, de crescimento, como lhes deram caráter normativo. A sociedade por eles descrita e interpretada deveria ser também — e cada vez mais intensamente — a sociedade ideal futura, em que o *homo economicus*, liberto enfim dos entraves feudais e corporativos, poderia realizar, isto é, "maximizar", todas as suas potencialidades físicas e intelectuais; numa palavra, *desenvolver-se*.

Com algumas diferenças de escala e estilo, a concepção economicista e tecnológica de desenvolvimento permanece até hoje tanto nos países ricos, ditos centrais, como nos pobres, ditos periféricos. O ideal de crescimento máximo é planetário. Segundo Celso Furtado, esse ideal agrupa três objetivos principais: a) o aumento da produção; b) a satisfação das necessidades mínimas da força de trabalho, como alimentação, saúde, vestuário e habitação; e c) a consecução de objetivos e estilo de vida dos grupos dominantes.[238]

A doutrina neoliberal aplica seus modelos a-históricos pretendendo mostrar que esses três objetivos acabam alcançando um estado ótimo de equilíbrio, ajustando-se reciprocamente conforme os interesses individuais regidos pela mão invisível do livre mercado. Se as leis eternas desse mercado forem religiosamente cumpridas, as metas do desenvolvimento acabarão por ser alcançadas em toda parte: a produção crescerá, a classe trabalhadora satisfará as suas necessidades básicas e os grupos doadores de trabalho, isto é, os empresários, fruirão legitimamente de um estilo de vida cada vez mais próspero e parecido com o das burguesias dos países ricos.

O quadro acima é pensado como *natural e racional* pela maioria dos beneficiários do crescimento econômico. Mas, como é, de fato, um construto unilateral, o discurso que o produz cai nas malhas da *ideologia* considerada agora do ponto de vista forte e valorativo expresso por Marx e Engels na *Ideologia alemã*. A ideologia naturaliza e racionaliza o interesse particular de uma classe, no caso, a burguesia, que "se desenvolve" às expensas da exploração da força de trabalho.

O pensamento econômico neoliberal é também unilateral em termos de tempo: o seu modelo é estático, pois parte da imagem paradigmática do industrial britânico tal como se apresentava na fase inicial da Revolução Industrial. É desse *homo economicus* que falava o discurso clássico, pois os outros seres humanos não pesavam na atribuição de poderes decisórios e só tardiamente foram admitidos à classe de eleitores. A expansão do capitalismo foi assimétrica em relação à conquista do sufrágio universal.

Enfim, o quadro é igualmente parcial no que diz respeito ao espaço social

---

238. Id., ibid., p. 22.

em que se define o desenvolvimento. Como o modelo capitalista nasceu na Inglaterra e estendeu-se, com algumas alterações culturais, a nações europeias medianamente industrializadas, como a Holanda, a Bélgica, a Alemanha e a França, tornou-se problemático aplicá-lo *in totum* a nações tardiamente industrializadas como foram os países ex-coloniais da América Latina e, ainda mais tardiamente, da África, por isso mesmo rotuladas como periféricas, atrasadas e subdesenvolvidas.

Parcial quanto ao *sujeito*, quanto ao *tempo* e quanto ao *lugar* de um processo realizado por múltiplos agentes, e que se foi ampliando na longa duração em um espaço global, a ideologia liberal capitalista não alcançou dar conta do caráter contraditório que assumiria o crescimento das forças produtivas chamado, mediante a figura retórica da metonímia, "desenvolvimento".

A METONÍMIA TOMA A PARTE PELO TODO

Sujeito. Se o contexto é o sistema industrial, a ideologia toma *o interesse do empresário* pelo interesse de todos os agentes da produção, incluindo retoricamente mas excluindo objetivamente os trabalhadores.

Espaço social. Se o contexto é o da sociedade como um todo, a ideologia liberal toma *o interesse da classe dominante* pelos interesses das demais classes, incluindo-as retoricamente e excluindo-as objetivamente.

Tempo social. A mesma figura da parte pelo todo se dá no nível temporal. As características de um determinado período são consideradas comuns a todos os períodos históricos. A ascensão do capitalismo inglês *ao longo do século XIX* converte-se em paradigma planetário permanente.

Se a metonímia ideológica nasce de um equívoco teórico — o do necessário e harmonioso equilíbrio para o qual tenderiam os desejos de todos os indivíduos — ou se é efeito de má-fé, o resultado é sempre o mesmo: *tomar por natural e universal o que é histórico e parcial.*

Era firme convicção de Celso Furtado: "Em nenhum campo dos estudos econômicos o embasamento ideológico é tão visível como na chamada teoria do desenvolvimento. [...] O individualismo burguês teve aí uma das suas expressões ideológicas mais sofisticadas e convincentes".[239]

---

239. Celso Furtado, *Economia do desenvolvimento. Curso ministrado na PUC-SP em 1975*. Rio de Janeiro: Contraponto/Centro Internacional Celso Furtado, 2008, p. 127.

ENTRE A ACEITAÇÃO E A RECUSA: AS RAZÕES DO REFORMISMO

O crescimento está no começo, no meio e no fim dos discursos neoliberais, assim como já estava nos discursos dos economistas clássicos. O fim era a riqueza das nações como somatória da riqueza dos indivíduos ambiciosos e operosos.

As doutrinas socialistas buscaram provar que os objetivos do capitalismo e de seus defensores eram parciais, interesseiros, egoístas e injustos, assim como os seus meios eram identificados como formas de exploração e opressão. As proposições emanadas dos apologistas da burguesia resolviam-se em afirmações *ideológicas*, mistificadoras da realidade, racionalizadoras da iniquidade estabelecida. Contudo, a denúncia marxista não repudiava um *desideratum* central da economia clássica, o crescimento das forças produtivas.

Entre a aceitação e a recusa da lógica liberal foi-se construindo, a partir do final do século XIX e ao longo de todo o século XX, um caminho do meio, contestado por ambos os extremos. Seu nome genérico pode ser *reformismo*, suas formas históricas concretas chamaram-se *revisionismo, trabalhismo, solidarismo, doutrina social cristã, cooperativismo, democracia social* e, mais recentemente, *social liberalismo*. O pêndulo do reformismo tem oscilado entre uma posição de centro-esquerda e uma posição de centro-direita conforme a prevalência do valor *justiça*, inerente à primeira posição, ou *livre iniciativa*, peculiar à segunda.

O divisor de águas que separa o reformismo do marxismo é a ideia de revolução. O reformismo propõe uma correção sistêmica, mas gradual, da rota traçada pelo capitalismo liberal. Enquanto sistêmica, essa posição é hostilizada pela ortodoxia clássica defensora de outro sistema, o do mercado. Enquanto gradualista, é, por sua vez, contrastada pelo pensamento marxista nas suas versões leninista e trotskista, portador de outro projeto, o da revolução operária, que destruiria de alto a baixo a estrutura capitalista.

A conjuntura atual favorece a retomada dos ideais reformistas na medida em que são considerados falidos tanto os projetos "socialistas reais", levados adiante pela União Soviética até a década de 80 do século passado, como os projetos neoliberais hegemônicos nos últimos trinta anos. Ganham corpo discursos alternativos de dupla negação: *nem... nem*.

Não me proponho traçar a história das várias doutrinas reformistas que procuraram humanizar a lógica implacável do capitalismo industrial. A rigor, teriam de ser relembradas e postas em seus respectivos contextos as lutas sindicais que visaram à redução das jornadas de trabalho, à elevação dos salários, à regulamentação do trabalho da mulher e do adolescente, aos direitos de aposentadoria por idade, tempo ou invalidez, à proteção contra danos provocados pela execução de tarefas altamente arriscadas, aos direitos de férias, de greve etc. Em suma, recordar a história de numerosos movimentos que resultaram em conquistas codificadas, sobretudo depois da Primeira Guerra Mundial, na legislação trabalhista e na previdência social de quase todas as nações.

As doutrinas reformistas que secundaram o embate da classe operária com os apropriadores da mais-valia diferiam teoricamente entre si, tendendo ora para o radicalismo, ora para o pragmatismo, mas um interesse comum as aproximava: deslocar para o universo do trabalho a atribuição de valor que a economia capitalista dava prioritariamente à acumulação do capital. A tônica passa a incidir nas necessidades e na dignidade da pessoa do operário e na denúncia da conversão do seu labor em pura mercadoria.

Se assumirmos o ponto de vista médio do cidadão social-democrata de países europeus onde se estabeleceu com razoável êxito o Estado-Providência, não poderemos deixar de reconhecer que o reformismo conseguiu institucionalizar algumas das conquistas obtidas pelas classes trabalhadoras nos últimos 150 anos; o neoliberalismo, agindo em sentido contrário, tem feito o possível para miná-las, mas ainda não logrou perfazer o seu intento.

Em que medida o reformismo integrou a ideia de desenvolvimento tal como veio a conceber-se no Brasil ao longo do século XX?

A pergunta, apesar de sua latitude, restringe o campo da resposta àquelas posições doutrinárias que pretendem corrigir os desequilíbrios do capitalismo no Brasil e, por extensão, na América Latina, sem apelar para táticas revolucionárias. Entramos, portanto, na área teórico-prática do *desenvolvimentismo* auspiciado pela gestão de um Estado-Providência topicamente intervencionista. Foi esse, em linhas gerais, o caso brasileiro a partir de 1950 com o segundo governo de Getúlio Vargas e as presidências de Juscelino Kubitschek e João Goulart.

CELSO FURTADO: UMA NOVA CONCEPÇÃO DE DESENVOLVIMENTO

> *Em nenhum campo dos estudos econômicos o embasamento ideológico é tão visível como na chamada teoria do desenvolvimento.*
>
> Celso Furtado, *Economia do desenvolvimento*

O teórico de maior fôlego de um desenvolvimento orientado por políticas públicas foi o economista argentino Raul Prebisch, leitor e admirador de Keynes e autor, em 1949, de um texto-manifesto, *O desenvolvimento econômico da América Latina e seus principais problemas*. No contexto das relações econômicas internacionais a argumentação de Prebisch contestava a teoria ricardiana das vantagens comparativas: na verdade, o que se dera em um longo arco de tempo que se iniciara no fim do século XIX fora uma deterioração dos preços dos produtos primários exportados pelos países egressos do sistema colonial. As "vantagens comparativas" tinham revertido para os países ricos, já industrializados, e acabaram sendo, de fato, desvantagens reais para os países pobres exportadores de produtos primários.

O trabalho de Prebisch, publicado pela Comissão Econômica para a América Latina (Cepal), estimulou as reflexões que Celso Furtado, pesquisador da mesma instituição, elaborou para a seção brasileira do *Levantamento econômico da América Latina*. A Cepal foi acolhida por Getúlio Vargas, que, no seu primeiro ano como presidente eleito, 1951, sustentou a iniciativa de Prebisch e Furtado de transformar aquela Comissão em agência permanente das Nações Unidas.[240]

Considerando a constelação teórica do reformismo nesses anos de pós-guerra, podem-se discernir linhas de pensamento díspares que acabaram convergindo para a formação de uma *incipiente perspectiva contraideológica* no sentido de contestar a apologia do mercado e da abstenção do Estado como eixos do crescimento econômico; apologia então expressa aguerridamente por economistas de prestígio como Eugênio Gudin e Octavio Gouvêa de Bulhões.[241] De resto, a situação dos estudos de Economia, nos anos 1950, reproduzia o esquema neoliberal ministrado nas universidades norte-americanas.

Keynes, sobre o qual Prebisch escrevera um ensaio compreensivo, admitira, em termos conjunturais, o planejamento em nível de governo para que a economia de uma nação se aproximasse do ideal do pleno emprego.[242] A sua análise,

---

240. Ver Celso Furtado, *A fantasia organizada*. Rio de Janeiro: Paz e Terra, 1985, pp. 120-2; "A importância de Prebisch", em *O capitalismo global*, 6ª ed. Rio de Janeiro: Paz e Terra, 2006, pp. 18-20. Para o estudo da trajetória de Prebisch, ver Joseph Love, op. cit., pp. 289-334.

241 Ver *Estudos Avançados,* dossiê "Pensamento Econômico", São Paulo: USP, n. 41, jan./abr. 2001, e n. 43, set./dez. 2001, com perfis dos nossos principais economistas; sobre C. Furtado, ver, no n. 43, o artigo de Tamás Szmerecsányi. De especial interesse para o estudo da oposição entre economistas liberais e intervencionistas é a polêmica travada em 1944 por Eugênio Gudin com Roberto Simonsen, o primeiro, corifeu da ortodoxia e contrário à industrialização via subsídio estatal, e o segundo, líder industrial favorável à prática do planejamento público. Ver *A controvérsia do planejamento na economia brasileira*. Rio de Janeiro: IPEA/INPES, 1977. Eugênio Gudin voltaria à carga nos anos 1950 ao criticar a doutrina estruturalista da Cepal.

242. Raul Prebisch, *Introducción a Keynes*, 2ª ed. México: Fondo de Cultura Econômica, 1951.

levando em conta os desequilíbrios do capitalismo industrial, lançava uma ponte para valorizar a importância das decisões políticas no tratamento dos problemas macroeconômicos.

Keynes era, porém, apenas uma das fontes teóricas de Celso Furtado, que conhecera nos anos de estudante em Paris a obra de François Perroux, economista heterodoxo que aliava a sua ardente fé religiosa a uma crítica sistemática do liberalismo puro e duro. [*Retomo adiante as concepções econômicas de Perroux ao abordar a sua influência na obra do fundador do movimento Economia e Humanismo, o padre Lebret, cuja ação contraideológica se fez sentir no Brasil entre os anos 1950 e 1960.*] Embora o estruturalismo de Prebisch e Furtado não abraçasse as tendências corporativas de Perroux, a sua denúncia dos monopólios e o seu reconhecimento da legitimidade de políticas econômicas públicas convergiam para o projeto de responsabilidade do Estado na superação do subdesenvolvimento que os cepalinos admitiam como necessária.

Mas havia outra corrente: no Brasil, a primeira posição avessa ao *laissez-faire* saiu da militância positivista gaúcha herdada nos anos 1930 por Getúlio Vargas e mais sistematicamente por seu primeiro ministro do Trabalho, Lindolfo Collor.[243] A Revolução de 30 continha um componente duplo, antioligárquico e conciliador, modernizante e conservador, que acabou deslocando a hegemonia da economia agroexportadora do Brasil para o processo de substituição das exportações, via industrialização com apoio do Estado. Essa combinação de conservadorismo e inovação, de Ordem e Progresso, tem raízes culturais positivistas, de resto plenamente assumidas pelos primeiros ocupantes do governo instalado em 1930, Getúlio Vargas, Lindolfo Collor e Neves da Fontoura, todos discípulos de comtianos gaúchos ortodoxos, Júlio de Castilhos e Borges de Medeiros. Celso Furtado não só admite em seu autorretrato intelectual a presença do positivismo científico (primeira camada teórica subjacente à sua formação) como adverte, em termos de condicionamento econômico, a singularidade do viés positivista antiliberal da política gaúcha:

"O movimento político de 30 permitiu renovar as cúpulas dirigentes, afastando os grupos mais diretamente ligados à economia da exportação. Novos elementos dirigentes, vindos de áreas menos ligadas aos mercados ex-

---

243. Procurei mapear a presença do positivismo social na vida política gaúcha e na política trabalhista de Vargas no capítulo "A arqueologia do Estado-Providência", em *Dialética da colonização*, cit.

ternos, como era o Rio Grande do Sul, deram início a uma política que, se bem não obedecesse a qualquer diretriz conscientemente estabelecida, fundava-se numa percepção mais direta da realidade e *era menos condicionada por esquemas ideológicos que prevaleciam entre os dirigentes das regiões cafeicultoras*."[244]

A leitura dos discursos proferidos pelos deputados do Partido Republicano Rio-grandense ao longo do primeiro quartel do século XX sugere que a filiação positivista, sempre explícita, dos futuros homens de 1930 serviu de cimento ideológico às suas preferências pela industrialização, pela ação orientadora do Estado e por uma desconfiança bem comtiana em relação ao liberalismo político. Um enxerto de longa duração, como, *mutatis mutandis*, havia sido o liberalismo excludente no século XIX brasileiro.

Quanto aos militares que sustentaram o movimento de 30, a começar pelos *tenentes*, haviam recebido uma coriácea doutrinação positivista em sua formação intelectual, o que os situava, na época, à esquerda do liberalismo oligárquico hegemônico durante a República Velha.

Uma posição pragmática de caminho do meio entre o liberalismo e a social-democracia foi proposta pelo mentor intelectual do *trabalhismo* brasileiro, o economista gaúcho Alberto Pasqualini, autor das *Bases e sugestões para uma política social*,[245] que desde o imediato pós-guerra propunha uma retificação dos "abusos do poder econômico" mediante uma legislação social inspirada nas práticas do Estado-Providência europeu. Alberto Pasqualini foi um dos defensores ardorosos da criação da Petrobras. O fato é que o projeto industrializante com apoio estatal, formulado por Prebisch e Furtado nos anos 1950, recebeu acolhimento da parte da política nacionalista e trabalhista do segundo governo Vargas. Quanto ao desenvolvimentismo da era JK (1955--60), oscilou entre um esboço de planejamento estatal (planos de metas, fundação da Sudene sob a orientação de Celso Furtado) e uma franca opção neocapitalista, o que limitou a ideia mesma de desenvolvimento a suas dimensões produtivistas.

A relação de Celso Furtado com o marxismo foi antes de fundo respeito intelectual do que de aceitação dos caminhos de luta direta de classes que animaram secularmente os adeptos da prática revolucionária. O seu reformismo, ancorado em partidos democráticos e no Estado planejador, afastou-o do ideal

---

244. *Dialética do desenvolvimento*. Rio de Janeiro: Fundo de Cultura, 1964, p. 115. Grifos meus.

245. Rio de Janeiro: Livraria São José, 1958.

da insurreição proletária e da respectiva ideia de ditadura do proletariado, na mesma medida em que o apartava de todas as formas de neoliberalismo e de crença no equilíbrio do mercado.[246]

É significativa a sua afirmação de que a influência de Marx nele se tenha feito "por intermédio de Karl Mannheim, o homem da sociologia do conhecimento,[247] que colocou o saber científico em um contexto social". Pouco adiante, reitera a constatação:

> "Considero relevante que minha descoberta do marxismo se haja dado por intermédio da sociologia do conhecimento. Quando li *O capital*, no curso que fiz logo depois da guerra no Instituto de Ciência Política de Paris, já sabia suficiente macroeconomia moderna para não me seduzir pelo determinismo econômico que tinha explicação para tudo à custa de simplificar o mundo."

Como é notória a divergência entre a sociologia do saber de Mannheim e as bases mesmas do materialismo histórico (ver a posição crítica de Horkheimer comentada na primeira parte deste livro), tudo leva a crer que Celso Furtado assimilou de suas leituras de Marx antes a sua densa e robusta história da formação do capitalismo moderno do que a esperança revolucionária de superar o sistema pela via do confronto direto entre classes visando à futura hegemonia do proletariado. Mannheim inspirava a Celso Furtado um ideal de reformismo que fosse elaborado pelo intelectual crítico capaz de conceber estratégias de planejamento a longo prazo no âmbito de um Estado democrático e responsável.[248] Planejamento e Estado de direito estão na base do projeto social-democrático de Furtado e de seu mestre, Karl Mannheim.

---

246. Chamo a atenção para o denso capítulo "A herança ideológica", em que Celso Furtado se detém em uma leitura do marxismo acentuando a sua dimensão racional-moderna, a sua aposta na dinâmica das forças produtivas bem como os seus limites políticos quando apropriado pela ortodoxia soviética (em *Os ares do mundo*. São Paulo: Paz e Terra, 1991).

247. Em *O capitalismo global*, 6ª ed. São Paulo: Paz e Terra, 2006, p. 9.

248. Comentando os objetivos da Universidade das Nações Unidas, de cujo conselho participava em 1981, diz Furtado: "E [eu] voltava à ideia de Alfred Weber, desenvolvida por Karl Mannheim, de que a *intelligentsia* socialmente desvinculada constitui um estrato social heterogêneo capaz de desempenhar um papel autônomo no processo de tomada de consciência dos problemas mais cruciais que se apresentam a um povo. Por que não aplicá-la à sociedade global, que me parecia ser o último ponto de apoio na luta pela sobrevivência num mundo onde se pretende fundar a segurança no terror termonuclear?" (*Os ares do mundo*, 2ª ed. São Paulo: Paz e Terra, 1992, p. 261).

Entretanto, em seus últimos trabalhos, Celso Furtado se mostraria sensível ao papel das organizações populares ou, de todo modo, não governamentais (ONGs) e à sua capacidade de *fazer política* fora do aparelho estatal e da representação parlamentar, como é o caso do seu elogio ao Movimento dos Trabalhadores Rurais Sem Terra (MST) proferido em declarações datadas do fim da década de 1990.[249] O reconhecimento da urgência de uma atividade política criativa se foi exprimindo cada vez mais intensamente quando se deu conta do imobilismo a que as ditaduras latino-americanas dos anos 1970 procuravam sujeitar os vários segmentos da população. Percebe-se nesses textos de plena maturidade a aversão que inspiravam a Celso Furtado as tecnoburocracias próprias dos regimes autoritários, às quais ele desejaria opor novas e ousadas formas de imaginação política.[250]

Nessa ordem de considerações, parece justo dizer que os chamados anos de chumbo da ditadura militar propiciaram a Celso Furtado uma ocasião (infeliz mas fecunda) para repensar o conceito de desenvolvimento em uma direção complexa, contraideológica, que daria pleno valor aos fatores não econômicos (culturais, políticos) do processo.

Em um ensaio seminal, "Considerações sobre o caso brasileiro", que precedeu a redação de *O mito do desenvolvimento econômico* (1974), Celso Furtado empreende uma crítica aguda do economicismo dominante nas teorias do desenvolvimento:

> "Por uma questão de facilidade metodológica, o economista concentra a sua atenção nos aspectos mensuráveis do desenvolvimento, isto é, privilegia as variáveis que são passíveis de uma expressão quantitativa. Fica implícito que os demais elementos do processo permanecem imutáveis, ou não afetam de forma significativa o conjunto do processo durante o período em que se realiza a observação."[251]

---

249. O MST, Movimento dos Trabalhadores Rurais Sem Terra, foi criado formalmente em 1984, mas seus primeiros assentamentos datam do fim dos anos 1970, tendo começado com o apoio da Pastoral da Terra na região gaúcha das Missões, outrora massacrada por bandeirantes e tropas coloniais. Consultar: Bernardo Mançano e João Pedro Stédile, *Brava gente. A trajetória do MST e a luta pela terra no Brasil*. São Paulo: Fundação Perseu Abramo, 1999; e Eduardo Scolese, *Pioneiros do MST*. Rio de Janeiro: Record, 2008.

250. Ver particularmente *Criatividade e dependência na civilização industrial*. Rio de Janeiro: Paz e Terra, 1978.

251. Em *A hegemonia dos Estados Unidos e o subdesenvolvimento da América Latina*, 2ª ed. Rio de Janeiro: Civilização Brasileira, 1975, pp. 129-30.

As variáveis não econômicas ou *lato sensu* culturais omitidas pelas tabelas quantitativas podem conservar-se por períodos longos ou sofrer mutações que não acompanham necessariamente o ritmo dos processos especificamente econômicos de produção e acumulação de bens materiais. Essa relação, não raro assimétrica, entre economia e a dinâmica existencial e cultural dos seus agentes e pacientes não é contemplada pelas teorias ortodoxas do crescimento, que por isso acabam convertendo-se em *ideologias do desenvolvimento*. Mais uma vez, a ideologia se constitui em termos de metonímia chamando de interesse geral o que é parcial.

No texto em questão Celso Furtado ataca o cerne do problema perguntando ao economista quantitativo: *Por que se produz determinada constelação de bens e não outras? Em benefício de quem se faz o desenvolvimento?* [252]

São questões de fundo, questões de fins e não só de meios, que remetem a uma concepção real e não mistificante de desenvolvimento. Importa saber se o desenvolvimento "possui um *sentido*", se é "um conjunto de respostas a um projeto de autotransformação de uma coletividade humana". Em termos ainda mais incisivos:

"O ponto de partida do estudo do desenvolvimento deveria ser *não a taxa de investimento, ou a relação produto-capital, ou a dimensão do mercado*, mas sim o horizonte de aspirações da coletividade em questão, considerada esta não abstratamente mas como um conjunto de grupos ou estratos com perfil definido, assim como o sistema de decisões que prevalece nessa sociedade e os fatores limitantes que escapam ao poder interno de decisão. O desenvolvimento é a transformação do conjunto das estruturas de uma sociedade em função de objetivos que se propõe alcançar essa sociedade."[253]

A observação do "milagre econômico brasileiro" do começo dos anos 1970 levou o pensador a encarar o crescimento do PIB em um contexto de *tecnoburocracia autoritária, enorme concentração de renda, arrocho salarial, predação selvagem de recursos naturais não renováveis e aceitação passiva da hegemonia norte-americana*.

Mais do que nunca divergiam as suas concepções de crescimento e desenvolvimento integral.

---

252. Id., ibid., p. 130.
253. Id., ibid., p. 131.

UM ESBOÇO DE ESTRATÉGIA: PESSIMISMO DA INTELIGÊNCIA, OTIMISMO DA VONTADE

> *Enquanto a inteligência só trata de tomar o mundo como ele é, a vontade, ao contrário, tende a fazer primeiro o mundo como deve ser.*
> Hegel, *Enciclopédia das ciências filosóficas*, § 234, Adendo

A lógica perversa do sistema estimulava Furtado a examinar a fundo os limites do "desenvolvimento dependente", não para mergulhar na autocomplacência do intelectual forjador retórico de frases niilistas, mas para enfrentar animosamente o que aí está com os olhos postos no que pode e deve ser. O que é a essência do realismo político tão belamente definido por Gramsci em termos de "pessimismo da inteligência e otimismo da vontade"; enlace patente na estratégia delineada nas propostas que seguem:

1. **Seria necessário** contrapor à *tecnoburocracia* uma inteligência crítica capaz de sondar as causas mesmas da dependência com o propósito de instruir políticas públicas de longo alcance. Em *O Brasil pós-"milagre"* Celso Furtado vai além desse ideal de uma elite pensante, pois acolhe o projeto de uma "ampla mobilização popular" para que a ação do Estado venha a servir, de fato, a sociedade como um todo. De todo modo, o seu pensamento não subestima jamais o papel do intelectual empenhado:

> "A ação da vanguarda requerida constitui uma das tarefas mais nobres a serem cumpridas pelos trabalhadores intelectuais em épocas de crise. Cabe a estes aprofundar a percepção da realidade social para evitar que se alastrem as manchas de irracionalidade que alimentam o aventureirismo político; cabe-lhes projetar luz sobre os desvãos da história, onde se ocultam os crimes cometidos pelos que abusam do poder; cabe-lhes auscultar e traduzir as ansiedades e aspirações das forças sociais ainda sem meios próprios de expressão."[254]

A direção da tecnocracia é exatamente o oposto da que Celso Furtado atribui a essa vanguarda intelectual engajada. A tecnocracia tende a reforçar os interesses de grupos já beneficiados pela concentração de renda. Nos anos de

---

254. Celso Furtado, *Em busca de novo modelo. Reflexões sobre a crise contemporânea*. São Paulo: Paz e Terra, 2002, p. 37.

chumbo "implantou-se a geopolítica aberrante da 'potência emergente'".[255] Mais uma vez: a ideologia tomava retoricamente a parte pelo todo, criando uma imagem falsa de totalidade, que se traduzia em totalitarismo.

2. **Seria necessário** contrapor ao processo de *concentração de renda* uma política fiscal distributiva gradual e coerente. E, nesse tópico árduo, nosso *punctum dolens*, Celso Furtado lembra a persistente discriminação da população negra e do trabalho feminino, dados de realidade que o economicismo ignora ou descarta. Vale a pena lembrar que, em 1972, convidado a colaborar no jornal *Opinião*, então sob censura militar, Celso Furtado escreveu um texto admirável, cujas ideias mestras foram retomadas em *O mito do desenvolvimento econômico*, e que se acham sintetizadas no capítulo intitulado "Quem justifica a concentração de renda?".[256] [*O tema voltará a ser tratado linhas abaixo.*]

3. **Seria necessário** contrapor à *estrutura fundiária iníqua* o amplo acesso à terra, ainda controlado por latifundiários rentistas e empresas de agronegócio transnacionais. Dar subsídios fartos à agricultura de exportação em vez de amparar eficazmente o pequeno produtor é política ruinosa que agrava a pobreza de boa parte da população rural.

Sem descartar a intervenção do Estado no propósito de corrigir as distorções da estrutura fundiária brasileira, Celso Furtado reconheceu, a partir dos anos 1990, o papel relevante dos movimentos sociais na condução de mudanças efetivas. Leia-se a sua apreciação do MST nesta passagem de *O capitalismo global*:

"A única força social nova com grande capacidade de mobilização, entre nós, é o Movimento dos Trabalhadores [Rurais] Sem Terra, cujos objetivos são elementares: questionamento da velha divisão patrimonial das terras que atrasou o Brasil secularmente; investimento em pequenas propriedades, no sentido de promover a formação nas áreas rurais de uma sociedade civil mais estruturada. Mediante planejamento adequado é perfeitamente viável colocar a grande parte dos 4 milhões dos atuais sem-terra em pequenas unidades de produção. Cooperativas de várias ordens poderão dar

---

255. Id., ibid., p. 32.
256. "Quem justifica a concentração de renda?", em *Os ares do mundo*. São Paulo: Paz e Terra, 1991, pp. 181-9. A denúncia da superexploração do trabalhador negro aí se faz de modo cortante e desassombrado.

maior consistência e poder negociador para que possam enfrentar as poderosas organizações comerciais."[257]

4. Seria necessário contrapor ao *arrocho salarial* uma prática de elevação dos salários e de participação do trabalhador no lucro das empresas. Sem medidas institucionais dessa envergadura, não haveria, como não houve ao longo da Revolução Industrial ocidental, uma relação constante e diretamente proporcional entre crescimento da produção e salário.[258] Celso Furtado não acompanha o ponto de vista do "desenvolvimento dependente-associado" (variante centrista e pragmática da teoria da dependência) que chegou a afirmar a existência de uma conexão direta entre o aumento da produtividade e o salário do trabalhador na indústria. O "milagre econômico" do começo dos anos 1970 confirmaria as suspeitas de Furtado, pois aumentou a concentração de renda em um quadro de crescimento favorecido por um regime autoritário. "A economia vai bem e o povo vai mal", frase atribuída a um general-presidente, dizia toscamente o que o pensador do desenvolvimento exprimia em alto nível.

Em um patamar mais alto de generalização, formulado no *Prefácio à nova economia política*, Celso Furtado lembraria que "*o cálculo racional do capital é perfeitamente compatível com formas servis de trabalho*", proposição inteiramente válida para a coexistência estrutural de capitalismo liberal e escravidão no Brasil do século XIX, e aplicável *mutatis mutandis* a práticas de superexploração do trabalho em certas fases de acumulação do capital.[259]

Aqui, o cuidado em distinguir contextos é indispensável. "No quadro de uma economia nacional central o custo da mão de obra e o poder de compra da população são dois lados de um mesmo processo." Mas

---

257. Celso Furtado, *O capitalismo global*, 6ª ed. São Paulo: Paz e Terra, 2006. O prefácio da obra em sua primeira edição data de Paris, 1998.

258. Ver a análise da relação entre crescimento da produtividade nas indústrias pesadas brasileiras e a relativa estagnação da massa salarial: "O fruto do aumento substancial de produtividade ocorrido no setor industrial não foi transferido (ou o foi cada vez menos) para a massa da população assalariada" (*A hegemonia*, cit., p. 146). Por sua vez, os efeitos do aumento da produtividade "se concentram em diversificar a demanda dos grupos de altas rendas" (p. 150).

259. Celso Furtado, *Prefácio à nova economia política*. Rio de Janeiro: Paz e Terra, 1976, p. 37, n. 27. O tema da desproporção entre produtividade e salário, tratado em termos de tradições culturais que muitas vezes se distanciam dos cálculos microeconômicos, mereceu desenvolvimento à parte no tópico "A medição do produto social e o sistema de preço" (pp. 44-51), de que extraio este parágrafo polêmico: "A ideia de que o salário de um trabalhador está ligado à produtividade específica desse trabalhador constitui uma das ficções mais curiosas da economia neoclássica" (p. 47).

"o quadro em que opera uma empresa que se expande no plano transnacional é fundamentalmente distinto, pois neste caso não existe relação entre o custo da mão de obra e o poder de compra daqueles que vão adquirir o produto. Para a realização de tarefas idênticas nas indústrias manufatureiras, o custo da mão de obra na Coreia do Sul e em Singapura é de dez a doze vezes mais baixo que nos Estados Unidos, e no México de quatro a cinco vezes mais baixo".[260]

A mesma constatação retorna nesta passagem da *Introdução ao desenvolvimento. Enfoque histórico-estrutural*:

"*Posto que a busca da modernização na periferia exclui a possibilidade de elevação do salário real básico, as empresas transnacionais encontram-se em renovada posição de força frente a outras forças sociais no centro*. A nova divisão internacional do trabalho permite-lhes alcançar um duplo objetivo: abrir espaço para a industrialização periférica no quadro da modernização — o que amplia o espaço de utilização da técnica disponível — e reforçar a posição que ocupam no centro, em particular frente às poderosas organizações sindicais."[261]

O reformismo de Celso Furtado vale-se da teoria marxista da mais-valia aplicada ao contexto contemporâneo da lógica das empresas transnacionais. Atente-se para a observação certeira sobre a estratégia dessas mesmas empresas, que exercem seu poder em detrimento da classe trabalhadora tanto nas nações periféricas como nos seus próprios núcleos de decisão. A superexploração da periferia pode gerar desemprego ou subemprego no centro.

5. **Seria necessário** contrapor à *degradação ambiental* um freio ao consumismo irresponsável das classes altas. O relatório do Clube de Roma sobre limites do crescimento (1972) impressionou Celso Furtado, que passou a avaliar as dimensões ecológicas do processo global, embora não compartilhasse, naquela altura, da visão catastrófica do documento: só os países ricos, ponderava ele, e os estratos altos, logo minoritários, das sociedades subdesenvolvidas ameaçariam gravemente o equilíbrio ambiental com seu estilo de vida consumista. Nesse particular, pergunto se a degradação ambiental cada vez mais intensa em todo o planeta não levou o nosso pensador da economia a rever sua posição e a dar razão

---

260. "Prefácio", cit., p. 107.
261. *Introdução ao desenvolvimento. Enfoque histórico-estrutural*, 3ª ed. Rio de Janeiro: Paz e Terra, 2000, p. 122. Grifos meus.

àquela palavra de alarme do Clube de Roma. É o que se pode depreender destas palavras extraídas de *Em busca de novo modelo*:

> "Hoje [2002], faço uma reflexão complementar: o desenvolvimento dos países que estão na vanguarda do progresso tecnológico também parece haver tomado uma direção errada, que leva a outro tipo de bloqueio. Há mais de vinte anos já me parecia claro que a entropia do universo aumenta, isto é, que o processo global de desenvolvimento tem um considerável custo ecológico. Mas só agora esse processo se apresenta como uma ameaça à própria sobrevivência da humanidade. Generalizar esse modelo para toda a humanidade, o que é a promessa do chamado desenvolvimento econômico, seria apressar uma catástrofe planetária que parece inevitável se não se mudar o curso desta civilização."[262]

Um pensador ligado à teoria crítica, Jürgen Habermas, não diria outra coisa ao homenagear a memória de Marcuse: "Nenhum leitor de jornais pode se iludir hoje em dia quanto ao entrelaçamento de produção e destruição".[263]

6. **Seria necessário** contrapor à *concentração industrial* uma política de descentralização na esteira do que François Perroux chamava "polos de crescimento", expressão que Celso Furtado endossava com entusiasmo e que procurou concretizar como superintendente da Sudene. O benefício regional que essa desconcentração causaria deveria ser potenciado com o uso energético da biomassa, recurso renovável que evitaria a adoção exclusiva de combustíveis fósseis notoriamente poluidores. Hoje, com mais força de razão, Celso Furtado disporia de argumentos ecológicos para recomendar o recurso à energia extraída de biocombustíveis.

7. **Seria necessário** contrapor à *aceitação passiva da hegemonia cultural norte-americana* a formação de uma cultura nacional que, sem padecer dos males ideológicos da xenofobia, soubesse valorizar o que já se construiu em termos de criação no Brasil nas ciências básicas, na pesquisa tecnológica, nas artes, nas letras e em conquistas efetivas nas áreas do ensino superior e dos meios de comunicação.

---

262. *Em busca de novo modelo. Reflexões sobre a crise contemporânea.* São Paulo: Paz e Terra, 2002, p. 78. Colchetes meus.
263. Habermas, "Os diferentes ritmos da filosofia e da política", em *A constelação pós--nacional. Ensaios políticos.* Trad. de Márcio Seligmann-Silva. São Paulo: Littera Mundi, 2001, p. 205.

Ritornello. Em face do problema recorrente da concentração de renda, divisor de águas entre uma economia desenvolvida e uma economia subdesenvolvida, Celso Furtado sugere, para escândalo dos neoliberais, que se reduza, no prazo de três a cinco anos, de uma quarta parte a renda do grupo (mais rico) constituído de 1% da população (que aufere 50% da renda nacional); e que igualmente se reduza de 10% a renda do grupo de alta classe média, que representa 9% da população e aufere mais de 20% da renda nacional. O montante da redução se repartiria entre impostos sobre o consumo suntuário (o que elevaria os preços dos artigos de luxo e de ponta) e impostos sobre a poupança.[264]

De todo modo, *os recursos assim liberados deveriam subsidiar investimentos em setores que não reforçassem o atual estilo de desenvolvimento para os ricos.* Uma leitura transversal da obra de Celso Furtado reencontra como *Leitmotiv* a tese de que o consumo sofisticado e o desperdício praticados pelas classes alta e média alta bloqueiam o investimento produtivo básico resultando em um dos fatores da disparidade de níveis de vida inerente à concentração de renda.

Recapitulando, em *Os ares do mundo*, as discussões travadas na Cepal em torno dessa hipotética intervenção tributária do Estado, Celso Furtado reconhece que "reduzir o consumo dos grupos de altas rendas já constitui por si mesmo uma autêntica revolução"...

O elenco dessas propostas batia de frente com o "modelo brasileiro" tal como veio a constituir-se algum tempo depois de desfechado o golpe de 1964. Celso Furtado submeteu a política econômica dos anos do "milagre" a uma cerrada análise graças à qual já detectava a força da internacionalização que correu em sincronia com o galopante endividamento externo. Nas observações constantes de *O Brasil pós-"milagre"*, obra publicada em 1981, a inflação crescente na década que se iniciava é acusada como efeito da política monetária do regime. Nos anos 1990, sob a gestão de Fernando Henrique Cardoso, proponente do modelo "dependente-associado", ampliou-se consideravelmente a ação das empresas multinacionais e do capital financeiro. Para matizar o quadro cumpre lembrar que, nessa mesma gestão, os efeitos perversos da espiral inflacionária receberam um ajuste corretivo graças ao Plano Real; e em seguida, já no início do século XXI, e sem romper com a ortodoxia do FMI,

---

264. *A hegemonia*, cit., p. 165. Celso Furtado, ao formular essa proposta distributivista, lembra que uma estratégia similar já havia sido alvitrada pelo economista Edmar Bacha, em *Política econômica e distribuição de renda*. Rio de Janeiro: Paz e Terra, 1978, p. 61. A referência está em *O Brasil pós-"milagre"*. Rio de Janeiro: Paz e Terra, 1981, p. 61.

empreendeu-se uma política distributivista de certo alcance social no governo de Luiz Inácio Lula da Silva.

Há evidências de que ambas as intervenções do Estado (cada uma a seu modo) foram benéficas. Os índices de que dispomos dizem que a pobreza absoluta diminuiu, a natalidade infantil decresceu, a alfabetização de crianças em idade escolar chegou a um alto patamar, o acesso aos meios eletrônicos de comunicação tornou-se cada vez mais viável e a esperança de vida ultrapassou a média mundial. Alguns analistas eufóricos já nos chamam de emergentes, situando-nos na mesma categoria da China, da Índia e da Rússia; outros, menos eufóricos, nos atribuem o conceito de semiperiféricos..., embora ainda "precários". Mas o número dos que repetem que continuamos e continuaremos a ser periféricos e atrasados estruturais ainda é respeitável. Quer sejamos entranhadamente pessimistas, insistindo em dizer que o presente é pura reiteração compulsiva do atraso colonial, não havendo futuro para este irremediável Brasil, quer sejamos animosos, buscando soluções que garantam a construção de uma sociedade decente, somos levados a tomar a sério a visão problematizadora dos rumos do mundo atual que Celso Furtado foi articulando ao longo de meio século de reflexão. Partindo da análise econômica de uma formação pós-colonial, ele atingiu um nível de saber holístico pondo-se no encalço de um *sentido* que facultasse a compreensão do nosso presente.

Como pensador engajado, Celso Furtado nos ensina que, se houver um futuro diverso do passado, ele só poderá começar no único tempo de que dispomos, o presente. Mas sem ilusões. Em 13 de novembro de 1999, falando perante uma comissão mista do Congresso Nacional, declarou sem rebuços: "O Brasil não se desenvolveu; modernizou-se. O desenvolvimento verdadeiro só existe quando a população em seu conjunto é beneficiada".[265] Mas no capítulo "Que futuro nos aguarda?", que integra *Em busca de novo modelo*, Celso Furtado convocou os políticos e intelectuais responsáveis à tarefa de

> "preparar a nova geração para enfrentar grandes desafios, pois se trata, por um lado, de preservar a herança histórica da unidade nacional, por outro, de continuar a construção de uma sociedade democrática aberta às relações externas. Assim, o sonho de construir um país capaz de influir no destino da humanidade não se terá desvanecido".[266]

---

265. *Em busca de novo modelo*, cit., p. 21
266. Id., ibid., p. 43. A sóbria formulação de Celso Furtado me parece mais inteligente do que os pronunciamentos drásticos que condenam o Brasil a não ter porvir, ou lhe auguram jubilosos o melhor dos futuros; provavelmente por motivos de ordem psicológica que não cabe aqui examinar, são precisamente as declarações extremadas, categóricas, que mais atraem os aplausos

Voltamos aos termos que serviram de mote a estas páginas: o desenvolvimento deve, em primeiro lugar, obedecer a uma lógica de fins, que é a lógica do sentido das ações humanas. Caso contrário, não se irá além do crescimento bruto e localizado que não consegue, por si mesmo, integrar-se em um projeto social superior à mecânica dos meios. Patinaremos então na ideologia que subjaz ao *mito do desenvolvimento econômico* denunciado antologicamente por Celso Furtado. Continua em aberto o desafio de edificar uma nova economia política.

MEIOS E FINS

Celso Furtado, como se viu, incorporou ao seu discurso sobre desenvolvimento a distinção weberiana entre ações racionais quanto aos fins e ações racionais quanto aos meios. Estas últimas são instrumentais assim como é instrumental a racionalidade própria da microeconomia, que elabora técnicas que são apenas meios adequados para atingir objetivos pontuais. As técnicas não dispõem, por si mesmas, de condições autorreflexivas para conceber fins nem para aferir a sua validade. Os esquemas neoclássicos pressupõem simplesmente a existência de valores econômicos genéricos e universais (aumento da produção, acumulação de bens materiais, "a riqueza das nações"), mas não estão aptos para discernir se os desígnios de cada "programa" são, no seu todo, razoáveis ou desarrazoados, pacíficos ou belicosos, justos ou injustos. A racionalidade instrumental não pode nem se propõe pensar o sentido ou o sem-sentido das ações que executa, pois os seus movimentos obedecem a uma lógica quantitativa imanente, cujo único valor é o de sua eficácia operacional. Tudo se resume em um cálculo de mais e de menos, de maior e menor, facilmente digitalizável. O qualitativo, por sua vez, remete a valores e antivalores, bem-mal, justo-injusto, moral-imoral, verdadeiro-falso, que são compreensíveis tão só no plano da racionalidade substantiva em vista dos fins da ação.

Diz Celso Furtado:

"Os fins a que me estou referindo são os valores das coletividades, os sistemas simbólicos que constituem as culturas. Por que não preocupar-se prioritariamente com o significado das coisas, com os constrangimentos que modulam as opções essenciais dos indivíduos, com a lógica dos fins? Se a política de desenvolvimento objetiva enriquecer a vida

---

do público; este se sente dispensado de pensar e avaliar as forças múltiplas e contraditórias que agem no interior da vida social de uma nação.

dos homens, seu ponto de partida terá de ser a percepção dos fins, dos objetivos que se propõem alcançar os indivíduos e a comunidade. Portanto, a dimensão cultural dessa política deverá prevalecer sobre todas as demais."[267]

A limitação metodológica da microeconomia acadêmica impediu, por longo tempo, que a teoria do desenvolvimento capitalista se liberasse de seus modelos analíticos e dedutivos, formalmente bem travados e às vezes elegantemente expostos, mas incapazes de captar as variáveis sociais e ambientais que definem *situações de subdesenvolvimento*. A trajetória científica de Celso Furtado foi marcada pela exigência ética de transcender esses modelos convencionais no sentido de elaborar um discurso holístico atento às descontinuidades históricas, às disparidades sociais e aos riscos ambientais. A modelagem de um novo conceito de desenvolvimento requeria um saber interdisciplinar que, sem descartar os expedientes práticos da racionalidade formal, batesse às portas da história, da sociologia weberiana ou marxista, das ciências políticas e das ciências da vida. O conhecimento idôneo dessas disciplinas contribuiu para fundamentar critérios humanistas de valor sem os quais o emprego cego dos meios técnicos pode ser funesto. Não por acaso Celso Furtado deplorou, a certa altura, a ausência de uma antropologia filosófica que permeasse os estudos macroeconômicos. Caso essa falta pudesse ser suprida, a teoria do desenvolvimento poderia penetrar no universo do sentido.[268]

Temos na obra de Celso Furtado uma comprovação do valor que Habermas dá à categoria de *interesse* enquanto motor das pesquisas sociais. Trata-se de uma zona de intersecção feliz de um certo ramo do marxismo europeu (Furtado cita Marcuse e Habermas a propósito do uso político da ciência) com o pensamento de um cientista brasileiro que pôs a mão na massa como funcionário de Estado em momentos de política planejadora.

Impõe-se de novo, nesta altura, a questão da ideologia. Enquanto procede por *via metonímica*, a microeconomia tende a converter-se em poderosa ideologia. O risco é particularmente grave sempre que os interesses em jogo tomam sistematicamente a parte pelo todo atribuindo à racionalidade dos meios uma dimensão axiológica e normativa que não lhe é própria. Vejam-se os desgastes provocados nos anos 1990 pela obediência cega aos modelos neoliberais do

---

267. *O capitalismo global*, cit., p. 70.
268. Recomendo a leitura das reflexões constantes de uma de suas obras mais originais, *Criatividade e dependência na civilização industrial* (edição definitiva). São Paulo: Companhia das Letras, 2008.

Fundo Monetário Internacional e do Banco Mundial.[269] Em face dessa tendência constante do discurso neoclássico, Celso Furtado propõe uma resistência ética ao seu "falso neutralismo",[270] que se degradou em "terrorismo metodológico".[271] Em outras palavras, propõe um conceito contraideológico de desenvolvimento, cuja marca registrada é o *interesse geral*.

---

269. As observações críticas de Celso Furtado em relação às macropolíticas ortodoxas foram plenamente confirmadas no início do milênio por J. Stiglitz, *A globalização e seus malefícios. A promessa não cumprida dos benefícios globais*. Trad. de Bazán. São Paulo: Futura, 2002.

270. A expressão "falso neutralismo" atribuída às técnicas da microeconomia está em *O capitalismo global*, cit., p. 47. No mesmo contexto, Celso Furtado adverte para os efeitos indesejáveis da acumulação que, no caso brasileiro, "engendrou a marginalização social e reforçou as estruturas sociais de dominação ou as substituiu por outras similares. Em verdade, a acumulação periférica esteve de preferência a serviço da internacionalização dos mercados que acompanhou a difusão da civilização industrial" (id., ibid., p. 48).

271. "Nas ciências sociais o terrorismo metodológico é particularmente esterilizante" (*Transformação e crise na economia mundial*. São Paulo: Paz e Terra, 1987, p. 264).

LUGARES DE ENCONTRO. CONTRAIDEOLOGIA E UTOPIA NA HISTÓRIA DA ESQUERDA CRISTÃ. LEBRET E "ECONOMIA E HUMANISMO"

Conforme o dito de Santo Tomás: é preciso pensar sempre no assunto.

Padre Lebret

Se atentarmos para a formação intelectual de nosso maior pensador do desenvolvimento, talvez o que mais nos chame a atenção é a sua capacidade de combinar fontes díspares movida por um interesse único e fundante: *arrancar o Brasil do estado de subdesenvolvimento ainda patente nos meados do século XX.*

A força dessa motivação fez que um economista de formação acadêmica aprofundasse argumentos holísticos, virtualmente anti-ideológicos, hauridos em mestres inspiradores de políticas heterodoxas, como Perroux e Keynes, em fundadores da noção de Terceiro Mundo, como Sauvy e Gunnar Myrdal, e em sociólogos do conhecimento leitores de Marx, como Mannheim, defensor do planejamento democrático. A visada primeira era uma só: transformar o mundo eliminando os bolsões de pobreza e iniquidade que cobriam boa parte do hemisfério sul e perpetuavam a oposição entre centro e periferia, países desenvolvidos e países subdesenvolvidos. O que importa ressaltar é a difusão ampla de ideias que nasciam do encontro de análises locais com uma tradição de estudos multidisciplinares originada na Europa. É um encontro que não se reduz à reprodução de "ideias exóticas", ou fora de lugar, mas leva adiante hipóteses de uma ciência que se deseja universalizante.

Foram vários os projetos de libertação dos povos latino-americanos que tentaram ganhar corpo desde os meados dos anos 1950 até os anos 1970, precisamente na fase áurea do capitalismo nos Estados Unidos, no Japão e na Europa ocidental. Nessas décadas, graças sobretudo às teorias da Cepal, foi se consolidando a certeza de que o subdesenvolvimento não era uma simples etapa que levaria a repetir a história das nações industrializadas. A sincronia manifesta entre nações pobres e nações ricas apontava para uma relação de interdependência, cujas causas estruturais deveriam ser conhecidas e removidas.

Não julgo pertinente deter-me aqui nas experiências realizadas pelas revoluções comunistas da China e de Cuba, não porque não hajam levado a efeito mudanças estruturais notáveis nas respectivas economias, mas porque os movimentos latino-americanos que nelas se espelharam não tiveram êxito, deixando um triste saldo de prisões, torturas, exílios e mortes, que até hoje enlutam a memória de um sem-número de militantes. A sua história foi contada com olhar de observador participante por Jacob Gorender em *Combate nas trevas*.[272]

A intersecção de uma teoria originariamente europeia, o marxismo, com o pensamento político brasileiro logrou ser fecunda no campo intelectual, constituindo respeitável legado universitário, mas me parece, salvo melhor juízo, ter sido escassamente operante quando posta à prova da vida política nacional. A afirmação será talvez drástica e provavelmente não agradará a muitos, como tampouco agrada a quem escreve estas linhas, mas tem sido confirmada em nosso dia a dia. Quanto ao destino do pensamento reformista, leigo ou crente, foi decerto muito mais modesto em termos acadêmicos, mas produziu alguns efeitos sociais difusos que já se podem considerar de longa duração, pois ainda se fazem sentir nesta primeira década do século XXI.

Procuro, nas páginas que seguem, rastrear a história de um encontro entre correntes progressistas, concebidas inicialmente por grupos cristãos europeus, e projetos de democracia econômica e social repensados e ensaiados no Brasil pelo que se convencionou chamar "esquerda cristã". Há tempo de lembrar, diz o Eclesiastes, e tempo de esquecer; o esquecimento pode, porém, ser letárgico ou letal, pois Letes era o rio que os gregos imaginaram como passagem obrigatória dos mortos. A memória, ao contrário, é sinal de uma vida que se desejaria reviver.

CORRENTES CRUZADAS: A TEORIA DO DESENVOLVIMENTO E OS IDEAIS DO MOVIMENTO "ECONOMIA E HUMANISMO". PADRE LEBRET, UM MILITANTE SEM FRONTEIRAS

Enquanto Celso Furtado desenvolvia na Cepal a sua teoria do subdesenvolvimento e tentava com Raúl Prebisch introduzi-la no Brasil com o aval do se-

---

[272]. Jacob Gorender, *Combate nas trevas*. São Paulo: Ática, 1987.

gundo governo de Getúlio Vargas, o dominicano Louis-Joseph Lebret, apoiado por Josué de Castro,[273] atuava em direção convergente e no espaço estratégico que lhe seria concedido por políticos de diferentes cores partidárias.[274]

Não se tratava de mera coincidência, mas de afinidades à primeira vista insuspeitadas entre as ideias de desenvolvimento provindas da matriz cepalina e os ideais de humanização do Terceiro Mundo que o catolicismo social francês tentava concretizar em um laboratório social privilegiado, a América Latina.

Celso Furtado e Raúl Prebisch vinham da ciência econômica, então afetada pelo revisionismo de Keynes, e visavam a ultrapassar o neutralismo das fórmulas neoclássicas movidos por um ideal de equidade que a condição do subdesenvolvimento afrontava.

O padre Lebret vinha, por sua vez, de um projeto humanístico, de fundo religioso, para muitos utópico, de promover a formação de comunidades solidárias no seio de uma estrutura adversa; para realizá-lo, lançava mão de meios eficazes que só a prática da análise científica de origem leiga (a pesquisa de campo sociológica) poderia ministrar-lhe.

Os estruturalistas da Cepal partiam de *fatos* e de sua teorização com o propósito de conferir um *sentido político* ao processo de mudança que miravam. Lebret partia de um *sentido ético-religioso* para conhecer de perto e analisar pelo miúdo esses mesmos fatos. Considero digno de nota que economistas de alto padrão científico imantados por um valor moral, a justiça, e um sacerdote autodidata voltado para o entendimento empírico do real tenham encontrado um *locus* de convergência, que se traduzia então em termos de esforço para vencer a pobreza em uma região do Terceiro Mundo.

Subdesenvolvimento e Terceiro Mundo: conceitos formulados graças à inteligência de alguns mestres comuns, François Perroux, Alfred Sauvy, Gunnar

---

273. A obra fundamental de Josué de Castro, *Geografia da fome*, foi publicada em francês pelas Éditions Économie et Humanisme et Éditions Ouvrières em 1949. Daí, a sua relação estreita com o movimento fundado pelo padre Lebret. Convém registrar a forte interação de Josué de Castro com a política nacionalista e progressista de Getúlio Vargas dos anos 1950. Verificam-se linhas tangentes nos roteiros de Lebret e Josué de Castro: ambos chegaram, por vias diversas, às noções de subdesenvolvimento e Terceiro Mundo ao longo dos anos 1940. E ambos aliaram-se, nos anos 1950, em memoráveis campanhas internacionais contra a fome.

274. O itinerário intelectual e militante do padre Lebret foi minuciosamente estudado por Denis Pelletier em *Économie et humanisme. De l'utopie communitaire au combat pour le Tiers--Monde*. Paris: Cerf, 1996. Sobre a ação do padre Lebret no Brasil vali-me do depoimento de seu colaborador e amigo, Francisco Whitaker Ferreira, a quem agradeço vivamente. Ver a sua excelente síntese, "Dans le sillage de Lebret au Brésil", em Paul Huet, *Louis-Joseph Lebret. Un éveilleur d'humanité*. Paris: L'Atelier, 1997.

Myrdal. A Sauvy, demógrafo de prestígio internacional e bastante próximo de Lebret, atribui-se a própria forjadura da expressão *Terceiro Mundo*, cunhada em 1952 por analogia a *Tiers-État*, pois as nações que a constituíam não pertenciam nem ao mundo capitalista desenvolvido nem à órbita soviética. Sauvy criara a locução *Terceiro Mundo* à imagem e semelhança de "povo", o *Terceiro Estado*, que o Antigo Regime situava abaixo dos estamentos privilegiados, nobreza e clero... A memória cultural europeia arquitetava assim uma denominação que lhe permitia dizer o outro, ou, mais exatamente, aquele outro que ela mesma contribuíra para engendrar a partir de si mesma. Se hoje a expressão está perdendo prestígio, ofuscada pelos fogos de artifício da globalização, a sua vigência entre os anos 1950 e 1970 foi plena e francamente abraçada pelos cristãos de esquerda, a tal ponto que se tornou lugar-comum da historiografia falar em um "terceiro-mundismo católico".[275]

A experiência brasileira de Lebret deu-se quando ele já chegara à maturidade como homem de pensamento e ação. Na juventude, o oficial da marinha Louis-Joseph, nascido em 1897 em um vilarejo bretão, Minihic-sur-Rance, escolhera o caminho do sacerdócio entrando para a ordem dominicana.

A sua carreira não seria, porém, a do pregador para a qual o preparara o seminário holandês onde tivera por mestre o teólogo Sertillanges, um "*catholique social*" e conceituado intérprete de Santo Tomás de Aquino. Ordenado em 1928, Louis-Joseph voltou às praias da sua sofrida Bretanha atraído pelo convívio fraterno com os pescadores de Saint-Malo então empenhados em uma luta desigual com a indústria pesqueira japonesa, bem mais poderosa e rentável do que os seus barcos e suas redes. Nesse momento de crise, Lebret fundou a Associação Marítima Cristã, que passou a ser o seu primeiro campo de observação e ação social. Nascia o Movimento de Saint-Malo, que, defendendo um setor marginal da classe trabalhadora, se pautava por um programa de ação corporativo, idealmente comunitário, então afastado do sindicalismo de classe que se reunia em torno da Confederação Geral dos Trabalhadores. Se, por um lado, a militância de Lebret o aproximava de uma visão tradicionalista da vida dos pescadores bretões, juntando patrões e empregados segundo princípios corporati-

---

275. A terceira parte do livro de Pelletier, *Économie et humanisme. De l'utopie communitaire au combat pour le Tiers-Monde*, cit., é inteiramente dedicada ao nascimento do terceiro-mundismo católico e, significativamente, começa pelo relato da experiência brasileira do padre Lebret a partir de 1947, antes portanto de ter sido inventada a expressão *Terceiro Mundo*. A ação interessada precedeu aqui e preformou o conceito.

vos do catolicismo social, por outro lado, a experiência direta da concorrência capitalista, que favorecia a empresa internacional em detrimento do trabalhador da região, abria-lhe a mente para compreender que o nível da luta deveria ser mais alto. Lebret chegaria cedo à convicção de que o capitalismo não respeita limites na sua expansão. A leitura de Marx feita ao longo dos anos 1930 e 1940 daria contornos precisos a esses primeiros embates.

Em face da invasão da grande indústria, o Movimento de Saint-Malo adotou a estratégia de alianças com as associações de pescadores espalhadas pelos portos do Atlântico e da Mancha: o objetivo era o reconhecimento da profissão por parte do Estado, caminho preconizado para obter força política e apoio legal. A pressão junto ao governo produziu efeito: a regulamentação foi alcançada pelo decreto-lei de 23 de março de 1938, emitido pelo Front Populaire, que seguia a política da "mão estendida" dos comunistas e socialistas aos católicos sociais.

Pouco depois, com a capitulação da França, o regime da "revolução nacional" presidido pelo marechal Pétain mostrou-se inicialmente simpático ao estilo corporativo do Movimento dando a Lebret a oportunidade de consolidá-lo. O dominicano anticapitalista parece ter acreditado que o novo governo trabalharia contra a plutocracia internacional que ameaçava destruir os liames comunitários... Mas, ilusões à parte, o entendimento durou pouco. A burocracia que regia de fato o governo de Vichy se revelou cada vez mais autoritária exigindo submissão das corporações e intervindo diretamente na composição de suas diretorias. Vichy se fascistizava à medida que cedia ideologicamente à atração exercida pelas vitórias alemãs. O julgamento do chefe nazista não se fez esperar. Comentando o Hitler de *Mein Kampf*, Lebret desabafava: "Ele é o gênio da destruição, da opressão, da brutalidade, para dizer tudo, da barbárie".[276]

A fundação do movimento Economia e Humanismo, em setembro de 1941, e a publicação do seu Manifesto, no começo de 1942 (assinado também por François Perroux, economista renomado e ex-assistente de Schumpeter), sinalizariam o afastamento de Lebret em relação a um regime que começava a pesar duramente sobre as associações profissionais. O "corporativismo de Estado" pregado pelos homens de Vichy contrariava frontalmente um dos seus mais caros ideais, *a formação de dirigentes políticos egressos das próprias bases e refratários*

---

276. Carta circular datada de 11 de março de 1940, apud Pelletier, *Économie et humanisme*, cit., p. 26. Datam desse mesmo ano as páginas de um texto de crítica ao racismo e ao militarismo. O manuscrito, *Mystique d'un monde nouveau*, sofreu vários cortes da censura de Vichy, mas foi publicado com o restabelecimento do texto original em *Découverte du bien commun*. Paris: L'Abresle, 1947.

ao estatismo.[277] Esse viés antiestatista marcaria por largos anos os programas de um certo sindicalismo alternativo atuante na França e em algumas nações em que o catolicismo social influiu no ideário das associações de classe.

ECONOMIA E HUMANISMO, UM CENTRO DE ESTUDOS E UMA REVISTA. CONFRONTAÇÃO COM O CAPITALISMO LIBERAL E COM O MARXISMO.

À l'école du réel on n'est jamais un maître.
Padre Lebret

O movimento Economia e Humanismo, sediado no convento dominicano de La Tourette nos arredores de Lyon, foi, entre as décadas de 1940 e 1950, um núcleo de pesquisas e reflexões sobre as condições de vida das classes trabalhadoras da França.

Pesquisa de campo. O grupo e a revista que divulgava os seus princípios centravam as suas baterias na análise e interpretação dos efeitos deletérios que o capitalismo estava produzindo na vida cotidiana das populações pobres de vários núcleos urbanos: Lyon, Nantes, Marseille, Montpellier, Saint-Étienne.[278]

Para concretizar suas propostas de entendimento das situações de pobreza vividas pela classe operária, Lebret montou equipes locais de pesquisa social que constituíram o núcleo ativo do movimento. Nessas cidades reuniam-se grupos filiados ao Economia e Humanismo que detectavam, às vezes por encomenda das prefeituras, problemas de desemprego, saúde, alimentação e habitação, de-

---

277. Lembro de passagem que um dos admiradores de Lebret no Brasil, o advogado Mário Carvalho de Jesus, fundador da Frente Nacional do Trabalho, lutou sistematicamente pela supressão da tutela estatal dos sindicatos, herança do Estado Novo, mas defendida por não poucos líderes sindicais formados no âmbito da esquerda ortodoxa. A história do movimento sindical a partir do declínio da ditadura militar (anos 1980) registra a aliança de católicos progressistas, socialistas, trotskistas e anarquistas, fundadores da Oposição Sindical, da CUT e do Partido dos Trabalhadores, então em emulação com militantes comunistas e trabalhistas: o divisor de águas ideológico era, precisamente, a recusa ou a manutenção dos dispositivos estatizantes da legislação trabalhista outorgada nos anos 1930 e 1940 ao longo do consulado getuliano.

278. O interesse pelo conhecimento das condições da vida operária foi um dos eixos das pesquisas do Economia e Humanismo. Quando o dominicano e padre-operário *partisan* Jacques Loew publicou o relato da sua convivência com os doqueiros de Marseille (1944), a revista resenhou a obra comparando-a com o estudo pioneiro de Engels sobre os operários de Manchester, *A situação da classe operária na Inglaterra*, escrito havia exatamente cem anos. Insuspeitadas afinidades eletivas entre duas mentes anticapitalistas!

ficiências de instrução básica, ausência de tempo livre para atividades culturais etc. A fim de colher dados com espírito de sistema, mas sem descurar da pesquisa participante (uma das riquezas do método), Lebret e seus colaboradores compuseram manuais de pesquisa urbana e rural que seriam mais tarde adaptados às condições brasileiras quando o movimento atuou em São Paulo, Rio de Janeiro, Belo Horizonte e Recife.[279]

A idoneidade dos trabalhos do Economia e Humanismo mereceu o reconhecimento do Centro Nacional de Pesquisa Científica, CNRS, que, em 1945, integrou Lebret no seu corpo de pesquisadores. Quando foi criado o Ministério da Reconstrução, pouco depois da Liberação, o movimento verificou *in loco* as condições dos distritos mais danificados a fim de abrigar de modo decente as populações atingidas. Padre Lebret teve então a oportunidade de fortalecer as suas convicções sobre a importância das análises tópicas (comunitárias, municipais, regionais) enquanto instrumentos para nortear o Estado na ação supletiva voltada para as necessidades básicas das populações.

Uma "economia das necessidades" combinada com a descentralização dos "polos de crescimento", como lhe ensinara François Perroux, e não uma economia selvagem de puro lucro, tendente à exploração do trabalho e à concentração de renda, como via praticada pelo capitalismo em toda parte. *Os fins últimos, em primeiro lugar*, eis um lema de inspiração tomista que o frade dominicano tomaria como princípio para a ação. A proposta de um desenvolvimento em escala humana, que partiria das bases, mas não dispensaria a mediação do Estado planejador, seria, daí por diante, a ideia-força de seu engajamento no Terceiro Mundo.

É preciso que nos reportemos ao contexto político dos anos 1940, quando a alternativa ao capitalismo liberal se bifurcara dramaticamente. A via reacionária fora tomada pelos regimes fascistas dominantes em grande parte da Europa e estava prestes a alcançar uma posição hegemônica em razão da corrida bélica da Alemanha nazista. A alternativa oposta, seguida pela União Soviética sob o regime estalinista e em processo de expansão para a Ásia e a Europa do Leste, era temida pelos que idealizavam uma terceira via, socialistas democráticos ou cristãos de esquerda orientados por valores de liberdade política e cultural. Padre Lebret, ao constatar os efeitos perversos do capitalismo (na sua defesa das asso-

---

279. Lebret et al., *Guide pratique de l'enquête sociale*, tomo I, *Manuel de l'enquêteur*. Paris: PUF, 1952; *Guide pratique de l'enquête sociale*, tomo II, *L'enquête rurale. L'analyse de la commune et du canton*. Paris: PUF, 1951; tomo III, *L'enquête urbaine. L'analyse du quartier et de la ville*. Paris: PUF, 1955; tomo IV. *L'enquête en vue de l'aménagement regional*. Paris: PUF, 1958. Os dois últimos tomos foram compostos a partir da experiência de Lebret e suas equipes enquanto participantes dos trabalhos do Ministério da Reconstrução criado no imediato pós-guerra.

ciações de pescadores na Bretanha, dos portuários de Marseille, dos relojoeiros de Valence...), foi construindo um projeto humanístico de economia que deveria necessariamente dialogar com o marxismo. Desde 1938, a leitura atenta do *Capital* lhe daria argumentos para denunciar a exploração sistêmica, o pesadelo do desemprego e a degradação da vida da classe operária que as suas pesquisas empíricas traziam continuamente à luz.

A partir de um cruzamento (nada ortodoxo e nada acadêmico) entre a ética tomista do *bem comum* e a reconstituição crítico-estrutural que Marx fizera do sistema capitalista, Lebret articulou a sua "Introdução geral à economia humana". Os seus primeiros ouvintes foram intelectuais, empresários e políticos brasileiros convidados pela Escola Livre de Sociologia e Política entre abril e junho de 1947. Era o começo de um encontro afortunado que marcaria não só a trajetória de Lebret, futuro perito em estudos de subdesenvolvimento e Terceiro Mundo, como também os caminhos da esquerda cristã brasileira.[280]

Combatendo as manobras da concorrência dos grandes navios pesqueiros que tanto afetaram a vida dos pescadores da sua Bretanha, Lebret já manifestava o seu *éthos anticapitalista* herdado do velho catolicismo social.[281] Mas, centrando baterias na defesa corporativa das associações profissionais, a sua concepção econômica se arriscava a deter-se aquém da dinâmica da sociedade industrial em plena expansão na França e em todo o Ocidente.

A leitura do *Capital* ajudou-o a integrar as suas críticas parciais em uma visão articulada que só não cedia ao marxismo os pressupostos mesmos da crença na revolução proletária, alma da militância comunista. Anotando uma das passagens da obra, escrevia Lebret: "Reencontro a cada passo as induções de meus nove anos de experiência social marítima, e fico singularmente abalado por essa coincidência. A falta de nossos moralistas e mesmo dos católicos sociais me parece com isso acrescida".[282] Ao ler as reflexões de Marx sobre "as leis ima-

---

280. O convite a Lebret para dar cursos em São Paulo foi feito pelo frade dominicano Romeu Dale, que lecionava na Escola Livre de Sociologia e Política. Ambos se tinham conhecido na França em 1941, quando frei Dale terminava seus estudos de teologia. A doutrina social do Economia e Humanismo passa então a ser incorporada pelos dominicanos brasileiros que exerceriam um papel influente na aproximação dos católicos progressistas com o marxismo e com uma prática de esquerda. *Como acontecera com o liberalismo e o positivismo, o socialismo cristão provou ser um enxerto de ideias europeu de longa duração.*

281. Sobre o *éthos* anticapitalista do catolicismo, leia-se o belo capítulo "L'éthique catholique et l'esprit du capitalisme: le chapitre manquant dans la sociologie de la religion de Max Weber", em Michael Löwy, *La guerre des dieux. Religion et politique en Amérique Latine*. Paris: Éditions du Félin, 1998.

282. Apud Pelletier, *Économie et humanisme*, cit., p. 114.

nentes da produção capitalista", Lebret escreve à margem: "É também uma de nossas conclusões".[283] Linhas adiante, a omissão do pensamento tradicional da Igreja em relação à questão operária provoca frases de amargo desencanto: "Era dever dos católicos ter dito essas coisas há cem anos. E o estado dos operários da época é ainda o dos pescadores industrializados".

Quanto à recusa da economia política liberal, a afinidade com Marx é inequívoca. A ortodoxia lhe aparece como uma forma de cumplicidade com a exploração capitalista, o que é a própria denúncia da ideologia burguesa. As expressões "acumulação capitalista", "mais-valia" e "valor-trabalho" são filtradas por Lebret e acabam fazendo parte da sua argumentação em prol de uma economia humana. E talvez surpreenda o leitor pouco familiarizado com o realismo aristotélico-tomista o fato de Lebret afastar-se da teoria marginalista de valor, então dominante nos meios universitários, por julgá-la individualista e subjetivista... A mesma inspiração aristotélica, retomada por Santo Tomás, leva o dominicano a condenar como própria da "desordem capitalista" a prática da acumulação financeira, que converte o dinheiro em agente multiplicador de si mesmo ao invés de limitá-lo a operações de troca. A doutrina escolástica seguia de perto Aristóteles ao negar que o dinheiro fosse, em si, produtivo; posição contrastada pela ética econômica de Calvino, que aceitaria a prática do juro levando em conta a dinâmica do capitalismo comercial moderno.

O valor da mercadoria teria, de todo modo, a ver com necessidades objetivas dos grupos humanos, e Economia e Humanismo será, em primeiro lugar, um reconhecimento e uma taxinomia dessas necessidades. O valor supremo é o *bem comum*, ideal atingido quando as necessidades das populações locais tiverem sido satisfeitas sem permitir que os gastos supérfluos e ostentatórios das classes altas (diríamos hoje, os hábitos do consumismo) aprofundem os males da concentração de renda, situação iníqua por excelência.

Temos aqui o *sentido* motor da reflexão de Lebret; sentido que Celso Furtado iria, em linguagem científica própria e radicalmente leiga, almejar quando propunha, na esteira de Mannheim, "uma ação racional quanto aos fins" capaz de orientar o processo econômico no seu todo. Como o pensador do desenvolvimento repetiu tantas vezes, são os fins não econômicos, os valores trabalhados pela cultura, que devem presidir à intervenção na economia. Não por acaso, Celso Furtado, em seus últimos anos de Brasil, solicitava aos bispos do Nordeste que envidassem esforços no sentido de ressuscitar a Sudene, esvaziada pela ditadura e extinta em 2001 na gestão de Fernando Henrique Cardoso. A Igreja progressista aparecia a esse agnóstico convicto como uma última e fiel aliada na

---

283. Id., ibid., p. 115.

hora em que o governo do presidente Lula negaceava um suporte efetivo àquele sofrido projeto lançando mão de subterfúgios pragmáticos. A refundação da Sudene, em 2007, já não pôde contar com a presença iluminadora de Celso Furtado, que falecera em 2004.

O curso dado em São Paulo, em 1947, permitiu a Lebret ordenar as suas reflexões sobre a "economia humana" e estreitar relações com intelectuais e políticos que visavam a entender e superar o nosso subdesenvolvimento. Lebret, ao que parece, não se preocupou com a diferença de matizes partidários de seus virtuais apoiadores. O principal dentre eles, o governador paulista Lucas Nogueira Garcez, se elegera com o apoio do populismo desbragado do ex-interventor Adhemar de Barros, contando igualmente com a sanção do esquema getulista à espera da volta do líder, que se daria de fato em 1950, nos braços do povo. Garcez era um politécnico de formação católica, e sua admiração pela eficácia de Lebret levou-o a contribuir decisivamente para a implantação do movimento Economia e Humanismo em São Paulo, que se faria em 1947 pela criação de um órgão técnico de pesquisa, SAGMACS, sigla de Sociedade para a Aplicação do Grafismo e da Mecanografia à Análise de Complexos Sociais. A matriz francesa da Sociedade tinha sido criada em janeiro de 1946 com a sigla SAGMA.

Os trabalhos encomendados pelo governo estadual não se fizeram esperar. O novo grupo foi encarregado de sondar as possibilidades de desenvolvimento do estado de São Paulo no setor de habitação popular, tarefa para a qual Lebret já se habilitara como orientador de pesquisas na França junto ao Ministério da Reconstrução.

Em São Paulo a favela começava a crescer, mas foi só visitando pouco depois o Rio de Janeiro que Lebret tomou conhecimento da sua acabrunhante expansão. A favela Morro da Babilônia seria, ao longo dos anos 1950, objeto de estudo da SAGMACS.[284] Nessa altura, o interesse de d. Helder Câmara pelo movimento seria fundamental para que Lebret conseguisse contornar a oposição da direita católica e leiga à sua ação temida como esquerdista... Em vez de encarar a favela como lugar do crime a ser extirpado ou removido (como propugnava a política excludente e truculenta do então governador do Rio, Carlos Lacerda), o trabalho de Lebret, escorado por d. Helder e pela perícia do sociólogo José Arthur Rios, procurou, de modo pioneiro, entender em termos comunitários a forma-

---

284. "A descoberta perturbadora das favelas de São Paulo o mergulhara nas angústias do Terceiro Mundo e nos combates por um desenvolvimento mais humano" (P. Houée, *Louis-Joseph Lebret: un éveilleur d'humanité*, cit, p. 115). Para entender a experiência pioneira de Lebret no Rio de Janeiro, ver Lícia do Prado Valladares, *A invenção da favela*. Rio de Janeiro: Fundação Getúlio Vargas, 2005.

ção daqueles aglomerados urbanos gerados pelos desequilíbrios de um país subdesenvolvido.[285]

Ultimamente vem sendo sublinhado o papel renovador que Economia e Humanismo exerceu na formação dos urbanistas de São Paulo, Recife e Belo Horizonte, chamando a atenção para o crescimento desordenado das metrópoles e a situação deprimente das periferias, induzindo a uma política de descentralização administrativa. Sobre a grande pesquisa das condições de vida da cidade de São Paulo, depõe Francisco Whitaker:

"Começada em 1956 e terminada em 1957, essa pesquisa sobre os níveis de vida e a estrutura urbana de uma das duas maiores aglomerações brasileiras foi o primeiro estudo sistemático da capital do estado de São Paulo. O relatório final é até nossos dias uma referência para a discussão dessa cidade e para a procura de soluções. O estudo terminava com propostas concretas em vistas de uma reestruturação urbana visando equilibrar o crescimento de São Paulo, tão rápido que a cidade se tornou na realidade uma das maiores aglomerações do mundo."[286]

Ao longo da pesquisa, Lebret foi descobrindo que seu objetivo primeiro, o de reordenar espaços de pobreza no sentido de humanizá-los (o que em linguagem técnica se chamava *aménagement du territoire*), deveria ser aprofundado numa linha democrática e participativa. Em outras palavras, não bastava esquadrinhar o contexto socioeconômico da favela ou do bairro marginal, mas era imprescindível contar com a palavra de seus moradores, o que é o cerne da ideia da *comunidade de base* como sujeito da própria transformação. A expressão não

---

285. Em 2005 a prefeitura do Rio de Janeiro retomou o estudo da SAGMACS ao promover um debate sobre o problema da violência nas favelas da cidade. O texto está disponível em <www.estadao.com.br>, janeiro de 2005. Cf. Mathilde Le Tourneur du Breuil, *Le père Lebret et la construction d'une pensée chrétienne sur le développement*, dissertação apresentada à École des Hautes Études em Sciences Sociais, sob a direção de Afrânio Garcia, em outubro de 2006. Esse ensaio traz em apêndice uma lista das pesquisas de campo realizadas por Economia e Humanismo, em torno de uma centena.

286. Francisco Whitaker Ferreira, "Dans le sillage de Lebret au Brésil", em Houée, *Louis-Joseph Lebret*, cit., p. 143. Segundo os urbanistas Celso Lamparelli e Maria Cristina da Silva Leme, deve-se a Lebret e a seu método de pesquisa o afloramento de um novo olhar sobre São Paulo, capaz de reconhecer e acusar o caráter socialmente desequilibrado de uma cidade antes vista de modo homogêneo e centralizador. Ver Lamparelli, "Louis-Joseph Lebret e a pesquisa regional urbana no Brasil". *Espaço & Debates*, São Paulo, XIV, n. 17, 1994. De M. C. da Silva Leme, "A pesquisa pioneira de Lebret sobre as condições de habitação em São Paulo", ibid., n. 45, jan./jun. 2004.

tinha ainda a conotação político-religiosa que assumiria na América Latina nos anos negros das ditaduras militares. Mas a semente estava lançada entre os militantes que viram em Economia e Humanismo um modelo de abordagem das classes exploradas e oprimidas. Abria-se aos movimentos da Ação Católica, como a Juventude Operária (JOC), a Juventude Agrária (JAC) e a Juventude Universitária (JUC), uma porta para o engajamento político e social.

Lebret intuiu rápida e pioneiramente que o inchaço urbano nos grandes centros, São Paulo, Rio, Recife e Belo Horizonte, estava estruturalmente vinculado à migração, logo à pobreza do mundo rural nordestino. Uma das equipes da SAGMACS, dirigida pelo sociólogo pernambucano Antônio Bezerra Baltar (a quem João Cabral dedicara o poema *O engenheiro*), foi incumbida pelo governo estadual de um *Estudo sobre o desenvolvimento e implantação de indústrias, interessando a Pernambuco e ao Nordeste (1952-5)*. Os resultados da pesquisa iriam além do seu objetivo específico. O Nordeste não poderia industrializar-se sem que, ao mesmo tempo, se pusesse em marcha uma reforma da estrutura agrária ainda amarrada ao poder do latifúndio.

Lebret antecipou-se, nesse particular, às recomendações da Cepal. Nos meados dos anos 1950, o incansável dominicano encontrou-se com Raúl Prebisch em Santiago graças à mediação de Jacques Chonchol, membro chileno de Economia e Humanismo e futuro ministro da Agricultura do governo Allende. Comentando o seu diálogo com o mentor da Cepal, Lebret "sublinha a convergência das propostas das duas instituições em torno de uma planificação respeitosa da livre empresa, do papel do Estado na redistribuição das rendas em favor dos mais pobres, bem como da reforma agrária".[287] O diário de Lebret é esperançoso na convergência de suas ideias com as de Prebisch, "cujo trabalho o impressiona". Há imediata sintonia

> "em torno do questionamento da ortodoxia liberal e dos quatro problemas considerados cruciais pelo dominicano:
> • *a deterioração dos termos de troca internacional,*
> • *a reforma agrária,*
> • *a política fiscal e monetária e suas recaídas inflacionistas*
> • *e a necessidade de um desenvolvimento coerente e homogêneo*".[288]

---

287. Apud Pelletier, *Économie et humanisme*, cit., p. 313.

288. Apud Id., ibid., que glosa nesse passo palavras do diário de Lebret de 28 de agosto de 1954 (p. 313). Vale a pena sublinhar que os temas principais do encontro Lebret-Cepal estavam na pauta da revista *Économie et Humanisme* desde a sua fundação. Em 1945, comentando o acordo de Bretton Woods e a criação do FMI, a revista já fala de "nações de segunda ordem".

No entanto, as missões de Lebret a outros países sul-americanos na mesma década de 1950 fazem supor que Economia e Humanismo se situava à esquerda da Cepal. Assim, a ênfase na urgência da reforma agrária parece ter sido a razão principal do malogro da viagem de Lebret à Colômbia: o seu relatório sobre a situação social do país não acompanhava o otimismo industrializante da Cepal e desagradou frontalmente a liberais e conservadores, sendo obstada a sua divulgação pelas autoridades colombianas.[289]

ENTRE A DEMOCRACIA CRISTÃ E O SOCIALISMO

Com o fim da guerra, em plena euforia da Libertação, seria de esperar que o padre Lebret, já apartado de sua breve e frustrante relação com as autoridades da França ocupada, se aproximasse de uma das principais correntes políticas do pós-guerra, o Movimento Republicano Popular, MRP, que apresentava um programa autodenominado "democrata cristão". De fato, a ala operária da Ação Católica encontrara lugar no novo partido e Lebret esperava influir no seu programa através dos militantes que partilhavam os ideais de Economia e Humanismo. Trabalhando junto ao Ministério da Reconstrução e cultivando relações com líderes católicos do MRP, Lebret não teria maiores dificuldades de conviver com a nova agremiação partidária. Entretanto, o foco mesmo de suas inquietações, a iniquidade que feria a divisão de classes na França e repartia o mundo em povos ricos e povos pobres, não era manifestamente a questão prioritária dos democratas cristãos que estavam então chegando ao poder na França, na Itália, na Holanda, na Alemanha, na Bélgica. O Plano Marshall, posto em prática a partir de 1948, atraía poderosamente a Europa ocidental para a órbita norte-americana. Caminhava-se a passos largos para a adesão à "Guerra Fria", cujo objetivo central era solapar a influência soviética no mundo inteiro e combater por todas as maneiras uma possível ascensão dos partidos de esquerda.

Às vésperas de sua primeira vinda ao Brasil, Lebret já se apercebera de que a sua paixão pelo desenvolvimento dos países que seriam logo classificados de Terceiro Mundo não encontrava eco entre os líderes da democracia cristã europeia. A estes importava estreitar negócios e relações de segurança com os seus

---

e do desequilíbrio econômico internacional. No manifesto que são as *Positions-clés*, de 1946, a denúncia do novo imperialismo econômico é incisiva. Parece-me indispensável a leitura sistemática da revista nesses anos decisivos de formação do terceiro-mundismo católico, que ainda não recebera o seu nome.

289. Pelletier, op. cit., pp. 318-9.

pares desenvolvidos, relegando a segundo plano um possível apoio financeiro ou técnico às nações subdesenvolvidas. Uma ideologia de "Primeiro Mundo", excludente por sua própria constituição, espalhava-se por todo o Ocidente e misturaria em pouco tempo suas águas com o liberalismo econômico, que repontava sob a superfície do *Welfare State*. O neoliberalismo dos anos 1970 e 1980, que a morte poupou Lebret de enfrentar, traria consigo o naufrágio das últimas veleidades socializantes da democracia cristã europeia.

O que havia de mais sadio na democracia cristã francesa concentrava todos os seus esforços no planejamento de um mercado comum europeu ancorado na aliança estratégica com a Alemanha e sob a liderança de um respeitável militante católico da resistência, Robert Schuman.

Mas não era só a diferença de horizontes no plano internacional que estremava o padre Lebret dos alvos do MRP. A democracia cristã endossara o princípio da democracia representativa e parlamentar, considerada justamente uma conquista política depois dos anos de trevas fascistas de que fazia pouco a Europa se libertara. Lebret e seu grupo julgavam insuficientes e abstratos os mecanismos liberal-democráticos que, esgotando-se no ritual eleitoral do sufrágio universal, ignoravam os valores da *democracia participativa*, fundamentais para a consecução de seus objetivos comunitários. Paradoxalmente, essa aspiração por "mais democracia" e "mais participação" soava aos políticos do MRP como um retorno a ideais organicistas de grupos profissionais (os "corpos intermediários") que extrairiam das próprias bases as lideranças empenhadas na satisfação das necessidades de cada segmento social. A polêmica, que pode parecer datada, ressurgiria no Brasil pós-ditadura motivada pelos percalços das comunidades de base e das organizações não governamentais para fazerem ouvir sua voz no círculo em geral fechado dos partidos convencionais.

De todo modo, vale ressaltar que as práticas de um *orçamento participativo* elaborado no interior de conselhos de bairro já estavam previstas nas recomendações de Lebret. No texto das *Positions-Clés*, há mais de uma sugestão feita no sentido de corrigir o caráter centralizado das administrações eleitas pelo sistema da democracia formal.[290] O tema da participação atravessava o pensamento de Economia e Humanismo e não se restringia à crítica do sistema eleitoral: Lebret

---

290. *Positions-clés*, manifesto publicado na revista *Économie et Humanisme*, Paris, jan. 1946. No mesmo ano sairiam pelas Éditions Ouvrières os *Principes pour l'action*, cuja tradução para o português, *Princípios para a ação* (1949), alcançaria forte repercussão entre os militantes da nascente esquerda cristã brasileira. Ainda de 1946 é a publicação do *Guide du militant*, pelas edições de *Économie et Humanisme*.

já então encarecia a necessidade da cogestão e da repartição dos lucros no interior das empresas.

Particular interesse tem o conhecimento dos encontros de Lebret com a democracia cristã latino-americana que começava a articular-se no período de pós-guerra. Pouco depois de ter chegado ao Brasil, o dominicano deparou-se com uma situação contraditória, ao mesmo tempo difícil e promissora. O cerne do problema estava na abertura à esquerda da democracia cristã e da militância católica em um contexto de guerra fria, portanto de anticomunismo generalizado.

O governo do marechal Dutra, aliado fiel da Casa Branca, fora induzido a cassar os mandatos dos quinze deputados e do senador comunista Luís Carlos Prestes, eleitos democraticamente em 1945. Igualmente foi posto fora da lei o Partido Comunista, que nessa mesma eleição saíra da clandestinidade. Lebret, recém-chegado de uma França pluralista, protestou contra essa flagrante transgressão da nova ordem democrática. Em uma conferência realizada em São Paulo poucos dias depois da cassação, declarou: "É sempre perigoso para um Estado que se diz republicano tomar posições antidemocráticas. Quem não faz todo o possível para facilitar a elevação do povo está mal encaminhado para combater o comunismo. Não se pode vencer o comunismo senão ultrapassando-o". A sua intervenção, ousada para a época, foi confortada pelo apoio que lhe deu então o líder intelectual da Ação Católica, Alceu Amoroso Lima, que secundara a conversão de Jacques Maritain de posições integristas para a aberta adesão à democracia. Mas teve de pagar o seu preço. Lebret passou a ser visto sob suspeita pela alta hierarquia católica de São Paulo e do Rio de Janeiro, a ponto de ter de voltar para a França com a recomendação de não mais pregar no Brasil. Só em 1952, graças à intervenção de d. Helder Câmara e de Josué de Castro, o interdito seria levantado.

O anticomunismo compulsivo de amplos setores leigos e religiosos da sociedade brasileira inquietou Lebret: regressando a seu estúdio em Lyon, redigiu para a revista *Économie et Humanisme* uma "Carta aos Americanos" (tomando o termo na acepção geral de habitantes do continente americano), na qual expõe as graves mazelas sociais do Brasil, propõe reformas estruturais e lança um apelo aos nossos empresários e políticos para que se concentrem na elevação do nível de vida das populações pobres e abandonem de vez a obsessão dos rótulos ideológicos. Críticas incisivas ao comportamento da burguesia vêm então calçadas com o conceito de "mais-valia". Quanto aos americanos do Norte, cuja influência na cultura sul-americana reconhece como incontornável, Lebret convida-os a *"penser monde"*, isto é, a não se entregarem ao exclusivo projeto de melhorar ainda mais seu padrão de vida, mas a tratarem os povos da América Latina como irmãos que devem ser fortalecidos e estimulados, e não explorados. Piedoso voto![291]

Nem tudo, porém, foram percalços nessa primeira viagem à América Latina. Os dominicanos e os seus seminaristas abriram-se à pessoa e às ideias desse missionário de uma visão renovada da economia. A Escola Livre de Sociologia e Política acolheu os seus cursos, que conheceram uma audiência considerável junto aos intelectuais paulistas. Frei Benevenuto de Santa Cruz, amigo da primeira hora, faria da sua livraria um ponto de referência de Economia e Humanismo, cujas obras começaram a ser acessíveis a um público cada vez mais numeroso. A JOC e a JUC receberam com entusiasmo a sua doutrinação de centro-esquerda. Lançavam-se as bases para a implantação da SAGMACS em São Paulo tendo como diretor suplente André Franco Montoro, professor de direito, membro atuante do Partido Democrata Cristão e um dos adeptos mais animosos dos princípios municipalistas e comunitários de Lebret quando governador de São Paulo, trinta anos depois... O outro diretor suplente, Lucas Nogueira Garcez, daria sustentação ao grupo quando governador de São Paulo a partir da segunda estada brasileira do dominicano.

O presente preparava o futuro. Jovens líderes da Ação Católica, que liam atentamente os *Princípios para a Ação*, Francisco Whitaker Ferreira e Plínio de Arruda Sampaio, exerceriam funções públicas relevantes: o primeiro junto ao governo Goulart e, mais tarde, em memoráveis campanhas pela participação popular na Constituinte de 1988 e recentemente como um dos organizadores do Fórum Social Mundial; e o segundo como defensor estrênuo de uma reforma agrária radical e coordenador do I Plano de Ação Governamental do Estado de São Paulo, que, na gestão do governador Carvalho Pinto (1959-62), seria modelo pioneiro de planejamento na órbita da administração pública. Eram todos simpatizantes keynesianos da democracia cristã que Economia e Humanismo estimulava no sentido de atuarem à esquerda dos partidos europeus de mesmo nome... O seu pensamento se transformava em ação, e nada poderia ser mais grato ao padre Lebret do que esse movimento da inteligência em direção a uma política que visasse, em primeiro lugar, à satisfação das necessidades básicas do povo.

Uma referência especial deve fazer-se à profunda estima que d. Helder Câmara dedicou ao padre Lebret desde os seus primeiros encontros. Ao criar a Conferência Nacional dos Bispos do Brasil, a CNBB, d. Helder se aconselhou

---

291. Lebret, "Lettre aux Américains". *Économie et Humanisme*, Lyon, n. 34, nov./dez. 1947.

com o dominicano, que partilhava com ele o ideal de superar o nosso subdesenvolvimento. Os laços estreitaram-se quando, em 1964, d. Helder obteve de Paulo VI a sua designação como "*peritus*" junto às sessões de doutrina social do Concílio Vaticano II. Enfim, ponto alto de seu prestígio, Lebret atendeu ao pedido do pontífice para redigir uma primeira versão da encíclica *Populorum progressio*, promulgada em 1967, um ano após a sua morte, e síntese de suas ideias sobre desenvolvimento amadurecidas em mais de vinte anos de pesquisa e reflexão. Todos os temas ainda hoje em pauta no ideário da centro-esquerda reformista estão tratados na encíclica, cuja redação traz o selo do estilo objetivo, mas veemente, de Lebret. Sob certos aspectos, esse documento oficial (e por isso pouco lido...) é o marco avançado da doutrina social da Igreja e do seu terceiro-mundismo. O neoliberalismo darwiniano desencadeado a partir dos anos 1980 ainda não conseguiu apagá-lo da memória dos militantes cristãos progressistas.

O êxito das missões sul-americanas de Lebret não fora menor. Ainda está por ser estudada com detalhe a presença das ideias de Economia e Humanismo na guinada socializante que se verificou no roteiro de numerosos líderes democratas cristãos do Chile e do Uruguai ao longo dos anos 1950 e 1960. No primeiro encontro dos partidos democratas cristãos sul-americanos, realizado em Montevidéu em 1947, um texto doutrinário composto por Lebret e lido por Alceu Amoroso Lima impressionou vivamente os participantes e incorporou-se logo no programa dos partidos uruguaio e chileno. Lançavam-se as bases para a Organização da Democracia Cristã na América Latina.

Um dos votos do padre Lebret era aproximar os militantes católicos do Chile dos pesquisadores da Cepal, sediada em Santiago. Os ideais comunitários dos primeiros ganhariam em eficácia se instruídos pelo rigor científico da Comissão: "*C'est au Chili, me semble-t-il, qu'il faut établir le poste stratégique d'Amérique Latine, à cause de la Cepal et de la qualité exceptionnelle des phalangistes*".[292]

Importa assinalar a sintonia das ideias desenvolvimentistas do presidente Eduardo Frei com algumas propostas de Lebret: *cogestão nas empresas, participação nos lucros, planejamento governamental, reforma agrária, democracia participativa, denúncia da subordinação econômica do Terceiro Mundo.*

---

292. "É no Chile, parece-me, que é preciso estabelecer um posto estratégico da América Latina, por causa da Cepal e da qualidade excepcional dos falangistas" (Diário de 1954, transcrito por Mathilde Le Tourneur du Breuil, op. cit., p. 49). A denominação "falangista", tão infeliz na medida em que lembra o nome dos partidários de Franco na Espanha, foi herdada pelos democratas cristãos de uma associação política católica dos anos 1930, mas certamente não mais conotava a tendência direitista da origem.

Tendo falecido em 1966, Lebret não assistiu à involução dos democratas cristãos chilenos sob a liderança do mesmo frei, leitor de Maritain, mas sistemático anticomunista, como se provaria em 1973 quando coonestou o golpe contra Allende. Em compensação, o discípulo chileno mais próximo de Economia e Humanismo, Jacques Chonchol, colaborador na incipiente reforma agrária de Frei, iria afastar-se do partido democrata cristão aderindo à dissidência socialista, MAPU, que sustentaria Allende. A Jacques Chonchol coube, na qualidade de ministro do governo Allende, realizar uma reforma agrária efetiva e seguir o destino do exílio comum a tantos militantes cristãos perseguidos pelo golpe sangrento de Pinochet.[293]

A radicalização à direita e à esquerda que dilacerou a vida política sul-americana, a começar pelo golpe militar no Brasil em 1964, e cobriu toda a década de 1970, escapa a estas linhas, mas cumpre observar que no exato momento em que o terceiro-mundismo de Lebret recebia o aval da Igreja com a promulgação da *Populorum progressio*, os movimentos progressistas de toda a América Latina sofriam contra-ataques violentos por parte das burguesias locais e do imperialismo norte-americano. A escalada da direita armada afetaria a direção mesma da militância católica, levando alguns de seus setores a estreitar alianças com grupos revolucionários.

O reformismo da Cepal e de Economia e Humanismo foi posto de escanteio e refugiou-se temporariamente na cultura universitária esperando por tempos melhores. Estes não viriam decerto nos anos em que os governos latino-americanos se entregaram a uma política econômica neoliberal inflada pelo colapso da economia soviética. Só quando os descaminhos da globalização compulsiva se transformaram em evidência palpável, o reformismo de centro-esquerda recomeçou a ensaiar lenta e parcialmente as pautas que lhe davam identidade.[294]

---

293. A interação da militância cristã chilena com Economia e Humanismo está registrada na "Entrevista com Jacques Chonchol" concedida a Alfredo Bosi em 1993 (*Estudos Avançados*, São Paulo: USP, n. 21, maio/ago. 1994).

294. Refiro-me a programas moderadamente centro-esquerdizantes ainda constantes em documentos de partidos que receberam, em sua origem, influências socialistas leigas ou cristãs: o PDT (Partido Democrático Trabalhista, filiado à Internacional Socialista e liderado por Leonel Brizola) e o PT (Partido dos Trabalhadores), criado em 1980 por sindicalistas independentes, militantes das comunidades de base e intelectuais socialistas, ou seja, o tripé Sindicato-Igreja-Universidade.

Vem também afirmando-se desde os anos 1980, inspirado por um coerente militante de formação socialista, Paul Singer, o movimento cooperativista da Economia Solidária, ao qual certamente Lebret e Economia e Humanismo teriam dado pleno apoio se sobrevivessem até nossos dias. De Paul Singer é a *Introdução à economia solidária*. São Paulo: Fundação Perseu Abramo, 2002. Quanto aos partidos em cuja denominação constava, ou ainda consta, o epíteto

As intersecções contraideológicas encetadas nos decênios do imediato pós-guerra tinham chegado ao ponto crítico de enfrentamento com as defesas encarniçadas do capitalismo liberalmente selvagem em formações subdesenvolvidas. Desarticuladas *manu militari*, as frentes progressistas só recobrariam força nos anos da democratização. Os contextos já haviam em parte mudado, a globalização avançara rapidamente, o que daria novas configurações aos projetos reformistas iniciais. Mas essa é a contingência das ideias no seu processo de difusão e enxerto.

"comunista", aderiram ao ideário reformista, distanciando-se na prática e, não raro, na doutrina da sua matriz leninista original.

AS IDEIAS LIBERAIS E SUA DIFUSÃO DA EUROPA AO BRASIL

UM EXERCÍCIO DE HISTÓRIA DAS IDEOLOGIAS

> *E assim, não podendo fazer que o que era justo fosse forte, fez-se justo o que era forte.*
>
> Pascal, *Pensamentos*

Abrindo a sua *Contra-história do liberalismo*, Domenico Losurdo transcreve como pedra angular do ensaio um período de Tocqueville extraído de *O Antigo Regime e a Revolução*. Não conheço melhor epígrafe para as reflexões que compõem este exercício de história das ideologias. O contexto é a segunda metade do século XVIII:

> "Acreditamos conhecer muito bem a sociedade francesa daquele tempo porque percebemos claramente o que brilhava em sua superfície, porque possuímos até nos detalhes a história de seus personagens mais célebres e porque críticos geniais e eloquentes nos familiarizaram com as obras dos grandes escritores que a ilustraram. Mas, em relação à condução dos negócios, à verdadeira prática das instituições, ao posicionamento exato das várias classes em conflito, à condição e aos sentimentos daqueles que ainda não conseguiam ter voz nem visibilidade, em relação ao próprio fundo das opiniões e dos costumes, temos apenas ideias confusas e muitas vezes repletas de erros."[295]

---

295. Apud Domenico Losurdo, *Contra-história do liberalismo*. Aparecida: Ideias & Letras, 2006, p. 11.

Um olhar sobre o liberalismo na Europa e a sua difusão pelo Novo Mundo não é a contemplação de um ente abstrato, um *ismo* que se possa reduzir, de uma vez por todas, às notas de um termo sempre igual a si mesmo. Para apreendê-lo no movimento da História, é necessário, como pedia Tocqueville, o conhecimento de suas práticas econômicas (*a condução dos negócios*), de seus manejos políticos (*a verdadeira prática das instituições*), da dinâmica social e suas contradições (*o posicionamento exato das várias classes em conflito*), bem como das disposições subjetivas dos agentes sociais envolvidos, particularmente dos que a história oficial não registra (*os sentimentos daqueles que ainda não conseguiam ter voz nem visibilidade*).

Considerando a complexidade econômica, política, social e cultural de que é tecida a ideologia liberal-capitalista, pode-se dizer que o liberalismo não conheceu um percurso homogêneo e sem descontinuidades capaz de manter, do século XVII até hoje, as mesmas estratégias perante as diferentes correlações de forças e os vários atores que o têm reivindicado como bandeira. A rigor, o historiador de ideias deveria deter-se em cada uma das conjunturas nas quais afloraram ideias e programas ditos liberais para poder dar um sentido preciso e pontual ao termo, que é sempre relativo e condicionado.

De todo modo, se algum traço parece ter-se conservado na mente das diversas gerações de liberais é sua tendência de acreditar-se porta-voz de interesses abrangentes, embora a razão de ser de sua retórica tenha sido sistematicamente o interesse de uma classe ou de um grupo particular. Tomar o particular como geral é traço dominante e comum a todas as formações ideológicas que se autodenominaram liberais.

Vincular os termos *liberalismo* e *liberdade* é cair na tentação fácil de confundir ideologias concretamente enraizadas nas estruturas sociais e os valores genéricos e abstratos que essas mesmas ideologias preconizam. Ao estudioso do liberalismo só resta um caminho: historicizar topicamente as ações e as palavras dos representantes dessa ideologia (quando dominante) ou, contraideologia, sempre que reivindica valores de liberdade para toda a sociedade. De resto, essa possibilidade de passagem, pela qual uma classe desfralda a bandeira da liberdade ampla em situações de despotismo e, conquistado o seu objetivo imediato, reserva para si o privilégio obtido, confirma o caráter relativo e histórico, isto é, localizado e datado, das ideias liberais.

RELENDO JOHN LOCKE

A conjugação de retórica universalizante e interesses particulares já pode ser assinalada em textos do fundador do liberalismo inglês e fonte de teóricos e políticos de todo o Ocidente durante largos anos: John Locke.[296]

Enquanto teórico da Revolução Gloriosa de 1688, Locke combateu os abusos de poder do regime monárquico de James II, adotando o termo "escravidão" para qualificar a minoridade política dos grupos sujeitos ao absolutismo. Liberdade e escravidão são, no discurso de Locke, os polos de um eixo de significados estruturalmente político. *Os poderes do rei devem ser limitados por uma constituição.* Polemizando com um defensor do absolutismo, Robert Filmer, o filósofo abre o seu discurso com uma recusa incondicional da *slavery*. Mas de que escravidão se trata?

A escravidão é para o homem um estado tão vil, tão miserável e tão diretamente contrário ao temperamento generoso, à coragem de nossa nação, que mal se imagina como um inglês, e menos ainda um cavalheiro [gentleman], *pudesse pleitear em seu favor.*[297]

Mas, se deslocarmos a acepção do termo para a esfera social e econômica do trabalho compulsório e, no limite, da propriedade de um homem por outro homem, teremos a surpresa de constatar que o inspirador do liberalismo ocidental articulou um outro discurso conjuntamente liberal e tolerante com o instituto da escravidão instalado nas colônias inglesas da América.

Sigo a reconstituição bem travada que C. B. Macpherson faz do pensamento econômico e social de Locke expresso no *Segundo tratado de governo*.[298] O fato de essa reconstituição ter recebido o aval de um pensador da profundidade de Norberto Bobbio conforta, a meu ver, a escolha feita.[299]

---

296. Retomo algumas das considerações feitas na Parte I deste livro sob o tópico "De Locke a Rousseau: o direito e o avesso do liberalismo" (pp. 26-30).

297. John Locke, *Two Treatises on Civil Governmentt* (1690). As citações originais dos Tratados foram extraídas da edição publicada pela Encyclopædia Britannica Inc., Chicago/London, 1977.

298. Ver C. B. Macpherson, *A teoria política do individualismo possessivo. De Hobbes a Locke*. Trad. de Nelson Dantas. Rio de Janeiro: Paz e Terra, 1979, pp. 205-73.

299. Em *Locke e o direito natural*, Norberto Bobbio expõe cristalinamente as noções de *estado de natureza* e *direito natural* tanto em Hobbes como em Locke. Ao explorar o problema nuclear do direito à propriedade em Locke, o pensador italiano refere-se ao trabalho de Macpherson, acima citado, como uma solução que lhe parece "incontestável" (trad. de Sérgio Bath. Brasília: Ed. da Universidade Nacional de Brasília, 1997, p. 197).

PROPRIEDADE E TRABALHO: DO ESTADO DE NATUREZA À INVENÇÃO DO DINHEIRO

Em meio às mais díspares interpretações da obra de Locke, resta sempre um consenso: o direito individual à propriedade é central em toda a sua teorização da sociedade civil e do governo. A citação do seu parágrafo sobre a propriedade é obrigatória: "O grande e principal fim, portanto, de se unirem os homens em comunidades [*commonwealths*], e de se colocarem sob governo, é a preservação de sua Propriedade".[300]

O sentido do termo é lato: "Por Propriedade deve ser entendido, aqui, como em outros lugares, significar a Propriedade que os Homens têm de si mesmos, tanto quanto dos seus Bens".[301]

A propriedade, envolvendo a própria pessoa, não só os seus bens como a sua vida, remete a um direito primeiro e natural que cada um tem de conservar-se a si mesmo, direito comum a todos os seres humanos. Está assim formulado o estatuto universal da propriedade.

Leitor atento do Velho Testamento, Locke parte da palavra revelada segundo a qual a terra e seus frutos foram dados no princípio por Deus à espécie humana. Era preciso, entretanto, explicar como os indivíduos se apropriaram desses bens, inicialmente comuns, para poder usá-los em função de suas próprias carências e de suas famílias. O tema-chave da apropriação da terra encontra aqui a sua primeira entrada. A leitura da seção 25 é elucidativa:

"O fruto ou a caça que nutrem o Índio selvagem, o qual não conhece nenhuma cerca e é ainda um ocupante em comum, devem ser seus, e tão seus, i.e., ser uma parte dele, de tal modo que ninguém mais tenha daí em diante qualquer direito a eles antes que possam dar-lhe alguma vantagem para o sustento de sua vida."

Trata-se, portanto, de uma apropriação que deixa para trás, definitivamente, o uso comum dos bens originariamente oferecidos a toda a espécie humana. A propriedade privada está, daí em diante, sancionada e passará a ser fundamento da sociedade civil, prolongamento do estado natural.

Como o indivíduo chegou a retirar do todo comum o seu quinhão para

---

[300]. *Second Treatise*, cap. IX, seção 124. Conservo a tradução constante na versão brasileira da obra de Macpherson, registrando entre colchetes, em casos duvidosos, o termo inglês original.

[301]. Id., ibid., cap. XV, seção 173.

sempre adstrito à sua pessoa? Pelo *trabalho*, qualquer que seja a sua modalidade: caça, pesca, colheita...

Essa apropriação pelo esforço de cada um não necessita do aval coletivo para concretizar-se, mesmo porque *se tal consentimento fosse necessário, o Homem teria morrido de fome, não obstante a fartura que Deus lhes dera* (capítulo v, "Sobre a Propriedade").

É ainda nesse mesmo capítulo que consta uma observação de Locke grávida de consequências sociais: nela se afirma a estreita relação entre o caráter natural e lícito da apropriação individual e a possibilidade de esse primeiro explorador da terra-proprietário valer-se não só de seu esforço pessoal mas também do trabalho de outrem:

"Assim, a erva que meu cavalo comeu, a turfa que meu empregado [*servant*] cortou e o minério que eu extraí, em qualquer parte em que eu tinha direito em comum com os outros, tornam-se minha propriedade sem a cessão ou o consentimento de quem quer que seja. O trabalho, que me pertencia, aí fixou meu direito de propriedade, retirando esses objetos do estado comum em que se achavam."

Segundo a leitura de Macpherson, Locke parece considerar inerente ao estado de natureza essa apropriação do trabalho alheio, o que tem sido negado pelos intérpretes que veem como precoce a prática do assalariamento antes da fundação da sociedade civil com seus pactos interpessoais. A diferença de interpretações não afeta, de todo modo, o encadeamento das razões pelas quais o primeiro ocupante-explorador se apropria "naturalmente" e "racionalmente" não só das terras outrora comuns, como também da força de trabalho dos que chegaram tarde demais à sua posse e não souberam ou não quiseram lavrá-las a tempo. Assim, a diferença de classes seria conatural a essa fase de apropriações que corresponde à ocupação progressiva das terras disponíveis feita de modo desigual, já que os mais operosos deveriam necessariamente receber a paga de sua diligência.

Em princípio, essa desigualdade seria facilmente compensada pelo fato de existirem ainda vastos espaços não cultivados, como é o caso das Américas, onde um colono inglês pode apoderar-se de terras aráveis sem impedir que outros façam outro tanto. Locke julga natural e racional que o ocupante não desperdice o seu tempo e se torne digno da apropriação por um trabalho constante. Entretanto, essa condição de potencial equilíbrio (que consagraria um princípio de igualdade de oportunidades) acabaria sendo rompida pela ação de um agente novo, o *dinheiro*, que Locke admite como fator de acumulação da propriedade.

O dinheiro irrompe no seu discurso por força de uma convenção que a valorização da terra pelo trabalho tornou possível. Alegando o "*tacit agreement of men*" (seções 36-51), o leitor de Locke é cientificado de que a "invenção do dinheiro" alterou uma praxe que remontava ao estado de natureza, quando ainda havia enorme disponibilidade de terras. A partir da invenção de um mediador universal e não perecível (ouro, prata ou diamante), os proprietários passaram a poder acumular, no caso, entesourar bens em quantidade virtualmente ilimitada, independentemente de precisarem obedecer ao princípio original de *só consumar a apropriação quando se verificasse a disponibilidade de terra para o uso de outros eventuais ocupantes interessados em cultivá-la para o seu sustento*.

O dinheiro teria sido, portanto, inventado quando a maior parte das terras já estava ocupada, estabelecendo-se, então, a diferença entre as devidamente valorizadas pelo trabalho e as que tivessem sido relegadas ao abandono, ou aquelas cujos frutos houvessem apodrecido pela incúria dos seus moradores. A troca por um mediador não perecível passou a fazer-se conforme acordo entre os vários proprietários.

Seguindo de perto as reconstruções hipotéticas que constituem a narrativa de Locke em torno da invenção do dinheiro, vemos que o filósofo oscila entre duas possibilidades que, afinal, se combinam:

a) considerar o dinheiro como fruto e instrumento de um desejo de posse de mais terras do que as estritamente necessárias para o sustento de seus primeiros ocupantes;

b) considerar o dinheiro como resultante de um pacto, ou seja, de uma convenção entre proprietários que precisaram de um mediador não perecível para arbitrar o valor de suas terras e produtos em uma fase de escassez de novos lotes a cultivar.

Ambas as possibilidades confluem para a admissão da tese que legitima, em última instância, a irrestrita apropriação individual de terras pelos ocupantes que melhor as trabalharam.

Nota-se uma alteração de tom quando se passa da primeira à segunda hipótese. A primeira menção ao papel do dinheiro na aquisição de terras é precedida de uma frase que trai um sentimento (aliás, raro no discurso de Locke) de perplexidade, no qual se poderia talvez vislumbrar uma sombra de reprovação moral. Falando na permanência do *princípio de propriedade*, expressão sublinhada no original, o filósofo diz, ao mesmo tempo, que não pretende dar ênfase ao seu comentário (*which I lay no stress on*), mas que ousará afirmá-lo audaciosamente (*this I dare boldly affirm*).

Ausência de ênfase parece contrastar com a ousadia da proposição. O liberal conformado com a economia monetária da Inglaterra do seu tempo parece ainda alimentar reservas morais próprias do fundamentalista puritano? Este julga biblicamente que cada um deve ater-se ao seu quinhão e trabalhá-lo com o suor do seu rosto para merecer a sua propriedade. Mas o filósofo da burguesia liberal sabe que as coisas mudaram a partir da invenção de um mediador universal que não perece nem apodrece como os frutos da terra: o dinheiro. Veja-se como ambas as instâncias compareçem no mesmo período:

> *But be this as it will, which I lay no stress on, this I dare boldly affirm, that the same rule of property — viz., that every man should have as much as he could make use of, would hold still in the world without straitening anybody, since there is land enough in the world to suffice double the inhabitants, had not the invention of money, and tacit agreement of men to put a value on it, introduced (by consent) larger possession and a right to them; which how it was done, I shall by and by show more at large.* (seção 36)

Tradução:

"Mas, seja como for, pois eu não darei ênfase a isso, eis o que eu ouso audaciosamente afirmar, que a mesma regra de propriedade — isto é, que todo homem deve ter tanto quanto ele pode utilizar, teria permanecido ainda em pé no mundo sem embaraçar ninguém, já que há terra bastante no mundo para ser suficiente ao dobro dos habitantes, não houvesse a invenção do dinheiro e o tácito acordo dos homens posto um valor sobre ela, introduzindo (pelo consentimento) mais vastas posses e um direito a elas; o que, como foi feito, eu mostrarei pouco a pouco amplamente."

De todo modo, a pura e isenta constatação do processo acaba prevalecendo em outro parágrafo, no qual o dinheiro é mencionado como decorrência de uma *convenção entre proprietários*, ficando dessa maneira legitimada a ampliação das posses por alguns ocupantes mais operosos e solertes:

> *Men, at first, for the most part contented themselves with what unassisted Nature offered to their necessities; and though afterwards, in some parts of the world, where the increase of people and stock, with the use of money, had made land scarce, and so of some value, the several communities settled the bounds of their district territories, and, by laws, within themselves, regulated the properties of the private men of their society, and so, by compact and agreement, settled the property which labour and industry began.* (seção 45)

Tradução:

"No começo, a maior parte dos homens se contentou com o que oferecia para as suas necessidades a natureza deixada a si mesma; é verdade que, em seguida, em certas partes do mundo, onde o aumento da população e dos estoques [de alimentos], pelo uso do dinheiro, tinham tornado a terra mais rara, e portanto de algum valor, as várias comunidades estabeleceram os limites de seus territórios distritais e, mediante leis, entre elas mesmas, regularam as propriedades dos particulares da sua sociedade, e assim, por pactos e acordos, estabeleceram a propriedade que o trabalho e a indústria encetaram."

Nesse segundo trecho, o uso do dinheiro parece ter-se originado menos da ambição de alguns proprietários desejosos de ampliar suas terras do que de um dado demográfico e econômico (aumento da população e dos estoques). A nova situação demográfica fez escassear a terra, tornando-a cara (como, em princípio, tudo o que é raro). Daí, o acordo entre os proprietários para regular, *mediante o uso do dinheiro*, isto é, por meio dos procedimentos mercantis de compra e venda, a extensão das terras. Não se tratava mais de um uso que se ativesse só à satisfação das necessidades básicas do ocupante, mas da possibilidade de uma apropriação ampliada que o dinheiro facultava.

Na sequência do parágrafo, Locke faz a distinção entre regiões havia muito intensamente cultivadas, como a Inglaterra, e o restante do mundo, uma vasta América, onde a disponibilidade de terras continuava farta. No território inglês, a terra comum já havia sido loteada, de tal sorte que para possuir mais era necessário aferir, por meio do dinheiro, o valor de cada terreno. A posse da moeda, mediação das mediações, passou a ser um meio virtualmente irrestrito para obter-se a propriedade da terra, já agora de todo independente da satisfação das necessidades vitais do proprietário.

Pelo mesmo processo de *apropriação ampliada*, os Estados e reinos que outrora dispunham de terras comuns renunciaram a esse primeiro título "comum e natural", já que a convenção do dinheiro fora acordada entre pares. Essa renúncia de intervenção, por parte do Estado, na dinâmica da propriedade privada, seria, sem dúvida, um passo indispensável para consolidar o liberalismo nascente.

A origem da *apropriação do trabalho* teria seguido um caminho paralelo. No começo, cada ocupante se apoderou de um trato de terra para cultivo dos produtos indispensáveis à sua subsistência. Nessa fase haveria uma relação direta entre a labuta e a apropriação, supondo-se que, na esteira de Adão e Eva, os seus descendentes deveriam ganhar o pão com o suor de seu rosto. Mais tarde, porém, em tempos de conflitos, que Locke qualifica de "estado de guerra", os vencedores levaram os vencidos para suas terras na condição de *cativos*, conforme se lê em relatos das Escrituras e dos historiadores antigos. No capítulo sobre a escravidão, que precede as páginas dedicadas à propriedade, Locke faz reflexões sobre o direito adquirido pelo vencedor sujeitando o vencido e considerando a escravidão como "continuação do estado de guerra entre o conquistador legal e o seu cativo". No original (seção 23): *"This is the perfect condition of slavery, which is nothing else but the state of war continued between a lawful conqueror and a captive".*

A escravidão é, desse modo, legitimada em termos de fato consumado, efeito de um ato de força tornado legal (*"a lawful conqueror"*) e reconhecido como pacto imemorial.

Na seção anterior (22), Locke dava liberalmente ao escravo a alternativa de suicidar-se, caso o cativeiro lhe parecesse excessivamente pesado e, portanto, ultrapassasse o valor de sua própria vida. Matando-se, ele resistiria à vontade do senhor... De todo modo, se o cativo tivesse caído nessa condição por sua própria culpa, isto é, por ter cometido algum delito grave, merecedor de pena capital, aquele em cujo poder ele entrara teria pleno direito de mantê-lo a seu serviço, *"and he does him no injury by it"*, "não lhe fazendo por isso nenhuma injustiça".

O texto dos *Tratados sobre o governo civil* data de 1690 e consagrara Locke como o filósofo da Revolução Gloriosa. A nova monarquia constitucional sob o reinado dos Orange assentava já não mais apenas no poder dos lordes proprietários de terras, mas também na burguesia que podia comprá-las; e, nesse regime de mercadoria, o fundador do liberalismo tinha os olhos voltados para a situação fundiária inglesa que não deveria mais sofrer os velhos entraves feudais, sinônimo de *escravidão*.

Mas existia, além do Atlântico, a vasta América que os colonos puritanos estavam conquistando "legalmente", como descobridores que tinham sido, e colonizadores que continuavam a ser. Quem diz colonização diz apropriação da terra alheia, que, não lavrada, pertenceria a todos e a ninguém, isto é, ao primeiro ocupante que se dispusesse a cultivá-la.

Locke, 21 anos antes de redigir seus *Tratados*, se envolvera com os coproprietários de terras situadas na Carolina do Norte. Tratava-se de uma doação feita pelo rei Carlos II (daí o nome da colônia). A terra pertencia a oito proprietários, que a dividiram por um acordo *inter pares*, segundo um procedimento que seria sancionado no capítulo sobre a propriedade do *Tratado* de 1690. Mas, como registraria a mesma narrativa, os donatários reservavam alguns lotes para quem quisesse comprá-los pagando uma taxa convencionada. Entrevê-se aqui uma combinação de práticas semifeudais de doação e procedimentos mercantis e monetários.

A mesma convivência de esquemas senhoriais e liberais regia a estrutura política da nova colônia: entre os proprietários, o decano usufruía de certas prerrogativas, começando pelo título: era o "paladino", cuja corte se compunha dele próprio e dos outros primeiros ocupantes. Mas, ao lado desse alto conselho, funcionava um "parlamento" ampliado que podia votar e propor leis.[302]

O que chama a atenção, no que diz respeito à questão do trabalho, é o fato de Locke, convidado a legislar pelos coproprietários, admitir o instituto da escravidão do negro trazido da África, fazendo-o sem nenhuma reserva moral ou legal.

A cláusula CVII das Constituições Fundamentais da Carolina é exemplar em termos de liberalismo religioso, pois prega a tolerância em face dos vários cultos (protestantes) professados pelos escravos e, ao mesmo tempo, adverte que *"de todo modo, nenhum escravo cessa por esse fato de estar submetido ao poder civil que seu senhor exerce sobre ele e, de todos os pontos de vista, cada um permanece no mesmo estado e na mesma condição anterior"*.

Em outras palavras: Locke desejava evitar que as lutas religiosas acesas na Inglaterra ao longo do século XVII fossem transpostas para as colônias da América, e nisso reconhecemos o autor do clássico tratado sobre a tolerância, que serviu de modelo a Voltaire e aos enciclopedistas. Mas... na sequência do texto, timbrava em deixar claro que a tolerância religiosa não suprimia a condição de escravo, pois *a religião não deve modificar em nada o estatuto, nem os direitos de quem quer que seja, no plano civil*.

E entre esses direitos, o legislador liberal destacava o de possuir escravos: *CX. Todo cidadão livre da Carolina exerce um poder e uma autoridade sem limites sobre seus escravos, quaisquer que sejam as opiniões deste, ou a sua religião*.

O legislador liberal John Locke, acionista da Royal African Company, envolvida diretamente no tráfico negreiro,[303] confirmaria a atribuição de poder absoluto de vida e morte que a lei já conferia ao senhor de escravos:

---

302. Uma análise minuciosa da estrutura política da nova colônia encontra-se no prefácio de Bernard Gilson à tradução francesa das Constituições Fundamentais da Carolina (em *Deuxième traité du gouvernement civil*. Paris: Vrin, 1977).

303. A Royal African Company foi criada em 1672, ainda sob o reinado dos Stuart. Entre 1672 e 1689 estima-se que as suas naves tenham transportado cerca de 100 mil africanos para as colônias da América. A sua intensa atividade perdurou até meados do século XVIII, quando cessou o monopólio franqueando-se a todos os mercadores do reino a concessão de traficar escravos.

"[...] o chefe de família exerce sobre os diversos membros desta poderes perfeitamente distintos, e sua amplitude ou duração se circunscrevem de modos muito diferentes; *se excetuarmos o escravo*,[304] e aliás, que haja ou não escravos, isso não muda em nada a natureza da família e a extensão da autoridade paterna, ele não exerce sobre nenhum deles o poder legislativo de vida e de morte, nem nenhum poder que não convenha também à mãe de família". (seção 86 do capítulo VII, "Da sociedade política ou civil")

A desqualificação total do escravo como ser humano constava já da seção anterior (85), na qual Locke distinguia o assalariado comum, *servant*, do escravo, nos termos seguintes:

"Entretanto, há uma outra categoria de servidores, aos quais damos o nome particular de *escravos*; como são cativos, tomados em guerra justa, o direito da natureza os submete ao império absoluto de seus senhores e a seu poder arbitrário. Como já disse, esses homens sofreram a perda [*forfeited*] do direito de viver, portanto, do direito de serem livres e perderam os seus bens; eles são reduzidos à *condição de escravidão* e incapazes de toda propriedade; nesse estado, não podemos considerá-los como participantes de uma maneira qualquer da *sociedade civil*, que tem por fim principal a preservação da propriedade."

A exclusão do escravo do seio da humanidade não parece constituir problema moral ou religioso para o empirismo de Locke.

Mas um seu leitor e admirador francês, inspirador de todos os ilustrados, Montesquieu, não pôde esconder a sua perplexidade diante da convivência de escravidão e sociedade pretensamente "iluminada" e "cristã". Para exprimir a intuição do caráter aberrante desse amálgama, encontrou esta fórmula drástica:

Il est impossible que nous supposions que ces gens-là soient des hommes, parce que si nous les supposions des hommes, on commencerait à croire que nous ne sommes pas nous-mêmes des chrétiens. (*L'esprit des lois*, livro XV, cap. V)[305]

Na boca do satírico das *Cartas persas*, a frase pode visar, mais uma vez, às mazelas e aos contrassensos da civilização europeia, vistos ironicamente do ponto de vista dos povos conquistados. Ou seja, é preciso que neguemos radical-

---

304. Grifos meus.
305. "É impossível supor que essas pessoas sejam homens, porque se nós os supuséssemos homens, começaríamos a crer que nós mesmos não somos cristãos."

mente a condição humana dos africanos escravizados (por nós) para que possamos continuar a ostentar o nome de cristãos.

E a condição do assalariado?
Vinte e um anos depois de ter redigido as Constituições da Carolina, Locke formulou o seu pensamento acerca da licitude de um homem nascido *livre*, logo senhor da sua pessoa e da sua vida, alienar o próprio corpo vendendo a sua força de trabalho. O aparente paradoxo nada mais é do que a verdade profunda e o lugar constante do liberalismo burguês: todos os homens nasceram *livres*, podendo vender o que bem quiserem, *inclusive o suor de seu rosto, a força de seus braços e a destreza de suas mãos em troca de um salário que satisfaça as exigências mínimas de sua sobrevivência.*

Parecerá estranho ao estudioso de história econômica que o assalariamento tenha sido ancorado por Locke no estado de natureza, fase auroral da humanidade em que certamente não haveria lugar para essa instituição típica da economia de mercado. Mas o sentimento de anacronismo se esvai quando reconhecemos o teor francamente *ideológico* do liberalismo burguês de Locke. O apologista da Revolução Gloriosa de 1688 projeta as características da sociedade inglesa do seu tempo em uma Idade de Ouro, na qual cada indivíduo seria livre de fazer o que bem lhe aprouvesse sem que o estorvasse a ingerência de um governo tirânico.

Macpherson, cuja reconstrução do sistema de Locke vimos seguindo até este ponto, dá-nos o quadro estatístico da população inglesa nos meados do século XVII. O número dos trabalhadores assalariados (*servants*) elevava-se a 709 mil, o equivalente a 45% dos varões maiores de dezesseis anos. "Se acrescentamos os 400 mil trabalhadores rurais, a proporção é superior a dois terços."[306] Uma sociedade assim constituída teria, necessariamente, de incutir no seu pensador empirista a tese de sua *naturalidade*, *normalidade* (o que acontece na maioria das vezes é normal) e intrínseca *razoabilidade* (o que nossos olhos veem é natural e tem sua razão de ser). O liberalismo posterior também não deixará de naturalizar e racionalizar, de vários modos, a sujeição da força de trabalho. O fato de a mão de obra ser assalariada ou compulsória (na condição escrava) acabaria sendo, no limite, indiferente, pois em ambos os casos se verificaria a licitude de sua compra por parte do patrão ou do senhor. O que está sempre em jogo na prática do liberalismo econômico é o direito natural e irrestrito da propriedade. E, com perdão do truísmo, no sistema capitalista o trabalho do homem é uma mercadoria.

---

306. C. B. Macpherson, op. cit., p. 316.

O que Locke tem a dizer dos trabalhadores assalariados — aqueles que não dispõem de outra propriedade além do próprio corpo e da própria vida? Macpherson transcreve passagens de uma obra tardia do filósofo, *Some Considerations of the Consequences of the Lowering of Interest and Raising the Value of Money*, citada a partir da edição de 1759. Reconhecendo que o assalariado trabalha tão só para prover a sua subsistência e a de sua família, Locke nos dá a imagem de uma situação existencial que *nunca permite a essa categoria de pessoas [conseguir] tempo ou oportunidade para elevar seus pensamentos acima disso, ou lutar com os ricos pela sua obtenção*.[307]

No *Ensaio sobre o entendimento humano*, a indigência intelectual do trabalhador braçal é formulada em termos de pura constatação que cristaliza a divisão de classes:

> It is not to be expected that a man who drudges on all his life in a laborious trade should be more knowing in the variety of things done in the world than a packhorse, who is driven constantly forwards and backwards in a narrow lane and dirty road, only to market, should be skilled in the geography of the country.[308]

O esquema de Locke repete-se à saciedade. A origem do trabalho assalariado é a situação do homem sem propriedade, e essa falta é atribuída à incúria daqueles que, na fase inicial de terras comuns, não souberam ou não quiseram apropriar-se de um trato de terra para cultivá-la a tempo ou com a devida diligência. O assalariado terá de pagar com a venda do próprio suor o pecado original da negligência, já que desobedeceu à lei divina, que comanda a cada um a labuta cotidiana, e à lei do estado de natureza que facultava a apropriação mediante o trabalho.

Ao assalariado, *porque desprovido de propriedade*, tampouco cabe ter voz no

---

307. Id., ibid., p. 229. A tradução foi retocada. Ver Locke, *Considerações sobre as consequências da redução de juro*. Trad. e introd. de Walter R. P. Paixão. São Paulo: Humanitas, 2005.

308. "Não se pode esperar que um homem que moureja toda a sua vida em um trabalho fatigante conheça a variedade de coisas que se fazem no mundo mais do que um cavalo de carga, que é conduzido ao mercado constantemente para cima e para baixo por um atalho estreito e uma estrada suja, possa ser perito na geografia do país." (*Concerning Human Understanding*, IV, XX, 2). A analogia do trabalhador com o cavalo aparece igualmente em textos de Mandeville, na *Fábula das abelhas*, mas já em Sieyès, doutrinador da Revolução Francesa, os trabalhadores voltam a assumir figura humana, agora expressa na locução "*instruments bipèdes*" (instrumentos bípedes) aos quais não convém atribuir responsabilidades civis. Cf. Losurdo, *Contra-história do liberalismo*, cit., pp. 102-6.

governo da coisa pública. A história dos liberalismos posteriores, ao longo do século XVIII e em boa parte do século XIX, confirmaria essa interdição. Para mencionar apenas as leis eleitorais de nações que serviram de paradigmas aos liberais do mundo inteiro, a Inglaterra e a França, convém assinalar que o voto ao trabalhador (mas não à mulher) só foi concedido integralmente pela primeira na década de 1880 e, pela segunda, nos anos 1870, pela Terceira República. Os decretos democráticos emanados em 1848 podem ser vistos como um parêntese glorioso, mas sem efeito político real.[309]

Em suma: quem não tem renda nem residência fixa não vota, eis a regra das eleições censitárias e norma constante em todas as constituições liberais promulgadas nos anos que se seguiram às revoluções inglesa e francesa. Ainda e sempre, o *locus* espaçoso das ideias liberais é a propriedade.

UMA AMBIVALÊNCIA ESTRUTURAL: O LUGAR DO TRABALHO NA IDEOLOGIA LIBERAL

> *Mas o trabalho não é nada mais que os próprios seres humanos de que é feita cada sociedade, e a terra não é senão o meio natural em que existe cada sociedade. Incluí-los no mecanismo do mercado é subordinar às leis do mercado a substância da própria sociedade.*
>
> Karl Polanyi

O trabalho é peça-chave da construção ideológica do liberalismo.

O acesso à propriedade da terra e a plena liberdade de usufruí-la constituem, desde os escritos de Locke, decorrências e recompensas da labuta do primeiro ocupante.

Na fase de instauração do capitalismo industrial, só o trabalho do burguês-proprietário legitimará a condição de *citoyen*, nos termos das legislações censitárias concebidas pelas revoluções americana e francesa.

O liberalismo conservador presente na Carta da restauração de 1814 espelha o pensamento político de Benjamin Constant: dá ainda o mais alto crédito ao proprietário da terra, escorando-se no pressuposto de que é ele que garante

---

309. Sobre a longa e tenaz resistência que as legislações liberais opuseram ao sufrágio universal tanto na Europa como nas Américas, ver *Le sacre du citoyen*, de Pierre Rosanvallon. Paris: Gallimard, 1992. A distância entre liberalismo e democracia foi, nesse particular, flagrante.

alimento à população, sendo o principal responsável pela riqueza e bom governo da nação.

Quanto à figura do *empreendedor*, hipostasiada na do empresário, avultará no discurso liberal desde as fontes clássicas, Smith e Say; será o núcleo irradiador do sistema de Saint-Simon, para quem o *homem da indústria* é um herói fáustico, e conhecerá enfim não poucas derivações apologéticas ao longo do século xx. Laicizado na imagem do *self-made man* norte-americano, o perfil do empreendedor já se configurava no ideal do diligente pequeno-burguês preconizado pela ética calvinista e puritana.

Pode-se traçar uma história do liberalismo convergente com a do capitalismo, a partir do século XVII, assinalando a relevância do conceito de trabalho sempre enlaçado com a valorização das ideias-força de propriedade e liberdade individual. O liberalismo, nessa perspectiva, é a universalização político-jurídica de uma condição de classe particular dominante ou em vias de assumir a primazia social.

Haveria, portanto, uma coerência monolítica na construção do ideário liberal, no qual os termos básicos de *trabalho, propriedade e liberdade* se articulam firmemente dando a impressão de um sistema lógico sem brechas. No entanto, mais do que brechas conceituais, há fraturas dolorosas, feridas expostas que laceram o corpo do sistema na sua realização ao longo da história do labor humano.

A lógica do liberalismo detém-se em um esquema unilateral. Falta-lhe enfrentar a questão simples mas crucial: *quem trabalha nessa heroica empresa cujos frutos se chamam propriedade e liberdade?*

Viu-se que Locke não teve dúvidas ao atribuir ao primeiro ocupante o poder de comprar a fadiga e o suor do sem-terra ou do lavrador desastrado que não pôde ou não soube cultivar o seu torrão. Compelido a sobreviver a soldo de um patrão, a esse trabalhador resta apenas a propriedade do próprio corpo e da própria vida, que lhe cabe alienar, ou, se é escravo e não tolera o estado de sujeição, extinguir mediante o ato livre do suicídio.

O lado escuro e escuso do liberalismo dos proprietários é a condição do trabalhador assalariado e do escravo.

É possível compreender essa condição trilhando pelo menos dois caminhos: o da *construção conceitual* e o da *pesquisa histórica*.

A construção conceitual atingiu o seu ponto alto nos textos de Karl Marx em que a economia política clássica é submetida a uma crítica cerrada que evidencia o seu caráter abstrato e ideológico. A leitura dos *Manuscritos econômico-filosóficos* e do *Capital* nos dá o desenvolvimento analítico e dialético dos conceitos de *alienação* e *mais-valia*, que desmascaram os pressupostos da existência de uma relação de causa-efeito, harmoniosa e universal, entre trabalho e acesso à propriedade, trabalho e fruição da liberdade.

A pesquisa histórica põe em relevo a brutal exploração com que o modo de produção capitalista aviltou o ser humano, quer escravizando-o, como aconteceu nas economias coloniais, quer assoldando-o no regime assalariado vigente nos últimos três séculos. A bibliografia sobre a condição proletária é hoje imensa, mas me é grato ressaltar, por amor à simetria, uma obra pioneira, fruto de pesquisa *in loco* sobre a vida dos trabalhadores de Manchester: *A situação da classe operária na Inglaterra*, que Engels escreveu em 1844, no mesmo ano em que Marx redigia os seus *Manuscritos*. O método empírico de Engels confirma o encadeamento dialético do discurso de Marx. O trabalho alienado feito pelo operário não só não o conduzia à propriedade e à liberdade como o despojava material e espiritualmente a ponto de transformá-lo em mercadoria; esta, por sua vez, concorreria para avolumar o patrimônio do seu empresário. O trabalho "livre" era, na realidade, uma forma compulsória de sobreviver no mais baixo dos níveis de vida.

Passado século e meio, como a pesquisa histórica desconstrói os dogmas do liberalismo clássico retomados pelo neoliberalismo corrente no fim do milênio?

Leia-se o alentado estudo de Robert Castel, *As metamorfoses da questão social. Uma crônica do salário*, cuja edição original francesa data de 1995.[310] Trata-se de obra de sólida erudição que completa, em alguns aspectos, os clássicos da história da exploração do trabalhador na Europa, Eugène Buret (que inspirou Marx), Paul Mantoux, Jean Lawrence e Barbara Hammond, E. P. Thompson e Eric Hobsbawm.[311]

Robert Castel aproxima, em um lance conceitual ousado, a prática pré-industrial da *corveia*, suprimida pela Revolução de 1789, e o caráter compulsório do contrato salarial tal como se efetivou a partir da Revolução Industrial in-

---

310. Robert Castel, *As metamorfoses da questão social. Uma crônica do salário*. Trad. de Iraci Poleti. Petrópolis: Vozes, 1998.

311. Eugène Buret, *De la misère des classes e laborieuses en France et en Angleterre*. Paris, 1840; Paul Mantoux, *La revolución industrial en el siglo XVIII*. Trad. de Juan Martin. Madri: Aguilar, 1962. A primeira edição, em francês, data de 1910, tendo sido revisada a fundo na versão inglesa de 1928; John Lawrence e Bárbara Hammond, *The Town Labourer, 1760-1832*. Londres: Longmans, Green and Co., 1932; E. P. Thompson, *A formação da classe operária inglesa*. Trad. de Denise Bottmann, 3 vols. Rio de Janeiro: Paz e Terra, 1987; Eric Hobsbawm, *A era das revoluções*, 5ª ed. Trad. de Maria Tereza Teixeira e Marcos Penchel. Rio de Janeiro: Paz e Terra, 1982; *Da revolução industrial inglesa ao imperialismo*. Trad. de Donaldson Garschagen. Rio de Janeiro: Forense Universitária, 1979; *Os trabalhadores. Estudos sobre a história do operariado*. Trad. de Marina Medeiros. São Paulo: Paz e Terra, 2000.

glesa. O migrante do campo desempregado, que estava sempre à beira da mendicância ou sob suspeita de vadiagem, tinha sido perseguido ao longo dos séculos pré-industriais quando leis draconianas o puniam sistematicamente. Sobrevindo o sistema industrial no último quartel do século XVIII, mantém-se o repúdio aos desempregados, que acabam forçados a aceitar qualquer tipo de trabalho braçal ou mecânico e a qualquer preço, contanto que o salário lhes mate a fome e a de sua família. Nesse novo regime, formalmente contratual e hipoteticamente livre, é a assimetria econômica que, de fato, ordena as relações de trabalho e os padrões salariais.

Lendo o *Capital*, vemos que Marx retoma e aprofunda as reflexões de Engels sobre as condições desumanas do operariado de Manchester. É só percorrer as páginas extraordinárias do capítulo X da terceira parte, intitulado "O dia de trabalho", para entender, histórica e conceitualmente, o quanto a mais-valia literalmente sujeitou o operário à "lupina ganância" do empresário já em plena segunda metade do século XIX (Marx refere-se à situação inglesa, francesa e belga tal como a observava na década de 1860).[312]

Castel demonstra que antigas formas de dependência, como a corveia do servo feudal, foram abolidas, mas, ao mesmo tempo, substituídas por outras não menos implacáveis.[313] O trabalho sob coerção, que arrebanha com mais facilidade mulheres e crianças desde tenra idade, não infringe os princípios da economia política, isto é, não constitui exceção à regra, pois exprime a própria regra geral de sua ideologia lockiana, pela qual é direito líquido do proprietário comprar a força de trabalho do não proprietário. Aquilo que para o Marx dos *Manuscritos econômico-filosóficos* de 1844 era uma variante da prostituição (que vende o corpo para sobreviver) significa para o economista liberal necessidade, norma e razão mesma do sistema. "Os economistas", diz Marx, "querem que os trabalhadores fiquem na sociedade tal como esta se formou e tal como a consignaram e selaram em seus manuais."[314]

A economia política encara os papéis do empregador e do empregado como se fossem natural e racionalmente *complementares*. A sua assimetria de base, com todas as consequências políticas que comporta, não constitui problema ético visto que os seus valores reguladores — "naturais" e "racionais" — são a liberdade de contrato e os mecanismos de oferta e demanda vigentes no mercado.

---

312. Marx, *Capital*. Org. de F. Engels, 21ª impr. Chicago: University of Chicago/Encyclopædia Britannica, 1977, pp. 111-46.

313. Robert Castel, "O modelo da corveia", em *As metamorfoses*, cit., pp.197-209.

314. Marx, em *Miséria da filosofia*, apud Marx/Engels. Org. de Florestan Fernandes. São Paulo: Ática, 1983, p. 216.

Castel exemplifica essa posição citando um texto lapidar de Turgot, o ministro progressista de Luís XVI:

"O simples operário que só tem seus braços e seu empenho não tem nada enquanto não consegue vender a outros sua pena. Vende-a mais ou menos caro; mas o preço mais ou menos alto não depende só dele: resulta do acordo que é feito com quem paga seu trabalho. Este o paga o menos caro possível: como pode escolher entre um grande número de operários, prefere quem trabalha pelo melhor preço. Então os operários são obrigados a baixar seu preço em concorrência uns com os outros. Em todos os tipos de trabalho, deve acontecer, e de fato acontece, que o trabalho do operário se limite ao que lhe é necessário para assegurar sua subsistência."[315]

Concorrência entre os trabalhadores e o menor salário possível (salário mínimo dos mínimos) já estão claramente configurados na pena desse economista dos fins do século XVIII. O que Marx e Engels, por sendas diversas, puseram a descoberto não foi apenas o teor unilateral da ideologia liberal-burguesa, mas também o seu caráter eminentemente *funcional*, já que a submissão do trabalhador ao arbítrio do empregador convém aos interesses deste último reproduzindo um esquema de dominação inerente à estrutura do modo de produção capitalista.

A tensão entre as reivindicações dos operários e as políticas liberais atravessa os séculos XIX e XX e constitui o cerne da história das classes trabalhadoras do Ocidente. Robert Castel prova exaustivamente que as burguesias dos países que estavam à frente da Revolução Industrial mostravam-se sensíveis ao crescimento do pauperismo nas cidades, situação que as tornava temerosas de possíveis movimentos de massas, que só uma repressão armada (como ocorreu em 1830, em 1848 e em 1871) poderia debelar. É o que diz o comentário apreensivo do *Journal des Débats* a propósito da revolta dos operários da indústria de seda em Lyon, conhecida como rebelião dos *canuts*:

"Cada habitante vive em sua fábrica como os plantadores das colônias no meio de seus escravos; a sedição de Lyon é uma espécie de insurreição de Santo Domingo... Os bárbaros que ameaçam a sociedade não estão no Cáucaso, nem nas estepes da Tartária. Estão nos subúrbios de nossas cida-

---

315. Turgot, *Formation et distribution des richesses*. Paris: Schelle, II, p. 537, apud Castel, op. cit., p. 272.

des fabris... É preciso que a classe média saiba bem qual é o estado das coisas; é preciso que conheça sua posição."[316]

As classes laboriosas começavam a aparecer como classes perigosas, e os observadores liberais intuíam que a condição operária das metropóles não estava muito distante da situação de cativeiro vigente em suas colônias. O que fazer?

Embriões do Estado-Providência podem reconhecer-se nas propostas de integração dos desempregados indigentes ao longo do século XIX: a abolição, em 1834, das antigas leis assistencialistas na Inglaterra (as *Poor Laws*) visava a compelir os mais pobres ao trabalho mediante a criação das *workhouses*. "Nada de semelhante na França", diz Castel. Pois, de modo geral, os ideólogos liberais recusavam toda e qualquer ação sistêmica de um Estado tutelar, preferindo que os patrões benévolos e as associações de caridade e mútuo socorro se encarregassem de minorar os efeitos da condição proletária ou subproletária. "Em 1848, na França, 25 mil religiosos administram 1800 estabelecimentos de caridade."[317] Adolphe Thiers, em relatório à Assembleia de 1850, adverte a classe política no sentido de não transformar a assistência aos pobres e desempregados em "obrigação desastrosa" para o Estado. E o mais complexo dos liberais, Tocqueville, tampouco deixaria de condenar de modo peremptório a ação providente do Estado:

> "Estou profundamente convencido de que todo sistema regular, permanente, administrativo, cujo objetivo for o de prover as necessidades dos pobres, fará crescer mais miséria do que pode curar, corromperá a população que quer ajudar e consolar, reduzirá com o tempo os ricos a serem somente os agricultores dos pobres, matará as fontes da poupança, deterá a acumulação de capitais, comprimirá o desenvolvimento do comércio, entorpecerá a atividade e o empenho humanos, e acabará provocando uma revolução violenta no Estado, quando o número dos que recebem se tornar quase tão grande quanto o número dos que dão esmola, e quando o indigente, não mais podendo tirar dos ricos empobrecidos algo com que prover as suas necessidades, achar mais fácil, de repente, despojá-los de seus bens do que pedir ajuda."[318]

---

316. Em Castel, op. cit., p. 290.
317. Id., ibid., p. 300.
318. Tocqueville, *Mémoire sur le paupérisme*, lida na Academia de Cherbourg, 1835, apud Castel, p. 321.

Mas o fantasma dos "miseráveis" rondará a literatura de ficção escrita por grandes escritores românticos, como Charles Dickens, George Sand e Victor Hugo... A tensão só cresceu entre a classe operária e as políticas liberais, que tiveram de ceder a algumas exigências mais prementes sob a pressão dos movimentos sindicais e dos partidos de esquerda até que fosse construído, em pleno século XX, o Estado-Providência. Este, como é notório, vem sofrendo, desde o decênio de 1980, o assédio dos ideólogos neoliberais concertados em uma orquestração global.

DA METÁFORA DO CAVALO À DO FREIO: A LEITURA DE YANN MOULIER BOUTANG

Se o primeiro liberalismo de Locke e Mandeville figurava o trabalhador como uma besta de carga levando ao mercado os frutos do seu torrão, um estudioso contemporâneo da classe operária, Yann Moulier Boutang, percorreu a história da instituição salarial aplicando-lhe a imagem do freio.[319]

Segundo Moulier Boutang, o capitalismo industrial do século XIX dispunha de práticas eficazes para forçar o operário a trabalhar em um regime desumano e sem saída sequer para a mendicância, já reprimida por dispositivos policiais. O trabalhador, dito eufemisticamente livre, era, na verdade, bridado, coagido pelos freios dos empregadores. Apesar de alterações de conjuntura econômica, a mentalidade burguesa dominante se revelou, em geral, refratária a toda e qualquer legislação trabalhista capaz de regular os deveres do empregador. Que a brida arrochasse o cavalo, mas não o cavaleiro. O termo recente, "desregulamentação", é a expressão de um projeto coerente de afrouxar, o mais possível, as normas contratuais que regem os direitos sociais dos assalariados. Trata-se da reiteração de uma lógica que se vem exercendo no interior do capitalismo desde o século XVIII.

Ao atribuir à propriedade um caráter absoluto (o *jus utendi et abutendi*), o Código Civil napoleônico, nos seus artigos 544 e 1134, legalizou a assimetria que separava o proprietário dos meios de produção e o não proprietário, seu dependente ou assalariado.

Teria havido, sobretudo nas ex-colônias, uma continuidade efetiva, apesar dos rótulos jurídicos, entre a escravidão e o trabalho assalariado, ambos garantidos pela legislação liberal:

---

319. Yann Moulier Boutang, *De l'esclavage au salariat. Économie historique du salariat bridé*. Paris: PUF, 1998.

"Um ano antes da abolição do tráfico, lord Hawick, subsecretário de Estado para as colônias inglesas, resumira a situação com uma clareza cartesiana: 'Seja qual for o plano posto em execução para a emancipação dos escravos em nossas colônias, o grande problema a resolver é encontrar um meio de os levar, quando tiverem sido libertados do temor do seu senhor e do seu chicote, a suportar o trabalho regular e contínuo da produção de açúcar. Penso que seria caminhar plenamente no sentido de uma real felicidade dos próprios negros *restringir as suas facilidades de acesso à terra*, na medida em que isso os dissuadiria, a partir da abolição, de abandonar o hábito de trabalhar regularmente. Ademais, é gravando consideravelmente a terra que eu proporcionaria ao fazendeiro meios para prosseguir a sua atividade quando a emancipação tiver sido consumada.'"[320]

Era também proposta de Tocqueville, nume dos liberais ilustrados, proibir o acesso à terra aos futuros alforriados da Martinica, de Guadalupe e da Guiana Francesa sob a mesma alegação de que, se alcançassem o estatuto de proprietários, não mais se submeteriam ao trabalho nos engenhos, ainda que em regime de assalariados.[321] O que pode parecer estranha contradição revela um traço inerente à ideologia, o seu caráter estruturalmente parcial: a liberdade de acesso à propriedade acaba sendo privilégio dos primeiros ocupantes, ou dos herdeiros de patrimônios familiares, apesar da retórica universalizante pela qual todos deveriam desfrutar desse sagrado direito em regime de plena concorrência.

A história do trabalho assalariado na colônia[322] de Trinidad confirma as advertências daquele alto funcionário da metrópole: "A Grã-Bretanha não se lançou na industrialização do açúcar em Trinidad senão depois que se assegurou do fornecimento estável de *coolies* hindus. Só então (1862) ela construiu em Sainte Madeleine a maior usina açucareira do mundo".

Nessa fase de liberdade máxima concedida ao empresário, desce ao mais baixo nível a liberdade da mão de obra. Celso Furtado comenta, a propósito, o caso da ilha de Antígua, em que a abolição do cativeiro, decretada pelo Parlamento inglês na década de 1830, teve resultados puramente formais:

"A assembleia dessa ilha dispensou os escravos das obrigações criadas pelo

---

320. Id., ibid., p. 386. A citação foi extraída de Peter Richardson, *Empire and Slavery*. Londres: Longman, 1968, pp. 109-10. Grifo de A. B.
321. A proposta de Tocqueville está transcrita em Victor Schoelcher, *Esclavage et colonisation*. Paris: PUF, 1948, p. 9.
322. Boutang, op. cit., p. 380.

Apprenticeship System introduzido pelo Parlamento britânico como medida de transição na abolição da escravatura. Esse sistema obrigava os escravos menores de seis anos a trabalhar mais seis anos para os seus senhores durante uma jornada diária de seis horas e meia mediante alimentação, roupa e alojamento. Ao escravo ficava a possibilidade de trabalhar pelo menos mais duas horas e meia diárias, mediante salário. Concedendo de imediato a liberdade total, os latifundiários de Antígua se concertaram para fixar um salário de subsistência extremamente baixo. A consequência foi que os ex-escravos, em vez de trabalhar sete horas e meia para cobrir os gastos de subsistência, como ocorreria se se aplicasse o sistema de aprendizado, tiveram de trabalhar dez horas diárias para alcançar o mesmo fim. Não existindo possibilidade prática de encontrar ocupação fora das plantações, nem de emigrar, os antigos escravos tiveram de submeter-se. Com razão se pôde afirmar no Parlamento britânico, nessa época, que os milhões de libras de indenização pagos pelo governo da Grã-Bretanha aos senhores de escravos antilhanos constituíram um simples presente, sem consequências práticas para a vida das populações trabalhadoras. Em outras palavras, a abolição da escravatura só trouxe benefícios aos escravistas. Para uma análise completa do caso de Antígua, veja-se Law Mathieson, *British slavery and its abolition, 1825-1838*. Londres, 1926."[323]

UM EXEMPLO BRASILEIRO DE TRABALHO BRIDADO

> *Os colonos que emigram, recebendo dinheiro adiantado, tornam-se, pois, desde o começo, uma simples propriedade de Vergueiro & Cia.*
> Thomas Davatz, *Memórias de um colono no Brasil*

> *Viu que, se continuasse por mais tempo numa fazenda, nunca passaria de proletário rural.*
> Rubens Borba de Moraes, Prefácio às *Memórias de um colono no Brasil*

Ao historiar a relação assimétrica entre o liberalismo proprietista e o trabalho assalariado, Boutang deparou com um episódio ocorrido no Brasil Império

---

323. Celso Furtado, *Formação econômica do Brasil*, 34ª ed. São Paulo: Companhia das Letras, 2007, p. 200.

nos meados do século XIX. Trata-se da introdução do regime de parceria por obra de um fazendeiro e político liberal, o senador Vergueiro, que importou famílias de trabalhadores suíços e alemães para suas fazendas de café em Ibicaba, na província de São Paulo.

O empreendimento de Vergueiro e o seu insucesso final já foram bastante explorados por nossa historiografia, destacando-se o depoimento de um observador-participante, Thomas Davatz, cujas *Memórias de um colono no Brasil* detectam com a nitidez de uma testemunha perspicaz a tensão entre o ideário liberal, presumidamente antiescravista (apesar da permanência de cativos em Ibicaba), e o trabalhador bridado.[324]

Importa aqui ressaltar o aspecto defensivo e estruturalmente limitado que as propostas liberais assumem sempre que lhes é dado enfrentar o problema da força de trabalho.

Por que malogrou a iniciativa do senador-fazendeiro Nicolau Pereira de Campos Vergueiro, que implantou em 1847 um sistema de parceria com imigrantes europeus em sua fazenda encravada nos arredores de Limeira? Considerada modelo pelos cafeicultores paulistas do meio do século (segundo a apreciação de Sérgio Buarque de Holanda), a parceria não levou, porém, sequer um decênio para mostrar aos colonos o seu lado explorador e opressor. Os imigrantes recebiam, sob a forma de adiantamentos, as passagens de navio e o transporte para a fazenda, bem como a cobertura de suas despesas previstas para a sobrevivência nos primeiros meses de trabalho. Viagens, aluguéis de residência, alimentação, instrumentos de trabalho, assistência médica, remédios, tudo era contabilizado como débito do colono, a ser cobrado com juros de 6% no ajuste de contas.[325] Não foram poucos nem leves os desentendimentos entre os proprietários e os parceiros: estes queixavam-se principalmente da cobrança extorsiva de suas dívidas, a rigor insolváveis. O mestre-escola Thomas Davatz, acusado de subversivo e "comunista" por ter-se desavindo com os administradores de Ibicaba, afirmava "que o colono que devesse dois contos, o que não era raro, estava na situação comparável à do escravo que precisava dessa quantia para comprar sua alforria".[326] Daí a revolta dos parceiros de Ibicaba.

---

324. Thomas Davatz, *Memórias de um colono no Brasil*, 2ª ed. Pref. de Rubens Borba de Moraes e Sérgio Buarque de Holanda. São Paulo: Martins/Edusp, 1972.

325. "No entanto", observou um historiador que pesquisou exaustivamente os documentos da fazenda, "encontramos nos apontamentos de Ibicaba anotações de juros de 12% ao ano" (José Sebastião Witter, *Ibicaba, uma experiência pioneira*, 2ª ed. São Paulo: Arquivo do Estado, 1982, p. 36).

326. Apud Emília Viotti da Costa, *Da senzala à colônia*. São Paulo: Difusão Europeia do Livro, 1966, p. 106. Ver o capítulo II, "Primeiras experiências de trabalho livre", em que se en-

O malogro do sistema de parceria e, por extensão, das esparsas tentativas de introduzir "trabalho livre" do imigrante na economia cafeeira, então em plena expansão, tem um significado socioeconômico evidente: o nosso capitalismo liberal tardio convivia mais produtiva e comodamente com o braço escravo do que com formas substitutivas de colonato. O trabalho compulsório do negro comprado na África e de seus descendentes parecia decerto mais seguro para a maior parte dos fazendeiros de café do que o trato com migrantes europeus que, em pouco tempo, se mostravam cientes dos seus direitos e revoltados com os esbulhos a que eram submetidos. O fato é que, depois de promulgadas as leis de extinção do tráfico (em 1850) e da libertação dos nascituros (em 1871, com o voto vencido de parlamentares paulistas), houve, até o fim dos anos 1870, um aumento considerável da população escrava, em números absolutos, nas zonas cafeeiras do Rio de Janeiro e de São Paulo alimentadas pelo tráfico interprovincial. O Nordeste vendia fartamente seus cativos.[327]

As colônias de parceria não representaram formas efetivas e consequentes de transição para o trabalho livre, como supôs Buarque de Holanda no prefácio às memórias de Davatz. Pelo contrário, o seu definhamento, que se tornou generalizado na década de 1860, assinala a interrupção da vinda de imigrantes e a persistência da escravidão sustentada pelo liberalismo oligárquico até o esgotamento do regime, no final dos anos 1880.[328] No caso específico de trabalhadores

---

contra uma excelente reconstrução da experiência de parceria de Ibicaba e de outras semelhantes. O mesmo tema foi tratado com minúcia pela autora no capítulo v de *Da monarquia à república*. São Paulo: Grijalbo, 1977.

327. Um dado significativo: em 1854, o número de escravos no Oeste Novo paulista era de 20 143; em 1886, subira a 67 036. Ver Jacob Gorender, *O escravismo colonial*, 4ª ed. São Paulo: Ática, 1985, p. 586.

328. Sobre as preferências escravistas dos fazendeiros descontentes com os "maus colonos" e com o regime de parceria, ver Viotti da Costa, *Da senzala à colônia*, cit., pp. 83-92. Uma avaliação menos severa e, a espaços, elogiosa do modelo Vergueiro lê-se no prefácio que Sérgio Buarque de Holanda escreveu para a obra de Davatz, op. cit., p. xxxvi.

Para uma leitura crítica, ver Celso Furtado, *Formação econômica do Brasil*, cit., pp. 184-6. Diz Furtado: "É fácil compreender que esse sistema degeneraria rapidamente numa forma de servidão temporária, a qual nem sequer tinha um limite de tempo fixado, como ocorria nas colônias inglesas. Com efeito, o custo real da imigração corria totalmente por conta do imigrante, que era a parte financeiramente mais fraca. O Estado financiava a operação, o colono hipotecava o seu futuro e o de sua família, e o fazendeiro ficava com todas as vantagens. O colono devia firmar um contrato pelo qual se obrigava a não abandonar a fazenda antes de pagar a dívida em sua totalidade. É fácil perceber até onde poderiam chegar os abusos de um sistema desse tipo nas condições de isolamento em que viviam os colonos, sendo o fazendeiro praticamente a única fonte do poder político" (p. 185).

alemães, o governo da Prússia proibiu formalmente a emigração para o Brasil em virtude das denúncias formuladas por Davatz em suas memórias. A "grande imigração" só se efetuaria com a abolição do cativeiro.

O BRASIL IMPÉRIO NO MEIO DO SÉCULO: ENTRE O TRABALHO LIVRE E O "CATIVEIRO DA TERRA"

É ao sociólogo José de Souza Martins que devemos a incisiva expressão "cativeiro da terra", formulada em conexão com "trabalho livre". Vimos os limites estruturais da iniciativa liberal de instalar colônias de parceria com imigrantes europeus. Não por acaso essa experiência foi contemporânea da Lei de Terras promulgada em setembro de 1850, no mesmo ano da abolição do tráfico negreiro. Falta olhar mais de perto o contexto e suas contradições.

No período colonial, a propriedade da terra fora assegurada basicamente pela doação de sesmarias, regime fundiário que resultava em concentração de riqueza e poder atribuída a um pequeno número de privilegiados. Embora extinto formalmente em 1822, o regime de concessão deixou uma herança política de longa duração vinculando a propriedade do latifúndio ao mandonismo local. Pelo seu artigo 4º, a Lei de Terras considerava "revalidadas as sesmarias, ou outras concessões do Governo Geral ou Provincial, que se acharem cultivadas, ou com princípios de cultura, e morada habitual do respectivo sesmeiro ou concessionário, ou de quem os represente".

Impedindo novas concessões, a lei de 1822 tinha propiciado, embora à revelia do legislador, a ocupação de terras ainda incultas por *posseiros* que as lavravam para sua subsistência e, eventualmente, para abastecer mercados de vilas próximas de suas roças. Essa coabitação de sesmeiros, já legalmente protegidos pela lei colonial, e posseiros sem título de propriedade gerava conflitos agravados pela indefinição das divisas entre os terrenos. A administração imperial se propôs dar um fim a essa caótica situação. *A Lei de Terras de 1850 legitimou apenas as antigas posses "mansas e pacíficas, adquiridas por ocupação primária, ou havidas do primeiro ocupante, que se acharem cultivadas, ou com princípio de cultura"* e, ao mesmo tempo, *proibiu a abertura de novas posses*: estas últimas só poderiam ser obtidas *por meio de títulos de compra*. Terra, a partir de então, converte-se em mercadoria. Com essa medida procurava-se restringir e controlar o acesso à propriedade pelas camadas pobres do campesinato até aquela data afeitas à ocupação de terras desertadas ou não cultivadas diretamente pelos sesmeiros. Quanto às posses consideradas litigiosas (nem *mansas* nem *pacíficas*...), deveriam reverter para a Coroa a título de "terras devolutas". A venda destas pela

Coroa financiaria, por sua vez, os projetos de colonização sempre em pauta nas intenções do governo central.

Nos anos que precederam a promulgação da Lei de Terras, as opiniões dos representantes da grande lavoura se dividiram. Como os anteprojetos incluíam a cobrança de um imposto territorial e demandavam trabalhos de medição das terras por parte dos proprietários, estes protestaram pela voz de seus deputados na Câmara denunciando uma abusiva interferência do governo central na gestão de seus bens. Urbano Sabino, parlamentar pernambucano, verberou contra a cláusula que punia os eventuais sonegadores do imposto previsto no projeto, acusando-a de atentatória à propriedade privada: "equivaleria a 'tocar o alarme no Império, chamar os proprietários às armas contra o que eles considerariam o estelionato público, a depredação da propriedade particular'".[329]

Os conservadores vinculados à alta burocracia e escorados na economia cafeeira do vale do Paraíba desfrutavam então do poder central, o que os levou a apoiar taticamente o projeto imperial. Assim, foi a oposição liberal nordestina e mineira que protestou veementemente em nome dos interesses particulares de fazendeiros que seriam supostamente prejudicados por taxações indevidas. O projeto foi afinal aprovado, mas sem a cláusula que estipulava o pagamento do imposto territorial: o Senado a suprimiu e a burocracia carente de receitas teve de ceder à pressão de fazendeiros, que, fossem luzias ou saquaremas, se viram poupados...

Não seriam poupados, contudo, os futuros virtuais compradores de lotes para moradia e cultivo, isto é, imigrantes ou lavradores brasileiros pobres, que os proprietários cobiçavam antecipadamente como braços válidos para suas fazendas. A terra liberada dos entraves coloniais adquiria, a partir da lei, valor venal e, portanto, a capacidade de forçar o trabalhador sem terra a vender "livremente" o seu labor na remota esperança de, um dia, ter pecúlio bastante para tornar-se pequeno proprietário.

Um historiador insuspeito (pois avalia favoravelmente a Lei de Terras), Ruy Cirne Lima, chamou a atenção para a influência que exerceu sobre o legislador imperial o sistema de colonização proposto por Wakefield, cuja *Letter from Sydney* (1829) recomendava que, na Austrália, as terras devolutas fossem vendidas a "um preço suficientemente alto" (*at a sufficiently high price*). A intenção, que já vimos expressa em conselhos de estadistas liberais franceses e ingleses, era

---

329. Comentário e citação em José Murilo de Carvalho, *A construção da ordem. O teatro das sombras*. Rio de Janeiro: Civilização Brasileira, 2003, p. 336. Recomendo a leitura de todo o capítulo 3, "A política de terras: o veto dos barões", em que o historiador desenvolve uma análise exemplar do processo que levou à aprovação da Lei de 1850.

ostensiva: impedir ou retardar ao máximo a compra de terra por parte de migrantes cujas únicas condições de sobrevivência deveriam ser as de colono ou assalariado.

A doutrina do *sufficiently high price* é sustentada pela Consulta de 8 de agosto de 1842 da Seção do Império, tomada sobre a proposta de Bernardo de Vasconcellos e José Cesário de Miranda Ribeiro. Declara a consulta:

> "Um dos benefícios da providência que a Seção tem a honra de propor a Vossa Majestade é tornar mais custosa a aquisição de terras. Como a profusão em datas de terras tem, mais que outras causas, contribuído para a dificuldade que hoje se sente de obter trabalhadores livres, é seu parecer que d'ora em diante sejam as terras vendidas sem exceção alguma. Aumentando-se, assim, o valor das terras e dificultando-se consequentemente a sua aquisição, é de esperar que o imigrado pobre alugue o seu trabalho efetivamente por algum tempo, antes de obter meios de se fazer proprietário."[330]

Para essa interpretação, que ata firmemente a Lei de Terras ao suprimento da mão de obra, convergem estudiosos do porte de Emília Viotti da Costa, José de Souza Martins e José Murilo de Carvalho.[331] Divergindo em um ou em outro aspecto secundário, todos concordam em que a Lei de Terras não afetou absolutamente os bens e o *status* dos senhores de escravos, que continuaram a conjugar liberalismo e dominação. Como *mutatis mutandis* fazia o empresário europeu ao mesmo tempo aliciando e oprimindo a nascente classe operária nessa fase de expansão selvagem do capitalismo industrial.

---

330. Apud Ruy Cirne Lima, *Pequena história territorial do Brasil. Sesmarias e terras devolutas*, 4ª ed. São Paulo: Arquivo do Estado, 1991, p. 189.

331. Emília Viotti da Costa, "Política de terras no Brasil e nos Estados Unidos", cap. IV de *Da monarquia à república*, cit.; José de Souza Martins, *O cativeiro da terra*. São Paulo: Ciências Humanas, 1979 (consulte-se a 9ª edição, revista e ampliada. São Paulo: Contexto, 2010); José Murilo de Carvalho, *A construção da ordem. Teatro de sombras*, cit. Para o estudo dos aspectos jurídicos do tema, a melhor fonte é a *Pequena história territorial do Brasil. Sesmarias e terras devolutas*, de Ruy Cirne Lima, cit.

LIBERALISMO OU ESCRAVIDÃO: UM FALSO DILEMA?

> *A lei que constitui os poderes e a forma de governo é menos importante e tem menos influência sobre a felicidade das nações do que aquilo que constitui a propriedade e decide o seu uso.*
> Saint-Simon

> *O liberalismo transformou a hierarquia burguesa em uma constelação de poderio cada vez mais compacta e potente.*
> Max Horkheimer

Se atentarmos tão só para a superfície semântica das palavras, nada se opõe tão radicalmente à ideia de liberdade quanto a prática da escravidão. Mas a história do trabalho compulsório, tal como se efetuou nos anos de ascensão do liberalismo econômico, dá mostras de uma convivência dos dois processos no interior do capitalismo ocidental.

Atribuída equivocadamente a uma peculiaridade brasileira, em termos de "farsa" e "comédia ideológica" própria do nosso "atraso estrutural", essa convivência revelou-se íntima e historicamente realizada em nações cujo desenvolvimento econômico e político serviria de modelo a países ditos periféricos ou subdesenvolvidos.

John Caldwell Calhoun, vice-presidente dos Estados Unidos entre 1829 e 1832, senador pela Carolina do Sul e líder do Partido Democrático, escreveu textos veementes em defesa da liberdade individual e das minorias, contra os abusos do Estado e a favor das garantias constitucionais. A fonte teórica de Calhoun é o pai do liberalismo político inglês, John Locke. Sua obra foi recentemente reeditada em uma coleção de Clássicos da Liberdade inspirada em uma política cultural programadamente neoliberal.[332]

Com a mesma convicção com que profligava o "despotismo" ou a "ganância" dos governos federais, centralizadores, Calhoun acusava os abolicionistas de "cegos", "incendiários" e "fanáticos raivosos" (*rabid fanatics*), pois se propunham nada menos do que destruir a escravidão, uma forma de propriedade garantida pela Constituição.[333]

Os discursos senatoriais de Calhoun conjugam a dimensão política e a econômica. No âmbito político, fazem a defesa das "minorias", no caso, os estados do Sul em relação aos do Norte e às diretrizes do governo central. O maior número de deputados no Congresso americano não deveria oprimir os sulistas obrigando-os a seguir decisões que, a rigor, contrariavam os princípios constitucionais do federalismo.

A reivindicação não era original. Os representantes do Sul queixavam-se acrimoniosamente da ingerência do Norte e, por extensão, do governo da União em questões administrativas, entre as quais a mais aguda era a das tarifas protecionistas. Calhoun pleiteia uma relativa mas firme e coerente autonomia de decisões para o Sul. O tema *frondeur* da liberdade dentro da União (e, às vezes, apesar da União) é recorrente nos discursos oligárquicos americanos e soa como um bordão que se pode reconhecer na linguagem dos proprietários rurais de nações egressas do regime colonial.

Quanto à dimensão econômica, o pomo de discórdia era a "peculiar institution", como os sulistas chamavam a escravidão. Os argumentos de Calhoun são vários:

Em primeiro e principal lugar, a questão do direito de propriedade mediante um ato de compra: um direito líquido e certo adquirido legalmente "antes da Constituição" — cláusula reiterada com o fim de vincular o escravo ao *status* jurídico do seu senhor.

Em segundo lugar, a alegação convicta de que o Sul, enquanto e porque

---

332. John Caldwell Calhoun, *Union and Liberty. The political philosophy of John C. Calhoun*. Org. de Ross M. Lence. Indianápolis: Liberty Fund, 1992.

333. Algumas intervenções de Calhoun no plenário do Senado mostram-se particularmente indignadas na sua defesa do escravismo. Exemplos: *Speech on the reception of abolition petitions* (6 de fevereiro de 1837), em id., ibid., pp. 461-6; *Speech on the introduction of his resolutions on the slave question* (19 de fevereiro de 1847), pp. 511-21; *Speech on the Oregon Bill* (27 de junho de 1848), pp. 539-70; *Speech on the admission of California — and the general state of the Union* (4 de março de 1850), pp. 571-601.

escravista, contribuía fartamente para a prosperidade do Norte e, por extensão, da União, devendo, portanto, ser retribuído na mesma proporção:

> *The labor of our slaves does not conflict with the profit of their capitalists or the wages of their operatives; or in any way injuriously affect the prosperity of those States, either as it relates to their population or wealth. On the contrary, it greatly increases both. It is its products, which mainly stimulate and render their capital and labor profitable; while our slaves furnish, at the same time, an extensive and profitable market for what they make. Annihilate the products of their labor — strike from the list the three great articles which are, most exclusively, the products of their labor — cotton, rice, and tobacco — and what would become of the great shipping, navigating, commercial, and manufacturing interests of the non-slaveholding States? What of their Lowell and Walthan, their New York and Boston, and other manufacturing and commercial cities? What, to enlarge the question, would become of the exports and imports of the Union itself; its shipping and tonnage, its immense revenue, on the disbursements of which, millions in those States, directly or indirectly, live and prosper? Fortunately, then, the crusade against our domestic institution does not originate in hostility of interests.*[334]

Mas o liberal Calhoun não se atém só a razões estruturais, poder e riqueza. Pretende ir além, defendendo o instituto da escravidão como processo ideal para civilizar e humanizar o negro resgatando-o da barbárie africana e, ao mesmo tempo, fazendo-o contribuir para manter a ordem e a paz nos estados sulinos.

Se os fanáticos abolicionistas (incluem-se aqui os *philanthropists* religiosos) consideram a escravidão um mal, um pecado, Calhoun lhes responde sem hesitação que, ao contrário, trata-se de um bem, "*a positive good*":

> *I hold that in the present state of civilization, where two races of different origin, and distinguished by color, and other physical differences, as well as intellectual, are brought together, the relation now existing in slaveholdeing States between the two, is, instead of an evil, a good — a positive good. [...] I hold then, that there never has yet existed a wealthy and civilized society in which one portion of the community did not, in point of fact, live on the labor of the other. Broad and general as is its assertion, it is fully borne out by history.*[335]

---

334. Id., ibid., p. 528.
335. Calhoun, *Speech on the reception of abolition petitions*, p. 474.

Mas, considerando os expedientes brutais pelos quais povos guerreiros escravizavam os vencidos desde a mais remota antiguidade, Calhoun conclui pela superioridade do exemplo dado pelo Sul algodoeiro. Aí, o escravo vive em um regime "direto, simples e patriarcal". E não tarda a comparação, que tantas vezes seria feita por deputados liberal-conservadores brasileiros, entre o escravo negro benevolamente assistido pelo senhor e os ocupantes dos miseráveis tugúrios "nas nações mais civilizadas da Europa", alusão à condição dos lumpemproletários nas casas de indigentes da Inglaterra, *"forlorn and wretched condition of the pauper in the poor houses"*.

Repisando o tema da estabilidade política dos estados sulinos, Calhoun adverte os seus pares que "há e sempre houve, em um estágio avançado de prosperidade e civilização, um conflito entre trabalho e capital"; mas "a condição da sociedade no Sul nos isentou das desordens e perigos resultantes desse conflito, o que explica por que a condição política dos estados escravistas tem sido muito mais estável e tranquila do que a do Norte".[336] Tendo alcançado esse invejável equilíbrio, o Sul precisaria defender-se dos projetos abolicionistas, pois, se viessem a ser aprovados, não só a economia padeceria gravíssimos danos, mas as consequências a médio prazo seriam ainda piores. Os negros exigiriam igualdade social e política em relação aos brancos, as hierarquias seriam invertidas e os atuais senhores se converteriam em escravos dos seus ex-escravos...

Interesse, preconceito e medo se enlaçam de modo inextricável no discurso liberal-escravista. Mas é próprio da elaboração ideológica mimetizar a razão recorrendo a argumentos universais. Calhoun não fará exceção. Receando que a asserção constitucional de que *"all men are born free and equal"* se convertesse em dogma subversivo e invalidasse a sua defesa da escravidão, o nosso bravo estadista tenta relativizá-la em nome de uma liberdade mais ampla do que a do indivíduo — a liberdade da sociedade, o interesse maior do todo que deve presidir à boa norma política. No *Speech on the Oregon Bill*, proferido em 27 de junho de 1848, Calhoun busca provar que a igualdade e a liberdade, de que fala aquele axioma (mero *truism*), não provêm absolutamente de um direito natural de cada homem enquanto indivíduo, mas representam uma bênção outorgada a um povo como recompensa por sua inteligência, virtude e patriotismo. Enquanto bênção, não pode ser malbaratada e entregue irresponsavelmente a uma população "estúpida, degradada e corrupta", que traria consigo a anarquia e a destruição da própria sociedade.[337]

---

336. Id., ibid.
337. *Speech on the Oregon Bill*, pp. 565-70. O contexto do discurso é o repúdio de Calhoun ao decreto do Congresso que vetava a migração de proprietários de escravos para os novos ter-

O teor e o tom dos discursos de Calhoun podem parecer um exemplo extremo, portanto um limite do liberalismo proprietista afim ao capitalismo *in progress* ao longo do século XIX. Não é precisamente essa a leitura do seu editor neoliberal do fim do século XX. Ross M. Lace, comentando e situando historicamente cada discurso de Calhoun, nos dá notícia da crescente popularidade desse afortunado político sulista, sempre reeleito nas suas campanhas senatoriais até o ponto de ser considerado o "porta-voz" dos interesses dos estados escravistas.[338] Lace o diz, em tom apologético: "*Calhoun was the foremost intellectual spokesman of the South*".[339] Que o fato se transforme em valor dá o que pensar se não o que temer.

CÁ E LÁ... MÁS FADAS HÁ — A INTERSECÇÃO BRASILEIRA DO LIBERALISMO OCIDENTAL

> *Uma vez tive ocasião de dizer ao senhor Martinho Campos que ele era o Calhoun brasileiro.*
> Joaquim Nabuco, Discurso de 8 de outubro de 1887

John Caldwell Calhoun faleceu em 1850. No mesmo ano morria Bernardo Pereira de Vasconcellos, o campeão do regressismo, político influente na Regência e no começo do Segundo Reinado e um dos autores do projeto que seria aprovado como Lei de Terras. Mera coincidência de datas mas inequívoca afinidade ideológica. Em ambos o termo "liberdade" é ao mesmo tempo exalçado abstratamente e reduzido concretamente à esfera dos interesses dos proprietários rurais. Em ambos a escravidão africana é defendida com argumentos entre

---

ritórios conquistados pelos Estados Unidos, como os do México, onde a lei anterior à anexação havia abolido a escravidão.

338. Um episódio entre tantos: "*Calhoun was greeted at the Charleston meeting house by an enthusiastic crowd so large that 'hundreds had to retire for the impossibility of getting in'*" (apud Ross Lace, op. cit., p. 523). Sobre a defesa da escravidão feita pelo liberalismo conservador americano, ver Larry E. Tise, *Proslavery. A History of the Defense of Slavery in America, 1701-1840*. Athens: The University of Georgia Press, 1987.

339. Id., ibid., p. 402. O autor da *Contra-história do liberalismo*, Domenico Losurdo, salienta o caráter representativo, não excepcional, de Calhoun como vice-presidente dos Estados Unidos e advogado do escravismo: Em 32 anos — dos primeiros 36 anos dos Estados Unidos — os que ocupam o cargo de presidente são proprietários de escravos provenientes da Virgínia. George Washington, grande protagonista militar e político da revolta anti-inglesa, John Madison e Thomas Jefferson (autores respectivamente da Declaração da Independência e da Constituição Federal em 1787) foram proprietários de escravos.

si paralelos ou similares. Em ambos a religião (protestante em Calhoun, católica em Vasconcellos) é chamada a sancionar as ideias de ordem e hierarquia taticamente misturadas com os ideais de civilização e progresso.

São conhecidas as intervenções de Vasconcellos condescendentes com o tráfico, avessas à fiscalização britânica dos navios negreiros, enfim abertamente favoráveis à instituição mesma do cativeiro.[340] Vasconcellos chegou ao ponto de manifestar-se, em 1835, pela revogação da Lei de 1831, que reforçava a interdição do tráfico e declarava livres os africanos desembarcados após a sua promulgação. A sua posição antiabolicionista não mudou até seus últimos dias. Rui Barbosa, defendendo em 1884 a Lei dos Sexagenários, não pôde deixar de deplorar essa inglória coerência lembrando que "ainda em 1848 homens como o senador Vasconcellos consideravam 'conveniente'" o tráfico e sustentavam que "a agricultura *sofreria muito*, se cessasse a introdução de braços africanos".[341]

Nem tudo são semelhanças. As diferenças de contexto em relação ao porta-voz dos proprietários do Sul americano têm a ver com as exigências de descentralização, em contraste com o projeto de Vasconcellos de consolidar o poder do Império com o fim de sufocar a "anarquia" e os levantes separatistas do interregno regencial.

Aos fazendeiros sulistas de algodão e tabaco pareciam importunas as interferências do Congresso majoritariamente nortista e do poder central; daí o seu escravismo assumir formas de oposição. Aos fazendeiros de café e açúcar brasileiros interessava, ao contrário, a proteção do Império, quer econômica (pactuando com a continuidade ilegal do comércio de escravos), quer militar, ajudando-os a debelar os movimentos sediciosos. O liberalismo do Sul americano queria defender seus bens com seus próprios recursos. O liberalismo brasileiro precisava da cumplicidade do exército e da Justiça imperial para acrescer e preservar as suas propriedades.

Mas, se havia diversidade de meios, em virtude das contingências nacionais, os fins derradeiros tinham muito em comum. O que explica a inflexão conservadora e escravista que o liberalismo assumiu nessas duas sociedades estribadas na economia agroexportadora.

Para entender em detalhe o *corpus* do liberalismo conservador que predo-

---

340. Ver a biografia exemplar, *Bernardo Pereira de Vasconcellos*, escrita por Octavio Tarquínio de Sousa, 2ª ed. São Paulo/Belo Horizonte: Edusp/Itatiaia, 1988. A melhor antologia dos textos de Vasconcellos encontra-se em *Bernardo Pereira de Vasconcellos*. Org. e intr. de José Murilo de Carvalho. São Paulo: Ed. 34, 1999.

341. Rui Barbosa, *Emancipação dos escravos. Parecer formulado pelo deputado Ruy Barbosa como relator das comissões reunidas de orçamento e justiça civil.* Rio de Janeiro: Tipografia Nacional, 1884, p. 12. Rui cita os Anais da Câmara dos Deputados, 1848, tomo II, p. 343.

minou nos últimos anos da Regência e em parte do Segundo Reinado, creio que o texto fundamental é precisamente obra de Bernardo Pereira de Vasconcellos, a *Carta aos senhores eleitores da província de Minas Gerais*, datada de Ouro Preto, aos 30 de dezembro de 1827.[342] Trata-se de uma completa prestação de contas que o deputado fazia a seus eleitores mineiros. Nela, o "doutrinador do regime", como o chamou Petrônio Portella, advoga, ao mesmo tempo, o cumprimento rigoroso da doutrina liberal da independência dos poderes, dando como exemplo supremo a Inglaterra de seu tempo, aconselha a obediência aos princípios da economia política, mas abre, com senso utilitário e pragmático, a porta a leis e decisões administrativas que sejam "acomodadas às circunstâncias das Nações para que são feitas".[343] Uma linguagem que combina Benjamin Constant e Guizot e se reconheceria na obra de seu fiel discípulo, Paulino José Soares de Sousa, visconde do Uruguai, o *Ensaio sobre o direito administrativo*.

Elaborada antes da sua opção abertamente "regressista" (epíteto que Vasconcellos aplicava a si mesmo), a *Carta* dá ênfase às regras que o regime deveria seguir depois do golpe "funestíssimo" que d. Pedro I dera ao dissolver a Constituinte de 1823. A atitude dos deputados deveria ser a de incansável vigilância para que as tendências autoritárias do governo imperial não estorvassem a nascente experiência parlamentar. A veemência do tom, em geral acusador, tem a ver com a conjuntura política tensa que precedeu o Sete de Abril. Em princípio, nada se deveria conceder ao Executivo que não estivesse literalmente previsto na Constituição: Vasconcellos opõe-se terminantemente à presença dos oficiais-maiores da Casa Imperial (os fidalgos "criados do monarca") nas sessões de abertura da Câmara legislativa, na qual o imperador tinha assento. Tampouco admite que os ministros possam votar quando se discutem projetos emanados do governo. Mas concede pragmaticamente que os ministros competentes possam vir a plenário esclarecer dúvidas quando se trata de problemas orçamentários, pois são os agentes do Poder Executivo que entendem de negócios... (capítulo II do Regimento Interno, § 3º). De todo modo, Vasconcellos vota pela recusa de conceder verba suplementar para a construção de novas casas de recreio solicitada pelo imperador: a nação, atolada em dívidas, não deverá dar-se ao luxo de acrescer os confortos particulares do monarca...

A intransigência do orador temido pelos seus sarcasmos exerceu-se, porém, mais coerentemente na defesa da ortodoxia econômica liberal do que no ideal descentralizador. É provável que os tumultos provinciais, que abalaram a

---

342. Em Bernardo Pereira de Vasconcellos, *Manifesto político e exposição de princípios*. Brasília: Ed. Universidade de Brasília, 1978, pp. 29-166.

343. Id., ibid., p. 43.

Regência e os primeiros anos do Segundo Império, tenham suscitado em Vasconcellos um propósito de união nacional, que congregaria um Executivo forte, um exército prestante e todo apoio ao escravismo enquanto base da economia agroexportadora. Mas essa guinada tática para uma política centralizadora não o demoveria de suas convicções arraigadamente privatistas. Exemplar como posição antiprotecionista é o capítulo VIII da *Carta*, "Leis sobre a indústria", que provavelmente teria sido subscrito por J. C. Calhoun e por todos os adversários da doutrina industrialista de Alexander Hamilton. A passagem merece citação integral:

> "É sobre a indústria que muito convém orientar a opinião pública. Crê-se, muito geralmente, que a indústria não pode prosperar sem o favor e a proteção do Governo, reclamam-se pois providências, não só para regular o andamento de tal ramo de indústria, mas também para que seja preferido a tal outro, como menos profícuo. Este erro tem sua origem no procedimento desacertado dos governos absolutos: estes almejando por toda a parte ostentar sua autoridade não só a empregaram em dano dos povos naquilo para que estavam autorizados como a estenderam além dos seus limites, exercendo-a em casos em que dela não havia necessidade.
> "Os governos não têm autoridade para se ingerirem ativa e diretamente em negócios de indústria, esta não precisa de outra direção que não seja a do interesse particular, sempre mais inteligente, mais ativo e vigilante que a autoridade. Quando há liberdade, a produção é sempre a mais interessante à nação; as exigências dos compradores a determinam. O de que os povos precisam, é de que se lhes guardem as garantias constitucionais; que as autoridades os não vexem, que os não espoliem, que se lhe não arranquem seus filhos para com eles se fazerem longínquas guerras: isto e só isto, reclama a indústria.
> "A Câmara dos Senhores Deputados, sempre fiel aos seus deveres, entendeu que o maior serviço que podia prestar ao Brasil era o de abolir a maior parte das leis regulamentares da indústria, e é de que ela não se desviou."[344]

Para melhor ilustrar a sua tese contrária a toda e qualquer intervenção do governo na indústria, Vasconcellos menciona várias decisões da Assembleia Geral que abolira medidas de regulação: restituindo aos "povos" o direito de cortar canas verdes e vendê-las a preço livre; suprimindo as Mesas de Inspeção do Açúcar, Tabaco e Algodão "que, a título de beneficiar a indústria, tanto a oprimi-

---

344. Id., ibid., pp. 64-5.

ram"; liberando a construção de engenhos a quem o quisesse, independentemente de licenças ("a tanto se tinha estendido o despotismo, que até essa inocente liberdade havia usurpado!"); e isentando as embarcações brasileiras da obrigação de levarem nas viagens capelães e cirurgiões.

Rejeita também a emenda de Clemente Pereira que isentava do quinto (imposto de 20%) os couros que se destinavam aos curtumes nas fábricas nacionais. Tratava-se de medida de cunho protecionista inspirada pela intenção de gravar somente os preparadores estrangeiros de couro, liberando, ao mesmo tempo, os brasileiros. O nosso discípulo da ortodoxia contra-argumenta:

"Estas ideias do ilustre Deputado têm o seu apoio nesse princípio errôneo de que é possível que uma Nação venda sem comprar, que só o dinheiro constitui riqueza etc. Este princípio por si mesmo cai, nem me devo ocupar com a sua refutação. Os produtos estrangeiros, quaisquer que sejam, são comprados com produtos de nossa indústria, que essas compras animam; e a nossa utilidade não está em produzir os gêneros e mercadorias, em que os estrangeiros se nos avantajam; pelo contrário, devemos aplicar-nos às produções, em que eles nos são inferiores.
"Nem é preciso que a Lei indique a produção mais lucrativa: nada de direção do Governo. O interesse particular é muito ativo e inteligente; ele dirige os capitais para os empregos mais lucrativos: a suposição contrária assenta nessa falsa opinião, de que só o Governo entende bem o que é útil ao cidadão e ao Estado. O Governo é sempre mais ignorante que a massa geral da Nação, e nunca se ingeriu na direção da indústria, que a não aniquilasse, ou pelo menos, a acabrunhasse: a história o atesta."[345]

Reportando-se a antigas leis protecionistas anteriores à Revolução Industrial, Vasconcellos as considera próprias dos "tempos das trevas", fazendo-as remontar ao século XVI (*sic*). De todo modo, a economia moderna não suportaria essa regressão. O estadista liberal deve comportar-se como Diógenes em face dos favores importunos de Alexandre:

---

345. Id., ibid., p. 66. A argumentação de Vasconcellos segue de perto as prescrições de Bentham. Diz o pensador do utilitarismo: "Tudo o que é *sponte actum* [feito espontaneamente] da parte dos indivíduos entra na categoria dos *non-agenda* [o que não deve ser feito] da parte do governo. Toda intervenção do governo nesse domínio é forçosamente nefasta" (*Economic Writings*. Londres, 1954, vol. III, p. 341, apud P. Rosanvallon, *La crise de l'État-providence*. Paris: Seuil, 1992, pp. 69-70).

"Favor e opressão significam o mesmo em matéria de indústria: o que é indispensável é guardar-se o mais religioso respeito à propriedade e liberdade do cidadão brasileiro. As Artes, o Comércio e a Agricultura não pedem ao Governo senão o que Diógenes pedia a Alexandre — Retira-te do meu Sol — eles dizem em voz alta — não temos necessidade de favor: o de que precisamos é de liberdade e segurança."[346]

Em matéria de imposto, Vasconcellos não destoa das ácidas críticas de Calhoun, que, de resto, eram as mesmas encontradas na pena dos ortodoxos europeus e americanos. Aqui avulta, como talvez em nenhum outro tema, a plena vigência de uma mentalidade comum a todo o Ocidente capitalista ao longo do século XIX. Calhoun adverte com o despejo da sua linguagem proprietista: que os impostos sejam reduzidos, "*to leave the money in the pockets of those who made it, and from whom it cannot be honestly nor constitutionally taken*".[347] Vasconcellos dedica um nutrido capítulo à questão, começando por alegar a *Ciência Econômica* e acusando a ação deletéria de taxas sobre as empresas, que definham quando se veem tributadas, mas prosperam quando isentadas. O argumento guarda sua lógica se posto em um contexto político em que as atribuições do Estado se restringem à defesa da propriedade privada e do livre mercado sem nenhum propósito de compensação distributivista.[348]

Legislador atento ao particular, Vasconcellos pleiteou a redução para 5% do vetusto imposto sobre o ouro das suas Minas Gerais: o quinto, tão pesado aos mineradores dos tempos coloniais, tornara-se insuportável em anos de vacas magras.[349] Não será ocioso lembrar que o pai de Bernardo, o doutor Diogo Pereira Ribeiro de Vasconcellos, fora advogado em Vila Rica ao tempo da derrama e da malograda conjuração: amigo de Tomás Antônio Gonzaga e de Cláudio Manuel da Costa e suspeito de adesão ao movimento, procurou safar-se da pecha de sedicioso denegrindo publicamente a ação de Tiradentes no dia mesmo em que este estava sendo executado.[350] Diogo de Vasconcellos foi, pouco depois, nomeado procurador da Fazenda.

---

346. Vasconcellos, op. cit., p. 68.
347. Calhoun, *Union and Liberty*, cit., p. 389.
348. Vasconcellos, op. cit., p. 99.
349. Id., ibid., pp. 100-8.
350. Ver Octavio Tarquínio de Sousa, *Bernardo Pereira de Vasconcellos*, cit.

JOAQUIM NABUCO,
O ÍCONE DO NOVO LIBERALISMO

Que saudades dos abolicionistas!
Luiz Felipe de Alencastro

"Em casa eu via muito a Tavares Bastos, que me mostrava simpatia, todo o grupo político da época; era para mim estudante um desvanecimento descer e subir a rua do Ouvidor de braço com Teófilo Ottoni; um prazer ir conversar no *Diário do Rio* com Saldanha Marinho e ouvir Quintino Bocaiuva..."

São memórias do adolescente Joaquim Nabuco registradas no primeiro capítulo de *Minha formação*. Nada como a leitura dessa bela autobiografia para entender o clima político que se respirava no final dos anos 1860 em torno das figuras cardeais do liberalismo renovado. O Nabuco maduro do final do século, ao reviver os seus anos de Academia, mostra-se devedor de uma constelação de próceres que lhe pareciam então os mais avançados, com ênfase no seu próprio pai e na figura sedutora de José Bonifácio, o Moço. Mas as suas fontes ideológicas e literárias ultrapassavam de muito o círculo dos amigos do senador Nabuco de Araújo ou dos seus colegas da Faculdade de Direito, primeiro em São Paulo, depois no Recife.

O estudante era leitor apaixonado de escritores franceses em voga nos meados do século. Ele próprio, apontando o ecletismo de suas preferências, confessa: "Posso dizer que não tinha ideia alguma, porque tinha todas".[351] Mas, se ficarmos atentos a suas lembranças literárias de juventude, veremos que a sua curiosidade acabava selecionando autores que exprimiam, em linguagem lírica mui-

---

351. *Minha formação*. Rio de Janeiro: José Olympio, 1957, p. 18.

tas vezes arroubada, aspirações de liberdade impregnadas de concepções idealistas. Era um ideário radicalmente romântico ou romanticamente radical penetrado de difusa religiosidade, próxima do panteísmo ou de um cristianismo heterodoxo, alheio a qualquer constrangimento clerical ou dogmático. Em termos de posição política, pode-se detectar uma zona à esquerda do liberalismo da monarquia burguesa de Louis-Philippe: um vago socialismo voltado para o futuro, liberto da servidão do dinheiro e do poder, mas sem apelo direto à luta de classes.

O modelo mais puro dessa vertente democrático-idealista, Nabuco vai encontrá-lo na fonte de todos os cristãos sociais do século XIX, as *Palavras de um crente*, de Lamennais (1834), obra que Sainte-Beuve elogiou como criação admirável de um poeta-profeta, e que fora censurada pelo papa Gregório XVI. Cinco anos depois, Lamennais lançaria outro opúsculo, *Sobre a escravidão moderna*, em que denuncia, mediante argumentos humanistas e religiosos, a iniquidade da pobreza sofrida pelo proletário na sociedade industrial, servo das novas burguesias. As suas propostas caminham no sentido da liberdade de associação operária, da recusa de pagamento de impostos carreados para a guerra (aqui se entrevê um apelo à desobediência civil) e, finalmente, da exigência de um sistema eleitoral democrático, não censitário.[352]

Mais à esquerda, um herdeiro das correntes jacobinas das Luzes, Edgard Quinet, vem citado por Nabuco enquanto autor de *Ahasvérus*, a antiepopeia do judeu errante, "Apocalipse de nossa geração". Quinet fora, juntamente com Michelet, afastado por Guizot de sua cátedra no Collège de France em razão de suas ideias frontalmente heréticas. (De passagem, lembro que Álvares de Azevedo, no prefácio ao *Conde Lopo*, enaltece o poder de imaginação, para ele ainda não superado, do poema de Quinet.)

Quanto a Lamartine, que fundiu tão harmoniosamente lirismo e democracia e teve seu nome ligado aos republicanos de 1848, comparece com sua *História dos girondinos*, uma visão centrista mas bastante compreensiva da Revolução de 1789. Outros escritores franceses, entre si bastante diferentes, como Thiers, Louis Blanc, o próprio Quinet e, em alto relevo, Ernest Renan, emprestaram ao jovem Nabuco armas para inserir-se em uma posição crítica e, no limite, contraideológica, se tivermos em mira o contexto conservador do Segundo Reinado.

Decididamente anticlerical, o jovem Nabuco, que só voltaria na maturidade à fé católica, deve muito ao clima de desconforto, se não de aberto inconformismo, que levou os chamados "antigos católicos" a contestar o dogma da infa-

---

352. Félicité Robert de Lamennais, *De l'esclavage moderne*. Apres. de Michael Löwy. Paris: Le Passager Clandestin, 2009.

libilidade papal proclamado por Pio IX em 1870: "[...] até escrevi um pequeno ensaio, com a infalibilidade dos dezessete anos sobre a infalibilidade do papa".[353] Já nesses verdes anos, Nabuco fazia causa comum com Rui Barbosa, que prefaciaria o polêmico livro do teólogo liberal alemão Johann Joseph Ignaz von Döllinger, *O papa e o concílio*.

Se esse universo de leituras críticas — penetradas de sentimentos rebeldes à ordem estabelecida — determinasse inteiramente a formação mental do jovem Nabuco, seria de esperar que ele se aproximasse, nesses mesmos anos 1870, do republicanismo então nascente como partido. Não foi, porém, o que aconteceu. Em paralelo ao encantamento que lhe despertavam aqueles autores franceses herdeiros da Revolução, o estudante de direito e filho do senador Nabuco de Araújo escolheu como o regime mais consentâneo com os seus ideais políticos a monarquia parlamentar inglesa.

> "O que me decidiu foi a *Constituição inglesa* de Bagehot. Devo a esse pequeno volume, que hoje não será talvez lido por ninguém em nosso país, a minha fixação monárquica inalterável; tirei dele, transformando-a a meu modo, a ferramenta toda com que trabalhei em política, excluindo somente a obra da abolição, cujo estoque de ideias teve para mim outra procedência."[354]

Com justeza, o segundo capítulo de seu livro de memórias intitula-se "Bagehot". Nabuco o leu em 1869, quando os liberais, ainda indignados com a recente manifestação do "poder pessoal" de Pedro II, se debatiam em torno do verdadeiro alcance do Poder Moderador ou se radicalizavam aderindo ao Clube da Reforma de Tavares Bastos. O liberalismo caruncoso dos velhos conservadores parecia reviver nas manobras do Paço, e contra esse risco de regressão ambos os Nabuco, pai e filho, sentiam a necessidade de reafirmar a dignidade do poder legislativo e a sua prática no governo de gabinete inglês. É, confessadamente, essa a principal ideia que Joaquim Nabuco extrai da leitura de Bagehot:

> "No governo de gabinete, diz ele, o poder legislativo escolhe o executivo, espécie de comissão, que ele encarrega do que respeita à parte prática dos negócios e assim os dois poderes se harmonizam, porque o poder legislativo pode mudar a sua comissão, se não está satisfeito com ela ou se lhe prefere outra. E, no entanto — tal é a delicadeza do mecanismo —, o poder executivo não fica absorvido a ponto de obedecer servilmente, porquanto tem o

---
353. *Minha formação*, cit., p. 18.
354. Id., ibid., p. 20.

direito de fazer a legislatura comparecer perante os eleitores, para que estes lhe componham uma Câmara mais favorável às suas ideias."[355]

Citando largamente trechos da obra de Bagehot, o memorialista assume a função didática de contribuir "para a educação dos jovens políticos". A ênfase recai no caráter coerente e ordenado que a condução do governo assume quando repousa na plena autoridade da Câmara dos Comuns, em contraste com a drástica e tantas vezes litigiosa separação dos poderes peculiar ao presidencialismo norte-americano.

Confrontando as influências inglesas com as francesas recebidas pelo estudante Nabuco, talvez seja possível dizer que as primeiras frearam os impulsos jacobinos que as últimas poderiam ter provocado na sua carreira política sempre fiel à monarquia parlamentar. Mas há a exceção à regra já entrevista na passagem citada: é preciso excluir "a obra da abolição, cujo estoque de ideias teve para mim outra procedência".

Sem forçar o contraste, parece justo distinguir duas vertentes que confluem no itinerário de Joaquim Nabuco. De um lado, a preferência pela norma parlamentar e a vocação de mediar diplomaticamente os conflitos, reconhecendo o peso das "ideias do tempo", prevalecem na elaboração da biografia do pai, *Um estadista do Império*. De outro, uma generosa contraideologia democrática de profundas raízes éticas e afetivas alenta a sua campanha antiescravista, de que *O abolicionismo* é a expressão mais articulada.

Se quisermos sondar a arqueologia da segunda tendência, não basta rastrear as leituras românticas e rentes à utopia do adolescente Joaquim Nabuco: é preciso ver em ato o seu desempenho de estreante como advogado na defesa de escravos réus de crime de morte. Para tanto, é indispensável a leitura de *A escravidão*, pois esse opúsculo de juventude (o autor mal chegara aos 21 anos de idade) contém o arrazoado com que Nabuco sustentou o seu discurso no Fórum. Trata-se antes de um libelo cerrado contra a instituição do cativeiro do que um elenco de provas da inocência do réu, o escravo Tomás, flagrado em duplo delito de homicídio: matara a autoridade que o fizera açoitar e o guarda que lhe impedira a fuga.[356]

---

355. Id., ibid., pp. 24-5.
356. Joaquim Nabuco, *A escravidão*. Edição compilada do original manuscrito por José Antônio Gonsalves de Mello. Pref. de Manuel Correia de Andrade. Recife: Fundação Joaquim Nabuco/Massangana, 1988. O texto ficou inédito até que a viúva do escritor, Evelina Nabuco, o entregou, em 1924, ao Instituto Histórico e Geográfico Brasileiro, que viria a publicá-lo no número 204 da sua revista (1951, relativo ao ano de 1949).

Comenta Manuel Correia de Andrade: "Em uma sociedade tensa e amedrontada com a possibilidade de uma revolta de escravos, ainda muito numerosos, a atitude do jovem estudante aristocrata era uma verdadeira provocação; ele não apenas defendeu o escravo como condenou com veemência a escravidão como instituição".[357]

A primeira parte do ensaio intitula-se "Crime". A palavra não qualifica o ato do escravo homicida, mas a escravidão em si mesma. É a instituição que, por ser criminosa, gera delitos de toda ordem. Invertendo engenhosamente o argumento escravista que defende o direito "natural e sagrado" da propriedade do escravo pelo senhor, Nabuco acusa este último de violar o mesmo direito negando-o ao cativo que se vê proibido de exercê-lo livremente. *Em outras palavras, ao escravo foi subtraído o direito universal de propriedade do próprio corpo...* Formulado de maneira similar, o mesmo argumento voltaria, mais de uma vez, nos discursos parlamentares de Nabuco. Opondo-se aos escravistas renitentes (e aqui viriam à tona os nomes de Bernardo Pereira de Vasconcellos, Andrade Figueira e Martinho Campos, no Brasil, e Calhoun nos Estados Unidos), o jovem advogado credita toda a riqueza acumulada em três séculos de colonização ao trabalho do negro, mas nunca em proveito da sua própria "civilização", pois foi uma nação de senhores que se enriqueceu "à custa do suor alheio por uma verdadeira exploração do trabalho e das forças de outrem".[358]

No capítulo das culpas por omissão ou por aberta cumplicidade, Nabuco não poupa a Igreja, que não só tolerou a escravidão como dela se valeu em seus conventos, seminários e fazendas. Mais do que mero anticlericalismo, então corrente nos círculos liberais, exprime-se nessa catilinária contra os sacerdotes indignos de sua crença a aspiração a um cristianismo futuro, libertado de dogmas e hierarquias, cujos acentos apaixonados lembram de perto "as palavras do crente" Lamennais no livro homônimo e nas páginas do diário, *L'Avenir*. As passagens dedicadas à visão de um Cristo libertador dos oprimidos e de um cristianismo que só se realizaria em um porvir *terrestre* e *democrático* soam surpreendentemente atuais aos nossos ouvidos em que ressoam as recentes esperanças da Teologia da Libertação:

> "O cristianismo, diz Huet, deve deixar a forma da teocracia para receber sua existência social e completa pela revolução. Assim, no pensamento desse escritor notável, ao lado de um cristianismo religioso há um cristianismo social: ao lado da religião, há a instituição: esta, pensamos nós, será, em sua

---

357. No prefácio à ed. citada de *A escravidão*, p. 13.
358. Id., ibid., p. 35.

última manifestação, o feliz reinado da democracia e da liberdade. É o ideal de Cristo essa sociedade futura que ele entrevia à margem do lago Tiberíades. A democracia e a liberdade, o completo governo das leis morais, o reinado social da virtude, eis o cristianismo em sua última evolução terrestre. Quando se partirá a cadeia de todos os cativos? A religião cristã já tem dezenove séculos de vida e, somente no Brasil, há perto de 2 milhões de escravos; entretanto, Heródoto e Plutarco dizem que no tempo de Saturno não havia senhor, nem escravo. O cristianismo em seu zênite ainda não teve a idade de ouro do paganismo nascente."[359]

A certa altura desse discurso ao mesmo tempo crítico e confiante no seu tom milenarista, Nabuco faz uma distinção pouco ortodoxa entre o Deus do Velho Testamento, Jeová, e o do Novo Testamento, Cristo: "Aquele é despótico, este é paciente; aquele odeia, este esquece; aquele mata, este morre".[360] Quinet e Renan não estariam na base dessa contraposição francamente historicista ou evolucionista?

Ainda no primeiro capítulo, Nabuco arrola numerosos crimes cometidos por senhores e feitores ao longo da história da colonização nas Américas. O *Code noir*, vigente nas Antilhas desde fins do século XVII, não fora um documento isolado, parto do fanatismo e da crueldade dos conselheiros de Luís XIV. Há notícias do tratamento bárbaro sofrido por escravos no Sul dos Estados Unidos, que o estudante conhecia graças a suas leituras do *Anti-slavery Report*, recebido regularmente por seu pai, e que dariam munição aos redatores do projeto da Lei do Ventre Livre. A matéria, vasta e revoltante, fora tratada pelos filantropos ingleses e americanos e já se fixara na memória dos leitores de *A cabana do Pai Tomás*, obra "de uma senhora cujo nome ilustre honra a América, Mrs. Beecher Stowe" e que nos dera o quadro lancinante das caçadas aos negros.[361]

A legislação escravista brasileira desperta sua indignação. O advogado acerca-se, enfim, do réu que se propôs defender. Por que o escravo Tomás, "circunspecto, econômico, humilde, brioso", estimado de todos que o conheciam, foi levado a praticar dois atos violentos, matando o senhor e o seu guarda em situações de humilhação e maus-tratos? O orgulho ferido, o desejo insopitável de

---

359 Id., ibid., pp. 47-8. A menção a Huet deve referir-se ao escritor François Huet (1814-69), autor de *La Science de l'esprit. Principes généraux de philosophie pure et appliquée* (Paris: Chamerot, 1864).
360 *A escravidão*, p. 46.
361 Id., ibid., p. 56.

reconhecimento e a estúpida arbitrariedade da lei concorreram para motivar o crime.[362] Nabuco detém-se no exame do decreto de 10 de junho de 1835, que facultava ao juiz punir ofensas físicas leves cometidas por um escravo com quatrocentos açoites, mas "apenas" com duzentos o homicídio... Estranha se não obtusa incoerência! O escravo, comenta o novel advogado, se conhecesse a pena, preferiria matar a apenas ferir o senhor ou o feitor que o castigara barbaramente... Indo ao fundo da questão, o que Nabuco condena é a permissão de punir de modo aviltante que a lei confere ao proprietário e a seus esbirros.

Essa primeira experiência feita no plano moral da culpa e do castigo inspirou no futuro deputado Nabuco o sentimento da precariedade da lei e da insensibilidade do legislador e do magistrado às causas estruturais da violência. A abolição seria a única saída condigna para uma nação que se dizia civilizada e cristã. Quanto à indenização reclamada pelos senhores, Nabuco não a considera *legítima*, mas (repetindo a oposição feita pelo senador Nabuco de Araújo no discurso de sorites), *apenas legal*. O fato de o Estado conceder algum ressarcimento ao proprietário não afetava em nada a ilegitimidade ética da posse de um indivíduo por outro.

A formulação não poderia ser mais incisiva:

"O senhor reclama a indenização não porque possui *justamente* o escravo, mas porque o possui *legalmente*. É uma questão entre o Estado e os particulares, questão que em nada afeta os escravos. Esses têm direito a sua liberdade. Sua liberdade, no dia em que for reconhecida como um direito imprescritível, não poderá provir de caução aos proprietários da indenização. Esta é outra questão, como dissemos. O Estado pagará ou não, não discutimos agora esta tese: o que não é possível é que a liberdade humana seja o penhor da obrigação do Estado. Este não tem que transigir com a escravidão: deve apenas reconhecer o fato: os homens são naturalmente livres. E basta. O homem não poderá mais ser legalmente propriedade por nenhum título."[363]

E adiante:

---

[362] Estudiosos da mesma década de 1870 têm constatado, pela análise da crônica policial, a ocorrência de não poucos atos de rebeldia de escravos culminando com a agressão e assassínio de patrões e feitores. O caso do negro Tomás não seria um episódio isolado, e a sua defesa, escorada no argumento de que era a instituição a primeira criminosa, honra o discernimento do jovem Nabuco. Ver Célia Maria Marinho de Azevedo, *Onda negra, medo branco. O negro no imaginário das elites do século XIX*. Rio de Janeiro: Paz e Terra, 1987.

[363] *A escravidão*, cit., p. 64.

"Eis a razão pela qual citamos Lord Brougham; porque quando se nos fala de uma propriedade cuja origem é invariavelmente o tráfico, o tráfico que legal ou de contrabando foi sempre o maior de todos os crimes, quando se nos fala de um direito assim constituído, não podemos responder senão com a negativa eloquente do grande orador: '*Negamos esse direito, não reconhecemos essa propriedade!*'." [364]

Em sua campanha posterior, aberta pelos discursos abolicionistas na Câmara, Nabuco iria reiterar taticamente a ideia: a indenização poderia ser negociada entre o Estado e os senhores, mas o que importava era encaminhar um projeto que emancipasse os escravos, o quanto antes, libertando ao mesmo tempo o Brasil da pecha de último país a decretar a abolição.[365] Mas essa relativa concessão à exigência de ressarcimento não seria mais feita pelo militante Nabuco nos anos finais do movimento.

A segunda parte de *A escravidão* intitula-se "A história do crime". Abre-se com uma citação de Lamennais extraída de *As palavras de um crente*:

"Houve outrora um homem mau e maldito do céu, e esse homem era forte e odiava o trabalho, de sorte que disse de si para si: 'Como hei de fazer se não trabalhar, e o trabalho me é insuportável?'. Então um pensamento entrou-lhe no coração. Ele saiu de noite, e apanhou alguns de seus irmãos dormindo e carregou-os a ferros. Porque, dizia ele, eu os forçarei com varas e com azorrague a trabalhar para mim e comerei o fruto de seu trabalho. E ele fez o que tinha pensado e outros, vendo isso, fizeram o mesmo e não houve mais irmãos: houve senhores e escravos."

A passagem, por ingênua que possa parecer, tem ao menos um mérito: afirmar cabalmente que a escravidão não conhece outra origem senão a força. Não há direito à propriedade de um homem pelo outro. A partir dessa proposição, Nabuco redige uma breve história da instituição desde os tempos bíblicos, passando pelos romanos e germânicos e tratando mais longamente da escravi-

---

364. Id., ibid., pp. 64-5.
365. Em discurso pronunciado na Câmara em 22 de março de 1879, inaugurando a campanha parlamentar pela abolição, Nabuco ainda admite a possibilidade da indenização, mas, contrariando os interesses da compacta bancada rural, retoma a proposta de Tavares Bastos de se cobrar imposto territorial. A sua fala é aparteada por liberais e conservadores. Ver *Discursos parlamentares*. São Paulo: Ipê, 1949, pp. 5-27.

dão moderna, isto é, do tráfico instaurado pelos portugueses em suas investidas pelas costas da África. A escravidão nas Américas foi objeto de vasta empresa comercial. O lucro foi seu móvel e a desumanidade o quinhão reservado a milhões de negros em três séculos de colonização. Abonando-se em quadros estatísticos elaborados pela British and Foreign Society, Nabuco demonstra que o auge do tráfico se deu no período da sua proibição ao longo da primeira metade do século XIX: "Assim, fazendo a soma das importações e exportações de escravos havidas entre os anos de 1798 e 1847, um meio século, achamos para as exportações o algarismo de um milhão e meio, para as perdas na viagem o de quatrocentos e oitenta mil, e para as importações o de um milhão".[366] O texto é bastante informativo, não se limitando à expressão de sentimentos humanitários. Enquanto historiador, ele persegue seu objeto *"in its fountain-head"* (palavras suas), transcrevendo um relato em que o explorador inglês Livingstone detecta as gestões iniciais do processo de escravidão entre as tribos da África Oriental.[367] A mortalidade dos negros capturados é atestada por números impressionantes que acusam a extrema violência do tráfico desde o nascedouro até o transbordo pelo Atlântico.

Em face da repressão britânica ao tráfico, Nabuco toma posição matizada. Não deixa de apreciar devidamente a tenacidade com que a marinha inglesa perseguiu os tumbeiros, apressando o término do infame comércio. Mas, como quase todos os políticos do Segundo Reinado, ele deplora a prepotência do governo da Inglaterra ao invadir águas brasileiras. O seu patriotismo não é, porém, tão ácido ou tão desabrido como o da maioria dos historiadores que tratam do assunto estomagados pelas afrontas cometidas à soberania nacional. Suponho que a admiração nunca desmentida pelo povo e pelo regime político inglês haja refreado os seus eventuais rompantes nacionalistas.

De particular interesse para compreender as precoces manifestações contraideológicas de Joaquim Nabuco são as páginas dedicadas ao quilombo dos Palmares. As fontes então disponíveis eram parcas: a rigor, só a *História da América portuguesa* de Rocha Pitta na edição de 1730 vem citada pelo nosso historiador amador. "Os apontamentos dos contemporâneos são escassos."[368] Entende-se por que Nabuco fala de uma "lenda pernambucana", o que não o impede de narrar os fatos com a precisão de nomes, lugares e datas. E não só: proferindo juízo sobre o valor dos quilombolas e destacando Zumbi e seus guerreiros, Nabuco realça seu caráter heroico, que ele sustenta contra "os historiadores que

---
366. *A escravidão*, p. 81.
367. A exposição de Livingstone vem transcrita entre as páginas 81 e 82 de *A escravidão*.
368. Id., ibid., p. 108.

caluniaram" aquela tentativa desesperada de viver livre em terra de escravidão. Para destruir Palmares foi necessária a aliança dos dois maiores poderes da colônia: os portugueses assoldados pelo vice-rei João de Lancastro e os bandeirantes comandados por Domingos Jorge Velho. Uma composição similar de forças iria, meio século depois, destruir a ferro e fogo as Missões dos Sete Povos.

O epitáfio dos quilombolas dos Palmares é um derradeiro ato de acusação:

"Os que restaram deles foram, para vergonha do regime colonial, internados ou postos fora da capitania e vendidos! Não carece de comentário essa venda de prisioneiros e de homens livres, a maior parte dos quais havia nascido quando seus pais tinham mais de vinte anos de liberdade no reduto. Não sendo possível restituir o neto ao antigo proprietário do avô, nem restituir o filho ao antigo senhor do pai, porquanto não se conheciam mais, depois de setenta anos, quais os descendentes de cada escravo fugido, o governo colonial ordenou a venda de todos, mulheres, meninos, feridos, que haviam sobrevivido."[369]

Provavelmente aguilhoado por mais essa expressão de barbárie sancionada pelo poder, o autor de *A escravidão* termina o libelo analisando a legislação brasileira do seu tempo, quadro adequado para produzir atenuantes na defesa do negro Tomás. O alvo preferencial é aqui a farraginosa compilação das leis coloniais e nacionais feita pelo jurista Teixeira de Freitas a pedido de dom Pedro II. Como ponto de partida, Nabuco denuncia a ausência de qualquer cláusula que, na *Consolidação*, reconheça direitos aos escravos. Apesar de perito em direito romano, que o jurista alega como última instância de autoridade em caso de omissão ou dúvida, Teixeira de Freitas se fixou na antiga figura do "bem semovente", outro modo de qualificar o escravo como animal. O gradual reconhecimento da humanidade do escravo, que se dera nos últimos séculos do Império Romano, teria sido ignorado pelo jurisconsulto. Tampouco Teixeira de Freitas soube valer-se do seu conhecimento da legislação colonial portuguesa e espanhola que extinguiu definitivamente a escravidão dos índios nos meados do século XVIII. De todo modo, escudar-se apenas na legislação romana seria anacronismo inaceitável. Nabuco arrola vários direitos auferidos pelos escravos no Brasil de seu tempo que inexistiam na primeira *Lex* romana, demonstrando assim a historicidade e a caducidade das leis. O filho de mulher livre que se uniu a um escravo é, entre nós, livre; também não deve ser catalogado como escravo quem não se inscreveu no censo (os *incensi* eram reduzidos ao cativeiro em

---

369. Id., ibid., p. 108.

Roma); o nosso devedor insolvável não poderá ser vendido como escravo; o ladrão não é punido com a pena de tornar-se escravo da pessoa roubada; a alforria não pode ser revogada por delito de ingratidão do liberto... etc. E por certo entre as prerrogativas da escravidão contemporânea não contempladas pelo velho direito de Roma está a possibilidade de o cativo comprar a própria alforria graças à beneficência de um protetor ou ao seu trabalho pessoal cumprido fora das estritas obrigações prestadas ao senhor.[370]

Se consideramos mais a fundo essa franca relativização que o jovem Nabuco faz do direito romano, transmitido nos cursos jurídicos de maneira dogmática e exalçado pelos jurisconsultos como fonte perene de justiça e bom governo, podemos avaliar o notável passo à frente cumprido nessa defesa do escravo Tomás. Se Teixeira de Freitas pontificava ao dizer que o direito romano era "*a única norma nos casos ocorrentes*", Nabuco contra-argumenta literalmente afirmando que "a razão, acompanhada pela ciência dos costumes do país, é a única *norma* nos casos ocorrentes".[371] A lição relativista de Montesquieu ainda estava dando seus frutos...

A historicização das leis era, no caso, a mais prestante arma contra uma ideologia que afundava raízes na convicção aristotélica de que havia homens escravos "por natureza". Ao invés de sancionar essa ideia iníqua, Nabuco a considera *barbara lex*, o que certamente afrontava os sacralizadores da tradição greco-romana. "A crueldade romana não pode vigorar entre nós, a organização da família sobre a qual assentava esse direito sem limites do pai e do senhor não é a mesma que a de hoje: a causa acabou, os efeitos não devem perdurar."[372]

Não nos chegou, ou não foi redigida, a terceira parte de *A escravidão*. Dela resta-nos apenas o título: "A reparação do crime". Supomos que desenvolvesse um discurso cerrado sobre a necessidade da emancipação gradual, que era a proposta do círculo mais ligado ao senador Nabuco de Araújo. A medida perpassava as reflexões de Tavares Bastos, forrava-se de dados históricos na obra recente de Perdigão Malheiros e, afinal, constaria do espírito do projeto Rio Branco de que emergiu a lei de liberdade dos nascituros. Mas, na ausência do texto, é mais prudente suspender as conjecturas e prosseguir na sondagem da arqueologia do abolicionismo de Joaquim Nabuco.

---

370. Nabuco detém-se na questão do pecúlio pessoal do escravo em contraposição a Teixeira de Freitas (pp. 113-4).
371. *A escravidão*, cit., p. 112.
372. Id., ibid., p. 114.

DE MASSANGANO A MASSANGANA, A RAIZ EXISTENCIAL

Memorialista de fôlego, Nabuco nos deixou quadros vivos de sua infância, adolescência e juventude reunidos em um livro raro, fusão de biografia sentimental e intelectual e retrato de uma época. Os capítulos de *Minha formação* foram escritos quando o autor se aproximava da casa dos cinquenta anos. A sua publicação, em 1900, tem alcance simbólico: Nabuco fala de um Brasil do século XIX, uma nação que, para ele, e para tantos outros políticos, findara com a deposição de dom Pedro II: o mundo da monarquia parlamentar respeitoso do modelo inglês e da cultura literária francesa. O presidencialismo republicano brasileiro parecia-lhe uma variante do caudilhismo sul-americano, que a ditadura de Floriano Peixoto representara cabalmente: o militarismo poderia sempre ressurgir, apesar da aparente solidez das presidências civis de Prudente de Moraes e Campos Salles. Quanto ao fundamento econômico da República, continuava nas mãos da oligarquia do café, que, na fase mais candente da campanha abolicionista, fora sua solerte adversária. Foram "cafezistas" (palavra usada por Nabuco) os políticos que, até o limite extremo dos seus interesses, empunharam em São Paulo, Rio e Minas os últimos cordéis do sistema escravista.

No ocaso do século, o presente, que é sempre a mola principal da paixão política, já não o atraía. Chegara o momento, talvez precoce, de mergulhar no passado. *Um estadista do Império* enfrentara com brio a reconstrução da vida do pai, o cidadão impoluto, o magistrado austero, o legislador prudente. *Minha formação* é um exercício público de autoanálise. Tudo começa na infância, e saber voltar às primeiras sensações pode revelar um destino. Entretanto, o texto-matriz, "Massangana", não abre essas memórias; é um dos últimos capítulos, e Nabuco explica o motivo dessa estranha ordem: na primeira redação, as recordações de infância ainda tinham "feição política", que com o tempo foram perdendo. O melhor caminho seria começar pela formação do homem público, deter-se depois nos interesses literários para, enfim, sondar os motivos remotos da sua "reversão religiosa".[373] As páginas de "Massangana" escavam o subsolo afetivo do abolicionista Joaquim Nabuco, provavelmente o mesmo que o terá conduzido às leituras da adolescência penetradas de um cristianismo sem dogmas, pura expressão do sentimento.

Embora o capítulo tenha frequentado — outrora — não poucas antologias de nossa língua, parece-me oportuno transcrever algumas de suas passagens mais significativas, que por certo falarão por si mais do que os comentários que as acompanham.

---

373. Cf. nota ao pé de página em *Minha formação*, cit., p. 183.

"O traço todo da vida é para muitos um desenho da criança esquecido pelo homem, mas ao qual ele terá sempre que se cingir sem o saber... Pela minha parte acredito não ter nunca transposto o limite das minhas quatro ou cinco primeiras impressões... Os primeiros oito anos da vida foram assim, em certo sentido, os de minha formação, instintiva ou moral, definitiva... Passei esse período inicial tão remoto, porém, mais presente do que qualquer outro, em um engenho de Pernambuco, minha província natal. A terra era uma das mais vastas e pitorescas da zona do Cabo... Nunca se me retira da vista esse pano de fundo que representa os últimos longes de minha vida. A população do pequeno domínio, inteiramente fechada a qualquer ingerência de fora, como todos os outros feudos da escravidão, compunha-se de escravos, distribuídos pelos compartimentos da senzala, o grande pombal negro ao lado da casa de morada, e de rendeiros, ligados ao proprietário pelo benefício da casa de barro que os agasalhava, ou da pequena cultura que ele lhes consentia em suas terras. No centro do pequeno cantão de escravos levantava-se a residência do senhor, olhando para os edifícios da moagem, e tendo por trás, em uma ondulação do terreno, a capela sob a invocação de são Mateus. Pelo declive do pasto árvores isoladas abrigavam sob sua umbela impenetrável grupos de gado sonolento. Na planície estendiam-se os canaviais cortados pela alameda tortuosa de antigos ingás carregados de musgo e cipós, que sombreavam lado a lado o pequeno rio Ipojuca. Era por essa água quase dormente sobre os seus largos bancos de areia que se embarcava o açúcar para o Recife; ela alimentava perto da casa um grande viveiro, rondado pelos jacarés, a que os negros davam caça, e nomeado pelas suas pescarias. Mais longe começavam os mangues que chegavam até à costa de Nazaré... Durante o dia, pelos grandes calores, dormia-se a sesta, respirando o aroma, espalhado por toda a parte, das grandes tachas em que se cozia o mel. O declinar do sol era deslumbrante, pedaços inteiros da planície transformavam-se em uma poeira de ouro; a boca da noite, hora das boninas e dos bacurauas, era agradável e balsâmica, depois o silêncio dos céus estrelados, majestoso e profundo. De todas essas impressões nenhuma morrerá em mim. Os filhos de pescadores sentirão sempre debaixo dos pés o roçar das areias da praia e ouvirão o ruído da vaga. Eu por vezes acredito pisar a espessa camada de canas caídas da moenda e escuto o rangido longínquo dos grandes carros de bois..."

Até aqui, pura evocação da paisagem. Só depois vem a reflexão:

"Emerson quisera que a educação da criança começasse cem anos antes dela nascer. A minha educação religiosa obedeceu certamente a essa regra. Eu

sinto a ideia de Deus no mais afastado de mim mesmo, como o sinal amante e querido de diversas gerações. Nessa parte a série não foi interrompida. Há espíritos que gostam de quebrar todas as suas cadeias, e de preferência as que outros tivessem criado para eles; eu, porém, seria incapaz de quebrar inteiramente a menor das correntes que alguma vez me prendeu, o que faz que suporto cativeiros contrários e menos do que as outras uma que me tivesse sido deixada como herança. Foi na pequena capela de Massangana que fiquei unido à minha.
"As impressões que conservo dessa idade mostram bem em que profundezas os nossos primeiros alicerces são lançados. Ruskin escreveu esta variante do pensamento de Cristo sobre a infância: 'A criança sustenta muitas vezes entre os seus fracos dedos uma verdade que a idade madura com toda a sua fortaleza não poderia suspender e que só a velhice terá novamente o privilégio de carregar'."

Seguem-se recordações das imagens religiosas vistas na capela do engenho e de sua primeira visão do mar através do coqueiral, epifania inesquecível:

"Muitas vezes tenho atravessado o oceano, mas se quero lembrar-me dele tenho sempre diante dos olhos, parada instantaneamente, a primeira vaga que se levantou diante de mim, verde e transparente como o biombo de esmeralda, um dia que, atravessando por um extenso coqueiral atrás das palhoças dos jangadeiros, me achei à beira da praia e tive a revelação súbita, fulminante, da terra líquida e movente..."

Desse mesmo fundo sem margens da memória, habitado de lembranças da paisagem e da religião doméstica, emerge a figura da pessoa moral. A imagem do militante da Abolição, Joaquim Nabuco, que a história do Brasil nos legou, encontra suas raízes no menino de engenho que, um dia, se deparou com um jovem escravo fugitivo à procura de abrigo em Massangana.

"Do mesmo modo que com a religião e a natureza, assim com os grandes fatos morais em redor de mim. Estive envolvido na campanha da abolição e durante dez anos procurei extrair de tudo, da história, da ciência, da religião, da vida, um filtro que seduzisse a dinastia: vi os escravos em todas as condições imagináveis; mil vezes li a *Cabana do Pai Tomás*, no original da dor vivida e sangrando; no entanto a escravidão para mim cabe toda em um quadro inesquecido da infância, em uma primeira impressão, que decidiu, estou certo, do emprego ulterior de minha vida. Eu estava uma tarde sentado no patamar da escada exterior da casa, quando vejo precipitar-se para mim um jovem negro desconhecido, de cerca de dezoito anos, o qual se abraça aos meus pés suplicando-me pelo amor de Deus que o fizesse comprar por minha madrinha para me servir. Ele vinha das vizinhanças, procurando mudar de senhor, porque o dele, dizia-me, o castigava, e ele tinha fugido com risco de vida... Foi este o traço inesperado que me descobriu a natureza da instituição com a qual vivera até então familiarmente, sem suspeitar a dor que ela ocultava.

"Nada mostra melhor do que a própria escravidão o poder das primeiras vibrações do sentimento... Ele é tal que a vontade e a reflexão não poderiam mais tarde subtrair-se à sua ação e não encontram verdadeiro prazer senão em se conformar... Assim eu combati a escravidão com todas as minhas forças, repeli-a com toda a minha consciência, como a deformação utilitária da criatura, e na hora em que a vi acabar, pensei poder pedir também minha alforria, dizer o meu *nunc dimittis*, por ter ouvido a mais bela nova que em meus dias Deus pudesse mandar ao mundo; e, no entanto, hoje que ela está extinta, experimento uma singular nostalgia, que muito espantaria um Garrison ou um John Brown: a saudade do escravo.

"É que tanto a parte do senhor era inscientemente egoísta, tanto a do escravo era inscientemente generosa. A escravidão permanecerá por muito tempo como a característica nacional do Brasil. Ela espalhou por nossas vastas solidões uma grande suavidade; seu contato foi a primeira forma que recebeu a natureza virgem do país, e foi a que ele guardou; ela povoou-o como se fosse uma religião natural e viva, com os seus mitos, suas legendas, seus encantamentos; insuflou-lhe sua alma infantil, suas tristezas sem pesar, suas lágrimas sem amargor, seu silêncio sem concentração, suas alegrias sem causa, sua felicidade sem dia seguinte... É ela o suspiro indefinível que exalam ao luar as nossas noites do Norte. Quanto a mim, absorvi-a no leite preto que me amamentou. Ela envolveu-me como uma carícia muda toda a minha infância, aspirei-a da dedicação de velhos servidores que me reputavam o herdeiro presuntivo do pequeno domínio de que faziam parte... Entre mim e eles deve ter-se dado uma troca contínua de simpatia, de que resultou a terna e reconhecida admiração que vim mais tarde a sentir pelo seu papel. Este pareceu-me, por contraste com o instinto mercenário da nossa época, sobrenatural à força de naturalidade humana, e no dia em que a escravidão foi abolida, senti distintamente que um dos mais absolutos desinteresses de que o coração humano se tenha mostrado capaz não encontraria mais as condições que o tornaram possível.

"Nessa escravidão da infância não posso pensar sem um pesar involuntário... Tal qual o pressenti em torno de mim, ele conserva-se em minha recordação como um jugo suave, orgulho exterior do senhor, mas também orgulho íntimo do escravo, alguma coisa parecida com a dedicação do animal que nunca se altera, porque o fermento da desigualdade não pode penetrar nela. Também eu receio que essa espécie particular de escravidão tenha existido somente em propriedades muito antigas, administradas durante gerações seguidas com o mesmo espírito da humanidade, e onde uma longa hereditariedade de relações fixas entre o senhor e os escravos tivesse feito de um e outros uma espécie de tribo patriarcal isolada do mundo. Tal aproximação entre situações tão desiguais perante a lei seria impossível nas novas e ricas fazendas do Sul, onde o escravo, desconhecido do proprietário, era somente um instrumento de colheita. Os engenhos do Norte eram pela maior parte pobres explorações industriais, existiam apenas para a conservação do estado do senhor, cuja importância e posição avaliava-se pelo número de seus escravos. Assim também encontrava-se ali, com uma aristocracia de maneiras que o tempo apagou, um pudor, um resguardo e questões de lucro, próprio das classes que não traficam."

Seguem-se páginas de evocação da madrinha, dona Ana Rosa Falcão de Carvalho, que o criara desde tenra infância, fora sua mãe até os oito anos de idade e tratara com benevolência os escravos. Estes choraram a sua morte e temeram os novos donos do engenho. O menino foi então chamado pelos pais, que viviam na Corte. "O que mais me pesava era ter que me separar dos que tinham protegido minha infância, dos que me serviram com a dedicação que tinham por minha madrinha, e sobretudo entre eles os escravos que literalmente sonhavam pertencer-me depois dela..." O capítulo termina com a narrativa da volta de Nabuco, doze anos depois [1869], ao engenho, já mudado em usina. A visita à capela, onde estava enterrada a madrinha, e ao cercado contíguo onde jaziam os corpos dos escravos é objeto do último parágrafo.

"Cruzes, que talvez não existam mais, sobre montes de pedras escondidas pelas urtigas, era tudo quase que restava da opulenta *fábrica*, como se chamava o quadro da escravatura... Embaixo, na planície, brilhavam como outrora as manchas verdes dos grandes canaviais, mas a usina agora fumegava e assobiava com um vapor agudo, anunciando uma vida nova. A almanjarra desaparecera no passado. O trabalho livre tinha tomado o lugar em grande parte do trabalho escravo. O engenho apresentava do lado do 'porto' o aspecto de uma colônia; da casa velha não ficara vestígio... O sacrifício dos pobres negros, que haviam incorporado as suas vidas ao futuro daquela propriedade, não existia mais talvez senão na minha lembrança.

[...] Debaixo dos meus pés estava tudo o que restava deles, defronte dos *columbaria* onde dormiam na estreita capela aqueles que eles haviam amado e livremente servido. Sozinho, ali, invoquei todas as minhas reminiscências, chamei-os a muitos pelos nomes, aspirei no ar carregado de aromas agrestes, que entretêm a vegetação sobre suas covas, o sopro que lhes dilatava o coração e lhes inspirava sua alegria perpétua. Foi assim que o problema moral da escravidão se desenhou pela primeira vez aos meus olhos em sua nitidez perfeita e com sua solução obrigatória. Não só esses escravos não se tinham queixado de sua senhora, como a tinham até o fim abençoado... A gratidão estava do lado de quem dava. Eles morreram acreditando-se os devedores... seu carinho não teria deixado germinar a mais leve suspeita de que o senhor pudesse ter uma obrigação para com eles, que lhe pertenciam... Deus conservara ali o coração do escravo, como o do animal fiel, longe do contato com tudo que o pudesse revoltar contra a sua dedicação. [...] Eram essas as ideias que me vinham entre aqueles túmulos, para mim, todos eles, sagrados, e então ali mesmo, aos vinte anos, formei a resolução de votar a minha vida, se assim me fosse dado, ao serviço da raça generosa entre todas que a desigualdade da sua condição enternecia em vez de azedar e que por sua doçura no sofrimento emprestava até mesmo à opressão de que era vítima um reflexo de bondade."[374]

A compreensão e o julgamento ideológico do capítulo demandam um esforço redobrado da parte do leitor contemporâneo: deve-se tentar uma combinação árdua de proximidade e distanciamento crítico. Hermenêutica e análise ideológica nem sempre andam juntas, mesmo porque nem sempre tudo compreender e tudo aceitar acriticamente são operações geminadas.

O menino Joaquim foi deixado aos cuidados da madrinha, dona Ana Rosa Falcão de Carvalho, pouco depois do nascimento. O pai, eleito deputado, passou a viver com a esposa e os filhos maiores no Rio de Janeiro, e, nas palavras do memorialista, este só veio a conhecê-lo em 1857, quando, já com oito anos de idade, teve de abandonar o engenho e partir para a Corte. Há um investimento existencial poderoso na relação do menino com a madrinha, senhora do corpo e da alma de seus escravos, mãe e matriarca absoluta, pois enviuvara cedo, passando a identificar-se inteiramente com a vida do engenho e do afilhado. Lendo as notas precisas que Evaldo Cabral de Mello apôs aos diários de Joaquim Nabuco, só recentemente publicados, fica-se sabendo que o nome antigo do engenho era Massangano, topônimo de origem angolana, mas que Nabuco preferiu dar-

---

374. *Minha formação*, cap. xx, "Massangana", pp. 183-94.

-lhe, com o tempo, a desinência feminina, Massangana. Assim o registrou no livro de memórias. O anotador atribui à argúcia de Lélia Coelho Frota, organizadora da edição, uma interpretação psicanalítica para a mudança de gênero: o engenho era o regaço materno; e o menino, como os escravos fiéis, não tinha pai, só mãe, e mãe-madrinha.[375]

Massangana significou para o Nabuco adulto "o meu paraíso perdido", mas, acrescenta, "pertencendo-lhe para sempre". O jovem escravo fugido do senhor cruel e que se ajoelha a seus pés de criança é, para ele, uma revelação do sofrimento inominável do cativo; e o fato de aceitar a defesa inviável de um negro réu de duplo homicídio pouco depois de ter voltado a Massangana confirma a solenidade do voto de dedicar-se a libertar os cativos, feito sobre os ossos dos escravos do menino de engenho.

O episódio do negro que se oferece como escravo ao menino Joaquim tem dupla dimensão, que, vista a distância, parece contraditória. A escravidão era o pão cotidiano do engenho e gerava relações de familiaridade entre o senhor benévolo e o escravo submisso. Essa intimidade é matriz das considerações finais do capítulo: Nabuco valoriza como um bem perdido aquele laço de subordinação sem ressentimento, aquela servidão voluntária, que ele exprime pelo advérbio "livremente", sem dúvida desproposistado se tomado à letra no regime de trabalho compulsório. Ocorre que essa dimensão patriarcal, ou antes, matriarcal, sentida como uma condição feliz em que reinariam a benevolência senhorial e a devota gratidão por parte do escravo, choca-se abertamente com o medo do rapazinho escapo ao dono e a certeza dos castigos desumanos que sofreria se capturado. E, no episódio do negro Tomás, aquela mesma idealização seria contrastada pela violência do senhor e do capataz que provocou o duplo crime do escravo humilhado no seu brio de ser humano. A escravidão propiciara um clima de paz, se vista no aconchego uterino de Massangana, mas, ao mesmo tempo, aquela ilha de benemerência e dedicação estava rodeada por todos os lados de injustiça e ferocidade. A imagem escolhida por Nabuco é a do *oásis*, e não poderia ser mais própria. Quanto à expressão "saudades do escravo", compreensível no fluxo da evocação sentimental da infância, se posta fora desse contexto se tornaria incompatível com toda a luta abolicionista de Nabuco, de que *A escravidão* foi o primeiro e firme exemplo.

Se uma leitura existencial e hermenêutica procura *compreender* as matrizes

---

375. Nabuco diz textualmente de dona Rosa: "minha primeira Mãe, minha madrinha, D. Ana Rosa Falcão de Carvalho, de Massangano, a quem até a idade de 8 anos dei aquele nome, não conhecendo minha Mãe" (*Diários*, pref. e notas de Evaldo Cabral de Mello. Rio de Janeiro/Recife: Bem-te-vi/Massangana, 2005, vol. I, p. 259).

emotivas e a sublimação que o memorialista operou no tecido de suas vivências mais remotas, a crítica das ideologias detecta um saudosismo em última instância imobilista, que, se posto na arena política, teria inibido ou amornado o desempenho do militante Joaquim Nabuco. Felizmente, essa canonização do sacrifício do negro (que levou José de Alencar a cair no reacionarismo deprimente de exaltar o suicídio da mãe negra no drama *Mãe*) não transitou do mundo das imagens afetivas para o da ação pública do abolicionista, cuja coerência merece o reconhecimento de todos os seus estudiosos. Algo sempre restou, porém, da sua experiência infantil: o sentimento de uma convivência entre senhor e escravo, branco e negro, menos agressiva ou tensa do que a constatada na sociedade norte-americana. Nas obras de um extremado cultor da memória de Joaquim Nabuco, Gilberto Freyre, repontariam as mesmas convicções, mas potenciadas a um tal grau que gerariam, como subproduto ideológico, a doutrina falaciosa da democracia racial brasileira. O antropólogo parece às vezes tomar como realidade suscetível de generalização o que em Nabuco é apenas lembrança de um pequeno mundo restrito e talvez único, irrepetível.

Contraideológica em face das resistências do liberalismo excludente, a militância de Nabuco pôde, no entanto, dar azo a reparos à sua preferência pelo combate no Parlamento, na imprensa ou escorado em associações de profissionais bem-postas na sociedade classista do Brasil império. Diante de pechas injustas de elitismo ou exclusão dos próprios sujeitos da luta, os escravos, Nabuco defendeu-se antecipadamente em *Minha formação*. Ao esboçar a história da campanha, deixa claro que se devia dar à Câmara a prioridade cronológica, salientando que o "elemento popular", vindo logo depois das primeiras iniciativas no âmbito do Legislativo, "incubou o germe parlamentar, não o deixando morrer nas sessões seguintes". Mais precisamente, foi na Câmara que o deputado pela Bahia Jerônimo Sodré e o próprio Joaquim Nabuco desencadearam o movimento que não arrefeceria desde 1879 até 1888. Mas a questão de datas, segundo o memorialista, é secundária. "A ideia está no ar e o espírito do tempo a agita em toda parte."[376] E acrescenta: "O último dos apóstolos pode vir a ser o primeiro de todos, como são Paulo, em serviços e em proselitismo". O importante é distinguir as táticas no interior de uma ampla estratégia comum, que deveria levar à abolição incondicional. Nabuco o faz conscientemente: um grupo "representava a ação política, o outro a revolucionária, ainda que cada um refletisse por vezes a influência do outro".[377] O capítulo se fecha com um entu-

---

376. *Minha formação*, cit., p. 199.
377. Id., ibid., p. 200.

siástico elogio à ação de militantes como Antônio Bento, em São Paulo, e José do Patrocínio, no Rio: a este, chama Nabuco, "a própria revolução".

Em suas campanhas eleitorais, sobretudo a de 1884, Nabuco visitou distritos pernambucanos de baixa classe média, onde trabalhadores manuais brancos e negros o acolheram com simpatia e não lhe regatearam o voto. No capítulo "Passagem pela política" há depoimentos, alguns pungentes, dessa aproximação do candidato com o eleitor dos bairros humildes do Recife. Nos anos que antecederam a lei de 13 de maio, o abolicionismo congregou ativistas de toda sorte, o que ratifica as palavras do memorialista. Mas, qualquer que tenha sido o grau de impregnação popular da campanha, houve, da parte do parlamentar Joaquim Nabuco, o firme propósito de encaminhar a causa por meios legais. Parecia-lhe atitude irresponsável agitar os escravos induzindo-os a se amotinarem nas fazendas e a desafiarem de peito aberto senhores e capatazes, com o risco de sofrerem represálias sangrentas enquanto ele, deputado bem-nascido e bem-posto, continuaria isento e a salvo.[378] Em suas palavras: "A propaganda abolicionista não se dirige aos escravos. Seria uma covardia, inepta e criminosa, e além disso um suicídio político para o partido abolicionista incitar a insurreição, ou ao crime, homens sem defesa; e que a lei de Lynch ou justiça pública imediatamente haveria de esmagar".[379]

Reconhecendo as razões dessa posição política, comenta o historiador Luiz Felipe de Alencastro: "Discutindo na época a eventual adesão dos escravos cubanos e brasileiros à associação, a Segunda Internacional, sob a liderança de Engels, também decidiu que os escravos não eram agentes da sua própria história".[380] Compreender o alcance ético da escolha de Nabuco torna-se indispensável quando se faz o balanço da campanha dos anos 1880 e evita-se separar drasticamente a ação dos abolicionistas, que lutaram *pelos escravos*, da luta empreendida *pelos próprios escravos* em suas fugas e atos de rebeldia à opressão do cativeiro. Deve-se esperar, de todo modo, que a História (se é verdade que ela algo nos ensina) venha a contemplar equanimemente uns e outros.

Outra questão controversa, que tem recebido tratamento miúdo da erudição universitária recente, é a da presença, na ação abolicionista de Nabuco, de acentuado componente anglófilo não desprovido de envolvimento pessoal.

---

378. A defesa desse ponto de vista, Nabuco a desenvolveu no quarto capítulo de *O abolicionismo*, "O caráter do movimento abolicionista".
379. Em *Abolicionismo. Conferências e discursos abolicionistas*. São Paulo: Ipê, 1949, p. 23.
380. Luiz Felipe de Alencastro, "De Nabuco a Nabuco". *Folha de S.Paulo*, 8 maio 1987. Esse artigo traça um perfil ao mesmo tempo vibrante e equilibrado da ação de Nabuco e dos abolicionistas ao longo da campanha.

Alude-se principalmente ao seu trabalho de consultor junto a The Central Sugar Factories of Brazil Company Limited exercido na estada em Londres entre 1882 e 1884, após a primeira experiência parlamentar. Nabuco advogava os interesses da companhia que se propunha comprar terras na zona açucareira de Pernambuco aí instalando os engenhos centrais para os quais os fazendeiros venderiam seus partidos de cana-de-açúcar.[381] Em face das desavenças entre a empresa e os proprietários de terras, Nabuco manifestou, mais de uma vez, o seu desdém pelos interesses particulares dos fazendeiros, nos quais via representantes de uma ideologia atrasada e escravista. Como nos escritos de seu guru e amigo dileto, André Rebouças, admirador incondicional da pujança britânica, Nabuco não demonstra nenhuma preferência pelo capital nacional. Ao contrário, espera que a afluência de capitais ingleses leve o progresso ao campo e à indústria no Brasil em termos de modernização tecnológica e certeza de empregar trabalhadores assalariados. Era uma questão de *civilização*.

A visão econômica cosmopolita fazia parte do liberalismo reformista, que, desde a obra americanófila de Tavares Bastos, preconizava uma abertura do Brasil às nações líderes do progresso material (a Inglaterra e os Estados Unidos, em especial). Essa opção, que encontraria adversários aguerridos entre alguns militares (acoimados de "jacobinos") e os positivistas da República Velha, seria denunciada como "imperialista" em tempos de defesa da indústria nacional ligada à política de substituição das importações a partir dos anos 30 do século xx. Mas a xenofobia de ocasião, que hostilizara a repressão inglesa ao tráfico, não era traço saliente nos anos em que Nabuco redigia *O abolicionismo*, livro composto no começo da década de 1880. Vale salientar, de novo, que o recurso aos capitais estrangeiros é uma espécie de bordão repercutido por toda a obra econômica de André Rebouças, particularmente a série *Agricultura nacional. Estudos econômicos. Propaganda abolicionista e democrática. Setembro de 1874 a setembro de 1883*.[382] Suas palavras são assertivas: "Não é possível prestar maior serviço ao Brasil do que promover incessantemente a fixação e a importação de capitais estrangeiros para suas grandes empresas de utilidade pública".[383]

A criação de engenhos centrais, não só no Nordeste, mas em todas as províncias onde se praticasse a agricultura de exportação, tampouco foi medida

---

381. Os engenhos centrais de Pernambuco foram objeto de um estudo minucioso de Peter Eisenberg, em *Modernização sem mudança. A indústria açucareira em Pernambuco, 1840-1910*. Rio de Janeiro: Paz e Terra, 1977.

382. A obra foi publicada no Rio de Janeiro por A. J. Lamoureux & Co., 1883, e dedicada à democracia rural brasileira.

383. *Agricultura nacional*, cit., p. 283.

aventada só por Nabuco no seu breve exercício de consultor daquela companhia inglesa. Vinha, desde os anos 1870, preconizada nos textos de Rebouças, que a considerava condição indispensável para o crescimento da produção agrícola e a extinção a curto prazo do trabalho escravo.[384]

De todo modo, o discurso antiescravista de Nabuco precedeu de muito o seu envolvimento com a empresa britânica. O libelo *A escravidão* remonta a 1870, e muitos de seus argumentos históricos, jurídicos e sobretudo éticos e religiosos já estavam formulados nessa obra de juventude, que *O abolicionismo* retomará de modo amplo e profundo. A relação com a companhia londrina é um fato, mas ocasional, um episódio sem poder ideológico determinante, vindo apenas reiterar a sua confiança no capital estrangeiro e no trabalho livre. Mais significativa é a sua leitura juvenil do *Anti-Slavery Reporter* e de textos dos grandes abolicionistas britânicos, Wilberforce e Buxton, e do norte-americano Garrison: nestes se encontra a fonte recorrente do abolicionismo de Nabuco. O exame da sua correspondência com os militantes da British and Foreign Anti-Slavery Society (começando pelas denúncias que fez, em 1879, do trabalho escravo na S. João d'El Rey Mining Company in England) patenteia a lógica interna da sua luta contra todo e qualquer tipo de manutenção, legal ou ilegal, da escravidão.[385]

Enfim, ainda mais significativo é o embate do deputado estreante na Câmara que precisou enfrentar não só a intransigência dos saquaremas como as negaças do ministério Sinimbu. Este, acolitado por alguns membros do Partido Liberal, ainda se aferrava à lei de 1871 considerando-a a última, definitiva e intocável intervenção do Estado na chamada questão servil.[386]

Aos discursos que Nabuco proferiu desde a sua primeira intervenção abolicionista (22 de março de 1879) é preciso acrescentar os artigos que publicou no

---

384. Dos 68 capítulos de *Agricultura nacional*, 43 tratam especificamente do tema sob a rubrica geral de "Aplicação dos princípios de centralização agrícola e industrial". Os males da escravidão e a conveniência do trabalho assalariado comparecem ao longo da obra combinados com louvores à democracia norte-americana e à livre iniciativa. Temos aqui o caldo de cultura do *novo liberalismo*, ao qual se poderia atribuir o termo "ideologia" apenas na acepção historicista de estilo de pensar difuso em uma determinada época. Mas, enquanto discurso que se opunha ao renitente conservadorismo escravista, esse complexo de ideias e valores terá funcionado *ad hoc* como uma contraideologia. Essa inversão de lugares está contemplada na teoria das ideologias de Mannheim referida páginas atrás.

385. Ver *Carta aos abolicionistas ingleses*. Org. e apres. de José Thomaz Nabuco. Recife: Fundação Joaquim Nabuco/Massangana, 1985. Consulte-se o prefácio de Leslie Bethell e José Murilo de Carvalho a *Joaquim Nabuco e os abolicionistas britânicos. Correspondência (1880--1905)*. Rio de Janeiro: Topbooks, 2008.

386. De leitura indispensável são os *Discursos parlamentares* de Joaquim Nabuco. São Paulo: Ipê, 1949.

Jornal do Commercio, em 1884, sob o pseudônimo de *Garrison*, e, a partir de maio de 1886, em *O País*, a convite de Quintino Bocaiuva. Pela sua concisão veemente figuram entre os mais belos exemplos de nosso jornalismo militante, só comparáveis aos libelos de José do Patrocínio estampados na *Gazeta da Tarde* ao longo da década de 1880.[387] Uma das tônicas daqueles textos paralelos às falas parlamentares é a convicção de que o abolicionismo já se convertera em um partido informal no seio da agremiação liberal.[388] O movimento pretendia dar a esta um novo alcance e um novo significado que a estremavam do liberalismo puro e duro vigente no Sul dos Estados Unidos, e que, ainda depois de decretada a abolição, não se pejava de manifestar-se barbaramente nos linchamentos de negros em vários pontos da nação. Perante a nova consciência liberal-abolicionista (que era uma consciência da totalidade a que tende o próprio conceito de liberdade), o velho liberalismo se transformava em uma mentira, ou seja, uma ideologia, de que o Partido Liberal deveria ser o primeiro a libertar-se. Quanto à adesão de fazendeiros escravistas ao novo Partido Republicano, igualmente se iluminava (ou antes, se entenebrecia) sob o "clarão sinistro" do mais opaco proprietismo. Daí o bem inestimável de libertação ideológica que o abolicionismo prestava a todos os democratas, qualquer que fosse o nome da sua facção política.

É instrutivo verificar o quanto uma ideologia reacionária se encarniça no momento mesmo em que está, objetivamente, nos seus estertores. Precisamente quando, segundo a interpretação quase unânime dos historiadores da economia cafeeira, a escravidão deixava de ser rentável, os arautos da oligarquia agrária se enrijeciam na defesa da instituição; o que ficou patente na sua oposição grotesca ao projeto Dantas que liberava os cativos de mais de sessenta anos de idade (em 1885!). Nabuco e Patrocínio, cada um a seu modo, trouxeram a público as ações delituosas dos capangas estipendiados por membros dos Clubes da Lavoura, que perseguiam os negros fugidos e agrediam os seus defensores na imprensa e no foro. A expressão "Terror Negro dos Clubes da Lavoura do Sul" foi dita no primeiro comício do candidato Nabuco realizado no Recife em 12 de outubro de 1884. Então, rompia-se aquele tênue mas necessário fio do formalismo jurídico que separa o liberalismo proprietista do protofascismo desencadeado por organizações paramilitares, polícias particu-

---

387. Joaquim Nabuco, *Campanhas de imprensa (1884-1887)*. São Paulo: Ipê, 1949; José do Patrocínio, *Campanha abolicionista. Coletânea de artigos*. Intr. de José Murilo de Carvalho. Rio de Janeiro: Fundação Biblioteca Nacional, 1996.

388. A convicção de que o movimento abolicionista constituía um "partido" transversal aos partidos formais da Câmara aparece em vários momentos da campanha e tem a sua expressão cabal na abertura de *O abolicionismo*. Leia-se, em particular, o segundo capítulo da obra, "O partido abolicionista".

lares, esquadrões punitivos. O deputado Martinho Campos, liberal-escravista confesso, chamava Nabuco de "petroleiro da abolição", isto é, agitador e incendiário; Nabuco rebatia a acusação: "Petroleiro, porém, é o sr. Martinho Campos, mas petroleiro da escravidão!".[389] E rematava com robusto senso histórico: "O sr. Martinho Campos é um grande liberal — mas um liberal à moda grega, romana ou norte-americana". O fato é que aquele parlamentar, como tantos outros, abafava pelo silêncio a truculência dos fazendeiros enraivecidos com a ascensão do movimento.[390]

A ESCRAVIDÃO COMO UM FENÔMENO SOCIAL TOTAL

> *Acabar com a escravidão não basta; é preciso destruir a obra da escravidão.*
>
> Joaquim Nabuco

Uma das tônicas do discurso político de Nabuco é o seu entendimento da escravidão como fenômeno social total. Não se tratava apenas de uma prática econômica que se pudesse isolar como simples elemento ou parte do sistema. A escravidão era, em si mesma, um complexo que tudo abrangia: o trabalho e o capital, cada classe em particular, o escravo e o trabalhador assalariado, o comerciante e o profissional liberal, a cultura leiga e a religiosa, a vida familiar e a vida pública; a educação, enfim, e a sociabilidade em todos os seus níveis:

"Assim como a palavra 'Abolicionismo', a palavra 'Escravidão' é tomada neste livro em sentido lato. Esta não significa somente a relação do escravo para com o senhor; significa muito mais: a soma do poderio, influência, capital, e clientela dos senhores todos; o feudalismo estabelecido no inte-

---

389. "O sr. Martinho Campos e os abolicionistas", artigo publicado em 27 de abril de 1885, no *Jornal do Commercio* (transcrito em *Campanhas da imprensa*, cit., pp. 109-12).

390. A crônica policial dos últimos anos que precederam a Lei Áurea é referta de ações criminosas contra os abolicionistas, que culminaram em 11 de fevereiro de 1888 com o assassínio do delegado Joaquim Firmino, da cidade paulista Penha do Rio Peixe, perpetrado por cerca de trezentos capangas a mando de fazendeiros locais. Em artigos publicados na *Cidade do Rio*, José do Patrocínio denunciou o clima de terror instaurado pelos escravistas e acobertado pelo ministério Cotegipe. Consta que os munícipes de Penha do Rio Peixe, vexados pelas atrocidades então cometidas, trocaram por Itapira o nome do torrão natal. É o que nos conta o depoimento de Jovina Pessoa (parente da vítima) em *Memória e sociedade*, de Ecléa Bosi (15ª ed. São Paulo: Companhia das Letras, 2009, p. 263).

rior; a dependência em que o comércio, a religião, a pobreza, a indústria, o Parlamento, a Coroa, o Estado, enfim, se acham perante o poder agregado da minoria aristocrática em cujas senzalas centenas de milhar de entes humanos vivem embrutecidos e moralmente mutilados pelo próprio regímen a que estão sujeitos; e por último, o espírito, o princípio vital que anima a instituição toda, sobretudo no momento em que ela entra a recear pela posse imemorial em que se acha investida, espírito que há sido em toda a história dos países de escravos a causa do seu atraso e da sua ruína."[391]

É preciso emparelhar a leitura do parágrafo acima com esta declaração de dívida social, até então insolvável, que a nação brasileira contraiu com o escravo negro. Sem retórica sentimental, com argumentos de um realismo exemplar, Nabuco sustenta a ideia de que foi o africano que construiu o Brasil:

"Tudo o que significa luta do homem com a natureza, conquista do solo para a habitação e cultura; estradas e edifícios, canaviais e cafezais, a casa do senhor e a senzala dos escravos, igrejas e escolas, alfândegas e correios, telégrafos e caminhos de ferro, academias e hospitais, tudo, absolutamente tudo, que existe no país, como resultado do trabalho manual, como emprego de capital, como acumulação de riqueza, não passa de uma doação gratuita da raça que trabalha à que faz trabalhar."[392]

Mais do que um *habitus*, a escravidão condicionava um *éthos* difuso na sociedade brasileira de tal modo que seus efeitos materiais e morais se fariam sentir, depois de abolida, por mais de uma geração. Em *O abolicionismo* Nabuco se mostra sensível à inter-relação que a escravidão mantinha com o regime de propriedade da terra. Suas reflexões sobre o tema têm notória afinidade com os projetos de Tavares Bastos e de André Rebouças, ambos interessados na democratização do solo combinada com a promoção do trabalho assalariado.

O 14º capítulo de *O abolicionismo*, "Influência sobre o território e a população do interior", nos dá a ver o cenário desolador de um vasto território abandonado, escassamente povoado e arbitrariamente repartido em velhas sesmarias e novos latifúndios, marca de um atraso deplorável se comparado a outros países de passado colonial, como o Canadá e a Austrália. Esse quadro fora obra do processo escravista da colonização portuguesa reproduzido, com poucas altera-

---

391. *O abolicionismo*. Intr. de Izabel A. Marson e Célio R. Tasinafo. Brasília: Ed. da Universidade de Brasília, 2003, p. 71. Atualizou-se a ortografia original conservada por esta edição.
392. Id., ibid., p. 82.

ções, depois da Independência. Citando quase à letra uma descrição que Rebouças fizera de aspectos deprimentes do Recôncavo baiano, "esse antigo Paraíso do Tráfico", Nabuco a toma como ponto de partida para suas observações sobre a indigência de nosso interior ainda travado pelo latifúndio e entorpecido pelo trabalho compulsório: "A população não possui definitivamente o solo: o grande proprietário conquistou-o à Natureza com os seus escravos, explorou-o, enriqueceu por ele extenuando-o, depois faliu pelo emprego extravagante que tem quase sempre a fortuna mal adquirida, e por fim esse solo voltou à Natureza, estragado e exausto".[393]

A decadência de grande parte dos latifúndios é atestada não só pelo desgaste do solo como também pelo empobrecimento dos senhores perdulários, cujos filhos e afilhados lotam as repartições públicas, "grande asilo das fortunas desbaratadas da escravidão"...[394] Nabuco responsabiliza o sistema de sesmarias alegando passagens do parecer dado por uma comissão nomeada em 1874 para estudar o estado da lavoura na Bahia e assinado em primeiro lugar pelo insuspeito barão de Cotegipe:

"O antigo e vicioso sistema de sesmarias e do direito de posse produziu o fenômeno de achar-se ocupado quase todo o solo por uma população relativamente insignificante, que o não cultiva nem consente que seja cultivado. O imposto territorial é o remédio que a comissão encontra para evitar esse mal, ou antes abuso, que criou uma classe proletária no meio de tanta riqueza desaproveitada."

Nabuco acrescenta: "Essa *classe proletária* é a grande maioria da nação".[395] A "lei agrária", tal como o candidato a apresentaria como programa a seus eleitores pernambucanos, "por meio do imposto territorial ou da desapropriação, faria voltar para o domínio público toda a imensa extensão de terras que o monopólio escravista não cultiva nem deixa cultivar".[396]

Feudos, colônias penais refratárias ao progresso, pequenos Ashantis, eis os nomes que o abolicionista dá aos latifúndios nordestinos. A condição das cidades, em parte também dependentes do escravismo, não lhe parece menos deplorável.

---

393. Id., ibid., p. 178.
394. Id., ibid., p. 179.
395. Id., ibid., p. 179.
396. Quarta conferência proferida no Teatro Santa Isabel, em 30 de novembro de 1884 (*Campanha abolicionista no Recife. Eleições de 1884*. Brasília/Rio de Janeiro: Senado Federal/ Fundação Casa de Rui Barbosa, 1992, p. 145).

As comunas mineiras fundadas nos tempos do ouro, Vila Rica, Mariana, São João d'El Rey, Barbacena, Sabará, Diamantina, "ou estão decadentes ou apenas conseguem não decair". Exceção lhe parece São Paulo, que, apesar de "baluarte atual da escravidão" (Nabuco escreve no começo dos anos 1880), revelaria "maior elasticidade do que as suas vizinhas" pelo fato de ter florescido já nos anos finais do regime. E, ao longo do capítulo, surge, indefectível, o confronto com as pequenas propriedades do Oeste americano com seus núcleos urbanos cada vez mais prósperos.

Não menos mesquinha se lhe afigurava a sorte do trabalhador nominalmente livre, que padece pela "falta de um canto de terra que o pobre pudesse chamar seu, ainda que por certo prazo, e cultivar como próprio; de uma casa que fosse para ele um asilo inviolável e da qual não o mandassem esbulhar à vontade".[397] Esse homem sem terra só poderá considerar o trabalho da enxada como fardo de escravo, e tal é a sua relutância em fazê-lo que não raro prefere recusá-lo, mesmo quando lhe oferecem paga em dinheiro... Volta o tema quase obsessivo de Tavares Bastos, de Rebouças e da maioria dos liberais reformistas: o trabalho assalariado é incompatível com a manutenção do regime escravo. A moeda falsa afugenta a verdadeira.

PROJETOS DEMOCRÁTICOS E IMPASSES POLÍTICO-PARTIDÁRIOS

Nabuco, ao escrever suas memórias nos anos que se seguiram à proclamação da República, mostra-se consciente de que, feita a abolição, o movimento que a promovera tinha refluído. A rigor, nem ele nem seus companheiros de militância lograram construir um canal partidário eficaz pelo qual pudessem encaminhar propostas econômicas e políticas capazes de alicerçar uma nova sociedade nacional fundada no trabalho livre. Não houve o que ele próprio denomina "*medidas sociais complementares em benefício dos libertados*", ideia matriz desta passagem de *Minha formação*:

> "Era um partido composto de elementos heterogêneos, capazes de destruir um Estado social levantado sobre o privilégio e a injustiça, mas não de projetar sobre outras bases o futuro edifício. A realização da sua obra parava assim naturalmente na supressão do cativeiro; seu triunfo podia ser seguido, e o foi, de acidentes políticos, até de revoluções, *mas não de medidas sociais complementares em benefício dos libertados, nem de um grande impulso*

---

397. *O abolicionismo*, cit., p. 188.

interior, de renovação da consciência pública, da expansão de nobres instintos sopitados. [...] A verdade, porém, é que a corrente parou no dia mesmo da abolição e no dia seguinte refluía."[398]

Para o monarquista Nabuco, a República, menos do que efeito de um poderoso movimento popular de opinião, resultara da combinação esdrúxula de um golpe militar com o ressentimento da "classe proprietária", que não teria perdoado à Regente a decisão de acabar de vez com o cativeiro sem nenhuma promessa de indenização.

Quaisquer que sejam as interpretações ideológicas do movimento republicano entre nós, a "*verità effettuale della cosa*" acaba coincidindo com as intuições de Nabuco. Proclamada a República, só houve espaço para duas forças políticas consistentes: o Exército e as oligarquias estaduais. O Exército atuou, entre 1890 e 1893, como um partido sob Deodoro da Fonseca e, mais abertamente, sob Floriano Peixoto e os seus oficiais positivistas. Ao militarismo Nabuco votava o mais solene desprezo: em cartas a amigos e em anotações de seu diário exprime o receio de que o Brasil pós-1889 estivesse descendo à triste condição de certas repúblicas hispano-americanas nas quais os *pronunciamientos* dos caudilhos faziam as vezes das praxes liberais, apanágio das nações civilizadas que o Brasil monárquico e parlamentar teria secundado.

Quanto às oligarquias — reunidas à sombra dos Partidos Republicanos estaduais —, congregavam antigos escravistas, alguns convertidos na undécima hora ao movimento abolicionista (caso do ministro da Agricultura do gabinete Cotegipe, Antônio Prado, que votara em 1871 contra a Lei do Ventre Livre) e de não poucos trânsfugas dos partidos Conservador e Liberal, que logo se acomodaram à nova ordem institucional. A campanha abolicionista tinha, de fato, desagregado os partidos tradicionais, instaurando novos esquemas de força, mas, como observara Nabuco, não fora capaz de "projetar sobre outras bases o futuro edifício".

As "outras bases", de todo modo, impuseram-se mediante a ação efetiva dos novos atores políticos e dos interesses que representavam. O escravo foi, em grande parte, substituído pelo imigrante; quanto à indenização, reclamada pelos fazendeiros durante toda a campanha abolicionista, chegou fartamente sob a forma de subsídio oficial às passagens de navio dos trabalhadores europeus que acorreram em massa para os cafezais de São Paulo. O ex-escravo foi só parcialmente aproveitado pela burguesia agrária, e a sua sorte foi a que se conhece: vegetar na economia de subsistência ou engrossar o lumpemproletariado das cida-

---

[398]. *Minha formação*, cit., p. 210. Grifos de A. B.

des.[399] Nabuco previra os males de uma substituição precipitada do escravo pelo migrante. Ao defender a conveniência do braço assalariado europeu, declarou na Câmara que *este, porém, só deveria ser contratado depois da passagem do escravo a homem livre*.[400] A superposição de ambos os regimes de trabalho, que se daria se levado adiante o plano da imigração chinesa, seria um expediente desastroso. (O malogro da experiência colonizadora empreendida pelo senador Vergueiro confortava plenamente as ponderações de Nabuco.)

A oligarquia paulista acabou resolvendo, no espírito do capitalismo puro e duro, o problema da transição para o trabalho assalariado. Mas não a questão do ex-escravo, a questão do negro. Para este, o liberalismo republicano nada tinha a oferecer. Foi o que logo perceberam os dois veteranos do *novo liberalismo*, Joaquim Nabuco e André Rebouças, cuja correspondência traz veementes acusações ao novo regime, "plutocrático". Nabuco escreve a Rebouças, que se autoexilara no dia mesmo da proclamação da República:

> "Com que gente andamos metidos! Hoje estou convencido de que não havia uma parcela de amor do escravo, de desinteresse e de abnegação em três quartas partes dos que se diziam abolicionistas. Foi uma especulação mais. A prova é que fizeram esta República e depois dela só advogam a causa dos bolsistas, dos ladrões da finança, piorando infinitamente a condição dos pobres. É certo que os negros estão morrendo e pelo alcoolismo se degradando ainda mais do que quando escravos, porque são hoje livres, isto é, responsáveis, e antes eram puras máquinas, cuja sorte Deus tinha posto em outras mãos (se Deus consentiu na escravidão); mas onde estariam os propagandistas da nova cruzada? Desta vez nenhum seria sequer acreditado. [...] Estávamos metidos com financeiros, e não com puritanos, mas com fâmulos de banqueiros falidos, mercenários de agiotas etc.; tínhamos de tudo, menos sinceridade e amor pelo oprimido. A transformação

---

399. Ao ex-escravo, desde que aceitasse ficar como assalariado na fazenda onde servira, o proprietário atribuía as tarefas mais penosas, que o migrante europeu rejeitava: por exemplo, o trabalho de derrubada das matas que precedia o plantio do cafezal. Sobre o tema do destino do liberto após 1888, a obra ainda insuperada é a de Paula Beiguelman, *A formação do povo no complexo cafeeiro*, 2ª ed. São Paulo: Pioneira, 1978. Não por acaso é dessa estudiosa a defesa mais convicta da imagem de um Nabuco progressista, cujos projetos não tiveram seguimento depois da abolição: *Joaquim Nabuco*. Sel. de textos pela ed. Ática, São Paulo, 1982.

400. Ver, no discurso de 22 de março de 1879, a passagem em que Nabuco se opõe à importação dos coolies da China, que nada mais seriam do que novos escravos destinados a coabitar com os antigos... (*Discursos parlamentares*, cit., pp. 20-1.)

do abolicionismo em republicanismo bolsista é tão vergonhosa pelo menos como a do escravagismo."[401]

É patente nesse desabafo o seu acordo com as críticas ao patrimonialismo agrário desfechadas por André Rebouças tanto em seu diário como em *Agricultura nacional*. Em um passo contundente dessa obra ao mesmo tempo militante e pragmática, dissera Rebouças verberando a instituição do morgadio:

"Que um irmão herdasse, por inteiro, a propriedade territorial, e que os outros ficassem na miséria, ou fossem parasitar na teocracia, no militarismo, ou na burocracia, era evidentemente goticismo atroz: morreu na noite, mais luminosa do que qualquer dia, de 4 de agosto de 1789, há quase cem anos: é impossível fazê-lo ressuscitar hoje perante o século atual! Que um só homem possuísse vinte léguas quadradas e 3 mil de seus semelhantes, foi possível em tempos de barbaria e de obscurantismo, mas evidentemente era um fato monstruoso, quer sob o ponto de vista econômico, quer sob o ponto de vista social!"[402]

Depois do 13 de maio, Rebouças ainda fala no seu diário do "fazendeirismo escravocrata republicano", dos "republicanos escravocratas de São Paulo" (24 de março de 1889), não poupando o "facinoroso Antônio Prado" (26 de maio de 1891) e ecoando expressões igualmente desabridas de José do Patrocínio.[403]

Em termos partidários, o grupo liberal monarquista que sustentou o abolicionismo não encontrou canais institucionais para seu programa de governo, rigorosamente parlamentarista, à inglesa, com extinção do Poder Moderador e do Conselho de Estado. Nabuco preconizava a eleição direta e o sufrágio universal, incluindo os analfabetos que a reforma de 1881 excluíra, como igualmente o faria a Constituição republicana de 1891.

---

401. Carta a Rebouças, Rio de Janeiro, 1º de janeiro de 1893, transcrita em Joaquim Nabuco, *Cartas a amigos*. São Paulo: Ipê, vol. I, p. 219.

402. André Rebouças, *Agricultura nacional*, cit., pp. 64-5.

403. André Rebouças, *Diário e notas autobiográficas*. Texto escolhido e anotado por Ana Flora e Inácio José Veríssimo. Rio de Janeiro: José Olympio, 1938. De posições assumidas por Antônio Prado como ministro da Agricultura, disse José do Patrocínio em crônica na *Gazeta da Tarde*, datada de 6 de março de 1886: "Temos na pasta da Agricultura um novo Jefferson Davis". Antônio Prado teria "reenquadrado na escravidão" os ex-cativos recentemente liberados nas províncias do Ceará e do Amazonas. Ver José do Patrocínio, *Campanha abolicionista. Coletânea de artigos*. Org. de José Murilo de Carvalho. Rio de Janeiro: Fundação da Biblioteca Nacional, 1996, pp. 134-8.

Em discurso pronunciado na Câmara (21 de setembro de 1885), Nabuco convocou os seus pares liberais para a fundação de um movimento que teria como bandeira o ideal de uma monarquia federativa. Era um projeto que retomava ideias defendidas em 1831 depois da abdicação de dom Pedro I e fora parcialmente realizado por força do Ato Adicional. Seria também o ideário de Tavares Bastos centrado no tema da descentralização.[404] O plano de uma nação federativa acabou sendo acolhido pela República, mas nos estreitos limites de um sistema presidencialista que imitava, em parte, a solução norte-americana sem, porém, dar aos estados a ampla margem de autonomia de que desfrutavam nos Estados Unidos. A descentralização operada pela Carta de 1891 não serviria, como sonhava Nabuco, para conferir independência e eficácia administrativa a cada unidade da federação; pelo contrário, acabaria reforçando tão só as que já dispunham de hegemonia econômica (caso evidente de São Paulo e, em menor proporção, de Minas Gerais), deixando o poder local, em todos os estados, nas mãos das respectivas oligarquias. A República Velha foi a época áurea dos coronéis e dos caciques eleitorais vinculados por múltiplos laços à burocracia federal.[405]

Inspirando-se sempre em Tavares Bastos e em André Rebouças, Nabuco esboçou um esquema de política agrária que incluía imposto territorial rural (não cobrado no Império) e combate ao latifúndio mediante desapropriação e venda a preços módicos das terras, então tornadas públicas, aos rendeiros a fim de constituir uma pequena classe média rural.[406] Empenhado no destino do liberto, Nabuco propunha que o Estado o integrasse no novo regime de trabalho assalariado provendo-o de emprego e educação cívica e técnica para que se apagassem de vez os vestígios do cativeiro. Assim, a imigração europeia, *que ele desejava espontânea e não subsidiada pelo governo*, já encontraria o terre-

---

404. Em *Discursos parlamentares*, cit., pp. 260-85.

405. Para entender o caráter particularmente elitista de uma das classes políticas mais prestigiosas da República Velha, ver o trabalho de José Ênio Casalecchi, *O Partido Republicano Paulista (1889-1926)*. São Paulo: Brasiliense, 1987. Quanto à extensão do coronelismo e suas ligações com as oligarquias locais, a obra clássica é *Coronelismo, enxada e voto*, de Victor Nunes Leal (Rio de Janeiro, 1948). Uma síntese vigorosa do mesmo tema encontra-se em Edgard Carone, *A República Velha. Instituições e classes sociais*, 3ª ed. São Paulo: Difel, 1976, pp. 251-87.

406. Ver as conferências pronunciadas no Teatro Santa Isabel, no Recife, entre outubro de 1884 e janeiro de 1885. Os discursos de Nabuco proferidos durante essa campanha eleitoral foram publicados em *Campanha abolicionista no Recife. Eleições de 1884*. Intr. e cronol. de Manoel Correia de Andrade. Brasília/Rio de Janeiro: Senado Federal/Fundação Casa de Rui Barbosa, 1992. Vale a pena acompanhar a luta, que neles se trava, entre o candidato e a oligarquia conservadora local.

no arado pela democratização do solo e pelo trabalhador nacional livre. Ideias que ficariam no papel. Nenhum de seus projetos converteu-se em realidade. Proclamada a República, o imigrantismo financiado pelo Estado prevaleceu: o decênio de 1890 foi precisamente a época da "grande imigração". O imposto territorial rural continuou a ser sabotado pelas oligarquias estaduais.[407] Quanto ao tema da reforma agrária, *via* desapropriação dos latifúndios improdutivos e sua distribuição a trabalhadores livres, desapareceu completamente da pauta legislativa.

Embora a prioridade da abolição ocupasse o pensamento e a ação de Joaquim Nabuco de modo quase absoluto, há também em seu discurso eleitoral junto aos trabalhadores urbanos, os artífices (então chamados "artistas"), lugar para uma reflexão sobre a necessidade de se promulgarem leis sociais, isto é, algumas das leis trabalhistas que começavam então a ser cumpridas na Inglaterra de Gladstone e na Alemanha de Bismarck. Ao lado dessa alusão à obra civilizatória dos estadistas europeus, Nabuco exorta os operários a se unirem como única forma de obter seus direitos:

> "Mas vós também pelo vosso lado, podeis ajudar-vos muito, unindo-vos, associando-vos. Não sois muitos, é certo, mas ligados um ao outro pelo espírito de classe e pelo orgulho de serdes os homens do trabalho num país onde o trabalho é malvisto, sereis mais fortes do que classes numerosas que não tiverem o mesmo sentimento da sua dignidade. Vós sois a grande força do futuro, é preciso que tenhais consciência disso, e também de que o meio de desenvolver a nossa força é somente a associação. Para aprender, para deliberar, para subir, é preciso que vos associeis. Fora da associação não tendes que ter esperança."[408]

A lentidão e a renitência que caracterizaram os legisladores da República Velha na elaboração de leis sociais dariam mais uma razão ao ceticismo de Na-

---

407. Ver Carlyle Ramos de Oliveira Vilarinho, *O imposto territorial rural*. Campinas: Instituto de Economia da Unicamp, 1989. A Constituição de 1891 tornou facultativo o lançamento de impostos territoriais rurais pelos estados. O Rio Grande do Sul, governado por Borges de Medeiros, político de formação positivista (logo, antiliberal) optou pela tributação obrigatória do ITR. Quanto aos demais estados, quando a cobrança foi autorizada, tiveram um retorno mínimo, pois, como afirma um grande conhecedor dos problemas agrários brasileiros, "simplesmente os grandes latifundiários não pagam o ITR neste país" (José Graziano da Silva, *A modernização dolorosa*. Rio de Janeiro: Zahar, 1982, p. 183).

408. *Discurso aos artistas do Recife no Campo das Princesas, a 29 de novembro de 1884*, em *Campanha abolicionista no Recife*, cit., p. 141.

buco no tocante à continuidade de seus desígnios reformistas e democráticos. Ainda tratando das esquálidas condições do trabalhador urbano, o candidato dirigiu-se aos moradores da freguesia de São José de Ribamar culpando a iniquidade de nossa estrutura agrária pela extrema pobreza do seu nível de vida. Talvez pela primeira vez em nossa oratória política vemos estabelecer-se um vínculo estreito entre a indigência urbana e a falta de um projeto nacional de implantação da pequena propriedade rural:

> "Pois bem, senhores, não há outra solução possível para o mal crônico e profundo do povo senão uma lei agrária que estabeleça a pequena propriedade, e que vos abra um futuro, a vós e vossos filhos, pela posse e pelo cultivo da terra. Essa congestão de famílias pobres, esta extensão da miséria — porque o povo de certos bairros desta capital não vive na pobreza, vive na miséria —, estes abusos de sofrimento não têm outro remédio senão a organização da propriedade da pequena lavoura. É preciso que os brasileiros possam ser proprietários de terra, e que o Estado os ajude a sê-lo."[409]

O liberalismo abolicionista atinge aqui o seu ponto extremo pelo qual nega dialeticamente o núcleo ideológico do liberalismo clássico: o direito absoluto do senhor de usar e abusar da sua propriedade e do trabalho alheio: "Peço o voto dos operários, porque [...] quando não houver mais escravos nem senhores, o espírito maldito que degradou e aviltou o trabalho, e que hoje atrofia o nosso país, tendo perdido as senzalas, há de continuar a esvoaçar como uma ave de rapina sobre os trabalhadores livres".[410]

---

409. *Discurso proferido num meeting popular na praça de São José de Ribamar, a 5 de novembro de 1884*, em *Campanha abolicionista no Recife*, cit., pp. 74-5.
410. *Segunda conferência*, em ibid., p. 70.

O "NOVO LIBERALISMO". ÊXITOS E MALOGROS DE UMA CONTRAIDEOLOGIA NO FIM DO SEGUNDO REINADO[411]

> *Liberalismo não significava democracia, termos que depois se iriam dissociar, em linhas claras e, em certas correntes, hostis.*
>
> Raymundo Faoro

Uma das primeiras acusações explícitas dirigidas contra o abolicionismo, considerando-o uma ideia postiça e estranha à sociedade brasileira, partiu do mais reacionário dos conselheiros do Império, o marquês de Olinda. Respondendo à consulta de dom Pedro II ("Convém abolir diretamente a escravidão?"), o velho ex-regente afirmou drasticamente: "Os publicistas e homens de Estado da Europa não concebem a situação dos países que têm escravidão. Para cá não servem as suas ideias". Estávamos em 1867.

Asseverar peremptoriamente que as ideias europeias liberal-democráticas não serviam para uma nação de senhores e escravos era a expressão pura e simples do conservadorismo mais emperrado e paralisante. Era aceitar, por princípio, que não seria cabível (logo, seria disparatado) introduzir um pensamento reformista e democrático em uma estrutura herdada à colônia. Era supor que os regimes econômicos engendram as suas próprias e únicas ideologias, as quais acabam também convertendo-se em pensamento único, adequado e bem posto *no seu lugar*. Era, enfim, crer que toda a sociedade inclusiva deveria permanecer impermeável a valores que contradissessem a ideologia dos senhores de escravos.

---

411. Retomo e desenvolvo, neste tópico, algumas ideias e formulações expressas no capítulo "A escravidão entre dois liberalismos", que integra a *Dialética da colonização*, cit.

Como se a nação inteira vivesse em uma redoma sem comunicação alguma com as ideias nascidas fora de seus limites geográficos.

A esse maniqueísmo sem janelas a história política do Segundo Reinado deu cabal desmentido. Um testemunho do processo, ao longo do qual se enfrentaram o utilitarismo puro e duro (que se reconhece no discurso de Vasconcellos) e o liberalismo abolicionista encontra-se na biografia do senador Thomaz Nabuco de Araújo, escrita por seu filho, Joaquim Nabuco, *Um estadista do Império*.

A obra narra com minúcia a evolução política de uma figura relevante na vida pública do Império. A abordagem é complexa na medida em que busca integrar duas perspectivas, o que a torna até hoje objeto de controvérsia no campo minado da história das ideologias: o respeito filial, que parece ubíquo e determinante, não oblitera, porém, a firme convicção do biógrafo de que o senador Nabuco de Araújo fora, no início de sua carreira, conservador e formalista (sobretudo em seus julgamentos da Revolução Praieira), mas que passara, lenta e seguramente, para o reconhecimento de que o velho liberalismo defensivo, encerrado nos interesses da oligarquia, deveria ser arejado por uma abertura a valores democráticos. Valores que os regimes parlamentares europeus tentavam, ao menos juridicamente, acolher.

A nova posição do senador Nabuco de Araújo, de que foi paradigma o *discurso de sorites*, proferido em 17 de julho de 1868 (quando Castro Alves já declamara "Vozes d'África" e "O navio negreiro"), inaugurou, no dizer de Joaquim Nabuco, "a fase final do Império".

Descontando a ênfase apologética da frase, há algum fogo sob essa fumaça. A oração do senador assestava um golpe de mestre no estreito formalismo jurídico do sistema, precisamente no trecho em que distinguia entre a legalidade e a legitimidade das instituições. O tema era a recente nomeação por dom Pedro II de um gabinete conservador sem respaldo na Câmara, ato *legal*, pois competia em última instância à Coroa escolher e demitir ministérios, mas *ilegítimo*, porque a maioria do Parlamento era liberal.

Feita com clareza a distinção em nome da consciência e da justiça, Nabuco de Araújo a aplica à instituição do cativeiro: "A escravidão, *verbi gratia*, entre nós é um fato autorizado pela lei, é um fato legal, mas ninguém dirá que é um fato legítimo, porque é um fato condenado pela lei divina, é um fato condenado pela civilização, é um fato condenado pelo mundo inteiro".[412]

O que mudara substancialmente?

O "novo liberalismo" (aspeando a expressão de Joaquim Nabuco) já teria,

---

412. Em Joaquim Nabuco, *Um estadista do Império*, 2ª ed. Rio de Janeiro: Nova Aguilar, 1975 [1898], p. 663.

naquela altura, plenas condições para dizer que a escravidão, ainda que formalmente legal, era ilegítima. O mesmo Nabuco de Araújo, catorze anos antes desse discurso, pensara e agira diversamente. Em 1854, quando ministro da Justiça do gabinete conciliador do marquês de Paraná, ele tinha pactuado com uma infame decisão oficial que transgredira, isto é, buscara anular, os efeitos da lei de 7 de novembro de 1831, pela qual a Regência tinha declarado livres os africanos desembarcados a partir dessa data. O ministro Nabuco não só aceitara aquela aberta violação da lei como a defendera em termos de *razão de Estado*, aconselhando o presidente da província de São Paulo a lançar mão desse "argumento" no caso particular de um africano, de nome Bento, trazido clandestinamente ao Brasil após a cessação legal do tráfico. O escravo tinha fugido e, ao ser apreendido pela polícia, foi libertado pelo juiz de direito que conseguira apurar a data da sua entrada. Nabuco de Araújo não hesita, entretanto, em justificar os "direitos do senhor", que reivindicava a posse do escravo invocando "o bem dos interesses coletivos da sociedade cuja defesa incumbe ao Governo"; e concluía: "Não convém que se profira um julgamento contra a lei, mas convém evitar um julgamento em prejuízo e com perigo desses interesses, um julgamento que causaria alarma e exasperação aos proprietários. Está dito o meu pensamento, a execução é de V. Exa". (Carta reservada de Nabuco a Saraiva, então presidente da província de São Paulo, datada de 22 de setembro de 1854).[413]

O que, em 1854, era legítimo para o ministro Nabuco? O interesse dos proprietários de terras. E o que era legal, mas suscetível de ser transgredido? A lei de novembro de 1831, que sancionava a liberdade do africano.

Em 1868, ao contrário, o que se torna legítimo no seu discurso é a liberdade que se deve ao escravo, ser humano, e o que é somente legal, logo passível de revisão, é o direito do senhor à propriedade de um ser humano.

A inversão do critério reveste-se de um significado forte: o liberalismo aberto que respalda o senador Nabuco de 1867 já não é mais o liberalismo proprietista do ministro de 1854.[414] O conteúdo concreto da legitimidade, que é o coração dos valores de uma ideologia política, tinha mudado. E o motor dessa transformação fora o ideal civilizado do trabalho livre. Não ainda a sua necessidade absoluta e imediata, mas o seu valor.

Essa evolução, de que o Livro V de Um estadista do Império *faz análise deta-*

---

413. Id., ibid., p. 207.
414. Diz Joaquim Nabuco: "De 1866 até 1871 os abolicionistas eram todos liberais; não havia calúnia nem difamações que não forjassem contra eles" (Primeira Conferência no Teatro Santa Isabel, de 12 de outubro de 1884, em *Campanha abolicionista no Recife. Eleições de 1884*. Brasília/Rio de Janeiro: Senado Federal/Fundação Casa de Rui Barbosa, 1992, p. 58).

lhada, é a história da construção do novo liberalismo na dinâmica política do Segundo Reinado. Tratava-se, também nesse caso, de uma doutrina originariamente europeia (inglesa e francesa), assim como o fora o liberalismo utilitário dos decênios de hegemonia regressista, no momento em que o tráfico negreiro se intensificava a despeito (e por causa...) da sua proibição. Inglês e francês eram o liberalismo econômico (Adam Smith, Jean-Baptiste Say) e o político (Locke, Montesquieu, Benjamin Constant, Guizot) que coexistiram com os interesses dos proprietários de terras, dos tumbeiros e dos negociantes aferrados à manutenção do trabalho compulsório. Inglês seria o liberalismo filantrópico e religioso, bandeira de quacres e metodistas na metrópole e nas colônias americanas. Franceses eram os ideais abolicionistas que, em meados do século XIX, bateram às portas do imperador brasileiro instando para que o cativeiro fosse abolido entre nós em nome da civilização. Os princípios gerais dos dois liberalismos, o conivente e o crítico, vinham da Europa e encontravam aqui o seu *locus*, adaptando-se em diferentes ritmos a nossas circunstâncias.

O marquês de Olinda recusava terminantemente a própria ideia da abolição, pois se tratava de uma doutrina estrangeira e postiça. Outro conselheiro de Estado, o visconde do Rio Branco, consultado na mesma ocasião, hesitava em dar seu parecer alegando a atitude dilatória e cautelosa das duas grandes nações modernas, a França e a Inglaterra (em relação a suas colônias africanas e antilhanas), nas quais "a abolição foi empresa de longo tempo preparada e ante a qual recuaram muitas vezes os espíritos mais liberais e afoitos".[415] Mas, quatro anos mais tarde (1871), estimulado por dom Pedro II e instruído pelo jurista Pimenta Bueno, membro da Ordem dos Advogados, Rio Branco iria citar o mesmo exemplo europeu para avalizar o seu projeto, a Lei do Ventre Livre. O diploma legal reproduziria, em boa parte, a redação do projeto similar português aprovado na década anterior. A difusão das ideologias e contraideologias fazia do Ocidente capitalista um lugar comum.[416]

O que se pode verificar, percorrendo a argumentação de ambos os lados, é que modelos europeus eram chamados a sustentar ideias de liberdade, quando os invocavam os abolicionistas; ou eram descartados como impertinentes pelos advogados dos senhores para os quais, afinal, o Brasil não era a Europa, não devendo alimentar aquelas pretensões exóticas... Cada um, seguindo o provérbio, tomava seu bem onde o encontrasse.

---

415. Palavras do conselheiro visconde do Rio Branco, transcritas em *Um estadista*, cit.
416. Ver a transcrição dos decretos-lei portugueses e holandeses relativos à abolição parcial ou total da escravidão nos apêndices constantes da obra de Perdigão Malheiro, *A escravidão no Brasil. Ensaio histórico, jurídico, social*, 3ª ed. Petrópolis: Vozes, 1976.

O mais estreito particularismo nacional já fora acionado pelos defensores do tráfico nas décadas de 1830 e 1840 em face dos tratados com a Inglaterra que facultavam a apreensão de navios negreiros pela marinha britânica.[417]

OS LIBERALISMOS EM FACE DO DIREITO À PROPRIEDADE

Escrevia em tom solene Jean-Baptiste Say, divulgador francês de Adam Smith: "Toda violação da propriedade é um golpe assestado à produção que, no final das contas, é o que faz viver as nações".[418]

Dois princípios, verdadeiras cláusulas pétreas do liberalismo clássico — o direito à liberdade e o direito à propriedade —, coabitaram na vida e na cabeça da burguesia desde as revoluções inglesa, americana e francesa, mas colidiram quando tiveram de confrontar-se com os ideais abolicionistas.

O liberalismo utilitário, ancorado na exploração do trabalho compulsório, contabilizava os seus interesses em nome do direito da propriedade individual. O escravo tinha sido comprado pelo senhor, era sua mercadoria; logo, a sua posse e a sua propriedade estavam legalizadas, situação de fato e de direito que o Estado constitucional lhe conferira plena e incondicionalmente.

O conceito de propriedade, considerado um "dos direitos inalienáveis do indivíduo", estava consagrado na Constituição brasileira de 1824, art. 179. As consequências e aplicações particulares deveriam, em princípio, vir regulamentadas em um Código Civil, previsto na Constituição. O código, porém, não chegou a ser promulgado no Segundo Império, apesar das iniciativas de dom Pedro II, que o encomendou sucessivamente a dois jurisconsultos de prestígio, Teixeira de Freitas e Nabuco de Araújo. Ambos aceitaram a empresa, mas não lograram efetivá-la. Teixeira de Freitas chegou a compilar numerosos diplomas legais que se acumulavam e às vezes se contradiziam desde os tempos coloniais, mas o resultado não passou de uma atulhada *Consolidação das Leis Civis*, fonte respeitável de consulta, mas sem imperativa força de lei.

Quanto às disposições relativas a propriedade e patrimônio, ficaram adstritas ao Código Comercial, de feição napoleônica. Por força dessa legislação, o

---

417. Ver o já clássico trabalho de Leslie Bethell, *A abolição do tráfico de escravos no Brasil*. Rio de Janeiro/São Paulo: Expressão e Cultura/Edusp, 1976. As reações de políticos e intelectuais brasileiros ao controle britânico dos navios negreiros que navegassem em nossas costas compuseram um coro aguerrido de protestos nacionalistas que mal escondem a força subjacente da ideologia liberal-escravista durante o Segundo Reinado. Mas, tratando-se de leitura controversa, seria proveitoso que a nossa historiografia de ideias aprofundasse a questão.

418. *Cours d'économie politique*, p. 168.

escravo continuou, como nos tempos coloniais, a ser considerado um objeto do seu senhor. Quando, enfim, foi promulgado o Código Civil republicano, a abolição já tinha sido decretada.

Teixeira de Freitas ponderava, como jurista de formação clássica, que, na falta de um Código Civil, o Código Comercial tudo invadia com seu espírito mercantil.[419] O historiador Paulo Mercadante desdobra a observação:

> "O senhor rural brasileiro, conjunto de senhor feudal e comerciante, não podia dispensar, no âmbito do direito privado, um corpo de leis liberais que viessem regular as suas relações de vendedor com o mercado, onde ele colocava, como comerciante, o que sobejava da produção de sua fazenda. Nesse campo, seus interesses coincidiam com os do comércio exportador das cidades-portos. Vinculavam-se a exportadores e comissários ou ainda a pequenos comerciantes num complexo de relações sociais, mercantis e jurídicas."[420]

Pimenta Bueno, jurisconsulto acreditado junto a dom Pedro II, chegava a dizer que o direito comercial "é o mesmo direito civil, somente modificado em algumas relações para melhor apropriá-lo à indústria mercantil, à conveniência da riqueza pública, à índole dos interesses e riscos das negociações, sua celeridade e conveniente expansão".[421] Não é preciso ser muito atilado para reconhecer nesse discurso forense o entrelaçamento íntimo, verdadeira hipóstase dos conceitos fundadores de sociedade civil e sociedade burguesa.

O pacto selado entre o proprietário e o Estado garantia uma relação estável entre o interesse privado e a ordem pública. Em potencial tensão com esse dogma do liberalismo clássico, já incorporado à maioria das constituições do século XIX, o novo liberalismo, preconizado pelos abolicionistas, inspirava-se diretamente nas exigências de igualdade da Revolução Francesa e, idealmente, no universalismo cristão que postulava a origem comum de todos os homens filhos do mesmo Deus.

O utilitarismo burguês não só tinha descartado as decisões democráticas da Revolução (o cativeiro nas colônias, abolido em 1794 pela Convenção, seria restaurado em 1802 por Napoleão durando até 1848), como hostilizava os *phi-*

---

419. Teixeira de Freitas, "Aditamentos ao Código do Comércio", apud Paulo Mercadante, *A consciência conservadora no Brasil*, 3ª ed. Rio de Janeiro: Nova Fronteira, 1980, p. 184.
420. Id., ibid.
421. Pimenta Bueno, *Direito público brasileiro e análise da Constituição do Império*, apud id., ibid., p. 185.

lanthropists evangélicos que combateram a instituição nas colônias inglesas até sua extinção completa, em 1838.[422]

Os governos inglês, francês e holandês, ao compensarem os senhores coloniais com indenização em dinheiro, acrescida da obrigação imposta ao liberto de servir o senhor em prazos variáveis de seis a dez anos, não faziam senão reconhecer, na prática, o direito de propriedade do homem pelo homem. A liberdade situava-se dentro das fronteiras da propriedade — este é o núcleo conceitual da obra clássica de Harold Laski, *The Rise of European Liberalism*.[423] Trata-se de uma proposição que não conheceu exceções no mundo capitalista. Válida para os países industrializados, ditos adiantados, como a Inglaterra, a Holanda, a França e a Bélgica, seria igualmente acolhida pelos Estados em que a hegemonia burguesa se fez uma questão de tempo, a Itália, a Espanha, Portugal. Nesse ponto vital não há diferença significativa entre o capitalismo avançado e o capitalismo tardio. A ideologia proprietista formalizada no Código Civil napoleônico difundiu-se em todos os países ocidentais nessa fase em que a globalização dava passos de gigante. Onde se praticasse a liberdade de comércio e se respeitassem os direitos dos *beati possidentes*, esses princípios encontravam o seu devido lugar.

Pelo estudo comparativo que, nos anos 1860, o jurista Perdigão Malheiro fez das leis abolicionistas promulgadas havia pouco na Europa, verifica-se que o respeito aos chamados *direitos dos senhores* foi em toda parte mantido escrupulosamente.[424] Para surpresa e ilustração dos que julgam que só o Brasil do Segundo Reinado sustentava "paradoxalmente" a instituição retrógrada do cativeiro, o historiador mostra que, sob governos formalmente liberais, o trabalho escravo (e, na

---

422. As marchas e contramarchas do abolicionismo na França foram examinadas em detalhe na obra coletiva *Les abolitions de l'esclavage. De L. F. Sonthonax à V. Schoelcher. 1793, 1794, 1848*. Org. e apres. de Marcel Dorigny. Presses Universitaires de Vincennes, Unesco, 1988. No *maré magnum* da bibliografia permito-me destacar: Victor Schoelcher, *Esclavage et colonisation*. Intr. de Aimé Césaire. Paris: PUF, 2008; David Brion Davis, *The Problem of Slavery in the Era of Revolution. 1770-1823*. Cornell: Ithaca, 1976; Yves Benot, *La modernité de l'esclavage. Essai sur la servitude au cœur du capitalisme*. Paris: La Découverte, 2003.

423. A tradução em português, *O liberalismo europeu*, feita por Álvaro Cabral, foi editada pela Mestre Jou, São Paulo, 1973.

424. Perdigão Malheiro, *A escravidão no Brasil. Ensaio histórico, jurídico, social*, de 3ª ed. Intr. de Edison Carneiro. Petrópolis: Vozes, 1976. A primeira edição da obra foi impressa à custa do autor na Tipografia Nacional da Rua da Guarda Velha, em 1866-7. Sabe-se que Perdigão Malheiro levou quatro anos para pôr termo ao seu trabalho. Em 7 de setembro de 1863, pronunciou um discurso emancipacionista no Instituto dos Advogados, anunciando o que ele próprio considerava "prólogo do trabalho que ora tem saído a lume". No corpo do livro já há referência ao decreto de 1º de janeiro de 1863 pelo qual Abraham Lincoln aboliria a escravidão em todo o território norte-americano (vol. I, p. 113).

Cuba espanhola, ainda o tráfico) continuara sendo a base das economias agromercantis das possessões de ultramar: de Portugal (até 1869, sob dom Pedro v, mas os últimos vestígios da escravidão nas colônias luso-africanas só seriam abolidos em 1881, conforme testemunhou Joaquim Nabuco quando foi homenageado pela Câmara dos Deputados em Lisboa...); da Holanda (até 1863, sob Guilherme de Orange); da Dinamarca (até 1848, sob Carlos VIII) e da Suécia, até 1846. No ano de 1867, enquanto Perdigão Malheiro rematava o seu ensaio, o Parlamento espanhol ainda não havia decidido a abolição em Cuba e em Porto Rico. Discutia-se em Madri um plano de emancipação previsto para funcionar somente daí a cinco anos com o devido ressarcimento aos proprietários. E só em 1870 passaria nas Cortes liberais da Espanha a lei que libertaria os nascituros. Atraso ou sincronia?

Mereceria uma análise diferencial a fusão de liberalismo puro e duro e a defesa encarniçada da escravidão realizada às vésperas da Guerra da Secessão pelos ideólogos do *Old South*. Os chamados *teólogos do algodão*, inimigos figadais dos filantropos, sancionaram a instituição ao mesmo tempo que juravam pela Constituição os sagrados direitos da liberdade e da propriedade individual.[425] Assim, a abolição foi uma luta econômica, ideológica e bélica que acabou envolvendo interesses materiais e valores contrastantes. Escrevia Tocqueville:

> "Nos Estados Unidos, presenciei esses dois extremos singulares. Conheci homens que amavam a igualdade com tamanho fervor que não admitiam nenhuma manifestação das desigualdades e diferenças naturais, nem sequer as que advêm de diferenças de fortuna, educação, gostos e hábitos. No entanto, esses mesmos homens achavam absolutamente natural ver a seu lado e a seus pés milhões de semelhantes seus reduzidos a uma eterna e irremediável servidão. Para eles, absoluta liberdade; para os outros, completa escravidão, e isso lhes parecia algo extremamente simples e em consonância com o direito."

Adiante, diz ceticamente: "Eles obedecem a uma lei universal da natureza humana".[426] Provavelmente o mesmo pensaria o nosso Machado de Assis, cujo liberalismo foi ensombrado por um melancólico pessimismo, que acabou aprofundando e universalizando o alcance de sua sátira local.

---

425. Ver acima a passagem sobre o líder político escravista norte-americano, John Caldwell Calhoun.
426. Aléxis de Tocqueville, *A emancipação dos escravos*. Trad. de Fani Goldfarb Ferreira. São Paulo: Papirus, 1994, p. 128. Extraio desse texto as citações que seguem. O fato de que as ideias políticas de Tocqueville tenham sido aproveitadas ora pelos conservadores, ora pelos liberais, foi estudado por Gabriela Nunes Ferreira, em *Centralização e descentralização no Império. O debate entre Tavares Bastos e o visconde do Uruguai*. São Paulo: Ed. 34, 1999.

A obra de Perdigão Malheiro deu subsídios aos emancipacionistas, desde Pimenta Bueno, Nabuco de Araújo e Rio Branco, fautores da Lei do Ventre Livre, tendo sido aproveitada largamente pela geração abolicionista dos anos 1880.

Para o caldo de cultura em que se haviam formado os políticos do Segundo Reinado, as fontes mais prestigiosas seriam sempre as francesas, seguidas muito de perto pelas inglesas. Perdigão valoriza as obras que secundaram as propostas discutidas na Câmara francesa ao longo do reinado de Louis-Philippe até a Revolução de 1848, quando finalmente foi decretada a abolição nas colônias francesas.

Podemos distinguir duas correntes nesse último período: a dos liberais moderados, entre os quais estavam o duque de Broglie, Guizot (mais à direita) e Tocqueville (mais ao centro), e a dos radicais liderados pelo ardoroso abolicionista republicano, Victor Schoelcher. A emancipação dos 260 mil escravos nas Antilhas, na Guiana e na ilha de Bourbon (atual Reunião) foi objeto de longas controvérsias a partir da sessão de 1839 da Câmara dos Deputados. O parlamentar Antoine de Tracy, filho do célebre ideólogo Destutt de Tracy, apresentou um projeto de lei que emanciparia os nascituros. O relator foi Tocqueville, fino pensador político e hoje distinto patrono de não poucos ex-socialistas acomodados na espaçosa ala centrista da social-democracia.

O Relatório Tocqueville. Trata-se de uma peça-chave de compromisso entre os interesses da propriedade e os valores de liberdade. De um lado, Tocqueville admite que o fim da escravidão deveria acontecer finalmente, "um dia", porque as razões que sustentam a instituição são "falsas e odiosas". De outro, cuida em ressalvar as finanças dos colonos e a continuidade da produção açucareira. Discorda da libertação dos nascituros argumentando com razões que voltariam na boca dos opositores do projeto Rio Branco: se a mãe permanece escrava e o filho é considerado homem livre, "um é posto na escala social mais baixa que o outro", o que seria "uma intervenção monstruosa, uma situação tão contrária à natureza que dela não se pode esperar nada de bom".[427]

Rechaçando sempre a ideia de que a propriedade do escravo possa identifi-

---

427. Tocqueville, *A emancipação*, cit., p. 44. O romancista José de Alencar, na qualidade de senador do Império, repetiria os mesmos argumentos na sua intervenção contrária ao projeto da Lei do Ventre Livre. Por ocasião da Fala do Trono (1867), em que d. Pedro II acenara com a conveniência de resolver a "questão servil", Alencar dirigiu-se em carta aberta ao imperador citando Chateaubriand: "A filantropia, disse ele a propósito do tráfico de escravos, é a moeda falsa da caridade". Cf. José de Alencar, *Cartas de Erasmo*. Org. de José Murilo de Carvalho. Rio de Janeiro: Academia Brasileira de Letras, 2009, p. 281.

car-se com as demais formas de domínio que a lei protege, e tendo por ilegítima a posse de um homem por outro, nem por isso Tocqueville deixa de julgar "uma iniquidade" fazer os colonos correrem sozinhos o risco da abolição. "Uma alteração de hábitos e métodos sempre muito dolorosa e, às vezes, onerosa se seguiria ao ato jurídico da libertação."[428] Bem pesadas as coisas, adverte Tocqueville, a monarquia francesa afinal estimulara com benesses reiteradas o tráfico negreiro entre o século XVII e o fim do século XVIII. "Somente nos últimos anos é que ela não mais o permitiu." Os armadores e os negreiros obtiveram pingues privilégios ao longo do século das Luzes. Os portos de Bordeaux, Nantes, St. Malo e Havre prosperaram extraordinariamente à custa do tráfico. Logo, por que deveriam os atuais senhores de escravos pagar as custas dos novos princípios de justiça e humanidade? "É injusto que a França tome a si a glória de uma reparação que já não se podia fazer esperar, deixando todo o seu ônus aos colonos."[429]

É curioso constatar que os argumentos liberais em prol de uma "justa indenização" aos senhores nunca se aplicavam aos próprios escravos que tinham mourejado a vida inteira sem remuneração. De passagem, lembro que, meio século depois dessas palavras de Tocqueville, os positivistas ortodoxos brasileiros, Teixeira Mendes e Miguel Lemos, seguindo de perto a doutrina de Comte, julgaram ser mais correto indenizar os ex-escravos do que pagar aos senhores que deles haviam usado e abusado até a morte.[430]

Tocqueville mostra-se favorável a aplicar parte da indenização em pagamentos de salários aos libertos, que assim continuariam trabalhando nas terras onde sempre tinham vivido. Nem o colono sofreria prejuízo algum, nem o ritmo da produção agrícola seria interrompido. Em outro texto, publicado sob a forma de artigo no jornal *Le Siècle* de outubro-dezembro de 1843, o solerte pensador liberal propõe que se proíba temporariamente ao liberto a possibilidade de comprar terras. O negro, caso tivesse acesso à propriedade, deixaria de trabalhar para o seu ex-senhor ou para qualquer outro patrão. O resultado seria uma diminuição da produção açucareira, além de uma alta salarial; logo, um risco para o fazendeiro e para a economia colonial. Justificando a proibição, Tocqueville alega que tampouco o trabalhador francês consegue adquirir terras com o seu próprio esforço em virtude do elevado preço da propriedade rural. "O que significa,

---

428. Tocqueville, ibid., p. 47.
429. Id., ibid.
430. A reivindicação está expressa no boletim *O positivismo e a escravidão moderna*. Rio de Janeiro: Centro Positivista Brasileiro, 1884. No mesmo teor, Miguel Lemos, *A incorporação do proletariado escravo. Protesto da Sociedade Positivista do Rio de Janeiro...* Recife: Typographia Mercantil, 1883.

portanto, proibir aos negros a posse da terra temporariamente? Significa colocá-los artificialmente na posição em que naturalmente [*sic*] se acham os trabalhadores europeus. Não há, nesse caso, nenhuma tirania. E o homem a quem se impõe essa única limitação ao sair da escravidão não parece ter direito de reclamar." Manhas do liberalismo ilustrado europeu que *mutatis mutandis* se reproduziriam no Brasil de 1850, quando foi promulgada a Lei de Terras, tornando praticamente inalcançável a propriedade rural a quem já não contasse com um sólido patrimônio. A regra implícita no conservadorismo excludente parecia ser esta: primeiro, a propriedade dos ricos proíbe a liberdade dos pobres; depois, a mesma propriedade dos ricos deve inibir a dos pobres formalmente libertos.

Propriedade e liberdade individual são exigências estruturais do liberalismo clássico. Valem para a Europa, valem para as ex-colônias do Novo Mundo. Mas, apesar de essa lógica funcionar em um contexto assimétrico, que é a "*verità effettuale*" da dominação, Tocqueville não se vexa de dizer sem rebuços: "Se os negros têm o direito de se tornarem livres, é incontestável que os colonos têm o direito de não serem arruinados pela liberdade dos negros".

Uma garantia complementar excogitada por Tocqueville como paliativo aos riscos econômicos da abolição seria a de um aumento no preço do açúcar de cana vendido pelos colonos à França. Essa medida, francamente protecionista para os senhores de engenho, parece contraditória com o *laissez-faire* comercial teoricamente imperante na metrópole, mas indica o quanto essa mesma doutrina, quando situada na interação colônia-metrópole, precisou ajustar-se a uma cadeia de interesses das burguesias locais. "A esse respeito ocorreu um fato notável", comenta Tocqueville. "O governo [inglês] pretendeu, em 1840, reduzir quase pela metade o decreto que vetava a entrada de açúcar estrangeiro. A Câmara dos Comuns, ou seja, o setor da legislatura que mais diretamente representava os consumidores, não somente se opôs à medida como depôs o ministério." Nessa ordem de razões, o direito à liberdade individual do trabalhador negro deveria esperar pela realização "da igualdade entre o açúcar de beterraba francês e o açúcar de cana colonial".[431] As garantias financeiras do colono ganhavam prioridade quando se desnudavam as contradições entre a propriedade particular e a liberdade supostamente geral: oposição que era, no fundo, a verdade interna e contraditória do liberalismo econômico em todo o mundo ocidental.

Espírito educado nas Luzes, aristocrata que aceitou lucidamente o novo regime burguês como sinal dos tempos, Tocqueville sempre se pergunta: "O escravo é realmente uma propriedade? De que natureza é essa propriedade?".[432] O seu lume filo-

---

431. Tocqueville, op. cit., p. 115.
432. Id., ibid.

sófico *ad hoc* parece ser o pensamento que animou o relatório da comissão coordenada pelo duque de Broglie: enfrentando tão árdua questão, o texto "conseguiu demonstrar que seria contra todas as noções de igualdade e contra os evidentes interesses da metrópole subtrair aos colonos os seus escravos sem indenizá-los".[433]

Enfim, "depois de longo e consciencioso trabalho, a comissão decidiu fixar esta indenização em 1200 francos por escravo".[434] O montante não seria pago de uma só vez ao colono: a primeira metade seria depositada em conta; a outra metade resgatada, ano a ano, permitindo que o senhor usufruísse do trabalho gratuito dos seus libertos. Estes iriam desse modo, metódica e compulsoriamente, pagando a conta da sua emancipação. A propriedade de uns regulava o direito à liberdade de outros. A proposta, se aprovada pelas Câmaras, teria resultado na abolição total só em 1853. Tocqueville, no entanto, ainda duvidava que o governo de Guizot executasse plano tão pródigo: "Não estamos mais em tempos de empreendimentos generosos, pois apenas defendem-se princípios, sem ter de pôr em risco o poder".[435] Acontece, porém, que a Revolução de 1848 abreviou o tempo de espera dos 260 mil escravos das colônias francesas. O realismo cético de Tocqueville dessa vez pecou por excesso.

VOLTANDO AO "GRANDE MANANCIAL": A OBRA DE PERDIGÃO MALHEIRO

As fontes culturais do novo liberalismo também foram basicamente europeias. Basta ler *Minha formação* de Joaquim Nabuco para constatar a verdade da afirmação. De um lado, a campanha da Anti-Slavery Society, cujos documentos, impressos no *Anti-Slavery Reporter*, eram lidos em 1869 e 1870 pelo jovem Nabuco, que, ainda estudante no Recife, os traduzia para seu pai.[436]

---

433. Id., ibid., p. 116.

434. Id., ibid. Perdigão Malheiro dá cifra menor, de 500 francos por cabeça, que teria sido afinal estipulada pelo governo republicano de 1848. Convertido em moeda brasileira da época, o montante da despesa foi orçado entre 40 mil e 50 mil contos de réis. A informação foi extraída por Malheiro do historiador francês Augustin Cochin (*De l'abolition de l'esclavage*, 1861). Cochin figurou entre os signatários da mensagem da Junta Francesa de Emancipação dirigida a d. Pedro II, em julho de 1866, apelando ao imperador para que fosse abolida a escravidão no Brasil. Essa manifestação, assinada por notáveis franceses, como Guizot, Montalembert e o duque de Broglie, não terá sido das menores razões do empenho de d. Pedro II em consultar o Conselho de Estado e servir-se da erudição de juristas do porte de Nabuco de Araújo, Perdigão Malheiro e Pimenta Bueno para encaminhar um projeto emancipacionista, que acabou resultando na Lei do Ventre Livre.

435. Id., ibid., p. 117.

436. Joaquim Nabuco, *Minha formação*. Rio de Janeiro: W. M. Jackson, 1952, p. 32.

De outro lado, conheciam-se os escritos dos parlamentares franceses, que dos meados dos anos 1830 até à Revolução de 1848 debateram a extinção do cativeiro nas colônias. A súmula dos argumentos e contra-argumentos acha-se nos relatórios que as comissões apresentaram à Câmara de Paris entre 1839 e 1845. Mas "o grande manancial" em que beberam Joaquim Nabuco e todos os estudiosos da escravidão do seu tempo foi o ensaio histórico de Malheiro, do qual está dito em *Um estadista do Império*:

"[...] nenhuma medida foi lembrada no Conselho de Estado que não figurasse na obra de Perdigão Malheiro, *A escravidão no Brasil*, o grande manancial onde todos foram se prover, e neste sentido é este o livro mais fecundo e benfazejo até hoje publicado no Brasil".[437]

Quando se considera que Perdigão Malheiro votou, em 1871, contra o projeto Rio Branco, para grande estupefação dos emancipacionistas que nele se inspiraram, deve-se dar o justo peso ao elogio de Joaquim Nabuco a uma obra que transcendeu em tão alto grau as limitações pessoais ou clânicas do seu autor.[438]

Malheiro colige fontes inglesas e francesas e levanta a legislação relativa à escravidão do índio e do negro no Brasil. Como jurista ligado ao Instituto dos Advogados, pertence a uma tradição protoabolicionista, ainda pouco estudada pela nossa historiografia, em que se inscreviam seus presidentes, Montezuma, Caetano Alberto Soares e Nabuco de Araújo. A característica mais notável da obra de Malheiro é a tensão entre o vetusto princípio do direito incondicional do proprietário — formulado pelo direito romano, consolidado pelas Ordenações Filipinas e reiterado pelo liberalismo ortodoxo — e as conquistas do jusnaturalismo em parte reavivadas pelo pensamento democrático das revoluções de 1789 e 1848. Ao defender o escravo da onipotência do senhor, Perdigão distingue o direito natural e o divino (os únicos originariamente sagrados) do direito positivo que, no caso da escravidão, teria criado uma "ficção jurídica".[439] O alcance dessa distinção fundamental não deve, porém, ser aqui nem superestimado nem subestimado.

A relativização historicista do puro direito positivo expresso nas constituições e nos códigos era uma arma conceitual necessária para deslegitimar a escravidão. Abria-se a porta para uma reforma jurídica radical, isto é, cessava o exercício "legítimo" da propriedade de um homem sobre o outro, o que está na linha

---

437. Id., *Um estadista*, cit., p. 631.

438. Sobre os julgamentos controversos que a historiografia tem emitido em face da atitude de Perdigão Malheiro, ver Eduardo Spiller Pena, *Pajens da Casa Imperial. Jurisconsultos, Escravidão e a Lei de 1871*. Campinas/São Paulo: Unicamp/Fapesp/CNPq, 2001.

439. Perdigão Malheiro, op. cit., p. 59.

dos direitos humanos universalizados pelas declarações revolucionárias americana e francesa.

Entretanto, até mesmo severos críticos do escravismo, como Tocqueville e, no Brasil, Joaquim Nabuco quando ainda estreante na arena parlamentar (1879--80), admitiam a conveniência de indenizar os senhores pela perda dos seus "bens semoventes". Entrava pela janela ampla dos interesses econômicos o que fora expulso pela porta estreita do direito natural.

Indo ao fulcro da questão: tratava-se de uma contradição inerente à dinâmica do liberalismo ortodoxo em face de uma instituição milenar que fora reinstaurada pela expansão moderna do capitalismo: *a escravidão*. A escravidão nas colônias e ex-colônias mantinha-se em pleno século XIX sustentada juridicamente pelo proprietismo inerente ao liberalismo, o qual, por sua vez, era a versão ideológica da Revolução Industrial. Como desfazer o nó de interesses que ainda amarrava frações importantes das burguesias d'aquém e d'além-Atlântico? Para remover, ou ao menos contornar a contradição, seria preciso desembocar em alguma saída reformista que desse ao Estado burguês o poder de limitar os abusos da propriedade. (Não é preciso dizer que se afigurava impensável acolher a crítica radical que os socialistas já estavam fazendo a toda apropriação individual de bens que deveriam ser comuns a toda a sociedade.) Foi justamente à saída reformista que se ativeram os novos liberais: propunham uma medida jurídica que alforriasse os escravos *sem abalar o direito constitucional da propriedade*. Essa posição ficou explícita na cláusula do projeto Rio Branco de libertar os nascituros, *obrigando os ingênuos a servirem a seus ex-senhores até 21 anos de idade*. O expediente foi excogitado para que o direito positivo não cedesse inteiramente aos imperativos do direito natural.

No universo jurídico onde se move o pensamento de Perdigão Malheiro chega o momento crucial em que os dois vetores convergentes no liberalismo ortodoxo, propriedade e liberdade, entram em colisão. Nessa altura, o direito natural parece retomar a primazia sobre o sinistro *jus vitae et necis* consignado na *lex* romana e considerado por tantos jurisconsultos como norma comum a todos os povos...[440] Perdigão, inspirado em uma linha iluminista-cristã, de resto comum aos discursos filantrópicos ingleses e americanos, fala abertamente em "sacrilégio" para condenar aqueles que, hipocritamente, ainda defendiam a escravização dos africanos sob o pretexto de que a sua transmigração para o Novo Mundo os salvara de cair às mãos dos maometanos.[441] Perdigão contesta essa versão mostrando uma África que se tornara menos violenta a partir da suspen-

---

440. Id., ibid., I, p. 37.
441. Id., ibid., I, p. 39.

são do tráfico em 1850: "*O tráfico barbarizava a África; a cessação dele tem importado a sua civilização e progresso*".[442]

A faculdade de usar e abusar do domínio sobre a vida do escravo acobertou um sem-número de horrores tanto na Antiguidade quanto nos tempos modernos, quando os colonizadores europeus reintroduziram a escravidão fazendo da África o seu reservatório. Um exemplo, entre tantos, foi a pena de açoites só abolida na França em 1836 com o fim da vigência do *Code noir*, e no Brasil graças ao decreto imperial de 15 de outubro de 1876. O Código Penal brasileiro, obra do regressista Bernardo Pereira de Vasconcellos, previa ainda a pena de açoites, mas "só aplicável aos escravos" (art. 60).

O autor procura abrir na muralha dessa tradição jurídica alguma brecha pela qual se entrevisse a pessoa humana na figura do homem-coisa a que se reduzira o escravo. Assim, o código compilado pelo imperador Justiniano, já sob a influência do cristianismo nos séculos V e VI, incluía no tópico das pessoas (*De jure personarum*) o direito de os escravos receberem legados ou adquirirem pecúlios. O direito canônico legitimava a união conjugal de servos e escravos, reafirmando o caráter indissolúvel do matrimônio, o que dificultava, embora não impedisse, a separação dos cônjuges pela venda de um deles. Estendendo a questão para os tempos contemporâneos, Perdigão admite que sempre haverá "espíritos fortes" que manterão rigidamente o princípio do domínio absoluto do senhor. A reflexão seguinte mostra quanto, ainda em 1867, não estava resolvida a tensão entre o interesse da propriedade particular e o valor ético da equidade generalizada:

> "Em todas as questões, sobretudo e em especial nas que se referem ao *estado* de livre ou escravo, deve-se temperar com a maior equidade possível o rigor das leis gerais, sem todavia ofender um direito certo, líquido e incontestável de propriedade, resguardando-o tanto quanto seja compatível com a garantia e favor à liberdade. Nessa conciliação está toda a dificuldade."[443]

Nos anos 1860, apesar dessas mostras de interesse pela emancipação gradual, os juristas mais abertos, como Perdigão e Nabuco de Araújo, tinham certeza de que o direito de propriedade só poderia ser alterado por vontade exclusiva do senhor. E, já que as leis tardavam, a consciência moral, ilustrada e/ou cristã desobrigava-se aconselhando ao proprietário que alforriasse os seus escravos, assim provando ao mesmo tempo que ele, e só ele, poderia dispor livremente de seus bens, e que o fazia por motivos pessoais, éticos e humanitários. Assim

---

442. Id., ibid., I, pp. 60-1. Grifos do orginal.
443. Id., ibid., I, p. 59.

se houveram Perdigão Malheiro e sua esposa, dona Luísa, como atesta a nota seguinte aposta a uma passagem de *A escravidão no Brasil*:

> "O leitor desculpe referir aqui o que fiz, de acordo com minha prezada mulher, d. Luísa de Queiroz Coutinho Mattoso Perdigão (a quem agora publicamente agradeço a conformidade de ideias; e a quem Deus premiará por seus nobres, santos e caridosos sentimentos), quanto aos nossos escravos, prescindindo de auxílios valiosos para alforria de outros. Por uma feliz coincidência, no mesmo dia 3 de maio de 1866, em que a Ordem dos Beneditinos tomava aquela deliberação [*de liberar os filhos de escravas nascidos a partir dessa data*], demos a liberdade a uma, e nos dias 19 de julho e 1º de setembro a todos os outros do sexo feminino, sendo assim 8 (de todas as idades, crianças, e ainda moças) capazes de ter filhos. Em razão dos bons serviços, também a um pardo no dia 19 de julho. E mais tarde [fizemos] batizar livre a última cria nascida. Desejando a boa educação das pequenas, fizemos recolhê-las a um estabelecimento, constituindo-lhes nós um dote (agradeço aos Exmos. Conselheiros Zacarias de Góis e Vasconcellos e F. J. Pacheco Junior a sua valiosa e cristã coadjuvação neste nosso intento). Nossa alma sentiu um prazer inefável; a consciência mais satisfeita e pura."[444]

Mediante argumentação paralela, a obra toca, enfim, no *punctum dolens* dos escravistas: em termos econômicos, o que ocorreu no Brasil depois de 1850? O autor cita estatísticas referentes à produção e circulação de mercadorias tropicais. Ambas teriam sido acrescidas depois da supressão do "infame comércio". Arrolando dados dos ministérios da Fazenda e da Agricultura, Perdigão constata a ocorrência de aumentos consideráveis nos principais itens de exportação: café, açúcar, algodão, cacau, erva-mate, fumo...[445] Não procediam portanto os maus augúrios das cassandras escravistas.

Todo o arrazoado de *A escravidão no Brasil* serviria de base para a elaboração dos discursos abolicionistas radicalizados nos anos 1880. No entanto, aqui e ali reponta ao longo da obra o outro fio tão caro às oligarquias rurais: a firme defesa

---

444. Id., ibid., I, p. 149, nota 622. No corpo do texto o autor chega a propor que o seu edificante exemplo e o da Ordem dos Beneditinos sejam seguidos por todos os senhores: se cada um alforriasse os recém-nascidos de escravas, ou contribuísse para a alforria de escravos adultos, em pouco tempo a escravidão se extinguiria sem que fosse preciso fazê-lo por uma lei que afetasse o direito de propriedade. Piedoso voto.

445. Id., ibid., I, pp. 58-60.

da prática gradualista e da indenização que deveria pagar-se aos proprietários. Esse extremo de prudência levou o autor a negar seu voto ao projeto da Lei do Ventre Livre... "A exageração das ideias conduziria à emancipação imediata, que a tanto equivale a determinação de prazo extremamente breve, o que por modo algum se pode admitir; e pior ainda, recusada a indenização."[446]

Comentando o recente decreto pelo qual Abraham Lincoln abolira a escravidão nos Estados Unidos, em 1º de janeiro de 1863, Perdigão não deixa de lamentar o caráter "brusco" da decisão, bem como "as graves consequências que até hoje se fazem sentir" como o desencadear da guerra civil, as perdas dos proprietários e a desorganização da economia algodoeira do Velho Sul.[447] Caso os seus pares na Câmara houvessem lido com cuidado afirmações como essas, estrategicamente dispostas no texto em meio a catilinárias contra o cativeiro, decerto bem menor teria sido a sua estranheza em face do seu veto ao projeto de Rio Branco. Perdigão Malheiro acabou dobrando-se às injunções do direito positivo, ou seja, às pressões dos oligarcas de Minas Gerais, seus parentes, amigos e correligionários? O mínimo que se pode dizer é que a coexistência de contrastes ideológicos não ocorre apenas no interior de grupos sociais divididos por força de interesses opostos: pode dar-se na cabeça e no coração de um mesmo indivíduo, e essa contradição interna também faz parte da história das mentalidades.

À SOMBRA DO DIREITO NATURAL

Em nota, admite Perdigão o caráter convencional, isto é, *não natural*, da lei positiva:

> "Reduzido ficticiamente a homem e objeto de propriedade de outro homem, era forçoso aplicar-lhe nestas relações as leis que regulam as questões de propriedade. Mas como ela não é por natureza e realmente objeto de domínio, e sim um ente humano, com direitos e deveres, aquelas leis lhe não são aplicáveis em toda a sua extensão e rigor; elas sofrem modificações constantes e quase sempre profundas em favor do homem, assim espoliado da sua liberdade, da sua personalidade, e degradado a essa mísera condição pelo arbítrio da lei positiva."[448]

---

446. Id., ibid., I, p. 87.
447. Id., ibid., I, p. 113.
448. Id., ibid., I, p. 59.

Em nota seguinte, o discurso de Perdigão toca o limite virtuoso da posição que José do Patrocínio chamaria "liberalismo emancipacionista": "Devendo-se, porém, ter sempre em lembrança que, na colisão da liberdade e da propriedade, prevalece sempre a liberdade, como veremos adiante".[449] O autor nos remete a passagens do direito romano e de seus comentadores que antepõem à figura do escravo-coisa a figura do escravo-homem. Não foi essa, como se sabe, a prática do sistema colonial, cujo regime de trabalho compulsório ainda prevaleceu por longo tempo depois da conquista de independência política.

É deprimente constatar hoje quão pouco o direito liberal utilitário, hegemônico depois das revoluções americana e francesa, avançou no trato da condição escrava quando comparado ao direito romano coligido sob a influência do estoicismo e do cristianismo. Perdigão só constata algum progresso nos anos 1860 a propósito de certas normas relativas ao matrimônio, à constituição da família e à aquisição de pecúlio eventualmente capaz de pagar a alforria. A equiparação do escravo a coisa ou animal encontra-se nas Ordenações Filipinas do começo do século XVII (Livro 4º, título 17): "*Quanto aos que compram escravos ou bestas, os poderão enjeitar por doenças ou manqueiras*". Comenta Perdigão: "Ainda modernamente na Lei da Reforma Hipotecária de 24 de setembro de 1864, em seu Regulamento de 26 de abril de 1865, se denominam *crias* os filhos das escravas, e se põem em paralelo das crias dos animais. Que dureza, até na expressão!".[450]

O novo liberalismo teria, portanto, razões de sobra para lutar contra a velha ordem "positiva", que, honrando-se com o nome de liberal, cumpria o desígnio que lhe atribuíra um grande abolicionista negro norte-americano, "*It was freedom to destroy the freedom*".

TAVARES BASTOS E A MODERNIDADE LIBERAL NORTE-AMERICANA

> *Como todas as grandes ideias, essa faz o seu giro à roda do mundo: pertence-lhe o futuro.*
>
> Tavares Bastos

O nome de Aureliano Cândido Tavares Bastos aparece, mais de uma vez, na obra de Perdigão Malheiro, que cita as então recentes *Cartas do solitário*

---

449. Id., ibid.
450. Id., ibid., I, p. 133. O próprio autor, aliás, emprega o termo "cria", como se verifica na nota em que refere o seu virtuoso ato de alforria.

(*1861-3*) do escritor e político alagoano. Não se tratava de referência casual. Tavares Bastos representou, na constelação ideológica do novo liberalismo, a ponta de lança da modernidade norte-americana no momento em que a cultura ianque procurava liberar-se do peso do escravismo sulista e levar adiante o seu projeto de uma sociedade capitalista alicerçada no regime de salário, chamado "trabalho livre".

Tavares Bastos pertenceria ao que Sérgio Buarque de Holanda qualificou generosamente de "ala esquerda do liberalismo".[451] Jornalista e parlamentar combativo, forrado de argumentos capitalistas, de um capitalismo que se pretendia aberto e civilizador, ele daria à nova formação ideológica uma armação propositiva. Constam de seu programa: eleições diretas (ainda censitárias, em seus primeiros escritos), sufrágio feminino, abolição da pena de morte, liberdade ampla de comércio, sociedades anônimas isentas de fiscalização estatal, descentralização administrativa das províncias no espírito federativo do Ato Adicional e, no bojo de todo o seu projeto reformista, a abolição gradual do cativeiro. A escravidão resultara de "uma exageração sacrílega do direito de propriedade".[452]

Polemista de fôlego, Tavares Bastos tinha plena consciência de que algumas de suas propostas batiam de frente contra a inércia que a política regressista opunha a todo e qualquer projeto reformista nas décadas iniciais do Segundo Reinado. Daí a sua luta reiterada, quase obsessiva, contra a sobrevivência do passado colonial, que o fazia rejeitar em bloco o absolutismo de raízes ibéricas, o fanatismo ultramontano, o peso da burocracia estatal, o analfabetismo, o bacharelismo, a escassa representatividade das instâncias legislativas, o arbítrio da guarda nacional e dos recrutamentos militares e, não sem uma inequívoca dose de racismo, a presença do africano na sociedade brasileira.[453]

---

451. Em *O Brasil monárquico. Do Império à República*, 4ª ed. São Paulo: Difel, tomo II, 5º vol., p. 71.

452. Tavares Bastos, *A Província. Estudo sobre a descentralização no Brasil*, 2ª ed., feita sobre a 1ª ed., de 1870. São Paulo: Cia. Ed. Nacional, 1937, p. 241. Expressões igualmente enérgicas leem-se nas *Cartas do solitário*, sobretudo nos apêndices que tratam da escravidão e dos africanos livres desembarcados no Brasil de 1831 em diante.

453. Nas *Cartas do solitário* encontram-se afirmações como esta: "O homem livre, o homem branco, sobretudo, além de ser muito mais inteligente que o negro, que o africano boçal, tem o incentivo do salário que percebe, do proveito que tira do serviço, da fortuna enfim que pode acumular a bem da sua família. Há entre esse dois extremos, pois, o abismo que separa o homem do bruto. É fato, que a ciência afirma de um modo positivo" (p. 160). Há, pois, um composto de ciência racista própria do seu tempo e emancipacionismo ditado não só pela aversão à ideia mesma da escravidão como também pela crença na superioridade do trabalhador europeu e norte-americano, uma das teclas mais batidas do discurso reformista de Tavares Bastos.

Eram os "males do presente" a que ele opunha "as esperanças do futuro", segundo o título de uma de suas primeiras obras de combate.[454] A apologia do *progresso* era a sua bandeira, que pode ser estimada como contraideológica em face do contexto reacionário do tempo, mas deplorada como ideológica sempre que racionaliza preconceitos da elite supostamente branca à qual pertencia por laços de família e de classe.

É preciso ficar atento a essas marcas díspares dos seus discursos para poder apreciar com justeza o alcance do seu liberalismo: progressista, sem dúvida, em várias das propostas econômicas e políticas, mas fortemente vinculado ao modelo competitivo norte-americano, cuja desumanidade talvez ele próprio não tivesse condições de avaliar. Certamente o universo das suas certezas não coincide com nossas dúvidas de hoje nem em relação às virtudes salvíficas do progresso material e da livre concorrência internacional nem, muito menos, no que toca à rejeição consensual que a ideia de raça encontra na ciência contemporânea.

Isso posto, cabe-nos apontar algumas de suas propostas para entender o quanto eram ou lhe pareciam novas e democráticas. Considerando o conjunto destas, Tavares Bastos foi tido por precursor da geração de Nabuco, André Rebouças e Rui Barbosa, à qual seria dado assistir à abolição definitiva do regime escravo.[455]

Como vimos, a partir de 1863 Perdigão Malheiro tratou de coligir dados para dar à sua obra solidez argumentativa. Era preciso torná-la instrumento eficaz nas mãos dos membros do Instituto da Ordem dos Advogados Brasileiros, que deveriam atender às solicitações do imperador no sentido de encontrar fórmulas emancipacionistas viáveis. Ao mesmo tempo, o jovem deputado Tavares Bastos correspondia-se com o secretário da Anti-Slavery Society, Chamerovzoow, enviando-lhe, em 1865, o elenco de sugestões pouco depois oferecido à Assembleia Geral (26 de junho de 1866). *O cerne do arrazoado é a urgência de substituir o trabalho escravo pelo trabalho assalariado.* Data também de 1866 a sua participação, juntamente com Quintino Bocaiuva, na criação da Sociedade Internacional de Imigração, apoiada por vários comerciantes do Rio de Janeiro e

---

454. Tavares Bastos, *Os males do presente e as esperanças do futuro*. Trata-se de um panfleto escrito em 1861 com o pseudônimo de *Um Excêntrico* e dedicado a José Bonifácio, o Moço, seu colega no Partido Liberal. Há uma boa edição, acompanhada de outros textos, na coleção Brasiliana, vol. 151. São Paulo, 1937.

455. A recepção elogiosa da obra de Tavares Bastos, iniciada por Joaquim Nabuco, tem seu ponto alto na apresentação de Evaristo de Moraes Filho à antologia *As ideias fundamentais de Tavares Bastos*, cujo posfácio traz o título "O social-liberalismo de Tavares Bastos", 2ª ed. revista e aumentada. Rio de Janeiro: Topbooks, 2001.

por empresários norte-americanos interessados em enviar migrantes do Sul dos Estados Unidos para o Brasil.

Não eram iniciativas isoladas. Tavares Bastos via com esperança a formação de núcleos coloniais de imigrantes brancos nas províncias de clima temperado, Rio Grande do Sul, Santa Catarina e Paraná, onde o número de escravos era diminuto. Quanto à Amazônia, a predominância do índio poderia favorecer a substituição do trabalhador negro pelo nativo. Restavam, porém, as províncias ligadas à agricultura de exportação, redutos dos latifundiários do açúcar e do café; para estas, o nosso reformador não via melhor caminho senão o da supressão das eleições indiretas sabidamente manipuladas pelos senhores de escravos. Se se estabelecessem as eleições diretas (bandeira do novo liberalismo e do Clube da Reforma, que Tavares Bastos e seus correligionários iriam fundar em 1869), as assembleias provinciais poderiam ser constituídas de profissionais liberais e de políticos não diretamente vinculados à economia agroexportadora e, portanto, à escravidão. De passagem, ele traz a informação de que as províncias nordestinas já empregavam trabalhadores livres em número considerável, o que as dispensaria, a curto prazo, de recorrer ao trabalho escravo.

De todo modo, enquanto não viessem *leis diretas*, Tavares Bastos propunha a alforria imediata dos escravos de Nação (pertencentes ao Estado) e a proibição de compra de cativos por estrangeiros e pelas corporações de mão de obra. E que se decretasse o fim dos leilões públicos, particularmente degradantes enquanto redução extrema do escravo à condição de coisa e mercadoria. Tratava-se, portanto, de desencadear todo um processo de modernização: econômica, política, social.[456]

Em apêndice à segunda edição das *Cartas do solitário* (1863), Tavares Bastos enfrenta o cerne da questão *atraso-progresso* do ponto de vista da história das ideologias. É notável a sua acuidade ao detectar posições inicialmente progressistas e, depois, retrógradas em matéria de escravidão. Recuperando o momento promissor da Independência, ele transcreve as propostas de José Bonifácio à Assembleia Constituinte de 1823, que a dissolução desta acabou por descartar e as gerações seguintes preferiram ignorar. "As lutas políticas condenaram ao esquecimento e quebraram o fio dos esforços do tempo da Independência."[457] Mas o refluxo ocorrido por obra do regressismo teria sido contrabalançado por um movimento contrário, que Tavares Bastos datava do Ato Adicional (seu

---

456. Ver a transcrição das propostas de Tavares Bastos em Perdigão Malheiro, op. cit., I, pp. 279-83.

457. *Cartas do solitário*, 4ª ed. São Paulo: Cia. Ed. Nacional, 1975, p. 266.

ponto constante de referência) e, no campo internacional, da libertação dos escravos nas colônias inglesas, que ele data de 1834.

"Acredito que o movimento liberal, que desde 1834, nas colônias inglesas, até hoje tem conseguido libertar os escravos gradualmente, não parará, não desaparecerá do segundo período da história deste século. Enquanto a Holanda, pela lei de 8 de agosto de 1862, concede a liberdade a cerca de 34 mil escravos da Guiana, os Estados Unidos ensaiam, no meio de uma luta horrorosa, os planos adotados para a solução definitiva do problema servil."[458]

O novo liberalismo era, ao mesmo tempo, brasileiro (pois conhecia uma história interna encetada nos anos regenciais) e ocidental, na medida em que a difusão das ideias europeias enfrentava os descompassos das nações de passado colonial. As ideias atravessavam fronteiras e Tavares Bastos se via como o arauto de um cosmopolitismo econômico e político.

Joaquim Nabuco timbra em destacar o papel de Tavares Bastos na formação de uma nova mentalidade política que aproximava figuras públicas de proa como Teófilo Ottoni, Saraiva, José Bonifácio, o Moço, Francisco Otaviano, Saldanha Marinho e Nabuco de Araújo. Reportando-se aos primeiros sinais verdes emitidos na área do governo, Nabuco lembra que dom Pedro II encomendara, em 1864, ao jurista Pimenta Bueno o estudo da "questão servil". O termo "escravidão" era pudicamente omitido nas declarações oficiais como o fora na Carta de 1824 e quase desapareceria na alentada compilação jurídica de Teixeira de Freitas. Eram "ideias, nesse tempo, apenas de Jequitinhonha, Silveira da Mota, Perdigão Malheiro, Tavares Bastos e poucos mais entre os nomes conhecidos no país".[459] Adiante, listando os nomes dos pioneiros, há uma nota em que Joaquim Nabuco cita elogiosamente dois trabalhos de Tavares Bastos, as *Cartas do solitário*, e a *Carta à Anti-Slavery Society*, "resenha de todas as ideias de emancipação até então emitidas".

As relações entre Nabuco de Araújo e o jovem Tavares Bastos eram estreitas. Segundo consta, a reeleição do último para a Câmara em 1867 fora obra do empenho do senador já então desvinculado da grei conservadora.

Na dinâmica de suas razões progressistas Tavares arma lances que parecem transpor a fronteira do liberalismo e enveredam pelo terreno dos valores democráticos. Condenando a corrupção a que os governos despóticos induzem as classes altas, perguntava-se às vésperas da Comuna de Paris: "Não é na plebe das cidades que a democracia francesa, abandonada dos nobres e poderosos, há pro-

---
458. Id., ibid.
459. Joaquim Nabuco, *Um estadista do Império*, cit., p. 602.

curado abrigo e alento para enfrentar o Império?". E afirmava: "Do meio do povo não contaminado ainda surgem às vezes os regeneradores das nações aviltadas. [...] Um dia estala a tempestade, a pirâmide invertida voa em pedaços".[460]

Como acontece tantas vezes na retórica dos arautos de ideias que navegam contra a maré, também o discurso de Tavares Bastos rastreia predecessores ilustres que comporiam uma tradição virtuosa a ser retomada. No caso, são os anos iniciais da Regência o momento fundador, quando *exaltados* e *moderados* convergiram ao adotar as bases de um governo descentralizador que o Ato Adicional procurou instaurar: "Em 1831 uma revolução nacional tentara quebrar o molde antigo que comprimia o Brasil, e imitar francamente os modelos americanos. O grande prestígio desse momento memorável é a ideia que o iluminou e dirigiu. Chegou a vez da história: reivindiquemos com altivez esses títulos do espírito nacional".

Sempre aquecido pelo exemplo daquele "momento memorável", faz-se historiador da vertente democrática:

"A doutrina liberal não é no Brasil fantasia momentânea ou estratagema de partido; é a renovação de um fato histórico. Assim considerada, tem ela um valor que só a obcecação pode desconhecer. Como a França, voltando-se agora [1870] para os princípios de 1789, nós volvemos a um ponto de partida bem distante, o fim do reinado de Pedro I; queremos, como então queriam os patriotas da Independência, democratizar nossas instituições." (§ V — Missão do Partido Liberal)[461]

A sua memória política registra com a mesma nitidez a longa fase do Regresso, quando os "liberais convertidos" restabeleceram o centralismo e adotaram "as teorias europeias da monarquia unitária", que afinal se revelaram consentâneas com o espírito conservador "de uma terra que surgia da escravidão". Note-se a objetividade da análise que pontua a convivência das duas correntes: subsiste *ainda* um liberalismo "convertido", isto é, revertido à rotina de uma monarquia conluiada com os interesses dos senhores de escravos. Esse liberalismo entranhado nas oligarquias está sob suspeita, sobrevivendo na defensiva; e certamente a comoção política de 1868 e a fundação do Centro Liberal e do Clube da Reforma concorreriam para o clima até certo ponto suprapartidário que alentou o primeiro projeto emancipacionista, a Lei do Ventre Livre de 1871.

---

460. Tavares Bastos, *A Província*, cit., pp. 21 e 39.
461. Id., ibid., p.113.

A QUESTÃO FUNDIÁRIA

Entre as medidas constantes na *Memória sobre a imigração*, destaca-se, pelo teor democrático, a que propõe uma alteração da Lei de Terras de 1850. A lei estabelecia que a aquisição de terras devolutas não se verificasse "por outro título que não seja o de venda". Capitalismo fundiário puro e duro. Tavares Bastos pergunta se maior proveito não traria à sociedade brasileira a prática de "ceder gratuitamente a terra a quem de fato se proponha cultivá-la".[462] Se acolhida a sua ideia, teria dado um estímulo eficaz à política da pequena propriedade rural, a exemplo do *Homestead Act* votado pelo Congresso americano em 12 de maio de 1862. A medida facultava a todo cidadão nacional, ou ao estrangeiro que quisesse naturalizar-se, a aquisição de uma propriedade de 160 acres, se nela residisse e se a cultivasse com a sua família pelo prazo mínimo de cinco anos. Pelo *Homestead Act*, os Estados Unidos realizaram cedo e a seu modo uma reforma agrária capitalista, ao passo que, pela Lei de Terras, o Brasil perpetuou o latifúndio e impediu o que André Rebouças sonharia: que se implantasse entre nós a "democracia rural".

No mesmo espírito, a cobrança do imposto territorial corrigiria "o ininteligente sistema de doações empregado sem critério pelo governo da metrópole". O peso das sesmarias e o privilégio dado aos grandes senhores de terras constituíam heranças coloniais que o reformismo queria alterar. Também aqui os modelos são estrangeiros, alegando o reformador nada menos do que as práticas tributárias francesas que Napoleão III acabava de aplicar à Argélia, a seu ver com acerto: "Esta medida", escrevia o imperador francês ao governador da Argélia, "obrigará os proprietários a cultivar os seus domínios ou vendê-los."[463] No discurso de Tavares Bastos as duas providências, a distribuição de terras devolutas e a cobrança do imposto territorial, atrairiam imigrantes para o interior do país, favorecendo a disseminação da agricultura familiar.

Outros projetos, como a racionalização do sistema de parceria com os novos colonos, a liberdade de cultos religiosos e o reconhecimento do matrimônio civil dos imigrantes acatólicos, mostram a largueza de vistas do que ele considerava "liberalismo radical".

---

462. *Os males do presente*, cit., p.82.
463. A citação completa da carta de Napoleão III ao governador da Argélia foi tirada do *Journal des Économistes*, nov. 1865, p. 303. Vem transcrita em *Os males do presente*, cit., p. 85. É digna de nota a sensibilidade de Tavares Bastos ao que estava acontecendo na política francesa em termos de colonização. Importa aqui ver a filtragem de ideias e projetos europeus feita por esse reformista convicto e pragmático.

A REFORMA PARTIDÁRIA

Sem subestimar o papel de alguns políticos prestigiosos da agremiação liberal (Nabuco de Araújo, Francisco Otaviano, Teófilo Ottoni, Sousa Dantas, Zacarias Góis de Vasconcellos), parece justo afirmar que, pela sua visão de conjunto dos problemas nacionais e pelo gosto do concreto, ninguém melhor do que Tavares Bastos poderia definir os rumos do novo liberalismo. O Clube da Reforma nasceu na sua casa em 7 de abril de 1869. A data lembrava o dia da abdicação de Pedro I e concorria para desafiar o "poder pessoal" de Pedro II. No dia 12 de maio aparece *A Reforma*, "órgão democrático" em que o estudante de direito Joaquim Nabuco estreava com versos, de resto deveras medíocres. (Renan, ao ler poemas do jovem Nabuco, teve o discernimento de aconselhá-lo a dedicar-se de preferência a estudos históricos.)

Para aferir a contribuição de Tavares Bastos, o texto de base é a substanciosa *Carta ao Conselheiro Saraiva*, datada de 23 de dezembro de 1871 e, pouco depois, publicada em opúsculo com o título *A situação e o Partido Liberal*.[464] Trabalho livre e voto livre são as expressões sublinhadas no texto, resumo das metas prioritárias do ideário renovador, a abolição gradual do cativeiro e a eleição direta. Releva, em meio a observações agudas sobre a precariedade das eleições indiretas, a crítica ao regime de voto censitário francês, "loucamente restrito" sob Louis-Philippe. Satirizando também "o modelo de mistificação" que foi o sufrágio universal sob Napoleão III, comenta: "A organização administrativa, política, militar e religiosa da França permitira ao imperador não só exagerar a influência que seu antecessor também exercera nas assembleias francesas, mas dirigir as escolhas do povo e esmagar os mais ilustres nomes com aplauso de sua plebe rural".[465]

Em página fogosa, escrita em 1873, "Reforma eleitoral e parlamentar e constituição da magistratura", Tavares Bastos recusa de novo e ainda mais drasticamente a lei censitária francesa de 1817, "obra de uma reação insensata e odienta", que "elevara extravagantemente o censo, loucura que custou caro a duas dinastias", mas que lhe parece não ter exercido "influência alguma na redação do projeto constituinte, nem na carta de Pedro I, que são, ninguém duvida, reflexos das constituições da revolução francesa e da espanhola de 1812".[466] (Afirmação que deve ser verificada...) O discurso faz-se, em seguida, francamente democrático:

---

464. O opúsculo, que é de 1871, foi incluído na 2ª ed. de *Os males do presente*, cit.
465. Id., ibid., p. 143.
466. Id., ibid., p. 182.

"Finalmente, não é do censo alto, de eleitores capitalistas e proprietários, que depende a nossa salvação. A França dos Bourbons e de Luís Felipe nos sirva de ensino. Os ricos... por que não confessá-lo? Os ricos por si sós não representam no Brasil nem a inteligência, nem a ilustração, nem o patriotismo, nem até a independência. A prova é que os proprietários e capitalistas fazem timbre neste país de indiferença em matéria política, que é o seu belo ideal, quando não são as criaturas mais submissas e mais dependentes do poder, que dá cargos de polícia, patentes de guarda nacional e honras com que se apascentam estultas vaidades ou perversas ambições de mando, contratos e empresas com que se dobram e tresdobram fortunas. *Aqui, como em qualquer parte do mundo, não se poderá cometer erro mais funesto do que entregar a sociedade ao domínio exclusivo e tirânico de uma só classe, a plutocracia, a menos nobre e a mais corruptível.*"[467]

Desse modo, entre altos e baixos, idas e voltas, explicáveis tantas vezes pelas lutas conjunturais em que Tavares Bastos estava envolvido, urdia-se, dos anos 1860 aos 1870, um fio contraideológico que a si próprio se definia como liberal radical. Receio que, julgando-o insuficiente do nosso posto avançado de tribunal da História, arrisquemo-nos a fazer dele juízos anacrônicos.

---

467. Id., ibid., p. 183. Grifos de A. B.

LIBERALISMO E ESTADO-PROVIDÊNCIA — CONFRONTOS E COMPROMISSOS

> *Antes de 1848 considerava-se, em geral, a jornada de treze horas como curta, a de catorze horas como corrente e a de quinze horas como não excepcional.*
> Jean Bruhat, "L'affirmation du monde du travail urbain", em *Histoire économique et sociale de la France* (dir. por Fernand Braudel e Ernest Labrousse, tomo II, vol. 2)

Ideólogos liberais d'aquém e d'além-mar mostraram-se, por uma questão de princípio, refratários a políticas sistêmicas do Estado em benefício das classes trabalhadoras. Em alguns casos, chegou-se ao extremo de vetar projetos de aposentadoria a idosos ou a inválidos que pudessem comportar descontos obrigatórios de empregados e empregadores.

Os exemplos colhem-se em lugares e tempos diversos. O economista ortodoxo Paul Leroy-Beaulieu, bastante louvado por nossos parlamentares do Império e da Primeira República, combateu acerbamente a proposta de criação de aposentadoria universalizada que começava a tramitar na Assembleia Nacional francesa a partir de 1901:

"Esse projeto é uma aventura assustadora, que será a ruína de nossas finanças. É nocivo até mesmo como princípio, pois desvia das profissões que envolvam iniciativa e independência. Faz parte de todo esse sistema de automatismo social que se pretende substituir à espontaneidade individual. A civilização, por obra dessa substituição, só poderá perder em força, em garra, e até mesmo em dignidade."[468]

Considere-se que, naquela altura, o número de trabalhadores na indústria francesa já ultrapassara a casa dos 6 milhões, tendo decolado, no começo do século XIX, de um patamar de 2 milhões.

A lei seria afinal aprovada em 5 de abril de 1910, precedida de pouco pela legislação britânica de 1908. É significativo o fato de que nações onde o capitalismo industrial se atrasara em relação à Inglaterra e à França tenham implantado mais cedo regimes de proteção estatal aos trabalhadores urbanos e rurais: a Alemanha prussiana e a Áustria em 1888, a Itália em 1898. Forças doutrinárias entre si divergentes como o catolicismo social e o autoritarismo bismarckiano atuaram, nesses países, com mais prontidão e eficácia do que o liberalismo hegemônico em formações econômicas que estavam na vanguarda do capitalismo.

Na França opuseram-se ao projeto não só os liberais ortodoxos como os anarcossindicalistas e a extrema-esquerda, o guesdismo (tendência que deve seu nome a Jules Guesdes, membro da Segunda Internacional), que nele entreviam um sinal de compromisso com o Estado burguês, pecado original de todo reformismo legislativo. Os partidários da Action Directe e da greve geral consideravam a bandeira do reformismo "um assalto contra o bloco revolucionário".

O reformismo, contudo, acabou abrindo caminho graças à aliança tática dos positivistas, influentes no sindicato dos gráficos, dos solidaristas liderados por Léon Bourgeois, da Loja do Grande Oriente, da nascente sociologia universitária (Durkheim e Célestin Bouglé), enfim, dos novos católicos sociais como La Tour du Pin e Albert de Mun, confortados nos seus ideais de justiça distributiva pela recente encíclica *Rerum novarum* de Leão XIII. Do lado protestante, o movimento do cristianismo social recebia o apoio de um prestigioso professor de Economia, Charles Gide, cujo liberalismo social se difundia então na França e no Brasil. Essa frente ideologicamente eclética, deslocando-se do centrismo

---

468. Leroy-Beaulieu, *L'économiste français*, vol. 2, 1904, apud Bruno Dumons e Gilles Pollet, "La naissance d'une politique sociale: les retraites em France (1900-1914)". *Revue Française de Science Politique*, out. 1991, p. 630. Em artigo intitulado "O próximo abismo, o projeto de lei sobre as aposentadorias", o economista deplorava: "Se existir um sistema de seguros sociais, o indivíduo não precisará mais tomar cuidado de si mesmo, nem a família de si mesma. Enérgico ou não, ativo ou sonolento, capaz ou deficiente, ele terá um destino fixado previamente variando apenas dentro de estreitos limites. Consideramos esse projeto detestável, feito para transformar em perpétuas crianças e em seres entorpecidos e sonolentos os membros das nações civilizadas" (apud Pierre Rosanvallon, *L'État en France de 1789 à nos jours*. Paris: Seuil, 1990, p. 178).

para uma posição de centro-esquerda, conseguiu afinal maioria simples em 1910. A adesão de socialistas históricos do porte de Jean Jaurès e René Viviani contrabalançava a oposição dos anarquistas e dos extremistas ditos "insurgentes", cujos argumentos não lograram desqualificar o teor humanitário e democrático do projeto. A arquitetura do Estado-Providência começava lentamente a desenhar-se nos limites do capitalismo ocidental.

Pierre Rosanvallon, na sua história do Estado francês, observa que essa frente social-republicana, contrastada inicialmente pela direita liberal e pela extrema-esquerda, logrou assegurar uma vitória definitiva somente em 1928 com a votação da primeira lei de seguros sociais. Até então, o risco-enfermidade só era coberto por sociedades de mútuo socorro, não vigorando nenhuma obrigatoriedade de cotização por parte do poder público.[469]

A INTERSECÇÃO BRASILEIRA DE POSITIVISMO E LEGISLAÇÃO TRABALHISTA: LINDOLFO COLLOR

No Brasil, foi precisamente no bojo de um movimento político que se pretendia antioligárquico, a Revolução de 1930, que se promulgaram as principais leis trabalhistas. O seu autor e redator, Lindolfo Collor, foi o primeiro titular do Ministério do Trabalho, então recém-criado pelo governo provisório de Getúlio Vargas. Comtiano ferrenho, discípulo de Júlio de Castilhos (guru do Partido Republicano Rio-grandense), Lindolfo Collor articulou um sólido sistema jurídico pelo qual se combinaram medidas extraídas das legislações mais avançadas, incluindo recomendações do Tratado de Versailles, da Constituição de Weimar e da Organização Internacional do Trabalho (de 1919), com a regulação centralista dos sindicatos que traía influências pontuais da Carta del Lavoro vigente na Itália de Mussolini. Progressismo e autoritarismo, modernização econômica e fechamento político iriam marcar o consulado getuliano e a nossa Consolidação das Leis do Trabalho, a CLT.

Índice da consciência progressista que presidiu aos primeiros decretos do Ministério do Trabalho durante a gestão de Lindolfo Collor são as "Exposições de motivos" que acompanham as suas propostas trabalhistas. Afirmava o ministro:

"A revolução de outubro encontrou o trabalho brasileiro na mais completa e dolorosa anarquia. *De um modo geral, não há exagero em dizer-se que, na situação atual do Brasil, o trabalho ainda é considerado mercadoria sujeita às*

---

469. Pierre Rosanvallon, op. cit., p. 179.

flutuações da oferta e da procura. Inútil seria a demonstração de que esta concepção utilitarista e retrógrada não está de acordo, já não apenas com as tendências sociais contemporâneas senão também com o nível das conquistas políticas e as próprias imposições econômicas definitivamente reconhecidas e aceitas em quase todos os países do Velho e em não poucos do Novo Mundo."[470]

As práticas repressivas aos sindicatos de filiação anarquista e comunista, exacerbadas depois da intentona de 1935, não devem, porém, ser atribuídas à ação de Lindolfo Collor. Trata-se de uma personalidade diferenciada e complexa que se demitiu do Ministério do Trabalho em março de 1932, em protesto contra o empastelamento de um jornal da oposição, o *Diário Carioca*; alguns meses depois, solidarizou-se com o movimento constitucionalista de 1932 lutando junto a dissidentes do Governo Provisório no Rio Grande do Sul. No entanto, fora ele que redigira, em 1929, o manifesto e o programa da Aliança Liberal, que concorreria para derrubar a República Velha e levaria ao poder seu confrade e amigo de então, Getúlio Vargas. Exilado e preso por três vezes, ainda pôde fundar, pouco antes da instauração do Estado Novo (1937), uma agremiação de linha ortodoxamente comtiana, o Partido Republicano Castilhista. As suas convicções democráticas estão expressas nos artigos percucientes que redigiu durante sua viagem à Alemanha nazista (reunidos em *Europa 1939*), lúcido retrato da truculência hitlerista às vésperas da guerra e que deve ser lido junto com seu último livro, *Sinais dos tempos* (1942), denúncia de focos de espionagem espalhados em núcleos de colonização alemã no Rio Grande do Sul.

Quanto às leis sociais pioneiras do Uruguai de José Battle e do México dos "científicos", conhece-se a marca positivista que selou o ideário de facções antioligárquicas em ambos os países no começo do século xx.

"A Constituição mexicana de 1917 realiza pela primeira vez a transposição dos direitos dos trabalhadores em um quadro normativo supralegal. Em um longo artigo são constitucionalizados: o direito a um salário mínimo, o direito a férias, a redução da jornada de trabalho, o direito de greve, o direito de associação, a participação dos trabalhadores nos lucros da empresa, a responsabilidade patronal em caso de acidente de trabalho, o estabelecimento de instâncias de conciliação e arbitragem tripartite (trabalhadores,

---

470. Passagem transcrita por Viana Moog em conferência pronunciada no Instituto Histórico de São Leopoldo, em 20 de setembro de 1976 (em *Retrato de Lindolfo Collor. Textos coligidos por Leda Collor de Mello*. Santos: Uniceb, 1990, p. 150). Grifos de A. B.

empresários e governo) para regular os conflitos entre capital e trabalho, a indenização em caso de demissão etc."[471]

Um dos constituintes, ao dar seu voto ao texto de lei, declarou:

"Assim como a França, depois da Revolução, teve a honra insigne de consagrar na primeira das suas constituições os imortais direitos do homem, também a Revolução Mexicana terá o legítimo orgulho de mostrar ao mundo que é a primeira a incluir em nome da Constituição os direitos sagrados dos trabalhadores."[472]

O teor e o tom dessa declaração de voto lembram de perto a linguagem do positivismo republicano que permeou a retórica jacobina dos "científicos" no poder a partir da Revolução Mexicana de 1917. Não por acaso, o mesmo termo aparecerá pejorativamente na boca dos deputados do Partido Liberal gaúcho que se opunham aos projetos estatizantes do Partido Republicano Rio-grandense.[473] Os liberais, representando os latifundiários e exportadores de charque da campanha, queixavam-se da "ditadura dos científicos"...

Nada se fez, porém, sem tensões de classe e de ideologia. Conhecem-se hoje em detalhe as lutas operárias empreendidas sob lideranças anarquistas e, depois da Revolução Russa, também comunistas. A frase atribuída ao último presidente da República Velha, Washington Luís, "A questão social é uma questão de polícia", sintetiza à perfeição o pensamento das oligarquias desde os fins do século XIX até o movimento de 1930. Os conflitos, motivados quase sempre pela carestia e pela reivindicação de melhores salários, jornada de oito horas, regulamentação do trabalho da mulher e do menor, não encontravam um esquema jurídico mediado pelo Estado, degenerando frequentemente em repressão policial com feridos e mortos. As leis trabalhistas eram parciais, lacunosas e, em geral, descuradas pela prepotência dos patrões e pelo descaso da fiscalização estatal.[474] Daí o caráter dramático e, em alguns momentos, heroico do operariado brasileiro nessa fase árdua da sua formação.

---

471. Apud Carlos Miguel Herrera, *Les droits sociaux*. Paris: PUF, 2009, pp. 53-4.
472. Herrera, op. cit., p. 54.
473. Ver Alfredo Bosi, *Dialética da colonização*, cit., p. 286.
474. Remeto o leitor aos estudos antológicos de Azis Simão, *Sindicato e Estado. Suas relações na formação do proletariado de São Paulo*. São Paulo: Ática, 1981 [1965]; Everardo Dias, *História das lutas sociais no Brasil*. São Paulo: L. B., 1962; Paula Beiguelman, *Os companheiros de S. Paulo: ontem e hoje*, 3ª ed. aumentada. São Paulo: Cortez, 2002; Paulo Sérgio Pinheiro e Michael M. Hall, *A classe operária no Brasil. 1889-1930. Documentos*, vol. I. São Paulo: Alfa Omega, 1979.

Quando o governo de Getúlio Vargas, eleito pela Assembleia Constituinte de 1934, decretou o lei do salário mínimo, em 1936, os protestos das entidades patronais não se fizeram esperar: a Fiesp (Federação das Indústrias do Estado de São Paulo) desaprovou formalmente a medida e pediu a sua revogação.[475] O mesmo fizeram representantes da burguesia financeira e da burguesia comercial, que clamaram sem maiores rebuços pela "suspensão das leis sociais" emanadas do Ministério do Trabalho a partir de 1932. A argumentação dos empresários dos três setores se pautava pela ortodoxia liberal: a intervenção do Estado em matéria de salário tendia a ser "totalitária", além de ruinosa para a economia nacional. E, comparando o nosso modesto capitalismo com o das grandes potências, as entidades patronais denegriam as leis trabalhistas do governo provisório como fruto de ideias postiças, deslocadas, inadequadas à sociedade brasileira...[476] Assim também o marquês de Olinda reagira em 1867 quando acusava o caráter impertinente e inútil das medidas abolicionistas sobre as quais d. Pedro II consultara o Conselho de Estado: "Para cá não servem essas ideias".

É instrutivo rastrear no discurso oligárquico brasileiro a tese sempre reiterada de que as ideias progressistas, primeiro abolicionistas, depois reformistas, enfim socialistas, não se ajustam à realidade nacional, achando-se fora de lugar, pois, como é notório, o Brasil não é a Europa. A argumentação é pífia, o que não a impede de criar um arremedo de senso comum generalizado. Leia-se esta passagem do arrazoado de um ideólogo liberal dos anos 1930 descontente com a aplicação das novas leis sociais em pleno decênio de crise do *laissez-faire*:

Depoimento de um militante insubmisso é *Anarquismo. Roteiro de liberação social*, de Edgard Leuenroth. Rio de Janeiro: Mundo do Livro, 1969.

475. Ver Edgard Carone, *A Segunda República*. São Paulo: Difusão Europeia do Livro, 1974, pp. 230-47. Ver também o estudo notável de Ângela Maria de Castro Gomes, *Burguesia e trabalho. Política e legislação social no Brasil. 1917-1937*. Rio de Janeiro: Campus, 1979. A autora registra a resistência dos empresários a aceitar algumas medidas civilizadoras da legislação social pós-1930: a jornada de oito horas, teoricamente já conquistada, a regulamentação do trabalho dos menores, a lei de férias remuneradas e, em particular, o salário mínimo. Pouco antes da revolução de 1930 entidades empresariais de São Paulo e do Rio de Janeiro enviaram um relatório ao governo federal solicitando que não se estendesse o direito de férias aos trabalhadores da indústria, pois, alegavam, não fazendo estes nenhum esforço cerebral, dispensariam os dias de descanso de que são carentes apenas os profissionais liberais... (p. 230).

476. "[...] num país como o nosso é simplesmente imperdoável pretender-se emprestar a incógnitas diversas e opostas soluções idênticas" ("Manifesto do Sindicato dos Bancos do Rio de Janeiro, Sindicato dos Bancos e Casas Bancárias de São Paulo e Sindicato dos Estabelecimentos Bancários de Minas Gerais", em Edgard Carone, op. cit., p. 238).

"Não há classes sociais no Brasil. Os operários de ontem são os chefes de indústria de hoje. Na Europa o indivíduo nasce operário e morre operário. No Brasil, se ele for ativo, inteligente e previdente, consegue uma posição abastada. Na Europa há luta de classes. No Brasil não existe. Não há burguesia no Brasil, como não há nobreza nem classe militar. Tudo isso existe na Europa originado no regime feudal e nas condições políticas do Velho Mundo."

E adiante:

"As condições da vida no Brasil são inteiramente diversas. Antigos colonos são grandes fazendeiros. Antigos operários são os maiores industriais do país. Todas as carreiras estão abertas a todas as capacidades, sem restrição. [...] Na Europa há o latifúndio. No Brasil dão-se terras de graça. Há, entretanto, espíritos livrescos que veem no Brasil o que Karl Marx via na Alemanha de 1840. Há quem estude sociologia brasileira nos livros de Karl Marx! *Risum teneatis?* [Podeis conter o riso?]"[477]

Em contrapartida, nos mesmos anos iniciais da década de 1930, a Coligação das Esquerdas em raríssimo momento de aproximação de trotskistas, socialistas e comunistas, reivindicava não só a manutenção das leis sociais recém-promulgadas (com exceção do controle estatal dos sindicatos) como a sua extensão aos trabalhadores rurais. Em suma, a esquerda unida estava convencida de que ideias e práticas experimentadas inicialmente na Europa poderiam e deveriam ser inteiramente aplicadas à sociedade brasileira, onde o lugar do trabalho era, cá e lá, o lugar da exploração capitalista.[478]

Cá e lá subsistia o conflito estrutural entre capital e trabalho que a mediação do Estado-Providência se propunha administrar. O reformismo, amortecendo o atrito dos interesses, conseguia servir, embora mediocremente, às classes trabalhadoras, que o aceitavam como paliativo à sua penúria, e ao mesmo tempo se propunha tranquilizar os donos do capital, que nele acabaram vendo, ainda que a contragosto, um anteparo legal ao risco de confronto com os movimentos operários.

---

477. Texto extraído da obra de Mário Pinto Serva, *Problemas da Constituinte*, transcrito por Edgard Carone, op. cit., pp. 208-11.
478. Carone, op. cit., pp. 408-12.

CONFLITOS CONTEMPORÂNEOS. NEOLIBERALISMO VERSUS ESTADO-PROVIDÊNCIA

Com o ressurgimento do liberalismo econômico puro e duro no último quartel do século XX, o que se viu foi a tentativa de confinar o Estado-Providência nos marcos de um Estado mínimo. Esse ideal, almejado pela velha ortodoxia, já tivera, porém, de ceder terreno ao planejamento estatal a partir da grande crise de 1929. Na década de 1930 aceita-se em quase todo o Ocidente a proposta keynesiana de interferências táticas e tópicas dos governos no sentido de se alcançarem níveis razoáveis de emprego. Nos chamados gloriosos trinta anos que se seguiram à Segunda Guerra Mundial (1945-75), a convivência do capitalismo com o Estado de bem-estar traçou modelos institucionais de mediação que envolveram ambas as esferas. Formaram-se partidos social-democráticos no centro e na periferia que montaram um sistema político de forças capaz de contrabalançar os grupos renitentemente monetaristas.

No entanto, a partir dos fins dos anos 1970, verifica-se uma reversão ideológica: não poucos partidos de centro-esquerda esvaziaram os seus discursos intervencionistas, descartaram a ideia de planejamento e se afinaram pelo diapasão dos novos grupos hegemônicos multinacionais em nome da modernização e dos "novos paradigmas". *Produtividade + competitividade + desregulamentação + privatização + agressividade* converteram-se em lemas virtuosos encontrando guarida nas burocracias estatais, nas empresariais e nos ideólogos partidários e, não raro, universitários.[479]

Não é impossível, contudo, que a grave crise econômica desencadeada em 2008 a partir do centro financeiro mundial venha a alertar os corifeus da ortodoxia que até recentemente apostavam todas as suas fichas na lógica e na solidez do mercado global autorregulado.[480]

Exercer nesta conjuntura um pensamento contraideológico já não é, porém, apanágio dos partidos tradicionais de esquerda. Novos e vigorosos movimentos, que se constituíram em escala planetária no final do século XX, tomaram a dianteira da contestação. Chamem-se eles *antiglobalização* ou *alteromundismo*,

---

479. As investidas do neoliberalismo, bem como as suas racionalizações ideológicas, foram examinadas em detalhe por Pierre Rosanvallon em *La crise de l'État-providence*. Paris: Seuil, nova edição, 1992. Uma reflexão aguda sobre os efeitos subjetivos do neoliberalismo na esfera do trabalho foi elaborada por Christophe Dejours em *A banalização da injustiça social*. Trad. de Luiz Alberto Monjardim. Rio de Janeiro: Fundação Getúlio Vargas, 1999.

480. Sobre a crise econômica internacional desencadeada em setembro de 2008, ver os dossiês da revista *Estudos Avançados*, números 65 e 66, editados pelo Instituto de Estudos Avançados da Universidade de São Paulo, respectivamente em abril e agosto de 2009.

como se apresentam nos Fóruns Sociais internacionais, as suas bandeiras difundem ideias que entendem reformar por dentro a estrutura mesma do sistema. As lutas são várias mas convergentes: contra o individualismo proprietista, uma economia solidária; contra o consumismo predatório, a preservação do ambiente; contra a barbárie recrudescente, o respeito aos direitos humanos. As utopias (apesar da etimologia da palavra, "não lugar") recebem sinal positivo quando assumem a linguagem realista e combatente das contraideologias. O que os economistas liberais chamam de *externalidades*, ou seja, as forças da natureza e os fenômenos sociais produzidos pela desigualdade, passam a absorver as *internalidades*: a defesa do ambiente e os direitos sociais do trabalhador e do cidadão devem contar mais do que os jogos microeconômicos de oferta e demanda.

Em um dos seus últimos textos, escritos no começo dos anos 1960, o pensador da economia Karl Polanyi previa com admirável clarividência novas configurações do pensamento inconformista até então não assimiladas pelos socialistas acadêmicos:

> "Na Europa ocidental os intelectuais pensam de uma certa maneira difusa que o arrefecimento do movimento operário indica que o socialismo declina e perde sua atualidade; mas eles não compreendem que é o horror dos venenos atômicos, é a revolta dos povos negros e a anarquia econômica que dão a medida da nova corrente universal em direção ao socialismo, exercendo-se já não mais no domínio de uma política doméstica mas no da política internacional. A força potencial do socialismo aparece em nossos dias em domínios da existência a que as preocupações políticas tradicionais estão alheias. Esferas da geografia física, da demografia, da biologia, da astronomia fazem emergir situações opressivas para as quais devemos procurar — e nós o faremos — respostas a partir de uma economia planificada, de uma democracia operária capaz de penetrar no domínio da produção e de um modo de viver que defenderá conscientemente o objetivo da sobrevivência da humanidade."[481]

Pode-se perguntar se a hegemonia do neoliberalismo, que já conta três décadas, tenha solapado de modo irreversível os fundamentos do Estado-Providência. É o caso de responder exploratoriamente: *sim e não*. Certamente a his-

---

481. Karl Polanyi, "Notas marginais sobre o refluxo da maré que se dirige ao socialismo", artigo escrito em húngaro e que ficou inédito. A citação deve-se a Ilona Polanyi em sua introdução à edição francesa, *La grande transformation*. Paris: Gallimard, 1983, p. 34. Há edição brasileira: *A grande transformação*. Rio de Janeiro: Campus, 1980.

tória das mentalidades registrará uma singular inflexão pró-mercado nos discursos de numerosos intelectuais e políticos de convicções anteriormente marxistas, que se renderam à vaga dominante aos primeiros sinais da mundialização financeira e midiática. No entanto, se aceitarmos como hipótese razoável a sobrevivência do princípio mesmo de responsabilidade social do Estado moderno, tenderemos a crer na resistência dessa macroinstituição que, pelo menos desde a Revolução Francesa, se vem construindo e reformando sem incorrer nos riscos extremos de ruína e perecimento.

Segundo analistas[482] da gestão ultraliberal da Grã-Bretanha (1979-97), teria renascido, sob a égide de Margaret Thatcher e John Major, o espírito das Leis dos Pobres reformadas em 1834. A prioridade continuaria a ser a entrada dos pobres na lógica de ferro do mercado e, portanto, a aceitação de "qualquer salário", ou seja, do salário dito "natural" que a economia lhes proponha, mesmo se estipulado abaixo do salário mínimo, taticamente abolido em 1993. O fantasma que obseda os gestores do sistema é o receio de que os pobres "assistidos em excesso" (como temiam Napoleão e Thiers...) possam perder de vista a necessidade de trabalhar. Como se sabe, essa política aumentou o número dos desempregados e congelou salários. Descumpriu-se abertamente o lema de Beveridge, o mentor do Welfare State britânico: *"Jobs must wait for men, not men for jobs"*.

Mas o que fez o governo conservador para maquiar as estatísticas que mostravam a evidência do risco-desemprego, que fora minorado, entre 1945 e 1970, pelas práticas keynesianas?

Estabeleceu a partir de 1988 um subsídio, o crédito familiar, aos desempregados que aceitassem trabalhar em regime de tempo parcial, *a qualquer preço*, dispensando-se os patrões de contratar empregados em tempo integral com seus respectivos encargos sociais. O subemprego passou, desse modo, a figurar sub-repticiamente nas estatísticas oficiais como se fosse emprego normal, puro e simples, disfarçando a condição de empobrecimento real e de precarização que afetava parte da classe trabalhadora na indústria e nos serviços. Sempre no mesmo espírito das velhas Novas Leis dos Pobres e em aberta oposição ao programa do Labour Party dos anos 1950, o governo Thatcher centrou a assistência aos mais pobres, os *"deserving people"* da era vitoriana. O alvo era desonerar o Estado das obrigações previdenciárias que o trabalho em tempo integral exige.[483]

---

482. Ver Jean-Paul Revauger, "Les concepts structurants de la protection sociale en Grande Bretagne et en France: divergences et convergences". *Revue Française de Civilisation Britannique*. Paris: Sorbonne Nouvelle, abr. de 1998, p. 8.

483. Sobre o aumento do desemprego e da pobreza na era Thatcher, consulte-se o artigo de Timothy Whitton, "Poor Welfare". *Revue Française de Civilisation Britannique*, vol. cit., pp. 19-35.

*EXCURSO. UMA TENTATIVA DE RECONSTRUÇÃO HISTÓRICO-
-ESTRUTURAL:* L'ÉTAT PROVIDENCE *DE FRANÇOIS EWALD*

O professor de filosofia François Ewald tomou conhecimento da condição operária quando, no começo da década de 1970, foi designado para ensinar em um liceu situado junto às minas de Pas-de-Calais. Mas a oportunidade de entrar mais fundo na história daqueles mineiros só veio quando o jovem docente foi convidado pelo Ministério do Trabalho a participar de um estudo sobre riscos de acidente:

"Descobri nessa ocasião esse evento filosófico considerável que é a Lei de 9 de abril de 1898 sobre a responsabilidade nos acidentes de trabalho. Com essa lei, um mundo bascula. A sociedade francesa assume a realidade da industrialização e conhece, não sem angústia, que isso a obriga a transformar-se a si mesma, na sua moral, no seu direito, na sua maneira de pensar."[484]

O que permitiu tamanho salto qualitativo teria sido a formulação jurídica de uma categoria inerente não só à vida natural mas também à vida social, *o risco*.
Lembro, de passagem, que Léon Bourgeois, o teórico do solidarismo, já havia posto em relevo a mesma ideia de risco própria da Lei de 1898 sobre os acidentes de trabalho. Citando palavras de um diretor dos serviços de previdência do Ministério do Comércio, Léon Bourgeois desenvolve o seu discurso sobre a necessidade de uma *ação pública* que cobre de cada cidadão o pagamento da *dívida social* que todos contraem desde o nascimento: "A lei substitui a ideia de responsabilidade pessoal pela ideia de responsabilidade coletiva; a ideia de reparação unitária pela de reparação legal; *a ideia de falta pela ideia de risco*; a justiça de interesses particulares pela justiça de interesses gerais".[485]

Toda a legislação posterior, segundo Ewald, procurou enfrentar a realidade incontornável do risco mediante esquemas de segurança que ainda hoje integram a pauta das reivindicações operárias e camponesas e servem de base à legislação trabalhista no mundo inteiro.

Um dado de fato: as sociedades industriais de massa passaram a ter, desde fins do século XIX, uma percepção nítida de que os seus membros corriam riscos

---

484. François Ewald, *L'État providence*. Paris: Grasset, 1986, p. 9.
485. Léon Bourgeois, "Les applications sociales de la solidarité. Préface aux leçons professées à l'École des Hautes Études Sociales", 1902-3, em *Solidarité*. Paris: Le Bord de l'Eau, 2008, p. 246. Grifos meus.

cada vez mais frequentes devidos a acidentes físicos, a enfermidades e ao envelhecimento. Não se tratava apenas de remediar danos causados aleatoriamente na linha de montagem de uma fábrica metalúrgica ou por doenças provocadas pela alta toxicidade dos novos produtos químicos. Enfermidades de vário tipo afetavam também a pequena classe média que trabalhava no setor de serviços. Doença e velhice, poluição, radiação e toda sorte de violência não discriminam idade, sexo ou profissão. Viver assumia às vezes a pura forma da sobrevida.

No começo do século XX a industrialização impõe uma nova conotação ao termo "acidente". De simples evento, que o adjetivo "acidental" ainda ilustra, passa a significar também um dano físico mais ou menos grave *que cabe à sociedade inteira reparar*. Nos primeiros decênios da Revolução Industrial o pensamento hegemônico considerava o acidente um risco que competia aos trabalhadores diligentes prevenir. Caixas de poupança, círculos de assistência mútua e associações religiosas de caridade formavam uma rede de proteção, embora os seus fios nem sempre se unissem o bastante para cobrir as carências dos trabalhadores mais pobres e dos desempregados.

O princípio que norteava a velha prática assistencial liberal era o de garantir ao pobre tão só aquele mínimo vital que o constrangesse ao trabalho independentemente da sua remuneração e de seu grau de fadiga. Por isso, a lei dos acidentes, que precedeu, em amplitude, a lei das aposentadorias, significou *a admissão de que o risco se instala no próprio exercício do trabalho, sendo inerente ao sistema fabril como um todo e não mero efeito de uma desatenção ou de um azar do trabalhador.*

A mecanização das tarefas gerou, por sua vez, dados quantificáveis, pois acidentes sobrevêm e repetem-se com regularidade. A taxa de risco passou a ser medida por tabelas de série estatísticas, o que é o oposto do registro do caso individual e, portanto, do evento e do acaso. Em outras palavras, o acidente, reiterado nos quadros de ocorrência, resulta de uma situação coletiva. "O acidente moderno é contemporâneo das sociedades de massa e de seu tipo de promiscuidade."[486] Os acidentes de trânsito ocorrem também em número proporcional ao aumento de veículos e de sua velocidade. De todo modo, o que faltava à ideologia individualista dos liberais clássicos, isto é, a percepção do caráter regular e coletivo do risco, começou a ser suprido, nos fins do século XIX, pelo pensamento sociológico positivista de Durkheim e de seus discípulos. Nessa ordem de reflexões, a obra capital é a que Durkheim dedicou aos casos de suicídio, uma prova acachapante da *regularidade* e *objetividade* de atos que, à

---

486. Ewald, op. cit., p. 17.

primeira vista, parecem eventos puramente individuais e não sujeitos a previsões quantificáveis.

A percepção rigorosamente social e não meramente contratual do risco estava ausente do Código Civil napoleônico (1804), que ignorava a especificidade do acidente de trabalho e remetia à justiça comum todos os casos de reparação pleiteada pelas vítimas. Diz Ewald:

> "O Código Civil não conhece senão duas situações em que uma pessoa pode ser acusada por outra como responsável de um prejuízo que sofreu: a primeira se dá quando, tendo-se vinculado a um contrato, ela não cumpre a sua obrigação; a segunda, quando ela causou o prejuízo por sua culpa. No primeiro caso, fala-se de 'responsabilidade contratual'; no segundo, de 'responsabilidade dolosa'."[487]

A jurisprudência pré-trabalhista podia, em princípio, exonerar o patrão da responsabilidade invocada pelo operário, já que, para todo acidente, seria possível alegar a ocorrência de um "caso fortuito" ou "razões de força maior"... O aleatório remetia ao julgamento de caso a caso entravando a constituição de um direito social obrigatório.

Ewald cita, a propósito, uma decisão da Cour de Cassation (Supremo Tribunal) exarada em 24 de agosto de 1870. O juiz, J. E. Jabbé, afirmava "não ser injusto" o fato de que

> "alguns indivíduos sofressem por acidentes devidos ao estado imperfeito dos conhecimentos humanos. Eles sofrem de condições inevitáveis pelas quais a vida da humanidade passa em determinada época. É do interesse da sociedade que certos meios de produção de grande potência sejam acionados. Todos se aproveitam desses meios, e não só o proprietário e o explorador; pois os seus produtos vendem-se a preços mais baixos". (p. 244)

Trata-se de uma versão jurídica de 1870 das justificativas atuais dos acidentes nucleares ou químicos em nome do progresso ou dos "preços competitivos" da energia ou da adubação que esses meios facultam a grande número de usuários... Segundo essa argumentação, a eventual raridade dos acidentes isentaria os seus responsáveis perante a sociedade. Não se tratava, de resto, de opinião isolada de um magistrado ao mesmo tempo liberal-moderno e ultraconservador: "Uma estatística regularmente reproduzida assinalava que 88% dos aciden-

---

487. Id., ibid., p. 231.

tes deviam juridicamente ficar a cargo dos operários, e só os outros 12% poderiam ser imputados à responsabilidade dos patrões". (p. 248)

Mas é próprio da ideologia obstinar-se na sua recusa de olhar para fatos que a desmentem. Um discípulo da escola da economia social de Le Play, louvando embora as práticas de poupança e previdência, recusava-se com veemência a admitir o caráter *obrigatório* da segurança social:

> "A obrigação é estéril: ela suprime, junto com a espontaneidade, o mérito e a eficácia social da instituição. Tornando-se compulsórias, a poupança, a previdência e a *patronagem* cessam de ser virtudes; não aproximam as classes; não temperam mais os caracteres; são um imposto que se paga, não um esforço que nos impomos a nós mesmos."[488]

Abro um parêntese para aclarar o sentido do termo "patronagem", que aparece no parágrafo acima. Patronagem era uma prática semipaternalista preconizada por Le Play e consistia em acrescer a um salário mínimo alguns bônus ou subvenções conferidas pelos patrões a este ou àquele trabalhador segundo critérios informais de beneficência. O sistema, instituído em meados do século XIX por empresários que se pretendiam generosos e esclarecidos, obedecia à equação formulada pelo filósofo eclético Victor Cousin: "Liberalismo = justiça + caridade". Ewald observa com acerto que essa prática, a rigor reacionária pelo arbítrio que comportava a distribuição patronal de bens, não deixava de ser uma tentativa de autocorreção do regime duramente contratualista consagrado pelo Código Civil de 1804. Entende-se, nesse contexto, a reação do liberal Thiers, receoso de sua generalização: "A beneficência é certamente a mais bela e mais atraente das virtudes. Mas, assim como o indivíduo não deveria entregar-se demasiado a ela, o Estado tampouco deveria praticá-la em excesso".[489] Em estilo menos diplomático afirmara Napoleão: "É grave defeito de um governo querer ser demasiado pai. À força de solicitude ele arruína tanto a liberdade como a propriedade".[490]

---

488. Cheysson, *L'économie sociale à l'Exposition de 1889*. Paris, pp. 17-8.

489. A. Thiers, *Rapport au nom de la Commission de l'Assistance et de la Prévoyance Publique, 26 de janeiro de 1850*, apud Ewald, op. cit., p. 55.

490. Em Henri Hatzfeld, *Du paupérisme à la sécurité sociale*. Paris: Armand Colin, 1971, p. 33. Ver também "Le Play et la théorie du patronage", de Antoine Savoye, em J. Luciani, *Histoire de l'Office du Travail, 1890-1914*. Pref. de Martine Aubry. Paris: Syros, 1992, pp. 27-50.

O ensaio de François Ewald é rico de pistas teóricas sobre a formação do conceito de *objetividade social* que atuaria como suporte na concepção do Estado-Providência. Este interessa a todos os cidadãos e, ao mesmo tempo, transcende o interesse de cada um em particular. Daí a necessidade de ir além do esquema contratualista dos códigos civis e articular um conjunto de procedimentos legais alternativos de que resultaria o direito do trabalho, sem o qual o próprio Estado--Providência não se mantém em pé.

A obra teria, a meu ver, adquirido em historicidade cultural se destacasse o papel da filosofia social de Auguste Comte e dos primeiros sociólogos universitários franceses, particularmente Émile Durkheim e Célestin Bouglé, que contrastaram a ideologia dos economistas liberais, "metafísicos individualistas", no dizer do criador do positivismo.

Embora Ewald haja renunciado a fazer o que chama "história das ideias", considerando-a menos promissora do que uma história das práticas efetivas do Estado-Providência, o ensaio se enriqueceria com o estudo das relações estreitas que Comte manteve com operários autodidatas que assistiam a seus cursos gratuitos de "astronomia popular" e filosofia. Alguns trabalhadores, ouvintes mais assíduos, lhe ministravam, a seu pedido, informações sobre a "doutrina comunista", certamente o socialismo utópico dos anos de 1830 e 1840. A esses operários Comte legou a maior parte de seus bens, que constituíram o fundo da Sociedade Positivista a ser dirigida, na qualidade de presidente perpétuo, por um operário dotado de grande energia intelectual, o marceneiro Fabien Magnin, seu discípulo dileto.[491]

Para o entendimento da presença positivista junto ao sindicalismo do final do século XIX, lembro que Pierre Laffitte, sucessor de Comte, estimulou Fabien Magnin e outros operários, como o tipógrafo Auguste Keufer, a participar ativamente das gestões da Terceira República no sentido de criar um *corpus* de legislação trabalhista. Tratava-se do embrião do Estado-Providência francês, que já se reconhece nas estatísticas e recomendações emanadas do Office du Travail e do Ministério do Trabalho, fundados respectivamente em 1891 e 1906. O Círculo de Estudos Sociais dos Proletários Positivistas, animado por Keufer e Isidore Finance, discutiu e apoiou as primeiras leis de previdência social, sempre no sentido de dar-lhes uma dimensão obrigatória e universalizante.[492]

---

[491]. Fabien Magnin deixou vários ensaios sobre temas econômicos e trabalhistas que foram reunidos postumamente sob o título de *Études sociales*. Paris: Société Positiviste et Georges Crès & Cie., 1913.

[492]. Ver o estudo que Jacques Le Goff dedicou à ação dos positivistas na elaboração das leis sociais francesas em *Les politiques du travail (1906-2006)*. Org. de Alain Chatriot et al. Rennes: Presses Universitaires de Rennes, 2006.

Os positivistas, assim como seus aliados solidaristas, precisaram enfrentar a oposição liberal-conservadora que repisava os tradicionais expedientes de manter tão só esquemas de poupança privada ou fundar sociedades de mútuo socorro. Keufer pelejou, aliás com pouco êxito, para que os membros do Conselho Superior do Trabalho considerassem o *desemprego* como um risco da mesma gravidade que a doença e a velhice, e incluíssem nos orçamentos do Estado e dos municípios recursos específicos para sustentar o trabalhador desempregado até que este obtivesse nova contratação.[493]

Os comtianos ortodoxos, fiéis ao lema de "incorporar o proletariado na sociedade contemporânea", se propunham racionalizar a legislação do trabalho ao invés de apenas remediar o que se chamava, desde o início da Revolução Industrial, de *pauperismo*.[494] Problemas candentes como o desemprego, o trabalho da mulher e do menor, a duração da jornada, os turnos da noite, a produção por peças, o direito de greve, a assistência a enfermos e inválidos e a aposentadoria obrigatória e generalizada receberam a atenção do Círculo dos Proletários Positivistas. Estes, por sua vez, instruíram as pautas do Office du Travail, onde foram acolhidos Keufer, Finance, Arthur Fontaine, François Fagnot e outros sindicalistas marginalizados pelos militantes da Segunda Internacional e pelos anarquistas então influentes no movimento operário europeu.

O conflito entre radicalismo e reformismo foi sensivelmente mais agudo ao longo do século XIX do que na centúria passada. O século XX assistiu à constituição do Welfare State beveridgiano e keynesiano e do Estado-Providência, portadores de uma alternativa ao enfrentamento direto entre as classes. A rigor, tratava-se da *possibilidade de mediação do Estado que se tornou efetiva no período de entreguerras, e se consolidou depois da Segunda Guerra Mundial,* em contraste

---

493. Sobre as gestões dos positivistas no sentido de interessar o Estado na questão do desemprego, bem como as resistências da classe empresarial e de alguns anarcossindicalistas, ver o estudo de Françoise Birck, "Le positivisme et la question du travail", em Jean Luciani, *Histoire de l'Office du Travail, 1890-1914*. Pref. de Martine Aubry. Paris: Syros, 1992, pp. 51--80. A categoria *"chômeur"* (*desempregado*) aparece, pela primeira vez, nas estatísticas oficiais francesas em 1896, quando se registraram 270 mil adultos à margem do sistema produtivo, ou seja, 1,4% da população ativa (ver Olivier Marchant e Claude Thélot, *Le travail en France*. Paris: Nathan, p. 77).

494. De leitura imprescindível sobre o tema é o livro de Henri Hatzfeld, *Du paupérisme à la sécurité sociale, 1850-1940*, cit. O termo "pauperismo" foi cunhado na Inglaterra no começo do século XIX, quando era corrente esta frase de humor negro: "Uma manufatura é uma invenção para fabricar dois produtos: algodão e pobres" (apud Émile Laurent, *Le paupérisme et les associations de prévoyance*. Paris: Guillaumin, 1865, p. 4).

com os dogmas liberais que, originados na Inglaterra e na França, alimentaram a ideologia dominante no mundo capitalista ao longo do século XIX.

O reformismo comtiano ou solidarista apelava para o sentimento de *altruísmo* (palavra inventada por Auguste Comte) dos industriais e, na ausência deste, para a função ordenadora do governo em face dos desequilíbrios da sociedade capitalista. *Ordem e progresso*. A ordem na esfera administrativa presidia ao progresso no âmbito da sociedade civil.

A tradição revolucionária — socialista utópica e marxista — não concebia, porém, dúvida alguma sobre as raízes profundas da pobreza generalizada do proletariado. Uma das fontes empíricas utilizadas por Marx, a pesquisa social de Eugène Buret, analisando o pauperismo do trabalhador inglês e francês, afirmava sem hesitar: "A nosso ver, o fato econômico mais funesto para as classes trabalhadoras será, portanto, a separação absoluta, cada vez mais completa, que se opera entre os dois elementos da produção, o capital e o trabalho, e que constitui também dois interesses opostos em perpétua hostilidade".[495]

A análise existencial da condição operária precedeu e prenunciou a formulação marxista do conceito de *mais-valia* que o reformismo preferiu contornar mediante esquemas distributivistas no âmbito da legislação do trabalho. Engels, que sobreviveu a Marx e presenciou as lutas sindicais europeias, abre esta brecha só parcialmente concessiva: "É possível que a organização dos trabalhadores e a sua resistência sempre crescente oponham algum dique ao crescimento da miséria. *Mas o que cresce certamente é a incerteza da existência*".[496] E o que é a "incerteza da existência", tão bem advertida por Engels, senão o *risco* de acidente, desemprego, doença e velhice que o Estado-Providência procuraria prevenir ou minorar em escala certamente muito mais ampla do que o faziam os esquemas individualistas da prática liberal?

ÉTAT-PROVIDENCE *E* WELFARE STATE

No capítulo de abertura de *Solidarité* (1896), dizia Léon Bourgeois: "Os partidos estão sempre atrasados em relação às ideias". Poderíamos acrescentar: "e em relação às suas próprias ideias". A memória política não cessa de nos oferecer o quadro desolador de partidos doutrinariamente coesos que, ao longo de anos no poder, se enredam em práticas ditas realistas, em geral dilatórias e, no

---

[495]. Eugène Buret, *De la misère des classes laborieuses en Angleterre et en France*. Paris: Paulin, 1840, vol. II, p. 136, apud H. Hatzfeld, op. cit., p. 11.

[496]. Engels, *Critique du programme d'Erfurt*. Paris: Éditions Sociales, 1950. Grifos de A. B.

fundo, opostas aos princípios que os regiam e retoricamente ainda os inspiram. Há um misto de moral humanitária e pragmatismo na história da formação do Estado-Providência tanto na Europa como no Brasil. É curioso ver como as coisas se passaram muito lentamente na França e na Inglaterra, nações líderes do capitalismo liberal. Um deputado da Assembleia Nacional francesa, Antonelli, observava, em 1928, que os vários projetos de lei relativos aos seguros sociais começaram a ser apresentados à Câmara em 1880, e que em quase cinquenta anos de discussões, a lei completa não fora ainda votada. Mas, convém sublinhar: nem sempre foi o despotismo que remediou o atraso. Se naqueles mesmos anos de 1880 a legislação do trabalho foi decretada abruptamente na Alemanha pela política autoritária de Bismarck, o mesmo não aconteceu na Itália fascista: Mussolini, nutrido em sua juventude pelo anarcossindicalismo, só permitiu a codificação legal quando ascendeu em 1922 depois da criação, em 1920, de um Ministério do Trabalho. De todo modo, para defesa e ilustração da democracia, é de justiça lembrar que os governos ditatoriais da Alemanha e da Itália, ascendentes no período de entreguerras, dobraram-se inteiramente às exigências do grande capital, sufocando as organizações sindicais ao passo que, nos países de tradição liberal-democrática, as leis trabalhistas puderam exercer a sua função mediadora entre os polos do capital e do trabalho.

 As razões da grande crise do pensamento liberal que sucedeu ao *crash* de 1929 já foram amplamente analisadas e interpretadas em termos de história econômica e social do capitalismo. Um livro extraordinário, *A grande transformação*, do pensador da economia moderna, Karl Polanyi, nada perdeu da sua atualidade, merecendo ser relido e meditado nesta hora de crise mundial. Publicada em 1944, a obra reflete ao mesmo tempo a angústia e as esperanças que o fim da guerra provocava em todo o Ocidente recém-salvo do horror nazifascista, mas temeroso da expansão do estalinismo, então no seu zênite.

 Era urgente a criação de uma política social de âmbito internacional que substituísse a ideologia do liberalismo falido por uma sua contraideologia, que acabou sendo batizada de social-democracia desejosa de construir uma terceira via entre capitalismo e socialismo. O desenho mais próximo desse projeto foi traçado pelo mentor do Welfare inglês (em parte imitado por legisladores franceses e escandinavos), William Beveridge. Não se deve subestimar o caráter excepcional da conjuntura que facultou a constituição, em breve lapso de tempo, do Estado de bem-estar britânico. A entrada da Inglaterra na Segunda Guerra (1939), quando praticamente toda a Europa já estava sob o domínio alemão ou na iminência de invasão, exigiu um esforço material e moral extraordinário e, em consequência, uma união cívica de todas as forças vivas da nação, incluindo as diferentes tendências partidárias e sindicais. Foi nesse clima de perigo comum e solidariedade nacional que se estabeleceu um governo de coalizão unindo conservadores, trabalhistas e liberais. O líder trabalhista Clement Attlee passou a adjunto do primeiro-ministro conservador, Winston Churchill, e o antigo líder sindicalista Ernest Bevin foi indicado para a pasta do Trabalho.

O Estado britânico assumiu funções estratégicas que o obrigaram a abandonar toda e qualquer veleidade de *laissez-faire* e enveredar por um franco dirigismo econômico.

"Para assegurar o indispensável esforço de produção, o governo empreende uma grande mobilização civil que envolve homens até sessenta anos e as mulheres até cinquenta. Um verdadeiro exército do trabalho pôde assim ser constituído sob a férula de Ernest Bevin; regras estritas regem a admissão e a mudança de emprego: o acordo das Trade Unions foi aqui de importância capital. Um 'exército civil' de 17 milhões de trabalhadores, dos quais mais de um terço formado por mulheres, é posto a serviço de uma produção que o abandono das limitações de horários de trabalho permite tornar mais intensiva. Como na Primeira Guerra Mundial, o governo intervém ativamente nas compras e na repartição das matérias-primas. Mais de 20 mil fábricas novas são construídas aos cuidados do Estado e as antigas são aumentadas com a ajuda pública. Aliando dirigismo e persuasão, o governo e o Parlamento obtiveram, apesar das destruições, um acréscimo considerável da produção. Quanto ao imposto sobre a renda, chegou em alguns casos a 50%, e 9 milhões de contribuintes novos se submeteram a suas normas."[497]

Terminado o conflito, os trabalhistas no poder dispuseram de ampla margem de liberdade para tornar efetiva a luta contra os cinco gigantes acusados no Relatório Beveridge de 1942 de principais inimigos do progresso social a serem abatidos: a Necessidade (*Want*), a Pobreza (*Poverty*), a Ignorância (*Ignorance*), a Esqualidez (*Squalor*) e a Ociosidade (*Idleness*).[498] Não parece de todo impertinente assinalar que a linguagem do criador do Welfare State já combinava duas linhagens de pensamento, a nova, socializante, e a tradicional, liberal, na medida em que arrolava entre os males sociais tanto a carência ou a pobreza involuntária como a preguiça, vício execrado pelo liberalismo protes-

---

497. Roland Marx, *Histoire de la Grande-Bretagne*. Paris: Perrin, 2004, pp. 379-80.
498. William Beveridge, *Social Insurance and Allied Services*, texto conhecido como *Beveridge Report*. Londres, 1942; e *Full Employment in a Free Society*, 1944.

tante desde o século XVI... Vem a propósito a questão, retomada por Hobsbawm, de saber se Beveridge bebeu somente das águas do socialismo fabiano, onde contava não poucos amigos, ou também da ala progressista do Partido Liberal, de que foi deputado na Câmara dos Comuns.[499] Mas o que importa é sublinhar a continuidade das práticas do Welfare State exercidas quer pelos trabalhistas, quer pelos conservadores, entre 1945 e 1978. Sobre a guinada ultraliberal da era Thatcher, em parte mantida, em parte alterada pelo governo trabalhista de Tony Blair, o mínimo que se pode dizer é que o Welfare State saiu abalado mas ainda em pé, se não reforçado. E da sua coluna dorsal, o National Health Service (Serviço Nacional de Saúde, criado em 1948), disse Aneurin Bevan, ministro da Saúde do gabinete Attlee: "A essência de um serviço de saúde satisfatório consiste em que ricos e pobres sejam tratados igualmente, e que a pobreza não seja um obstáculo nem a riqueza uma vantagem".[500]

Quanto à implantação do Estado-Providência na França, igualmente promovida no imediato pós-guerra, a diferença de contexto não me parece tê-la distanciado consideravelmente do modelo geral de previdência social proposto por Beveridge. Como na Inglaterra, a Resistência francesa (no caso clandestina, tratando-se de país ocupado sob um governo cúmplice do invasor) teve o condão de aproximar os *partisans*, militantes provindos de correntes diferentes e, muitas vezes, conflitantes. Socialistas, trotskistas, comunistas ortodoxos, cristãos progressistas e republicanos de vários matizes uniram-se em torno da causa comum da liberação. No período mais dramático da guerra, entre 1942 e 1944, sob o comando do general Charles de Gaulle, baseado na Inglaterra, os resistentes entreviram a formação de uma nova França democrática e voltada para a justiça social e os direitos humanos. Foi nesse espírito que socialistas e cristãos de esquerda elaboraram os novos princípios do Estado-Providência francês inspirando-se, às vezes literalmente, na legislação inglesa conhecida de perto durante o exílio dos militantes em Londres. Os estudiosos do direito do trabalho advertem, porém, que, à diferença da universalização beveridgiana, subsistiram na prática previdenciária francesa alguns nichos corporativos apegados a direitos adquiridos antes da guerra, e que produzem até hoje atitudes refratárias ao nivelamento geral. O conflito recente entre o

---

499. A questão da influência dos socialistas fabianos no ideário trabalhista inglês foi reexaminada por Eric J. Hobsbawm no ensaio "Os fabianos reconsiderados", que integra *Os trabalhadores. Estudos sobre a história do operariado*. Trad. de Marina Leão de Medeiros. São Paulo: Paz e Terra, 2000, pp. 293-318.

500. Roland Marx, op. cit., p. 413.

governo e os empregados em ferrovias beneficiados por "aposentadorias de risco" ilustra bem a sobrevida de exceções à norma universalizante e à perene aspiração de realizar a "Égalité" republicana.[501]

DUAS PALAVRAS SOBRE O ESTADO-PROVIDÊNCIA BRASILEIRO. A SINCRONIZAÇÃO IDEOLÓGICA

Algumas peças do Estado-Providência brasileiro foram montadas ao longo dos anos 1930 e 1940, na era Vargas. O seu núcleo moderno deve-se à ação inteligente e progressista de Lindolfo Collor quando da sua breve mas intensa gestão como primeiro ministro do Trabalho nomeado logo após a vitória do movimento de 1930. As resistências de entidades patronais foram, como se viu acima, contornadas ou negociadas pelos dois titulares da pasta: Lindolfo Collor, primeiro; Salgado Filho, em seguida. A aglutinação de leis trabalhistas (algumas vigentes fazia poucos anos na Europa e nos Estados Unidos) com o atrelamento dos sindicatos ao Estado, não foi uma característica brasileira: ocorreu em não poucos países onde a modernização capitalista se fazia em um clima político de reação tanto ao liberalismo pré-1929 quanto ao bolchevismo já então oficializado na União Soviética. Pode-se fazer a pergunta: como nomear com um só termo essa tendência ao mesmo tempo progressista e autoritária? Provavelmente a ideia de *intervencionismo* seria a mais adequada para dizer esse conjunto de medidas econômicas e políticas que se tornaram viáveis para debelar a grande crise do capitalismo de 1929. Seja como for, um grau alto de *sincronização* institucional pode ser detectado nesses anos turbulentos que iriam afetar tantos países situados dentro da órbita capitalista. O Brasil, nesse contexto mundial, não foi exceção.

A partir de 1945, após o fim do Estado Novo, a presença ativa de uma corrente trabalhista nos governos eleitos (Dutra, Getúlio, Juscelino, João Goulart) não só manteve como ampliou o quadro dos direitos sociais que constituem, em linhas gerais, a versão brasileira do Estado de bem-estar. O fato é que o legislador das cartas constitucionais de 1946 e 1988 julgou seu dever incluí-la formalmente. Nos chamados "anos dourados" do capitalismo internacional, e que vão, *grosso modo*, de 1945 a 1975, "a rápida expansão das economias, com quase pleno emprego e menos desigualdade social, conformou o pano de fundo da

---

501. Sobre a consolidação do Estado-Providência na França depois da libertação, ver a síntese feliz de Pierre Rosanvallon, "L'État keynésien modernisateur", em *L'État en France de 1789 à nos jours*. Paris: Seuil, 1990, pp. 243-68.

estabilidade, fruto da operacionalização de políticas macroeconômicas e de políticas de regulação do mercado de trabalho".[502]

O que aconteceu nas duas últimas décadas do século XX com reflexos evidentes no começo do século atual está sob nossos olhos. Para a lógica do discurso que se vem construindo nestas páginas, a questão pertinente é a da *difusão ideológica*, que já não conhece fronteiras entre os centros econômicos e as suas periferias, quer se chamem essas nações subdesenvolvidas, quer em desenvolvimento, quer, com maior otimismo, emergentes.

A *sincronização ideológica* é a marca registrada da mundialização e tem como instrumento privilegiado os meios eletrônicos de informação e comunicação. Os benefícios inestimáveis que a informática vem dando à pesquisa científica e às potencialidades interativas do homem contemporâneo talvez compensem (o que só a longo prazo poderá ser verificado) os danos de uma globalização caótica pela qual perpassa a força avassaladora dos interesses econômicos e das paixões individuais. Um sentimento acabrunhador de *nonsense*, dissipação e dispersão toma conta de quem queira abeirar-se do problema do sentido e do valor intrínseco dessa rede poderosíssima de meios cujos fins não conseguimos sequer entrever ou supor. A própria dialética de ideologia e contraideologia, ou de falso *versus* autêntico valor (que nos tem servido de fio de Ariadne no labirinto das opções morais e políticas da modernidade e da pós-modernidade), vê-se ameaçada pelo risco de banalização dos seus argumentos, tal é a pletora de discursos que traduzem ora franca adesão, ora aberta aversão à desordem estabelecida. Se, como diz a sábia expressão francesa, *il faut raison garder*, teremos de provisoriamente acolher em nós o valor da razão, mas uma razão sem racionalismo, uma razão atenta, humilde e sofrida, como a pensou Pascal, ciente de seus limites, suspeitosa dos seus móveis inconscientes e, mesmo assim, atenta à nossa condição de caniço pensante.

---

502. Marcio Pochmann, *O trabalho sob fogo cruzado*. São Paulo: Contexto, 1999, p. 32. Ver a ampla bibliografia apresentada nessa obra, que examina com minúcia os efeitos virtuosos das políticas econômicas nas décadas de 1950 e 1960, em contraposição com os efeitos perversos do neoliberalismo internacional e nacional bastante sensíveis na década de 1990, sob os governos Fernando Collor de Mello (que intentou a demolição da obra de seu ilustre antepassado, Lindolfo Collor) e Fernando Henrique Cardoso, que se propôs, ao assumir o governo, terminar com a era Vargas. Constata-se, nesta altura, um alto grau de sincronização ideológica com as políticas liberal-conservadoras de Thatcher, Reagan e Kohl.

PASSAGEM PARA A INTERPRETAÇÃO LITERÁRIA

> *A grandeza única da obra de arte é deixar falar o que a ideologia esconde.*
> Theodor W. Adorno

O discurso político e o discurso moral empenhados em justificar ou em mudar o mundo dificilmente podem subtrair-se a uma perspectiva ideológica ou contraideológica. A atração do poder espreita a linguagem e afeta *a priori* todo trabalho de naturalizar, racionalizar, sublimar ou universalizar a força latente do interesse. A ideologia está sempre a meio caminho entre a verossimilhança e a mentira. A verossimilhança torna plausível o que a fala enganadora tenta passar por verdadeiro. No polo oposto, o esforço argumentativo da contraideologia consiste em desmascarar o discurso astucioso, conformista ou simplesmente acrítico dos forjadores ou repetidores da ideologia dominante.

A distinção crociana, em parte retomada por Gramsci, entre *política* e *arte* em termos de vontade de agir no mundo, própria da primeira, e faculdade de contemplar, exprimir e representar o mundo, peculiar à segunda, parece resolver, à primeira vista, a questão sempre ressurgente do papel da ideologia na construção da obra de arte. Partindo de uma plataforma comum, que é a inter--relação de sujeito e objeto, o discurso político e o discurso ficcional caminhariam em direções diversas, na medida em que a lógica da decisão e da ação tem necessidades que não coincidem com a lógica da imaginação criadora. Na travessia efetuada pela práxis há uma luta entre detentores e desvalidos de bens e poderes, uma corrida para a satisfação de interesses que resulta em triunfo ou malogro deste ou daquele ator social: a ideologia contenta-se, via de regra, com a justificação final do vencedor. Mas nas idas e vindas do processo narrativo, as tensões sociais e psíquicas em jogo não se definem nos marcos de um esquema binário, pelo qual a vida de um personagem é a extinção definitiva do outro. Ao contrário, as tensões permanecerão vivas e, no fundo, irresolvidas: a força da memória e o dinamismo da imaginação efetuam uma escrita de coexistência dos opostos. Antígona terá sucumbido às mãos de Creonte, e Heitor às mãos de Aquiles, mas altivas e puras mantêm-se as imagens e as palavras de cada um dos contendores. Dom Quixote ficará são de mente, *cuerdo*, no desfecho da sua antiepopeia, mas não se apagará da nossa memória de leitores o vulto do cavaleiro andante de triste figura acometendo os seus gigantes imaginários. Na obra de arte o que significa nunca se perde.

Essa maior complexidade da escrita literária, em relação ao discurso prático, não resulta, porém, em simples exclusão da instância ideológica no tecido da obra de arte. Há evidências da presença de estereótipos até mesmo em escritores de primeira água. Os maiores poetas e narradores não pairam em uma estratosfera sobre-humana isenta de erro ou de paixão partidária. Trabalho fácil, posto que ingrato, é respigar traços ideológicos em Dante ou em Dostoiévski. Mas, ainda que a contrapelo de suas crenças e opções públicas, a sua escrita nunca deixou de ir no encalço da quadratura do círculo, isto é, *o conhecimento do indivíduo*, a expressão do seu teor denso e tantas vezes contraditório, que difere do caráter monocórdico do tipo e da abstrata alegoria.

A ideologia pesa, ou pode pesar, à proporção do grau de exterioridade que o escritor confere à sua personagem. Por exterioridade entendo aqui a redução da pessoa à soma das determinações que a modelam, de fora para dentro, em um regime involuntário ou inconsciente de existência. Os figurantes de *O cortiço*, de Aluísio Azevedo, ilustram, por exemplo, esse conjunto de determinações: de meio, de classe, de raça, de sexo, de temperamento. Quando cada gesto e cada palavra são passíveis de ser *explicados*, ou seja, vertidos para um esquema paralelo de causas externas previamente estabelecidas, nada mais será revelado, acontecendo exatamente o contrário do que propõe Adorno na epígrafe destas linhas: *"A grandeza única da obra de arte reside em deixar falar o que a ideologia esconde"*. A ideologia burguesa, determinista e racista, do final do século XIX, tendia a ocultar ou ignorar todo movimento do sujeito oposto ou resistente aos seus condicionamentos biológicos e sociais: a suposta passividade da matéria de que é feito o corpo humano bastava-lhe como ilustração das suas esquálidas leis de comportamento. A vivacidade estilística do escritor empenhava-se toda na mimese da degeneração e da morte física ou social das suas criaturas; e o triunfo da ideologia, eufemisticamente chamada de naturalismo pessimista, era arrasador. O máximo que o crítico literário que se pretende progressista consegue extrair desse quadro sombrio é reduzi-lo a documento de uma determinada sociedade em uma determinada época: essa continua sendo a tarefa da sociologia positivista em suas versões escolares.

Mas de onde vem a percepção de complexidade e densidade que o leitor atento alcança quando percorre a obra de Dostoiévski, de Pirandello ou do nosso Machado de Assis? Viria precisamente dessa presença simultânea de determinação e liberdade, observação e imaginação, reflexo e reflexão, passividade e atividade, gesto previsível e consciência moral; combinação que não escamoteia nem o peso do princípio de realidade nem a força do desejo, nem a luz da autoconsciência, móveis díspares do destino dos tipos e das pessoas representadas, imaginadas, pensadas. Uma sociologia da literatura sem sujeito é cega, uma psicologia da literatura sem o social é vazia.

A qualificação ideológica de um escritor de ficção bate de frente contra dois escolhos epistemológicos que conviria explorar de perto. O primeiro (que já se esboçou nas linhas precedentes) reside no caráter concreto, portanto denso, da escrita literária: um poema lírico ou um romance em primeira pessoa traz em si um variado espectro de intuições, percepções e projeções de sentimentos contrastantes que podem ser interpretados e julgados como expressões desta ou daquela ideologia, desta ou daquela visão de mundo, sem que se consiga fixar, de uma vez por todas, qual é a instância dominante. A redução ideológica seria fatal ao entendimento da *Divina Comédia* ou dos sonetos de amor de Shakespeare, ou de *Dom Casmurro*, ou de *Em busca do tempo perdido*, ou de *São Bernardo*, em virtude dos movimentos do foco narrativo, ora distanciado, ora próximo das suas personagens e de si mesmo. Igualmente os deslocamentos no tempo tornam difícil essa determinação: o foco subjetivo pode postar-se ora no presente em atitude crítica e satírica, ora no passado em cadências memorialistas nostálgicas, ora no futuro mediante aspirações utópicas. A adesão e a rejeição ao *éthos* do próprio tempo ou do pretérito se traduzem em *imagens* que não podem ser transpostas arbitrariamente em *conceitos* tais como os manipulam as ideologias ou suas contestações.

Quanto à segunda dificuldade, tem a ver com a inconveniência de se atribuir uma *ideologia coesa* (no sentido forte do termo) a um escritor considerado na sua individualidade. As ponderações de Lukács a propósito me parecem iluminadoras:

"Na medida em que um pensamento continua sendo simplesmente o produto ou a expressão ideal de um indivíduo, por maior que seja o valor ou o desvalor que possa conter, não pode ser considerado uma ideologia. Nem mesmo uma difusão social mais ampla é capaz de transformar um complexo de pensamentos diretamente em ideologia. Para que isso ocorra, é necessária uma função social bem determinada, que Marx descreve distinguindo com precisão as perturbações materiais das condições econômicas e as 'formas jurídicas, políticas, religiosas, artísticas ou filosóficas, ou seja, as formas ideológicas que permitem aos homens conceber esse conflito e combatê-lo'."[503]

A um escritor (e o filósofo tem em mente grandes escritores) podem-se atribuir visões de mundo, estilos de pensar e compor peculiares ao seu tempo ou a outras épocas que o atraem como ideais, mas seria impertinente aprisionar esses *complexos de pensamentos e valores* (às vezes mutantes) subordinando-os a uma etiqueta que acabaria soando redutora e insuficiente.

Para sair do dogmatismo que se incrustou na vulgata marxista, será necessário superar dialeticamente a teoria unilateral da literatura como *reflexo da sociedade*, conservando a sua eficácia quando se trata de constatar a mimese literária dos tipos sociais, mas transcendendo os seus limites sempre que, para além do reflexo, verificamos a *autorreflexão do sujeito* em resposta aos estímulos do meio. Estaremos, desse modo, sendo fiéis ao momento da negatividade que ressoa no pensamento idealista (e verdadeiramente realista) de Hegel. E sendo igualmente fiéis ao *teor ativo da práxis*, tal como o conceberam Marx e Engels nas "Teses sobre Feuerbach" ao rejeitarem o caráter passivo e inerte do velho materialismo substancialista.[504]

---

503. Lukács, *Ontologia dell'essere sociale*. Trad. de Alberto Scarponi. Roma: Riuniti, 1981, vol. 2, p. 445.

504. Ver na Parte I deste ensaio os comentários às "Teses sobre Feuerbach".

UM NÓ IDEOLÓGICO —
SOBRE O ENLACE DE PERSPECTIVAS EM
MACHADO DE ASSIS

A metáfora do nó parece ajustar-se à trama ideológica que se pode reconhecer na obra ficcional de Machado de Assis.

Por que nó ideológico? Porque a expressão remete à imagem de vários fios unidos de modo intrincado, de tal maneira que não se possa seguir o percurso de um sem tocar nos outros. A operação que os desata e os estira, um ao lado do outro, só ganha sentido histórico e formal se o intérprete os reunir de novo.

Em termos de uma das correntes contemporâneas, a operação de desconstrução, no caso, desfiamento, nos daria o conhecimento dos processos constituintes, os quais deveriam ser novamente sincronizados, isto é, inter-relacionados para a inteligência do conjunto da obra.

O procedimento analítico (a identificação de cada processo ideológico) é o necessário pressuposto de uma possível síntese interpretativa que exigiria reatar os fios e chegar ao entendimento do nó.

Alguns episódios das *Memórias póstumas de Brás Cubas* prestam-se a essa operação.

Nos capítulos dedicados à relação de Brás com Marcela, o narrador se representa a si mesmo como o mocinho mimado de pai rico, que cobre a amante de joias caras sacadas do patrimônio da família. A venalidade de Marcela e os fogachos de Brás são objeto de crônica de costumes, cujo ar local é inequívoco. São as estroinices típicas de moço "bem-nascido" e ocioso que cresceu no tempo do rei e chegou à juventude nos primeiros anos do Brasil independente.

A certa altura, dizendo chistosamente que Marcela não morria de amores pelo seu último amante, Xavier, mas vivia deles, ocorre a Brás fazer comentários sobre a grande importância que têm os joalheiros nas histórias de amor.

O PANO DE FUNDO IDEOLÓGICO: O LIBERALISMO EXCLUDENTE

Se a passagem se interrompesse nesse ponto, o nosso desfiador ideológico só poderia puxar uma linha, a que atravessa o contexto ainda extremamente conservador da burguesia dominante antes e depois de 1822, data explicitada no episódio de Marcela, e que coincide com os dezessete anos de idade de Brás. É o momento forte da instalação de um aparelho de Estado baseado em eleições censitárias, logo excludentes, e de uma economia nacional pesadamente apoiada no latifúndio, no agrocomércio exportador e no trabalho escravo. Brás é filho de um proprietário abastado cujos ascendentes enriqueceram no tempo da colônia. Ele mesmo, nascido em 1805, conheceu os últimos anos do antigo regime.

Sobre essa ideologia, que se poderia denominar *liberalismo excludente*, há uma vasta bibliografia nacional e internacional.[505]

Trata-se de uma formação ideológica de notória força e consistência, que vingou em todas as grandes áreas de plantagem, como o Nordeste e o vale do Paraíba, as Antilhas francesas, inglesas e espanholas (Guiana, Martinica, Guadalupe, Jamaica, Cuba), o Sul profundo algodoeiro dos Estados Unidos.

A singularidade desses complexos agrocomerciais e escravistas está em que vigoraram *simultaneamente* com as constituições liberais promulgadas nas metrópoles europeias: a França das Cartas da Restauração e da Monarquia de Julho; a Inglaterra do começo do século XIX, regida por um robusto parlamentarismo burguês; a Espanha das *cortes liberales*; e, em nosso caso, o Brasil recém-independente, cuja Constituição, outorgada em 1824, assimilara as conquistas liberais da Inglaterra e sobretudo da França.

Esse é o pano de fundo das *Memórias póstumas de Brás Cubas*. Como figuras típicas dessa mentalidade liberal-escravista, Machado nos pinta Cotrim, cunhado de Brás, e Damasceno, cunhado de Cotrim, ambos defensores da liberdade dos proprietários e desfrutadores do tráfico negreiro já em fins dos anos 1840 (cap. 92). Damasceno, contrariado com a pressão britânica contra o tráfico e temeroso dos ideais democráticos, chega a dizer que "a revolução está às portas":

---

505. Basta aqui acenar para a obra ao mesmo tempo inovadora e conservadora do visconde de Cairu, tão agudamente interpretada por Pedro Meira Monteiro (*Um moralista nos trópicos*. São Paulo: Boitempo, 2004), bem como o discurso liberal escravista de Araújo Lima, Bernardo de Vasconcelos e Paulino de Sousa, corifeus do regressismo. A historiografia universitária conta com um estudo modelar desse período, *O tempo saquarema*, de Ilmar Rohlf de Mattos (São Paulo: Hucitec, 1981). Em âmbito maior, a *Contra-história do liberalismo*, de Domenico Losurdo (Aparecida: Ideias & Letras, 2006). O liberalismo conservador da Restauração e da Monarquia de Julho foi analisado em profundidade por Pierre Rosanvallon, em *Le moment Guizot* (Paris: Gallimard, 1985).

"Que os levasse o diabo os ingleses! Isto não ficava direito sem irem todos eles barra afora."

Estamos à roda de 1848.

Nos Estados Unidos, a Declaração da Independência precedeu a Declaração dos Direitos do Homem e serviu de exemplo a movimentos de emancipação das colônias ibero-americanas. Apesar da ostensiva defesa do valor supremo da liberdade expressa em todos esses documentos, a escravidão no Sul dos Estados Unidos e a servidão camponesa nas novas nações andinas foram não só mantidas como intensificadas nas mesmas ex-colônias formalmente regidas por códigos liberais. A primeira metade do século XIX assistiu a um aumento considerável do comércio negreiro, quer legal, quer clandestino. Não por acaso a França só libertou os seus escravos (aproximadamente 260 mil) meio século depois da Revolução e da Declaração dos Direitos do Homem. E, como ocorrera nas colônias inglesas, os proprietários de escravos foram generosamente indenizados. Cá e lá... liberalismo e escravidão encontraram um *modus vivendi* que dá no que pensar.

Tenho sugerido, desde a elaboração da *Dialética da colonização*, a hipótese de que essa ideologia excludente não representava um deslocamento disparatado do liberalismo europeu para o Brasil, uma ideia fora de lugar, mas um complexo de medidas econômicas e políticas efetivas que regeram todo o Ocidente atlântico desde o período napoleônico e a Restauração monárquica francesa.[506]

Medidas econômicas concretizadas no livre câmbio, na abertura dos portos ao comércio internacional, pedra de toque do liberismo instaurado pelo capitalismo à inglesa desde fins do século XVIII. A Revolução Industrial conviveu longamente com o recurso ao trabalho compulsório.

E *medidas políticas*, cujo propósito explícito era "terminar a revolução" (expressão do Diretório, repetida por Napoleão e por todas as restaurações),

---

506. Expus essa hipótese no capítulo "A escravidão entre dois liberalismos", em *Dialética da colonização*, cit. A expressão "ideias fora de lugar" é título do conhecido ensaio de Roberto Schwarz, em *Ao vencedor as batatas* (São Paulo: Duas Cidades, 1977), que caracteriza o liberalismo excludente do Brasil Império como disparate e farsa ideológica. Minha leitura discorda dessa interpretação na medida em que a ideologia liberal foi hegemônica em todo o Ocidente na primeira metade do século XIX, massacrando tanto o trabalhador escravo das colônias e ex-colônias como o trabalhador assalariado nos países em vias de industrialização. Ou seja, o capitalismo em ascensão nesse período extraiu sistematicamente a mais-valia do trabalho, *justificando ideologicamente a sua violência*, quaisquer que fossem as suas manifestações. Centro e periferia, Velho e Novo Mundo, viveram, em ritmos diferentes, a exploração da força de trabalho e a exclusão política peculiares ao sistema. Para entender as raízes da convivência de liberalismo e escravidão no Ocidente, ver o ensaio de Domenico Losurdo, *Contra-história do liberalismo*, cit., em particular a análise das racionalizações ideológicas do pai do liberalismo inglês, John Locke.

estabelecendo um regime de monarquia constitucional cujos eleitores seriam tão somente *cidadãos-proprietários*.[507] Sobre a brutal exclusão política vigente na França sob o reinado liberal de Louis-Philippe, dizia Lamennais em seu opúsculo, *De l'esclavage moderne*, de 1839:

> "E esse povo escravo, de quem se compõe? Não mais somente dos proletários, dos homens desprovidos de toda propriedade, mas da nação inteira, com a exceção de 200 mil privilegiados, sob cuja dominação se curvam vergonhosamente 33 milhões de franceses, pois os seus senhores e mestres de 200 francos de pré-requisito, os únicos investidos do direito de participar da elaboração das leis, dispõem deles, da sua pessoa, da sua liberdade, dos seus bens, ao bel-prazer de seus caprichos e, bem entendido, segundo o seu interesse próprio exclusivo."[508]

Um dos pilares políticos e ideológicos da monarquia parlamentar orleanista (1830-48), Guizot, celebrizou-se por ter dito estas duas frases aos deputados da Assembleia francesa: "Enriquecei-vos", conselho que valia por uma síntese do pensamento burguês em ascensão, e "O tempo do sufrágio universal não virá jamais", profecia que a República iria desmentir, e era expressão por excelência do liberalismo antidemocrático. Também não por acaso, Guizot será citado no programa que Brás Cubas redigiu para dar lustro ao seu jornal bravamente oposicionista (cap. "O programa").

Ambas as dimensões dessa ideologia pós-revolucionária e antirrevolucionária, concebidas inicialmente na Europa, foram ajustadas à realidade pós-colonial brasileira e latino-americana, mediante legislações que asseguraram o poder das oligarquias, assim como na França a Carta de 1814 e a monarquia de

---

507. Ver, de Olivier Duhamel, *Histoire constitutionnelle de la France*. Paris: Seuil, 1994. As restrições ao direito de voto eram severas tanto nos regimes constitucionais europeus como nas ex-colônias latino-americanas.

O fundamento ideológico da eleição censitária encontra-se nos *Principes de politique applicables à tous les gouvernements représentatifs et particulièrement à la Constitution actuelle de la France — 1815*, obra do principal teórico do liberalismo excludente francês, Benjamin Constant: "Só a propriedade torna os homens capazes do exercício dos direitos políticos" (em *Écrits politiques*. Paris: Gallimard, 1977, p. 367). Benjamin Constant exclui firmemente todos os assalariados, receia a participação dos profissionais liberais e dos cientistas, hesita em incluir os industriais urbanos, enfim propõe como ideal um eleitorado só composto de proprietários rurais. Cá e lá...

508. Félicité Robert de Lamennais, *De l'esclavage moderne*. Apres. de Michael Löwy. Paris: Le Passager Clandestin, 2009, p. 56.

1830 asseguraram o domínio da burguesia.[509] O Código Civil napoleônico, sacralizando o direito de propriedade, o *jus utendi et abutendi*, e escamoteando a realidade vexatória da escravidão nas colônias e das várias formas de trabalho compulsório, serviu de paradigma ao direito patrimonial das metrópoles europeias e da América Latina em todos os novos regimes ditos constitucionais.

O Brasil de Brás não vivia fora dessa órbita ocidental; ao contrário, com a abertura dos portos em 1808 e o processo de independência estimulado pela Inglaterra, a nação entrava definitivamente no circuito do capitalismo internacional como país agroexportador, conservando estruturalmente, e não aleatoriamente, o instituto da escravidão.

O cativeiro nas colônias francesas só foi abolido, mediante indenização, em 1848; Brás já contava então 43 anos de idade.

No Sul algodoeiro dos Estados Unidos a escravidão só foi abolida, de fato, ao longo da Guerra de Secessão, quando Brás já chegara aos sessenta anos de idade. Cá e lá...

Não parece exato, pois, afirmar que Machado de Assis tenha querido satirizar, nas recordações de Brás Cubas, só o liberalismo brasileiro, como se este fosse um caso singular de farsa ideológica e atraso em face do Ocidente moderno. O seu inconformismo, quando repontava, sempre ia mais longe e descia mais fundo. Mais consentâneo com a batalha ideológica, aqui travada a partir dos anos 1860, é reconhecer a contradição política e cultural entre o velho liberalismo escravista e excludente e o novo liberalismo democrático, cuja pedra de toque foi a irrupção da campanha abolicionista. Vinte anos antes de escrever as *Memórias póstumas*, o jovem Machado cronista político fora um dos participantes desse embate, que se afinava, como podia, com os ideais democráticos da Europa de 1848.

AS JOIAS DE MARCELA AMARRADAS POR TRÊS FIOS IDEOLÓGICOS

Voltemos ao caso de Marcela. O episódio não se encerrava com a constatação de que os joalheiros são importantes nos encontros amorosos. Brás faz um segundo comentário, que corrige o anterior e o considera uma "reflexão imoral".

---

509. A Constituição liberal argentina de 1826 excluía da condição de eleitor todo "criado com salário", bem como todo peão ou diarista. Para o candidato a deputado exigia-se um capital ou renda mínima de 4 mil pesos. Para o senador, nada menos que 10 mil pesos. Talvez o mais completo discurso do liberalismo excludente se deva ao pensador político argentino Juan Bautista Alberdi, cujas *Bases y puntos de partida para la organización política de la República Argentina* inspiraram a Constituição de 1853. Ficaram tristemente célebres as passagens em que Alberdi rejeita não só a cidadania mas até mesmo a condição de ser humano do índio.

E aí tem o intérprete em mãos o segundo fio: quem fala do rapazelho estroina de 1822 e o julga imoral é o defunto-autor que saiu da vida em 1869, ou, se ainda não suprimimos o autor, é Machado de Assis, que escreve em 1880. *Essa distância temporal considerável tem consequências na malha ideológica do livro.*

Em outras palavras, a crônica frívola da burguesia semicolonial dos anos 1820 cede o tom e a perspectiva à crítica e à sátira, pois o ideal político do enunciante já é agora o liberalismo idealista e ético dos anos 1860, o liberalismo de Teófilo Ottoni, de Nabuco de Araújo (que, nesse decênio, migrava do Partido Conservador para o Liberal), de Silveira da Mota, de Luiz Gama, de Pedro Luís, de Castro Alves, de Saldanha Marinho, de Quintino Bocaiuva, de Tavares Bastos. Logo será o liberalismo democrático de André Rebouças, de José Bonifácio, o Moço, do jovem Joaquim Nabuco (autor da expressão *novo liberalismo* em seus escritos abolicionistas), de Sousa Dantas, de Rui Barbosa e de José do Patrocínio, o liberalismo dos primeiros republicanos fluminenses, pernambucanos e gaúchos; enfim, o liberalismo crítico da geração de 1870.[510]

Essa contraideologia, que marcaria o seu primeiro tento na batalha da Lei do Ventre Livre (1871), aborrece os costumes e as racionalizações dos liberais excludentes, defensores contumazes das assimetrias sociais e coniventes com a escravidão enquanto seus desfrutadores diretos ou indiretos. E, o que nos interessa de perto, o Machado de 1880 pôde pôr na boca do defunto-autor de 1869 a sátira ao clima mental e moral do Brás Cubas de 1822. Duas mentalidades, portanto, ostentando, por motivos diversos, o mesmo nome, então respeitado, de liberalismo. Cada fio ideológico está no seu lugar, e é o seu entrelaçamento que dá o nó.

As práticas conservadoras e a sua contestação esgotariam o nosso projeto de contextualização ideológica, se nos detivéssemos nesse Machado democratizante, tão veemente nas suas passagens pela imprensa oposicionista entre 1860 e 1867. O sólido livro de Jean-Michel Massa, *A juventude de Machado de Assis*, acompanha, ano a ano, mês a mês, as fogosas diatribes do Machadinho cronista que atacava de rijo a fortaleza saquarema que, nesse mesmo decênio de 1860, tentava engessar a política imperial e resistir a toda e qualquer medida progressista.[511]

---

510. Para o estudo dos programas e das iniciativas dos liberais dos anos 1860, ver, de Vamireh Chacon, *História dos partidos políticos brasileiros*, 3ª ed. Brasília: Ed. Universidade de Brasília, 1998. O Manifesto do Centro Liberal, proclamado em 1869, citava as medidas implantadas pelo Partido Liberal da Bélgica em 1848 e as reformas eleitorais inglesas apoiadas por Gladstone. Propunha eleição direta na corte, capitais de províncias e cidades maiores, mas conservava a base de renda exigida pela Constituição. Incluía a liberdade dos nascituros filhos de escravos e a alforria gradual dos escravos remanescentes. A melhor análise do liberalismo de 1860 encontra-se em José Murilo de Carvalho, *A construção da ordem. A elite política imperial*. Rio de Janeiro: Campus, 1980.

511. Jean-Michel Massa, *A juventude de Machado de Assis*. Rio de Janeiro: Civilização Bra-

Mas... depois de ter caracterizado a "imoralidade", isto é, o cinismo da sua observação sobre a venalidade das mulheres amadas e amantes, o defunto-autor, como faria tanto tempo depois o Conselheiro Aires, põe-se a trabalhar de novo, mas já agora em outro molde, o seu julgamento: encobre o que descobrira e passa à constatação desenganadamente "realista" de tudo o que os *moralistes* já tinham acusado como culto das aparências brilhantes e universal vaidade do homem. Em vez de deter-se na condenação pura e simples daquela "reflexão imoral", veja-se para onde vai a autoexplicação do memorialista: "O que eu queria dizer é que a mais bela testa do mundo não fica menos bela, se a cingir um diadema de pedras finas; nem menos bela, nem menos amada" (cap. 16).

Aquele fio de crítica idealista lançado à conduta do mocinho leviano como que se desdobra e dá lugar a um terceiro fio, mais fino, mas não menos resistente. A reflexão de Brás, havia pouco qualificada de *imoral*, segundo um critério ético rigoroso, que rejeitava toda venalidade e toda entrega ao luxo cintilante das joias, agora é reelaborada em termos que supõem uma atitude concessiva, cuja forma lembra o estilo diplomático de quem morde mas sopra. O brilho das pedras raras pode, afinal, muito bem casar-se com a beleza da mulher e com o amor que lhe dedica o seu amante. Primeiro, descobrir; depois, encobrir. Primeiro acusar, depois atenuar. A boca da sátira primeiro mordeu, mas o hálito gélido soprado pelo defunto autor procurou abrandar a dor da ferida. *O terceiro fio aí reponta, e será completamente desenrolado em outras situações.*

PORTUGAL NOS ANOS 1820 — "LIBERALISMO TEÓRICO" E "FÉ NAS CONSTITUIÇÕES ESCRITAS"

Se avançamos um pouco na leitura das *Memórias póstumas*, acompanhamos Brás nos seus anos de Coimbra, que ele recorda um tanto movimentados por aventuras amorosas, aplicando-lhes o eufemismo de "romantismo prático", e recheados de ideias políticas livrescas, caracterizadas pela expressão "liberalismo teórico". É esta última expressão que importa ao pesquisador dos contextos ideológicos. Acoplada com a "fé dos olhos pretos" (alusão a alguma rapariga

---

sileira, 1971. A obra clássica que nos faz entender a passagem do velho ao novo liberalismo é a biografia política de Tomás Nabuco de Araújo escrita por seu filho, Joaquim Nabuco: *Um estadista do Império*. Imprescindível é a leitura de *Os donos do poder*, de Raymundo Faoro (5ª ed., Porto Alegre: Globo, 1979), também autor de *Machado de Assis. A pirâmide e o trapézio* (São Paulo: Cia. Ed. Nacional, 1974), ensaio que examinei em "Raymundo Faoro leitor de Machado", em *Brás Cubas em três versões*. São Paulo: Companhia das Letras, 2006.

cortejada pelo estudante), vem outra frase, "a fé [...] das constituições escritas", sinônimo daquele mesmo "liberalismo teórico".

Trata-se certamente de uma referência ao discurso dos liberais portugueses impotentes em face do absolutismo da casa de Bragança. As cortes que exigiram a volta imediata de d. João VI a Portugal tinham se reunido precisamente para elaborar uma constituição liberal, a qual, sabemos, ficou no papel. Era o liberalismo teórico e a fé nas constituições escritas que o defunto-autor, escrevendo em 1869, identificava nos anos de permanência de Brás estudante de direito em Coimbra.

Aquele fraseio ideológico e a sua respectiva "constituição escrita" seriam ironizados quarenta anos depois pelo defunto-autor. O fato é que retórica liberal e constituição conviveram com o regime político português no final da década de 1820, quando o país estagnava no charco do conservadorismo, vassalo do capitalismo inglês e, ao mesmo tempo, reverente aos ditames da Santa Aliança seguidos à risca pelo governo de dom Miguel de Bragança (1826-34). Um Portugal que rezava pela cartilha da teoria econômica liberista de Adam Smith, mantendo a semisservidão no campo e a escravidão em suas colônias africanas, era alvo fácil do liberalismo democrático de Machado, que já se formara no ideário dos anos 1860.

A PERSPECTIVA DO DEFUNTO-AUTOR

Voltando ao Brasil, a chamado do pai, para assistir à agonia da mãe, Brás narra esse momento em dois capítulos contrastantes. No primeiro, "Triste, mas curto", medita sobre o absurdo do sofrimento e da morte. No segundo, "Curto, mas alegre", rejubila-se pela absoluta liberdade que lhe dá a condição de morto:

"Talvez espante ao leitor a franqueza com que lhe exponho e realço a minha mediocridade; advirta que a franqueza é a primeira virtude de um defunto. Na vida, o olhar da opinião, o contraste dos interesses, a luta das cobiças obrigam a gente a calar os trapos velhos, a disfarçar os rasgos e os remendos, a não estender ao mundo as revelações que faz à consciência; e o melhor da obrigação é quando, à força de embaçar os outros, embaça-se o homem a si mesmo, porque em tal caso poupa-se o vexame, que é uma sensação penosa, e a hipocrisia, que é um vício hediondo. Mas na morte, que diferença! que desabafo! que liberdade! Como a gente pode sacudir fora a capa, deitar ao fosso as lentejoulas, despregar-se, despintar-se, desafeitar-se, confessar lisamente o que foi e o que deixou de ser! Porque, em suma, já não há vizinhos, nem amigos, nem inimigos, nem conhecidos, nem estranhos; não há plateia. O olho da opinião, esse olhar agudo e judicial, perde a virtude, logo que pisamos o território da morte; não digo que ele se não estenda para cá, e nos não examine e julgue; mas a nós é que não se nos dá do exame nem do julgamento. Senhores vivos, não há nada tão incomensurável como o desdém dos finados."

São reflexões ardidas que desenrolam por inteiro o terceiro fio do nó ideológico. Tudo nesse desafogo encarece a ideia de que só a perspectiva de defunto autor dá margem ao desengano radical de quem pode dizer a verdade a respeito dos outros e, sobretudo, de si mesmo. O trabalho da autoanálise e da sátira introjetada descobre o *homem subterrâneo*, aquele subsolo do *eu* machadiano, que Augusto Meyer iluminou sob a inspiração de suas leituras de Dostoiévski e de Pirandello. Como os estudos comparatistas abrem caminhos para nossas leituras brasileiras!

O enovelamento de *presente vivido* e *passado refletido* é inerente à composição das *Memórias póstumas*. Se esse procedimento não fosse efetivo e constante, o leitor se perderia não só em relação aos tempos narrativos como também em relação ao significado ideológico de cada episódio. É preciso distinguir em cada comentário de Brás o que foi dito no momento da experiência vivida e o que será depois meditado e julgado pelo defunto-autor. O narrador está ciente do risco da confusão cronológica e semântica, pois, a certa altura, sente a necessidade de esclarecer a um eventual crítico da obra o mecanismo de seu procedimento. É o que faz no breve capítulo 138, "A um crítico".

"Meu caro crítico,
"Algumas páginas atrás, dizendo eu que tinha cinquenta anos, acrescentei: 'Já se vai sentindo que o meu estilo não é tão lesto como nos primeiros dias'. Talvez aches esta frase incompreensível, sabendo-se o meu atual estado; mas eu chamo a tua atenção para a sutileza daquele pensamento. O que eu quero dizer não é que esteja agora mais velho do que quando comecei o livro. A morte não envelhece. Quero dizer, sim, que em cada fase da narração da minha vida experimento a sensação correspondente. Valha-me Deus! é preciso explicar tudo."

Mais do que mera proximidade entre os fios, as memórias sentidas e pensadas dão ao leitor a imagem de um enlaçamento.

O nó irá depois compor-se ou desatar-se ao bel-prazer do narrador. Brás irá ora apenas relatar as suas aventuras galantes e as suas safadezas de ricaço irresponsável, ora satirizá-las à luz de um critério progressista; ora, enfim, modelar a mesma matéria na frase sentenciosa que explora a fragilidade do ser humano na melhor tradição de análise moral seis-setecentista. São dimensões que não se excluem na medida em que se interpenetram no andamento narrativo.

O EPISÓDIO DE EUGÊNIA: O PANDEMÔNIO E A TRAGÉDIA

Quanto à terceira dimensão, machadiana por excelência, será tematizada no capítulo que se segue à tomada de consciência pela qual Brás defunto advertira o leitor de que nada o impediria de deixar cair as máscaras sociais.

É o capítulo "Na Tijuca". Brás, abalado pela morte da mãe, refugia-se em uma chácara da família, onde pretende viver a sós consigo e curtir a dor do luto recente. Depois de alguns dias de solidão, um tédio ao mesmo tempo voluptuoso e aborrecido o invade, e essa "volúpia do aborrecimento" faz que nele desabotoe "a flor amarela, solitária e mórbida" da hipocondria. Aqui o fio da autoanálise existencial é a linha forte da narrativa, deixando temporariamente na sombra as instâncias ideológicas para trazer ao primeiro plano a fenomenologia do homem subterrâneo.

Mas logo os seus humores mudariam. Disposto a voltar ao convívio da família e dos amigos, Brás está de malas prontas para deixar o sítio, quando Prudêncio o avisa de que uma velha e dedicada amiga de sua mãe, dona Eusébia, se mudara para uma casa próxima com a filha, e pede-lhe que as visite por dever de cortesia. Brás concorda e vai saudá-las. Entramos no episódio de Eugênia, a flor da moita.

Durante a visita aparece Eugênia. A moça e Brás enamoram-se. Em Brás, é mais um fogacho sensual; em Eugênia, o primeiro amor. O encontro será a revelação de duas assimetrias pungentes: Brás é um rapagão sadio, estuante de vida e ambições. Eugênia é coxa. Brás é rico, Eugênia é uma pobre moça bastarda, flor da moita, fruto de encontros clandestinos. Brás, depois de um breve desfrute do namoro, retrocede temeroso de que Eugênia, coxa e pobre, espere dele um pedido de casamento, que lhe parece inviável. Inventa desculpas para fugir da moça e voltar para casa. Eugênia compreende tudo num relance, deixa bem claro que não acredita nas palavrinhas hipócritas de Brás e aceita com dignidade a sua desilusão.

À primeira vista, teríamos duas dimensões: a do Brás Cubas vivo, que age levianamente; e a do Brás Cubas defunto, que se julga, consciente da sua conduta covarde e preconceituosa.

Transpondo para a metáfora dos fios ideológicos, teríamos:
a) em um primeiro momento, a vigência ostensiva da mentalidade preda-

tória, conservadora e excludente, pela qual há classes que merecem ser privilegiadas e classes que, por natureza, devem ser usadas e marginalizadas (mentalidade hegemônica nos anos de juventude de Brás);

b) em um segundo momento, o narrador introduz a reação suposta de um leitor, "alma sensível", que, já vivendo uma mentalidade progressista, liberal-democrática, chama o narrador de "cínico".

Vamos à abertura do capítulo, em que essa relação leitor-narrador vem formulada, verdadeira cunha penetrando no corpo da narrativa: "Há aí, entre as cinco ou dez pessoas que me leem, há aí uma alma sensível, que está decerto um tanto agastada com o capítulo anterior, começa a tremer pela sorte de Eugênia, e talvez... sim, talvez, já no fundo de si mesma, me chame cínico".

Aquele mesmo fio idealista, ético, do romantismo social dos anos 1860, estaria, pela voz do leitor imaginário, arrochando o fio da velha ordem iníqua, que colocava interesses e preconceitos acima dos sentimentos.

Mas o defunto-autor, enveredando por outro caminho, que já não é nem o velho nem o novo liberalismo, nem o jovem cínico, nem o leitor idealista, defende-se em nome de uma concepção universalizante que tem por centro a exploração existencial do ser humano: "Não, alma sensível, eu não sou cínico, eu fui homem".

Nós, leitores, estamos naturalmente curiosos de saber o que era "ser homem" para esse narrador que não quer ser julgado pelos parâmetros da ética democrática do seu severo leitor. E ficamos sabendo que ser homem é ser, acima de tudo, contraditório, refratário à imagem identitária que aquela moral exige de cada um de nós:

> "Não, alma sensível, eu não sou cínico, eu fui homem; meu cérebro foi um tablado em que se deram peças de todo gênero, o drama sacro, o austero, o piegas, a comédia louçã, a desgrenhada farsa, os autos, as bufonerias, um pandemonium, alma sensível, uma barafunda de cousas e pessoas, em que podias ver tudo, desde a rosa de Esmirna até a arruda do teu quintal, desde o magnífico leito de Cleópatra até o recanto da praia em que o mendigo tirita o seu sono. Cruzavam-se nele pensamentos de vária casta e feição. Não havia ali a atmosfera somente da águia e do beija-flor, havia também a da lesma e do sapo. Retira, pois, a expressão, alma sensível, castiga os nervos, limpa os óculos — que isso às vezes é dos óculos, — e acabemos de uma vez com esta flor da moita."

O eixo dessa legítima *métaphore filée* é a imagem de um palco, de um tablado, o que remete a uma concepção teatral da vida humana, mas uma vida que não é apenas representação; diríamos, com Schopenhauer, uma vida feita de vontade e representação. Ou, ainda melhor, de veleidades e representações. Sensações caprichosas alimentam imagens mutantes.

Nesse palco não se obedece, manifestamente, às regras das unidades clássicas. Há lances de todo gênero, e o narrador se compraz em evocar a presença das formas dramáticas mais contrastantes, que vão do sacro à bufonaria, tudo resumido por uma palavra expressiva do caos, *pandemonium*. O termo foi criado por Milton e está no *Paradise Lost*, significando uma confusão de todos os diabos.

Como se pode exigir coerência moral e equânime nobreza de sentimentos, se convivem nessa alma a águia e o beija-flor, a lesma e o sapo? Alma que voa alto, alma que adeja pelas flores, mas também alma que se arrasta pelo chão ou chafurda no pântano.

Um dos moralistas franceses mais perspicazes, com que Machado particularmente se afinava, La Rochefoucauld, ao advertir as dissonâncias e estridências que cada um de nós abriga em si, plasmou a sua percepção nesta frase lapidar: "Somos às vezes tão diferentes de nós mesmos como o somos dos outros".[512] E de outro agudo moralista, este dos meados do século XVIII, capaz de admirar os estilos opostos de Pascal e Voltaire, Vauvenargues, lembro um pensamento análogo:

"Saibam que o mesmo gênio que faz a virtude produz às vezes grandes vícios. O valor e a presunção, a justiça e a dureza, a sabedoria e a volúpia por mil vezes se confundiram, se sucederam ou se aliaram. Os extremos se encontram e se reúnem em nós. Antes de nos enrubecermos por sermos fracos, meu caríssimo amigo, nós seríamos menos desarrazoados se nos enrubecêssemos por sermos homens."[513]

A rigor, temos variantes do mesmo topos da *concordia discors*, invertido em *discordia concors*, ou seja, o reconhecimento das contradições extremas que convergem e habitam em um mesmo ser, o homem.

Atente-se para a mescla arbitrária de gêneros, tons e humores desse palco de cenas desencontradas. Cada cena, animada por diferente sentimento, dura um momento, talvez breve, talvez longo, mas a força que a sustém e a sua duração não dependem de uma vontade firme e coesa. Diríamos, em termos psicanalíticos, que os impulsos em causa, gestados no Inconsciente, assumem formações imaginárias, rebeldes à consciência moral?

---

512. La Rochefoucauld, *Réflexions ou sentences et maximes morales*. Paris: Garnier, 1954.

513. Vauvenargues, "Conseils à un jeune homme", em *Œuvres choisies*. Paris: Garnier, 1954, p. 233.

Nas máximas de La Rochefoucauld a condição involuntária dos afetos vem traduzida de modo conciso, clássico: "*La durée de nos passions ne dépend pas plus de nous que la durée de notre vie*" (quinta máxima). A décima máxima é ainda mais incisiva e melhor quadra à instabilidade dos humores e gêneros conflitantes na alma de Brás: "*Il y a dans le cœur humain une génération perpétuelle de passions; en sorte que la ruine de l'une est presque toujours l'établissement de l'autre*".

Esse coração humano, reduzido e concentrado, por obra da metonímia, ao amor-próprio, seu âmago existencial, é desnudado pela análise do mesmo La Rochefoucauld em uma página admirável de intuição e movimento. Desse texto fundador, suprimido pelo autor na edição de 1666, extraio apenas algumas sentenças, lembrando que em todas o sujeito dos predicados é sempre o amor-próprio:

> "Nada é tão impetuoso quanto seus desejos, nada tão oculto quanto seus desígnios, nada tão prudente quanto suas condutas; sua flexibilidade não se pode representar, suas transformações ultrapassam as das metamorfoses, e seus refinamentos, os da química. Não se pode sondar a sua profundidade, nem perfurar as trevas dos seus abismos. [...] Muitas vezes ele é invisível a si mesmo, então concebe, alimenta e cria, sem o saber, um grande número de afetos e ódios, e os forma tão monstruosos que, ao trazê-los à luz, não os reconhece ou não pode resolver-se a confessá-los. [...] Ele é todos os contrários: é imperioso e obediente, sincero e dissimulado, misericordioso e cruel, tímido e audacioso. [...] É inconstante, e além das mudanças que dependem de causas exteriores, há uma infinidade que nasce dele e de seu próprio fundo; ele é inconstante na inconstância, na leviandade, no amor, na novidade, na lassidão e na repugnância; é caprichoso [...] vive de tudo, vive de nada. Eis a pintura do amor-próprio, cuja vida inteira não é senão uma grande e longa agitação; o mar é sua imagem sensível, e o amor-próprio encontra no fluxo e refluxo de suas vagas contínuas uma fiel expressão da sucessão turbulenta de seus pensamentos e de seus eternos movimentos."[514]

Pascal, outro autor de cabeceira de Machado, fora mais longe e escarnecera de nossas presunções a seres racionais com esta apóstrofe lançada no mais superlativo italiano, *O ridicolosissimo eroe!*. Mistura de cômico e épico.

De passagem: o mesmo Pascal, admitindo os contrastes em luta no homem, diz, porém, que este não é nem anjo nem besta, "*ni ange ni bête*". Brás Cubas

---

514. La Rochefoucauld, *Œuvres*. Paris: Gallimard/Pléiade, 1964.

corrige atrevidamente o filósofo: ao ver Nhã-loló no teatro, sentiu que nele coabitavam o casto anjo e a besta lasciva.

Qual a matriz dessa imagem de um ser maravilhoso e monstruoso ao mesmo tempo? Quem frequentou os pensamentos de Pascal, a *Phèdre* de Racine e os escritos dos jansenistas reconhecerá semelhanças na descrição fenomenológica, que, porém, nas *Memórias póstumas* não é confortada pela dimensão religiosa. Brás parece no fundo um descrente, emerso do contexto convencionalmente católico onde nasceu e cresceu.

O nó conta, de novo, com aquele terceiro fio, tecido de pura perplexidade. Qual o sentido do ser humano? Qual a consistência do *eu*? E há outra pergunta, porventura mais pungente: qual o sentido que se pode atribuir à existência mesma de Eugênia, a flor da moita?

Descendo da Tijuca, forrado das mais pífias racionalizações ("Vinha dizendo a mim mesmo que era justo obedecer a meu pai, que era conveniente abraçar a carreira política... que a constituição... que a minha noiva... que o meu cavalo..."), Brás chegou à casa paterna, onde, logo que pôde, descalçou as botas que o apertavam. Respirou aliviado, o que lhe deu ocasião de filosofar sobre a ventura que é usar botas apertadas, pois são elas que dão ao homem o prazer de descalçá-las. Dessa profunda reflexão o seu espírito voejou até a figura da aleijadinha, que já então ele via "perder-se no horizonte do pretérito"... Dando-lhe as costas, Brás concluía que afinal também a sua alma descalçara botas incômodas.

Novamente um lance de cinismo? — perguntará o leitor, talvez aquela mesma alma sensível. Sim e não. A distância não só temporal mas existencial que separa o defunto-autor e o Brás vivo explicará o *não* vindo após o *sim*. Veja-se o que o narrador sente e pensa já postado no seu ângulo da eternidade:

"Tu, minha Eugênia, é que não as descalçaste nunca; foste aí pela estrada da vida, manquejando da perna e do amor, triste como os enterros pobres, solitária, calada, laboriosa, até que vieste também para esta outra margem... O que eu não sei é se a tua existência era muito necessária ao século. Quem sabe? Talvez um comparsa de menos fizesse patear a tragédia humana."

Mantém-se a metáfora teatral. Mas, se antes era dispersa, agora concentra-se e ganha unidade. O *eu* de Brás era um tablado onde se representavam, confundidos, gêneros diversos regidos pelo arbítrio de uma vida à qual a riqueza fácil permitia o desfrute de mil experiências irresponsáveis. Mas na existência do *outro* — Eugênia — o narrador acabará reconhecendo a coesão de um destino que a palavra forte, *tragédia*, resume como nenhuma outra.

O alcance justo das últimas frases do episódio depende da fixação de um matiz semântico. Releia-se o texto: "O que eu não sei é se a tua existência era muito necessária ao século. Quem sabe? Talvez um comparsa de menos fizesse patear a tragédia humana".

Há bastante dúvida nessa sequência. *O que eu não sei*, na primeira proposição. *Quem sabe?*, na segunda. *Talvez*, na terceira. A perplexidade atinge também a nós, leitores. O que significa o verbo *patear*? A acepção corrente é a de vaiar com os pés, no caso, patas, pelo ímpeto com que se apupam os atores do palco. Na frase em tela, essa acepção depende de uma torção sintática, e se pode assim parafrasear: *Talvez um ator de menos fizesse que se vaiasse a tragédia humana*. Ou seja, sem a existência de Eugênia, sem essa triste comparsa, a tragédia humana mereceria ser vaiada.

Temos, porém, pela frente um estilista familiar à língua clássica. O seu léxico admite, aqui e ali, um grão de sal vernaculizante. Por isso, picado pela dúvida, fui ao *Dicionário* de Moraes e nele encontrei uma segunda definição do verbo, quase uma variante. *Patear também quer dizer* sucumbir, malograr, tomar por vencido, *o que não contraria, apenas reforça, a primeira acepção*. Nesse caso o sentido da frase seria:

Talvez um comparsa de menos (sem a existência de Eugênia) fizesse malograr a tragédia humana. Se assim é, o destino de Eugênia foi tristemente necessário para perfazer esse solene gênero dramático cuja unidade sabemos imprescindível.

De todo modo, o episódio da flor da moita é desses que dão ao leitor a possibilidade de puxar a linha da reflexão universalizante do defunto-autor e contrastá-la com a mentalidade mesquinha e preconceituosa que ditava a conduta do Brás vivo.

O INTERESSE E A COOPTAÇÃO DA CONSCIÊNCIA E DA MEMÓRIA

O andamento das *Memórias* é ora narrativo, ora digressivo, e esse mesmo vezo da digressão, tão bem exemplificado no ensaio de Sérgio Paulo Rouanet sobre a forma shandiana da obra, pode remeter tanto à exposição da biografia caprichosa de Brás como a comentários autoanalíticos do defunto autor.[515] Coerente com a metáfora do nó, eu diria que o autor ora estira o fio da mentalidade

---

515. Trata-se do ensaio de Sérgio Paulo Rouanet, *Riso e melancolia* (São Paulo: Companhia das Letras, 2007), cuja leitura recomendo pela riqueza de observações e finura interpretativa.

classista, especialmente sufocante entre os anos 1830 a 1850, deixando transparecer uma crítica democrática dessa ideologia, ora prefere puxar a linha do pensamento cético, entrando em um regime intertextual com a tradição moralista da literatura ocidental.

O estudioso pode deter-se em qualquer episódio, que sempre lhe renderá o reconhecimento de uma das dimensões. O caso do embrulho misterioso, contado a partir do capítulo 52, é perfeito exemplo da capitulação da consciência moral, tema dileto daquela tradição. Brás acaba justificando a retenção do dinheiro encontrado na praia (eram cinco contos de réis!), ao alinhavar vários argumentos especiosos. O leitor atento perceberá que a razão oculta da sua conduta tortuosa é uma só: ninguém tinha presenciado o momento em que ele achara o embrulho e o escondera. La Rochefoucauld já acusara os efeitos anestésicos produzidos pela ausência de testemunhas: "Esquecemos facilmente nossas faltas quando só nós as conhecemos".

No capítulo 72, a mesma necessidade de justificação vem agravada por outro comportamento escuso de Brás: para aplacar os escrúpulos de dona Plácida, que se vexava de ser alcoviteira de um adultério, Brás lhe extorque a cumplicidade com aqueles mesmos cinco contos de réis que depositara no banco à espera de aplicá-los... em alguma boa ação. "A consciência é a mais mutável das regras" — máxima de Vauvenargues — parece latente na maioria dos comportamentos de Brás quando ele tenta legitimá-los. No caso dos amores clandestinos com Virgília na casinha da Gamboa, dona Plácida era a única testemunha, por isso mesmo fazia-se preciso peitá-la. Brás não hesitou em comprar o seu silêncio, apesar de encarecer em mais de um lance a absoluta fidelidade que a velha agregada conservara por sua iaiá Virgília.

Em dimensões mais dramáticas, a modelagem da consciência será tema de um conto terrível, "O enfermeiro", ao qual melhor se ajusta esta variante da frase, sempre da pena de La Rochefoucauld: "Quando só nós conhecemos nossos crimes, estes são logo esquecidos". Ninguém testemunhara a luta cega que dera morte ao doente intratável: depois, o enfermeiro que o matara receberia inesperadamente a sua herança. Vieram remorsos, vieram escrúpulos, mas "os anos foram andando, a memória tornou-se cinzenta e desmaiada"...

EXISTE UMA "IDEOLOGIA" OU UMA "CONTRAIDEOLOGIA" NA OBRA MADURA DE MACHADO DE ASSIS?

Se tentarmos apreender em termos ideológicos a perspectiva de Machado maduro, provavelmente teremos mais êxito em reconhecer tudo quanto ele satirizava do que em identificar alguma tendência de pensamento ou ação a que ele aderisse. O que é a própria definição do espírito cético.

Desconfiando de toda doutrina que se arvorasse em dar esperanças para o destino do gênero humano, o autor das *Memórias póstumas* se apartava, discreta mas firmemente, das correntes filosóficas e das ideologias políticas dominantes na segunda metade do século XIX. Os intelectuais brasileiros que estavam chegando à maturidade (então, em geral, precoce) entre os decênios de 1860 e 1870 tinham à sua disposição pelo menos três vertentes doutrinárias: o liberalismo democrático, monárquico ou republicano (que Nabuco batizaria de "novo liberalismo"), o positivismo e o evolucionismo. Naquela altura já se verificava razoável sincronia entre a nossa vida intelectual e as correntes europeias de pensamento.

O Machado que emerge das crônicas dos anos 1860 optou pela primeira corrente que selaria a sua militância jornalística, no começo francamente inconformista, depois matizada por jocosidades de superfície. Será provavelmente correto afirmar que o liberalismo democrático de Machado em seus anos de maturidade era coerente, mas abstinha-se de toda e qualquer adesão partidária, mostrando-se avesso a atitudes públicas que denotassem sentimentos radicais.

No campo das principais doutrinas filosóficas do tempo, nem o positivismo nem o evolucionismo o atraíram. Pelo contrário, a concepção progressiva e progressista da história da humanidade, partilhada pelos discípulos de Comte e de Spencer, parecia-lhe um contrassenso digno de irrisão.

Com raríssimas exceções, não há imagens de futuro nem pensamentos esperançosos na chamada segunda fase da narrativa machadiana. Os personagens e os narradores em primeira pessoa fazem o percurso do presente para o passado, voltando desenganados pelos reinos da memória. Brás, Bento-Casmurro e Aires que o digam. Quando muito, desfrutam de um presente fugaz e sem amanhã, que os levará à solidão, à velhice desencantada ou, quando muito, diplomática.

Se em *Esaú e Jacó* e no *Memorial de Aires* entrevemos uma atitude cética difusa em relação às certezas do século, nas *Memórias póstumas* é fácil reconhecer momentos satíricos inequivocamente contraideológicos.

A SÁTIRA DO POSITIVISMO E DA RELIGIÃO DO PROGRESSO

O primeiro momento, alongado por vários capítulos, narra o encontro de Brás com Quincas Borba, outrora garboso menino e seu companheiro de escola, agora esquálido mendigo que o aborda, reclama dinheiro e no abraço de despedida furta-lhe o relógio. Dessa figura aparentemente introduzida como simples desvio da narrativa central (que se detinha nos amores de Brás e Virgília), surge a sátira do positivismo. Como se sabe, Auguste Comte concebeu, nos seus anos derradeiros, uma verdadeira contrafacção do catolicismo, com dogmas e liturgia, centrada no culto do Grande Ser, a Humanidade evoluída e enfim redimida pela sua doutrina.

"Humanitas, dizia Quincas Borba, é o princípio das coisas, não é outro senão o mesmo homem repartido por todos os homens. Conta três fases [*também em Comte a história dos homens passa por três grandes etapas*]: a *estática*, anterior a toda criação; a *expansiva*, começo das cousas; a *dispersiva*, o aparecimento do homem; e contará com mais uma, a *contrativa*, absorção do homem e das cousas. O amor, por exemplo, é um sacerdócio, a reprodução um ritual."

O humanitismo positivista receberá do filósofo Borba influxos do evolucionismo. Luta pela vida... "sendo a luta a grande função do gênero humano, todos os sentimentos belicosos são os mais adequados à sua felicidade". Ou "a guerra, que parece uma calamidade, é uma operação conveniente".

Há uma alusão sardônica à obra final de Comte, síntese da sua doutrina política: "O último volume compunha-se de um tratado político; fundado no humanitismo, era talvez a parte mais enfadonha do sistema, posto que concebida com um formidável poder de lógica".

Quincas reaparece demente no fecho do romance. Um estranho doido que tem consciência do seu estado mental. Ainda assim, timbra em cultuar a nova religião dançando passos de uma cerimônia entre lúgubre e grotesca diante dos olhos estupefatos de Brás Cubas. Já se celebravam liturgias positivistas no templo ortodoxo do Rio de Janeiro, em 1880, quando Machado redigia as memórias de Brás.

Nessa aversão ao comtismo trabalhava no pensamento de Machado uma franca relutância em admitir um sentido imanente no tempo histórico. Rejeitava, portanto, a razão mesma do progressismo do século, quer no sistema positivista, quer na concepção evolucionista de tipo spenceriano; esta, louvando-se no darwinismo, aplicava à história da humanidade o critério naturalista pelo qual cada geração premia a vitória dos mais fortes e dos mais aptos, ou seja, dos melhores concorrentes na luta pela sobrevivência. Machado, aliás, não duvidaria dos aspectos cruéis do processo em si, pois os seus enredos apontam para o predomínio da força e da astúcia nas relações entre os homens. Contudo, esse triunfo não lhe merecia apologias científicas ou filosóficas; o seu tom é de estoica, quando não melancólica constatação. Para o pessimista, como é notório, não há por que se alegrar com o peso da fatalidade. A aceitação desenganada, aqui e ali diplomática e, no fundo, humorística é o limite do seu olhar.

O DELÍRIO, ALEGORIA ANTIPROMETEICA

Creio que nenhuma passagem das *Memórias póstumas* terá dito com mais verdade esse encontro de visão da História e sentimento da precariedade do sujeito do que o capítulo do delírio. Alegoria antiprogressista por excelência?

Não terá sido casual a posição do episódio do delírio no corpo das memórias. Alegoria febril da Natureza e da História, a visão do agonizante precede a reconstituição da sua biografia. Lida a narração na sua inteireza e ressoando ainda no espírito do leitor a nota sombria da última frase — *"Não transmiti a nenhuma criatura o legado da nossa miséria"* —, volta-se às primeiras páginas e melhor se entende esse mergulho no absurdo que é a viagem onírica de Brás às origens da existência humana.

As filosofias do progresso, moeda corrente durante a vida de Machado, ancoravam-se na hipótese da vigência de uma qualidade positiva e cumulativa do tempo. Agindo no cerne dos seres, o tempo vital e o tempo histórico tinham arrancado o homem da sua primitiva animalidade e o elevaram, à custa de embates biológicos e sociais, ao grau de civilização de que o século XIX dava cabal exemplo. A evolução da espécie e a sobrevivência dos mais aptos substituíam o papel milenarmente atribuído à Providência. Vimos como o positivismo forjara uma estranha religião leiga do progresso. Quincas Borba dirá no penúltimo capítulo do livro, intitulado "Semidemência": o humanitismo "era a verdadeira religião do futuro".

Quanto ao evolucionismo, depusera os ícones da divindade bastando-se com o sóbrio culto à ciência. Mas em ambas as filosofias a certeza da perfectibilidade (termo comtiano) da espécie era inabalável. Daí a primazia que davam à dimensão do futuro. A poesia científica dos anos 1870, bem pouco estimada pelo crítico literário Machado de Assis, tirava o seu imaginário das visões do porvir, transfigurando o homem de ciência em novo e indomável Prometeu.

Compare-se o mito de Prometeu, magnificado pelo romantismo social e libertário de José Bonifácio, o Moço, e de Castro Alves, com este Prometeu machadiano, figura do homem definitivamente malogrado:

Prometeu sacudiu os braços manietados
e súplice pediu a eterna compaixão.
Ao ver o desfilar dos séculos que vão
Pausadamente como um dobre de finados.

Mais dez, mais cem, mais mil, mais um bilhão.
Uns cingidos de luz, outros ensanguentados...
Súbito, sacudindo as asas de tufão,
Fita-lhe a águia em cima os olhos espantados.

Pela primeira vez a víscera do herói,
Que a imensa ave do céu perpetuamente rói,
Deixou de renascer às raivas que a consomem.

Uma invisível mão as cadeias dilui,
Frio, inerte, ao abismo um corpo morto rui;
Acabara o suplício e acabara o homem.

"O desfecho" é o título do poema e foi incluído nas *Ocidentais*, coletânea de textos escritos, em sua maioria, pouco antes da redação das *Memórias póstumas*. Leitores perspicazes como Lúcia Miguel Pereira e Manuel Bandeira identificaram em vários deles o prenúncio da passagem do escritor à sua segunda maneira.

Não poderia ser mais radical o contraste da concepção evolucionista da História com o delírio de Brás. A cavalgada alucinante no dorso de um hipopótamo leva o inerme cavaleiro do presente para o mais remoto passado. Mas essa corrida cega em direção às origens não chegará a termo com a descoberta maravilhada do paraíso terrestre perdido pela falta do primeiro par humano. Em lugar das imagens radiosas do Éden bíblico o viajor não contemplará senão infindas planícies cobertas de neve. Tudo neve. O próprio sol é feito de neve. O fundo de onde emergirá a figura impassível da Natureza é de um branco álgido oposto a todo calor vital.

Quanto à alegoria em si mesma, dá a ver uma figura de mulher gigantesca e indiferente que produz, reproduz e destrói cada geração. Sabemos qual a fonte dessa imagem. A erudição luminosa de Otto Maria Carpeaux mostrou, em artigo hoje clássico, que Machado foi buscar no *Diálogo da Natureza com um Islandês*, de Giacomo Leopardi, a concepção da Natureza-madrasta invertendo o *topos* consolador da Natureza-mãe que Rousseau e os românticos haviam figurado.[516]

Também em Machado a mulher, posto que enigmática, consente em dialogar com Brás em delírio. A sua mensagem é fundamentalmente a mesma que sai da boca da Natura leopardiana. Nem benigna nem maligna, ela abandona à

---

516. Otto Maria Carpeaux, "Uma fonte da filosofia de Machado de Assis", em *Reflexo e realidade*. Rio de Janeiro: Fontana, 1978, pp. 215-8.

sorte as criaturas que engendra e continuará engendrando pelos séculos dos séculos. Em resposta aos lamentos indignados do pobre Islandês, que se revolta com a indiferença daquela que todos consideram mãe e fonte de vida, a Natureza só tem estas palavras:

"Tu mostras não compreender que a vida deste universo é um perpétuo circuito de produção e destruição, ligadas ambas entre si de maneira que cada uma serve continuamente à outra e à conservação do mundo; o qual, desde que cessasse ou uma ou outra, chegaria igualmente à dissolução."[517]

Nas *Memórias póstumas*, o inerme viajor pergunta à Natureza: "Quem me pôs no coração este amor da vida, senão tu? e, se eu amo a vida, por que te hás de golpear a ti mesma, matando-me?".

Responde-lhe a Natureza: "Porque já não preciso de ti. [...] Egoísmo, dizes tu? Sim, egoísmo, não tenho outra lei. Egoísmo, conservação".

Reponta aqui a palavra-chave, comum ao delírio de Brás e ao diálogo leopardiano, *conservação*.

Franqueado esse momento de encontro, os textos seguem caminhos diversos. Em Leopardi, a *operetta morale* está chegando ao termo, e o Islandês não terá tempo de prosseguir nos seus vãos protestos, pois sobrevêm dois leões famélicos que o devoram para se sustentarem ao menos pelo resto daquele dia. Mas o narrador acrescenta que corre outra versão para contar a morte do Islandês: uma ventania ferocíssima o teria lançado em terra e sobre os seus despojos edificou-se um soberbo mausoléu de areia. Ressecado com o passar dos séculos, ele converteu-se em uma bela múmia que, descoberta por alguns viajantes, foi deposta em um museu de não se sabe qual cidade da Europa.

Nas *Memórias póstumas* o nosso delirante conhecerá outras vicissitudes. A Natureza o arrebata ao cimo de uma montanha e o faz contemplar, através de um nevoeiro, o desfile dos séculos, alegoria da História. Os cenários sucedem-se, as civilizações aparecem e desaparecem, crescendo umas sobre as ruínas das outras. O espetáculo, que poderia ser grandioso, acaba virando pesadelo. Os tempos se aceleram até chegar o presente. Produção, destruição, eterna conservação da Natureza à custa de sucessivas gerações, "todas elas pontuais na sepultura". "O minuto que vem é forte, jucundo, supõe trazer em si a eternidade, e

---

517. Giacomo Leopardi, "Dialogo della Natura e di un Islandese", em *Tutte le opere di Giacomo Leopardi*. Org. de Francesco Flora, 4ª ed. Milão: Arnaldo Mondadori, 1951, p. 888. O diálogo consta das *Operette morali* e teria sido redigido, segundo Flora, em maio de 1824. Machado leu-o no original italiano.

traz a morte, e perece como o outro, mas o tempo subsiste." Quanto aos séculos futuros, mal pôde Brás entrevê-los, tão céleres se lhe depararam e tão monótonos na semelhança com os que os precederam. Nada há que esperar do porvir.

Entende-se agora, transposta em plano universal, a frase com que o defunto-autor encerrou a própria biografia. O que as gerações transmitem aos pósteros é o legado da sua miséria.[518]

Uma questão não apenas nominal é saber se o termo *ideologia* se coaduna com essa tradição de pensamento sobre o ser humano e a sua história, aqui genericamente assumida como moralista com matizes céticos e pessimistas.

Conviria, nesta altura, lembrar a distinção estabelecida por Mannheim entre um *sentido político forte e valorativo* e um *sentido cultural difuso* do termo.

O primeiro deriva da *Ideologia alemã* de Marx e Engels: por ideologia entende-se um pensamento que legitima o poder da classe dominante e justifica como naturais e universais as diferenças entre as classes socioeconômicas e os estratos políticos. Ideologia, nesse caso, é basicamente manipulação, distorção, ocultação.

A segunda acepção foi construída pelo historicismo e pela sociologia do saber, tendo por inspirador Dilthey e continuadores, entre si bastante diversos, Max Weber, Scheler e o próprio Mannheim. Ideologia seria sinônimo de visão de mundo, concepção do homem e da História, estilo de época; em suma, complexo de representações e valores peculiar a um determinado país ou a uma determinada cultura.[519]

Em princípio, essa segunda acepção parece ajustar-se melhor ao moralismo seis-setecentista e a todo o estilo de pensamento que desemboca em afirmações desenganadas sobre os móveis do comportamento humano, reduzindo-os ao

---

518. Leopardi anotava no seu diário de pensamentos: "Têm de peculiar as obras de gênio que, mesmo quando representem ao vivo o nada das coisas, mesmo quando demonstrem evidentemente e façam sentir a inevitável infelicidade da vida, mesmo quando exprimam os desesperos mais terríveis, todavia para uma alma grande que se encontre também em estado de extremo abatimento, desengano, nulidade, tédio e desencorajamento da vida, [...] servem sempre de consolação, reacendem o entusiasmo, e não tratando nem representando outra coisa que não a morte, lhe devolvem ao menos por um momento aquela vida que ela havia perdido. E assim aquilo que, visto na realidade das coisas, confrange o coração e mata a alma, visto na imitação, ou de qualquer outro modo, nas obras de gênio (como, por exemplo, na lírica, que não é propriamente imitação), abre o coração e reaviva" (*Zibaldone di pensieri*, em *Tutte le opere*, cit., vol. I, p. 252-3). A mesma redenção do pessimismo mais sombrio por obra da arte foi, mais de uma vez, assinalada por Schopenhauer.

519. Karl Mannheim, *Ideologia e utopia*. Trad. de Sérgio Santeiro. Rio de Janeiro: Zahar, 1972 [1929].

amor-próprio e ao interesse que dobram a seu talante a consciência moral forjando racionalizações as mais variadas.

Entretanto, cumpre historicizar essa mesma tendência, aliás remota nas suas formulações universalizantes, considerando que já estava presente no Eclesiastes, não por acaso várias vezes citado na obra de Machado de Assis. Seria preciso verificar, em cada uma de suas ocorrências, se esse pensamento vem expresso por intelectuais, no caso, moralistas, isolados, cujo raio de ação é limitado, não representando tendências sociais marcadas pela sua vigência efetiva nos respectivos contextos. Ao repensar o conceito de ideologia, Lukács nega que possa convir a um indivíduo e insiste na necessidade de relacioná-lo sistematicamente com os interesses objetivos e as motivações de classes efetivamente empenhadas na luta defensiva ou agressiva pela manutenção de posições hegemônicas no seu contexto social.[520]

Não se deveria, se aceitarmos a restrição de Lukács, falar de uma "ideologia machadiana" mas, na medida em que o moralismo desenganado tem por fim a denúncia da ideologia dominante, tornando-se arma desmistificadora do otimismo interesseiro da burguesia ou do Estado, o seu papel tenderia a ser resistente e contraideológico. Assim, sempre que a ideologia corrente usa das certezas supostamente científicas de uma certa época para legitimar a dominação de uma classe ou de uma nação (caso do evolucionismo manipulado pelo imperialismo), o pessimismo que a contesta, ou o ceticismo que dela duvida, exerceria uma saudável função crítica.

Pode ocorrer, porém, que esse trabalho crítico do moralismo guarde em si uma força inibitória, que é o seu próprio limite. A *pars destruens* da tendência cética pode ser mais poderosa que a *pars construens*. A descrença no ser humano, quando se faz abstrata e radical, impede qualquer projeto de regeneração, quer universal, quer local. O ceticismo, gerado no momento da negação, torna-se paralisante na hora da proposta, que implica sempre um mínimo de esperança. No limite, a contraideologia do pessimismo decai em direção à ideologia do derrotismo, favorecendo, ainda que involuntariamente, a permanência do esquema de forças dominante.

Voltando a Machado de Assis, importa dialetizar as descobertas do intérprete ideológico. O espírito crítico que permeou toda a sua obra levou-o primeiro a denunciar a ideologia excludente e preconceituosa do velho liberalismo oligárquico (e aqui temos o escritor democrático que faz a sátira de certas formas cruéis da nossa sociabilidade conservadora), e depois a universalizar o olhar

---

520. Ver acima (p. 396-7) a citação de Lukács extraída da *Ontologia do ser social*, cit.

negativo estendendo-o ao gênero humano, e aqui temos a visão do ceticismo radical.

O estudo dos romances e contos da fase madura de Machado faz crer que ambas as direções do seu olhar estão presentes nos enredos e sobretudo na construção das personagens. Trata-se de examiná-las caso a caso.

Quanto às crônicas, o fato de Machado tê-las escrito ao longo de toda a sua carreira de jornalista aconselha o intérprete a empreender um trabalho seletivo. Há crônicas de sátira direta da vida política do Segundo Império, o que a leitura dos seus primeiros escritos, entre 1860 e 1867, exemplifica à saciedade. E há um *corpus* bastante homogêneo de crônicas da maturidade que pendem para o desengano profundo não só dos políticos brasileiros como também da política em geral.[521]

Embora sem levar ao extremo divisões cronológicas cortantes, quer-me parecer que se possam reconhecer ao menos duas tendências (a rigor contraideológicas) ao longo da carreira intelectual de Machado: o liberalismo democrático da sua juventude, cujo ponto alto são as suas manifestações abolicionistas, e o moralismo pessimista, que o distingue nitidamente das correntes contemporâneas, o republicanismo jacobino, o positivismo e o evolucionismo.

Depois de puxados os fios existenciais e ideológicos enovelados na fatura das *Memórias póstumas*, o melhor talvez seria atá-los de novo e deixar que formem o nó como fez com eles Machado de Assis.

---

521. Examinei algumas dessas crônicas em "O teatro político nas crônicas de Machado de Assis", em *Brás Cubas em três versões*. São Paulo: Companhia das Letras, 2006.

ÍNDICE REMISSIVO

Abbagnano, Nicola, 51
abolição da escravatura, 153, 212, 294, 296, 297, 300, 315, 316, 319, 320, 326, 331, 335, 336, 339, 340, 341*n*, 344, 349, 351, 353-7, 364, 365, 370
abolicionismo, 140, 316, 323, 332, 333, 334, 335, 337, 342, 346, 352*n*
absolutismo, 26, 108, 278, 364, 405
Ação Católica, 268, 269, 271, 272
açúcar, 217, 218, 296, 308, 325, 333, 356, 361, 366
Adão e Eva, 284
administração pública, 28, 62, 272
Adorno, Theodor, 67, 127, 132*n*, 134, 394, 395
Afeganistão, 49
África, 37, 46, 49, 211, 216, 222, 229, 230, 238, 285, 299, 321, 347, 359, 360
África do Sul, 229
Agostinho, Santo, 22, 104
agressividade, 64, 161, 163, 379
Agricultura nacional (Rebouças), 333, 334*n*, 342
Ahasvérus (Quinet), 314
Alain, 157, 159, 172, 181*n*
Albânia, 122
Alberti, Leon Battista, 114, 115
Alberto Magno, 151

Alemanha, 50, 66, 84, 98, 120, 121, 125, 126, 130, 134, 202, 211, 238, 263, 269, 270, 344, 373, 375, 378, 389
Alencar, José de, 73, 331, 354*n*
Alencastro, Luiz Felipe de, 313, 332
alfabetização, 34, 230, 234, 253
Ali, Smaïl Hadj, 209*n*
alienação, 31, 141, 142, 143, 144, 147, 150, 151, 153, 155, 159, 191, 195, 196, 290
All that is Solid Melts into Air (Berman), 219
Allende, Salvador, 268, 274
Almeida, Luciano Mendes de, 153
Almeida, Manuel Antônio de, 81
alteromundismo, 379
Althusser, Louis, 42
altruísmo, 124, 388
Alves, Castro, 73, 347, 403, 416
América Latina, 29, 84, 155, 229, 230, 234, 238, 240, 241, 259, 268, 272, 273, 274, 402
Américas, 27, 29, 37, 39, 46, 49, 211, 280, 289*n*, 318, 321
Ampère, André-Marie, 141
anabatistas, 126, 139
anarquistas, 120, 159, 164, 179, 262*n*, 374, 376, 387
Andrade, Manuel Correia de, 317
Andrade, Mário de, 152

423

Andrea del Castagno, 114
Andres, Stefan, 152
Andromaque (Racine), 107
anticlericalismo, 317
Antigo Regime, 22, 24, 30, 33, 35, 49, 63, 75, 101, 117, 260, 276
Antigo Testamento, 90, 92, 102, 279, 318
Antígona (Sófocles), 173, 395
Antigos, 16, 20, 51, 113, 378
Antígua, 230, 296, 297
Antilhas, 27, 212, 216, 318, 354, 399
Anti-Slavery Reporter, 334, 357
Anti-Slavery Society, 334, 357, 367
Antonello da Messina, 151
antropologia, 65, 146, 154, 167, 233, 234, 255
Apollinaire, Guillaume, 152
aposentadoria, 239, 372, 387
apropriação do trabalho, 280, 283
aquecimento global, 221
Araújo, Thomaz Nabuco de, 313, 315, 319, 323, 347, 348, 350, 354, 357n, 358, 360, 367, 370, 403, 404n
Ares do mundo, Os (Furtado), 244, 248n, 252
Argan, Giulio Carlo, 109, 110, 111, 112, 113, 114, 115n, 116n, 117, 118, 119
Argélia, 49, 209, 369
Argentina, 59n, 161, 229, 230
Ariès, Philippe, 75n
aristocracia, 79, 96, 108, 140, 328
Aristóteles, 89, 91n, 133, 265
Arizmendi, Jose Maria, 153
Arns, Paulo Evaristo, 153
Arns, Zilda, 153
Aron, Raymond, 39n, 42n
Arrighi, Giovanni, 229
Arrupe, padre, 153
arte, 54, 70, 93, 109, 111, 112, 113, 114, 115n, 116, 117, 118, 119, 128, 154, 170, 171n, 172, 173, 175, 176, 177, 182, 201, 221, 394, 395, 419n
artesanato, 171n, 174
Ásia, 37, 46, 49, 211n, 263
Assembleia Consituinte de 1823, 366

Assis, Machado de, 22, 353, 396, 398, 402, 403, 413, 416, 420, 421
Astronomia, 13, 141
ateísmo, 37, 141
Athalie (Racine), 107
Attlee, Clement, 390, 391
Aubigné, Agrippa d', 152
Auden, W. H., 152
Austrália, 211n, 301, 337
autoritarismo, 124, 149, 373, 374
autorreflexividade, 182, 186, 189, 190
Azevedo, Aluísio, 395
Azevedo, Álvares de, 314
Azevedo, Célia Maria Marinho de, 319n

Babeuf, Gracchus, 64
Bach, Johann Sebastian, 151
Bacha, Edmar, 252n
bacharelismo, 364
Bacon, Francis, 19, 20, 21, 38, 49, 51, 61, 172, 183
Bacon, Roger, 151
Bagehot, Walter, 315, 316
Bahamas, 229, 230
Balduíno, Tomás, 153
Baltar, Antônio Bezerra, 268
Balzac, Honoré de, 81, 152
Banco Mundial, 256
bancos, 95, 325
Bandeira, Manuel, 152, 176, 417
banqueiros, 24, 91, 209, 341
Barbados, 229, 230
barbárie, 15, 45, 49, 52, 53, 261, 305, 322, 380
Barbé, Domingos, 153
Barbosa, Rui, 308, 315, 365, 403
barroco, 16, 155
Barros, Adhemar de, 266
Barth, Hans, 153
Bases e sugestões para uma política social (Pasqualini), 243
Bastos, Aureliano Cândido Tavares, 313, 315, 320n, 323, 333, 337, 339, 343, 363, 364, 365n, 366, 367, 368n, 369, 370, 371, 403
batistas, 98, 151

Battle, José, 124*n*, 375
Baudelaire, Charles, 152, 176
Baxter, Richard, 95, 96
Beaumont, Christophe de, 33
Beccaria, Cesare, 41
Bécquer, Gustavo Adolfo, 152
Beethoven, Ludwig van, 151
Beiguelman, Paula, 341*n*, 376*n*
Bélgica, 120, 121, 238, 269, 352, 403*n*
Bellini, 151
Belo, Ximenes, 153
Benevenuto de Santa Cruz, Frei, 272
Benjamin, Walter, 125, 127, 140, 175, 176, 195, 210
Benker, Yochai, 175
Bentham, Jeremy, 97, 311*n*
Bento, Antônio, 153, 332
Berdiaef, Nikolai, 152
Bergson, Henri, 152
Berkeley, George, 152
Berman, Marshall, 219
Bernanos, Georges, 152
Bernardo, Marcia Hespanhol, 162*n*
Bernini, 151
Bethell, Leslie, 334*n*, 350*n*
Bevan, Aneurin, 391
Beveridge, William Henry, 381, 389, 390, 391
Bevin, Ernest, 390
Beza, Theodoro de, 91
Bíblia, 37, 85, 88, 89, 91*n*, 92, 94, 98, 149, 215, 218, 284
Bicudo, Hélio, 153
Biéler, André, 85*n*, 91, 92*n*
biocombustíveis, 251
biomassa, 251
Birck, Françoise, 387*n*
Bismarck, Otto von, 344, 389
Bizâncio, 110
Blake, William, 152
Blanqui, Louis-Auguste, 64
Bloch, Ernst, 125, 126, 139, 140, 156*n*, 188, 195
Blok, Aleksandr, 152
Blondel, Maurice, 152

Bloy, Léon, 152
Boaventura, 151
Bobbio, Norberto, 28*n*, 32, 56*n*, 58*n*, 72, 278
Bocaiuva, Quintino, 313, 335, 365, 403
Boccaccio, Giovanni, 152
Boehme, Jacob, 152
Boell, Heinrich, 152
Boileau, 152
bolchevismo, 392
Bolívia, 230
bom selvagem, 14, 16, 23
bombas atômicas, 49
Bonhoeffer, Dietrich, 153
Bonifácio, José, 365*n*, 366
Bonifácio, José (o Moço), 313, 367, 403, 416
Bordiga, Amadeo, 177*n*
Bosch, Hyeronimus, 151
Bosi, Ecléa, 158*n*, 160, 336*n*
Bossuet, Jacques-Bénigne, 24, 152
Botticelli, 113, 115*n*, 118, 151
Bouglé, Célestin, 373, 386
Bourbon, ilha de, 354
Bourgeois, Léon, 373, 382, 388
Boutang, Yann Moulier, 295, 296*n*, 297
Bovero, Michelangelo, 32*n*
Brahms, Johannes, 151
Brasil, 14, 28, 79, 125, 139, 155, 214, 216, 227, 229-32, 240, 242, 248-9, 251, 253, 257-8, 262*n*, 265, 269-72, 274, 297, 310, 317-8, 320, 322, 324, 327, 331, 333, 337, 340, 348-9, 356, 357*n*, 358-61, 366, 368-9, 371, 373-4, 377-8, 389, 392, 398-400, 402, 405
Brasil pós-"milagre", *O* (Furtado), 247, 252
Braudel, Fernand, 117, 372
Brecht, Bertolt, 175, 176
Brentano, Franz, 152
Bresser-Pereira, Luiz Carlos, 235*n*
British and Foreign Society, 321
Brizola, Leonel, 274*n*
Broglie, duque de, 354, 357
Brückner, Anton, 151
Brunelleschi, 114, 115, 151
Bruno, Giordano, 16, 152
Buber, Martin, 152

425

Buchanan, James, 97
Bueno, Pimenta, 349, 351, 354, 357n, 367
Bukharin, Nikolai, 68
Bunyan, John, 152
Buret, Eugène, 194n, 291, 388
burguesia, 47, 64, 68, 79, 80, 96, 105, 108, 115, 123, 124, 132, 139, 140, 163, 211, 213, 219, 220, 237, 239, 271, 282, 284, 340, 350, 377, 378, 399, 402, 403, 420
Burkhardt, Jacob, 74, 114
burocracia, 46, 122, 134, 158, 160, 178, 261, 301, 342, 343, 364
Bury, J. B., 50n
Bush, George, 98n
business, 88
Buxton, Thomas Fowell, 153, 334
Byron, Lord, 73

Cabana do Pai Tomás, A (Stowe), 318
Cabanis, Pierre-Jean-Georges, 62
Cadernos do cárcere (Gramsci), 68, 69, 179, 181
Cairu, visconde de, 399n
Calcutá, Teresa de, 153
Calhoun, John Caldwell, 303, 304n, 305, 306, 307, 308, 310, 312, 317, 353n
calvinismo, 36, 83, 84, 91, 93, 94, 96
Calvino, João, 15, 84, 85, 86, 90, 91, 92, 93, 94, 95, 107, 151, 265
Câmara, Hélder, 153, 266, 271, 272
Camboja, 49
Camões, Luís Vaz de, 76, 152, 214
Campanella, Tommaso, 123, 127, 128, 152
camponeses, 16, 24, 75n, 121, 126, 127
Campos, Martinho, 307, 317, 336
Camus, Albert, 158, 181
Caneca, Frei, 153
Canetti, Elias, 11
canibais, 15
Capital, O (Marx), 125, 197, 219, 222, 244, 264, 290, 292
capitalismo, 27-8, 49, 64, 77, 83, 84, 90, 92, 95, 98, 120-2, 127, 134, 142, 158, 164, 166-7, 178, 186, 193-4, 199, 202, 209-10, 219-20, 222-3, 227, 237-40, 242, 244, 248-9, 255, 257, 261-3, 265, 275, 289-90, 295, 299, 302-3, 307, 341, 352, 359, 364, 373-4, 377, 379, 389, 392, 400n, 402, 405
Cardenal, Ernesto, 152
Cardoso, Fernando Henrique, 252, 265, 393n
Caribe, 230
Carlos IX, rei da França, 14
Carlos V, rei da Espanha, 91
Carlos VIII, rei da Dinamarca, 353
Carlos X, rei da França, 209
Carone, Edgard, 343n, 377n, 378n
Carpeaux, Otto Maria, 81n, 417
Carta aos Senhores Eleitores da Província de Minas Gerais (Vasconcellos), 309
Carta de 1814, 63, 401
Carta del Lavoro, 374
Cartas do solitário (Tavares Bastos), 363, 364n, 366, 367
Cartas persas (Montesquieu), 17, 38, 286
Carvalho, Ana Rosa Falcão de, 328, 329, 330n
Carvalho, José Murilo de, 301n, 302, 308, 334n, 335n, 342, 403n
Casa Branca, 98, 271
Casaldáliga, Pedro, 153
Casalecchi, José Ênio, 343n
Cassirer, Ernst, 116, 117n
Castel, Robert, 291, 292, 293, 294
Castilhos, Júlio de, 242, 374
Castro, Josué de, 259, 271
Catecismo dos industriais (Saint-Simon), 208
catolicismo, 36, 83, 92, 93, 109, 121, 141, 153, 259, 261, 262, 264, 373, 415
caudilhismo, 324
Cavalcanti, Guido, 151
Centro Liberal, 368, 403n
centro-direita, 239
centro-esquerda, 239, 272, 273, 274, 374, 379
Cepal (Comissão Econômica para a América Latina), 234, 241, 252, 258, 259, 268, 269, 273, 274
Cervantes, Miguel de, 152

ceticismo, 20, 21, 33, 36, 81, 130, 131, 344, 420, 421
Chacon, Vamireh, 403*n*
Chagal, Marc, 151
Chardin, Teilhard de, 152
Charles I, rei da Inglaterra, 96
Chateaubriand, François-René de, 73, 152
Chaucer, Geoffrey, 152
Chenavier, Robert, 174
Chesterton, G. K., 152
Chile, 229, 230, 234, 273
China, 18, 122, 198, 229, 253, 258, 341*n*
Chonchol, Jacques, 268, 274
Christian Directory (Baxter), 95
Churchill, Winston, 390
Cícero, 54
cidadania, 28, 64, 140, 185
Cidade do Sol, A (Campanella), 127
Ciência nova (Vico), 50, 51, 52, 53, 54
ciências naturais, 45, 70, 73
cinismo, 34*n*, 134, 404, 411
Círculo dos Proletários Positivistas, 387
classe média, 96, 252, 294, 332, 343, 383
classe operária, 68, 120, 122, 124, 125, 127*n*, 164, 167, 181*n*, 195, 218, 240, 262, 264, 291, 295, 302
classes dominantes, 64, 72, 121, 122, 186
Claudel, Paul, 152
Clemente XIII, papa, 33
clero, 24, 108, 155, 208, 211, 213, 260
CLT (Consolidação das Leis do Trabalho), 374
Clube da Reforma, 315, 366, 368, 370
Clube de Roma, 250
CNBB (Conferência Nacional dos Bispos do Brasil), 272
Cochin, Augustin, 357*n*
Código Civil brasileiro, 350
Código Civil napoleônico, 117, 295, 352, 384, 402
Código negro, 18, 216, 318, 360
coeficiente Gini, 231
Coleridge, Samuel Taylor, 152
Collor, Fernando *ver* Mello, Fernando Collor de, 393

Collor, Lindolfo, 124*n*, 242, 374, 375, 392, 393*n*
Colômbia, 229, 230, 269
Colombo, Cristóvão, 212
colonização, 15, 205, 207, 209, 210, 211, 214*n*, 231, 284, 301, 317, 318, 321, 337, 369*n*, 375
Comenius, 153
comércio, 20, 25*n*, 41, 46, 47, 49, 85, 94, 193*n*, 219, 294, 308, 321, 337, 351, 352, 361, 364, 400
Comparato, Fábio Konder, 27*n*
competitividade, 161, 163, 379
Comte, Auguste, 14, 43, 50, 51, 67, 123, 124, 125, 137, 208, 355, 386, 388, 414, 415
Comuna de Paris, 367
comunismo, 123, 124, 125, 177, 221, 271
concentração de renda, 229, 246, 247, 248, 249, 252, 263, 265
Concílio de Trento, 15, 92
Concílio Vaticano II, 273
Condorcet, 43, 44, 45, 46, 47, 48, 49, 50, 58, 81
conformismo, 166, 186, 220, 221
Conhecimento e interesse (Habermas), 137*n*, 186*n*, 189
Conselho de Estado, 342, 357*n*, 358, 377
conservadorismo, 32*n*, 73, 139, 155, 242, 334*n*, 346, 356, 405
"Considerações sobre o caso brasileiro" (Furtado), 245
Consolidação das Leis Civis (Freitas), 350
Constant, Benjamin, 289, 309, 349, 401*n*
Constantino, imperador, 13
Constituição brasileira de 1824, 63, 350
Constituição Civil do Clero, 108
Constituição de Weimar, 374
Constituição inglesa, A (Bagehot), 315
Constituições Fundamentais da Carolina, 285*n*
consumismo, 250, 265, 380
Contrarreforma, 13, 15, 80, 155, 211, 213
Contrato social, O (Rousseau), 24, 25*n*, 30, 31, 32, 33, 38, 40, 44, 128
coolies, 296, 341*n*

Copérnico, Nicolau, 45, 183
Coreia do Norte, 122
Coreia do Sul, 250
Corneille, Pierre, 152
corrida armamentista, 198
corrupção, 29n, 30, 44, 45, 53, 102, 145, 154, 367
Cortiço, O (Azevedo), 395
Costa Rica, 229, 230
Costa, Cláudio Manuel da, 312
Costa, Emília Viotti da, 298n, 302
Cousin, Victor, 385
crash de 1929, 389
crianças, 12, 34, 35, 201, 214, 230, 253, 292, 361, 373n
cristianismo, 56, 102, 104n, 111, 126, 152, 154, 181, 209, 314, 317, 324, 360, 363, 373
Croce, Benedetto, 51, 53, 54, 69, 76, 176, 181n, 204
Cruz e Sousa, João da, 152
Cruzadas, 213
Cuba, 28, 97, 122, 229, 230, 258, 353, 399
culturalismo, 74, 119, 131, 132

D'Alembert, Jean le Rond, 44, 45, 105
D'Holbach, Paul Henri, 35
Dale, Romeu, 264n
Dante Alighieri, 76, 113, 151, 152, 184, 395
Darwin, Charles, 72, 73n, 183, 199
darwinismo, 72, 73, 415
Dauzat, Albert, 14
Davatz, Thomas, 297, 298, 299, 300
De Gaulle, Charles, 153, 157, 391
De Sanctis, Francesco, 76
Declaração Americana dos Direitos, 135
Defoe, Daniel, 94
degradação ambiental, 250
deísmo, 141
Delacroix, Eugène, 151
democracia, 31, 40, 91, 121, 128, 134, 140, 177, 239, 243, 258, 269, 270, 271, 272, 273, 289n, 314, 318, 331, 334n, 346, 354, 367, 369, 380, 389

Descartes, René, 21, 45, 53, 141, 152, 155, 157, 183, 191
desemprego, 250, 262, 264, 381, 387, 388
desenvolvimentismo, 221, 236, 240, 243
desenvolvimento, 98, 163, 184, 198, 199, 200, 201, 207, 213, 221, 229, 233, 234, 235, 236, 237, 240, 245, 246, 251, 253, 254, 259, 263
desenvolvimento sustentável, 185, 221
desigualdade social, 392
despotismo, 37, 38, 41, 146, 277, 304, 311, 389
desregulamentação, 295, 379
Desroche, Henri, 152
determinismo, 69, 98, 171, 235, 244
Deus, 22, 27, 35, 36, 84, 85, 86, 90, 92, 93, 94, 95, 96, 97, 101, 102, 104n, 105, 106, 107, 141, 143, 144, 146, 147, 148, 149, 150, 151, 154, 156, 200, 212, 215, 279, 280, 318, 326, 327, 329, 341, 351, 361, 406
Dialética da colonização (Bosi), 76n, 210n, 242n, 346n, 376n, 400
Diálogo da Natureza com um Islandês (Leopardi), 417
Diálogos (Platão), 11
Diário Carioca, 375
Dias, Gonçalves, 152
Dickens, Charles, 81, 152, 295
Dickinson, Emily, 152
Dictionnaire étymologique (Dauzat), 14
Diderot, Denis, 14, 16, 33
Dieu caché, Le (Goldmann), 93, 100n, 101, 106, 108
Dilthey, Wilhelm, 51, 55, 74, 78, 131, 140, 189, 190, 419
Dinamarca, 353
dinheiro, 28, 29, 80, 83, 87, 89, 90, 96, 111, 146, 150, 163, 174, 265, 279, 280, 281, 282, 283, 297, 311, 314, 339, 352, 413, 414
direita, 63, 161, 196, 266, 274, 374
direito de propriedade, 25, 30, 280, 304, 352, 360, 361, 364, 402
direito natural, 278, 287, 306, 358, 359, 362

Discurso sobre a origem da desigualdade (Rousseau), 23, 25, 30, 128
Discurso sobre as ciências e as artes (Rousseau), 23
Discurso sobre o conjunto do positivismo (Comte), 124
distribuição de renda, 231, 236
Divina Comédia (Dante), 76, 396
divisão do trabalho, 95, 97, 158, 159, 160, 161, 164, 165, 167, 201, 202, 204, 208
dogmatismo, 21, 195, 397
Döllinger, Johann Joseph Ignaz von, 315
Dom Casmurro (Machado de Assis), 396
Donatello, 113, 114, 151
Donne, John, 152
Dos delitos e das penas (Beccaria), 41
Dostoiévski, 152, 395, 396, 406
Dreyfus, Alfred, 155
Du Pin, La Tour, 373
Duhamel, Olivier, 401*n*
Durkheim, Émile, 14, 67, 137, 209, 373, 383, 386
Dutra, marechal, 271, 392

Ebreo, Leone, 152
Eckhart, mestre, 151
economia, 26, 28*n*, 30, 44, 62, 122, 124, 127, 134, 150, 154, 159, 166, 171, 177, 192*n*, 194, 195, 197, 201, 209-10, 221-2, 228, 239-42, 246, 249-50, 252, 254, 263-4, 265-6, 272, 274, 281, 287, 290, 292, 299, 301, 306, 308-11, 335, 340, 355, 362, 366, 377, 380, 381, 385, 389, 399
Economia e Humanismo, movimento, 242, 258, 261, 262, 263, 264, 265, 266, 267, 268, 269, 270, 272, 273, 274
economicismo, 142, 220, 221, 234, 235, 245, 248
Économie et Humanisme, 259*n*, 268*n*, 270*n*, 271
Écrits sur la grâce (Pascal), 107
Edito de Nantes, 18
educação, 20, 31, 34, 35, 43, 53, 54, 65, 73, 78, 80, 84, 180, 181, 221, 228, 231, 234, 236, 316, 325, 336, 343, 353, 361

egoísmo, 37, 105, 124, 143, 145, 146, 209, 418
Einstein, Albert, 141, 183
Eisenberg, Peter, 333*n*
El Greco, 151
Eliot, T. S., 152
Ellul, Jacques, 135, 152
Em busca de novo modelo (Furtado), 247*n*, 251, 253
Em busca do tempo perdido (Proust), 396
Emerson, Ralph Waldo, 152
Emílio (Rousseau), 26, 32*n*, 33, 34, 35, 36, 37, 38, 81, 144
Emirados Árabes Unidos, 229
empresários, 86, 89, 96, 127, 197, 237, 238, 264, 271, 290, 291, 292, 296, 302, 366, 376, 377*n*, 385
empresas transnacionais, 198, 250
Enciclopédia, 26, 44, 47, 80, 105, 199
enciclopedistas, 21, 33, 37, 38, 44, 46, 49, 50, 53, 285
"Enfermeiro, O" (Machado de Assis), 413
Engels, Friedrich, 26, 51, 62, 63*n*, 64-9, 72, 77, 82, 120, 122-5, 133, 138, 140, 142, 154, 155, 160*n*, 168, 185, 192*n*, 198, 208, 218, 219, 220*n*, 221, 223, 237, 262*n*, 291, 292, 293, 332, 388, 397, 419
Engenheiro, O (João Cabral), 268
Enracinement, L' (Weil), 157, 158, 159
Ensaio sobre o direito administrativo (Soares de Sousa), 309
Ensaios (Montaigne), 14, 15, 16
Entre Nous, 173
epicurismo, 15
Equador, 230
Era dos impérios, A (Hobsbawm), 227
Erasmo, 13, 151, 152
Esaú e Jacó (Machado de Assis), 414
Esboço de um quadro histórico dos progressos do espírito humano (Condorcet), 43
Escócia, 98
Escola de Frankfurt, 67, 127, 133, 134, 186
Escola Livre de Sociologia e Política, 264, 272
Escoto, Duns, 151
escravidão, 27, 39, 45-6, 48, 129, 140, 147,

156, 167, 177, 194, 211, 215, 216, 223, 249, 278, 284-6, 295, 299, 303-8, 310, 317, 319-20, 325, 326-7, 329-30, 334n, 335-9, 341, 342n, 346, 347-8, 349n, 353-4, 356, 357n, 358-60, 361n, 362, 364, 366-8, 400, 402-3, 405
Escravidão no Brasil, A (Malheiro), 352n, 361
Escravidão, A (Nabuco), 316, 320, 322, 323, 330, 334
Espanha, 18, 22, 161, 164, 211, 273n, 352, 353, 399
Espinosa, Baruch de, 133
Espírito das leis, O (Montesquieu), 18, 38, 39, 40, 41, 62
esquerda, 66, 67, 113, 123, 129, 139, 141, 150, 157, 181, 196, 204, 207, 220-1, 243, 258, 260, 263, 269, 271, 274, 295, 314, 373, 378, 391
Ésquilo, 173
Esquivel, Adolfo Pérez, 153
Essência do cristianismo, A (Feuerbach), 141, 143, 154, 155
Estadista do Império, Um (Nabuco), 316, 324, 347, 348, 358, 367, 404n
Estado de bem-estar, 379, 389, 392
estado de natureza, 23, 26, 27, 30, 32, 278n, 279, 280, 281, 287, 288
Estado Novo, 262n, 375, 392
Estado-Providência, 47, 121, 161, 240, 243, 294, 295, 374, 378, 379, 380, 386, 387, 388, 389, 391, 392
Estados Unidos, 28, 84, 92, 97, 134, 140, 153, 155, 230, 231, 250, 257, 303, 306n, 307n, 317, 318, 333, 335, 343, 353, 362, 366, 367, 369, 392, 399, 400, 402
estalinismo, 49, 68, 125, 134, 164, 186, 389
estatismo, 158, 193, 262
Esther (Racine), 107
estoicismo, 15, 363
estruturalismo, 101, 106, 242
État-Providence, 388
eterno retorno, 59
ética, 31, 34, 71, 83, 84, 86, 89, 91, 93, 95, 98, 129, 148, 154, 176, 181, 182, 184, 185, 201, 255, 256, 264, 265, 290, 319, 408

Ética (Espinosa), 133
Ética protestante e o espírito do capitalismo, A (Weber), 83, 84n, 89n, 91
Europa, 29, 46, 47, 53, 55, 73, 91, 120, 134, 153, 155, 158, 166, 211, 234, 257, 263, 269, 270, 277, 289n, 291, 306, 346, 349, 352, 356, 375, 377, 378, 380, 389, 392, 401, 402, 418
Evangelho, 37, 104, 143, 144, 148, 154, 173
evolucionismo, 70, 127n, 199, 414, 415, 416, 420, 421
Ewald, François, 382, 386
Executivo, 18, 309, 310

fábricas, 17, 127, 160, 162, 166, 177n, 203, 211, 218, 311, 390
Fagnot, François, 387
fanatismo, 15, 21, 37, 130, 146, 318, 364
Faoro, Raymundo, 346, 404n
favela, 266, 267
federalismo, 304
Felipe II, rei da Espanha, 91
Fénelon, Fénelon, 152
Fenomenologia do espírito (Hegel), 55, 57, 104n
Ferreira, Francisco Whitaker, 153, 259n, 267n, 272
Feuerbach, Ludwig, 64, 65, 120, 141, 142, 143, 144, 150, 153, 154, 155, 397
Fichte, Johann Gottlieb, 152, 154, 189
Ficino, Marsilio, 118, 152
Fiesp (Federação das Indústrias do Estado de São Paulo), 377
Figueira, Andrade, 317
Filmer, Robert, 278
filosofia, 11, 14, 41, 50, 52, 53, 55, 59, 60, 61, 66, 67, 69, 70, 78, 110, 111, 124, 125, 148, 154, 168, 170, 188, 189, 197, 200, 201, 382, 386
Fiori, Giuseppe, 177n
Firmino, Joaquim, 336n
Física, 13, 45, 141
Florença, 112, 117
FMI (Fundo Monetário Internacional), 252, 256, 268n
Fogazzaro, Antonio, 152

Fonseca, Deodoro da, 340
Fontaine, Arthur, 387
Fontoura, Neves da, 242
Formação econômica do Brasil (Furtado), 234
Fortes, Luís Roberto Salinas, 32*n*
Fóruns Sociais internacionais, 380
Fra Angelico, 117, 151
França, 14, 15, 18, 32, 33, 35, 49, 53, 79, 106, 108, 120, 121, 155, 164, 181*n*, 194, 202, 211, 238, 261, 262, 264*n*, 266, 269, 271, 289, 294, 349, 352*n*, 355, 356, 360, 368, 370, 371, 373, 376, 388, 389, 391, 399, 400, 401
Francisco de Assis, são, 113, 151
Franco, Afonso Arinos de Melo, 16*n*
Frank, César, 151
Franklin, Benjamin, 86, 87*n*, 88
Freire, Paulo, 153
Freitas, Teixeira de, 322, 323*n*, 350, 351, 367
Freud, Sigmund, 21, 183, 189
Freyre, Gilberto, 331
Froebel, Friedrich, 153
Frota, Lélia Coelho, 330
fundamentalismo, 98
Furtado, Celso, 185*n*, 233, 234, 235*n*, 236, 237, 238, 240, 241, 242, 243, 244*n*, 245, 246, 247, 248, 249, 250, 251, 252, 253, 254, 255, 256*n*, 258, 259, 265, 266, 296, 299*n*

Gadamer, Hans Georg, 55*n*, 152
Galileu Galilei, 16, 45, 73*n*, 80, 141, 182, 183, 184, 227
Gama, Luiz, 153, 403
ganância, 214, 292, 304
Gandhi, Mohandas, 153
Garcez, Lucas Nogueira, 266, 272
Garrison, William Lloyd, 153, 327, 334
Gazeta da Tarde, 335, 342*n*
Ghiberti, 114, 115
Gide, Charles, 373
Gilson, Bernard, 285*n*
Ginzburg, Carlo, 13*n*, 75*n*, 182
Gioacchino da Fiore, 126
Giotto, 109, 112, 113, 114, 117, 151
Gladstone, 344, 403*n*

globalização, 161, 210, 222, 231, 260, 274, 275, 352, 393
Goethe, Johann Wolfgang von, 58, 152, 169, 176, 197, 203, 204*n*, 207, 208, 210, 211, 216, 217, 219*n*
Gogol, Nikolai, 152
Goldmann, Lucien, 93, 100, 101, 102, 104, 105, 106, 108, 113, 119
Gomes, Ângela Maria de Castro, 377*n*
Góngora, Luis de, 152
Gonzaga, Tomás Antônio, 312
Gorender, Jacob, 121*n*, 258, 299*n*
Górgias (Platão), 12
Goulart, João, 240, 272, 392
Gounod, Charles, 151
Grã-Bretanha, 296, 297, 381
Gramsci, Antonio, 67, 68, 69, 70, 71, 125, 159, 160, 175, 176, 177, 178, 179, 180, 181*n*, 247, 394
Granada, 230
Grande sertão: veredas (Guimarães Rosa), 174, 221
Grande transformação, A (Polanyi), 380*n*, 389
Grécia, 52, 173
Greene, Graham, 152
Grégoire, Abbé, 108, 153, 212, 215*n*
gregos, 23, 40, 45, 111, 170, 172, 258
Grotius, Hugo, 25, 151
Gryphius, Andreas, 152
Guadalupe, 212, 296, 399
Gudin, Eugênio, 241
Guerra da Secessão, 353, 402
Guerra Fria, 198, 269
Guesdes, Jules, 373
Guiana, 230, 296, 354, 367, 399
Guihéneuf, Robert, 162
Guilherme de Orange, 353
Guimaraens, Alphonsus de, 152
Guizot, François, 63, 64, 309, 314, 349, 354, 357*n*, 401
Gurvitch, Georges, 14*n*, 208, 209
Guteérrez, Gustavo, 153

Habermas, Jürgen, 137, 185, 186, 187, 188*n*, 189, 190, 196, 251, 255

Haendel, George Friedrich, 151
Hamann, Johann Georg, 152
Hamilton, Alexander, 310
Hammond, Barbara, 291
Hatzfeld, Henri, 385n, 387n, 388n
Haydn, Joseph, 151
Hazard, Paul, 74
Hegel, Georg Wilhelm Friedrich, 28, 29n, 39, 43, 51, 55, 56, 57, 58, 59n, 60n, 61, 104n, 131, 133, 138, 148, 152, 154, 155, 156, 189, 191, 197, 199, 200, 201, 202, 207, 247, 397
Heine, Heinrich, 73, 81, 209
Helvétius, 16, 35
Henrique VIII, rei da Inglaterra, 16
Heráclito, 170
Herbert, George, 152
Herculano, Alexandre, 152
Herder, Johann Gottfried von, 50, 51, 152
Heródoto, 318
Herrera, Carlos Miguel, 376n
Hidalgo e Morelos, Miguel, 151
Hill, Christopher, 126n
Hipócrates, 12
hipocrisia, 16, 22, 405
História da América portuguesa i (Pitta), 321
História da arte italiana (Argan), 109, 116n
História dos girondinos (Lamartine), 314
historicismo, 39, 40, 50, 53, 54, 55, 56, 59, 67, 72, 74, 114n, 118, 126, 127, 131, 190, 195, 419
Hitler, Adolf, 261
Hobbes, Thomas, 17, 28, 34, 278n
Hobsbawm, Eric, 121n, 227, 228, 291, 391
Hoelderlin, 176
Holanda, 35, 92, 95, 98, 120, 203, 238, 269, 352, 353, 367
Holanda, Sérgio Buarque de, 298, 299, 364
Homero, 52, 172, 173
Homestead Act, 369
Hopkins, Gerard Manley, 152
Horkheimer, Max, 16, 17n, 67, 75, 127, 128n, 129, 131, 132n, 133, 134, 244, 303
Hourtolle, Colette, 216n
Huet, François, 259n, 317, 318n

Hugo, Victor, 152, 295
Huizinga, Johan, 74
humanismo, 15, 142, 209, 215n
humanistas, 13, 234, 255, 314
Husserl, Husserl, 152
Hyppolite, Jean, 104n

Iacopone da Todi, 151
Idade Média, 20, 52, 63n, 77, 90, 94, 109, 112, 128, 151
Idade Moderna, 13, 90
idealismo, 20, 68, 71, 141, 155, 189, 199, 220
Ideologia alemã, A (Marx), 64, 65, 66, 67, 68, 72, 82, 120, 133, 158n, 185, 187n, 202, 237, 419
Ideologia e utopia (Mannheim), 19, 68, 71, 77, 78, 134, 138, 140, 236, 419n
Idéologie (Tracy), 62
IDH (Índice de Desenvolvimento Humano), 228, 229, 230
ídolos, 19, 20, 51, 67, 150, 172, 183
Igreja, 77, 90, 94, 95, 108, 265, 273, 274, 317
Ilíada (Homero), 172, 173
Ilustração, 14, 202
imperialismo, 121n, 199, 269n, 274, 420
Império Romano, 15, 52, 109, 112, 154, 322
Índia, 229, 253
Índias, 17, 211, 214
Índice dos Livros Proibidos, 16
índios, 14, 15, 151, 212, 214n, 215, 322
individualismo, 28, 29, 31, 93, 94, 124, 238, 380
industrialização, 122, 125, 208, 209, 241n, 242, 243, 250, 296, 382, 383, 400n
Inglaterra, 16, 19, 26, 28, 29n, 49, 92, 95, 98, 120, 121, 126, 127, 155, 161, 194, 211, 238, 281, 283, 285, 289, 291, 294, 306, 309, 321, 333, 344, 349, 350, 352, 373, 387n, 388, 389, 391, 399, 402
Inquisição, 15, 18
internet, 174, 175
Introdução ao desenvolvimento (Furtado), 233n, 235, 250

Iphigénie (Racine), 107
Iraque, 49
Irlanda, 230
Israel, 49, 230
Itália, 50, 52, 75n, 98, 112, 113, 114, 120, 121, 125, 127, 130, 269, 352, 373, 374, 389

Jabbé, J. E., 384
JAC (Juventude Agrária Católica), 268
Jacobi, Friedrich Heinrich, 152
jacobinos, 24, 64, 316, 333
Jaeger, Michael, 220
Jamaica, 230, 399
James, William, 152
jansenistas, 93, 105, 106, 107, 108, 411
Japão, 49, 162, 184, 231, 257
Jaurès, Jean, 374
Jefferson, Thomas, 307n
Jesus Cristo, 37, 90, 102, 104, 106, 143, 148, 156
Jesus, Mário Carvalho de, 153, 262n
JOC (Juventude Operária Católica), 268, 272
Jornal do Commercio, 335, 336n
jornalismo, 335
Josaphat, Fr. Carlos, 214n
Journal des Débats, 293
Jouvenel, Bertrand de, 25n, 34n
Juan de la Cruz, 152
Juana Inés de la Cruz, Sor, 152
JUC (Juventude Universitária Católica), 268, 272
judeus, 15, 37, 39, 108, 152, 153
Judiciário, 18
juros, 77, 90, 91, 92, 97, 298
jusnaturalismo, 25, 151, 358
Justiniano, imperador, 360
Juventude de Machado de Assis, A (Massa), 403

Kant, Immanuel, 32, 36, 143, 144, 145, 146, 147, 148, 149, 150, 152, 154, 155, 156, 157, 189, 191
karoshi, 162
Kepler, Johannes, 45, 141, 183

Keufer, Auguste, 386, 387
Keynes, John Maynard, 240, 241, 242, 257, 259
Kierkegaard, Søren, 152
Kipling, Rudyard, 97
Klopstock, Friedrich Gottlieb, 152
Kohl, Helmut, 393n
Kubitschek, Juscelino, 240

La Barca, Calderón de, 152
La Bruyère, Jean de, 21, 22, 61
La Pira, Giorgio, 153
La Rochefoucauld, François de, 21, 22, 61, 409, 410, 413
La Vega, Garcilaso de, 152
Labour Party, 121, 381
Lace, Ross M., 307
Lacerda, Carlos, 266
Lacordaire, Henri, 152
Laffitte, Pierre, 386
laissez-faire, 242, 356, 377, 390
Lamartine, Alphonse de, 73, 152, 314
Lamennais, Félicité Robert de, 152, 314, 317, 320, 401
Lamparelli, Celso, 267n
Lancastro, João de, 322
Laplace, Pierre-Simon, 183
Las Casas, Bartolomeu de, 15, 151, 212, 213, 215
Laski, Harold, 352
latifúndio, 268, 300, 337, 338, 343, 344, 369, 378, 399
Launay, Michel, 32n
Laurent, Émile, 387n
Lawrence, Jean, 291
lazer, 86, 94, 96, 97, 165
Le Fort, Gertud von, 152
Le Goff, Jacques, 75n, 386n
Le Roy, Édouard, 152
Leal, Victor Nunes, 343n
Leão XIII, papa, 373
Lebret, padre, 152, 242, 257, 258, 259, 260, 261, 262n, 263, 264, 265, 266, 267n, 268, 269, 270, 271, 272n, 273, 274
Lederer, Emil, 78n

433

legislação do trabalho, 73, 387, 388, 389
Legislativo, 18, 331
Lei de Terras, 300, 301, 302, 307, 356, 369
Lei do Ventre Livre, 318, 340, 349, 354, 357n, 362, 368, 403
Leibniz, Gottfried, 152
leis, 25, 32, 38-9, 41, 69-70, 120, 124n, 144, 146, 161, 171, 178, 216, 237, 264, 283, 285, 289, 292, 294, 299, 309-11, 318, 322, 323, 344, 351, 352, 360, 362, 366, 374-8, 386, 389, 392, 395, 401
Leme, Maria Cristina da Silva, 267n
Lemos, Miguel, 355
Lenk, Kurt, 78n
León, Fray Luis de, 152
Leonardo da Vinci, 112, 113, 115n, 116, 118-9, 151
Leopardi, Giacomo, 22, 176, 417, 418n, 419n
Leroy-Beaulieu, Paul, 372, 373n
Letter from Sydney (Wakefield), 301
Leuenroth, Edgard, 376n
Levinas, Emmanuel, 152
Lévi-Strauss, Claude, 14
liberalismo, 26, 28-9, 47, 49n, 62, 63, 66, 68, 97, 140, 198, 202, 208, 234, 239, 242-3, 270, 276-8, 283-5, 287, 289n, 290-1, 295, 297, 299, 302-4, 307-8, 313-5, 331, 333, 334n, 335, 341, 345, 347-51, 353, 356-9, 363-70, 373, 379, 389-90, 392, 399-400, 401n, 402, 403, 404n, 405, 408, 414, 420-1
Lições sobre a Filosofia da História (Hegel), 207
Lilburne, John, 126
Lima, Alceu Amoroso, 271, 273
Lima, Jorge de, 152, 176
Lima, Lezama, 152
Lima, Ruy Cirne, 301, 302n
Lincoln, Abraham, 97, 153, 352n, 362
língua universal, 47
Lispector, Clarice, 152
Liszt, Franz, 151
Locke, John, 21, 26, 27, 28n, 29, 30, 45, 46, 152, 278, 279, 280, 281, 283, 284, 285, 286, 287, 288, 289, 290, 295, 304, 349, 400n
Loew, Jacques, 153, 262n
Loisy, Alfred, 152
Longfellow, Henry Wadsworth, 152
Lorca, Federico García, 152, 176
Lorenzo de' Medici, 118
Losurdo, Domenico, 28n, 58n, 63n, 201, 276, 288n, 307n, 399n, 400n
Love, Joseph L., 235n
Lowell, Roberto, 152, 305
Löwy, Michael, 100n, 127, 210n, 264n, 314n, 401n
Luciani, J., 385n
Lucrécio, 15
Luís Felipe I de França, 63, 123, 140, 209, 314, 354, 370, 371, 401
Luís XIV, rei da França, 18, 22, 24, 100, 101, 105, 106, 108, 155, 173, 216, 318
Luís XV, rei da França, 18, 33
Luís XVI, rei da França, 24, 293
Luís XVIII, rei da França, 209
Lukács, György, 56, 67n, 73n, 119n, 183n, 188, 193n, 194, 195n, 204, 219n, 222, 396, 420
Lúlio, Raimundo, 151
Lusíadas, Os (Camões), 76, 214
Lutero, Martinho, 85, 88, 89n, 90, 92, 94, 95, 151
Luther King, Martin, 153
Luxemburgo, Rosa, 125
luxo, 24, 25n, 30, 53, 91, 94, 96, 189, 252, 309, 404
Luzes, 14, 33, 35, 43, 44, 47, 48, 50, 53, 56, 61, 62, 80, 137, 149, 156, 191, 199, 314, 355, 356

Macau, 229
Macpherson, C. B., 28, 29, 126n, 278, 279n, 280, 287, 288
Madách, Imre, 152
Madison, John, 307n
Maeterlinck, Maurice, 152
Magnin, Fabien, 124n, 386

434

mais-valia, 164, 166, 197, 222, 240, 250, 265, 271, 290, 292, 388, 400*n*
Malásia, 229
Malebranche, Nicolas, 152
Malheiro, Perdigão, 323, 349*n*, 352, 353, 354, 357*n*, 358, 359, 361, 362, 363, 365, 366*n*, 367
Mallarmé, Stéphane, 176
Manetti, Antonio, 115
Manifesto comunista (Marx e Engels), 26, 209, 219, 220*n*
Manifesto de Ostende, 97
Mannheim, Karl, 19, 68, 72-82, 119, 127, 129, 130, 131, 133, 134, 135, 139, 140, 236, 244, 257, 265, 334*n*, 419
Mantegna, 113, 114, 151
Mantoux, Paul, 291
Manual popular de sociologia marxista (Bukharin), 68
Manuel, o Venturoso, d., 214
Manuscritos econômico-filosóficos (Marx), 192, 193*n*, 194, 290, 292
Manzoni, Alessandro, 152
mão de obra, 166, 214, 249, 250, 287, 296, 302, 366
Maquiavel, Nicolau, 17, 20, 65, 128, 168
Marat, Jean-Paul, 44
Marchant, Olivier, 387*n*
Marco Aurélio, imperador romano, 177
Marcuse, Herbert, 188, 251, 255
Marinho, Saldanha, 313, 367, 403
Maritain, Jacques, 152, 271, 274
marketing, 136, 162
Martí, José, 153
Martini, Simone, 112, 117
Martinica, 212, 230, 296, 399
Martins, José de Souza, 300, 302
Marx, Karl, 26, 51, 62, 64-7, 72, 75, 77, 82, 119*n*, 120-2, 124, 133, 141-2, 150, 154, 155, 160*n*, 164, 166, 183, 185, 187-8, 191, 192*n*, 193*n*, 194-7, 208-9, 218-9, 220*n*, 221*n*, 222-3, 237, 244, 257, 261, 264, 265, 290, 291-3, 378, 388, 397, 419
Marx, Roland, 390*n*, 391*n*
marxismo, 42, 58, 68, 72, 76, 80, 122, 123, 127, 132, 136, 138, 140, 164, 186, 188, 220, 222, 239, 243, 244, 255, 258, 262, 264
Masaccio, 113, 151
Massa, Jean-Michel, 403
Massangano, engenho, 324, 329, 330*n*
Matemática, 44, 168
materialismo, 65, 66, 67*n*, 98, 121, 122, 132, 142, 154, 165, 171, 185, 186, 188, 192, 194, 220, 221, 244, 397
Mattos, Ilmar Rohlf de, 399*n*
Mauriac, François, 152
Mazzini, Giuseppe, 153
Medeiros, Borges de, 242, 344*n*
Meditações (Descartes), 141
Mein Kampf (Hitler), 261
Meireles, Cecília, 152, 176
Mello, Fernando Collor de, 393*n*
Melo Neto, João Cabral de, 268
Memorial de Aires (Machado de Assis), 414
Memórias de um colono no Brasil (Davatz), 297, 298
Memórias póstumas de Brás Cubas (Machado de Assis), 398, 399, 402, 404, 406, 411, 414, 416, 417, 418, 421
Mendel, Gregor, 141, 183
Mendes, Chico, 153
Mendes, Murilo, 152
Mendes, Teixeira, 355
"Mensagem do Comitê Central à Liga de Março de 1850" (Marx e Engels), 120
Mercadante, Paulo, 351*n*
mercado, 11, 20, 38, 67, 72, 159, 166, 172, 183, 185, 194*n*, 220, 221, 222, 234, 237, 239, 241, 244, 246, 270, 287, 288*n*, 289, 292, 295, 312, 351, 379, 381, 393
mercadorias, 162, 197, 202, 311, 361
Metamorfoses da questão social. Uma crônica do salário, As (Castel), 291
metodistas, 98, 349
México, 15, 151, 230, 250, 306*n*, 375
Meyer, Augusto, 406
Michelangelo, 32*n*, 112, 113, 118, 119, 151
Michelet, Jules, 51, 73, 314
Miguel de Bragança, d., 405

militarismo, 261n, 324, 340, 342
Milton, John, 96, 152
Minha formação (Nabuco), 313, 324, 331, 339, 357
Minima moralia (Adorno), 134
miséria, 29, 32, 37, 102, 128, 129, 173, 214, 230, 294, 342, 345, 388, 416, 419
Mithridate (Racine), 107
Mito do desenvolvimento econômico, O (Furtado), 245, 248, 254
modernização, 97, 162, 186, 229, 250, 333, 366, 374, 379, 392
Molina, Tirso de, 152
Moment Guizot, Le (Rosanvallon), 62, 399n
monarquia, 13, 41, 63, 106, 108, 111, 126, 128, 140, 215, 284, 314, 315, 316, 324, 343, 355, 368, 401
Montaigne, Michel de, 14, 15, 16, 21, 61, 152
Montalembert, 357n
Monteiro, Pedro Meira, 399n
Montesinos, Luís de, 212
Montesquieu, 16, 17, 18, 21, 26, 29n, 31, 38, 39, 40n, 41, 61, 71, 152, 286, 323, 349
Montessori, Maria, 153
Montoro, André Franco, 272
Moraes Filho, Evaristo de, 365n
Moraes, Prudente de, 324
Moraes, Rubens Borba de, 297
moralidade, 96, 143, 146, 147, 151, 156
moralismo, 21, 22, 419, 420, 421
mortalidade, 162, 230, 231, 321
Morus, Thomas, 14, 16, 17, 123, 127, 151
Mota, Silveira da, 367, 403
Mounier, Emmanuel, 152
Mozart, Wolfgang Amadeus, 151
MRP (Movimento Republicano Popular), 269, 270
MST (Movimento dos Trabalhadores Rurais Sem Terra), 245, 248
Mun, Albert de, 373
Münzer, Thomas, 126, 139, 151
Murillo, 151
Muro de Berlim, 121
Musset, Alfred de, 81

Mussolini, Benito, 153, 374, 389
Myrdal, Gunnar, 234, 257, 259

Nabuco, Joaquim, 153, 307, 313, 315, 316, 321, 323, 324, 329, 331, 332, 336, 341, 344, 347, 348n, 353, 357, 358, 359, 365n, 367, 370, 403, 404n
Naïr, Samir, 100n
Napoleão Bonaparte, 55, 62, 212, 351, 381, 385, 400
Napoleão III, 64, 140n, 209, 369, 370
nazifascismo, 29, 49
nazismo, 73, 130, 134, 153
neoliberalismo, 72, 121, 240, 244, 270, 273, 291, 379n, 380, 393n
Nessüs, Arnhelm, 128n
Newman, John Henry, 152
Newton, Isaac, 45, 80, 116, 141, 152, 170, 183
Nicolau de Cusa, 152
Nietzsche, Friedrich, 21, 114, 196
niilismo, 217
nobreza, 13, 24, 64, 105, 106, 108, 110, 113, 170, 211, 260, 378, 409
Noite de São Bartolomeu, 15
Nordeste brasileiro, 230, 265, 268, 299, 333, 399
Novalis, 73, 152, 178
Novo Mundo, 14, 15, 16, 151, 210, 211, 277, 356, 359, 375, 400n
Novo Testamento, 92, 93, 107n, 146, 148, 154, 318
Novum Organum (Bacon), 19, 20, 49

O'Neill, Alexandre, 152
Ocidente, 49, 63n, 98, 108, 112, 120, 121n, 122, 140, 142, 157, 161, 264, 270, 278, 293, 312, 349, 379, 389, 400, 402
Office du Travail, 386, 387
oligarquias, 63, 340, 343, 344, 361, 368, 376, 401
Olinda, marquês de, 346, 349, 377
ONGs, 231, 245
operários, 86, 96, 112, 120, 121, 159, 160,

436

165, 175, 176, 177, 192, 193, 262n, 265, 293, 344, 345, 378, 385, 386
opressão, 16, 122, 126, 153, 158, 160, 163, 164, 166, 167, 172, 175, 176, 196, 202, 214n, 239, 261, 312, 329, 332
"Ordem e Progresso", 124, 242, 388
Ordenações Filipinas, 358, 363
Organização Internacional do Trabalho, 374
Oriente, 17, 109, 198
Origem das espécies, A (Darwin), 199
Origines de la France contemporaine (Taine), 64
Origines religieuses de la Révolution Française — 1560-1791, Les (Van Kley), 108
ostentação, 30
Ostervald, Frédéric, 34n
Otaviano, Francisco, 367, 370
Ottoni, Teófilo, 313, 367, 370, 403
Ozanam, Frédéric, 153

pacto social, 23, 24, 30, 31, 53
PAG (Plano de Ação Governamental), 272
País, O, 335
países em desenvolvimento, 229, 231, 232
países industrializados, 120, 195, 352
Palavras de um crente (Lamennais), 314
Palestina, 49
Palestrina, Giovanni Pierluigi da, 151
Panamá, 229
Panofsky, Erwin, 115, 116n, 117n
Paolo Uccello, 118
Papa e o concílio, O (Döllinger), 315
Paraguai, 230
parlamentarismo, 26, 399
Partido Comunista, 271
Partido Democrata Cristão, 272
Pascal, Blaise, 21, 22, 61, 67, 93n, 101, 102, 104, 105, 106, 107, 113, 119, 152, 157, 276, 393, 409, 410, 411
Páscoli, Giovanni, 152
Pasqualini, Alberto, 243
Pasternak, Boris, 152
Pasteur, Louis, 141, 183
Patmore, Coventry, 152

Patrocínio, José do, 153, 332, 335, 336n, 342, 363, 403
Pauchant, Thierry, 161, 162
Paulo VI, papa, 273
Paulo, São, 86, 89, 94, 145
PDT (Partido Democrático Trabalhista), 274n
pedagogia, 34, 35, 53, 54, 176, 179
Pedro I, d., 63, 309, 343, 368, 370
Pedro II, d., 315, 322, 324, 346, 347, 349, 350, 351, 357n, 367, 370, 377
Pedro V de Portugal, 353
Péguy, Charles, 152, 155
Peixoto, Floriano, 324, 340
Pelletier, Denis, 259n, 260n, 261n, 264n
Pena, Eduardo Spiller, 358n
Pensamentos (Marco Aurélio), 177
Pensamentos (Pascal), 101, 102, 104, 276, 411
Pereira, Clemente, 311
Perroux, François, 234, 242, 251, 257, 259, 261, 263
Perspectiva como forma simbólica, A (Panofsky), 115
Peru, 15, 230
Perugino, 151
pesquisa científica, 182, 183, 393
Pestalozzi, Johann Heinrich, 153
Petrarca, Francesco, 152, 176
Petrobrás, 243
petróleo, 165
Philippe de Champaigne, 151
PIB, 228, 230, 231, 236, 246
Picasso, Pablo, 115n, 116
Pico della Mirandola, 118
Piero della Francesca, 113, 118, 151
Piero di Cosimo, 114
Pinto, Carvalho, 272
Pinto, Sobral, 153
Pio IX, papa, 315
Pirandello, Luigi, 196, 396, 406
Pitta, Rocha, 321
Plano Marshall, 269
Plano Real, 252
Platão, 11, 71, 157, 159, 170, 172
Plutarco, 318

plutocracia, 261, 371
PNUD (Programa das Nações Unidas para o Desenvolvimento), 228
pobreza, 35, 47, 151, 248, 253, 257, 259, 262, 267, 268, 314, 337, 338, 345, 381*n*, 388, 390
Poder Moderador, 315, 342
Polanyi, Karl, 289, 380, 389
polis, 31, 32
política, 18, 22-4, 26, 28, 30, 38, 40, 44-6, 54, 57, 61-2, 68-71, 73, 75, 81, 86, 97, 106, 108, 111, 117, 121*n*, 123-5, 128, 133-4, 136, 139-40, 148, 153, 159, 161, 163, 165, 167, 172, 175-6, 179, 181*n*, 186, 194, 195, 197-8, 209-10, 221, 228, 232, 236, 242*n*, 243, 245, 248-9, 251-2, 254-5, 258, 259*n*, 261, 263, 265-8, 270, 272, 273*n*, 274, 277-8, 285, 286, 290, 292, 294, 300, 304, 306, 309-10, 314-6, 324, 331-3, 335, 343, 345, 347-9, 363-4, 366-71, 380-1, 388-9, 394, 400*n*, 401-3, 411, 415, 421
Politique tirée de l'Écriture sainte, La (Bossuet), 24
Poliziano, 152
Pollaiuolo, 118
poluição, 165, 383
Pons, Alain, 44*n*
Pope, Alexander, 152
Portella, Petrônio, 309
Porto Rico, 353
Port-Royal, 53, 93, 105, 106, 108
Portugal, 18, 161, 211, 230, 352, 353, 404, 405
Positions-Clés, 270
Positividade da religião cristã, A (Hegel), 56
positivismo, 50, 68, 70, 121, 124, 125, 132, 136, 190, 196, 242*n*, 374, 376, 386, 414, 415, 416, 421
poupança, 26, 96, 97, 98, 252, 294, 383, 385, 387
Prado, Antônio, 340, 342
práxis, 64, 65, 66, 69, 76, 82, 106, 111, 120, 133, 134, 154, 185, 186, 187, 188, 190, 194, 232, 394, 397

Prebisch, Raúl, 234, 240, 241, 242, 243, 258, 259, 268
preconceitos, 13, 18, 38, 44, 45, 48, 61, 134, 137, 178, 183, 222, 365, 408
predestinação, 15, 92, 93, 107
pré-rafaelitas, 112
presbiterianos, 95, 96
Prestes, Luís Carlos, 271
previdência social, 47, 240, 386, 391
Primeira Guerra Mundial, 240, 390
Primeiro Mundo, 230, 270
Príncipe, O (Maquiavel), 128
privatização, 128, 379
privilégios, 24, 30, 63, 64, 126, 167, 169, 178, 211, 213, 355
Proclamação da República, 339, 340, 341, 344
produtividade, 89, 134, 161, 166, 187, 188, 196, 198, 249*n*, 379
progressismo, 50, 58, 124, 127*n*, 131, 150, 165, 199, 415
proletariado, 17, 164, 166, 178, 244, 387, 388
propriedade privada, 17, 26, 128, 140, 166, 196, 279, 283, 301, 312
Protágoras (Platão), 12
protestantes, 18, 35, 84, 89*n*, 92, 97, 149, 152, 155, 285
Proudhon, 123, 140*n*, 170
Provinciales (Pascal), 22, 107
psicologia, 69, 181, 396
puritanos, 84, 92, 155, 284, 341

quakres, 155
qualidade de vida, 228
Quarto Mundo, 121, 122
Quasimodo, Quasimodo, 152
Quevedo, Francisco de, 152
Quinet, Edgard, 314, 318

Rabelais, François, 13
Racine, Jean, 101, 102, 105, 106, 107, 113, 152, 176, 411
racionalismo, 21, 22, 45, 53, 61, 79, 80, 125, 157, 393

racismo, 73, 140, 155, 261*n*, 364
radicalismo, 32*n*, 40, 41, 53, 54, 56, 140, 240, 387
Rafael, 112, 113, 151
Razão dialética, 59, 156
Reagan, Ronald, 393*n*
Rébora, Clemente, 152
Rebouças, André, 153, 333, 337, 341, 342, 343, 365, 369, 403
Reflexões sobre as causas da liberdade e da opressão (Weil), 162, 164, 165, 170
Reforma protestante, 83, 84, 98, 126, 190, 211
relacionismo, 77, 79, 81, 130, 131
relações sociais, 64, 192, 220, 351
relativismo, 15, 16, 18, 37, 39*n*, 40, 61, 67, 74, 75, 77, 130, 132, 134
religião, 15, 17, 33, 36, 39, 41, 52-3, 56, 60, 84, 96, 104*n*, 111, 125, 128, 141-51, 154-6, 163, 166, 182, 201, 209-10, 285, 308, 317, 326, 327, 337, 414-6
Rembrandt, 151
Renan, Ernest, 105, 314, 318, 370
Renascença, 13, 14, 16, 17, 61, 67, 112, 114*n*, 117, 123, 127, 128, 182, 190, 211, 212
República Dominicana, 230
República Velha, 243, 333, 343, 344, 375, 376
republicanismo, 124, 315, 342, 421
Rerum novarum (encíclica), 373
retórica, 11, 12, 16, 72, 74, 75, 76, 127, 136, 176, 179, 187, 198, 238, 277, 278, 296, 337, 368, 376, 405
Revauger, Jean-Paul, 381*n*
Revolução Francesa, 46, 55, 56, 63*n*, 108, 117, 135, 140, 212, 288*n*, 291, 314, 351, 381
Revolução Gloriosa, 26, 41, 278, 284, 287
Revolução Industrial, 19, 64, 83, 97, 98, 123, 202, 217, 221, 236, 237, 249, 291, 293, 359, 383, 387, 400
Revolução Mexicana, 376
Revolução Russa, 120, 376
Ribeiro, José Cesário de Miranda, 302
Ribeiro, Renato Janine, 13*n*

Richard, François e Pierre, 33*n*
Richardson, Peter, 296*n*
Ricoeur, Paul, 75, 129, 135, 136, 137, 138, 139, 152
Rilke, Rainer Maria, 152
Rio Branco, visconde do, 323, 349, 354, 358, 359, 362
Rios, José Arthur, 266
Riqueza das nações, A (Smith), 159, 197
Rise of European Liberalism, The (Laski), 352
Robespierre, Maximilien de, 24, 44, 81
Robinson Crusoe (Defoe), 94
Roma, 13, 35, 52, 108, 117, 154, 168, 323
romanos, 38, 40, 111, 114, 210, 320
romantismo, 51, 54, 73, 138, 155, 199, 295, 404, 408, 416, 417
Romero, D. Oscar, 153
Rosa, Guimarães, 152
Rosanvallon, Pierre, 62, 64*n*, 289*n*, 311*n*, 373*n*, 374, 379*n*, 392*n*, 399*n*
Rosenzwig, Rosenzwig, 152
Rosmini, Antônio, 152
Rossetti, Christina, 152
Rossetti, Gabriel, 152
Rouanet, Sérgio Paulo, 412
Rouault, Georges, 151
Rousseau, Jean-Jacques, 14, 22-6, 30-8, 40, 44, 46, 49, 53, 54, 61, 64, 71, 80, 81, 128, 144, 146, 152, 153, 169, 417
Royal African Company, 285
Rubens, Peter Paul, 151
Ruskin, John, 152, 326
Rússia, 158*n*, 164, 166, 198, 253
Ruysbroeck, Jan van, 152

Sabino, Urbano, 301
Sachs, Ignacy, 185*n*
Sacro Império Romano-Germânico, 15
SAGMACS (Sociedade para a Aplicação do Grafismo e da Mecanografia à Análise de Complexos Sociais), 266, 267*n*, 268, 272
Sainte-Beuve, Charles Augustin, 314
Saint-Exupéry, Antoine de, 152
Saint-Just, 64
Saint-Simon, 43, 123, 208, 209*n*, 290, 303

439

salário, 120, 177, 239, 249, 250, 287, 292, 293, 297, 355, 364, 375, 376, 377, 381, 385, 402n
Salgado Filho, 392
Salles, Campos, 324
Sampaio, Plínio de Arruda, 153, 272
Sand, George, 295
Santo Ofício, 16
São Bernardo (São Bernardo), 396
saúde pública, 73
Sauvy, Alfred, 257, 259, 260
Savonarola, Jerônimo, 151
Say, Jean-Baptiste, 349, 350
Sayous, André E., 92n
Scheler, Max, 132, 152, 419
Schelling, Friedrich Wilhelm Joseph von, 152, 154
Schiller, Friedrich, 152
Schlegel, Friedrich, 152
Schleiermacher, Friedrich, 54, 55, 152
Schoelcher, Victor, 296n, 352n, 354
Scholem, Gershom, 152
Scholl, Hans e Sophie, 153
Schopenhauer, Arthur, 21, 22, 409, 419n
Schubert, Franz, 151
Schuman, Robert (político), 153, 270
Schumann, Robert (músico), 151
Schumpeter, Joseph, 261
Schwarz, Roberto, 400n
Schweitzer, Albert, 153
Science et idéologie (Ricoeur), 135
Scott, Walter, 73, 152
Século de Luís XIV, O (Voltaire), 18
Segunda Guerra Mundial, 74, 121, 175, 379, 389
Segundo Fausto (Goethe), 203, 210
Segundo Reinado, 307, 309, 314, 321, 347, 349, 350n, 352, 354, 364
Sêneca, 15
Sermão da Epifania (Padre Vieira), 215
Shaftesbury, Lord, 152
Shakespeare, William, 152, 176, 396
Shelley, Percy Bysshe, 73, 170
Siècle, Le, 355
Siena, 112, 117

Silesius, Angelus, 152
Silone, Ignazio, 152
Silva, José Graziano da, 344n
Silva, Luiz Inácio Lula da, 253, 266
Simonsen, Roberto, 241n
Sinais dos tempos (Lindolfo Collor), 375
sindicalismo, 260, 262, 386
Singapura, 250
Singer, Paul, 274
sistema capitalista, 29, 86, 95, 96, 165, 179, 196, 220, 222, 264, 287
sistema mundial, 229
Smith, Adam, 44, 95, 97, 159, 194, 196, 197, 201, 209, 349, 350, 405
Soares, Caetano Alberto, 358
Sobre a escravidão moderna (Lamennais), 314
socialismo, 123, 142, 166, 167, 221, 223, 269, 314, 380, 386, 389, 391
sociologia, 14, 41, 67-72, 74, 75, 77, 78, 83, 100, 106, 109, 119, 129, 131, 132, 134, 137, 181, 208, 236, 244, 255, 373, 378, 396, 419
Sócrates, 11, 12, 133, 170, 172n, 223
Sodré, Jerônimo, 331
sofistas, 11, 12, 172n
Sófocles, 170, 173
Solidarité (Bourgeois), 382n, 388
Soloviev, Vladimir, 152
Some Considerations of the Consequences of the Lowering of Interest and Raising the Value of Money (Locke), 288
Sousa, Octavio Tarquínio de, 308n, 312n
Sousa, Paulino José Soares de, 309
Speech on the Oregon Bill (Calhoun), 304n, 306
Spencer, Herbert, 51, 414
Stálin, Josef, 198
Stang, Dorothy, 153
Starobinski, Jean, 16n
Stein, Edith, 152
Stendhal, 81, 212
Stiglitz, J., 256n
Stowe, Beecher, 318
Sturge, Joseph, 153
Sturzo, Luigi, 153

subdesenvolvimento, 201, 231, 234, 255, 257, 258, 259, 264, 266, 273
subemprego, 250, 381
Sudene, 234, 243, 251, 265
Suécia, 353
sufrágio universal, 64, 140, 237, 270, 289*n*, 342, 370, 401
Suíça, 33, 35, 92, 98
superstição, 45, 49, 142
Suu kyi, Aung San, 153
Szmrecsányi, Tamás, 235*n*

Tagore, Rabindranath, 152
Taine, Hyppolite, 64
Taiwan, 229
Tasso, Torquato, 152
tecnologia, 165, 184, 185, 218, 233
teocracia, 15, 111, 146, 317, 342
teologia, 77, 89, 90, 92, 181, 215, 216, 264
Teologia da Libertação, 153, 317
Terceiro Estado, 105, 108, 260
Terceiro Mundo, 121, 234, 236, 257, 259*n*, 263, 264, 266*n*, 269, 273
Teresa de Ávila, santa, 152
terras, 13, 17, 26-9, 41, 126, 203, 206, 211, 214, 248, 280, 281, 283, 284, 288, 300-2, 325, 333, 338, 343, 348-9, 355, 369, 378
Thatcher, Margaret, 381, 391, 393*n*
Thélot, Claude, 387*n*
Thiers, Adolphe, 294, 314, 381, 385
Thomas, Dylan, 152
Thompson, E. P., 291
Thoreau, Henry David, 152
Tintoretto, 118, 151
Tiradentes, 153, 312
Tise, Larry E., 307*n*
Tiziano, 151
Tocqueville, Alexis de, 49*n*, 276, 277, 294, 296, 353, 354, 355, 356, 357, 359
Tolstói, Liev, 152, 170
Tomás de Aquino, Santo, 89, 91*n*, 133, 151, 257, 260
Tomás, negro, 319*n*, 322, 330
Torres, Camilo, 153
Toscana, 112

trabalho assalariado, 123, 288, 295, 296, 297, 334*n*, 337, 339, 341, 343, 365
Tracy, Antoine de, 354
Tracy, Destutt de, 14, 62, 208, 354
tragédia grega, 173
Tratado de Versailles, 374
Tratado sobre o governo civil (Locke), 26, 284
Trinidad e Tobago, 229, 230
Trotsky, Leon, 158
Turgot, Anne Robert Jacques, 44, 45, 293
Tutu, Desmond, 153

ultramontanismo, 364
Ungaretti, Giuseppe, 152, 176
União Soviética, 121, 122, 186, 198, 239, 263, 392
Uruguai, 229, 230, 273, 375
Usque, Samuel, 152
usura, 77, 90, 91, 92
utilitarismo, 97, 311*n*, 347, 351
utopia, 13, 16, 17, 44, 72, 73, 121, 125-9, 135, 137-40, 158, 168, 209, 257, 316
Utopia (Morus), 14, 16, 17, 123, 127
Utrillo, Maurice, 151

Valéry, Paul, 176
Valla, Lorenzo, 13
Van Eyck, Jan, 151
Van Gogh, Vincent, 151
Van Kley, Dale K., 108
Vargas, Getulio, 124*n*, 240, 241, 242, 243, 259, 374, 375, 377, 392, 393*n*
Vasconcellos, Bernardo de, 302
Vasconcellos, Bernardo Pereira de, 307, 308*n*, 309, 317, 360
Vasconcellos, Diogo Pereira Ribeiro de, 312
Vauvenargues, 21, 61, 409, 413
Vega, Lope de, 152
Veiga, José Eli da, 185*n*
Velázquez, Diego, 151
Velho, Domingos Jorge, 322
Veneza, 118
Venezuela, 229, 230
Vergueiro, senador, 297, 298, 299*n*, 341
Verlaine, Paul, 152

Veronese, 118, 151
Vespúcio, Américo, 16
Vicente, Gil, 152
Vico, Giambattista, 43, 50, 51, 52, 53, 54, 55, 58, 61, 152
Vieira, Antônio, padre, 152, 192*n*, 214, 215*n*, 216, 217*n*, 218
Vietnã, 49, 122, 184
Vilarinho, Carlyle Ramos de Oliveira, 344*n*
Villon, François, 152, 176
violência, 52, 105, 142, 160, 163, 172*n*, 211, 217, 267*n*, 319, 321, 330, 383, 400*n*
Virgílio, 192
Vitoria, Francisco de, 151
Vivaldi, Antonio, 151
Viviani, René, 374
Voltaire, 16, 18, 26, 29*n*, 33, 35, 38, 44, 45, 152, 285, 409
voluntarismo, 125, 221
Voto sobre as dúvidas dos moradores de São Paulo acerca da administração dos índios (Padre Vieira), 215
Vovelle, Michel, 75*n*

Wagner, Richard, 151

Wakefield, Edward Gibbon, 301
Wallerstein, Immanuel, 229
Warens, Madame, 35
Washington, George, 307*n*
Weber, Max, 27, 82-6, 87*n*, 88, 89*n*, 91-9, 133, 135, 244*n*, 264*n*, 419
Weil, Simone, 152-3, 157-77, 179, 181*n*, 198
Welfare State, 270, 381, 387, 388, 390
Werfel, Franz, 152
Westminster Confession, 92, 95
Whitaker, Francisco, 153, 259*n*, 267, 272
Whitehead, Alfred North, 152
Whitman, Walt, 152
Whitton, Timothy, 381*n*
Wilberforce, William, 153
Witter, José Sebastião, 298*n*
Wordsworth, William, 152

Yeats, William Butler, 152

Zumbi dos Palmares, 321
Zurbarán, Francisco de, 151
Zwingli, Ulrich, 151